팔로우 미디
Follow
MIDI

**팔로우 미디**

# Follow
# MIDI

**초판 인쇄일** 2018년 5월 8일
**초판 발행일** 2018년 5월 15일

**지은이** 양정원
**발행인** 박정모
**등록번호** 제9–295호
**발행처** 도서출판 혜지원
**주소** (10881) 경기도 파주시 회동길 445–4(문발동 638) 302호
**전화** 031) 955–9221~5 **팩스** 031) 955–9220
**홈페이지** www.hyejiwon.co.kr
**블로그** blog.naver.com/hyejiwon9221
**페이스북** www.facebook.com/hyejiwon9221

**기획 · 진행** 박민혁
**본문 디자인** 전은지
**표지 디자인** 김보리
**영업마케팅** 김남권, 황대일, 서지영
**ISBN** 978–89–8379–960–9
**정가** 32,000원





이 도서의 국립중앙도서관 출판예정도서목록(CIP)은 서지정보유통지원시스템 홈페이지(http://seoji.nl.go.kr)와
국가자료공동목록시스템(http://www.nl.go.kr/kolisnet)에서 이용하실 수 있습니다.(CIP제어번호: CIP2018012773)

팔로우 미디

# Follow MIDI

양정원 지음

혜지원

음악은 누구나 할 수 있습니다. 음악을 만드는 데는 어떠한 자격증도 필요하지 않기 때문입니다. 하지만 세상에서 정말 어려운 일은 자격증 없이 아무나 할 수 있는 일인 것 같습니다. 업계에 있다 보면 '아무나 할 수 있어서 아무나 할 수 없다'는 '모순(矛盾)'을 실감합니다.

제가 미디(MIDI)를 처음 접한 것은 1994년경이었습니다. 밴드 생활을 하다가 누군가와 의견을 조율하며 음악을 하는 것에 지쳐가던 무렵이었습니다. 나를 지치게 한 이유가 밴드를 하는 매력임을 한참이 지난 후에 알았지만, 그것을 알기에 당시 저는 너무 어렸습니다. 하지만 그 덕분에 미디(MIDI)를 공부하게 되어 여러 장르의 음악을 할 수 있는 계기를 마련하였고, 업계에 데뷔했던 광고 음악이나 여러 장르의 음악과 음향을 하는 초석이 되었습니다.

책의 집필에 즈음하여 20여 년 전 제가 도움을 받았던 몇몇 책들이 떠올랐습니다. 그 책들은 여전히 제 책상 책꽂이에 손때가 묻은 채로 꽂혀 있습니다. 지금 들어도 생소한 '컴퓨터 음악'이라는 말로 불리던 초창기는 인터넷이 보편화되기 전이었습니다. 저에게는 그저 책을 구해 보는 것이 미디(MIDI)를 공부하는 유일한 통로였습니다.

서점에는 미디(MIDI)를 공부하자는 책들이 많습니다. 하지만 대부분 해당 프로그램의 매뉴얼이라 불릴 만한 '작동법'과 '기능 소개'의 나열에 그친다는 사실을 나중에야 알았습니다.

제가 미디를 시작할 때 보았던 대략 20여 년 전의 책들과 비교해도 해당 프로그램의 버전만 바뀌었을 뿐 그 집필 방향이나 내용에는 큰 차이가 없습니다. 그런 부분은 이제 인터넷을 통해 문서나 동영상으로 얼마든지 찾아볼 수 있습니다.

이 책에는 제가 십 수 년 간 대학에서 강의하고 학생들과 교류하며 현장에서 느낀 '이것만은 꼭 알아야 한다'고 생각하는 내용들이 담겨 있습니다. 단순한 매뉴얼이 아니라 실용서가 되길 바랐고, 더 나아가 늘 들고 다니는 활용서가 되길 바랐습니다. 거기에 반드시 알아야 하는 업계의 '기본 지식' 혹은 '배경 지식'이 될 부분들까지도 언급하고 싶었습니다. 물론 이 책에도 프로그램 작동에 관한 매뉴얼 부분이 없지 않습니다. 하지만 이 역시 필수로 사용할 기능들 위주로 설명을 했습니다. 미디(MIDI) 음악을 처음 시작하는 분들을 위주로 생각하며 써내려갔지만, 어느 정도 미디(MIDI) 음악을 하던 중급자도 반드시 알아야 하지만 놓치기 쉬운 부분들도 다루고 있습니다. 어렵다고 느끼는 부분은 과감히 건너뛰셔도 좋습니다. 하지만 이 책을 가진 채로 시간이 좀 더 흘러 작곡 경험이 쌓이면 건너뛴 내용들이 필요해질 때가 올 것입니다. 그때 다시 펼쳐보시면 어렵게 느꼈던 부분들을 이해할 수 있으리라 믿습니다.

이 책의 흐름의 큰 줄기는 '작 · 편곡 + 믹싱 + 마스터링'입니다. 이것은 프로가 되어도 누구나 따라야 하는 작업의 필수 과정입니다. 이 큰 줄기에 '미디(MIDI) 개념, 음악 이론, 음향 이론'을 더한다는 느낌으로 기술했습니다.

물론 음악 이론이나 음향 이론은 해당 분야만으로도 몇 권의 책이 더 나올 만큼 방대합니다. 독자 분들이 더 깊은 내용이 필요해지는 날이 오면 그때 해당 분야에 대한 전문서적의 도움을 받아도 좋습니다.

그러고 보니 우리가 도구(tool)로 써야 할 프리소너스(Presonus)사의 스튜디오 원(Studio One)을 언급하지 않았습니다. 아마 다른 '미디(MIDI) 서적'들이라면 해당 프로그램을 머리말에서 많이 언급했을 터인데 말입니다. 그 이유는 앞서 밝혔듯이 저의 집필 의도가 이 책이 단지 스튜디오 원의 기능 소개에 치우친 매뉴얼이 아니기 때문입니다. 독자 분들은 그저 이 책의 흐름대로 '팔로우(Follow)'하다 보면 스튜디오 원이 익숙해질 것입니다.

사실 음악을 만들면서 어떤 도구(tool)를 사용하는지는 그다지 중요하지 않을 수도 있습니다. 하지만 막상 미디(MIDI) 작업에 임하다 보면 합리적인 사용자 환경과 효율적인 기능 및 제어는 작업에 많은 영향을 끼친다는 사실을 깨우치게 됩니다.

스튜디오 원은 현존하는 시퀀서 중 가장 젊습니다. 그리고 미국의 거대 음향기기 제조업체인 프리소너스사를 등에 업고 빠르게 유저를 늘리고 있습니다. 미디(MIDI)에 관해 기존과 조금 다른 개념의 접근도 있고 필수 기능들의 편의성도 훌륭합니다. 다른 프로그램들의 단축키를 모두 지원하기에 사용하던 프로그램을 스튜디오 원으로 바꾸려는 분들도 접근하기 쉽습니다. 또한 매킨토시와 윈도우즈 양쪽 운영체제 모두를 안정적으로 지원합니다.

여러모로 생각해봤을 때 미디(MIDI) 음악은 스튜디오 원과 시작하는 걸 추천하고 싶습니다. 혹은 다른 시퀀서를 쓰던 분들이 시퀀서를 바꾸고 싶다면 제일 권하고 싶은 툴(tool)이기도 합니다. 시간이 더 지나면 아마 제일 많은 유저가 사용하지 않을까 감히 예상합니다. '아무나 할 수 있어서 아무나 할 수 없는 음악'이라는 것을 시작하는 데 스튜디오 원이 도움이 될 것이라 생각합니다.

모쪼록 이 책이 독자 분들께 도움이 되길 바라며, 20여 년 전 제가 공부했던 '컴퓨터 음악' 관련 책들이 제 책장에 여전히 꽂혀 있듯 독자 분들의 기억에 남는 책이 되길 간절히 바랍니다.


스튜디오에서<br>양정원

# 목차

# PART 7 믹싱(Mixing)

## PART 8 마스터링

PART **1**

# MIDI
## (미디)

# ‿₩₩ 1 시작하기에 앞서

모든 미디 관련 서적의 첫 장을 장식하는 이 글머리만큼은 필자는 쓰고 싶지 않았지만, 이걸 언급하지 않을 수 없을 만큼 '미디'라는 말은 이미 널리 사용하는 보편적인 말이 되었습니다.

하지만 그 의미를 정확히 알고 있는 유저는 많지가 않은 것 같습니다. 미디(MIDI)는 '**Musical Instruments Digital Interface**'의 약자입니다. 이 말 중 '인터페이스(interface)'란 말의 정확한 번역이 궁금해 검색해보았더니 한글로 '인터페이스'라고 결과가 나오는 것을 보아도 대체 가능한 정확한 단어가 없는 것 같습니다. 굳이 필자 나름대로 비슷한 의미를 갖다 붙이자면 '번역기' 혹은 '변환기' 정도가 아닐까 생각합니다.

그래서 필자는 MIDI라는 말을 '음악 장비의 디지털 변환기'라고 말합니다.

자연 음계에 있는 '도 레 미 파 솔 라 시 도' 음정과 음의 길이가 숫자(digit)로 표현되어 디지털로 변환되는 과정을 뜻하는 것입니다. 미디에서 '도'의 옥타브별 음정은 C1 / C2 / C3 등으로 표시되며 음의 길이 역시 4분음표(♩)가 480(혹은 960), 8분음표라면 그 절반 길이인 240(혹은 480)으로 tick이라는 숫자로 표현 가능한 값을 가집니다.

근래의 미디 프로그램(시퀀서)에서는 이 틱(tick)이라는 개념을 모르고 작업을 할 수도 있습니다. 그래도 스튜디오 원이나 큐베이스, 로직 등의 미디 작업 중에 칸칸이 음정을 넣게 될 그 셀(CELL)의 단위가 왜 그렇게 분할되어서 이루어지는지 tick(틱)이라는 개념을 알면 이해하기가 쉬워집니다.

그림 1 - 1  프로툴스의 트랜스포트 윈도우

위 그림은 프로툴스의 트랜스포트 윈도우입니다. 가운데 숫자로 표시된 44 | 2 | 931은 현재 프로툴스 미디 편집 창에서 음표가 위치한 지점의 정보입니다. 이는 4분의 4박자 곡을 기준으로 [44마디 2번째 박자 931 틱]으로 읽으면 됩니다.

프로툴스의 경우에는(4분음표(♩)가 960 tick)이므로 931틱이라 함은 44마디 2번째 박자 자리에서 4분음표보다 조금 짧은 길이에 마우스가 위치한다는 걸 알 수 있습니다. 이 tick의 설명은 나중에 '퀀타이즈' 챕터에서 더 다룹니다. 음을 누르는 세기 혹은 강도(velocity, 벨로시티)는 총 128단계를 가집니다.

이는 컴퓨터도, 시퀀서도 모두 2진수를 사용하기 때문인데, 그 세세한 계산까지는 생략하더라도 우리는 '1~128' 혹은 '0~127'이라는 총 128단계의 가변 폭을 항상 기억해야 합니다(스튜디오 원의 경우에는 조금 다르게 0부터 100까지로 되어 있습니다. 이는 스튜디오 원이 MIDI 개념이 아니라 Audio의 개념으로 파일을 취급하기 때문이며, 뒤에 다시 설명하겠습니다). 가장 약하게 치는 피아니시모는 0 또는 1 가장 강하게 치는 포르테시모는 127 혹은 128이 됩니다.

그런데 이 2진수의 128단계 가변 폭은 중급자 여러분 중에 현재 혹시 가지고 있을지 모를 아니면 앞으로 하나쯤 가지게 될지도 모를 '외장 신시사이저'나 '외장 모듈' 음원의 한 뱅크(bank) 음원 수와 같기도 합니다.

아주 오래전에는 외장 악기 하나에 2진수의 한계인 128개의 소리밖에 없었습니다. 그래서 악기에 더 많은 수의 소리를 담고자 뱅크(bank)라는 개념을 도입했습니다. 한 뱅크에 128개의 음색을 넣어 두고 여러 개의 뱅크(bank)를 만들어서 외장 악기의 음원의 숫자를 늘리는 방법이었습니다. 가상 악기를 하나씩 샘플처럼 로딩해서 쓰는 지금은 이 뱅크라는 개념조차 필요 없어졌습니다. 때문에 현재는 목록별로 샘플이 정리된 '라이브러리'라는 개념이 되었습니다.

이처럼 MIDI 메시지의 '128'이라는 가변폭 개념은 오디오로 오면서 점차 의미가 사라지고 있습니다.

---

### ○─ 참고 | **GM(제너럴 미디)** ─○

미디가 나온 초창기에는 악기를 만드는 여러 음원 회사들의 미디악기가 회사별로 패치 넘버가 달라서 누군가가 작곡한 곡이 다른 사람의 악기로 가면 엉뚱한 소리가 나곤 했습니다. 예를 들어 A라는 회사의 악기는 패치넘버 1번 악기가 피아노인데 B라는 회사의 1번 패치가 기타였다면 스탠다드 미디 파일의 확장자인 .mid 파일이 오는 것은 불가능합니다. 결국 악기 패치를 다 일일이 수작업으로 맞춰 줘야 하는 불편함이 생깁니다. 그래서 악기를 만드는 여러 회사들이 모여서 "같은 패치 넘버에는 같은 종류의 악기를 넣어두자"라는 규약을 만드는데, 그것이 General MIDI(제너럴 미디, GM)입니다. 음원을 글씨체(폰트)로 바꿔 생각하면 이해가 빠를지도 모르겠습니다.

이 GM으로 인해 모든 악기 회사들의 1번 패치에는 반드시 어쿠스틱 피아노를 넣게 되었습니다. 하지만 이건 미디 초창기의 일이고 오히려 그 규약으로 인해 악기 회사들은 개성 없는 GM 악기만을 만들 수밖에 없었습니다. 그리고 얼마 지나지 않아 더 나은 소리와 회사 고유의 소리 합성 기술들 때문에 그 규약을 지킬 수가 없게 되었습니다. 더 많은 수의 악기를 넣어 두기 위해서 뱅크의 개념을 만들고 역시 그 안에는 2진수의 최대 가변 폭인 128개의 악기가 들어갔습니다(컴퓨터는 2진수입니다). 가령 한 악기가 뱅크가 4개라면 128 × 4 = 512의 악기 수가 있는 것이 됩니다. 그래도 악기가 업그레이드되더라도 대부분의 악기들은 반드시 GM 뱅크를 따로 두어 배려했었습니다(물론 그 GM 뱅크에도 128개의 음원이 존재합니다).

GM 패치 넘버마다의 규약에 맞춘 악기 이름과 순서는 같아도 당연히 그 음원들의 질감은 악기 회사들마다 많이 다릅니다.

자연계에 존재하는 음을 음정에 따라 배열하고 길이를 조절하는 과정에서 이를 수치화(digit)하기 때문에 미디(Musical Instrument Digital Interface)라는 말을 사용합니다.

'변환'이라는 단어는 '무엇에서 무엇으로'라는 어떤 과정이 있다는 말이니 〈머릿속에 있는 음악을 미디라는 변환 도구를 이용해 곡으로 바꾼다〉고 풀어서 설명이 가능합니다.

이런 미디 변환 도구를 이용해 음악을 만드는 프로그램을 시퀀서(sequencer)라 하고, 이를 이용해 작업을 하는 과정을 시퀀싱(sequencing)이라고 부르며, 만들고 있는 곡의 각 부분을 시퀀스(sequence)라고 합니다.

이제부터 이 책은 여러분의 작 · 편곡을 위한 미디 시퀀싱을 시작하는 과정에 도움이 되고자 합니다. 책에서 설명하는 미디 프로그램의 시퀀싱 기능들은 작업하면서 자연스레 익혀지도록 배려했습니다. 이 책은 정말 필요하고 자주 사용하는 기능 위주로 구성하였으니 더 많은 기능을 알고 싶다면 각종 매뉴얼 동영상이나 자료를 찾아보기 바랍니다. 하지만 아마도 작업 시 많이 사용해야 하는 대부분의 시퀀서 기능들은 이 책에서 거의 다 언급되었습니다. 또한 [음악]을 작업하기 위한 최소한의 '화성학'과 '리듬', 그리고 '음향학' 등의 설명과 예제가 있습니다.

# ∿ 2 GM(제네럴 미디)이란?

한글 파일(.hwp 파일)이나 워드 파일(.doc 파일)처럼 .mid라는 확장자를 가진 '미디 파일'은 인터넷에 참 많이 있습니다. 미디 파일은 공통 규약이므로 누구나 재생해서 들어볼 수 있고 여러분의 시퀀서에서 불러들일 수도 있습니다.

그런데 한 가지 문제가 있습니다. A라는 작곡가가 미디 파일에 사용한 피아노 음색이 여러분의 시퀀서나 윈도우 미디어 플레이어, 혹은 퀵타임 플레이어에서 피아노가 아닌 다른 엉뚱한 소리로 나올 수도 있습니다. Patch list상의 순서가 다르기 때문입니다. 마치 한글 파일을 열었는데 나에게 없는 서체를 사용했을 경우 다른 서체로 바뀌는 것과 같습니다. 이러한 문제를 해결하기 위해 GM이라는 규약을 만들고 128개 음색의 일정한 순서(patch list)를 정해놓았습니다.

## 1) GM 음원의 리스트 표

| No. | 악기명 | No. | 악기명 |
|---|---|---|---|
| 1 | Acoustic Grand Piano | 65 | Soprano Sax |
| 2 | Bright Acoustic Piano | 66 | Alto Sax |
| 3 | Electric Grand Piano | 67 | Tenor Sax |
| 4 | Honky-tonk Piano | 68 | Baritone Sax |
| 5 | ELEC PIANO 1 | 69 | Oboe |
| 6 | ELEC PIANO 2 | 70 | English Horn |
| 7 | HARPSICHORD | 71 | Bassoon |
| 8 | CLAVI | 72 | Clarinet |
| 9 | CELESTA | 73 | Piccolo |
| 10 | Glockenspiel | 74 | Flute |
| 11 | Music Box | 75 | Recorder |
| 12 | Vibraphone | 76 | Pan Flute |
| 13 | Marimba | 77 | Blown bottle |
| 14 | Xylophone | 78 | Shakuhach |
| 15 | Tubular Bells | 79 | Whistle |

| No. | 악기명 | No. | 악기명 |
| --- | --- | --- | --- |
| 16 | Dulcimer | 80 | Ocarina |
| 17 | Drawbar Organ | 81 | Lead 1 (square) |
| 18 | Percussive Organ | 82 | Lead 2 (sawtooth) |
| 19 | Rock Organ | 83 | Lead 3 (calliope) |
| 20 | Church Organ | 84 | Lead 4 (chiff) |
| 21 | Reed Organ | 85 | Lead 5 (charang) |
| 22 | Accordion | 86 | Lead 6 (voice) |
| 23 | Harmonica | 87 | Lead 7 (fifths) |
| 24 | Tango Accordion | 88 | Lead 8 (bass + lead) |
| 25 | ACOUSTIC GUITAR (NYLON) | 89 | Pad 1 (new age) |
| 26 | ACOUSTIC GUITAR (STEEL) | 90 | Pad 2 (warm) |
| 27 | ELECTRIC GUITAR (JAZZ) | 91 | Pad 3 (polysynth) |
| 28 | ELECTRIC GUITAR (STEEL) | 92 | Pad 4 (choir) |
| 29 | Electric Guitar (muted) | 93 | Pad 5 (bowed) |
| 30 | Overdriven Guitar | 94 | Pad 6 (metallic) |
| 31 | Distortion Guitar | 95 | Pad 7 (halo) |
| 32 | Guitar Harmonics | 96 | Pad 8 (sweep) |
| 33 | ACOUSTIC BASS | 97 | FX 1 (rain) |
| 34 | ELEC BASS (FINGER) | 98 | FX 2 (soundtrack) |
| 35 | ELEC BASS (PICK) | 99 | FX 3 (crystal) |
| 36 | Fretless Bass | 100 | FX 4 (atmosphere) |
| 37 | Slap Bass 1 | 101 | FX 5 (brightness) |
| 38 | Slap Bass 2 | 102 | FX 6 (goblins) |
| 39 | Synth Bass 1 | 103 | FX 7 (echoes) |
| 40 | Synth Bass 2 | 104 | FX 8 (sci-fi) |
| 41 | Violin | 105 | Sitar |
| 42 | Viola | 106 | Banjo |
| 43 | Cello | 107 | Shamisen |
| 44 | Contrabass | 108 | Koto |
| 45 | Tremolo Strings | 109 | Kalimba |
| 46 | Pizzicato Strings | 110 | Bagpipe |
| 47 | Orchestral Harp | 111 | Fiddle |
| 48 | Timpani | 112 | Shanai |

| No. | 악기명 | No. | 악기명 |
| --- | --- | --- | --- |
| 49 | String Ensemble 1 | 113 | Tinkle Bell |
| 50 | String Ensemble 2 | 114 | Agogo |
| 51 | Synth Strings 1 | 115 | Steel Drums |
| 52 | Synth Strings 2 | 116 | Woodblock |
| 53 | Choir Aahs | 117 | Taiko Drum |
| 54 | Voice Oohs | 118 | Melodic Tom |
| 55 | Synth Choir | 119 | Synth Drum |
| 56 | Orchestra Hit | 120 | Reverse Cymbal |
| 57 | Trumpet | 121 | Guitar Fret Noise |
| 58 | Trombone | 122 | Breath Noise |
| 59 | Tuba | 123 | Seashore |
| 60 | Muted Trumpet | 124 | Bird Tweet |
| 61 | French Horn | 125 | Telephone Ring |
| 62 | Brass Section | 126 | Helicopter |
| 63 | SynthBrass 1 | 127 | Applause |
| 64 | SynthBrass 2 | 128 | Gunshot |

위 표는 GM이라는 뱅크의 음원의 종류입니다. 이 GM 뱅크가 있어야 인터넷에서 다운받은 미디 파일을 재생할 때 악기의 종류가 맞춰져서 재생됩니다. 윈도우즈라면 '윈도우 미디어 플레이어' 그리고 매킨토시 유저라면 '퀵 타임'에서 기본 지원이 됩니다.

다만 이 경우 Piano 소리가 당연히 Piano로 나오긴 하겠지만 각 '플레이어' 제조사가 만든 Piano 음색은 재생하는 플레이어마다 다릅니다. 다른 느낌의 피아노란 겁니다.

겨우 128개의 음색으로 근래의 음악을 만들기란 거의 불가능하기에 요즘은 잘 사용하지 않고, 노래방 반주나 서로 다른 시퀀서를 오가며 파일을 공유할 때에 주로 미디 파일을 사용합니다. 그 경우 트랙마다 어떤 악기를 사용했는지 상대방에게 알려줘야 합니다. 윈도우즈에서 윈도우 미디어 플레이어 이외의 재생장치를 사용할 경우 '사운드폰트'라는 유틸리티를 설치해야 GM 음원의 미디 파일을 재생할 수 있습니다.

# ⌁⌁ 3  시퀀서 이야기

현재 음악가들이 사용하는 시퀀서는 종류가 많습니다. 주로 사용하는 툴로는 Cubase(Nuendo), Logic, Pro tools, Digital perfomer, sonar, Live, Fl studio, Studio One 등이 있습니다. 기존의 시퀀서에 새로운 개념으로 접근한 시퀀서, 그리고 원래는 레코딩 툴(tool)이었으나 미디 기능을 강화해서 시퀀서가 된 프로그램까지 아주 다양합니다.

참고로 Pro tools, Cubase(Nuendo), Studio One, Live, Digital perfomer 등은 매킨토시와 윈도우즈 공용이며 Logic은 매킨토시 전용 그리고 sonar는 윈도우즈 전용 소프트웨어입니다.

얼마 전 'sonar'는 개발 중단되었으니 윈도우즈 전용은 현재는 FL studio뿐입니다.

| 매킨토시 | Logic / Digital perfomer |
|---|---|
| 윈도우즈 | FL studio |
| 공용 | Studio One, Cubase(Nuendo), Pro tools, Live |

표 1 - 1  OS별 시퀀서 종류

다만 FL studio는 시퀀서로 보지 않을 수도 있습니다. 음악을 만드는 Tool이긴 하지만 사실 시퀀싱의 개념은 다소 희박합니다. 그렇다면 윈도우즈 전용은 없는 셈일 수도 있습니다.

# 4 사운드 편집과 녹음 작업

느린 컴퓨터의 성능 탓에 20년 전 가격으로도 천만 원 가량의 액셀러레이터 카드를 컴퓨터에 꽂아 사용해야 했고, 그 비싼 가격 때문에 오디오 녹음과 편집의 전문적인 영역이었던 프로툴스의 사용이 컴퓨터 레코딩의 시작을 알리는 서막이었다면 후발 주자인 스테인버그(Steinberg)사의 VST가 가져온 레코딩의 대중화, 저변화는 현재 음악의 다양성과 편곡의 발전을 이끌었다고 해도 과언은 아닙니다. '녹음은 녹음실에서'라는 것이 매우 당연했던 시절이 있었고 집에서 레코딩을 하기엔 프로툴스와 그 것을 운용할 매킨토시의 가격은 개인 유저가 가질 만한 가격이 이미 아니었습니다.

그러던 차 미디 시퀀서에서 오디오를 다루기 시작한 1996년에 스테인버그사가 'VST'라는 오디오 엔 진 규격을 만들고 그 엔진을 사용하기 위한 'ASIO'라는 오디오 드라이버를 만들어 세상에 공개합니다.

스테인버그사가 ASIO 드라이버를 대중화시킨 덕분에 지금은 이 'VST'라는 오디오 엔진 규격이 거의 업계 '표준'이 되었습니다.

어느새 작 · 편곡가는 자신의 곡 작업에 직접 악기를 녹음하기도 하고 믹싱에 마스터링을 해서 완성품을 낼 때까지 자신이 사용하는 DAW의 기능을 한껏 사용할 수 있는 시대가 되었습니다.

**그림 1 - 2**  프로툴스 HD 액셀러레이터 카드

이런 홈 스튜디오, 홈 레코딩의 대중화, 저변화를 이끈 것은 VST 엔진 기반의 '가상 악기(VST instrument)'와 이펙터 플러그인들의 역할이 컸습니다(VST는 매킨토시와 윈도우즈 공용입니다). 또한 그 기능들이 프로툴스처럼 별도의 값비싼 액셀러레이터 카드 없이도 본인의 컴퓨터만으로 실현할 수 있는 것은 인텔(intel)사의 CPU가 엄청나게 빠른 속도로 발전했기 때문입니다. 어쩌면 이 모든 것은 인텔(intel)사의 덕분이라고 보아도 과언은 아닙니다. 이에 관해서는 PART 3에서 추가로 설명하겠습니다.

Asio 드라이버는 VST 엔진에 시동을 걸기 위한 열쇠라고 생각하면 이해하기 쉽습니다. 매킨토시 기본 AU 엔진을 사용하고, 만약 Asio 드라이버를 설치하면  VST 엔진도 사용가능합니다. Asio 드라이버를 설치하면 윈도우즈는 VST 엔진을 사용해야 DAW를 사용할 수 있습니다(Mac : AU, VST / Windows : VST).

# ᚖᚖᚖ 5  외장 미디 악기의 연결

과거에 비하면 많이 줄었지만, 가상 악기가 아닌 외장 음원들을 사용하는 유저들은 현재에도 분명히 많습니다. 신시사이저나 음원 모듈 등의 외장 악기들을 사용하던 과거에는 각 장비마다 컴퓨터와의 연결과 그 악기의 '패치 리스트(내장된 악기 이름들)'를 관리해줄 무엇인가가 필요했습니다. 이 관리를 위한 프로그램으로 매킨토시의 경우에는 OMS(Open Midi System)라는 '미디 패치 프로그램'이 있었고, 이것은 현재 Mac OS의 유틸리티 폴더 안에 있는 'Audio/MIDI Setup'에 거의 똑같이 구현되어 있습니다.

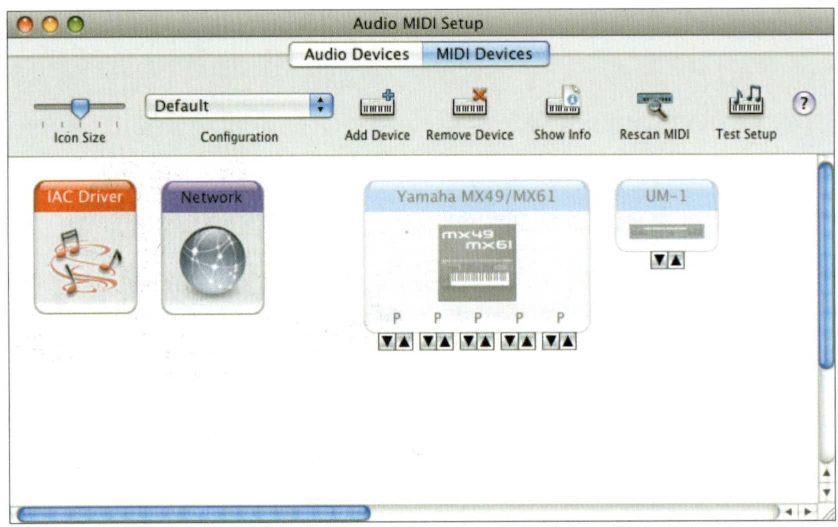


**그림 1 - 3**  Audio MIDI Setup

또한 매킨토시용 로직이나 큐베이스도 OMS를 지원해야 외장 악기의 패치 등을 편하게 사용할 수 있었습니다. 이 OMS는 한때 윈도우즈용으로도 개발되어 사용된 적도 있습니다.

OMS는 외장 악기를 사용하는 사람들에게 신시사이저 등의 '패치 네임'을 지원하고 '미디 인터페이스의 미디 포트(PORT)와 악기의 포트(PORT) 배열' 등을 할 수 있는 강력했던 유틸리티 프로그램이었습니다.

90년대 후반, 처음 STAND ALONE(스탠드 얼론 : 지금처럼 시퀀서 안에서 가상 악기가 실행되는 방식이 아닌 가상 악기가 독자적인 프로그램으로 따로 구동되는 형식) 버전의 가상 악기가 등장했을 때 NI사의 컨탁트(KONTAKT), 멜로다인 브릿지 등은 모두 이 OMS에서 마치 외장 장비처럼 시퀀서와 동기화 세팅을 하고 구현되었습니다. 이런 방식은 지금도 맥 OS 안의 'Audio/MIDI Setup'에 존재하는 IAC 드라이버를 통해서 가능합니다. 현재 맥 OS의 'Audio/MIDI Setup'은 MIDI PORT를 이용하는 외부 장비와 시퀀서의 연결을 간편히하는 데 목적이 있습니다.

윈도우즈용으로 개발된 '스튜디오 원'은 외부 장비를 Devices라는 메뉴에서 연결하고 사용합니다. 연결에 관한 설정을 자신들의 프로그램 내부로 통합시켜버린 셈입니다(큐베이스도 마찬가지입니다). 대부분의 설정은 '스튜디오 원'의 Preferences 메뉴 안에서 끝이 납니다. 이는 윈도우즈용, 매킨토시용 모두 해당됩니다.

심지어 '스튜디오 원'은 외장 신시사이저나 음원 모듈 등 장비들의 악기 리스트 목록인 '패치 리스트'를 아예 지원하지 않고 있기에 더더욱 외부 하드웨어 장비를 쓰지 않는 매킨토시 유저의 경우 Audio/MIDI Setup에 들어 갈 필요가 없어졌습니다. 매킨토시 유저 역시 거의 '스튜디오 원'의 Preferences 메뉴에서 끝냅니다.

윈도우즈의 경우 Audio/MIDI Setup은 없기 때문에 어쩌면 시퀀서에 통합되는 요즘의 형식이 더 좋을 것이라고도 생각됩니다.

# 6 가상 악기(Virtual Instruments)

앞서 말했듯 홈 레코딩이 보편화된 이후 음악 편곡이 가져온 변화와 발전은 '가상 악기'라는 미디 악기의 등장으로 또 한 번 큰 변화를 맞이했습니다. 미디 편곡을 하기 위해서 더 이상 '외장 음원 악기'를 구입할 필요가 없어진 것입니다. 다만 충분한 개수의 '가상 악기'를 사용하기 위해서 빠른 사양의 컴퓨터는 필수이지만 그 악기들의 높아진 퀄리티와 편의성 등을 보면 과거 '외장 음원 악기'를 사는 비용에 비해 충분히 저렴해졌다고 보아도 됩니다.

시퀀서 본연의 임무라고 할 수 있던 미디 작업 외에 이런 '가상 악기'의 활용과 '오디오의 녹음과 편집' 기능이 장점으로 부각된다는 것은 결국 개인들의 컴퓨터의 사양이 점점 더 좋아지고 있다는 뜻이기도 합니다. 예전부터 신시사이저나 모듈을 만들던 유명한 음향 회사들은 이제 몇몇 신시사이저를 제외하고 '외장 음원 악기' 제작을 거의 하지 않고 있습니다. 오히려 가상 악기를 만드는 새로운 음원 회사들이 우리들에게 아주 친숙한 회사 이름들이 되었습니다.

가상 악기 작업은 컴퓨터의 성능에 따라 사용 가능한 가상 악기 개수와 종류가 정해집니다. 좋은 사양의 컴퓨터를 지닐수록 쾌적한 상태로 많은 악기와 오디오 트랙의 작업이 가능합니다.

EMU나 ENSONIQ, ROLAND사의 '외장 음원 악기'들을 좋아하던 필자는 당시에 '가상 악기'를 만들던 작은 회사였던 '네이티브 인스트루먼트(NI)'사가 지금처럼 크고 유명해질줄은 몰랐습니다. 하지만 근래의 뮤지션들 중에 '네이티브 인스트루먼트(NI)'사의 컨탁트(KONTAKT)라는 샘플러를 쓰지 않는 사람을 찾는 게 어려울 정도로 미디 유저들에겐 '네이티브 인스트루먼트사(NI)'는 어느새 중요한 회사가 되었습니다.

독자분들이 듣고 있는 근래의 많은 곡들에는 '네이티브 인스트루먼트사(NI)'사의 악기가 쓰였을 것입니다. 그 중 '컨탁트(KONTAKT)'는 당연히 본인들의 라이브러리뿐 아니라 다른 회사에서 컨탁트용 라이브러리를 개발하여 판매도 합니다. 다른 회사의 라이브러리들을 컨탁트(KONTAKT)에 로딩하면 사용이 가능한 형식입니다.

**그림 1 - 4** 네이티브 인스트루먼트사의 컨탁트(NI KONTACT)

컨탁트(KONTAKT)는 대용량 샘플을 로딩할 수 있도록 제작되었고, 과거의 신시사이저나 음원 모듈들에 비하여 음질은 물론이고 섬세함도 진짜 악기에 버금갈 만큼 좋아졌습니다.

이 역시 디지털이 가져온 변화라 할 수 있겠고 그 변화의 한 가운데에는 역시 '인텔(intel)'이 있습니다. 정말 모든 것이 빠르게 변하고 있습니다. 중요한 것은 DAW는 이미 현대 음악의 대세이며 앞으로도 아주 오랫동안 그러하리라는 것입니다. 그리고 이미 다양한 시퀀서를 가진 DAW 시장에 '프리소너스'라는 음향 장비 회사는 몇 년 전 조금 무모한 듯 후발 주자로 뛰어들어 '스튜디오 원(Studio One)'을 출시했습니다. 늦게 나온 덕분에 앞서 나온 여러 시퀀서들의 장점들을 반영하고 개선하여 정말 빠르게 유저들을 늘리고 있습니다.

얼마 전 프리소너스사는 무료로 아이패드에서 멀티 터치를 지원하는 '스튜디오 원 프라임'을 무료로 공개했습니다.

'스튜디오 원'은 매킨토시, 윈도우즈, iOS까지 멀티 OS 플랫폼을 지원하고 있습니다. 누군가가 처음 미디를 시작한다고 하거나 현재 사용 중인 시퀀서를 좀 더 강력한 시퀀서로 바꾸고 싶다고 말한다면 권하고 싶은 DAW입니다.

---

**참고 | DAW**

Digital Audio Workstation의 약자로, 컴퓨터로 구현하는 음악, 사운드 작업에 사용되는 도구들을 말하며 앞서 설명한 시퀀서들이 대표적인 프로그램입니다.

---

PART
2
피해 갈 수 없는
음악이론

# 〰️ 1 시작하기에 앞서

곡을 만드는 데에는 여러 가지 방법이 있습니다. 그건 작곡가 본인의 노하우일 수도 있고 혹은 '우연의 산물'일 수도 있습니다. 여기서 '우연의 산물'은 많은 경험과 시도가 있기에 가능한 것이니 그냥 '얻어걸렸다'와는 분명 다른 뜻이기도 합니다. 이 책은 미디 음악의 입문서이지 화성학을 가르치려는 책은 아니지만 음악을 만들기 위해서는 꼭 필요한 부분이기 때문에 약간의 언급이 필요할 것 같습니다. 하지만 흥미를 잃을 정도는 아닙니다.

본인이 겨우 '도 레 미 파 솔 라 시'밖에 모르더라도 힘내서 곡을 한번 만들어 봅시다.

2장 내용이 어렵다면 우선 '코드'편까지만 숙지한 뒤 다음 장으로 넘어가셔도 되지만, 작곡을 위한 기초 지식이므로 나중에라도 남은 분량을 하나씩 차근차근 정복해 나가시기 바랍니다.

# ◠⅏ 2 코드

코드는 무엇일까요? 우리말로 바꾸어 말하면 아마 '화음'일 것입니다. 화음(和音)이란 서로 어울리게 조화를 이루는 음이라는 뜻입니다. 화음은 2개 이상의 음정이 모여 있을 때를 말하며, 그중 3개의 음정이 모여서 만든 3화음을 '트라이어드'라고 부릅니다. 대부분의 코드는 '트라이어드 화음'을 기본으로 하는데, 3개의 음이 모여야 화음의 조화를 이룸은 물론이지만 코드 저마다의 특성이 생기며 안정된 소리를 내기 때문입니다.

**그림 2 - 1**  건반

피아노는 흰 건반과 검은 건반으로 이루어져 있습니다. 도에서 시까지 검은 건반을 포함하여 12개의 음정을 가지고 있습니다. 도에서 같은 음인 도까지 흰 건반은 8개로 연결되며 그 간격을 '옥타브'라고 부릅니다.

위 그림에서 보면 미, 파와 시, 도는 그 사이에 검은 건반이 없습니다. 미, 파와 시, 도는 검은 건반 없이 바로 옆이기에 '반음' 차이가 됩니다. 도와 레 혹은 파와 솔의 간격은 두 음 사이에 검은 건반이 끼어 있기에 '온음' 차이라고 합니다. 주의할 점은 검은 건반이 있거나 혹은 없어야 온음, 반음이 성립되는 게 아닙니다. 미, 파와 시, 도에서 보듯 흰 건반끼리도 반음이 성립됩니다.

그럼 C 코드(화음)의 구성음은 무엇일까요?
알기 쉽게도 '도 미 솔'의 3화음 '트라이어드'로 구성되어 있습니다. 도에서 그 다음인 미는 두 번째 음입니다. 이는 코드의 성격을 나타내고 성격은 이름이 됩니다. 미 다음에 나오는 솔은 맨 처음 나온 '도' 즉 근음과 5도 차이(도레미파솔)입니다(도와 레는 2도 차이, 도와 미는 3도 차이입니다). 5음 차이, 즉 5도 차이는 근음과 완벽하게 어울리는 음입니다.

이것은 수치로 공학적인 설명이 가능한데, 주파수의 수치와 배수 관계를 이용한 '배음 관계'입니다.
미술로 치면 인체의 구조 비율이 가장 아름답다는 '황금 분할'과 같은 이야기입니다.
코드 역시 아름다운 소리를 내기 위한 수치적인 구성이라고 할 수 있고 인간은 수치를 모르고도 그
아름다움을 즐기고 있는 것입니다.

위에서 배웠듯이 C 트라이어드 코드는 도를 기준으로 보면 '1도 3도 5도'로 구성됩니다. 조금 더 나
아가 '도에서 미'까지 간격을 '장3도'라고 하고 '미에서 솔'까지는 '단3도'의 간격이라고 합니다. 이 3도
앞에 붙은 '장 · 단'이란 말은 두 음 사이에 반음이 있느냐, 없느냐로 정해집니다.
온음 차이면 '장', 반음 차이면 '단'으로 말합니다. 미에서 솔은 단3도인데 그 이유는 반음 차이인 '미
와 파'가 끼어 있기 때문입니다.

이 문장이 어렵다면 그냥 연속된 피아노 건반을 '손가락으로 4개' 누를 차이면 단3도이며 '5개 누를
차이'라면 장3도로 생각하면 됩니다. 가령 도에서 미b까지는 손가락 4개를 사용하니까 단3도입니다.
음정의 인터벌을 알아야 하는 이유는 이 음들 사이의 인터벌(거리)이 코드를 만들고 읽을 때 기본이
기 때문입니다.

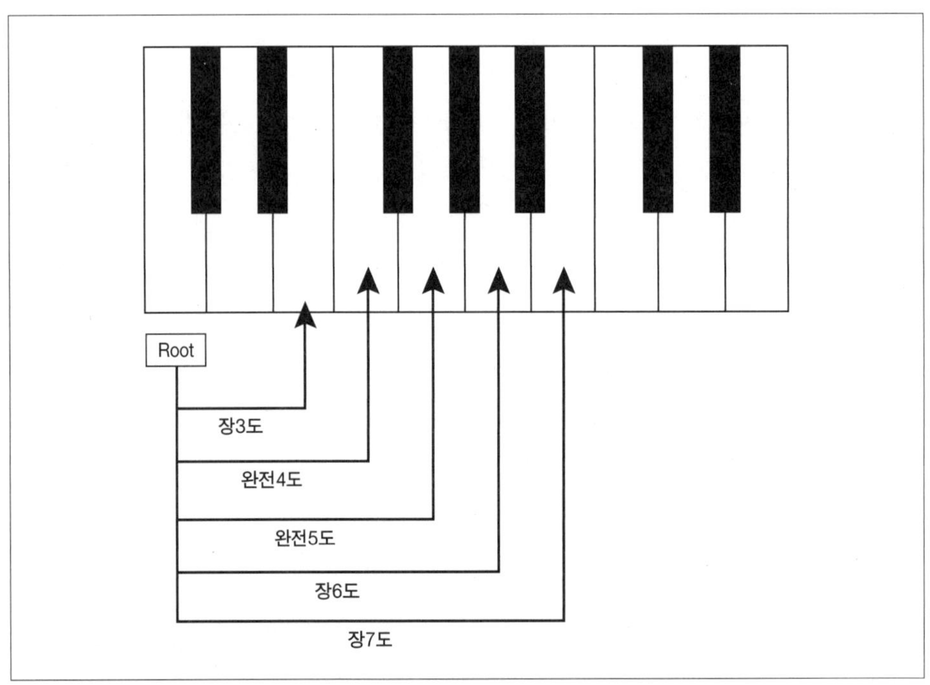


그림 2 - 2  인터벌 트리

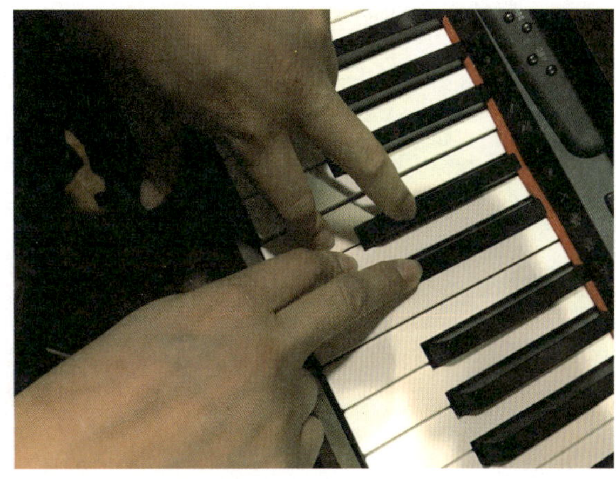

그림 2 - 3 손가락 4개

도에서 미b까지는 손가락 4개로 누를 수 있으니까 단3도입니다.

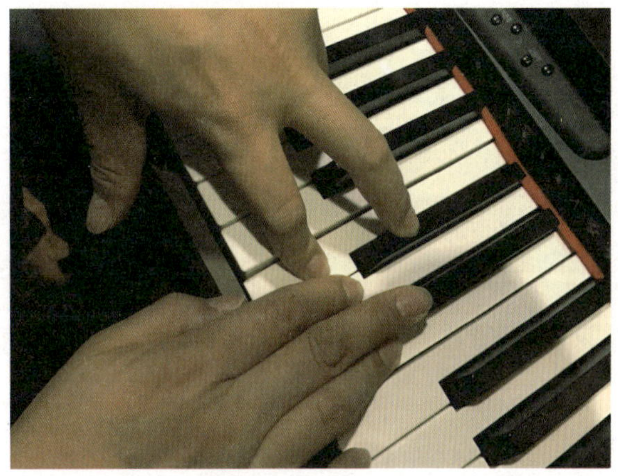

그림 2 - 4 손가락 5개

도에서 미까지는 손가락 5개로 누를 수 있으니까 장3도입니다.

## 도 레 미 파 솔 라 시 도

이는 알파벳 C D E F G A B로 표기합니다. 우리말로 '다 라 마 바 사 가 나 다'라고도 씁니다.
'도 레 미 파 솔 라 시 도'를 근(root)음인 C(도)의 입장에서 보면 E(미)까지는 장3도, F(파)까지는 완전4도이며 G(솔)까지는 완전5도, A(라)까지는 장6도, B(시)까지는 장7도라고 말합니다. 옥타브 위의 다음 C(도)까지는 완전8도라고 합니다.

음악은 이 인터벌(interval), 즉 음 사이의 '간격'들이 청음적으로 아름다움을 지니게 되는 음가(音價)의 모임입니다.

### 1. 〈완전과 장 · 단〉

음정의 간격(interval) 이름에는 완전과 장 · 단이 있습니다.

완전에는 1, 4, 5, 8 장 · 단에는 2, 3, 6, 7이 있습니다. 따라서 완전6도 이런 것은 존재하지 않습니다.

주의할 점은 완전 음정에는 '반드시 반음이 포함된다'는 점입니다. 이 규칙은 외우기 쉬우므로 앞으로의 공부를 위해 가급적 외우길 바랍니다.

### 2. 〈감 과 증〉

완전과 장 · 단만 있으면 좋은데 귀찮게도 조금 더 있습니다.

감과 증인데, 한자로 '줄어들' 감(減)과 '늘어날' 증(增)입니다. 예를 들어 장6도의 경우 이미 반음이 하나 들어 있는데 여기에 반음이 하나 더 들어가면 간격이 줄어드니 '감6도'라고 합니다. 이와 반대로 원래 있던 반음이 없어지고 결국 '온음만 존재하면' 간격이 늘어나니 '증6도'라고 합니다. 즉, 별일 없이 잘 있던 음정의 간격에 샵이나 플랫이 하나 더 붙는 바람에 간격이 더 늘거나 줄어드는 것을 감과 증이라고 부릅니다. 필자는 예전에 이것을 '엎친 데 덮친 격'이라고 외웠었습니다.

C에서 A까지는 '미, 파' 반음이 하나 들어있습니다. 그리고 이 간격은 6도 관계입니다. 이 사이에 '엎친 데 덮친 격'으로 반음이 더 줄어들면 '감', 반대로 반음이 더 늘어나면 '증'입니다.

다음에 나오는 문제를 한번 풀어보면 완전 · 장 · 단 · 증 · 감을 더 알기 쉬울 겁니다.

## 예제 | 완전 · 장 · 단 · 증 · 감 interval

❶ ~ ❿까지 '음정의 interval'을 풀어보세요. 문제를 맞추기보다는 틀렸을 때 왜 틀렸는지 아는 것이 중요합니다.

그림 2 - 5  예제

❶ 도에서 미는 '도레미'이므로 3도이고 반음이 없으니 장3도입니다.

❷ 파~시는 '파, 솔, 라, 시'니까 4도. 일단 4도는 완전이란 이름이 붙습니다. 하지만 '미파'나 '시도' 같은 반음 없이 온음만으로 이루어졌으니 반음이 꼭 있어야 하는 '완전'이란 이름에선 탈락입니다. 그러니 반음 없이 늘어난 간격 이름으로 증4도인데 시에 붙은 # 때문에 엎친 데 덮친 격으로 하나 더 벌어져서 겹증4도입니다.

❸ 솔라시도레미파 7도 차이이니 장·단 둘 중에 하나이며 시도와 미파 반음이 두 개 들어 있으니 단7도입니다.

❹ 도에서 도까지이니 8도. 그럼 '완전'인데 옥타브 위의 도가 엎친 데 덮친 격으로 플랫이 붙었으니 감8도가 됩니다.

❺ 레에서 파이니 3도. 장·단 중에 하나고 조표가 없으면 단3도인데 엎친 데 덮친 격으로 플랫이 하나 더 있으니 감3도입니다.

❻ 미에서 라까지이니 4도이고 반음도 포함되었으니 완전인데 #이 하나 붙어 간격이 줄어 감4도가 됩니다.

⑦ 파에서 도까지이니 5도이며 완전이어야 하지만 도에 #이 붙으니 간격이 늘어 증5도입니다.

⑧ 라에서 파까지이니 6도이며 장·단 중에 하나인데 반음 간격이 2개나 있으니 단6도입니다.

⑨ 시에서 파까지이니 5도이며, 완전에 속할 뻔했지만 시도와 미파 반음이 두 군데 있으니 감5도입니다.

⑩ 레에서 도까지 7도이니 장·단에 속하는데 반음이 두 개 있으니 단7도일 뻔하다가 레에 b이 있어 간격이 늘어나서 장7도입니다.

이 10문제를 반복해서 풀어보기 바랍니다. 다 맞아도 혹은 몇 개 틀려도 여러 번 풀어보기 바랍니다.

---

## 참고 | 우리가 알만한 곡에서 '인터벌' 느끼기

인터벌을 공부해 보아도 실제로 연주하고 곡을 만들 때는 공부한 것을 작곡에 적용하기가 쉽지 않습니다. 공부는 시험을 보려고 하는 것이 아니라 써먹기 위해서 하는 것이니 몇몇 노래들을 떠올려서 그 인터벌을 느끼고 감을 외워 놓는 것도 좋습니다.

**단2도** : 영화 [죠스]의 테마 '**다 단** ~~~'
**장2도** : 해바라기의 [사랑으로] '**내 가** 살아가는 동안에'
**장3도** : 사운드 오브 뮤직 [도레미송] '**도** 레 미 **도 미 도 미** '
**완전4도** : [애국가] '**동~해** 물과'
**완전5도** : 김범수 [보고싶다]의 2번째 보고싶다 '보고싶다 **보~고** 싶다'
**장6도** : 프랭크 시나트라 [my way] '**앤 ~나우**'
**단7도** : 김경호 [금지된 사랑] '**널 사** 랑해'
**옥타브** : [somewhere over the rainbow] ' **썸 웨**어 ~'

예를 들어 제시한 위의 노래들은 대중적으로 많이 알려진 곡입니다. 혹시 이 곡들을 모른다면 직접 찾아서 듣기를 바랍니다. 이 곡들을 아는 것보다는 인터벌을 공부하기 위함이 목적입니다.

# ᜪ᷁᷀ 3 코드 만들고 읽기

코드는 이미 그 자체로 화성학이 집약된 모습입니다. 클래식 음악을 만들어야 한다면 악보를 만들어 각 파트별 연주를 모두 관장해야 하지만 근래의 많은 대중음악들은 연주자에게 코드만 주고 나머지 연주는 연주자의 해석에 의존하는 경우가 흔합니다.

실제로는 각자의 해석에 의존하지만 그래도 그 틀은 화성학과 연주자의 릭(lick)에 의한 나름의 정해진 규칙이 있는 연주가 됩니다. 그래서 좋은 '세션 맨'이라는 말도 생겨나게 되고 우리는 그 연주자만의 음악 해석을 듣기 위해서 여러 버전의 곡을 듣기도 합니다. 이것은 클래식 음악도 마찬가지입니다.

"그래서 음악을 만들려면 음악을 더 많이 들어야 합니다."

재즈의 즉흥 연주들을 보면 연주자들은 모두 마디와 코드만 그려진 코드 보를 봅니다. 당연하게도 코드를 만들 줄 알고 읽을 줄 알고 진행을 공부하다 보면 곡 전체의 흐름이 보입니다. 박자와 음정이 나온 오선지 '악보'를 [활자]라 한다면 '코드 보'는 감정을 더 적극적으로 표현하는 [이모티콘]과 같다고 생각하면 됩니다. [이모티콘]은 어떤 상황에서는 활자보다 보내는 사람의 감정을 더 잘 표현해주기도 하고 읽는 사람에 따라서 해석의 여지가 생길 수도 있는 특징이 있습니다(예를 들어 웃음 표시 [이모티콘]도 해석은 여러 가지가 가능하니까요).

특정 이모티콘(코드)을 골라서 보내거나 혹은 받아서 해석하는 능력은 보내고 받는 이들의 해석에 따라 다를 수도 있기에 저마다 다른 연주가 나올 수도 있습니다. 그러려면 당연히도 이모티콘(코드)을 읽고 쓸 줄 알아야 보낼 수도 있겠지요.

곡을 만드는 과정은 여러 가지가 있을 수 있겠지만 일단 코드를 사용해 만드는 방법이 가장 많이 사용되며 특히 근래의 팝 음악 작곡에선 기본이라 생각됩니다. 필자의 경우는 만들고 있는 곡의 시작이 비록 코드로 만드는 과정이 아니었을지라도 차후에 그 곡의 마무리는 결국 코드로 정리를 해야 비로소 끝낸 것 같은 기분도 듭니다.

> **참고 | 릭(lick)**
>
> 릭은 여러 가지 연주 패턴을 모아 놓은 것을 말합니다. 연주자의 솔로 연주가 가는 길(?)의 패턴들이 모아져 있기에 릭을 많이 암기해 놓으면 솔로 연주를 할 때 응용이 쉽습니다. 어떻게 보면 수없이 많은 연습 끝에 생긴 연주자의 버릇일 수도 있습니다.

이제부터 코드를 만들고 읽어 보겠습니다. C 코드에서 시작해 보겠습니다.

## 3.1 C 코드 만들기

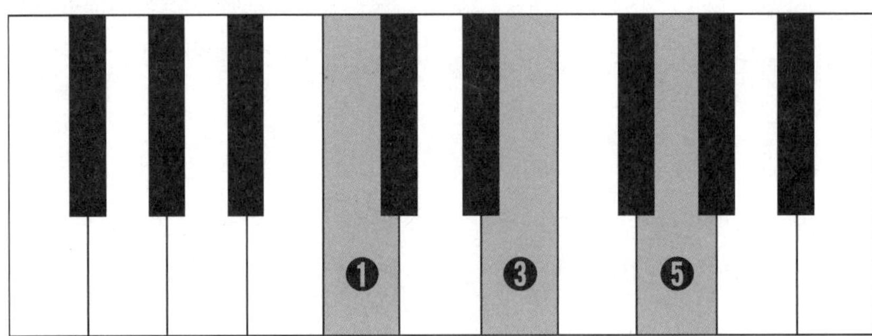

그림 2 - 6  C 코드 만들기

으뜸음(근음)인 도 즉, C를 기준으로 그 대표 이름을 만듭니다. 으뜸음에서 3칸 올라간 장 혹은 단3
도 위의 음은 코드의 성격을 말해줍니다. 즉 메이저(장조)인지, 마이너(단조)인지 알려줍니다.

만약 두 번째 음이 단3도이면 '마이너 코드'가 됩니다. 즉, 두 번째 음인 '미'가 반음 내려와서 '미b'을
누르게 되면 마이너 코드가 됩니다.

쉽게 말해 가운뎃손가락의 위치가 한 칸 루트음 쪽으로 내려오는 것이 마이너 코드가 됩니다.

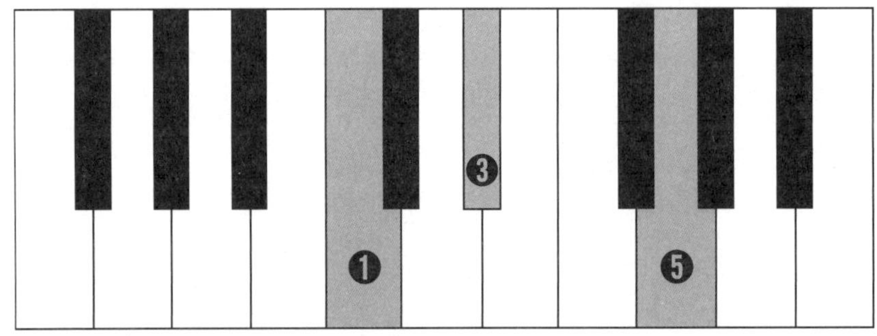

그림 2 - 7  Cm 코드 만들기

마이너가 되었을 때 중지(3음)의 위치가 C 코드일 때와 어떻게 다른지 보길 바랍니다.

중지(3음)가 근음 쪽으로 한 칸(반음) 아래로 내려옵니다. 그럼 이 코드는 마이너가 됩니다. 가운뎃
손가락 중지의 위치가 중요합니다.

**"가운뎃손가락이 근음쪽으로 하나 내려오면 마이너"**

라고 외우세요. 마이너 코드는 기분이 조금 어두워지는 인상을 받습니다. '5도' 음은 루트음부터 5번째 음정을 가리킵니다.

근음과의 인터벌은 '완전 5도'가 되는데 트라이어드 화음(코드)에 있어서는 3번째 구성음이 됩니다. 5도 음은 루트음과 가장 잘 어울립니다. 말 그대로 루트음과 '완전'하게 어울리는 음입니다.

만일 무난하고 심플한 편곡을 하고 싶을 경우 '루트음과 5도 음' 두 가지만으로 메인 멜로디의 코러스 멜로디 등을 만들면 쉬우면서도 꼭 필요한 부분의 편곡을 할 수 있습니다. 하지만 듣기에 재미있고 텐션 있는 음악이 되려면 완전체인 '루트와 5도 음'의 역할에 기대기보다는 4화음을 만들거나 혹은 텐션 음(Tension Note)을 사용합니다. 텐션은 일종의 '불협화음'을 말하기도합니다.

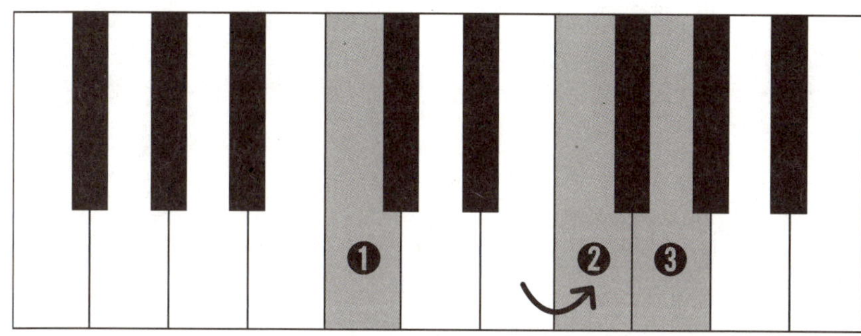

그림 2 - 8  Csus4 코드

sus는 suspened의 약자입니다. suspend는 '매달리다'라는 뜻이니 'suspended'는 '매달린'이라고 해석이 될 텐데 뭐가 어디에 매달렸다는 뜻일까요? 이는 두 번째 음인 미를 파 쪽으로 일부러 매달리게 했다는 뜻입니다. 이렇게 되면 '불협'의 느낌이 나면서 곡에 긴장감을 줄 수 있습니다.

사실 그것이 sus4 코드의 '주 용도'이기도 합니다.

---

⊸ **참고** | **텐션(Tension)** ⊸

3화음 또는 4화음에 쓰이는 음 이외의 음이 첨가되면 그 음을 텐션이라고 합니다.
텐션은 사전적 의미대로 긴장감을 줍니다. 뒤에 C Major 스케일에서 배울테지만 '도미솔' '도미솔시'를 이용해 코드를 만들면 그 외의 음들인 '레(9th)', '파(11th). '라(13th)'가 텐션이 됩니다. 다만 언제나 텐션을 쓸 수 있는 건 아닙니다.

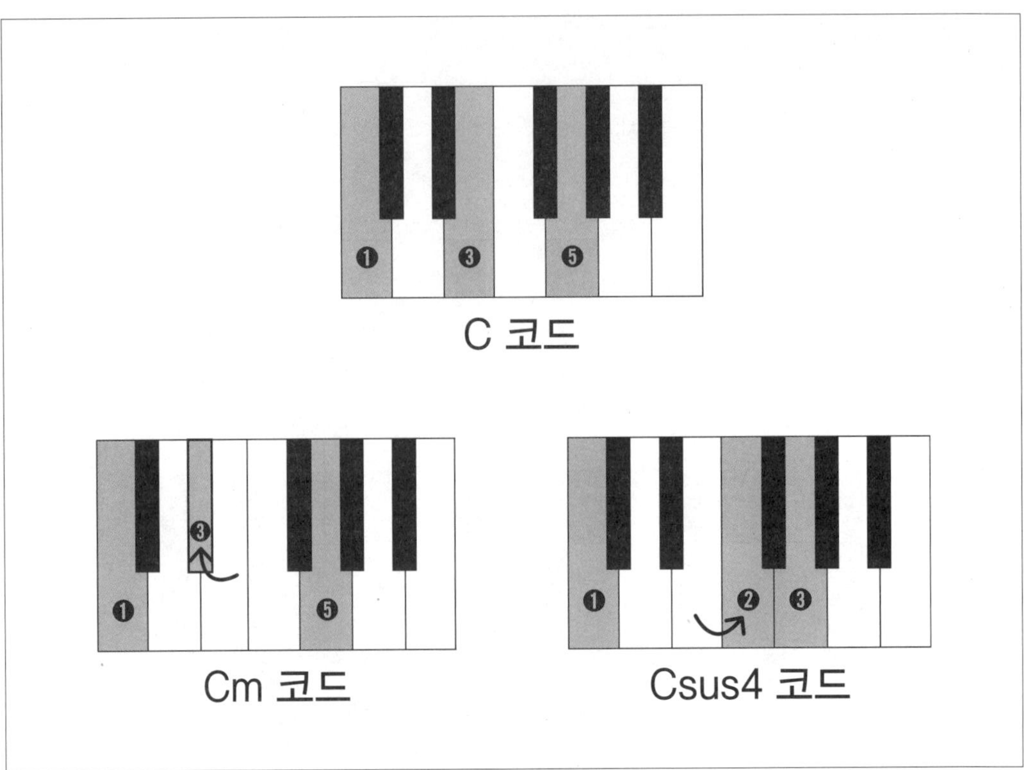


그림 2 - 9  Cm 코드류 비교

<C 트라이어드 코드에서 마이너 코드와 메이저 코드와 sus코드>

트라이어드 코드로 음을 잡는다면 피아노일 때 오른손 기준으로 중지가 반음 하나 내려오면 마이너 코드, 만일 반대로 중지가 반음 하나 올라가면 sus4 코드가 됩니다. 결국 가운뎃손가락이 하나 내려오면 마이너, 하나 올라가면 서스(sus4) 코드입니다.

"루트에서 다음 중지의 위치가 성격을 나타내므로 중요합니다."

이번에는 G 코드를 만들어보겠습니다. 만드는 요령은 C 코드와 같으니 함께 해봅시다.

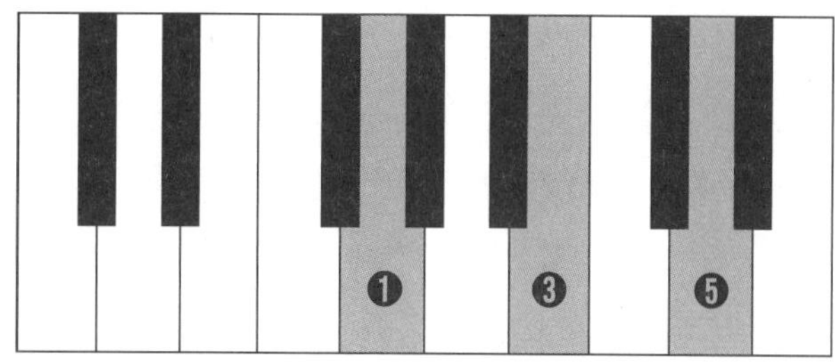


**그림 2 - 10**  G 코드 만들기

C 코드를 만들 때처럼 장3도, 완전5도의 관계임을 기억하면 됩니다. G 코드의 구성음은 G B D(솔 시 레)가 됩니다. 솔에서 시까지는 '장3도', 솔에서 레까지는 '완전5도'입니다.

**그림 2 - 11**  G 코드

그렇다면 Gsus4 코드의 구성음은 어떻게 될까요? 장3도인 가운데 음을 한 칸(반음) 올립니다. 그렇게 되면 구성음은 [ 솔 도 레 ]입니다. 이와 같은 요령으로 F나 A, B 코드들의 구성음도 생각해 보기 바랍니다.

F 코드는 '파 라 도', A 코드는 '라 도# 미', B 코드는 '시 레# 파#'입니다.

주의해서 볼 점은 루트음 다음이 미파와 시도를 지나는 때는 그 간격 때문에 '샵이 붙을 수도 있다'입니다. 또 그 샵 때문에 간격 조절을 위해 '뒤에 따라 오는 5음에도 샵이 붙을 수' 있습니다. 이렇게 3화음 '트라이어드 코드'로 이루어진 곡을 접하다보면 전반적으로 곡이 밋밋하다는 인상을 받습니다. 듣기에 따라서는 마치 '동요' 같습니다. 물론 '동요'가 나쁘다는 뜻은 아니지만 트라이어드 코드 안에서 만들어질 수 있는 멜로디는 상당히 한정적으로 느껴집니다. 그 한정적인 느낌 안에서 멜로디를 만들다 보면 착한(?) 멜로디가 나오기 쉽습니다.

우리가 어릴 때 배운 '나비야'나 '학교 종' 등의 곡들은 대부분 트라이어드 코드로 연주 가능한 흔한 진행입니다. '트라이어드 코드'들로 이루어진 음악을 들으면 익숙하고 친근함을 느낄 수 있는 장점도 있습니다. 하지만 이런 트라이어드의 익숙해서 한정적인 느낌에서 탈피하여 표현의 폭을 넓히고 싶어서 '음악가'들은 4화음을 만들어 쓰게 되었습니다.

## 3.2 4화음(4chord)

실제로 재즈 음악에선 4화음을 기본으로 사용합니다. 앞서 설명했듯이 트라이어드 3화음에 음정을 하나 더 붙이는 것이 4화음인데 이것은 사실 불협의 느낌도 가지고 있습니다. 하지만 그 덕분에 곡에 새로운 인상을 주기도 하고 음악가들은 음악적인 표현면에서 더 다양한 재료를 얻게 됩니다.

도미솔 / 레파라 / 미솔시 / 파라도 / 솔시레 / 라도미 / 시레솔

학창시절 음악 시간에 배웠던 과정이니 기억을 더듬어 보길 바랍니다. 아마도 이 3화음은 음악 시간에 배웠을 것입니다.

이 3화음들을 코드로 말하면

C / Dm / Em / F / G / Am / Bm

이고 여기에 7th(7도) 음을 넣어 4화음을 만들면 다음과 같습니다.

**C : C E G B = CM7(메이저 코드에는 대문자 M을 씁니다.)**

**D : D F A C = Dm7**

**E : E G B D = Em7**

**F : F A C E = FM7**

**G : G B D F = G7**

**A : A C E G = Am7**

**B : B D G A = Bm7b5('비마이너 쎄븐 플랫 파이브'라고 읽습니다)**

위의 식을 보고 눈치챈 독자도 있을 것 같은데 **"7th 음은 모두 루트음 이름의 바로 전 음정 이름"**이면 됩니다. 즉 도면 시, 레면 도, 미면 레, 파면 미와 같습니다. 어렵지 않습니다.

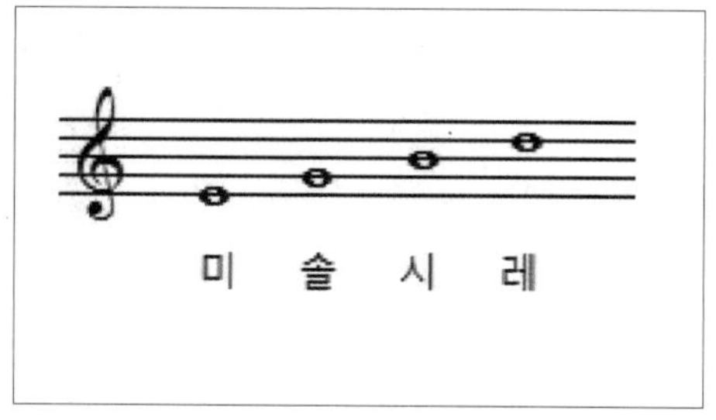



그림 2 - 12  Em7 코드

미하고 솔 사이는 반음 미, 솔이 끼어 있는 단3도가 되었으니 마이너입니다. 그다음은 루트음인 미에서 완전 5도 관계인 '시'입니다. 7th 음은 루트음과 같은 위쪽 옥타브 음의 '두 칸 아래 음'인 단7도 '레'입니다. 앞으로 나올 7th 음은 모두 단7도 즉, '루트음에서 두 칸 아래'라고 일단은 외워두세요.

# 3.3 4화음 C 코드

## 3.3.1 C7 코드

그림 2 - 13  C7 코드

루트음인 C의 입장에서 보면 구성음마다 거리는 '장3도 완전5도 단7도'가 됩니다.

C7 = C + 7th

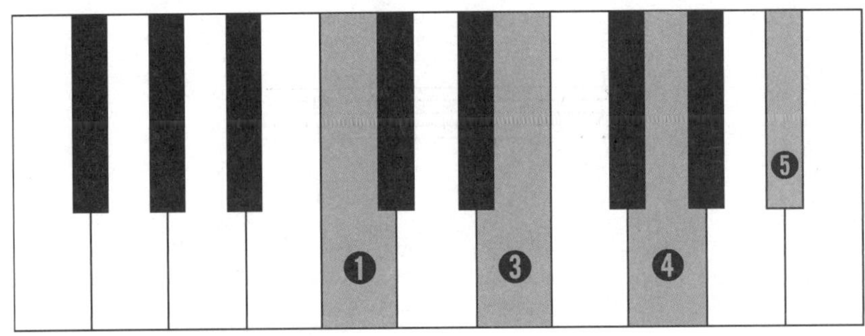

그림 2 - 14   C7 피아노 손가락 코드

결국 C코드에서 단7도 음만 붙은 것이 C7 혹은 'C 도미넌트7 코드'입니다.

구성음 간의 인터벌은 '루트음 + 장3도 + 완전5도 + 단7도'입니다.

### 3.3.2 Cm7 코드

$$Cm7 = Cm + 7th$$

C 마이너 쎄븐쓰 코드로 읽습니다.

마이너 코드를 만드는 요령대로 C 코드에서 3음
만 하나 루트 쪽으로 내려오게 되어 단3도가 됩
니다. 근음인 C의 입장에서 보면 그 거리는 '단3
도 완전5도 단7도'가 됩니다.

그림 2 - 15   Cm7 코드

Cm와 같이 중지가 한 칸 아래로 내려오는 것은
똑같고 다만 7th 음이 하나 더 붙었습니다.

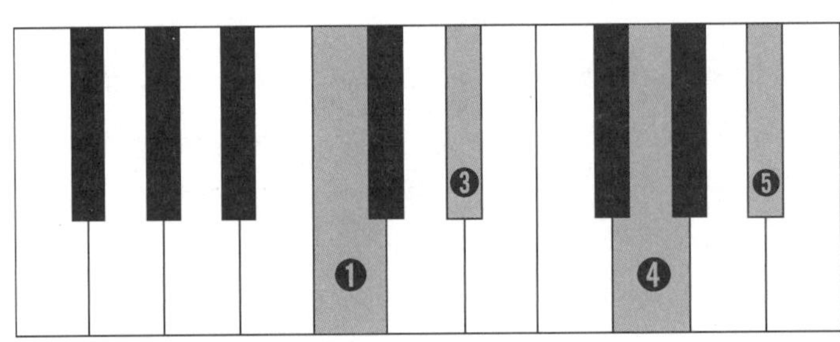

그림 2 - 16   Cm7 피아노 손가락 코드

이쯤이면 Bb음을 A#으로 쓰면 안 되는 건지 궁금해지는 독자들도 있을 것입니다. 틀린 건 아니지만 규칙이 하나 달라집니다. B음은 분명 루트음의 7th 음입니다. 그리고 우리는 지금 4화음을 배우고 있으므로 7th 음입니다. 만일 A#으로 표현한다면 이건 6th입니다. 그러면 이 음은 증6도가 되어서 단7도가 아니게 됩니다. 때문에 Bb과 A#은 소리는 같을지 몰라도 분명히 다릅니다.

이것을 음악 용어로 '이명동음(異名同音)'이라고 합니다.


### 3.3.3 CM7

이번엔 메이저 코드입니다. 그 전과 같이 7음이 붙는데, 한 가지 차이점이 있습니다. 이번엔 루트음에서 '단7도'가 아닌 '장7도'입니다. C7과는 7th 음이 단7도이냐, 장7도이냐의 차이만 남게 됩니다. CM7의 7음은 Bb이 아니라 B입니다.


$$CM7 = C + M7th$$


C 메이저 세븐쓰 코드로 읽습니다. 위의 공식을 Cm7과 비교해보기 바랍니다. 이번엔 익숙했던 7th 음이 아니라 C 코드에 Major 7th 음이 붙은 것입니다. 이렇게 메이저 세븐쓰 코드라고 하면 바로 장7도가 생각나야 합니다. 이건 루트음에서 반음(한 칸) 아래입니다.

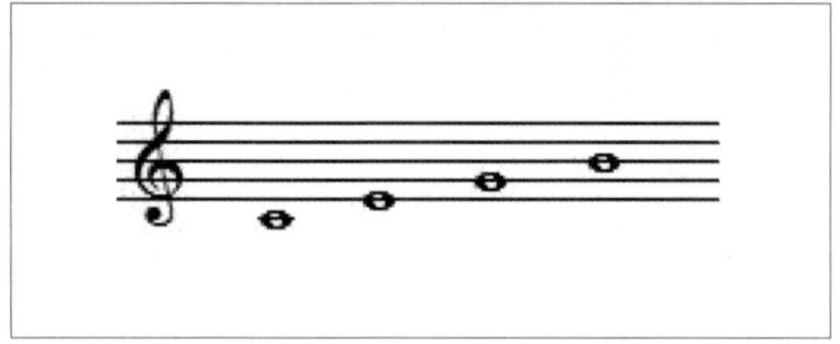

**그림 2 - 17** CM7 코드

근음(루트음)인 C의 입장에서 보면 그 거리는 '장3도 완전5도 장7도'가 됩니다.

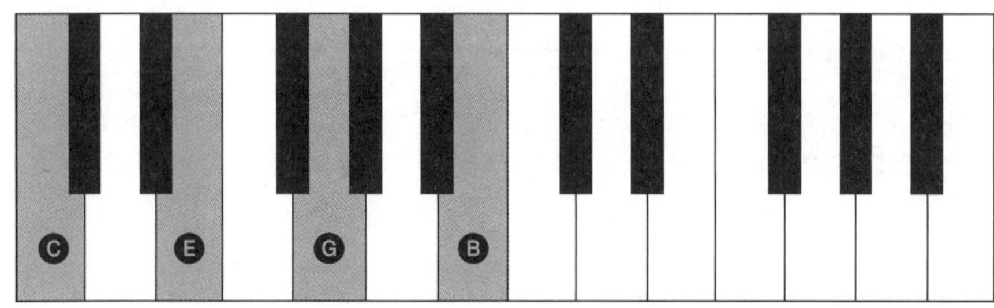


**그림 2 - 18** CM7 피아노 손가락 코드

구성음은 "도 미 솔 시"입니다. 구성음의 인터벌을 생각하면서 건반이 있는 독자는 반드시 눌러보기 바랍니다.

### 3.3.4 CmM7

#### 1) CmM7 = Cm + M7th

근음인 C의 입장에서 보면 '단3도 완전5도 장7도'가 됩니다. 마이너메이저 코드는 사용 빈도가 높지 않은 코드이지만 적절하게 사용하면 세련된 느낌을 줍니다. 불협의 느낌이 강하지만 그렇기에 곡 진행에 텐션을 줍니다. 패싱 코드로 사용하면 좋습니다.

그림 2 - 19  CmM7 코드 구성음

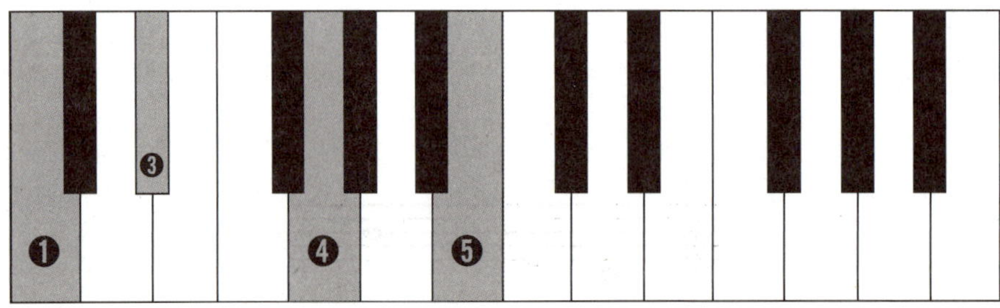

그림 2 - 20  CmM7 피아노 코드

Cm에 Major 7th가 붙은 것입니다. 예를 들어 BmM7의 구성음은 Bm에 장7을 붙이면 됩니다.

> **참고 | 패싱 코드**
>
> 가령 '도'에서 '미'를 가는 것이 목적인데 잠시 '레'를 스쳐가는 것을 말합니다. 즉, 진행이 '2도'씩 올라가는 셈이 되며, 이때 잠시 스쳐가는 코드를 '패싱 코드'라 합니다. '리듬'감을 주거나 'Key'를 바꿀 때 등에 활용합니다.

## 2) BmM7 = Bm + M7th

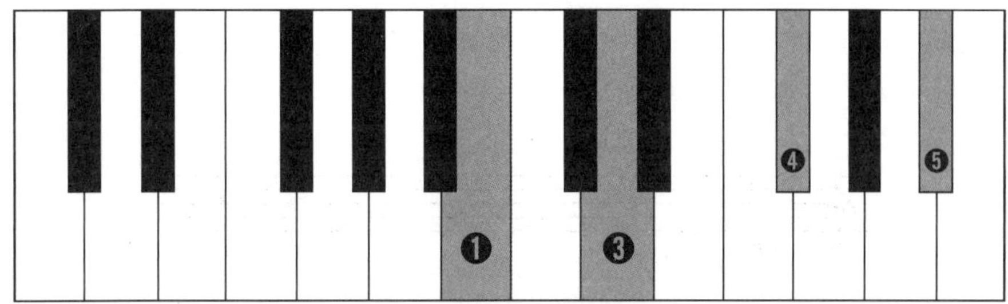

**그림 2 - 21** BmM7 피아노 코드

그렇다면 구성음은 '시 레 파#'에 장7음인 Bb을 쓰면 됩니다. 루트음 한 칸 아래입니다. 하지만 그때 Bb이라고 쓰면 틀립니다. 이때는 A#이라고 써야 합니다. 물론 같은 소리를 내는 음입니다. 하지만 Bb으로 쓴다면 B는 이미 루트음이기 때문에 Bb을 쓰면 이론상 '루트에서 루트'가 됩니다. 이 경우 진정한 7th 코드라 할 수 없기에 Bb이 아니라 A#으로 써야 합니다.

이것 역시 앞 섹션에서 말했던 '이명동음(異名同音)'의 경우입니다.

이렇게 C 코드의 4화음을 알아보았습니다. 60페이지에 C 코드들을 정리한 섹션이 있으니 참고하기 바랍니다. 또한 이를 바탕으로 여러 다른 코드들도 만들어보길 바랍니다.

이제 스케일을 공부해보도록 하겠습니다.

# 3.4 C major 스케일 진행

스케일은 '임의의 규칙'에 의거하여 음이 순서대로 나열된 것을 뜻합니다. 이를 크게 '메이저 스케일'과 '마이너 스케일'로 나눌 수 있습니다. 그중 마이너 스케일은 3종류입니다.

**(내추럴 마이너 + 하모닉 마이너 + 멜로딕 마이너) × 스케일**

스케일을 우리말로 하면 '음계'입니다. 그래서 '메이저 스케일'은 우리말로 장음계, '마이너 스케일'은 단음계가 됩니다.

C 메이저 스케일은 도 레 미 파 솔 라 시 + 옥타브 위의 '도'가 됩니다.

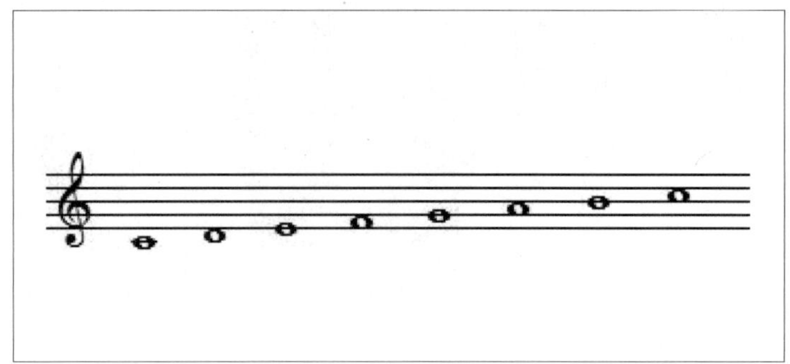

**그림 2 - 22** C 메이저 스케일

우리가 초등학교 음악 시간에 처음으로 배우는 것이 이 'C 메이저 스케일', 즉 우리 말로 다장조 진행입니다. 물론 스케일은 이 외에도 있습니다만 이 책에서는 C 메이저 스케일만 알아보겠습니다.

위 그림에서 보듯이 '다장조 음계'에서는 #이나 ♭ 등의 조표나 임시표가 안 붙기에 일단 쉬워 보입니다. 피아노의 흰 건반을 순서대로 누르면 '다장조 음계'가 됩니다. 또한 이 C 메이저 스케일을 기준으로 외우면 다른 키(조)의 메이저 스케일도 쉽게 만들 수 있습니다.

### 도 레 미 파 솔 라 시 도
### C D E F G A B C (도 레 미 파 솔 라 시) — 음의 간격을 외워야 합니다.
### 온 온 반 온 온 온 반

일단 이 '메이저 스케일'은 루트인 도(C) 음으로부터 [온음 + 온음 + 반음 + 온음 + 온음 + 온음 + 반음]으로 구성되어 있습니다. 이는 인간의 청감을 이용한 '음률'이기에 과학적인 설명, 즉 음향 공학적 수치로도 설명이 가능한데, 그냥 사람에게 가장 듣기 좋은 음정들의 순차적인 배열이라고 생각하면 됩니다. 중요한 것은 '각 음정끼리의 간격' 즉 '인터벌'입니다.

### 메이저 스케일은 '온 온 반 온 온 온 반'

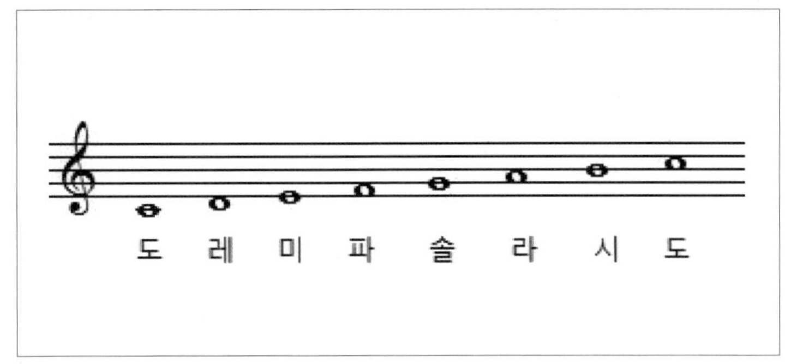


**그림 2 - 23** 메이저 스케일 악보

이 C 메이저 스케일 즉, '다장조 장음계'를 다른 말로 C 이오니언(Ionian)이라고도 부릅니다. 다장조의 루트인 '도'부터 시작한 스케일입니다. 3, 4(미 파)와 7, 8(시 도)의 인터벌이 반음이라는 것이 중요합니다. C 메이저 스케일의 인터벌을 확실히 외워 놓으면 다른 키 메이저 스케일로의 변환은 조금만 수고를 하면 스스로 할 수 있습니다.

위의 C 메이저 스케일을 활용하여 A 메이저 스케일을 그려보면 다음과 같습니다.

**그림 2 - 24** A 메이저 스케일

'라 시 도# 레 미 파# 솔# 라'입니다(# 조표가 3개가 붙습니다).

이런 메이저 스케일을 크게 조표에 따른 # 계열과 ♭ 계열로 구분하기도 합니다. 인터벌을 지키기 위해선 필연적으로 #이나 ♭ 등의 조표가 꼭 필요해지는데, #으로 인터벌을 조정하느냐 ♭으로 인터벌을 조정하느냐에 따라 '# 계열'과 '♭ 계열'로 나뉩니다.

악보상 조표를 보면 그 곡의 키(조)를 알 수 있습니다. 키를 알게 되면 스케일을 알 수 있고 스케일을 알게 되면 사용된 코드도 어느 정도 예상할 수 있습니다. 연주자들이 처음 연주하는 곡을 만날 때 작곡가에게 항상 묻는 것이 바로 "이 곡은 무슨 키입니까?"입니다. 스케일을 알면 마디별로 코드의 코드 톤(구성음)을 아는 것은 물론이고 악기의 솔로 연주 등에서 사용할 재료도 더 갖게 됩니다. 그 점이 우리가 스케일을 공부하는 이유입니다. 예를 들어 코드 진행이 C – Am – Dm7 –G7의 곡이 있을 때 코드 톤으로 하는 연주만 본다면 C에서 '도 미 솔'을 쓰고 Am에서는 '라 도 미'를 쓰고 Dm7에서는 '레 파 라 도'를 씁니다. 하지만 저 코드 진행을 'C 메이저 스케일'로 볼 수 있기에 악기의 솔로를 연주할 때 #이나 ♭ 등의 조표가 없는 '도 레 미 파 솔 라 시'를 모두 사용할 수도 있다는 뜻도 됩니다.



G 메이저 스케일은 우리말로 '사장조 음계'라고 말할 수 있고, D 메이저 스케일은 '라장도 음계'라고 할 수 있습니다. A 메이저 스케일은 '가장조 음계'입니다. E 메이저 스케일은 우리말로 '마장조', B 메이저 스케일은 '나장조 음계'입니다.

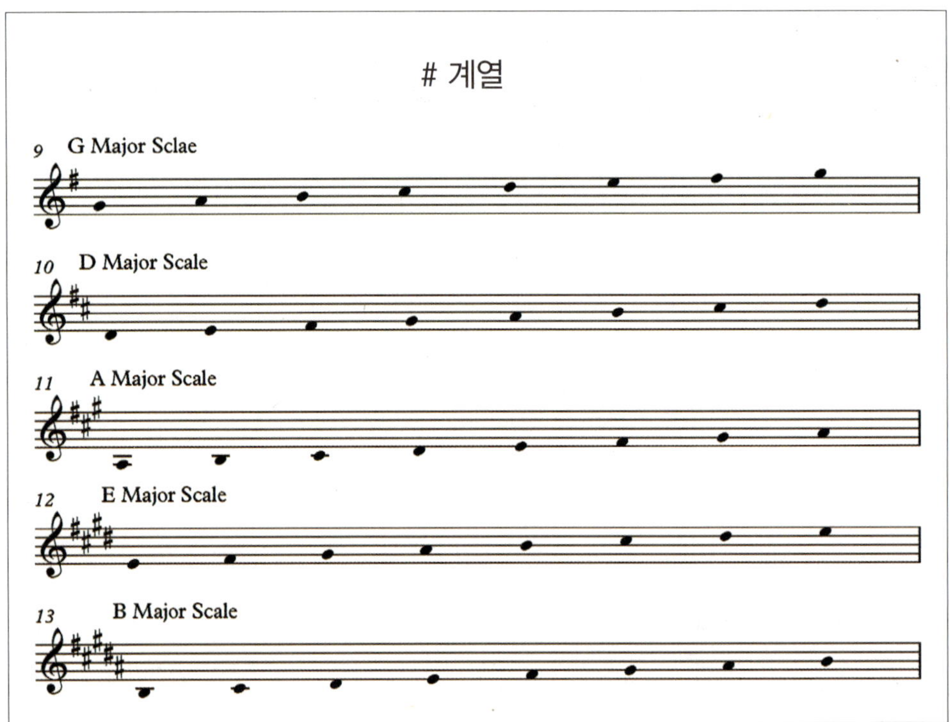


그림 2 - 25  # 계열 메이저 스케일

메이저 스케일의 인터벌 '온 온 반 온 온 온 반'을 기반으로 그려보면 그릴 수 있습니다. 이것을 모두 외우면 좋고 아니면 이것을 이렇게 만들고 읽는구나라는 정도만 알고 있으면 됩니다.

그림 2 - 26  ♭ 계열 메이저 스케일

# 3.5 스케일의 종류

스케일의 종류는 굉장히 많습니다. 심지어 본인이 만들 수도 있습니다. 왜냐하면 스케일은 12 음정을 전부 혹은 그 일부를 다시 규칙적으로 배열한 순서에 불과하기 때문입니다. 메이저 스케일, 마이너 스케일, 블루스 스케일, 펜타토닉 스케일, 크로마틱 스케일, 하모닉 스케일 등의 스케일을 외우는 중요한 이유는 코드 톤(구성음)을 사용하는 것보다 더 다양한 재료(스케일에 허용 가능한 음정)를 가지고 곡을 연주하기 위해서입니다.

우리가 공부하는 스케일들은 예전 음악인들이 만들어 놓은 '음가 배열의 규칙을 따르면 곡을 만들기 좀 더 편해진다'는 의미일 수도 있습니다.

스케일은 앞에서 언급한 '스케일들의 활용' 설명에 기반해 말하자면 '반음' 차이냐 혹은 '한음' 차이냐 같이 그 음정의 간격(인터벌)에 따라 곡의 느낌이 달라짐을 종류별로 정리한 것입니다. 뒤집어 말하면 "스케일을 알면 그 곡의 느낌을 낼 수가 있다."는 말도 됩니다. 그래서 연주가와 작곡가는 스케일을 외우려고 하고 그것을 활용합니다. 그런데 어려서부터 그런 종류의 곡을 너무 많이 들어서 그 스케일이 무의식에 배어 있을 수도 있습니다. 가령 남미 계열 악기 연주자들이 가진 스케일 활용이나 우리 민족이 가진 스케일은 분명히 배워서 나오는 게 아닌 그저 자연스럽게 흘러나오는 느낌으로 익숙한 뭔가가 있습니다(물론 리듬도 그렇습니다). 결국 '음악을 많이 듣는 것이 가장 좋은 음악 공부'라는 말입니다.

이제 배울 스케일은 '모드 스케일'이라고도 하고 그냥 '모드'라고도 합니다. 우리말로는 '선법'이라고도 합니다.

## 1) 이오니언(Ionian) 스케일

앞서 공부한 메이저 스케일입니다.

## 2) 도리안(Dorian) 스케일

C 메이저 스케일을 '레'부터 시작하면 같은 음으로 이루어졌어도 반음의 위치는 바뀝니다.
이것을 'D Dorian mode'라고 합니다. 인터벌은 2, 3과 6, 7이 반음 간격입니다(D E F G A B C D –반음은 '미파'와 '시도'입니다).

### 3) 프리지언(Phrygian)

같은 원리로 '미'부터 시작하면 E Phrygian이 됩니다. 인터벌은 1, 2와 5, 6이 반음 간격입니다(E F G A B C D E – 반음은 '미파'와 '시도'입니다).

### 4) 리디언(Lydian)

같은 원리로 '파'부터 시작하면 F Lydian이 됩니다. 인터벌은 4, 5와 7, 8이 반음 간격입니다(F G A B C D E F – 반음은 '미파'와 '시도'입니다).

### 5) 믹소리디언(Mixolydian)

같은 원리로 '솔'부터 시작하면 G Mixolydian이 됩니다. 인터벌은 3, 4와 6, 7이 반음 간격입니다(G A B C D E F G – 반음은 '미파'와 '시도'입니다).

### 6) 에올리언(Aeolian)

같은 원리로 '라'부터 시작하면 A Aeolian이 됩니다. 인터벌은 2, 3과 5, 6이 반음 간격입니다(A B C D E F G A – 반음은 '미파'와 '시도'입니다). 이것은 Am 자연단음계도 됩니다.

### 7) 로크리언(Locrian)

같은 원리로 '시'부터 시작하면 B Locrian이 됩니다. 인터벌은 1, 2와 4, 5가 반음 간격입니다(B C D E F G A B – 반음은 '미파'와 '시도'입니다).

이렇듯 반음의 위치에 따라 모드의 느낌이 달라집니다. 스케일별 반음의 규칙을 외운 후 각 조별로 이 스케일들을 적용하면 조별 스케일을 더 쉽게 알 수 있습니다. 이 스케일의 순서를 '이, 도, 프, 리, 미(믹), 에, 로'라고 외우면 됩니다.

이 외의 마이너 스케일들과 그 외의 많은 스케일은 별도의 화성학책에서 공부하길 바랍니다.

## 3.6 인터벌과 스케일을 배우는 이유

왜 우리는 장·단·완전·증·감이나 스케일 등을 배우고 있을까요? 실용적인 의미로 보면 그건 음보다는 음과 음 사이의 간격이 중요하기 때문입니다. 건반을 앞에 두고 상상해보면 건반끼리 한 칸 차이인지, 두 칸 차이인지가 정말 중요합니다. 어쩌면 곡을 만드는 와중에도 계속 그 반음, 온음의 차이(때로는 4도 차이 5도 차이 7도 차이)에 신경을 쓰고 있을 것입니다. 기타를 예로 들면 밴드의 기타 연주자들은 기타 솔로를 연주할 때 손가락이 기타 지판의 플랫을 한 칸을 넘느냐, 두 칸을 넘느냐에 신경을 씁니다.

플랫 하나 차이인가, 두 개 차이인가(즉, 온음인가 반음인가)에 의해 어쩌면 '불협'이기도 때로는 '텐션'이기도 혹은 맞는 '화음'이기도 하기 때문에 그 플랫의 간격이 결국 '기타 스케일 블록'이라는 것으로 정리가 되어 기타 연주자들은 거의 매일 손가락을 워밍업하며 연습합니다.

C Ionian = C D E F G A B C /반음 E–F(3–4), B–C(7–8)

C Dorian = C D Eb F G A Bb C /반음 D–Eb(2–3), A–Bb(6–7)

C Phrygian = C Db Eb F G Ab Bb C /반음 C–Db(1–2), G–Ab(5–6)

C Lydian = C D E F# G A B C /반음 F#–G (4–5), B–C(7–8)

C Mixolydian 매달이 D E F G A Bb C /반음 E–F (3–4), A–Bb(6–7)

C Aeolian = C D Eb F G Ab Bb C/반음 D–Eb(2–3), G–Ab(5–6)

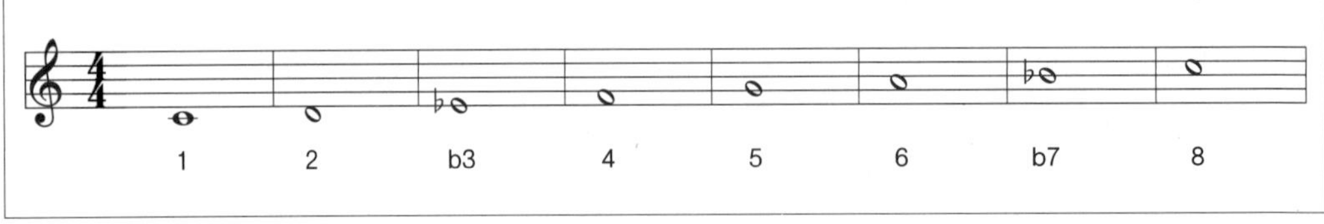


**그림 2 - 27**  C 도리안 스케일

"온 온 반 온 온 온 반" 원칙에 의거한 스케일 순서로 F 메이저 스케일을 찾아 봅시다.

그림 2 - 28  F 메이저 스케일(온 온 반 온 온 온 반. 즉 3, 4 - 7, 8이 반음)

F 메이저 : C - D - E - F - G - A - Bb (3, 4 - 7, 8)

F로 시작하는 F 메이저는 F - G - A - Bb- C - D - E입니다. 하지만 C major 스케일과의 비교를 위해 일부러 시작점을 C부터 하고 맨 앞의 F와 그 뒤 Bb까지를 E 뒤로 돌려봤습니다. 'C D E F G A B C'인 C 메이저 스케일과 F 메이저 스케일의 구성음을 살펴보면 거의 같음을 볼 수 있습니다. 단지 마지막 7th 음인 Bb 하나만 다릅니다.

"C 메이저 스케일과 F 메이저 스케일은 B(시)와 Bb(시 플랫) 하나만 다를 뿐 거의 구성음이 같다."

여러분이 곡을 편곡할 때나 혹은 악기를 솔로로 연주할 때 보통은 4화음 코드 톤을 지키려고 하게 됩니다. 예를 들어 CM7의 경우 '도 미 솔 시'를 벗어나서 연주하면 잘못된 것으로 생각하거나 불협이 될까 걱정하기도 합니다. 코드 톤으로만 해결을 하니 틀리는 음이 나올 리는 없지만 4, 5개의 음으로는 표현의 제약을 느끼게 됩니다. 하지만 '코드 스케일' 에서 즉, 7개의 음을 갖고 연주한다고 생각하고 곡을 만들면 다양한 활용이 가능합니다.

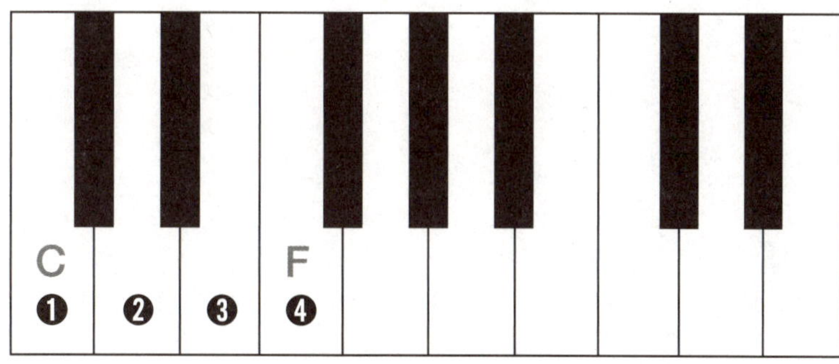


그림 2 - 29  4도의 음정(도미넌트)

피아노로 보면 저 정도의 넓이인데, 기타를 예로 들면 기타의 지판을 누르는 왼손 '4개의 손가락'이 움직이기 쉽도록 '4개의 지판'에서 하나의 기타 스케일 패턴이 이루어집니다(간혹 5개의 지판을 사용하는 경우도 있습니다).

'4개의 칸' 즉, '4개의 플랫'은 기타의 한 줄만 계산해보면 어떤 한음정과 그것의 '반음 위', '온음 위' 그리고 또 '반음 위'까지입니다. 4플랫 차이라면 손 크기에 맞추어 손가락을 쉽게 벌릴 수 있는 거리이기도 합니다.

결국 손가락을 얼마나 벌리는지, 그게 한 칸인지 두 칸인지를 생각하며 어떤 플랫의 몇 번 줄을 누르는지 그 음정의 선택을 계속한다는 뜻이기도 합니다. 이를 지판을 안 보고도 할 수 있도록 손버릇이 될 때까지 연습합니다. 물론 기타는 한 줄이 아니라 여섯 줄이므로 해당 줄의 윗줄 혹은 아랫줄을 치는 방법으로 손 크기보다 넓어야 할 인터벌을 연주합니다.

또 스케일은 본인이 익숙하지 않은 음악을 만들고 싶을 때(가령 '헝가리무곡', '스패니쉬', '그레고리안' 느낌을 낼 때) 사용할 수 있습니다. 앞서 말한 대로 헝가리 사람이나 스페인 사람 혹은 가톨릭 관계자라면 스케일을 공부하지 않았어도 자연스레 익숙한 '느낌'으로 해당하는 곡의 스케일을 만들 수도 있습니다만, 해당하는 곡이 익숙지 않은 사람에게는 스케일이 작곡의 중요한 단서가 됩니다.

## 3.7 다이어토닉 스케일 코드

다이어토닉 스케일이란 해당 '조(Key)' 안에서 사용하는 음들만 가지고 쌓아올린 화음을 말합니다.

Tonic C : C E G B = CM7 ( I M7)

Supertonic D: D F A C = Dm7 ( II m7)

Mediant E : E G B D = Em7 ( III m7)

Subdominant F : F A C E = FM7 (IV M7)

Dominant G : G B D F = G7 (V 7)

Submediant A : A C E G = Am7 (VI m7)

Leadingtone B : B D G A = Bm7b5 (VII-5m7)

위에 만든 화음(chord을 보면 4화음 코드(37페이지 참조)를 설명할 때 보았던 그 정리와 같습니다.



키가 바뀌어도 규칙은 변하지 않기 때문에 '로마자'로 된 표기순서는 익숙해져야 합니다.
이를 이해하면 키(조)가 바뀌어도 해당 다이어토닉을 바로 말할 수 있어야 합니다.
다이어토닉은 우리 말로 '온음계'입니다. 다이어토닉 스케일 코드는 '온음계의 코드' 정도라고 말할 수 있습니다.

코드가 없는 일반 악보를 볼 때 조표만 보고 어떤 키(조)인지를 알 수 있습니다. 곡의 전주 코드부터 일 때도 있겠지만 정확하게는 '노래가 시작되는 부분'의 코드(Verse 코드)를 알 수 있다는 뜻입니다. 예를 들어 악보에 #이나 ♭같은 조표가 하나도 안 붙는다면 C 키임을 알 수 있습니다. 그렇다면 그 곡의 노래가 시작되는 부분의 코드는 C일 것입니다. 그리고 그 곡을 구성하고 있는 대부분의 코드들 은 C 키의 '다이어토닉 스케일' 안에 존재합니다.

그림 2 - 30  C키 다이어토닉

높은음자리표 옆에 조표가 하나도 없습니다. 음정에 모두 반음 조표도 없다는 사실을 주의해서 기억 하기 바랍니다. 이 음계를 3화음 코드로 만들어 다시 그려보면 다음과 같습니다.

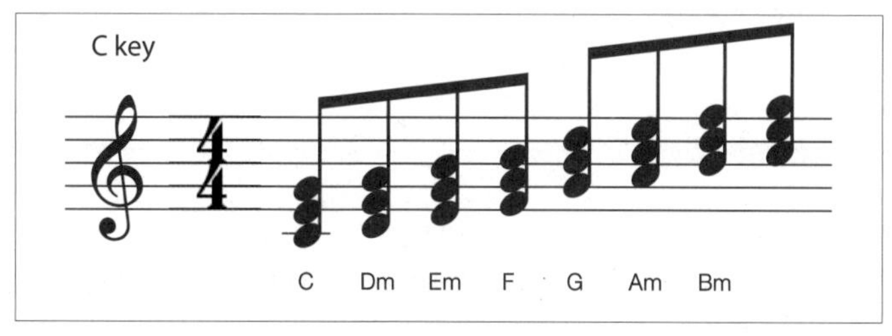


그림 2 - 31  C키의 코드 다이어토닉

이렇게 보면 C 키(다장조)인 곡들에서 나올 수 있는 3화음 코드들을 볼 수 있습니다. 3화음 말고 4화음의 경우는 바로 전 페이지 로마자 표기로 쌓아 본 걸 기억하면 됩니다. 물론 편곡에 따라서 C 키의 곡 진행에 이 코드들 외에 다른 코드들이 나올 수 있습니다. 그러나 이 스케일 안의 코드들은 반드시 그 곡을 이루는 주된 기둥으로 사용됩니다.

이 중 명칭을 꼭 외워야 하는 것은

**ⅠM7은 토닉, ⅣM7은 서브도미넌트, Ⅴ7은 도미넌트**

입니다.

## Major에서 토닉, 서브도미넌트, 도미넌트의 활용

### 1) 토닉

일단 1도외에 토닉으로 활용되는 3도, 6도의 코드 톤(구성음)을 살펴보겠습니다. '온음계의 코드' 중 Em7의 코드 톤인 '미 솔 시 레'는 1도인 CM9과 코드 톤이 유사합니다. 대리 코드를 만들어 볼 때처럼 CM7에 9th 음인 레를 추가하고 맨 아래 C를 생략하면 '미 솔 시 레'가 됩니다.

CM7 + 9th = Cm9

CM9 − C = Em7

이 코드는 Em7/C로도 표현이 가능합니다(C 베이스 Em7라고 읽습니다). Em7/C라면 3도(Ⅲm7) 인 Em7과 1도(ⅠM7) CM7은 코드 톤(구성음)이 같아지게 됩니다. 이는 1도에 이어 3도도 역시 코드 톤으로 쓰이는 예가 되겠습니다. 또 온음계의 코드 중 Am7은 C 메이저와 나란한(병행)조입니다. 1도가 CM7이 아니라 만일 C6라면 코드 톤(구성음)은 [도 미 솔 라]가 되므로 Am7과 같은 코드 톤(구성음)입니다. 즉, Am7/C(C 베이스 Am7라고 읽습니다)은 1도처럼 6도도 코드 톤으로 사용되는 예가 됩니다. 1, 3 ,6은 코드톤으로 활용됩니다.

> **참고 | 나란한 (병행)조**
>
> 메이저 키들에서 '단3도' 아래 마이너 코드로 내리면 '나란한 조(병행조)'라고 부르고 사용되는 조표는 같습니다. 예를 들어 C는 Am, G는 Em, D는 Bm, A는 Fm, Bb는 Gm와 나란한 조가 됩니다. 나란한 조를 찾는 방법은 67페이지의 '순환'하는 [5도권] 서클에 정리되어 나옵니다.

## 2) 서브도미넌트

온음계의 코드 중 Dm7은 코드 톤(구성음)이 '레 파 라 도'입니다. 이는 F6 '파 라 도 레'와 코드 톤이 같습니다. F6/D 코드(D 베이스 F6라고 읽습니다)로 표기해도 된다는 말도 됩니다. Dm7와 F6 두 가지 즉, 2도와 4도는 '서브도미넌트'로 활용된다의 예입니다.

## 3) 도미넌트

도미넌트인 G7에 9th인 '라'를 추가하여 G9이 된 후 맨 밑 루트음을 빼면 '시 레 파 라'가 되어 Bm7b5와 코드 톤이 같습니다. Bm7b5의 루트인 B는 토닉인 C로 가는 '이끔음'입니다.
이것은 5도와 7도는 도미넌트로 활용된다의 예입니다.

이로써 온음계의 코드 7개를 모두 살펴보았습니다. 길게 설명한 것 같지만 온음계의 코드 중 CM7, FM7, G7은 각각 토닉, 서브도미넌트, 도미넌트가 된다는 말입니다. 이 중에서 토닉으로 사용되는 음은 '1도(ⅠM7) 3도(Ⅲm7) 6도(Ⅵm7) 줄여서 1, 3, 6', 서브도미넌트는 '2도(Ⅱm7) 4도(ⅣM7) 줄여서 2, 4', '도미넌트는 5도(Ⅴ7) 7도(Ⅶ-5m7) 줄여서 5, 7'입니다.

> 코드의 진행은 크게 '토닉(ⅠM7), 서브도미넌트(ⅣM7), 도미넌트(Ⅴ7)' 안에서 이루어진다.

---

**예제** | 텐션음 9th를 이용한 메이저 코드와 마이너 코드의 활용

위에 배운 코드 톤 중 1도를 추가하고 텐션음인 9th를 활용하여 곡의 진행 중 메이저 코드와 마이너 코드를 음정 하나로 바꿔서 곡에 색다른 인상을 줄 수 있습니다.

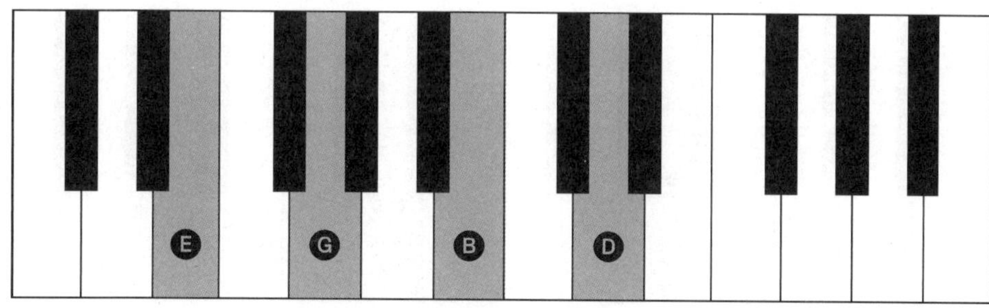


그림 2 - 32  Em7 건반 위의 모습

Em7(미 솔 시 레)은 한 손으로 잡을 수 있는 '마이너 코드'입니다. Em7을 건반에서 짚으면 그림 2-32와 같은 모습입니다.

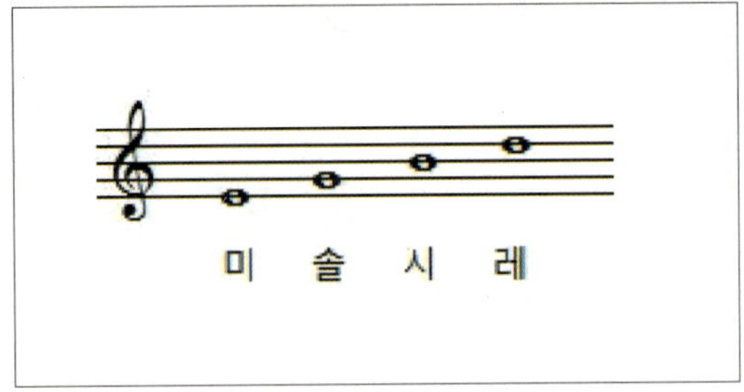


그림 2 - 33  Em7 코드

그런데 만약 베이스 음으로 현재 E의 장3도 아래인 C를 넣어보니 C 메이저 코드가 되어버립니다. 이것을 CM7(도 미 솔 시) 코드에 추가로 9th 음이 들어간 것으로 보면 CM9(도 미 솔 시 레)로 뭔가 세련된 느낌이 됩니다. 그럼 이것을 피아노를 연주한다고 생각해보면 왼쪽 손은 C를 치고 오른손은 원래대로 Em7을 친다면 아주 자연스럽게 9th 코드까지 많이 사용하게 됩니다. 결국 Em7은 '마이너 코드'인데도 불구하고 왼손이 치는 베이스 음이 C로 되니 CM9 코드인 메이저코드가 되어버린 셈입니다.

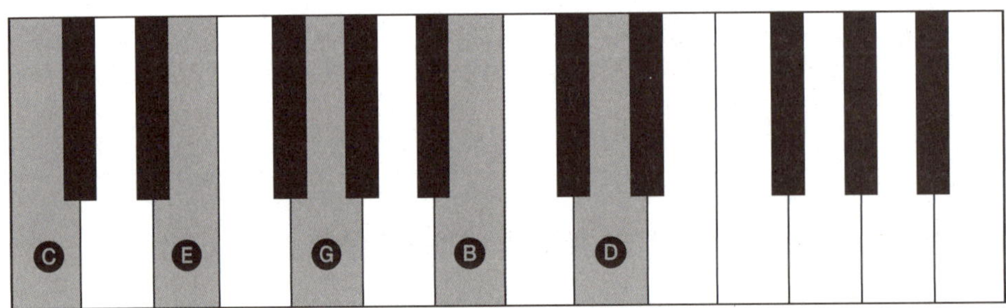


그림 2 - 34  Cmaj9의 피아노

이번에는 EbM7코드를 가지고 알아보겠습니다.

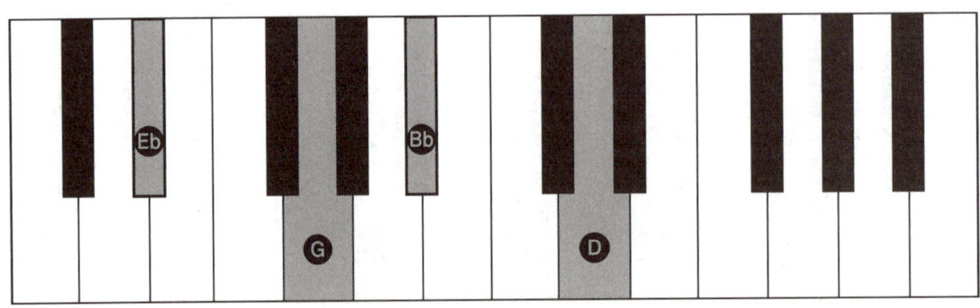


그림 2 - 35  건반 위의 EbM7 코드

EbM7의 코드 톤은 '미b, 솔, 시b, 레'입니다.

$$EbM7 = Eb + M7th$$

**그림 2 - 36** EbM7의 코드

M7th음은 루트에서 장7도 위의 음입니다(5th인 시b 에서 장3도 위입니다(건반 5칸)).

왼쪽 베이스 음을 미b의 단3도 아래인 C로 했을 때 마이너 코드인 Cm9(도미b솔시b레)가 됩니다. 오른손 모양이 EbM7(미b솔시b레)인데 루트음이 C(도)가 된 것입니다.

일반적으로 본인 곡에 세련된 느낌을 표현하고 싶어서 고민한다면 9th 음을 활용하는 게 좋습니다. 동시에 그것은 자연스럽게 마이너와 메이저를 오갈 때 9th 음을 활용하게 된다는 것을 한 번쯤은 고려해보시기 바랍니다. 이는 멜로디를 만드는 보이싱에도 영향을 주게 됩니다.

# 4 조표

## 4.1 악보의 조표로 키 알기

악보를 보면 조표가 나옵니다. 조표가 없는 C키인 곡도 있겠지만요. 그 음악의 조(Key)를 알면 곡에 쓰인 코드와 곡의 진행을 대략 알 수 있습니다.

**그림 2 - 37** D키 조표(#이 2개)

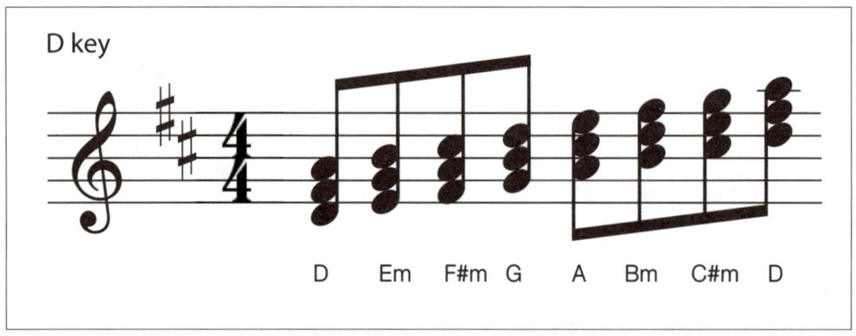


**그림 2 - 38** D키 코드(루트 위로 3도씩 쌓아봅니다.)

**그림 2 - 39** E키 조표(#이 4개)

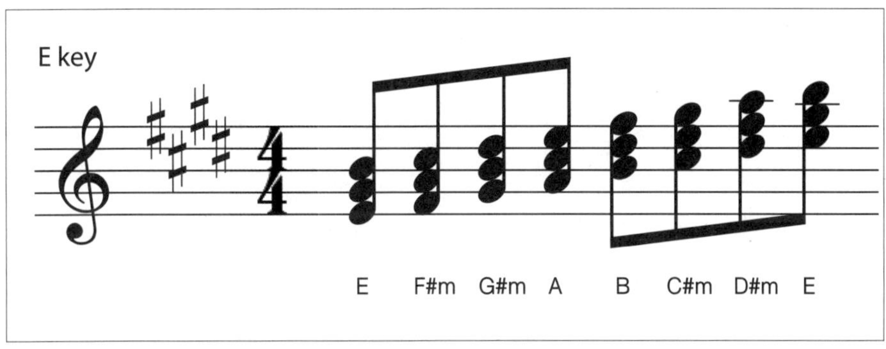


**그림 2 - 40** 타키 코드

조표로 키를 정리하면 다음과 같습니다.

| 조표 | 키 |
|---|---|
| bbbbb | Db Key |
| bbbb | Ab Key |
| bbb | Eb Key |
| bb | Bb Key |
| b | F Key |
| 0 | C Key |
| # | G Key |
| ## | D Key |
| ### | A Key |
| #### | E Key |

처음엔 잘 안 외워집니다. 표는 표일 뿐 외우기 어려우니 참고만 하시고 조표가 악보에 붙는 음정의 순서만 외운 뒤에 공식을 사용하는 게 편합니다. 먼저 조표 #이 악보에 붙는 음정의 순서는 '파 도 솔 레 라 미 시'이며, 조표 b이 붙는 음정의 순서는 그 역순인 '시 미 라 레 솔 도 파'입니다.

여기서 #이 붙었을 경우 '#의 개수 + 1'이 Key가 됩니다. 가령 #이 3개가 붙으면 '파 도 솔 레 라 미 시'에서 '파 도 솔'이므로 '솔'에 + 1을 해서 '라(A)'가 Key가 됩니다.

또한 b이 붙었을 경우 'b의 개수 − 4'가 Key가 됩니다. 가령 b이 4개 붙으면 '시 미 라 레 솔 도 파'에서 '시 미 라 레'이므로 '레'에 4를 뺀 라(레 도 시 라)가 Key가 됩니다. 플랫의 경우 F키를 제외하고 모두 키 이름에 b이 붙으므로 정확한 명칭은 라b 키입니다.

이 공식을 사용하면 곡의 키를 쉽게 알 수 있으며, 키를 알게 되면 곡의 스케일을 알 수 있어서 곡의 대략적인 진행을 파악할 수 있습니다.

조표만 보면 '마이너 곡'인지, '메이저 곡'인지 헷갈릴 때가 있습니다. 그럴 때는 곡의 끝부분 즉 '종지(케이던스)'를 보면 됩니다. 왜냐하면 토닉으로 끝나기 때문입니다. 이에 대한 설명은 대리코드(64페이지)에 나오는 '5도권' 서클과 케이던스의 내용을 보고 이해하면 됩니다.


## 4.2 C 코드 정리

코드로 곡을 만드는 데 코드 이름을 못 읽거나 혹은 코드의 구성 음을 알지 못하면 안 됩니다. 자주 사용되는 C 코드 이름들을 쭉 나열해 볼 테니 아래 코드의 생성 이유를 이해하면서 외우기 바랍니다.

- C : 도 미 솔(C Major - C메이저 코드)

- Cm : 도 미b 솔(C minor, C마이너 코드)

- Caug : 도 미 솔# (C augment, C+로 쓰기도 합니다.)

- Cdim : 도 미b 솔b(dim은 diminish C- 혹은 C0로 쓰기도 합니다. 더블 플랫임을 기억하면 됩니다. )

- C7 : 도 미 솔 시b(C dominant 7th - C 도미넌트 세븐 코드라고도 읽습니다.)

- Cm7 : 도 미b 솔 시b(C minor 7th - C 마이너 세븐 코드)

- CM7 : 도 미 솔 시(C major 7th - C 메이저 세븐 코드 : 대문자 M은 메이저 코드)

- Cdim7 : 도 미b 솔b 시bb(즉, 도 미b 솔b 라이며 C -7으로 쓰기도 합니다 주의할 점으로 'Cdim + b7th'입니다.)

- Cm7-5 : 도 미b 솔b 시b(C half diminish 7th, 식으로 풀면 Cm+7th+b5입니다.)

- Csus4 : 도 파 솔(C suspended인데 그냥 "C 서스"라고 많이 읽습니다.)

- Cadd9 : 도 미 솔 레(C + 9th입니다. 원래 C9 화음의 옥타브 위의 9번째 음을 세 번째 화음에 덧붙여(add) 사용합니다.)

- C2 : Cadd9과 같은 구성입니다. 원칙적으로는 '도 미 솔' 3화음 사이에는 다른 음이 올 수 없어서 C(2)로 쓰기도 합니다. 하지만 간혹 록 음악에서는 C2를 3rd가 생략된 '도 레 솔'로 연주하기도 합니다.

- CM9 : 도 미 솔 시 레

- Cm9 : 도 미b 솔 시b 레

- C9 : 도 미 솔 시b 레(4화음째 즉, 7th 음의 유무를 보면 시b이 있습니다. add9과 차이점은 5화음이라는 것입니다.)

- C/E : C 메이저 코드를 잡고 루트음을 E 베이스로 잡으라는 표시입니다.

- C/G : C 메이저 코드의 G 베이스라는 뜻입니다.

- C6 : 도 미 솔 라

- Cm6 : 도 미b 솔 라

- Caug7 : 도 미 솔# 시

- C#6 : 도# 미# 솔# 라#

- Cbm6 : 도b 미b 솔b 라b

이상 팝 음악 악보에 자주 등장하는 C 코드들을 정리해봤습니다.
이 코드들을 직접 소스로 만들어보면서 코드의 이름이 만들어진 이유를 이해합시다.

# 〜⎮⎮⎮⎮⎮⎮ 5  보이싱(Voicing)

'보이싱'이란 말은 코드와 진행이 주어져 있을 때 그 안에서 멜로디를 위한 좋은 음정들을 잡아낼 수 있는가라고 말할 수 있습니다. 때에 따라서 위에서 설명한 코드들을 배열하여 곡의 진행을 만드는 과정부터 '보이싱'이라고 말하기도 합니다. 그렇기에 코드(코드를 만드는 과정은 코드 보이싱이라 합니다)를 배열해서 멜로디를 만드는 과정은 '구슬이 서 말이라도 꿰어야 보배'라는 말과 상통합니다. 구슬은 '코드'이며 그걸 꿰어 보배로 만드는 그 과정을 '보이싱'이라고 생각하면 됩니다.

보이싱을 하면 듣기 좋은 음, 부르기 쉬운 음, 연주하기 편한음, 세련된 음들을 고민해서 배열합니다. 여기에는 선천적으로 타고난 감이 좋은 사람도 있고 어려서부터 음악을 많이 접하다 보니 배워진 감이 좋은 사람도 있을 수 있겠고 어떤 사람은 화성학에 관한 이해가 깊어서 좋은 멜로디를 만들 수 있기도 합니다. 물론 이런 여러 가지가 다 겸비된 사람이라면 당연히 더 좋은 멜로디를 만들 수 있습니다. 보이싱은 크게 보면 편곡의 영역에 들어간다고 필자는 생각합니다.

## 5.1 탑노트

코드의 진행은 코드를 이루는 음정들의 흐름을 말하며 그중에서도 유독 잘 들리는 음을 '탑노트'라고 합니다(노트(Note)는 음정을 말합니다). '탑노트'는 이름 그대로 코드로 쌓은 화음 중에서 가장 높은 데 자리한 음을 말합니다.

작곡자가 멜로디를 만드는 의도에 따라 코드 톤의 3th 음이 탑노트가 되기도 하고 5th 음 혹은 7th 음이 탑노트가 되기도 합니다. 이 음정들을 사용하고 안 하고는 해당 음정이 가지는 음역, 앞뒤로 흐름에 따라 펼쳐진 코드 등으로 자연스럽게 바뀌는 것을 고려해서 해야 합니다. 그래야만 좋은 멜로디를 만들 수가 있습니다. 작곡법에서는 이를 '코드 톤을 고려해서 만드는 것'이라고 합니다.

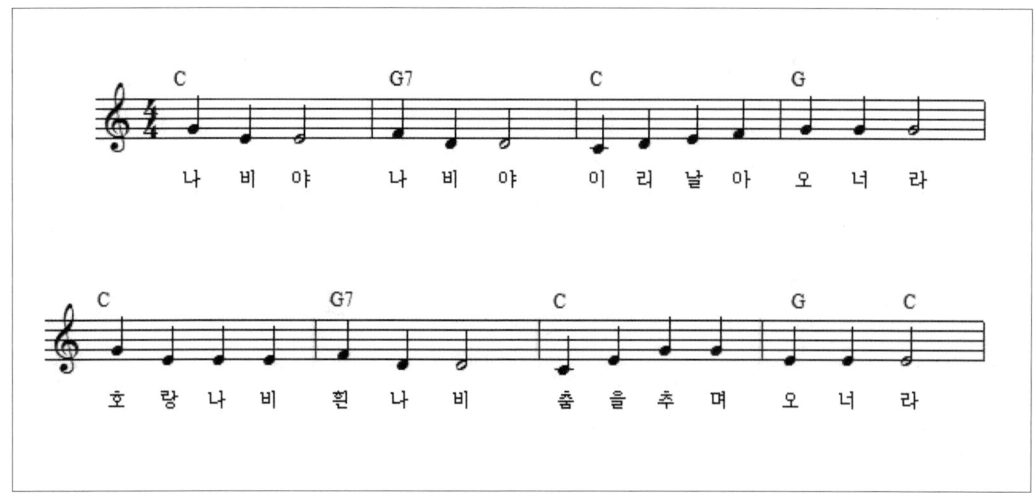


**그림 2 - 41** 〈나비야〉 오른손 멜로디 악보

각 마디마다 주어진 코드들의 코드 톤을 고려해서 멜로디가 만들어진 것을 알 수 있습니다. 코드별 구성음 중에 첫 음은 주로 루트음 그리고 뒤에 따라오는 음들은 3rd , 5th, 7th 음들이 주 멜로디를 이루고 있습니다. 탑노트의 멜로디를 건반으로 친다면 오른손으로 연주를 하고 있는 셈입니다.

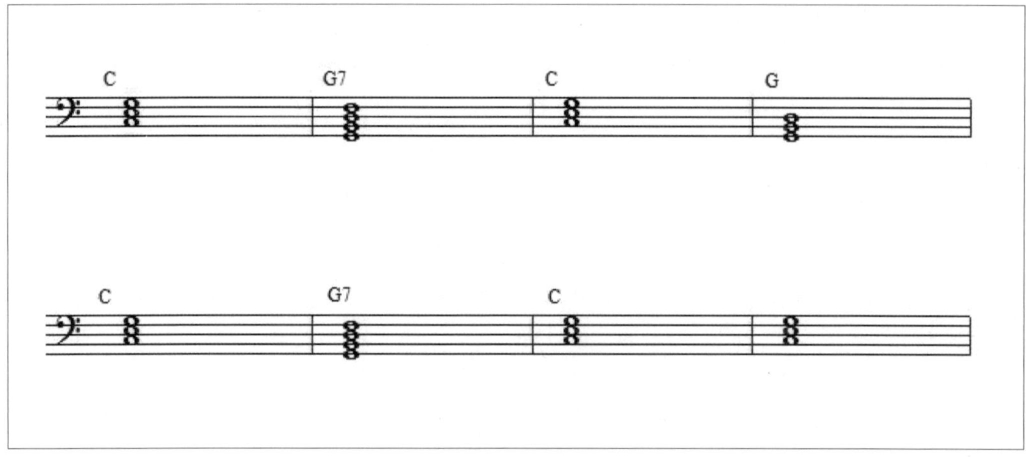


**그림 2 - 42** 〈나비야〉 왼손 코드

여기서 사용한 탑노트들은 트라이어드의 G7에서 쓴 7th 음인 '파'를 제외하고는 벗어나지 않았습니다. 그러다 보니 정말 동요가 동요같이 아주 정직한 멜로디가 되었습니다. 물론 이 곡은 아이들을 위한 노래이니 그게 맞습니다. 하지만 가요 등의 곡을 만들 때 이런 코드 진행은 심심합니다. 멋지게 느껴지지 않습니다.

그 이유는 왼손으로 짚은 C 코드의 화음이 오른손에서 '도'나 '미', '솔'로 또다시 나타나기 때문에 더 재미없고 뻔하게만 들리는 것입니다. 그렇다면 왼손은 C 코드를 짚으나 오른손은 다른 음을 짚어도 되고 혹은 그 반대로도 가능하다는 얘기일까요?

네 가능합니다. 텐션음을 써서 해결하는 방법이 있습니다(55페이지 텐션 9th를 이용한 메이저 코드와 마이너 코드의 활용 참고).

조금 다른 보이싱을 해보기 위해 첫 코드인 C에 9th 텐션을 한번 넣어 보겠습니다. 9th 텐션은 쉽게 말하자면 루트음의 2개 건반(두 칸) 위의 음을 말합니다. 즉, '도'에서 두 개(칸)의 건반을 넘은 D(레)가 C의 9th텐션이 됩니다(정확히는 옥타브 올려 2도 위입니다. 예를 들어 8th 음이라 함은 옥타브 위 루트음이 됩니다). 텐션인 9th 음은 느낌상 조금은 불협같이 들리기도 하지만 세련된 느낌이라 말하기도 합니다.

이것을 동요 〈나비야〉에 적용해본다면 첫 코드 C9의 구성 화음은 '도 미 솔 시♭ 레'가 됩니다.
그럼 〈나비야〉의 첫 4마디 진행인 C– G– C– G의 코드 진행을 Cadd9 – G7 – CM7 – G 코드 진행으로 조금 바꾸어 보면 어떨까요?

### Cadd9 = C + 9th(4화음입니다. 도, 미, 솔, 레)

일단 첫 시작이 상투적인 트라이어드 코드를 탈피한 인상을 줍니다. 세번째 마디의 C가 변한 CM7은 장7도 [시]를 추가하여 곡에 C가 반복되는 느낌없이 긴장감이 들면서도 화사한 느낌을 줍니다.

$$CM7 = C + M7th$$

여기서 더 나아가 본다면 이 곡 C 키에서 도미넌트는 G7입니다. 앞서 배운 '메이저와 마이너 코드로의 변환', 그리고 뒤에서 볼 대리코드를 이용하여 진행을 해보려면 G7에 9th를 추가하고 밑의 루트음을 생략하여 Bm7b5로 만듭니다(이 부분은 64페이지의 대리코드를 참고하기 바랍니다).

$$G7(솔\ 시\ 레\ 파) \rightarrow +\ 9th \rightarrow G7+\ 9th(솔\ 시\ 레\ 파\ 라)$$
$$= G9 \rightarrow G9 - 루트\ 'G(솔)' \rightarrow 시\ 레\ 파\ 라\ (Bm7b5)$$

그리고 C 코드의 나란한 조(병행조) Am를 사용하여 7th를 추가해서 Am7으로 발전해 봅니다. C9 −Bm7b5− Am7 − G7/G까지도 생각해볼 수가 있습니다. 이렇게 해놓고 보니 각 코드의 루트음이 '도 → 시 → 라 → 솔'로 하나씩 내려갑니다. 들어보면 이 루트음의 하행하는 움직임으로 인해 자연스러운 진행의 느낌이 납니다.

C → CM7, Cadd9

G7 → G9 → Bm7b5

C → CM7 → Am7(나란한 조)

G → G7

로 교체하여 연주해 보겠습니다.

이 소리를 듣고 싶으면 4장 '스튜디오 원은 거들 뿐' 설명 부분에서 피아노 입력 부분을 참고하고 저 코드들을 피아노 소리로 입력해보면 됩니다. 더 이상 동요처럼 들리지 않게 됩니다.

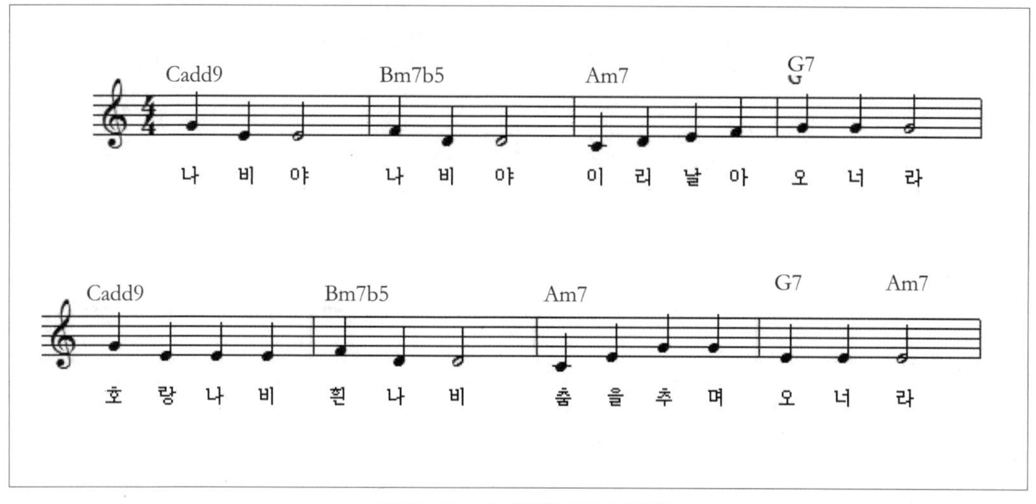


**그림 2 - 43** 코드 편곡을 해본 〈나비야〉

## 〜〜 6 대리코드

## 6.1 대리코드의 정의

대리코드는 화음(코드)의 구성음 간의 '자리바꿈'과 '음의 생략' 시도라고 보면 됩니다. 예를 들면 CM9(도 미 솔 시 레 = CM7+9th)에서 루트를 생략한 코드로 'Em7'(미 솔 시 레)을 볼 수가 있습니다. C6(도 미 솔 라)에서 'Am7'(라 도 미 솔)은 6도음인 A를 루트로 '자리 바꿈'한 코드가 됩니다. 코드의 자리 바꿈으로 대리코드를 사용해서 넣게 되면 멜로디를 만들 때 더 많은 아이디어를 얻을 수 있습니다.

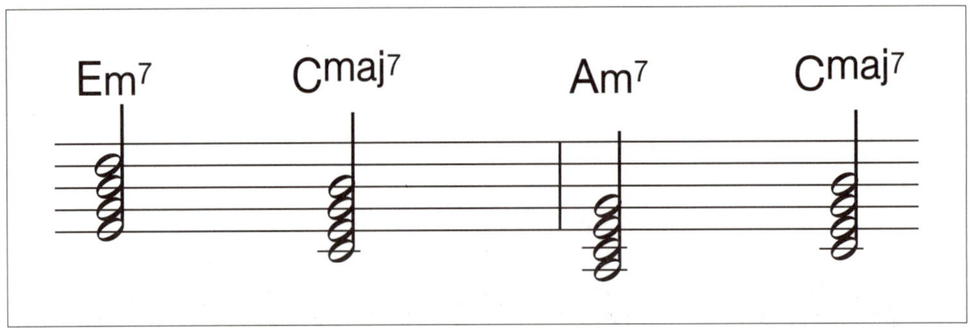


**그림 2 - 44** CM7의 대리코드

위 그림의 Em7은 밑으로 3도 늘려보아서 '(C) E G B D'를 생각해볼 수가 있고, Am7은 위로 3도 늘려보아서 'A C E G (B)'로 만들어 볼 수가 있습니다. '위를 늘이면 맨 아래를 생략해보고 밑을 잡아 늘이면 맨 위를 생략'해봅니다.

이번에는 두 음을 늘려서 생각해보겠습니다. 이렇게 늘이고 줄이고 하는 것이 가능한 이유는 그렇게 증감한 음정들도 그 스케일 안에 있는 음이기 때문입니다. CM7(도미솔시) 에서 두 음을 위로 더 늘이고 밑을 생략해보면 '(C E) G B D F'가 되어 G7이 되고 도미넌트입니다. 반대로 두 음 아래로 늘이고 위를 생략한 모양은 'F A C E (G B)'가 되어 FM7, 즉 서브도미넌트가 됩니다. 하지만 두 코드 모두 서브도미넌트와 도미넌트로 각자가 가진 코드 톤이 분명하기 때문에 토닉이 있을 자리에 넣을 '대리 코드'로 사용하기에는 어울리지 않습니다.

토닉의 자리에는 토닉의 성질인 1, 3, 6도가 어울립니다. 매우 중요합니다. 그래도 G7과 FM7 둘 중에 고르라면 FM7 코드가 토닉인 C와 그 코드 성질을 정해주는 E가 들어있으니 그나마 좋습니다.
그리고 서브도미넌트인 FM7의 대리코드는 Dm7입니다.

도미넌트의 대리코드를 만드는 걸 공식화하려면 루트음을 뒤로 4음 내리고 b을 붙이는 것을 해보면
됩니다. 증 4도 내린다고 생각하셔도 좋습니다.
C7의 대리코드는 '도 시 라 솔'한 후에 b을 붙여서 Gb7
A7의 대리코드는 '라 솔 파 미'한 후에 b을 붙여서 Eb7
E7의 대리코드는 '미 레 도 시'한 후에 b을 붙여서 Bb7

| | |
|---|---|
| G7 - Db7 | E7 - Bb7 |
| C7- Gb7 | A7 - Eb7 |
| F7 - B7 | D7 - Ab7 |

곡 작업 중 자주 만나게 될 대리코드들인데 계산보다는 그냥 외우는 게 편합니다.

다음은 5도권이라는 동그라미 그래프입니다.

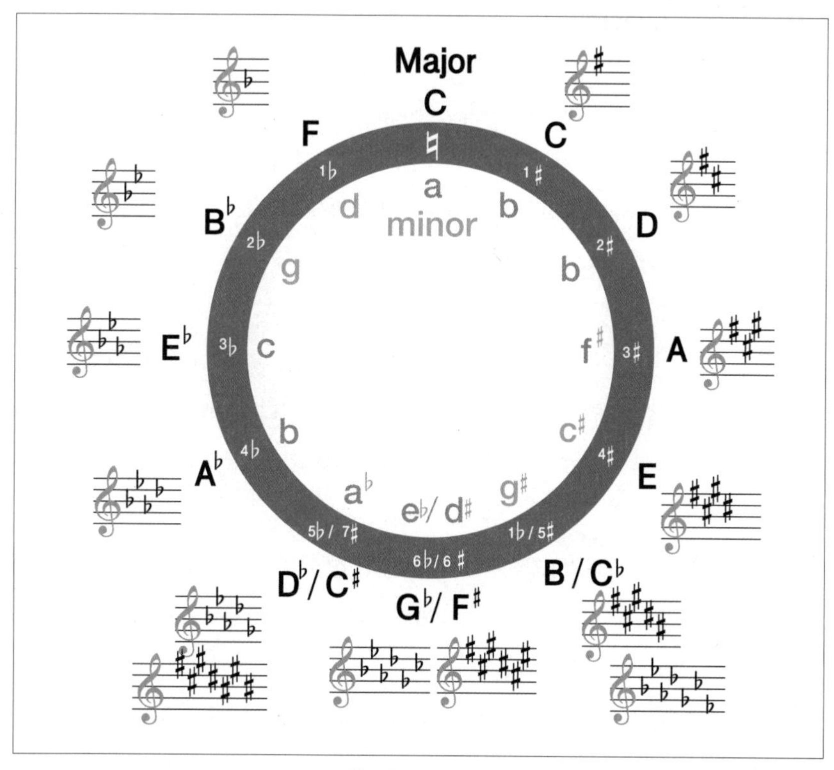


그림 2 - 45  5도권 서클

대리코드를 만들다 보면 결국 일정한 규칙을 발견하게 됩니다. 이 규칙은 앞선 챕터에서 우리가 악보에 조표를 붙일 때도 볼 수 있습니다. 5도권 서클을 시계 방향으로 본다면 '완전5도' 간격입니다.

**도** 레 미 파 **솔**

**솔** 라 시 도 **레**

**레** 미 파# 솔 **라**

이 5도권은 다음에 알아볼 '도미넌트 모션(Dominant Motion)'이라는 규칙을 말하려고 하는 것입니다. 도미넌트 모션이란 **'도미넌트는 토닉 곁에 머무르고 싶어하는 것'**입니다. 5도권은 특정 음정부터 시계 방향으로 완전5도 상행을 하거나 시계 반대 방향으로 하행하면 12개의 음들을 '한 번씩 거쳐 다시 제자리로 되돌아오게 되는 순환'을 말합니다(5도권 그림의 결론은 악보에 조표를 붙이다 보면 5도권을 따라서 음이 순환한다는 것입니다).
대리코드를 만들다보면, 악보에 조표를 붙이다 보면, 도미넌트 모션을 보다보면 5도권을 확인하게 됩니다. 결국 이 세 가지 모두 다 같은 이야기 입니다.

# 6.2 케이던스(cadence)

곡 작업을 끝마치기 위해서 자주 사용하는 일종의 '룰'이 있습니다. 이것을 '케이던스'라고 합니다. 쉽게 말해 '도'로 시작한 노래는 '도'로 끝나는 게 자연스럽습니다. 실제로 우리가 아는 노래들은 '시작한음으로 끝맺음'을 하는 경우가 많습니다. 이것을 으뜸화음(Ⅰ도 화음)으로 끝내는 것이라 말합니다.

초등학교 음악 시간에 배운 으뜸화음, 버금딸림화음, 딸림화음을 기억하시나요? 이 단어들을 외래어로 하면 토닉, 서브도미넌트, 도미넌트가 됩니다. 일반적으로 곡을 편하게 끝내는 방식은 도미넌트(딸림화음) 다음에 토닉(으뜸화음)으로 다시 돌아오는 것입니다. 도미넌트는 토닉 곁에 머무르고 싶어합니다. 이를 근거로 거꾸로 생각해보면 토닉으로 끝난 노래의 앞은 도미넌트일 확률이 높다는 얘기도 됩니다.
도미넌트가 토닉으로 향하는 움직임을 앞서 **'도미넌트 모션'**이라고 배웠습니다. 이 움직임은 자연스러운 마침으로 들립니다. 큰 틀에서 해석해 보면 '토닉에서 토닉(도에서 시작한 노래는 도)'으로 가려는 성질이 있다는 것을 기억하기 바랍니다.
조표만 보고 메이저 곡인지 마이너 곡인지 헷갈릴 때는 종지의 코드가 단서가 되기도 합니다. 예를 들어 #이 하나 있는 악보를 보았다고 해서 G 메이저 키의 곡이라고 생각할 수 있지만 만약 케이던스 (종지)가 Em로 끝난다고 한다면 그 곡은 아마 Em 키의 곡일 것입니다.

'도미넌트 모션'을 계속 열거하면 꼬리에 꼬리를 물게 되어 5도권이 다시 나오게 된다고 배웠습니다 (완전5도 하행). G를 도미넌트로 보면 C로 가려고 할 것이고 C를 도미넌트로 보면 F로 가려고 할 것 입니다. F를 도미넌트로 보면 Bb으로 가려고 할 것이며 Bb은 Eb으로 가고 싶겠죠. 또 Eb은 Ab으 로… 5도권 서클의 시계 반대 방향의 흐름입니다. 이렇게 차례로 한 번씩 대입하여 규칙을 찾아보기 바랍니다. 그것이 5도권 그림입니다.

**다시 한 번 말하지만 "도미넌트는 토닉 곁에 머무르고 싶어합니다."**

이 말을 가장 핵심으로 기억하면 됩니다. 우리가 잘 아는 곡들은 '토닉 – 서브도미넌트 – 도미넌트 – 토닉'의 구성으로 되어 있는 경우가 대부분입니다.


# 6.3 대리코드의 활용

### 6.3.1 토닉 → 토닉

4마디를 가진 곡이 모두 토닉으로 구성되어 있다고 가정해 봅니다. 만일 'CM7 – CM7 – CM7 – CM7'으로 밋밋하게 코드를 진행한다면 듣기에 심심할 겁니다. 이제 배운 것을 활용해 진행을 만들 어 봅시다. 한 개의 코드가 이미 만들어진 멜로디 때문에라도 여러 마디 연속해서 진행되는 경우가 간혹 있습니다. 이때 변화를 주기 위해서 한 코드 안에서 탑노트에 흐름을 주면 듣기에 심심하지 않 게 됩니다.

예를 들면, 'C – B – Bb– A'처럼 아래로 흐르는 하행을 만들어주는 것입니다. 그럼 이 음들을 사용 한 실제로 코드 표기로는 'C — CM7 — C7 — C6 '이 됩니다. 모두 같은 C 루트의 코드이지만 막상 연주해서 들어보면 자연스럽게 흐르면서도 원곡과 느낌이 다릅니다.

### 6.3.2 토닉 → 도미넌트 → 토닉

'CM7 – CM7 – G7 – CM7'의 진행에 다른 느낌을 넣어 보도록 하겠습니다. 이 코드 진행은 두 번 째 마디가 첫 번째 마디와 같은 코드를 가진 것이 재미가 없습니다. 두 번째 마디의 CM7(도 미 솔

시)를 대리하는 토닉 코드인 Em7(미 솔 시 레)와 Am7(라 도 미 솔)을 넣어봅니다. Em7에서 Am7는 운이 좋게도 5도권 진행이 됩니다(한 마디를 두 개의 코드로 반 마디씩 박을 나눕니다).

그리고 바로 다음에서 다룰 '투-파이브'를 적용해서 도미넌트 앞 서브도미넌트를 놓는다고 보고 'Ⅱ m7 대리코드'로 해보면 G7 앞에 Dm7을 놓는 것도 가능합니다. 덕분에 Dm7 앞의 코드인 Am7에서 Dm7은 5도권 진행이 됩니다. 이렇게 해서 'CM7 — Em7 Am7 — Dm7 G7 — CM7'이 만들어집니다. 그리고 이렇게 한 마디를 코드 두 개로 나누면, 예를 들어 4박자인 곡의 경우 코드마다 2박씩 나누게 되어서 코드의 진행도 진행이지만 리듬과 코드 변화에 따른 긴장감도 줄 수 있습니다.

### 6.3.3 토닉 → 서브도미넌트 → 토닉

'CM7 – CM7 – FM7 – CM7' 진행을 해보겠습니다. 정해진 규칙대로 토닉인 CM7으로는 끝나야 하고 그 앞이 역시 정해진 규칙대로 서브도미넌트여야 하니 FM7도 그냥 사용합니다. 두 번째 코드인 CM7의 루트음인 C를 대치하면서 움직임을 줄 수 있는 코드로는 Dm7(레 파 라 도)이 있습니다. 첫 코드 루트음이었던 도가 다음 마디에서는 탑노트로 이동한 셈이 돼서 곡에 인상을 줍니다. 그리고 정해진 대로 토닉으로 빠진다면 'CM7 – Dm7 – FM7 – CM7' 진행으로 응용이 가능합니다.

### 6.3.4 토닉 → 서브도미넌트 → 도미넌트 → 토닉

'CM7 – FM7 – G7 – CM7'와 같은 코드 진행은 'CM7 Am7 – Dm7 FM7 – Dm7 G7 – CM7'로 더 재미있어질 수 있습니다. 첫 코드 CM7과 나란한 조인 Am7을 사용했습니다. 서브도미넌트는 2, 4 도이므로 FM7 앞에 Dm7을 넣어보았습니다. 세 번째 코드인 G7 앞에는 5도 진행을 활용하여 (혹은 투-파이브로 보아도 무방) Dm7에서 G7으로 한 마디에 두 박자씩 코드를 나누어보았습니다. 그러면서도 도미넌트에서 토닉으로 가는 이끔음의 역할은 G7이 계속 맡고 있습니다. 그리고 토닉으로 마무리합니다.

# 6.4 투-파이브-원(II → V → I)

Two-Five (IIm7 → V7) 진행은 5도 진행으로 요즘 음악에 많이 사용하는 진행입니다.
도미넌트 모션은 '도미넌트가 토닉 곁에 머무르려는 성질'이니 V7 → I로의 코드 진행이라고 했습니다. 이 중에서 도미넌트인 V7을 'IIm7 → V7'로 일부러 두 개로 만들어 나누는 것을 'Two-Five'라고 부릅니다.

### V7 → IIm7(서브도미넌트) + V7(도미넌트)

자주 사용되는 투파이브 진행을 표로 만들어 보았습니다.

| | |
|---|---|
| Dm7 / G7 - CM7<br>251진행 | 대표적인 2-5-1(투 파이브 원) 진행입니다. 팝이나 재즈에서는 거의 기본적으로 사용하는 진행입니다. 단순히 G7-C(도미넌트 모션)인 것을 Dm7(서브도미넌트) / G7(도미넌트) - Cm7(토닉)으로 바꾼 것입니다. |
| Am - Dm / (G7) - (C) - E7<br>6-251 진행 | 마이너에서 자주 보는 진행인데 '라'에서 '레'로 루트가 움직이는 5도권 진행입니다. 만일 괄호 안 G7과 C가 없이 E7으로 흐른다면 후크 송이라 불리는 노래들의 메인 코드 구조와 유사해집니다. C 대신 E7은 앞서 배운 1, 3, 6 토닉음 사용입니다. 영국의 Craig David(크레이그 데이비드)의 히트곡 〈walkin' away〉가 비슷한 진행입니다.<br>6도를 사용하면 '턴어라운드'라 해서 부드럽게 C에서 D로 움직입니다. |

| | |
|---|---|
| Em – Am – Dm / G7 – C<br><br>36–251 진행 | 대표적인 2–5–1(투 파이브 원) 진행입니다. 팝이나 재즈에서는 거의 기본적으로 사용하는 진행입니다. |
| C – Am – F(Dm7) / G7 – C<br><br>164–251진행 | C 메이저 진행에서 쉽게 생각되는 진행입니다. 토닉에서 서브도미넌트 – 도미넌트 그리고 토닉으로 움직이므로 '도미넌트 모션'입니다. F 대신 대리코드인 Dm7을 넣을 수도 있습니다(2도는 4도의 대리코드입니다). |
| C – G – Am – Em – F – C – Dm / G7<br><br>15614–251 진행 | 이 진행은 캐논 협주곡에 쓰인 진행인데 일명 '돈 진행(MONEY PROGRESSION)'이라고 불립니다. 세계적으로 유명한 곡들에는 이 진행이 많습니다. 토닉에서 토닉으로 가는 사이의 베이스 음의 진행들을 잘 살펴보기 바랍니다. |
| Am – Em – Dm(F) / G7 – C<br><br>63–251 | A에서 E로 흐르는 5도 진행 그리고 투파이브 원입니다. E다음에 D보다는 F가 나와야 G로 연결되는 상행 느낌을 살릴 수 있기 때문에 대리코드 F가 나올 수도 있습니다. |

**표 2 - 2** 주요 '투 파이브' 진행

위의 표에 정리한 진행은 투–파이브에서 자주 나오는 대표적인 몇 가지에 불과합니다. 251(투 파이브 원) 앞에 붙은 숫자만 외우고 뒤에 투파이브원을 붙인다면 더 다양한 응용도 가능해집니다. 가령 일육사 투파이브원, 육삼 투파이브원, 일오육일사 투파이브원과 같은 식입니다.

위 진행표들에서 '턴어라운드(AM)'가 들어있는 것도 주의 깊게 보시기 바랍니다.

# 6.5 투 파이브 원에서 대리코드 활용

FM7은 C 메이저 스케일에서 보면 서브도미넌트(버금딸림화음)입니다. 그렇다면 대리코드인 Dm7 구성음을 살펴보겠습니다.

Dm7 : D F A C

이 구성음과 비슷한음을 지닌 코드가 있습니다. 바로 F6입니다.

F6 : F A C D

즉, Dm7 코드는 F계열 코드의 대리가 가능합니다. 둘 다 C 메이저 스케일에서 서브도미넌트입니다. FM7과 Dm7은 같은 서브도미넌트(2도, 4도)입니다. 참고로 메이저에서 토닉은 1, 3, 6도, 도미넌트는 5도, 7도이며 마이너에서 토닉은 1, 3 서브도미넌트는 2, 4, 6, 7, 도미넌트는 5입니다.

---

**예제 1** | **투파이브 만들기**

C | F | G7 | C

위의 코드 진행은 C Major에서 착한(?) 진행으로 유명합니다. 위에서 특히 세 번째 마디에서 네 번째 마디로 넘어가는 진행(G → C)을 '도미넌트 모션'이라고 했습니다. 그럼 위의 코드 진행에 Two-Five를 적용해봅니다.

C | F | Dm7-G7 | C

간단한 예이지만 이렇게 됩니다(V7을 Ⅱm7 / V7으로 교체). 그리고 좀 더 단순하지 않은 코드 진행을 원한다면 다음처럼 5도 진행을 더 적용해볼 수도 있습니다.

**CM7-C7 | F-Am7 | Dm7-G7 | C**

F(파 라 도)와 Am7(라 도 미 솔)은 구성음이 거의 같습니다. 대리코드에서 배운 대로 Am7의 루트음을 3도 내리고, 장7도 '미'가 붙고 맨 위 음인 '솔'이 빠졌다 생각하면 됩니다. F를 Am7으로 가는 진행도 만들어 넣을 수 있습니다. 또 CM7의 '장7도'는 C7로 가면서 '단7도'로 변하게 되니 결국 같은 C 코드 계열 안이지만 '시'에서 '시b'으로의 7th 음의 하행 변화도 기대할 수 있습니다.

지금까지 설명한 코드 진행들을 그림으로 요약하면 다음과 같습니다. 모두 완전4도 차이, 65페이지의 5도권 서클 그림의 시계 반대 방향 인터벌입니다.

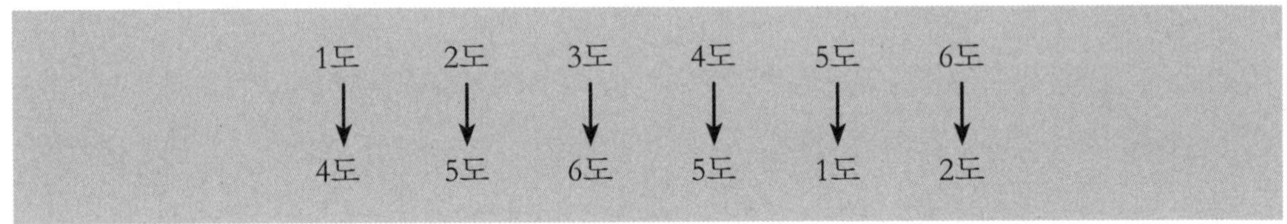


**예제 2** | 동요 〈학교종〉을 가지고 같은 성질의 코드 톤을 찾아 코드 편곡을 해봅니다.

그림 2 - 46 〈학교종〉 악보

앞서 배운 메이저에서 '토닉은 1, 3, 6 서브도미넌트는 2, 4 도미넌트는 5, 7'을 바탕으로 해보겠습니다.

토닉인 1도로 만든다면, 1도이므로 C이고 Dm7은 2, 4 서브도미넌트 활용이 됩니다. Em7은 1, 3(E), 6은 토닉이니까 사용이 가능합니다.  Am7은 C의 나란한(병행) 조입니다.

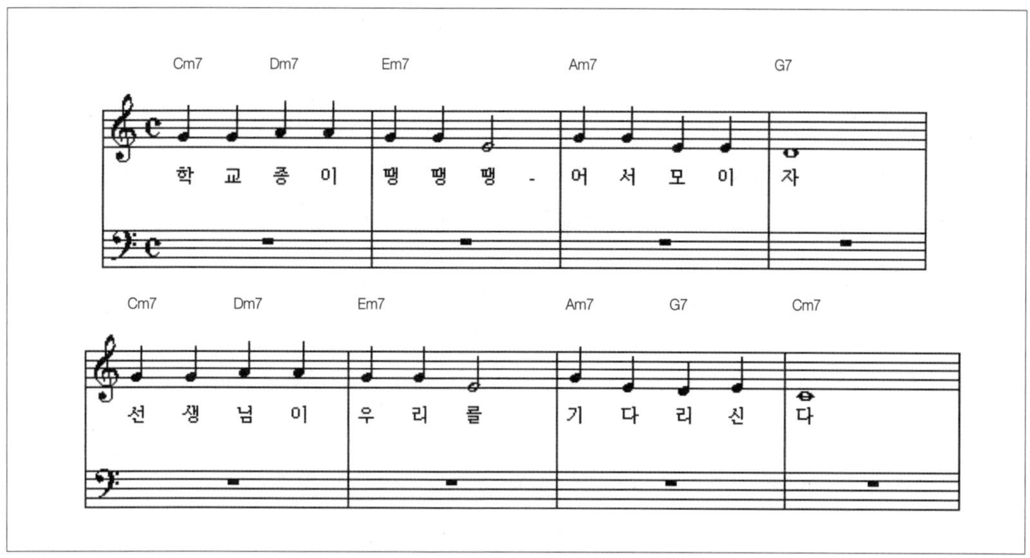


그림 2 - 47 〈학교종〉 악보 토닉 1도

토닉을 3도로 한다면, 3도이므로 E를 사용했습니다. 이를 CM7의 대리코드로 보아도 됩니다. Dm7은 F처럼 역시 2도 4도 서브도미넌트가 됩니다. 이 진행이 좀 더 재즈 곡을 듣는 느낌을 냅니다. 서브도미넌트는 2, 4도 Dm7, FM7 그리고 도미넌트는 G7, Bm7b5입니다.

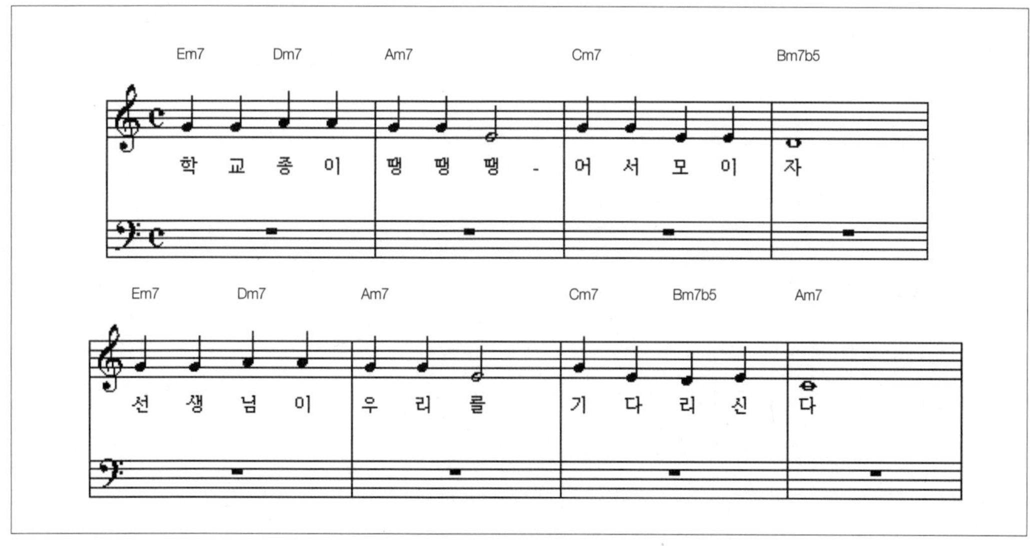


그림 2 - 48 〈학교종〉 악보 토닉 3도

# ‿⌇⩗ 7 곡의 구조(Song Structure / Arrangement)

곡을 만들다가 또 하나의 고민이 오는 부분이 바로 곡의 구조(Song Structure)입니다. 곡을 배열한다고 해서 어레인지먼트(arrangement)라고도 하는데, 곡을 처음 만드는 사람에게는 쉽지 않습니다. 어떻게 구조를 만들어야 3~4분 정도의 곡이 효과적으로 재미있게 들릴까라는 점 때문입니다. 팝 음악은 두세 가지 테마의 반복 구조이기도 하기에 상당히 중요한 부분입니다. 그리고 이렇게 곡의 구조가 다 만들어진 상태를 '송 폼(Song form)'이라고 합니다. 다만 송 폼(Song form)은 우리나라에서만 사용하는 표현일지도 모르겠습니다.

보통의 팝(pop) 음악에서 사용하는 익숙한 곡의 구조는 다음과 같습니다.

**intro - verse - pre chorus - chorus - bridge - pre chorus- chorus - ending**

chorus는 보통 '싸비'라는 말로 부릅니다. 싸비는 '테마', '주제'라는 뜻의 영어 'subject'가 일본어에서 변형된 속어인데, 필자에게도 Chorus보다 더 익숙합니다. 근래에 후크 송이라 불리는 곡들은 Chorus를 곡의 맨 앞으로 빼놓는 경우가 흔합니다. 그래야 후크라는 말뜻 그대로 사람들의 귀를 재빨리 낚을 수 있기 때문입니다. 후크가 되는 부분을 앞에 두는 여러 스타일이 있지만, 다음과 같은 식이 대표적입니다.

**chorus - verse - chorus - verse 2 - chorus**

이런 곡 구조는 2NE1의 히트곡인 〈내가 제일 잘 나가〉에서도 볼 수 있습니다. 요즘은 이렇게 코러스 파트를 여러 번 강조하는 곡이 많습니다.

벌스(verse)는 곡의 도입부를 말합니다. 쉽게 말해 1절 가사가 들어간 부분이라고 생각하면 됩니다. 프리 코러스(pre chorus)는 코러스의 바로 전 진행을 말합니다. 코러스는 곡의 제일 주된 테마가 되는 부분입니다. 브릿지는 4분여의 곡을 듣다가 금새 익숙해져서 자칫 단조로울 수 있는 보편적인 진행에서 새 코드 진행이나 멜로디를 넣어 코드 보이싱하는 부분을 뜻합니다. 곡 엔딩의 경우 인트로나 코러스 부분을 조금 변형해서 넣는 게 일반적이라고 보면 됩니다. 그래서 끝의 음정은 언제나 토닉 아니면 텐션으로 끝내 것이 일반적입니다.

곡의 구조는 곡을 쓰다 보면 여러 방식으로 응용도 가능합니다. 또한 대부분의 경우 처음 곡을 만들다가 거의 곡을 완성하려는 단계에서 갑자기 막히는 부분이기도 합니다. 그럴 때는 기존의 익숙한 팝 음악들의 곡 구조를 분석해 보시길 권합니다. 이미 만들어진 곡의 잘된 어레인지먼트만으로도 그 곡의 인상은 많이 달라집니다.

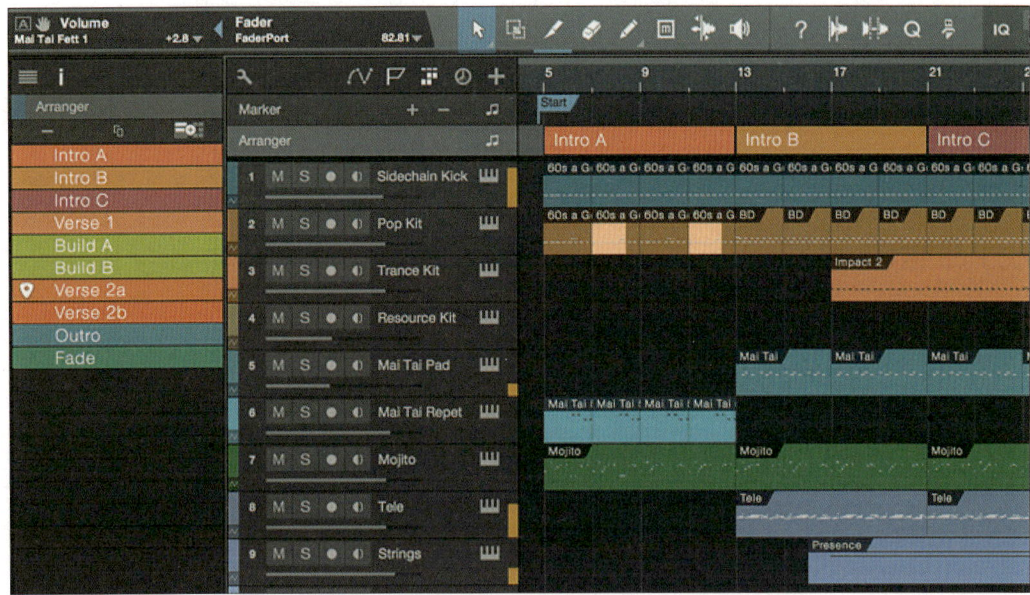

**그림 2 - 49**  스튜디오 원 3의 어레인지먼트 트랙 화면

위의 그림은 스튜디오 원 3의 어레인지먼트 툴인 'Arranger(어레인저)'의 모습입니다. intro A, intro B, intro C로 보이는 트랙이 어레인저 트랙입니다. 큐베이스나 로직 등을 사용하면서 송 폼을 재구성할 때 행여 빠지는 마디가 있을까 해서 조심스럽게 길게 늘어진 여러 개의 트랙들을 잘라서 옮기고 붙이고 했었는데, 스튜디오 원 3에서는 그럴 필요 없이 어레인저 바를 그냥 이동하면 트랙들이 모두 움직여서 아주 편리합니다. 자세한 내용은 스튜디오 원 기능에서 살펴보겠습니다.

# ⌁||⩗ 8 드럼

악기 중에 혼자서 가장 많은 장비를 연주해야 하는 악기가 드럼입니다. 드럼은 밴드에 있어서 혹은 편곡에 있어서 리듬을 만들어내는 음악의 기둥 같은 역할을 합니다. 요새 인기 있는 음악들은 드럼을 루프(loop) 형태로 사용하는 경우가 많아졌기 때문에 진짜 드럼을 접하는 것이 더 드문 일이 되었지만 그런 루프(loop) 형태의 드럼을 사용한다고 해도 기본적인 드럼의 연주는 알아야 합니다.

## 8.1 드럼의 구조

킥, 스네어, 하이햇 이 세 가지라면 기본적으로 리듬을 만들 수 있습니다. 실제로 재즈 연주자 중에는 이 세트로만 연주하기는 사람도 있고 저 세트에서 킥을 빼는 경우도 있습니다. 우리나라 말로는 드럼이라고 쓰고 말하지만 영어로는 Drums(복수형입니다)라고 합니다. 드럼은 전체의 템포와 그루브를 관장하고 곡에 생기를 불어넣어주거나 박진감을 주기도 하며 다른 연주자들을 리듬적으로 이끕니다.

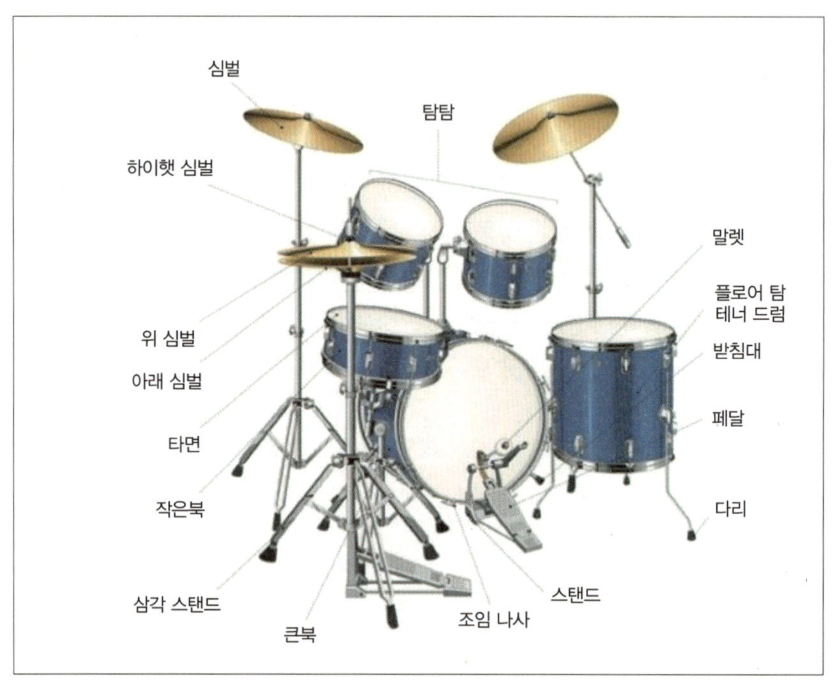


**그림 2 - 50**  드럼

드럼에도 악보가 있어 드러머들은 이 악보를 보고 연주합니다. 음악은 음정들이 모여서 멜로디와 화음을 이루지만 그들의 무빙(moving)은 반드시 리듬의 영역 안에서 움직입니다.

음과 음 사이의 간격 즉 음정 사이에 시차가 없다면 음악이 만들어질 수가 없습니다. 이것은 리듬 악기가 아니더라도 적용됩니다. 드럼이 없다고 해서 리듬이 없는 것이 아니기 때문입니다. 그랬다면 우린 4분의 4박자니 8분의 6박자니 하는 말도 할 필요가 없었겠고 굳이 오선지에 표기하지도 않았을 겁니다. 곡을 만드는 사람이나 곡을 연주하는 사람은 그 음정 사이의 간격에서 만들어지는 그루브감에 소위 '목숨'을 걸기도 합니다. 그렇기에 드럼은 악보로 연주 내용이 표기가 가능하지만 악보대로 연주하더라도 실제 연주자의 연주를 들어보면 악보와는 많이 다른 느낌으로 들릴 때가 많습니다. 음악에 있어서 리듬 파트가 재미있어지는 부분이 바로 그 지점이기도 합니다. 언제나 음악은 '화성적 음계와 리듬'으로 이루어진다는 사실을 잊지 말아야 합니다.

그림 2 - 51  드럼 악보

# 8.2 박자(Beat)

- 4분의 4박자 : 한 마디에 4분음표가 4개가 있다. 즉 한 마디에 한 박자가 4개가 있다.
- 4분의 3박자 : 한 마디에 4분음표가 3개가 있다.
- 4분의 2박자 : 한 마디에 4분음표가 2개가 있다.
- 8분의 6박자 : 한 마디에 8분음표가 6개가 있다는 수치 상의 의미이고 실제로는 점 4분음표가 두 개가 있다가 맞다.
- 8분의 12박자 : 한 마디에 점4분음표가 네 개가 있다.
- 4분의 5박자 : 한 마디에 4분음표가 5개가 있다.

그렇다면 8분의 6박자와 4분의 3박자는 어떻게 다른 것일까요? 8분음표가 한 마디에 6개인 것과 4분음표가 한 마디에 3개인 것은 언뜻 보면 같을 수 있지만 음악적으로는 분명 다릅니다. 4분의 3박자는 왈츠 음악을 생각하면 떠올리기 쉽습니다. 4분의 3박자를 읽어보면 '원따따 투따따 쓰리따따 포따따…' 이런 식으로 읽을 수 있습니다. 하지만 8분의 6박자는 '원이엔, 투이엔, 쓰리이엔, 포이엔…' 식으로 읽어야 합니다. 쉽게 이해하기 위해서 '2박 계열'과 '3박 계열'로 리듬을 나누어봅니다. 4분의 3박자는 '3박 계열'로 '원. 따. 따'로 나눌 수 있고 반면에 8분의 6박자는 '원이. 엔'으로 '2박 계열'로 나눕니다. 당연히 음악적으로 그 뉘앙스는 분명 다릅니다. 리듬 악보 표기에 점 음표가 들어간다는 것이 좀 어색한 일이기 때문에 8분의 6박으로 표기를 할 뿐이지 사실 제대로 표기하자면 '점 4분의 2박자'로 이해하는 것이 맞습니다.

정리하면 4분의 3박자는 세 박이 있는 것이며 8분의 6박자는 '8분음표 3개 한 묶음' 두 박이 있는 것입니다.

그림 2 - 52  4분의 3박자

그림 2 - 53  8분의 6박자

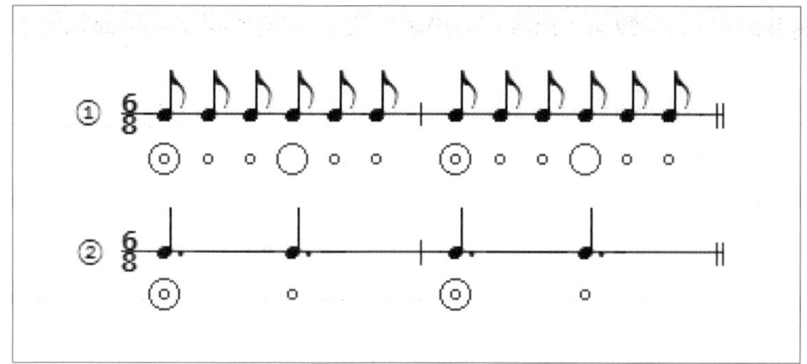

**그림 2 - 54**  8분의 6박자 점 4분음표

음표를 보면 8분의 6박자를 점음표로 만들어 2박 계열로 묶어서 2묶음으로 표현할 수도 있음을 알수 있습니다. 8분의 6박자를 지휘한다고 하면 6번을 휘젓는 것도 가능하지만 사실 2박 계열이기에 2번을 휘젓는 지휘를 더 많이 합니다.

8분의 9박자 곡은 2박 계열일까요 3박 계열일까요?
이 경우는 3박 계열입니다(점 4분음표 3 묶음).

그럼 8분의 12박자는 어떨까요?
점 4분음표 4묶음입니다. 4묶음이기에 4분의 4박자와 호환 가능한 네 박자입니다. 4분의 4박자를 8분음표로 분해해서 하이햇을 시퀀싱해보면 '딴딴 딴딴 딴딴 딴딴'으로 한 마디 8번(8분음표)의 하이햇이 들어가지만 8분의 12박자는 '딴딴딴 딴딴딴 딴딴딴 딴딴딴'으로 12번의 하이햇이 들어가야 합니다.

**그림 2 - 55**  8분의 12박자

과거 '스튜디오 원 2.6'에서 드럼 시퀀싱을 해본다면 다음과 같은 모양이 됩니다.

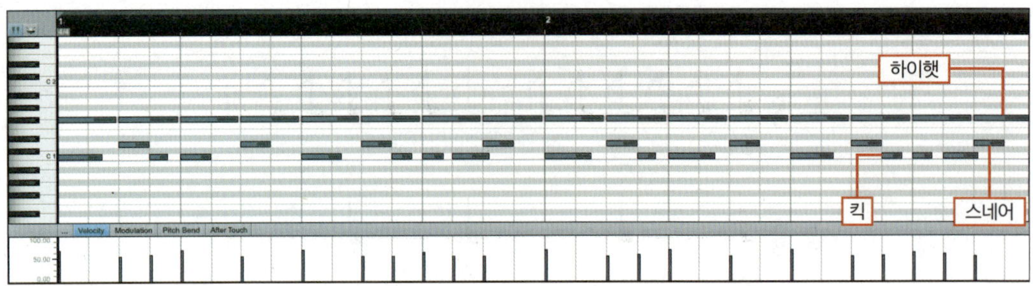


**그림 2 - 56**  4분의 4박자일 때 하이햇 8개

위 그림은 2마디를 나타냈으니 상단의 하이햇이 16개가 찍혀 있습니다.

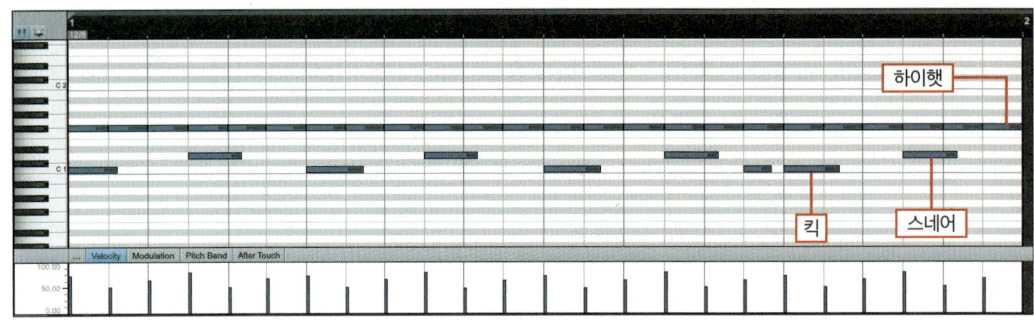


**그림 2 - 57**  8분의 12박자일 때 하이햇 12개

# 8.3 드럼 연주

킥과 스네어 그리고 하이햇 3가지는 드럼 연주 시 편곡과 장르의 특성에 따라 간혹 예외가 있을 수 있지만 거의 100% 활용됩니다. 즉, 이 3가지로 기본적인 드럼 비트가 만들어지는 것입니다.

### 1) 킥(Kick)

킥 드럼 혹은 베이스 드럼이라고 합니다. 정박 혹은 엇박에 들어가 베이스 기타와 박을 맞추고 베이스 기타는 킥이 정박에 연주할 경우 보통은 루트음을 짚어줄 때가 많습니다. 킥의 위치에 따라 해당 곡의 리듬 성격이 나옵니다. 비트를 만드는 데 제일 기본이 되는 드럼 소리입니다.

### 2) 스네어(Snare)

스네어 드럼은 연주 시 가장 많이 두들기는 드럼 중 하나입니다. 스네어 연주에는 많은 연주 테크닉이 존재하며 미디로 표현하는데 림 샷, 스트로크, 더블 스트로크, 고스트 노트, 브러쉬 등의 스네어 소리를 고를 수 있습니다. 그중에서도 스네어 드럼을 조율해서 만드는 서로 다른 스네어 소리의 성격에 따라 곡의 분위기가 달라집니다. 때문에 드러머들은 연주 시 본인의 스네어를 특성이 다른 종류별로 들고 오기도 합니다.

### 3) 하이햇(Hihat)

14인치 16인치 등의 하이햇 사이즈로 소리가 달라집니다. 하이햇 테크닉은 OPEN / CLOSE를 하는 것인데, 정확히 말하면 오픈과 클로즈를 하는 중간쯤의 소리까지도 포함합니다 . 그리고 스틱으로 하이햇을 건드려서 나오는 소리도 중요하지만 왼발 풋 페달을 사용해서 하이햇을 열었다, 닫았다 하는 풋 워크로 미묘한 리듬을 표현하기도 합니다.

### 4) 라이드 심벌(Ride Cymbal)

라이드 심벌은 드러머의 오른편에 낮게 걸린 큰 심벌입니다. 라이드 심벌은 연주 시 종종 하이햇의 역할을 대신하는 카운트의 역할을 하기도 하고 곡의 마무리나 연주 중 섹션을 맞출 때에는 라이드 심벌의 가장자리를 강하게 연주하기도 합니다. 그리고 라이드 심벌의 중앙 근처('컵'이라고 부릅니다)를 연주하기도 합니다.

## 8.4 8비트 드럼

가장 기본이 되는 드럼이 뭘까요?  필자의 생각에는 8비트 드럼입니다. 8비트는 한 박자를 두 개로 나누어 연주합니다. 4분음표를 8분음표 두 개로 나눈다는 것입니다.
원~앤(1&) 투~앤(2&) 쓰리앤(3&) 포~앤(4&)으로 읽습니다.  이런 8비트로 연주하는 곡들은 대개 경쾌한 곡들입니다. 예를 들어 비틀즈의 〈HEY JUDE〉라는 곡은 8비트 드럼 연주의 전형입니다. 쉽게 말해 8비트는 하이햇 심벌을 한 마디에 8번을 치게 됩니다.

그림 2 - 58  8비트 드럼

앞의 그림은 일반적인 8비트 드럼의 악보입니다. 드럼용 악보이니 음정은 중요하지 않으므로 무시해도 됩니다. 아래쪽에 걸린 음표(A)가 킥입니다. 위에 x로 표시된 음표들은 하이햇을 말합니다. 그 중간에 있는 음표(E)는 스네어 드럼을 말합니다. 악보 중 킥과 스네어를 읽어보면, **'쿵 빡 쿵쿵 빡 / 쿵 빡쿵쿵 빡 / 쿵 빡 으쿠 빡 / 쿵 빡크 으쿠 빡'**으로 읽을 수 있습니다('으'는 8분 쉼표를 읽은 것입니다).

드럼 악보를 입으로 연주할 줄 알아야 나중에 그루브를 표현하는 데 도움이 됩니다. 위 악보는 8비트 악보이기 때문에 킥과 스네어는 포지션이 자주 변해서 다양한 리듬을 만들고 있지만 하이햇은 꾸준히 한 마디마다 8번을 계속 치고 있습니다. 물론 하이햇에도 여러 테크닉을 구사해서 리듬에 멋진 인상을 만들어넣을 수 있습니다.

### 8.4.1 드럼 시퀀싱 화면

앞선 8비트 드럼 악보를 시퀀싱한 화면입니다. 드럼 시퀀싱에서 음정의 길이는 중요하지 않습니다. 어차피 음이 발생해서 소멸하기까지의 드럼 소리가 음정마다 이미 정해져 있기 때문입니다(단 몇몇 심벌 소리 제외).

드럼 시퀀싱에는 아주 세밀한 벨로시티 표현이 거의 모든 것일 정도로 중요합니다.

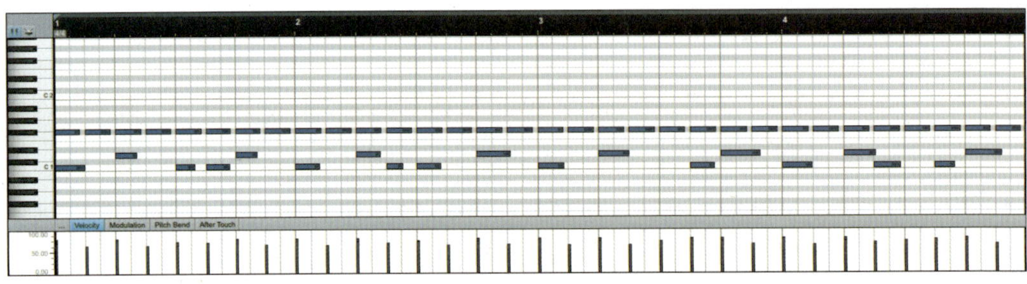

그림 2 - 59  [Studio One 2.6 화면] 8비트 드럼 악보(그림 2 – 57) 시퀀싱

시퀀서에 따라서는 드럼 시퀀싱을 위한 드럼 에디터 윈도우가 따로 있는 경우도 있지만 드럼 시퀀싱할 때 다른 악기 시퀀싱 창과 구별 없이 쓰는 게 더 편할 수도 있습니다.

### 8.4.2 8 BEAT 셔플

어떤 시퀀서든지 퀀타이즈 설정이 있습니다. 그중에서 그루브 퀀타이즈라는 메뉴가 있습니다.

그루브 퀀타이즈는 곡을 휴머나이징 해주는 기능으로, 풀어 말하면 '사람이 연주한 느낌이 들도록 하는 것'으로 말할 수 있습니다. 그루브 퀀타이즈의 세부 메뉴에서 늘 빠지지 않는 것이 '셔플(Shuffle)'인데 이는 문자 그대로 드문드문하게 연주하는 기능입니다. 8비트 리듬은 한 박을 두 개로 나누어 연주하는데 셔플 기능을 사용하면 '8비트 한 박을 3개로 나누듯이 연주'합니다. 즉 한 박을 2개이지만 마치 3개인 것처럼 연주한다는 것입니다.

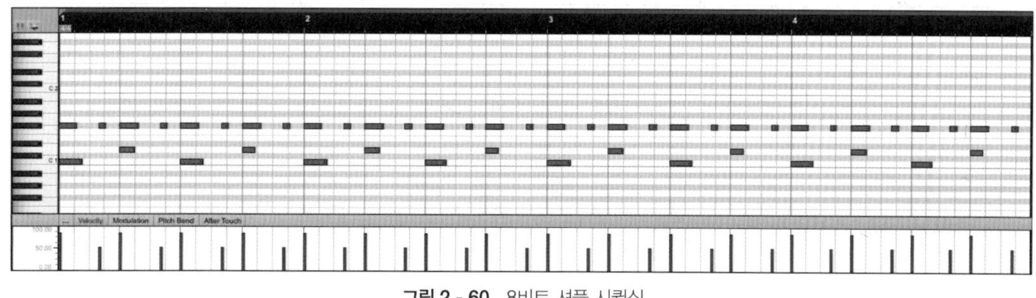

**그림 2 - 60** 8비트 셔플 시퀀싱

글로 표현하려니 어렵지만 해본다면 8비트가 '따.따'라면 8비트 셔플은 '따아—따'로 연주합니다. 즉 다른 길이의 음표를 두 개로 연주하는 셈입니다(이 차이를 느끼려면 입으로 연주할 줄 아는 것이 중요합니다). 그래서 8비트는 8비트 '스트레이트'인지, '셔플'인지 구별합니다. 셔플 리듬은 재즈의 스윙 리듬 같은 것이 대표적입니다. 각종 드럼 강의 동영상을 찾아 직접 소리를 들어보면 좋습니다.


## 8.5 16비트 드럼

16비트는 하이햇을 16분음표로 연주하게 됩니다. 즉 4/4 박자일 경우 한 박을 4개로 나누어 연주한다는 뜻입니다. 물론 하이햇을 16분음표로 쪼개어 연주해도 킥과 스네어가 16비트에 맞는 섹션을 연주해야 16비트 곡으로 봅니다. 16비트 드럼 리듬은 언뜻 빠르게 들리지만 잘게 쪼개어 연주하기에 빠르게 들리는 것일 뿐, 사실은 곡 템포가 8비트보다 느린 경우도 있습니다.

16비트 드럼 연주는 화려하고 경쾌하게 들립니다. 특히 베이스 기타의 경우 8비트에서는 전체 코드 톤 보강과 리듬 플레이의 안정감을 주는 데 주안점을 둔다면 16비트로 연주할 때는 베이스 연주자 본인의 솔로 프레이즈까지 만들어 넣기가 좋습니다.

미국 밴드인 Red Hot Chili Peppers의 〈Parallel Universe〉라는 곡을 들어 보면 16비트 드럼의 경쾌함을 느낄 수 있습니다(연주 중에 16비트 셔플이 섞여 있기도 합니다).

**그림 2 - 61**　16비트 드럼 악보

8비트 셔플이 한 박을 3개로 나누는 느낌이라면 16비트 셔플은 반박을 3개로 나누어 연주하는 것을 말합니다. 당연히 8비트보다 2배가 빨라집니다. 주로 흑인 음악들에서 이런 셔플 리듬이 많이 보이고 그 중 특히 힙합에서 16비트 셔플이 빛을 발합니다. 만일 흑인 음악에 관심이 많은 작·편곡 지망생이라면 이 셔플 리듬을 기본적으로 익혀야 합니다. 백인 밴드이지만 미국의 TOTO라는 밴드의 〈ROSANNA〉라는 명곡이 있습니다.

〈ROSANNA〉 같은 미디엄 템포 곡에서 리듬에서 그런 그루브가 표현된다는 것은 경이롭습니다.

이 팀의 세계적인 명드러머 제프 포카로(Jeff Porcaro)가 이 곡에서 연주한 16비트 셔플 드럼은 정말 대단합니다. 제프 포카로는 몇 년 전 고인이 되었지만 TOTO의 음악들에 빛을 내어주고 후대의 드러머들에게 존경받는 연주자입니다.


## 8.6 싱코페이션

직역하면 '동기화' 정도인데 그 의미보다는 연주 시의 '템포 당김'이 적당합니다. 우리말로 '당김음'이라고 합니다.

| syncopation | Grouping | Ties | Accents |
|---|---|---|---|
|  | V |  |  |
|  |  | V |  |
|  |  |  | V |
|  | V |  |  |

**그림 2 - 62**　악기의 싱코페이션

그림 2-62의 싱코페이션은 피아노나 현악기를 연주할 때 박자별 싱코페이션을 처리하는 방법입니다. 3/4박의 경우 가운데 음에 싱코페이션을 맞춥니다. 그렇게 될 경우 춤 곡처럼 바운스 있는 리듬이 연주됩니다.

보통은 8분음표 혹은 16분음표만큼 정박보다 약간 앞으로 당겨서 악센트를 줍니다. 이때는 일반적인 경우 킥과 심벌을 동시에 가격합니다. 혹 심벌이 연주되지 않을 경우 킥이라도 꼭 가격합니다. 그리고 당연히 베이스 기타도 싱코페이션 파트에 함께 연주합니다.

싱코페이션의 경우 베이스 기타는 대개 코드의 근음을 연주합니다. 뿐만 아니라 다른 악기 포지션들도 편곡 여부에 따라 모두 함께 전 파트 싱코페이션을 맞추기도 합니다. 이렇게 싱코페이션이 생기고 코드 진행이 박자마다 변하는 진행이 생기면 반 마디 혹은 한, 두 마디짜리 '섹션(section)'이 생깁니다. 밴드의 경우 이 섹션의 합을 맞추는 연습을 많이 하게 됩니다.

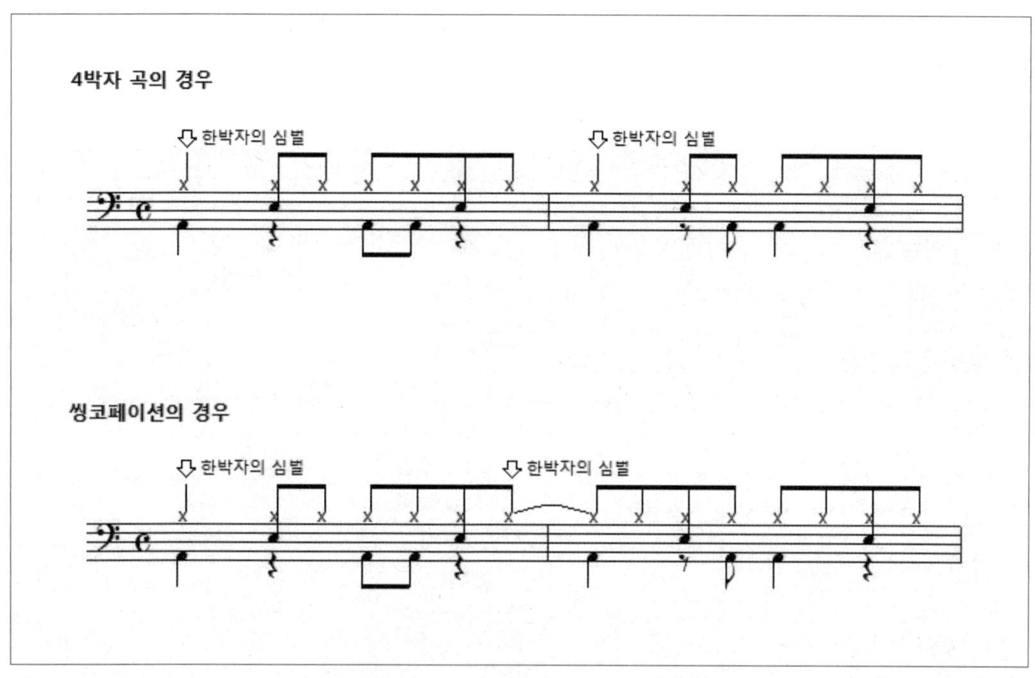


**그림 2 - 63** 싱코페이션이 나타난 드럼 악보

밴드의 공연을 볼 때 이 섹션 파트가 잘 맞으면 한 마디로 멋있게 들립니다. 예를 들려면 많지만 제임스 잉그램의 〈just one〉, 록 밴드 음악 중엔 메탈리카의 〈enter sand man〉, 서태지 밴드의 〈크리스 말로윈〉 등을 들어보면 싱코페이션들이 인상적으로 활용됩니다.

펑크밴드 중에는 T.O.P(TOWER OF POWER)의 〈Soul with a capital S〉와 〈Diggin' On James Brown〉이라는 곡을 들어보길 권합니다. 이 곡들은 8비트 셔플 드럼과 자주 등장하는 싱코페이션 그리고 여러 번 멋지게 연주되는 섹션 파트와 그 마디 사이사이를 채워주는 브라스들이 대단히 세련되었습니다.

4박자 곡의 경우

**원**& 투& 쓰리& 포& | **원**& 투& 쓰리& 포&

일반적으로 다음 마디 첫 박인 원 즉 정박에 강세를 줍니다.

하지만 싱코페이션은 자리에 강세가 들어가 아래처럼 됩니다.

**원**& 투& 쓰리& 포 **&** | **원**& 투& 쓰리& 포&

강박의 위치가 다음 마디 첫 박인 '원'에서 '현재' 마디의 마지막 &로 변했습니다.

다음 그림의 중간 부분을 보면 됩니다. 10.4.240(프로툴스의 경우는 480 tick) 자리입니다.

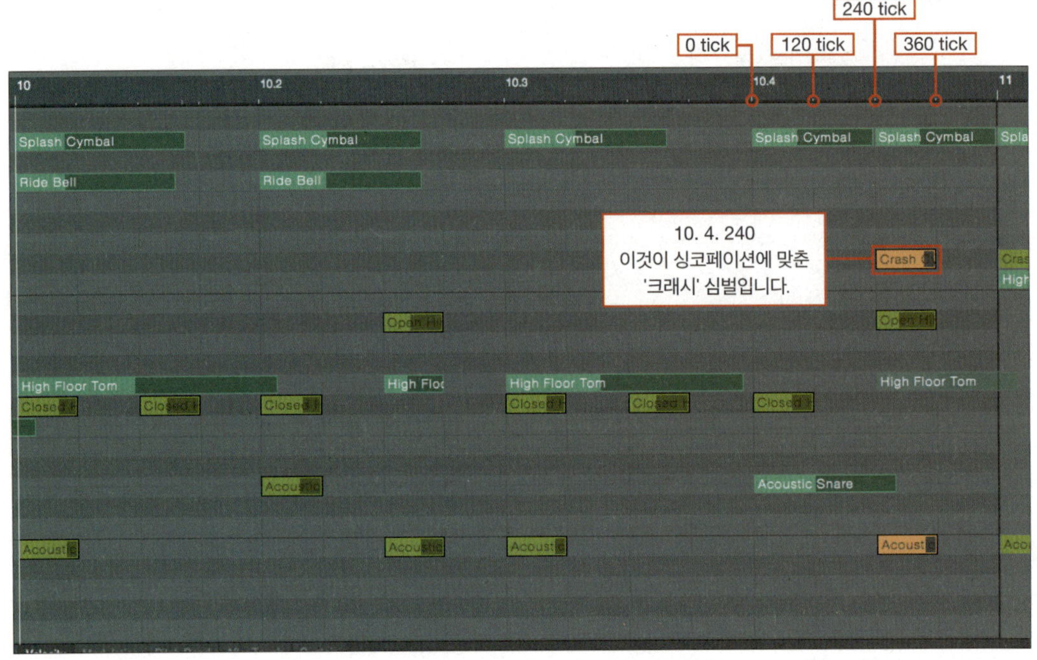


그림 2 - 64  [Studio One 캡쳐] 10.4.240틱의 싱코페이션

앞의 마디로 8분음표 당겨서 &에 싱코페이션을 합니다. 킥이 8분음표 당겨진 위치에 있고 그 자리의 심벌들도 함께 연주가 되고 있습니다. 이런 경우 곡에 긴장감을 줄 수 있어서 다채롭다는 느낌을 줍니다. 위에 설명한 싱코페이션 외에도 다양한 싱코페이션이 존재합니다. 읽을 때 진한 글자를 강하게 악센트 줘서 읽습니다(♩ = 960의 경우(프로툴스) 720tick입니다).

# 8.7 고스트 노트(Ghost Note)

고스트 노트라는 이름은 유령처럼 슬쩍 비쳤다가 사라진다는 점에서 유래했습니다. 이름대로 정박이 아닌 타이밍에 스네어를 들릴 듯 말 듯 작게 연주하는 것을 말합니다. 단지 꾸밈음이기에 박자 계산에는 들어가지 않습니다.

연주자마다 혹은 곡의 성격에 따라 고스트 노트의 볼륨에 차이가 있기도 합니다. 앙상블이 될 수 있는 하이햇 볼륨과의 고스트 노트의 스네어 볼륨 밸런스는 일정한 편이 좋습니다.

고스트 노트가 삽입되는 타이밍은 몇 가지로 응용될 수 있는데, 기본적으로 주 리듬의 사이에 살짝 살짝 그러면서도 정확한 타이밍으로 들어가야 합니다. 일반적으로 32분음표 이상 짧은 것은 잘 들리지도 않게 처리하기에 의미가 크게 없는 것 같습니다.

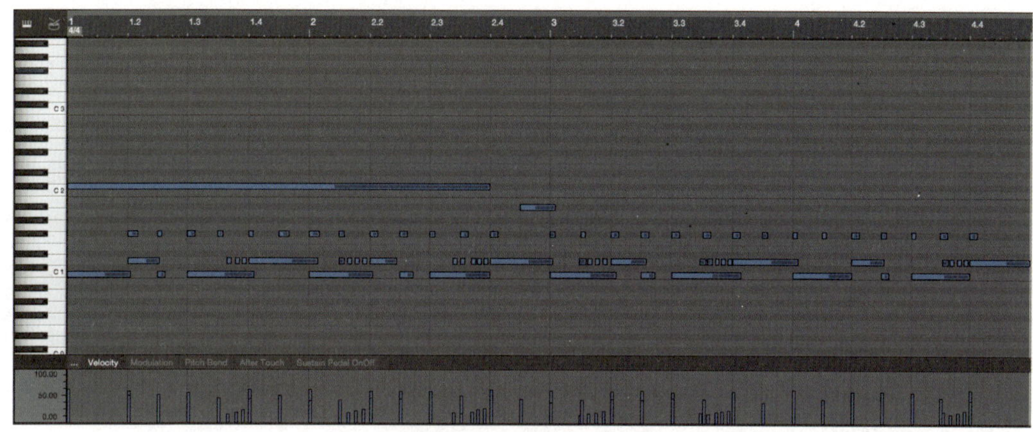

그림 2 - 65  고스트 노트 드럼 시퀀싱

벨로시티를 잘 보면 1.4 부분의 스네어는 정박에 위치하지만 1.3.240부터 작은 스네어 3개가 더 있는 것이 보입니다. 벨로시티도 아주 작고 스네어의 길이도 아주 짧습니다.

드럼의 경우 스네어와 하이햇에 고스트 노트를 넣게 됩니다.

> ## 참고 | 볼륨(Volume)과 벨로시티(Velocity)
>
> 음악 입문자의 경우엔 볼륨과 벨로시티를 헷갈려 하는 경우가 많습니다. 둘 다 소리의 크기와 연관이 있는데, 둘의 차이점은 간단히 말해 볼륨은 작은 소리일 경우라도 스피커 등을 이용해 크게 만들 수 있지만 벨로시티가 작은 소리는 스피커 등을 크게 해도 커지지 않다는 점입니다.
>
> 벨로시티는 연주 중에 있는 감정을 표현할 수도 있는 '음악적인 연주의 세기'를 말합니다. 정말 강하게 연주해야 강하게 표현되니 당연히 볼륨이 커지기도 합니다. 볼륨은 감정의 표현과 상관 없는 단지 '소리의 물리적인 크기'만을 뜻합니다.

# 9 베이스 기타

## 9.1 베이스 기타의 역할

베이스 기타는 펑크(funk) 음악에서 곡의 분위기를 좌지우지하는 악기로, 분류상 리듬 악기 파트에 넣습니다. 하지만 베이스 기타는 멜로딕한 연주도 가능합니다. 베이스 기타는 펑크와 멜로딕 사이의 경계를 마음대로 넘나들며 곡의 음악적인 텐션을 만들 수 있는 정말 매력적인 악기입니다. 특히 흑인 음악이 주류를 이루는 이 시점에 베이스 기타는 곡에서 정말 중요한 역할을 담당하고 있습니다. 그리고 댄스 음악이나 최근에 각광받는 EDM 장르에 이르러서는 베이스의 음정을 높여서 멜로디를 담당하는 리드 악기를 대신하기도 합니다.

음악을 음향 주파수대별로 '고음역, 중고음역, 중저음역, 저음역'의 4부분으로 나눈다면 그 중 베이스 기타는 저음역(로우)을 커버하는 악기라고 말할 수 있습니다. 베이스 드럼을 가장 낮은 음역으로 생각하기 쉬우나 실제로는 베이스 기타가 더 낮은 음역을 가지는 경우가 많습니다.

저음은 고음보다 더 멀리 퍼져 나갑니다. 공연장에서 가장 멀리까지 잘 들리는 소리는 기타 같은 고음역 악기가 아니라는 것을 공연장에서 느낀 독자들이 많을 겁니다.

베이스 기타가 곡에 없다면 그 곡은 정말 허전합니다. 만약 베이스 기타가 없다면 음향적으로는 저음을 가로지르는 톤, 음악적으로는 그루브감, 그리고 화성적으로는 토닉과 각종 텐션음을 옮겨 다니며 만들어지는 곡의 인상이 사라지게 됩니다. 또한 베이스 기타는 전자음악으로 갈수록 메인 멜로디를 이루는 리드(lead) 악기의 성격을 띠기도 합니다.

## 9.2 8비트 베이스 기타 시퀀싱

8비트 패턴이란 8분음표를 기초로 베이스라인이 연결되어 나가는 패턴을 말합니다. 8분음표 위주로 치기 때문에 음의 변화는 그리 많지 않습니다. 이러한 8비트 패턴은 스트레이트하게 달리는 느낌을 살리는 록 음악에서는 자주 사용됩니다.

① 킥과 스네어 라인의 변화가 많은 재미있는 연주에 단순 8비트 베이스 라인을 치면 곡 전체의 분위기를 다운시켜 버립니다. 8비트 패턴은 리듬이 단순하고 스트레이트한 느낌의 곡에 잘 어울립니다. 아무래도 주류의 음악이 흑인 음악이다 보니 근래에 나오는 베이스 라인 중에 이런 베이스

라인은 듣기 힘들어졌습니다. 그래서 가끔 이런 라인을 듣게 되면 이제는 오히려 신선합니다.

② 이런 스트레이트한 베이스 연주에서는 벨로시티를 앞 박보다는 뒤 박에 주는 편이 텐션을 만들기 좋습니다. 따라서 벨로시티는 주로 첫 박에선 보통이지만 오히려 2박과 4박을 크게 주어 곡에 인상을 넣습니다.

③ 음표 길이의 퀀타이즈(듀레이션 퀀타이즈) 중 적용해놓고 가장 후회하는 포지션이 베이스 기타입니다. 베이스 기타 시퀀싱에는 절대 듀레이션 퀀타이즈를 사용하지 말고, 음표 길이 편집은 눈이 아니라 귀로 해야 합니다. 베이스 한 음 한 음의 길이가 곡에 미치는 영향은 지대하며, 조금 과장하면 아예 다른 곡이 되기도 합니다. 예를 들어 악보상 8분음표 만큼의 베이스 길이가 반드시 시퀀싱 중인 곡에서 어울릴 것이라는 보장은 없습니다. 조금 더 짧거나 길면 더 좋을 수도 있습니다. 조금 더 짧거나 긴 경우가 듣기에 더 좋을 수도 있으니 곡을 들어보면서 길이를 조절해야 합니다.

## 9.3 16비트 베이스 기타 시퀀싱

Tower of Power의 〈What is Hip(Album Version)〉을 들어보면 16비트 베이스 기타 소리가 곡의 시작부터 나옵니다. 이 곡을 통해 이런 16비트 혹은 8비트에서 한 음정만 연달아 연주하는 스트레이트한 연주의 '벨로시티(velocity)' 조정을 어떻게 해야 하는지 배워볼 수가 있습니다.
이 곡의 베이스 기타 악보를 본다면 아마 매우 스트레이트한 연주가 예상될 텐데, 막상 실제로 들리는 베이스 기타의 그루브는 상당합니다. 모두 음정마다 연주자가 표현하는 벨로시티의 변화 때문입니다.

베이스 기타는 드럼과의 연주 시 유니즌(Unison)이 가장 중요합니다. 메트로놈에 맞춘 균일한 박자감은 물론이거니와 '매 마디' 혹은 '한 묶음 패턴이 되는 마디들'의 첫 정박에는 반드시 드럼의 kick 드럼과 싱크를 맞추어야 합니다. 베이스 기타를 시퀀싱할 때 이 점을 반드시 유념해야 합니다.

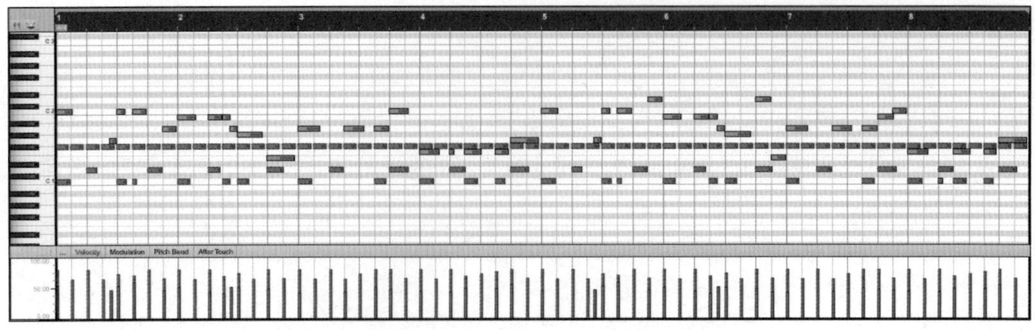

**그림 2 - 66**  베이스 기타의 8비트 패턴 8마디 시퀀싱

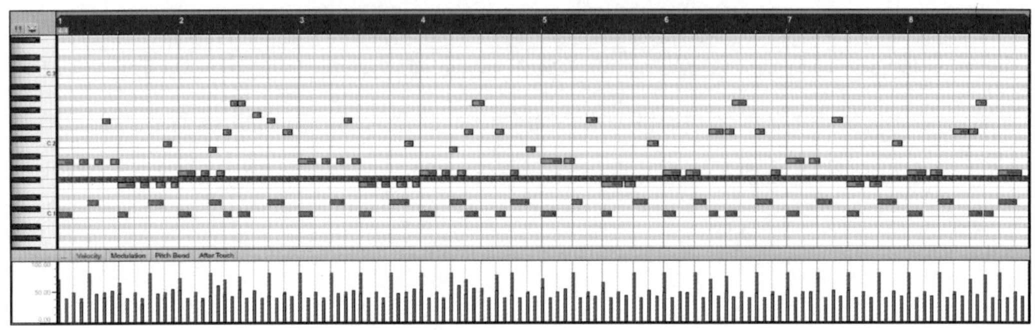

**그림 2 - 67**  베이스 기타의 16비트 패턴 8마디 시퀀싱

파란색 음정들이 드럼, 초록색 음정들이 베이스 기타입니다.

뒤에 나올 PART들을 공부하며 PART 2의 내용을 틈틈이 다시 보기를 권합니다.

PART
3
미디 셋업

여러분이 준비해야 하는 것은 마우스와 키보드입니다. 물론 미디를 위한 건반인 '마스터 키보드'가 있다면 더 좋습니다. '마스터 키보드(건반)'의 사용법은 USB 타입과 MIDI 아웃 타입이 있습니다만 둘 중에 무엇을 사용하든 상관은 없습니다. '마스터 건반'은 단지 음표를 입력하는 도구일 뿐입니다.

근래 대부분의 컴퓨터 장비는 USB로 연결하는 게 대세지만 MIDI OUT을 통해 연결하는 전통 방식의 '마스터 키보드'가 컴퓨터 성능에 부담을 약간이나마 덜 준다는 장점이 있습니다. 미디 포트 사용의 유일한 단점이라면 '미디 인터페이스'를 구비해야 한다는 것인데, 이는 오디오 인터페이스에 일체형으로 붙어나오는 모델들도 흔하니 기왕이면 '미디 인터페이스' 포트가 장착된 '오디오 인터페이스'를 고르는 것을 추천하고 싶습니다.

※ 혹시 디지털 피아노를 가진 독자라면 디지털 피아노에는 거의 예외 없이 MIDI OUT 단자가 있으니 디지털피아노를 '마스터 키보드'로 사용할 수 있습니다.

# 1 인터페이스 포트 비교

USB 포트의 단점은 작동할 때 미약하게나마 CPU에 영향을 준다는 점입니다. 이렇게 되면 매우 빈번하게 데이터가 드나드는 '하드디스크'의 쓰기·읽기에도 영향을 줍니다. 현재의 컴퓨터는 일반적으로 사용하는 용도로는 이미 너무나 좋은 성능을 가지고 있기 때문에 사실상 그 차이가 미미해서 무시해도 됩니다. 하지만 가상 악기와 오디오 트랙을 대량으로 사용하는 경우 그 '미미한 약간의 성능 저하'가 상당히 아쉬울 상황이 생기기도 합니다. 이것은 USB를 이용한 '마스터 키보드'뿐이 아니라 'USB 오디오 인터페이스'나 USB 타입 외장 하드, USB 드라이브도 마찬가지입니다. 그렇기 때문에 작업 후 데이터 저장용으로는 상관없겠지만 작업 중에 받거나 액세스해야 하는 파일을 USB타입 외장 하드로 녹음하는 것은 절대 권하고 싶지 않습니다.

여러 트랙을 동시에 레코딩을 받을 때 레코딩 퍼포먼스는 현재 USB 2.0의 입출력 속도로도 사실 상 충분합니다(USB 3.0이라고 레코딩 퍼포먼스가 더 좋거나 하지는 않습니다). 그러나 만약 녹음을 받으면서 심지어 다른 포트의 USB 단자를 통해 뭔가를 복사한다고 가정하면 컴퓨터 전체의 퍼포먼스 저하가 확연히 나타납니다.

반면에 PCI 타입이나 FireWire 400, 800 타입, 근래의 thunder bolt 타입의 오디오 인터페이스는 이런 퍼포먼스 저하가 USB에 비하여 훨씬 적습니다. 그래서 소위 '프로페셔널 장비'들은 대부분 이런 종류의 타입으로 지원됩니다.

USB 2.0의 속도는 초당 480mbPS입니다. 그러
나 FireWire 400의 경우는 초당 400mbPs입니다
(FireWire는 FireWire 800도 있습니다). 단순 비
교상으로 속도는 당연히 USB 2.0이 더 빠릅니다.
하지만 실제 퍼포먼스 그래프를 보면 USB 타입
의 퍼포먼스 그래프는 작동 환경에 따라 불규칙
한 그래프를 그리지만 FireWire는 그러한 상황에
서도 거의 일정한 입·출력 속도의 그래프를 그
려줍니다. 그 이유는 USB는 USB host controller,
즉 메인보드상의 컨트롤러에서 입·출력을 관리
하지만 FireWire는 단자 자체에 개별 controller가
작동하여 각각 master, slave가 되기 때문입니다.

그림 3 - 1　usb 3.0 포트와 선더볼트 포트

이 말은 USB는 개별 '호스트 컨트롤러'가 없기에 만일 여러 대의 USB 장비를 사용할 경우 그 장비의
개수만큼 USB 포트가 필요하다는 말입니다. 반면에 FireWire는 컴퓨터에 그 포트가 하나여도 각각
의 '호스트 컨트롤러'가 있기에 여러 대의 FireWire 장비가 연결 가능합니다. 각 장비의 FireWire 포
트는 반드시 2개씩이라 컴퓨터에 연결한 포트 외에 하나 남는 포트를 다음 FireWire 장비에 연결하
면 됩니다. 이것을 '체인' 방식으로 연결한다고 합니다. USB 장비는 대부분 메인보드의 '호스트 컨트
롤러'에 클라이언트로만 동작하면 되니까 칩셋의 가격이 저렴할 수 있지만 FireWire는 '호스트 컨트
롤러'를 포트별로 갖춰야 하기 때문에 전체 단가가 비싸집니다. 그렇기 때문에 현재 USB가 보편적
으로 사용되는 것은 당연하지만 이 책을 읽는 독자들은 음악을 제작하는 나름 '특수한' 유저분들이기
에 그래도 '컴퓨터 성능'에 신경을 쓰는 것이 좋겠습니다.

그림 3 - 2　FireWire 400과 FireWire 800

그래서 다른 작업을 수행하면서 외장 하드로 뭔가를 복사해보면 USB 2.0보다 FireWire 외장 하드가
더 빨리 복사됩니다.

# ⌁ 2 미디 인터페이스

미디 인터페이스는 마스터 건반 등의 '입력기기와의 연결' 그리고 외장 사운드 모듈, 신시사이저 등의 '악기와의 연결' 그리고 '외부 레코더와 동기(싱크)'에 사용합니다. 그러나 현재는 작·편곡자들의 외장 악기 사용이 현저히 줄었기에 USB 타입 마스터 건반이 나오기 시작했고 외부 레코더와 컴퓨터의 동기 역시 작곡자 스스로가 자신의 곡에서 오디오를 추출하기 시작해서 필요가 없어졌습니다. 과거의 '미디 인터페이스' 사용에 비해 그 용도가 현저히 줄어든 것은 사실이지만 아직도 대다수의 오디오 인터페이스에 서비스처럼 1 IN / 1 OUT의 미디 인터페이스가 달려 나오는 것만으로도 아직은 유저들이 많이 있다는 반증이기도 한 것 같습니다. 필자 역시 컴퓨터 1대는 미디 포트를 쓰고 다른 한 대는 USB 타입을 사용하고 있습니다.

## 1) USB 타입

과거의 미디 인터페이스는 컴퓨터의 시리얼 포트 단자(시리얼 포트는 예전에 USB가 나오기 전 마우스나 키보드를 연결하던 동그란 단자를 말합니다)에 연결하는 것밖에 없었으나 어느 순간 모두 USB 타입으로 바뀌었습니다. 즉 미디 인터페이스는 컴퓨터에 USB 포트를 이용해 연결합니다. 현재는 미디 인터페이스를 사용하지 않아도 미디를 할 수 있는 시대가 되는 바람에 이 미디 인터페이스가 왜 필요한지 모르는, 아니 아예 몰라도 되는 시대가 되었습니다.

만일 초보 유저들이 '미디 인터페이스'를 어디선가 보았다고 하더라도 아마도 오디오 인터페이스를 사면 1 PORT 정도 함께 있는 것을 보았던 정도일 것입니다. 하지만 독자 여러분의 집에 혹시 디지털 피아노가 있다면 그 피아노를 마스터 건반으로 사용할 수 있습니다. 모든 '디지털 피아노'에는 MIDI OUT 단자가 달려 있습니다. 그 MIDI OUT 포트에 '미디 케이블'을 연결하고 미디 인터페이스의 MIDI IN에 케이블을 연결하면 바로 마스터 키보드로 사용이 됩니다.

그림 3 - 3   1 IN 2 OUT 미디 인터페이스

과거 미디맨 1 IN 2 OUT 미디 인터페이스입니다. 포트 수로만 보면 '마스터 키보드' 하나에 '외장 모듈' 악기를 2개 이상 연결 가능합니다.

**그림 3 - 4**  미디 인터페이스 amt8

현재 애플사로 편입된, 과거 로직을 만들던 이매직사의 미디 인터페이스 amt8입니다. 8 IN 8 OUT 입니다. 필자는 여전히 갖고 있는 장비입니다.

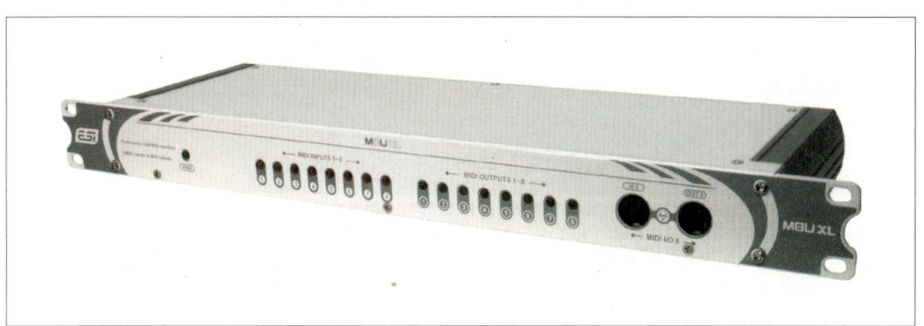

**그림 3 - 5**  8 IN 8 OUT 인터페이스

ESI라는 국내 기업에서 만들었던 8 IN 8 OUT M8U XL 미디 인터페이스입니다.

미디 인터페이스는 사용 가능한 포트의 개수에 따라 1 IN 1 OUT, 4 IN 4 OUT, 8 IN 8 OUT 등이 있습니다. 앞서 언급했지만 요즘은 오디오 인터페이스에 마치 서비스처럼 미디 인터페이스가 1 IN / 1 OUT 정도는 달려 나오는 추세입니다. 이 중에 주목해서 봐야 할 것은 OUT 앞에 있는 숫자입니다. 예를 들어 4 OUT이라면 이것은 외장 모듈을 4개까지 연결할 수 있다는 뜻입니다. 즉 4대의 외장 모 듈이나 신시사이저를 가진 사람은 반드시 이 모델 이상이 있어야 합니다. 물론 8 OUT 모델이 있으 면 포트에 여유가 있습니다. 그리고 한 악기에서 16개의 채널이 지원되어서 기본적으로는 악기 하나 에서 한 번에 16개의 악기 소리를 사용할 수 있습니다(미디 메시지를 이용하면 더 많은 종류의 악기 소리도 가능하지만 동시에는 16개가 최대입니다).

단순 계산으로 4 OUT에서 연결이 가능한 외장 악기는 4개이니 악기별로 쓸 수 있는 채널 수는 16×4 = 64개의 채널을 쓸 수 있습니다. 8 OUT짜리 미디 인터페이스라면 128개의 채널 즉, 128개의 악기를 동시에 사용할 수 있습니다.

※ 미디 포트 조절을 하면 4 OUT 포트 미디 인터페이스에서 더 많은 외장 악기를 사용할 수 있지만, 64채널은 고정입니다. 이는 포트가 아니라 채널을 나눠 쓰는 개념이기 때문입니다(그림 3-8 참조).

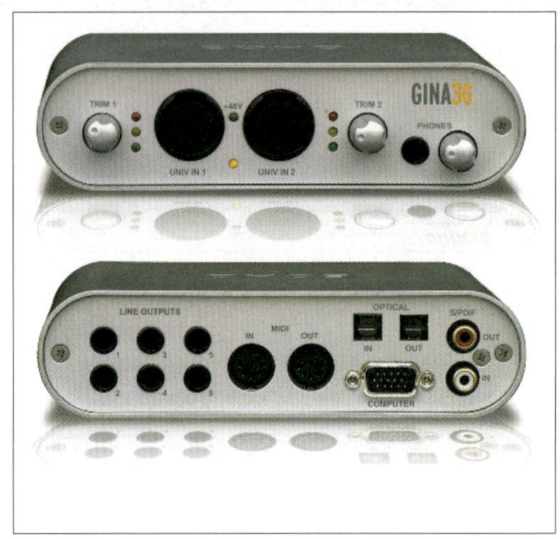

**그림 3 - 6** 오디오 인터페이스와 미디 인터페이스 겸용

ECHO사의 GINA3G라는 '오디오 인터페이스'에 일체형으로 달려있는 '미디 인터페이스'의 모습입니다.

**그림 3 - 7** 미디 인 · 아웃 · 스루(THRU)

미디 포트는 미디 인 · 아웃 단자 외에도 THRU 단자도 있습니다. 미디 THRU 단자는 미디 포트 수가 모자랄 경우에 사용합니다. 가령 미디 인터페이스는 1 IN 1 OUT인데 악기가 두 개일 때 사용합니다. 대신 두 대의 악기가 16개의 채널을 나누어 써야 합니다.

미디 인터페이스의 OUT 포트가 하나만 있다면 악기가 3개인 경우 다음과 같이 연결을 해야 합니다.

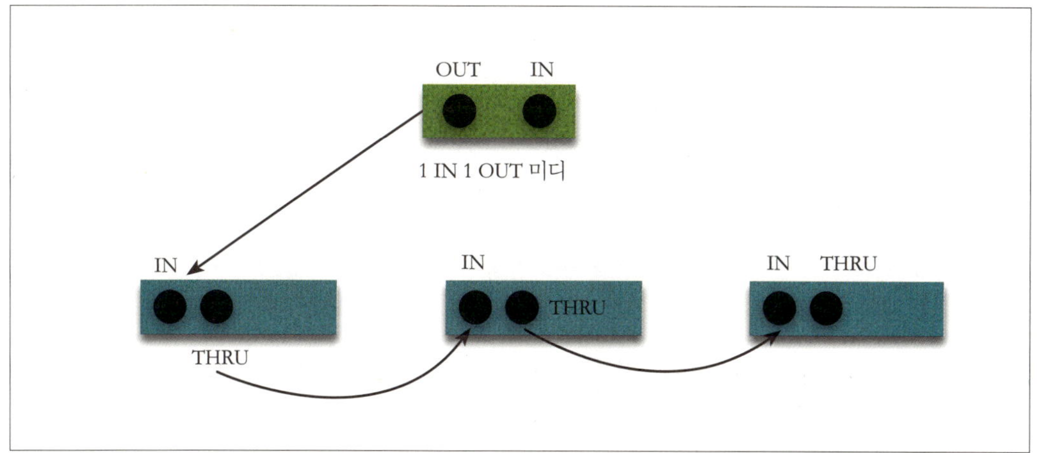



**그림 3 - 8**  MIDI THRU 단자를 이용한 연결

미디 인터페이스의 아웃에서 1번 악기의 IN 그리고 THRU에서 THRU로 THRU(스루) 단자를 이용하여 위와 같이 연결하면 됩니다. 다만 1포트에 16채널이 지원되니 악기 3개가 16채널을 나누어 씁니다. 16개의 채널을 악기별로 배당하면 됩니다. 가장 많이 사용할 것 같은 악기들이 들어 있는 악기에 많은 채널을 배당하면 됩니다. 채널 배정은 각 외장악기의 설정에 들어가면 있습니다.

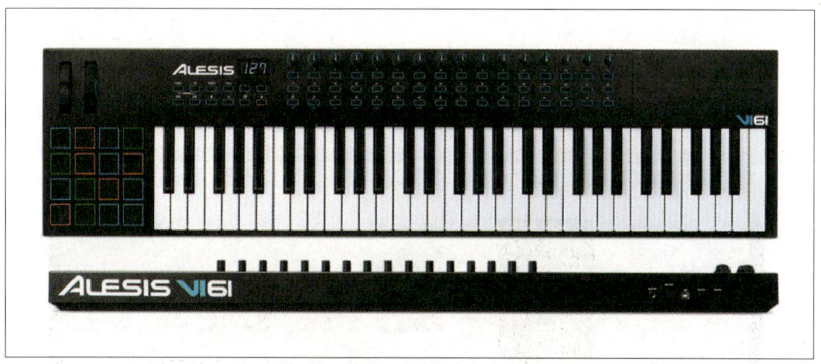

**그림 3 - 9**  ALESIS 마스터 키보드

컴퓨터와 미디 인터페이스가 USB로 연결이 되었고 드라이버가 설치되었다면 악기를 연결할 차례입니다. 신시사이저나 외장 모듈은 저마다 내장된 음원이 있습니다. 컴퓨터는 외장 신시사이저나 음원 모듈에 어떤 음원을 어떤 음정으로 소리 내라고 명령을 해야 하기에 미디 인터페이스의 MIDI OUT으로 내보내어 명령(OUT)을 받을 미디 악기의 MIDI IN으로 연결하면 됩니다.

또 음원을 가진 신시사이저의 경우, 만일 마스터 키보드로의 사용까지 겸하고 싶다면 신시사이저의 MIDI OUT 단자에도 연결이 되어야 합니다. 마스터 건반으로써 명령을 내보내기도(MIDI OUT) 하지만 어떤 음원을 불러오라는 명령을 받아야 하기도(MIDI IN) 때문입니다.

쉽게 기억하려면 마스터 키보드는 음원 모듈을 향해 [도레미파솔라시도]를 하겠다는 "명령을 내보낸 다(MIDI OUT)"라는 것을 기억하면 됩니다. 따라서 명령을 주기만 하는 마스터 키보드의 경우 미디 포트를 보면 MIDI OUT 포트 하나만 있습니다.



아주 쉽게 구별하면 내장된 음원이 있으면 신시사이저고 내장 음원이 없으면 마스터 키보드입니다. 하지만 이 정도 설명으로는 많이 부족합니다. 왜냐하면 신시사이저도 마스터 키보드로 사용할 수 있기 때문입니다. 실제 로 이렇게 많이 사용을 하고 있고 이 경우 신시사이저의 내장 음원도 사용 가능하다는 장점이 있습니다. 따라 서 내장 음원의 유무보다는 건반 뒤쪽 미디포트가 IN / OUT / THRU의 세 종류가 있다면 신시사이저고, OUT 만 있다면 마스터 키보드라고 보는 게 간단하고 정확합니다.

신시사이저를 '음원 모듈' 겸 '마스터 건반'으로 사용 시 한 가지 중요한 설정이 있는데 바로 'LOCAL OFF'를 시 켜놓아야 합니다. '로컬 오프'는 각 신시사이저의 설정란에 들어가면 있습니다(모든 신시사이저는 이 설정을 가지고 있습니다).

이 설정은 신시사이저로 내보내는 소리와 미디 메시지로 동작하는 음원 모듈로 내야 하는 소리 중 신시사이저 로 소리 내는 명령을 꺼놓는 것으로 생각하면 됩니다. 로컬 오프가 안 되어 있다면 시퀀서에서 드럼을 지정해 놓았으나 신시사이저의 음원이 피아노로 되어 있는 경우 두 가지 악기 소리가 한꺼번에 납니다. 따라서 로컬 오프는 그중에 미디 메시지로 받는 신호만을 잡아서 동작하며 '드럼 소리'만을 냅니다.

그림 3 - 10  야마하 모티프 건반

야마하 모티프는 신시사이저입니다(음원이 있습니다).

그림 3 - 11   CME 마스터 키보드

CME UF 시리즈는 마스터 키보드입니다(음원이 없습니다).

그렇다면 음원이 없는 마스터 키보드와 건반이 없는 음원 모듈을 다이렉트로 연결한다면 어떻게 될까요? 예를 들어 야마하 사의 모티프 랙이라는 음원 모듈과 건반만 있는 마스터 키보드를 연결한다면 그게 바로 '모티프 신시사이저'가 될 수도 있습니다. 미디 인터페이스 없이 마스터 키보드의 MIDI OUT을 음원 모듈의 IN으로 넣으면 연결됩니다.

# 3 패치 리스트(Patch list)

악기사가 출시하는 신시사이저나 외장 모듈이 가진 악기 소리의 리스트를 '패치 리스트'라고 부릅니다. 악기사 저마다 고유의 패치 리스트가 존재하며, 각 시퀀서는 많은 종류의 외장 신시사이저나 외장 모듈들의 패치 리스트를 불러오는 기능을 기본적으로 제공하고 있습니다. 유저는 그 많은 악기들의 소리를 일일이 다 기억해서 쓸 수가 없기 때문에 제조사가 혹은 그 악기를 쓰는 유저들이 패치 리스트를 만들어 제공합니다. 좀 번거롭긴 하지만 본인이 만들 수도 있습니다. 하지만 근래에 가상 악기를 많이 사용하면서 악기 고유의 패치 리스트는 그 의미가 퇴색되어가고 있습니다. 가상 악기에서 음원을 고르는 과정에서 MSB / LSB라는 '미디 메시지 전송' 자체가 사용되지 않기 때문입니다. 스튜디오 원은 '패치 리스트'를 지원하지 않습니다. 따라서 외장 악기를 쓴다면 번거로운 건 사실입니다만 가상 악기가 대세인 시대이니 문제가 되지 않는다고 느낄 사용자가 더 많을 것입니다. 그런 게 있었다 정도로 기억해 두세요.

**그림 3 - 12**  롤랜드 외장악기 XV3080

**그림 3 - 13**  야마하의 motif XS 8

# ㆍ꠵ꕯ 4 오디오 인터페이스

오디오 인터페이스는 'AD/DA 컨버터' 혹은 'IO'라고도 부릅니다. 이것은 아날로그 신호를 디지털로 바꾸거나 반대로 디지털 신호를 사람이 들을 수 있는 아날로그 사운드로 변환시켜주는 장치라는 뜻입니다. 신호를 변환하는 과정에서 입력되거나 출력되는 신호들의 통로(IO) 역할도 하기에 IO라고도 부릅니다. IO는 input, output(입·출력)을 뜻합니다.

'인터페이스'라는 말의 사전적 의미는 앞에서 설명했었습니다. 우리가 듣고 말하는 소리는 모두 공기의 진동을 통해 귀에 전달되고 귀에서 다시 뇌로 전달되어서 언어나 음악으로 인지하게 됩니다. 이 경우 '청신경'이 인터페이스의 역할을 합니다. 공기의 파장을 인지하여 뇌로 보낼 때 '의미있는 신호'로 변환됩니다. 하지만 이 '공기의 파동'을 컴퓨터로 입력(레코딩)하기 위해서는 마이크와 오디오 인터페이스가 필요합니다. 한마디로 '녹음 장비'가 필요합니다.

미디 음악을 하는 데 있어서 과거 외장 악기(모듈)를 사용하던 때 이 녹음 장비는 그다지 중요하지 않았을 수도 있었습니다. 왜냐하면 당시에는 '녹음'의 영역은 반드시 '녹음실'의 업무였기 때문입니다. 하지만 현재 오디오 인터페이스가 중요해진 이유는 집에서 녹음이 가능한 '홈 레코딩' 시대이기 때문입니다. 그리고 또 하나의 이유는 컴퓨터에 내장된 음원, 즉 '가상 악기'를 사용하게 되면 필연적으로 발생하는 소리의 지연 현상인 레이턴시(Latency)를 줄여야 하기 때문입니다.

하드디스크에 인스톨된 가상 악기 소리들은 건반을 눌렀거나 마우스를 클릭했을 때 즉각 소리가 나지 않고 약간씩 더디게 나오게 되는 '소리의 지연 현상'이 있는데 이를 레이턴시라고 부릅니다.

이렇게 되면 음악을 들으며 실시간으로 박자에 맞춰 연주를 하기가 매우 어려워집니다. 이를 해결하기 위해서는 VST 엔진을 사용하거나 AU 엔진을 사용하는 오디오 드라이버를 사용해야 합니다. 그리고 레코딩 시에도 이 레이턴시는 필연적으로 발생합니다. 예를 들어 가수가 노래를 녹음하면 자기 목소리를 헤드폰으로 들어야 하는데 헤드폰으로 들리는 자기 목소리가 반주보다 약간 늦게 나오는 상황입니다. 이러면 정확한 박자에 노래하고 있던 가수는 자기 목소리가 박자에 안 맞게 들리니 헷갈려서 노래 녹음이 거의 불가능해집니다.

매킨토시 유저라면 우선은 오디오 인터페이스 없이도 이 책을 따라 해볼 수 있습니다(다만 녹음은 못합니다).

매킨토시는 별도의 오디오 인터페이스 없이도 맥 OS 기본 사운드엔진으로 AU 엔진을 사용하고 그 AU를 모든 DAW들이 지원하기 때문에 소리의 인·아웃풋이 빠르기 때문입니다. 대신 오디오 인터페이스가 없는 윈도우즈 유저들은 인터넷에서 무료 ASIO 드라이버를 반드시 다운받아야 합니다. 독자들의 윈도우즈 컴퓨터에 기본으로 들어있는 사운드 카드들은 음악을 듣고 동영상을 보는 데는 문제가 없지만 전문적인 음악 작업을 해야 하는 경우에는 소리의 반응이 느립니다. 윈도우즈 사용자를 위한 무료 ASIO 드라이버는 'ASIO 4 ALL'을 검색하여, 인스톨하면 됩니다(108페이지 오디오 엔진 드라이버 참조).

가수의 목소리는 마이크를 지나 케이블을 타고 오디오 인터페이스로 갑니다. 오디오 인터페이스에서 디지털 신호로 컨버팅되어 저장 직전까지는 컴퓨터 램(ram)으로 직행합니다.

이 말은 여러분이 사용하는 DAW로 들어간다는 말입니다. 그 가수의 목소리가 DAW에 도달한 후 다시 오디오 인터페이스에서 아날로그 신호로 변환되어 다시 가수가 쓰고 있는 헤드폰으로 실시간으로 돌아와야 합니다. 아무리 빠른 컴퓨터라도 변환을 거치는 신호의 흐름에서는 필연적으로 레이턴시가 존재합니다. 때문에 레이턴시는 없앨 수 있는 것이 아니라 가수나 연주자가 거의 못 느낄 만큼 줄여야 하는 것이라고 말할 수 있습니다. 이것은 실제 현실의 아날로그인 소리가 컴퓨터로 입력되기 위해 디지털로 변환될 때 생기는 필연적인 현상이기도 합니다. 이제 이 '오디오 인터페이스'를 컴퓨터에 연결하는 포트별 방식을 기준으로 컨버터를 소개하겠습니다.

## 4.1 USB 타입

그림 3 - 14  아포지 듀엣

그림 3 - 15  스테인버그 ur824

오디오 인터페이스는 가격적으로는 USB 타입들에 저렴한 제품이 많습니다. 호스트 컨트롤러가 없으니 그만큼 가격을 낮출 수 있기 때문입니다. USB 타입 오디오 인터페이스는 초기 USB 1.0 타입 때부터 등장하더니 더 빠른 USB 2.0이 개발된 이후로 더 많이 등장하고 현재는 USB 3.0 대응 제품들까지 출시되고 있습니다.

IO 개수가 적은 모델 중에는 별도의 전원을 요구하지 않는 제품들도 많기에 홈 스튜디오나 모바일 작업 환경을 갖추기에 좋습니다. 다만 USB 2.0 혹은 USB 3.0은 데이터의 입·출력 처리 속도에만 차이가 있을 뿐 사실상 그 속도 차이가 실제 녹음에 크게 도움이 되는 사항은 아닙니다. 이미 USB 2.0만으로도 24bit /48khz로 16트랙 이상의 동시 녹음 입·출력에는 문제가 없습니다.

최근에 애플사를 시작으로 Dell, HP 등의 컴퓨터에서는 USB C type이 나오는데, 아마도 이에 대응하는 인터페이스들 또한 곧 출시될 것입니다.


## 4.2 FireWire 타입

FireWire(IEEE 1394) 타입은 USB 단자와 달리 시리얼 버스(serial bus)를 사용하지 않기 때문에 멀티태스킹이나 대규모 입·출력 시에 USB에 비해 안정적인 읽기·쓰기가 보장됩니다. FireWire 제품은 400, 800 타입의 두 가지 모델이 있습니다. FireWire 400의 오디오 인터페이스 제품이 더 많고 작업을 하기에 안정적인 입·출력 속도를 제공합니다.

그림 3 - 16  Mackie ONYX 1200F

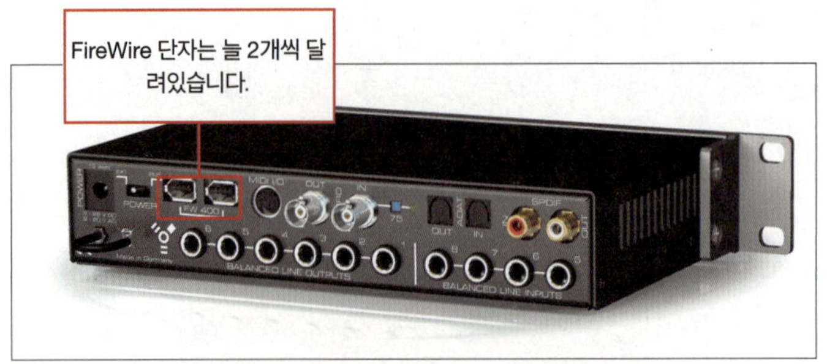


그림 3 - 17   RME FIREFACE 400 뒷면

위 그림에서 보듯이 FireWire 장비는 체인 방식으로 연결이 가능하도록 반드시 두 개의 단자가 달려 있어서 장비끼리 줄줄이 체인으로 연결이 가능합니다. 때문에 '오디오 인터페이스'를 추가해 입 · 출력 숫자를 늘리는 일도 가능합니다. 심지어 FireWire 외장하드를 FireWire 오디오 인터페이스에 연결해도 컴퓨터에서 잘 인식합니다. 이는 메인보드가 아닌 별도의 호스트 컨트롤러 칩셋이 FireWire 단자를 관할하기 때문입니다.

# 4.3 선더볼트(THUNDERBOLT) / PCI 타입

그림 3 - 18   RESIDENT AUDIO T4

THUNDERBOLT 단자는 최근에 나오는 매킨토시의 많은 기종에 달려 나오는 단자입니다. 하이엔드 유저들을 타깃으로 하기 때문에 아직은 제품 수가 많지 않습니다. 그래도 스튜디오 규모의 대규모 작업에서는 THUNDERBOLT 타입이 대세가 될 수도 있습니다.

THUNDERBOLT 타입 대부분의 제품들은 하이엔드 유저를 타깃으로 하기에 성능에 관한 스펙이 좋아 상대적으로 '고가'의 제품이 많습니다. 역시 '호스트컨트롤러'도 내장된 포트입니다.

**그림 3 - 19**  MAYA1010

한때 저가형 오디오 인터페이스부터 고가의 오디오 인터페이스까지 가장 다양한 제품군을 가졌던 PCI 타입은 현재는 구입을 하지 않는 게 좋습니다. 심지어 과거 NATIVE 프로툴스 IO가 사용하던 빠른 입ㆍ출력의 PCI 카드 타입도 사용하는 곳이 줄어들고 있습니다. 과거 PCI 제품들의 성능과 기능에 따른 다양한 가격대 역시 이젠 더 저렴한 USB 타입들에게 밀려나고 있는 추세입니다.

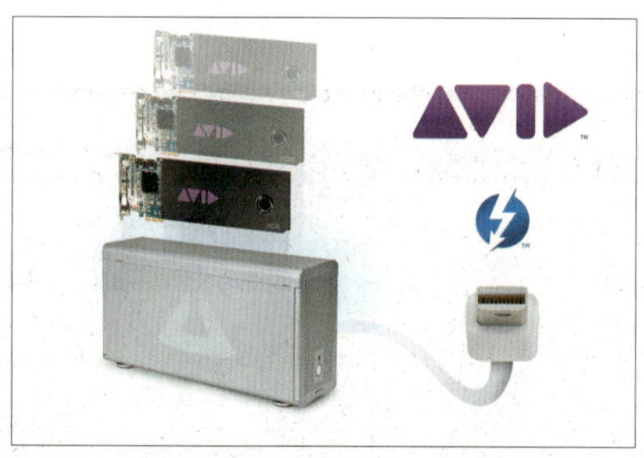

**그림 3 - 20**  RESIDENT AUDIO T4

EXTENSION CHASSIS는 우리말로 '확장 새시' 정도가 됩니다. 그곳에 최근의 신형 컴퓨터에 꽂을 데가 없어 자칫 무용지물이 될 뻔한 PCI 카드를 꽂아 사용합니다. 이 EXTENSION CHASSIS는 프로툴스 엑셀레이트 카드 전용은 아니어서 다른 용도의 PCI 카드들도 인식됩니다. THUNDERBOLT 단자로 컴퓨터에 연결합니다.

만일 선호하는 PCI 타입의 오디오 인터페이스가 있는 유저라면 당연히 사용이 가능하지만 EXTENSION CHASSIS 가격이 오디오 인터페이스보다 더 비쌀 확률이 있습니다.

# ⌇ 5 오디오 엔진 드라이버

## 5.1 VST

컴퓨터 환경에서 사용하는 말인 '드라이버'는 컴퓨터 운영체제에서 다른 하드웨어 기기를 연결하여 사용했을 때 그 장비를 인식시켜주고 사용 가능하게 해주는 소프트웨어를 말합니다.

그 중 ASIO 드라이버는 '오디오 하드웨어'를 '오디오 소프트웨어'에서 VST 기반으로 사용할 수 있게 해주는 드라이버라고 정의할 수 있습니다.

큐베이스를 만든 스테인버그사가 개발한 VST 엔진이 나온 후 VST를 지원하는 ASIO 드라이버에서 '다이렉트 모니터'가 가능해지면서 레이턴시(Latency) 현상이 극복되었습니다. ASIO 드라이버를 설치하지 않고 미디 작업을 할 때 어떤 가상 악기를 사용할 경우 건반을 눌러도 바로바로 해당 음정의 소리가 안 나오는 증상이 있는데 그게 레이턴시(Latency)입니다. 이를 해결할 ASIO 드라이버가 없는 경우 사실상 쾌적한 작업은 포기하는 게 좋습니다.

오디오 인터페이스가 없는 윈도우즈 유저들은 ASIO4ALL이라는 무료 ASIO 드라이버를 사용하면 됩니다. ASIO4ALL은 메인보드에 달린 기본 사운드 카드를 VST 기반으로 사용할 수 있도록 해주는 소프트웨어입니다. 별도의 '오디오 인터페이스'가 없는 윈도우즈 유저들은 반드시 설치해야 합니다.

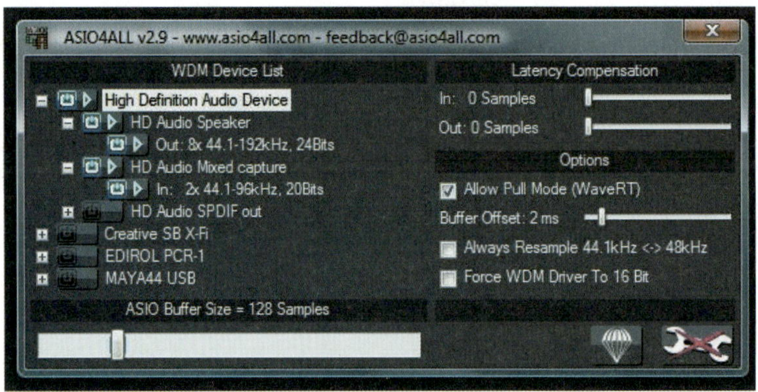


그림 3 - 21   ASIO4ALL

윈도우즈 유저들은 차후에 '오디오 인터페이스'를 구입하면 더 이상 내장 사운드카드를 사용하지 않고 구입한 인터페이스용 'ASIO 드라이버'가 따로 지원되기 때문에 ASIO4ALL은 필요가 없게 됩니다.

**그림 3 - 22** ASIO의 로고

여러분이 앞으로 구입하게 될 오디오 인터페이스의 박스에 위의 로고 그림이 있을 수 있습니다. 박스의 이 로고를 보면 '나는 이 오디오 인터페이스를 구입함으로써 VST 엔진 기반의 플러그인과 가상 악기를 사용할 수 있다'고 생각하면 됩니다. ASIO의 의미는 Audio Signal Input Output입니다.

## 5.2 AU

AU(Audio Unit)는 매킨토시 전용 오디오 엔진입니다. 이전 맥 OS 9까지는 Sound manager라는 규격을 사용했으나 2000년 초반 매킨토시 시스템이 OS X(10)이 되면서 시스템에서 사용하는 오디오 엔진이 AU로 교체되었습니다. 이는 매킨토시 시스템의 기본 사운드 장치를 다루는 오디오 엔진이기도 하고 동시에 매킨토시용 모든 DAW가 시스템의 AU 포맷을 지원하기에 모든 DAW를 AU 기반으로 사용할 수도 있습니다.

현재 매킨토시 전용 시퀀서인 애플사의 '로직'과 '개러지밴드'는 당연히 AU를 지원하며 우리가 사용할 '스튜디오 원 3.3'에서도 매킨토시용 버전은 AU 기반으로 사용할 수 있습니다. 매킨토시용 '스튜디오 원'은 AU와 VST 중 오디오 엔진을 선택해서 사용할 수 있습니다. 물론 VST를 사용하기 위해서는 매킨토시 버전의 ASIO 드라이버 지원 '오디오 인터페이스'가 필요합니다.

필자의 경우는 매킨토시용 '스튜디오 원'을 AU 기반으로 사용 중입니다.

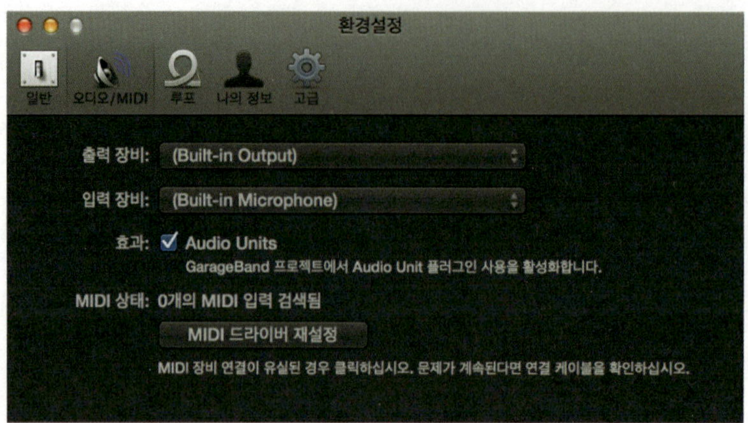


그림 3 - 23   ASIO4ALL의 환경설정

매킨토시에서는 시스템의 기본 사운드 AU 엔진이 모든 DAW에 대응함으로써 AU용 각종 플러그인을 별도의 오디오 인터페이스 없이 사용할 수 있습니다. 외부 마이크를 사용한 퀄리티 있는 녹음이 필요 없다면 매킨토시 노트북에 내장된 마이크로도 녹음은 가능합니다. 물론 음질은 그다지 좋지 않습니다.

이 외의 오디오 엔진은 아비드 프로툴스를 위한 DAE(Digidesign Audio Engine), 디지털 퍼포머를 위한 MAE(Mark of the unicorn Audio Engine) 등이 있습니다. 자신이 사용할 시퀀서 프로그램과 오디오 인터페이스에 적합한 '오디오 엔진'을 쓰는 가상 악기, 이펙트 플러그인들을 구비해야 합니다. 그런 엔진에 맞는 가상 악기와 플러그인 중 가장 보편적이고 강력한 것은 현재는 매킨토시와 윈도우즈 모두를 지원하는 VST 엔진뿐입니다.

# PART 4

# 스튜디오 원은 거들 뿐

이 책의 예제에서 사용할 주 시퀀서 프로그램은 프리소너스사의 '스튜디오 원 3'입니다.

가장 최근에 나온 시퀀서이고 기존에 나와 있던 로직이나 큐베이스, 프로툴스 등의 여러 프로그램들의 장점들을 규합하여 만들어졌다고 생각됩니다.

# 1 스튜디오 원 3

스튜디오 원은 프로페셔널 음향 장비를 만드는 미국의 프리소너스사의 미디 소프트웨어입니다.

최근 1~2년 간 공연 현장에서는 태블릿의 블루투스나 와이파이로 공연용 음향 장비를 원격제어 하는 모습이 흔해졌습니다. 자신들만의 미디 소프트웨어가 없는 음향 장비 회사들도 자신들의 하드웨어를 제어하는 PC용 소프트웨어는 물론 태블릿이나 스마트폰용 소프트웨어를 번들로 제공하기 시작했습니다.

'스튜디오 원 3' 역시 자사인 프리소너스사의 하드웨어들과 연동은 물론이고 공연장에서 사용하는 그들의 음향 장비에도 연동하여 적극적으로 사용할 수 있는 환경이 구축되어 있습니다. 윈도우즈, 맥 OS, iOS 모두 '프리소너스사'의 모든 하드웨어와 유연한 연결이 가능합니다. 특히 iOS용 '스튜디오 원 REMOTE'는 멀티 터치를 지원함으로써 실제 하드웨어 콘솔을 다루는 것처럼 페이더나 노브의 여러 채널 제어를 실시간으로 할 수 있습니다.

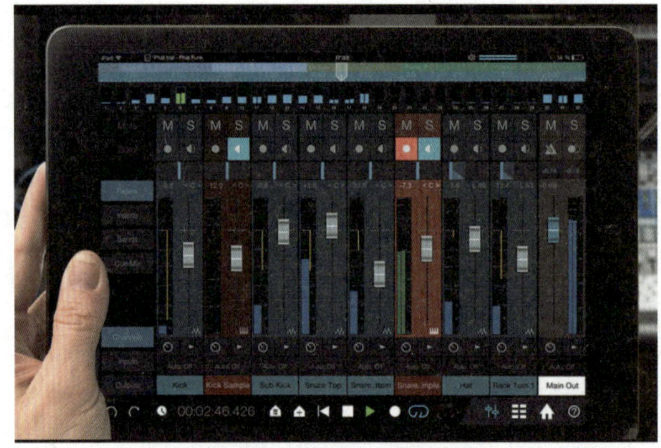

그림 4 - 1　스튜디오 원 리모트

'스튜디오 원'은 자사의 하드웨어를 사용하면 공연 현장에 무겁고 덩치 큰 콘솔을 가져가지 않고도 IO(오디오 인터페이스)와 여러 대의 '터치스크린 모니터'를 구비해서 제어도 가능합니다.

그림 4 - 2  스튜디오 원 터치 스크린

그림 4 - 3  스튜디오 원 터치스크린의 사용 모습

필자는 프리소너스사의 스튜디오 원을 사용하는 것이 앞으로 큰 장점이 될 거라고 생각합니다. 필자가 사용해봤던 시퀀서들(프로툴스, 큐베이스, 누엔도, 디지털 퍼포머, 스튜디오 버전 가운데) 뮤지션들이 필요로 하는 세세한 기능들이 가장 잘 갖춰져 있고 디자인이 아름다운 시퀀서라 생각합니다.

그리고 하드웨어 제작사가 동시에 미디 소프트웨어 개발사이기 때문에 프리소너스의 하드웨어들과 연동 시 활용의 폭이 넓어지는 장점이 있습니다.

현재 '스튜디오 원 3'는 '프라임 버전', '아티스트 버전', '프로페셔널 버전'이 있습니다. 버전별로 약간의 기능상 차이가 있고 그에 따른 가격 차가 있습니다.

**그림 4 - 4  스튜디오 원 3 버전**

프로페셔널 버전이 가장 상위 버전이고 그다음은 아티스트 버전, 그다음이 프라임 버전입니다. 버전별 자세한 내용은 해당 사이트(http://www.presonus.com/products/software)에서 확인하기 바랍니다.

필자는 스튜디오 원 3의 프로페셔널 버전을 권하는데 그 이유는 프로페셔널 버전만이 진정한 64비트 소프트웨어이기 때문입니다. 여러분들이 사용하고 있는 컴퓨터의 OS가 64비트 OS라면 프로페셔널 버전이 컴퓨터의 성능을 가장 잘 사용할 것입니다(현재의 Windows 10과 Mac OS X은 64비트 또는 32비트 OS입니다).

스튜디오 원 3는 2016년 6월에 3.2로 업데이트가 되더니 같은 해 8월에 3.3으로 업데이트되었습니다. 물론 마이너 업데이트이니 무료입니다. 그러면서 몇 가지 기능이 추가되었습니다. 현재는 3.5까지 업데이트 되었습니다.

3.3 업데이트 후 가장 달라진 것은 Notion이라는 악보를 그리는 프로그램이 스튜디오 원 3.3과 연동이 된다는 점입니다. 곡 작업에서 작·편곡가가 악보를 그리는 일이 그다지 많은 일은 아니지만 클래식 악기 연주자 등과 작업할 때는 악보가 필수입니다. 클래식 연주자들을 위한 악보를 그리는 일을 전문직으로 분류해도 될 정도이며 파트별 악보를 그리는 일을 주 업무로 하는 뮤지션들도 있으니 그들에게는 편리한 업데이트라 생각됩니다(Notion 6부터 연동이 됩니다).

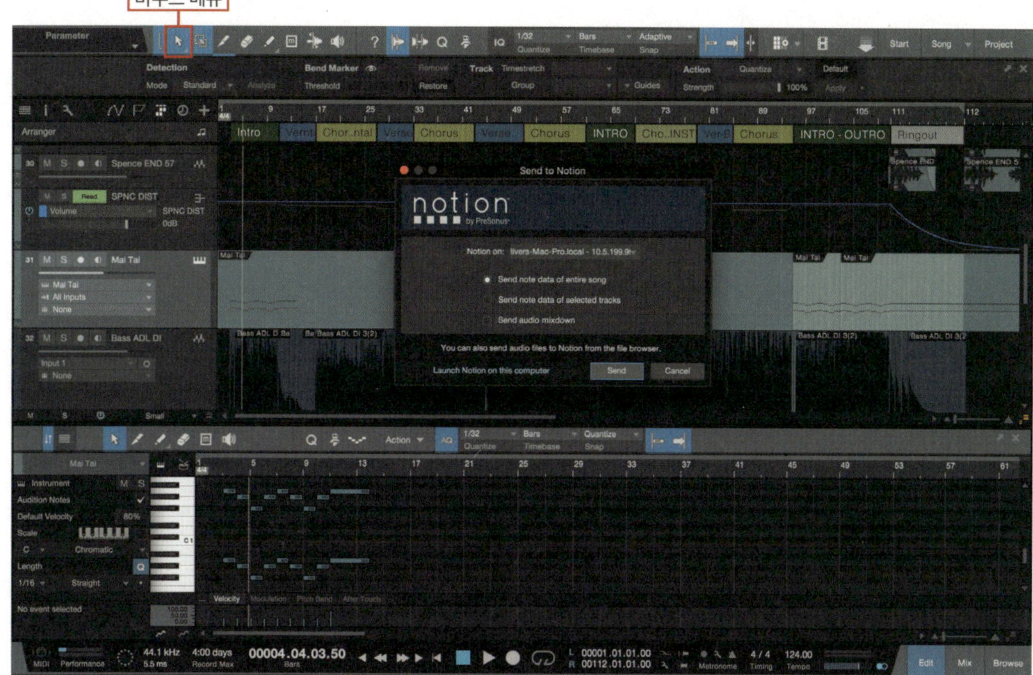

그림 4 - 5  스튜디오 원과 Notion 연동

또 3.3으로 업데이트 후 마우스 메뉴가 마치 프로툴스처럼 용도에 따라 크게 3가지 스타일로 변경이 가능해졌고 스튜디오 원 안에서 동영상을 플레이하는 데 '퀵타임 엔진'을 끌어다 쓰는 방식이 바뀌었습니다. 작은 변화 같지만 의미있는 변화라고 생각합니다.

# ⌇⸺ 2  스튜디오 원 3의 장단점

시퀀서를 처음 다루는 사람들은 주변의 친구들이나 지인들이 사용하는 프로그램의 영향을 많이 받게 됩니다. 이는 처음 시퀀서를 다루게 되는 자연스러운 선택이 될 것입니다. 하지만 필자는 미디 음악을 처음 시작하는 사람들에게 소프트웨어를 선택할 때 다음 세 가지에 중점을 두라고 조언을 합니다.

**1. CPU 부하가 덜 걸리는 컴퓨터 OS나 오디오 엔진 등에 최적화된 소프트웨어**

**2. 유저 인터페이스(사용자 환경)가 유연할 것**

**3. 기본 제공 소프트웨어 악기들의 퀄리티가 좋을 것**

위의 세 가지를 기준으로 스튜디오 원 3를 설명하면 다음과 같습니다.

첫째, 많은 오디오 트랙과 많은 가상 악기들을 주로 사용하게 되는 요즘의 미디 작업 환경은 미디 작업 시 고품질의 악기들과 플러그인들을 사용하기 위해서 최신의 빠른 '컴퓨터'는 아주 중요한 준비물입니다. 동시에 컴퓨터의 CPU 부하를 덜어 주는 적절한 64비트 운영체제(OS)와 그 OS에 최적화된 64비트 소프트웨어 역시 매우 중요합니다. 그런 의미에서 스튜디오 원은 타 소프트웨어들에 비해 월등히 날렵하게 반응합니다. 동시에 맥 OS 유저의 경우 VST나 AU 등의 오디오 엔진들을 선택적으로 이용 가능합니다.

둘째, 유저 인터페이스가 유연하다는 말은 미디 소프트웨어들에 점점 여러 기능들이 부가되면서 어쩔 수 없이 늘어난 많은 창들의 일목요연한 배치 및 정리, 단축키의 편리함과 몇 번의 클릭만으로 가능한 쉬운 세팅 등을 말합니다.

스튜디오 원의 메인 화면은 로직과 큐베이스 그리고 프로툴스의 혼합 버전을 보는 듯합니다. 즉, 각 소프트웨어별 유저 인터페이스의 장점을 모두 모아 놓은 형태라 보면 됩니다. 믹서나 에디터 창을 따로 떼어내서 혹은 메인 창에 끼워서 볼 수도 있고, 확대해서 모니터에 가득 찬 화면으로 볼 수도 있어서 작업 용도에 따른 효율성을 높이기 쉽습니다. 이런 점은 해상도가 큰 모니터를 쓰는 유저나 해상도가 작은 노트북에서 편집하는 사람들 모두에게 편리한 점이라 생각됩니다.

주로 하는 작업에 따라 자주 사용하는 창의 배치가 다를 텐데, 스튜디오 원은 녹음과 오디오 편집을 주로 하는 엔지니어, 미디 작업을 주로 하는 편곡자 혹은 두 가지를 다 사용해야 하는 작업자도 상황에 따라 창을 쉽고 적절하게 배치할 수 있습니다.

큐베이스를 연상시키는 '인스펙터 윈도우' 또 프로툴스를 연상시키는 '트랙 리스트 윈도우', 로직과 프로툴스의 Work space browser, Project browser를 떠올리게 하는 스튜디오 원 3의 '브라우저3.0'은 아주 편리합니다. 그리고 자주 사용하는 단축키 역시 스튜디오 원의 기본 단축키뿐 아니라 기존의 큐베이스나 로직, 프로툴스 유저들을 위한 단축키로의 설정 변경이 가능합니다. 심지어 '매크로'라는 기능을 이용하면 스튜디오 원에 없는 단축키를 유저가 임의로 만들어 사용할 수도 있습니다.

셋째, 스튜디오 원 3 프로페셔널을 구입하면 제공되는 36기가 분량의 악기들은 같은 시기에 출시되었던 타사의 가상 악기들 용량과 비교해보아도 더 많습니다. 그 말은 악기들의 개수도 많고 그 악기마다 퀄리티도 좋은 편이라는 뜻입니다.

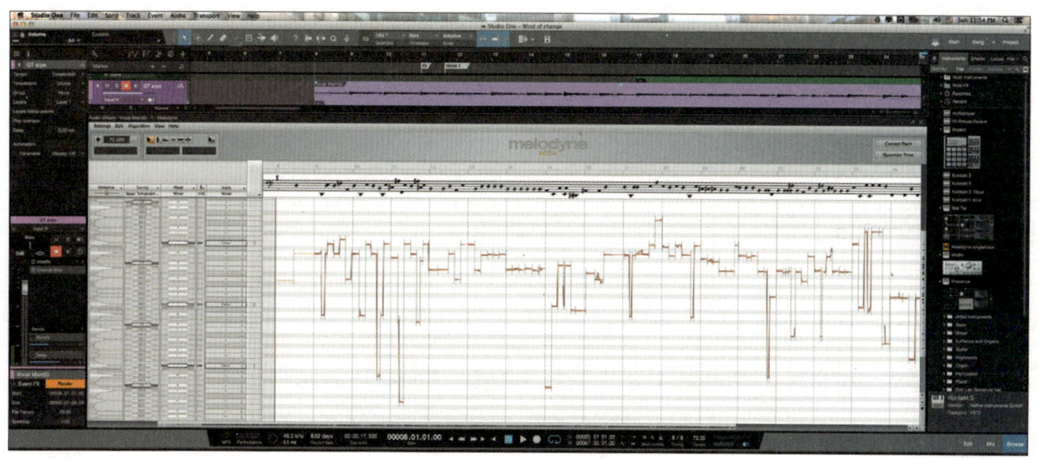

그림 4 - 6  멜로다인 엘리먼트

스튜디오 원 3를 구입하면 멜로다인 엘리먼트가 번들로 제공됩니다. 멜로다인은 음정 보정에 사용하는 프로그램인데, 노래를 녹음하거나 현악기를 녹음한 후 정확한 음정과 박자를 위한 미세조정이 가능합니다. 멜로다인은 거의 업계 표준이 되어가는 필수 플러그인입니다.

차후에 별도로 구매해서 사용하고픈 더 좋은 소리를 가진 유명한 소프트웨어 악기들도 생기겠지만 일단 '스튜디오 원 3'에 번들로 탑재된 악기만으로도 일정 수준 이상의 퀄리티를 낼 수 있습니다. 일단 '스튜디오 원 3'의 프리센스 XT는 '멀티 인스트루먼트'로서 여러 종류의 악기 소리들이 들어 있습니다. 이런 류의 악기들을 미디 음악가들은 속칭 '종합 선물 세트'라고 부르기도 합니다.

필자가 생각하는 스튜디오 원 3의 불편한 점 3가지는 다음과 같습니다.

첫 번째는 악보 보기가 기본으로 지원되지 않는다는 점
두 번째는 외장 악기(음원 모듈이나 신시사이저)의 음원 순서가 적힌 악기의 이름인 '패치 리스트'의
이름을 지원하지 않는다는 점
세 번째는 메인 편집 창에 '비디오 트랙'이 생성되지 않는다는 점입니다.

이 중 첫 번째인 악보를 볼 수 있는 기능은 지원하지 않는 다른 시퀀서들도 많습니다. 대신 스튜디
오 원은 별도로 전문적인 악보용 프로그램 'Notion'을 옵션으로 구매할 수 있게 해놓았습니다. 최근에
Cubase로 유명한 스테인버그사도 'Dorico'라는 별도의 악보용 프로그램을 따로 출시했습니다. 이것
이 최근의 추세인듯 싶습니다.

그리고 두 번째, 외장 악기의 패치 리스트는 다른 모든 시퀀서들은 전부 지원하고 있습니다.
하지만 지금은 거의 모든 유저들이 가상 악기 사용 추세로 돌아선 상황이기도 해서 새로운 외장 악
기도 드문 시기라 이제 막 미디를 시작하는 '초보 미디 유저'나 '가상 악기만 사용하는 유저'들은 불편
함을 느끼지 못하기 때문에 단점이 아닐 수도 있습니다.

마지막으로 비디오 트랙 미지원은 광고나 영화, 드라마 등의 영상 음악을 만드는 '영상 음악' 작곡가
에게는 불편한 기능인데 이 중요한 기능이 빠진 것은 큰 단점입니다.
비디오 트랙이 지원되면 영상이 메인 화면 안으로 들어와서 영상에 들어갈 음악을 옮기지 않고 영상
의 위치를 옮겨가며 작업이 가능하기에 정말 중요합니다. 스튜디오 원은 컴퓨터에 별도의 전문 영상
출력 비디오 카드 등의 옵션을 달아서 컴퓨터 모니터가 아닌 영상을 외부 TV 등으로 출력해주는 기
능 역시 빠져 있습니다. 이렇듯 비디오 트랙도 없고 별도의 비디오 출력 옵션도 지원하지는 않지만,
내부로 비디오 임포트는 되고 영상도 작업하는 모니터에 띄워 놓을 수 있기는 합니다.

물론 영상 음악을 하는 사람들이 아니라면 전혀 문제가 되지 않습니다.

그림 4 - 7   영상을 띄우고 작업하는 화면

# ◠┅╫╫ 3  스튜디오 원 3 다운로드

프리소너스사의 홈페이지에 회원가입을 하고 구입한 시리얼 번호를 입력하면 됩니다. 스튜디오 원 프로페셔널 버전은 30일 간 사용 가능한 데모 버전도 있으니 그것을 이용해도 됩니다.

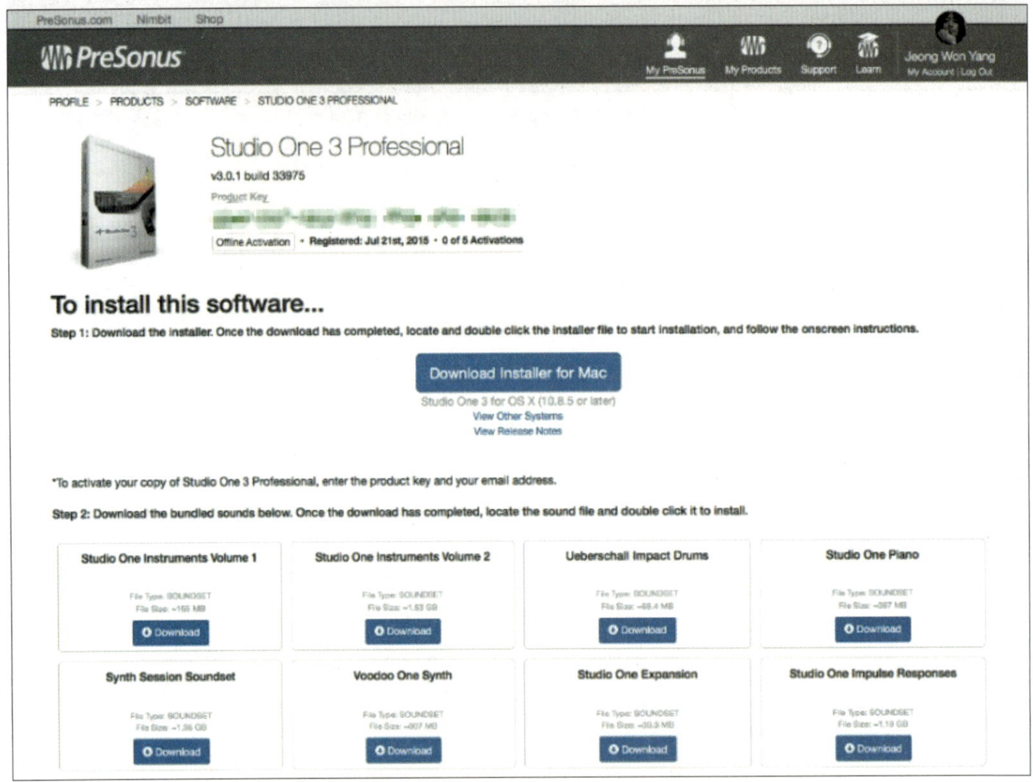

그림 4 - 8   스튜디오 원 다운로드 사이트

필자가 프리소너스사 웹사이트(www.presonus.com)에 시리얼 키 등록 후 다운로드하는 화면입니다. 위 화면에서는 매킨토시용을 다운받고 있으며 물론 윈도우즈용도 다운로드 화면은 같습니다. '스튜디오 원'은 총 5대의 다른 컴퓨터에 각각 인스톨이 가능하고 만일 재설치를 해야 할 때는 컴퓨터의 이름과 프리소너스사이트에 등록된 비밀번호가 맞아야 합니다.

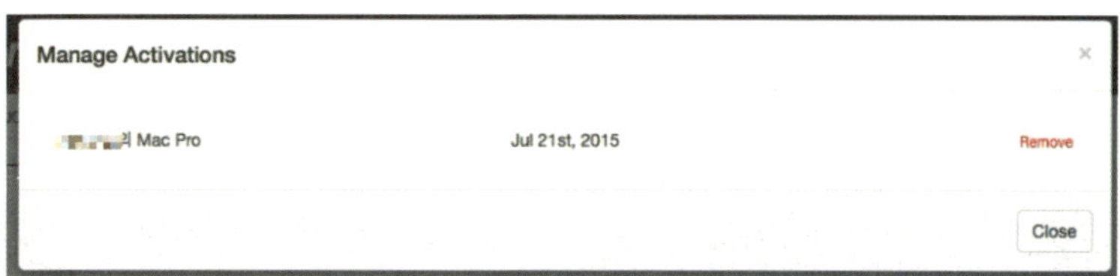

그림 4 - 9  매니지 액티베이션스

인스톨 후 프리소너스사 웹사이트의 management activations(매니지먼트 액티베이션스)에 들어가보
면 인스톨한 컴퓨터의 이름과 인스톨 날짜가 등록되어 있음을 확인할 수 있습니다.

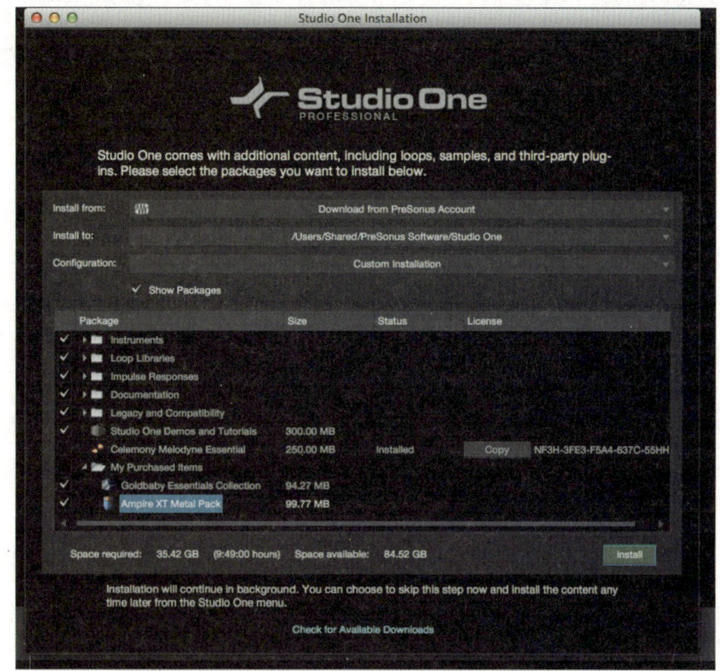

그림 4 - 10  가상악기 다운로드

'스튜디오 원 3'를 인스톨하고 나면 '스튜디오 원'에서 사용할 '기본 가상 악기'들과 '플러그인'들을 다
운로드할 수 있습니다. 대략 35기가 조금 넘는 분량입니다. 사용 중 업데이트가 몇 번 더 있고 그에
따라 분량은 더 늘어납니다. '스튜디오 원 3'의 다운로드가 완료되었으면 '스튜디오 원 3'의 아이콘을
더블클릭하여 실행을 해보겠습니다. 그리고 '스튜디오 원 3'만의 기능과 구성된 창, 메뉴의 종류를
알아보겠습니다.

다음은 '스튜디오 원 3'을 실행시키면 가장 먼저 볼 수 있는 창입니다.

그림 4 - 11    스튜디오 원 3 전체 화면

화면은 크게 3구역으로 나뉘어 있습니다. 좌측에는 작업했던 파일들이 최근 순서대로 리스트 업(목록화)됩니다. 스튜디오 원 3에서 작업했던 파일 이름별, 곡 이름별, 프로젝트별로 카테고리가 나눠져 있습니다. 파일 이름은 파일 메뉴에서 〈new〉를 생성하면 저절로 기본 이름이 생성됩니다. 〈new〉를 생성한 날짜와 스튜디오 원 3에 등록된 사용자 이름으로 파일이 생성됩니다.

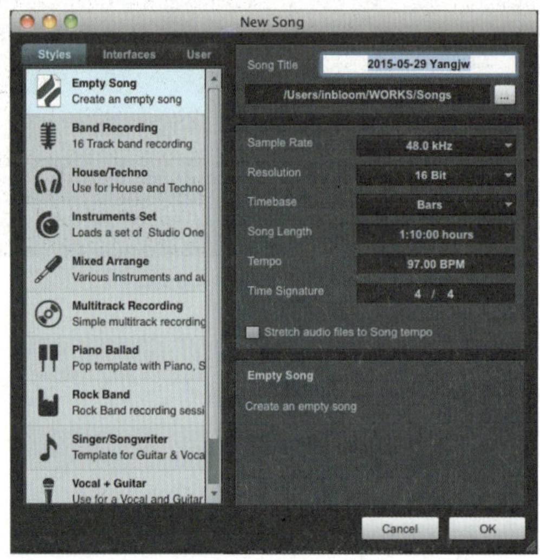

그림 4 - 12    스튜디오 원 뉴 송

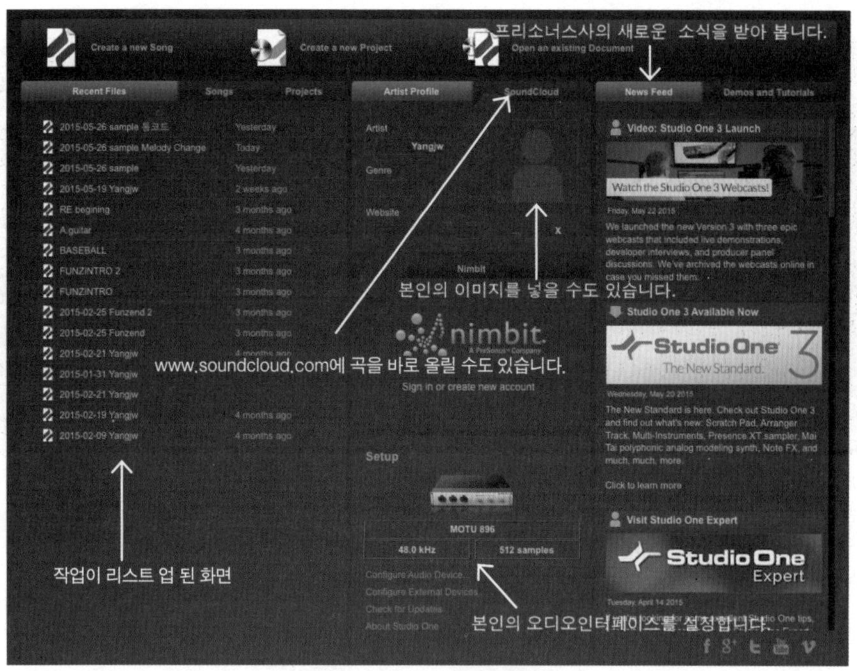



그림 4 - 13   작업이 쌓인 후 화면

중앙은 아티스트 프로필을 넣는 곳인데 그 자리에는 본인의 사진이나 상징하는 그림을 넣을 수 있고 본인의 성별과 아티스트 정보를 기입해서 바로 옆쪽의 '사운드 클라우드'에 바로 업로드가 가능합니다. 사운드 클라우드(www.soundcloud.com)에 가입을 하면 기본으로 2시간 정도 분량의 오디오 파일을 업로드할 수 있습니다. 오디오 전용 '웹 하드' 혹은 '오디오 전용 유튜브'라고 생각하면 됩니다.

중앙 파트 밑의 섹션인 'Setup'은 하드웨어 장치 설정입니다. '스튜디오 원 3'에 연결된 '오디오 인터페이스'의 설정과 그 외의 외부 장치들의 설정을 할 수 있습니다. 그리고 우측 처음 탭인 뉴스 피드(News Feed)에는 프리소너스사의 새 소식들이 올라오는 곳입니다. 그 중 두 번째 탭(Demos and Tutorials)은 '스튜디오 원 3'로 작업한 뮤지션들의 프로젝트 파일 혹은 '스튜디오 원 3'의 튜토리얼이 올라오는 곳입니다. 데모 중 하나를 다운로드해보겠습니다.

그림 4 - 14   튜토리얼 아티스트 스크린 캡처

필자도 처음 보는 어느 록 밴드의 프로젝트 파일을 열어봤습니다. 이 곡의 정보가 가운데 나타나는데 곡 제목은 〈Lay Me Down〉이며 아티스트 정보는 Down and Outlaws입니다.

여러 아티스트들의 프로젝트 파일들을 다운로드할 수 있으니 지금 시작하는 여러분들에게 아주 좋은 예제가 될 것입니다. 다른 아티스트의 작업 파일을 보면서 작업하는 방식을 배우고 또 '스튜디오 원 3'에서 최종 믹싱하는 방법도 배울 수 있으니 초보자들에게 정말 좋은 서비스라 생각됩니다.

# ∿ 4 스튜디오 원 3 프리퍼런스(Preferences)

소프트웨어 사용에 있어서 '프리퍼런스(설정)'는 어떤 프로그램이든 매우 중요합니다.
때문에 스튜디오 원 3를 실행하기 전에 기본적으로 필요한 설정을 해 놓아야 합니다.

## 4.1 General 탭

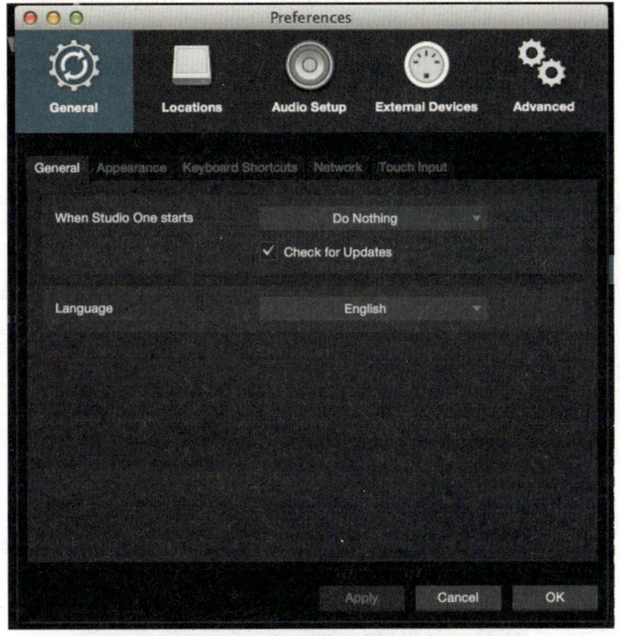

그림 4 - 15   프리퍼런스 제너럴 탭

제너럴 아이콘 버튼을 클릭하면 여러 카테고리가 탭으로 나뉘고 그 안에 제너럴 탭이 있습니다. 이
곳은 이름대로 가장 기본적인 설정을 합니다.

## 4.1.1 General 탭

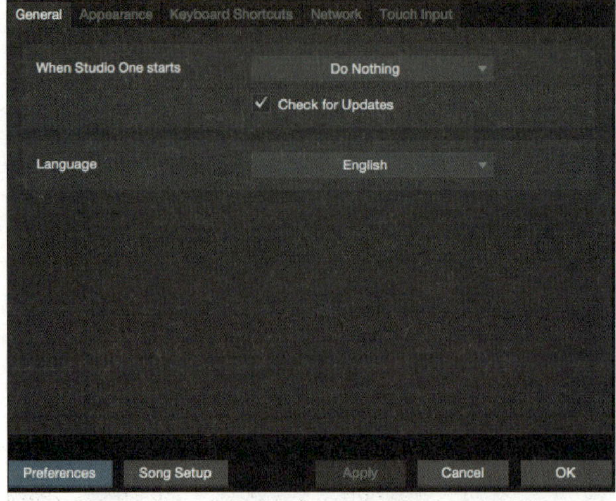

그림 4 - 16   제너럴 탭

위의 창은 '스튜디오 원 3'를 실행했을 때 어떤 일을 할 것인지 묻는 창입니다. 바로 전에 작업했던 파일이나 프로젝트를 열 것인지, 계속 특정한 곡을 열 것인지 아니면 새로운 작업을 할 것인지를 지정해 놓을 수 있습니다. 아무것도 지정 안 하는 게 좋습니다(Do Nothing). 왜냐하면 막상 작업을 하다 보면 무엇을 열어야 할지 그때마다 다른 경우가 많습니다. 그리고 '스튜디오 원'의 업데이트가 있을 때 자동으로 알려주는 'Check for updates'는 체크를 해놓는 게 좋습니다.

그림 4 - 17   language

언어는 영어로 설정해 놓으면 됩니다. 아쉽게도 한글은 없습니다.

## 4.1.2 Appearance 탭

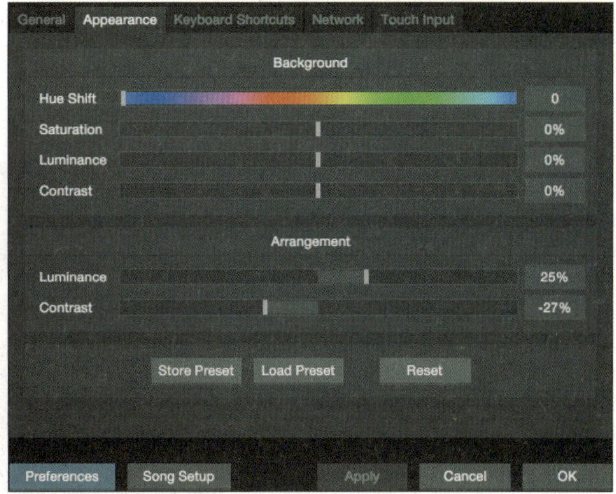

그림 4 - 18　appearance

위의 탭은 '스튜디오 원 3'의 전체 창들의 색상을 지정할 수 있습니다. 한 번씩 좌우로 슬라이드 바를 움직여보고 그 중 마음에 드는 색을 쓰면 됩니다.

## 4.1.3 Keyboard Shortcuts 탭

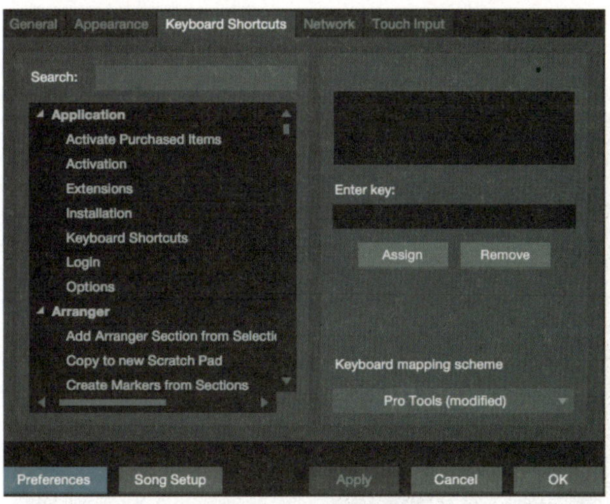

그림 4 - 19　Keyboard Shortcuts 탭

'숏컷'은 우리말로 '단축키'입니다. 자주 사용하는 동작은 마우스 클릭보다는 단축키를 사용하는 편이 편합니다. '스튜디오 원 3'는 특이하게도 다른 경쟁 프로그램의 단축키를 미리 지정해 놓은 스킴(scheme)이 있습니다. 스킴은 컴퓨터 프로그래밍에서 주로 쓰는 언어인데 '체계', '계획' 정도로 생각하면 됩니다. 바로 우측 하단에 위치한 keyboard mapping scheme란입니다.

여기에는 '스튜디오 원 3'의 기본 키 맵과 더불어 로직, 큐베이스, 프로툴스 유저들이 '스튜디오 원 3'에 쉽게 적응할 수 있도록 그 프로그램들의 키 맵을 미리 심어 놓았습니다. 필자의 경우에는 그 전부터 사용하던 시퀀서라 익숙한 프로툴스 키 맵을 사용합니다.

본인이 필요한 특정 단축키를 찾아볼 수 있는 'search'란이 있고 만약에 없는 키 맵은 본인이 지정(assign) 해서 사용도 가능합니다.

유저가 임의로 사용하는 단축키는 일단 건너 뛰어도 좋습니다. 하지만 '스튜디오 원 3'를 사용하다

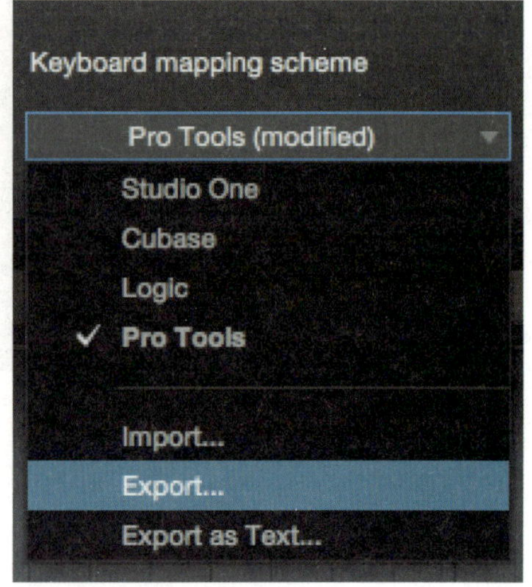

그림 4 - 20　키보드 매핑 스킴

보면 좀 빠르고 쉽게 프로그램을 사용하고자 할 때 단축키를 찾아보거나 없으면 지정해서 만들거나 할 때가 반드시 생기게 됩니다. 그때 이 부분의 설명을 다시 보면 됩니다.

다음에 예를 든 'Return to Start on Stop'은 아마 자주 쓰는 단축키가 될 것입니다.

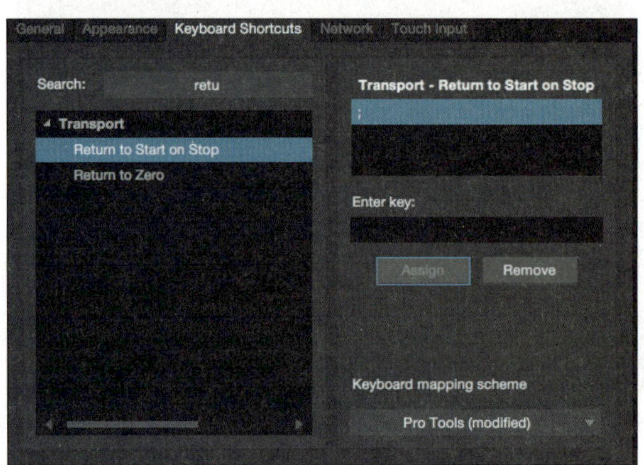

그림 4 - 21　키보드 서치

우측의 〈Enter key〉는 '스튜디오 원 3' 명령에는 있으나 단축키로는 없는 명령의 경우에 본인만의 '커스텀 키 맵'을 만드는 곳입니다.

필자의 경우 한 가지 만들어 놓은 키 맵이 있습니다. 작업하다 보면 플레이 버튼인 '스페이스 바'를 눌러서 들어보고 편집하고 다시 들어보고 편집하고를 반복하게 됩니다. 이 경우 스페이스 바를 눌러 '곡이 시작되는 지점'이 작업을 하던 지점의 시작점(예를 들어 마디)로 돌아가서 플레이되는 경우가 편한 경우도 있고 작업하고 있는 마우스가 위치한 바로 그 마디나 박자에서 바로 이어서 플레이되는 것이 편할 때가 있습니다. 작업 중 빈번하게 사용하게 되는데 이 기능을 스튜디오 원과 누엔도나 큐베이스에는 유저가 지정해야 사용이 가능합니다. 프로툴스의 경우 키보드 중 N 키를 누르면 바로 적용이 되지만 '스튜디오 원 3'와 큐베이스는 이 기능을 키를 지정해야 사용 가능합니다.

이 기능을 예로 진행해보겠습니다. 키 맵의 이름은 Return to Start on Stop입니다. 직역하자면 '멈춘 곳에서 시작점으로 회귀'가 됩니다. Search 칸에 'retu'만 넣어도 곧바로 검색됩니다. 두 가지가 검색이 되는데 아래쪽의 Return to Zero는 아니니 무시하고 그 위 Return to Start on Stop을 선택합니다.

**그림 4 - 22** 트랜스포트 바의 재생 목록

'스튜디오 원 3.3' 업데이트에는 이 기능이 트랜스포트 바의 재생 버튼을 마우스 오른쪽 버튼으로 클릭하면 위와 같이 옵션이 나옵니다. 필자는 단축키를 ';'으로 지정해 놓았기에 ';' 키가 Return to Start on Stop으로 이미 지정되어 있습니다.

';'키를 지정한 이유는 단순히 키보드 상의 거의 모든 자판이 이미 기능이 있어서 남은 게 별로 없었기 때문입니다.

우측 〈Enter key〉에 ';' 키를 입력합니다. 물론 여러분
들이 더 편하다고 생각되는 다른 키를 임의로 지정해도
되지만 그런 키는 다른 기본 단축키들이 차지하고 있을
확률이 높습니다. 밑에 Assign(어사인) 버튼을 누릅니
다. 그러면 ';' 키는 앞으로 'Return to Start on Stop'으
로 작동합니다.

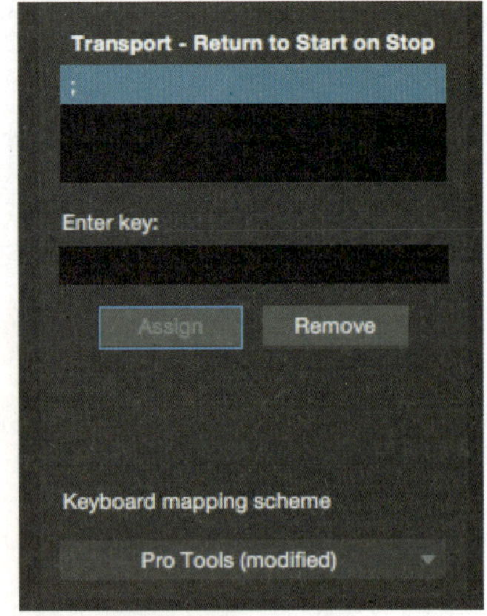

그림 4 - 23  등록(assign)

## 4.1.4  Network 탭

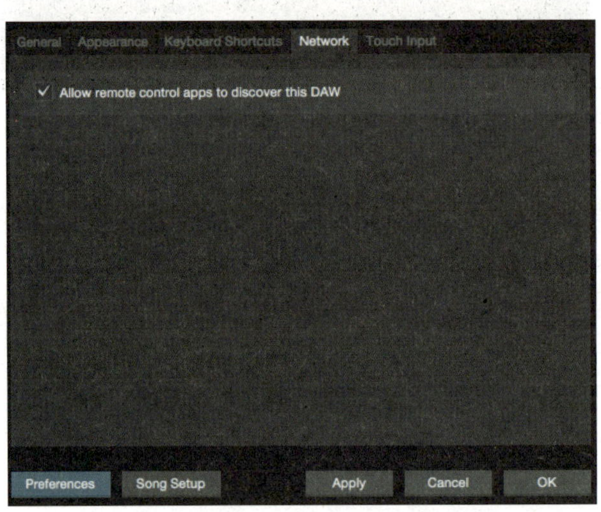

그림 4 - 24  Network 탭

네트워크 탭은 '스튜디오 원 3'를 원격 제어할 수 있는 App(앱)의 접근을 가능하게 할 것인지에 대한
설정입니다. 예를 들어 'iPad'에서 사용 가능한 '스튜디오 원 리모트' 등의 앱으로 스튜디오 원의 대략
적인 기능들을 원격 제어할 수 있습니다.

이를 이용하면 라이브 공연장에서 공연이 있기 전 현장 오퍼레이터 혼자 직접 무대 위에 올라가 음
향 조정실에 있는 스튜디오 원 3의 원격 제어가 가능합니다. 예전 같으면 한 명은 무대 위에서 다른

한 명은 음향 조정실에서 무전기로 통신하면서 무대 위에서 필요한 여러 제어를 통신하며 해야 했던 것들을 이제는 혼자서 할 수 있습니다.

## 4.1.5  Touch Input 탭

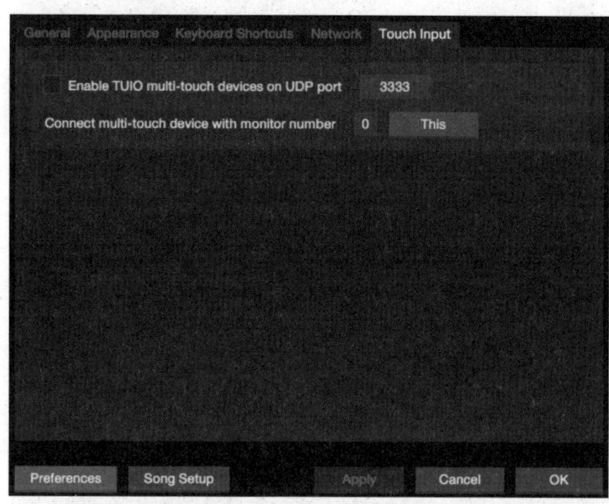



그림 4 - 25  터치 인풋 사진

터치 인풋 역시 외부 장비와 연관이 있습니다. 예를 들어 아이패드나 터치스크린이 가능한 모니터용으로 나온 TUIO 멀티터치 기능을 이용해서 제어할지를 묻는 것인데 마우스는 한 번에 한 동작밖에 할 수 없지만 아이패드나 터치스크린 모니터를 이용해서 작업한다면 열 손가락을 다 사용해서 '스튜디오 원 3'의 제어가 가능합니다.

Connect multi - touch device with monitor number는 그런 외부 장비를 몇 개까지 사용할 것인지를 묻는 칸입니다. 이 부분은 기초 사용자인 분들에게는 지금 당장 중요한 내용은 아닙니다.

# 4.2 로케이션(Locations) 탭

이번엔 제너럴 탭 바로 우측 옆에 있는 로케이션 탭에 대하여 알아 보겠습니다.

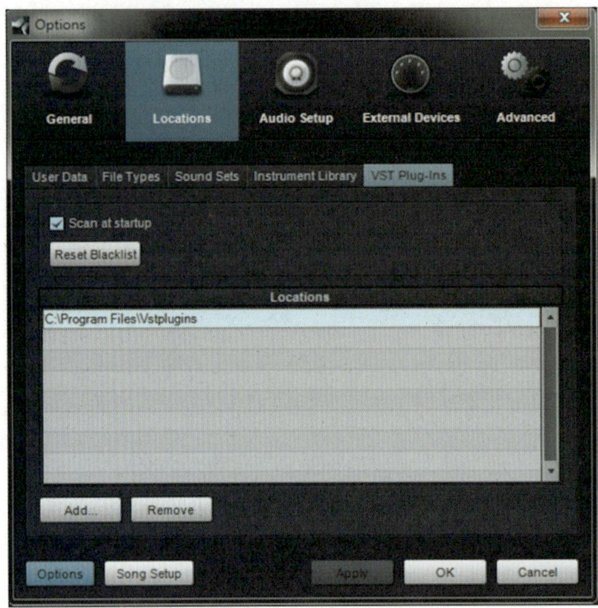

**그림 4 - 26** 로케이션 탭

Locations라는 말의 의미처럼 스튜디오 원과 관련된 여러 파일들의 경로 등을 나타냅니다. 가상 악기의 위치와 이펙트 플러그인의 위치, 그 외에 저장된 파일들의 위치가 나옵니다. 윈도우즈 유저의 경우 여기서 .dll 파일을 찾으면 새로운 악기나 플러그인 설치 시 그 위치를 알 수 있습니다.

## 4.2.1 User Data 탭

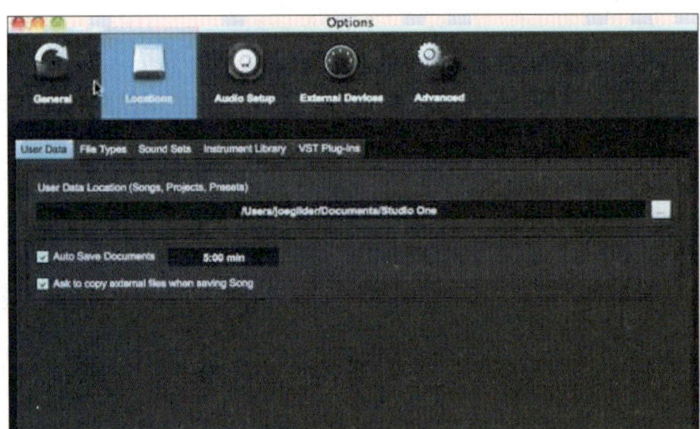

**그림 4 - 27** User Data 탭

작업하는 곡들을 저장할 경로를 지정해놓는 곳입니다. 매킨토시라면 도큐먼트 〉 스튜디오 원 폴더 〉 songs 폴더 안에 저장됩니다. 윈도우즈 유저라면 내 문서 〉 스튜디오 원 〉 songs 폴더 안에 저장됩니다. 밑에 있는 'Auto Save Documents' 체크란은 작업하는 프로젝트의 자동 저장 주기를 정하는 곳입니다. 기본값은 5분마다 자동 저장입니다. 'Ask to copy external files when saving Song'은 작업하는 프로젝트의 백업을 하기 위한 복사본을 하나 더 저장하는가에 대한 설정입니다. 작업하던 파일이 아주 중요한 파일이라면 이 부분에 체크를 해야 합니다.

## 4.2.2 File Type 탭

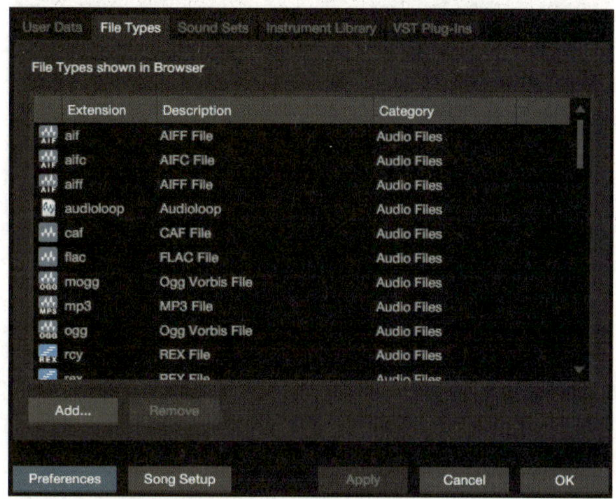

**그림 4 - 28**  File Type 탭

이 부분은 스튜디오 원에서 다룰 수 있는 오디오 확장자, 포맷에 관한 설정입니다. 다룰 필요 없다고 생각하는 확장자는 없애는 것도 가능한데, 굳이 그럴 필요는 없다고 생각합니다. AIFF는 매킨토시에서 맥 OS9의 기본으로 사용하던 오디오 포맷이었습니다. AIFF는 매킨토시는 물론 윈도우즈에서도 WAV처럼 똑같이 읽히고 사용 가능합니다.

### 4.2.3  Sound Sets 탭

'스튜디오 원 3'의 기본 사운드 세트들이 들어 있는 폴더의 위치를 지정해줍니다. 사운드 세트들은
스튜디오 원에서 기본 제공하는 여러 가상 악기들의 사운드 소스입니다.

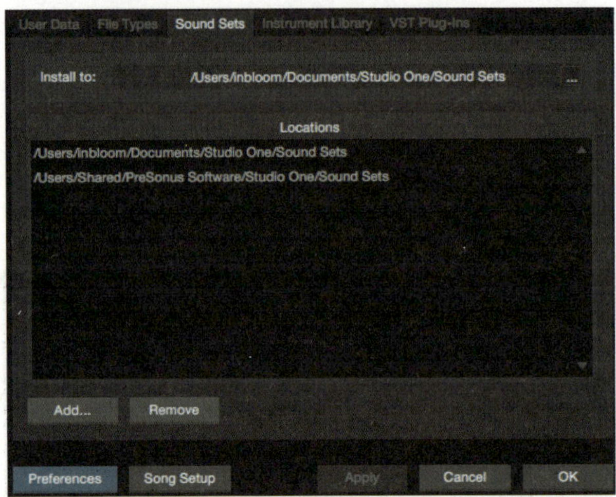

그림 4 - 29  Sound Sets 탭

이 위치는 '스튜디오 원 3' 인스톨 시 저절로 정해지기에 사용자가 일일이 지정할 필요는 없습니다.
하지만 때로는 본인이 가진 컴퓨터의 하드디스크 용량이 부족해서 다른 저장 장소(외장하드 등)에
악기들(Sound Sets)이 인스톨되어야 할 경우 장소 지정을 위해서 필요합니다.

매킨토시 사용자의 경우 Documents 〉 Studio One 〉 Sounds Sets에 위치합니다.

윈도우즈 사용자도 거의 마찬가지로 Documents 〉 Presonus 〉 Studio One 〉 Sounds Sets에 위치합니다.

이 사운드 세트는 여러분들이 사용할 가상 악기들의 소리가 들어 있는 것이니 매우 중요합니다.

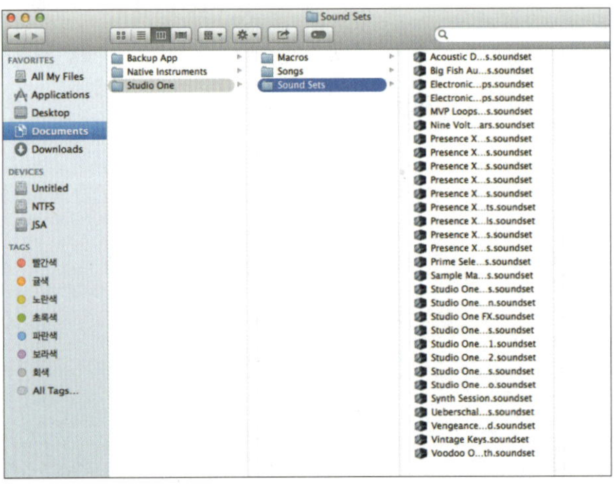

그림 4 - 30  Mac OS의 사운드 세트 위치

특별히 바꾸어야 하는 이유가 아니라면 사운드 세트는 처음 인스톨 시 정해진 위치대로 쓰기를 권합니다. 바꾸어야 한다면 하드디스크보다 더 빠른 SSD에 저장해서 쓰는 걸 권하고 싶습니다. 가상 악기를 로딩할 때 속도가 상당히 빨라집니다.

## 4.2.4 Instrument Library 탭

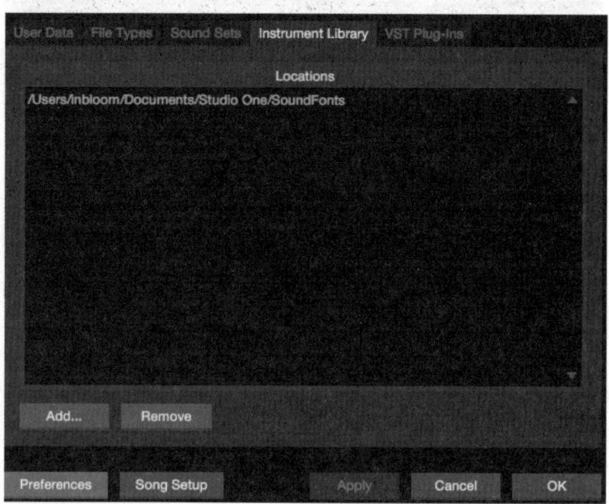


그림 4 - 31  Instrument Library 탭

인터넷에 돌아다니는 수많은 midi 파일들을 재생하기 위해서는 GM 대응 음원이 필요합니다.

GM이 무엇인지는 PART 1에서 설명했습니다. 인터넷에 떠도는 미디 파일들의 확장자는 .mid인 경우가 많은데 그 파일은 미디 데이터가 들어 있기는 하지만 그저 미디 데이터일 뿐 정작 음원이 없어서 플레이하더라도 소리가 나지 않는 경우가 있습니다.

만일 애플의 Quicktime에서 열어서 듣는다면 소리는 나지만 여기에 사용되는 음원은 퀵타임 기본 음원이며, 그다지 고퀄리티는 아닙니다. 사운드 폰트는 이런 미디 파일에 쓰이는 GM 음원들이 들어 있는 샘플을 말합니다. 하지만 사운드 폰트 단독으로는 사용이 안 되고 사운드 폰트를 이용해서 들을 수 있는 실행 프로그램이 필요한데, '스튜디오 원 3'로 가능합니다.

따라서 스튜디오 원 3에 각종 사운드 폰트를 다운받아 설치해서 미디 파일을 해당 패치에 맞게 적용해 들어볼 수 있습니다. 물론 사운드 폰트 없이 '스튜디오 원 3' 기본 악기인 프리센스의 소리를 이용해서 들어보는 것도 가능합니다. 인스트루먼트 라이브러리 탭은 그 사운드 폰트의 위치를 알려주는 탭입니다.

### 4.2.5 VST Plug – ins 탭

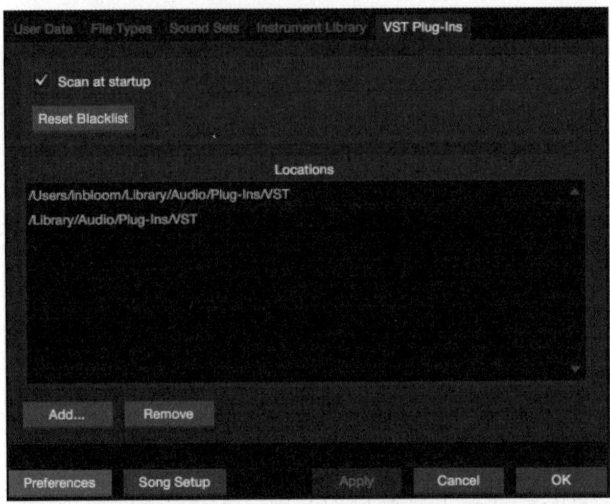

그림 4 - 32   VST Plug-Ins 탭

이 탭은 '스튜디오 원 3'에서 작동하게 되는 모든 VST 플러그인들의 설치 경로를 나타냅니다.
'스튜디오 원 3'를 구동하자마자 사용하려면 맨 위의 'Scan at startup'이 체크가 되어 있어야 합니다.
VST 플러그 인은 스테인버그사에서 만든 오디오 엔진입니다. 스튜디오 원을 윈도우즈에서 사용한
다면 반드시 경로를 알아야 할 것이며 맥에서도 VST 엔진을 사용한다면 역시 알아야 합니다. VST
플러그인은 사운드 작업 시 사용할 여러 음향 이펙터들을 말합니다.


## 4.3 Audio Setup 탭

DAW를 시작하려면 우선 오디오 IO 설정을 해야 합니다. I는 소리가 들어오는 인풋, O는 소리가
나가는 아웃풋을 의미합니다. 소리의 입력과 출력을 담당하는 IO는 결국 오디오 인터페이스(AD/
DA 컨버터)를 의미합니다. IO(오디오 인터페이스)가 없는 윈도우즈 유저의 경우에는 앞서 설명한
'ASIO 4 ALL'을 사용해서 내장 사운드카드를 이용합니다. 매킨토시 유저라면 기본이 AU이기에 별
설정없이 그냥 사용 가능합니다.

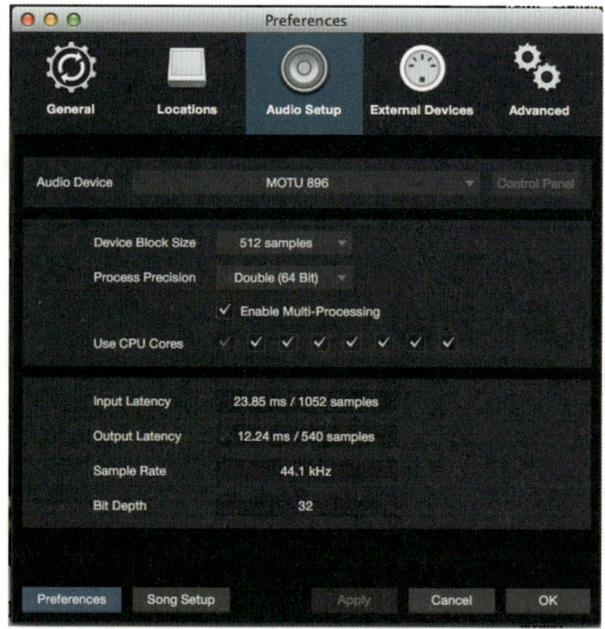



**그림 4 - 33** 오디오 셋업

Audio Device(IO)입니다. 즉, 본인이 가지고 있는 오디오 인터페이스로 설정하면 됩니다. 필자는 MOTU사의 MOTU 896이라는 FireWire 기반의 오디오 인터페이스를 사용 중입니다.

Device Block Size는 버퍼사이즈입니다. 이 값은 흔하게 설정하는 512 samples로 추천합니다. 숫자는 레이턴시에 관한 설정인데, '작은 숫자'일수록 짧은 레이턴시를 가집니다. 짧게 설정할수록 컴퓨터의 성능을 많이 요구하며 컴퓨터의 성능이 좋다고 하더라도 작업하는 프로젝트에 악기와 트랙이 많아지면 듣고 있는 오디오에 노이즈가 생기거나, 끊어졌다 나오거나, 작동이 현저히 느려집니다.
'스튜디오 원 3'는 Device Block Size를 설정하면 아랫부분의 인풋과 아웃풋의 레이턴시가 자동으로 설정됩니다.
512 samples라면 대략 14ms 정도의 레이턴시가 생기는데, 이 말의 뜻은 목소리를 녹음하고(컴퓨터에 입력하고) 오디오 인터페이스를 거쳐 스피커(혹은 헤드폰)를 통해 다시 자기 귀로 돌아오는 데 걸리는 시간은 두 배인 28ms가 소요된다는 뜻입니다. 참고로 인간은 30ms가 넘어가야 '아 소리가 늦게 들리는구나'하는 레이턴시를 느낍니다. 레이턴시는 AD/DA 컨버팅 시 필연적으로 생길 수밖에 없습니다. 줄일 수는 있어도 없앨 수는 없습니다.

Process Precision은 CPU 프로세싱에 관한 설정인데, 그에 관한 설정은 여러분 컴퓨터가 가진 최대로 놓습니다. 대신에 그렇게 되면 스튜디오 원 외에 동시에 다른 프로그램을 사용할 경우 multi 프로세싱은 느려집니다. 즉 이 설정은 '스튜디오 원'을 동작하는 동안은 컴퓨터의 모든 자원을 오로지 '스튜디오 원'에 집중하는 정도라 보면 됩니다. 디지털에서의 음질을 보여주는 수치인 Sample Rate 는 CD보다 좀 더 좋은 음질인 48kHz로, Bit depth는 16 혹은 24로 설정이 가능합니다. 디지털은 Digit(숫자)라는 어원에서 보듯 음질마저도 수치화하여 보여집니다. 일단 CD 음질 정도는 외워두시 길 권합니다. 16bit 44.1kHz입니다.

## 4.4  External Devices 탭

이곳은 '스튜디오 원 3'에 연결된 외부 장비에 대한 설정입니다. 대표적으로 입력을 위한 마스터 키 보드와 믹싱을 위한 컨트롤러 등을 넣을 수 있습니다.

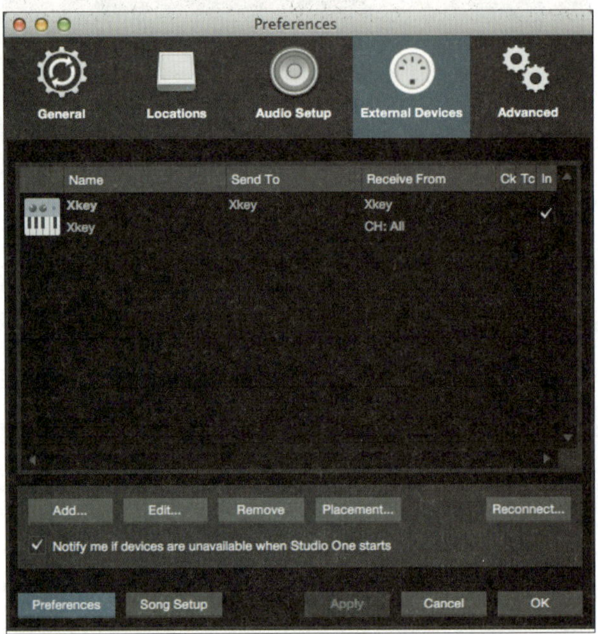

그림 4 - 34  External Devices 탭

Add를 눌러 들어가 보면 Vendor(제조사)들의 리스트가 나열됩니다. 여러 제조사의 대표적인 제품들은 인스톨이 필요 없도록 이미 설치가 되어 있습니다. 그림 4-34는 필자가 사용 중인 Xkey라는 마스터 키보드가 설치된 모습입니다.

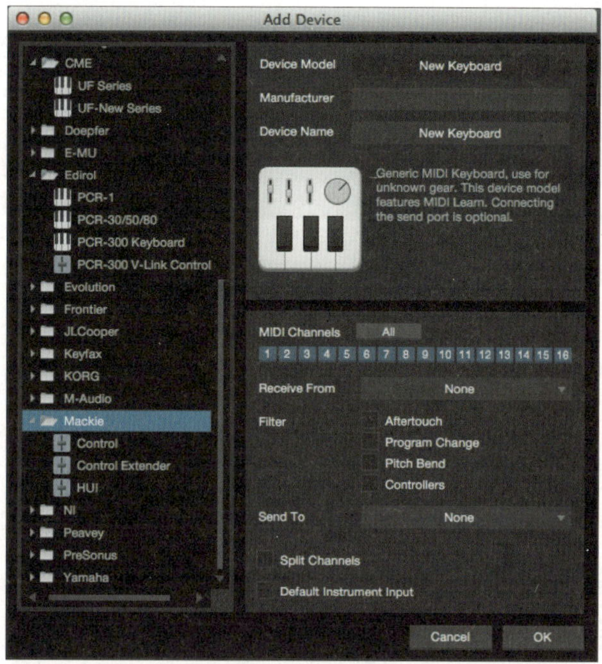


**그림 4 - 35** Add Device

상단의 Device Model에서 여러분의 마스터 키보드 혹은 PAD 컨트롤러, 믹싱할 때 편리한 Mix 컨트롤러 등을 설정합니다. Manufacturer는 사용할 컨트롤러의 제조사 이름의 설정입니다. 사용할 제품이 목록에 없는 제품이거나 혹은 다른 이름으로 만들고 싶다면 Device Name에서 그 이름을 설정하면 됩니다. 위 그림에서 Mackie사의 컨트롤러들이 좌측에 나열된 것을 볼 수 있습니다.

하단에 16채널의 미디 인풋과 미디 아웃풋의 설정이 보입니다. 이 부분은 스튜디오 원에서 외장 신시사이저나 외장 음원 모듈 등의 외장 악기를 사용할 때 필요합니다. 여러분처럼 가상 악기만을 가지고 작업할 것이라면 이곳의 설정은 무의미합니다.

미디를 시작하는 초보자들은 처음에 '마스터 키보드'가 없는 경우가 더 흔할 것 같습니다. 일단 미디를 시작해보고 나중에 마스터 키보드의 구매를 고려하는 경우가 많을 텐데, 마우스만으로 작업을 하는 것은 사실 마우스만으로 작업을 하는 것도 얼마든지 가능합니다. 이는 상당한 인내가 필요하기도 합니다. 제일 좋은 조합은 당연히 마스터 키보드와 마우스를 모두 사용하는 것입니다. 그래서 조금 불편하지만 스튜디오 원 3에서는 마스터 키보드가 없는 여러분을 위해서 컴퓨터 키보드 자판을 마스터 키보드로 대체 사용하도록 쿼티 자판을 넣었습니다.

좌측 메뉴에 있는 벤더 중에 'Presonus'를 보면 됩니다. 노트북 유저의 경우 스튜디오 원을 설치해서 외부에서 사용할 경우 유용합니다.

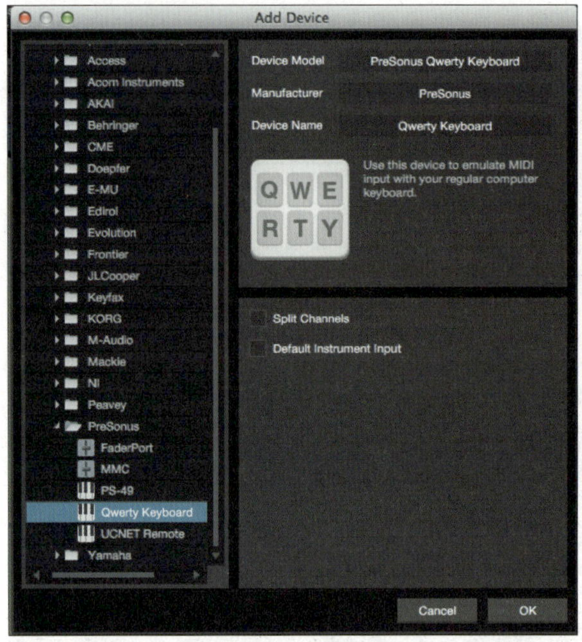

**그림 4 - 36** 쿼티 키보드

Presonus(프리소너스) 메뉴 속에 있는 쿼티 키보드를 선택하면 여러분의 컴퓨터 키보드를 '마스터 키보드'처럼 사용할 수 있습니다.

**그림 4 - 37** 쿼티 키 맵

Q부터 I까지 '도레미파솔라시도'입니다. 숫자 키들은 검은 건반이 됩니다. 벨로시티 노브를 사용해서 건반의 세기도 조정이 가능합니다. 맨 우측의 옥타브 조정을 이용해서 위로 혹은 아래로의 옥타브 설정도 가능합니다. 맨 좌측에는 모듈레이션과 피치 휠이 존재합니다.

어디까지나 쿼티 자판 키보드는 임시이므로 마스터 키보드를 구입하는 편을 추천합니다. 작곡가라면 반드시 필요하다고 생각합니다.

## 4.5 Advanced 탭

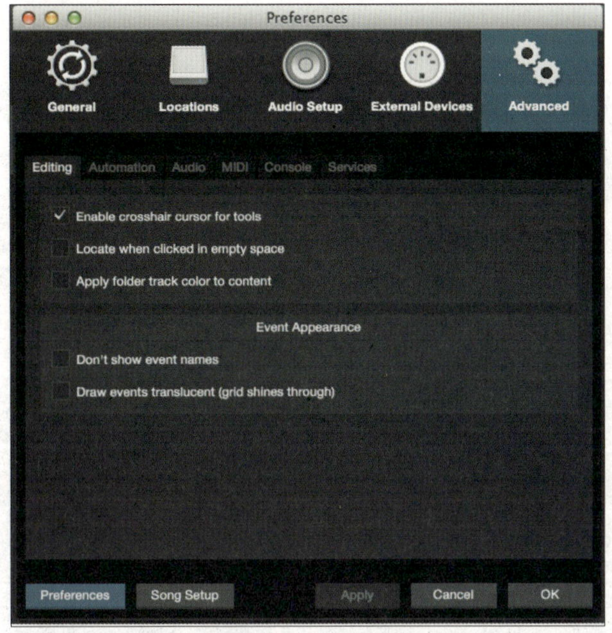

**그림 4 - 38** Advanced 탭

• Enable crosshair cursor for tools : 마우스 커서가 가로 세로의 하얀 '십자선'으로 표시됩니다.

• Locate when clicked in empty space : 빈 공간을 클릭하면 커서가 그곳에 위치합니다(체크를 권장합니다).

• Apply folder track color to content : 폴더 트랙의 색깔이 컨텐츠(레전)의 색에 적용됩니다(체크를 권장합니다).

• Don't show event names : 어레인지먼트 보기에서 이벤트의 이름을 보여지지 않게 합니다.

• Draw events translucent : 이벤트를 반투명으로 그립니다.

이 부분의 설정은 설치 후 '기본 상태'로 아무 설정도 변경하지 않도록 하겠습니다. 어드밴스드 안의 여러 탭들은 스튜디오 원의 좀 더 세분화된 설정이 가능한 곳입니다.

# ⌁ 5 스튜디오 원 3의 메인 창

스튜디오 원 3는 전체적으로 인스펙터 창, 작업 창, 소스 창, 믹서 창으로 구성되어 있습니다.
크게 좌측, 중앙, 우측 세 부분으로 나눌 수 있고 위에는 툴박스, 아래에는 트랜스포트 창이 있습니다.

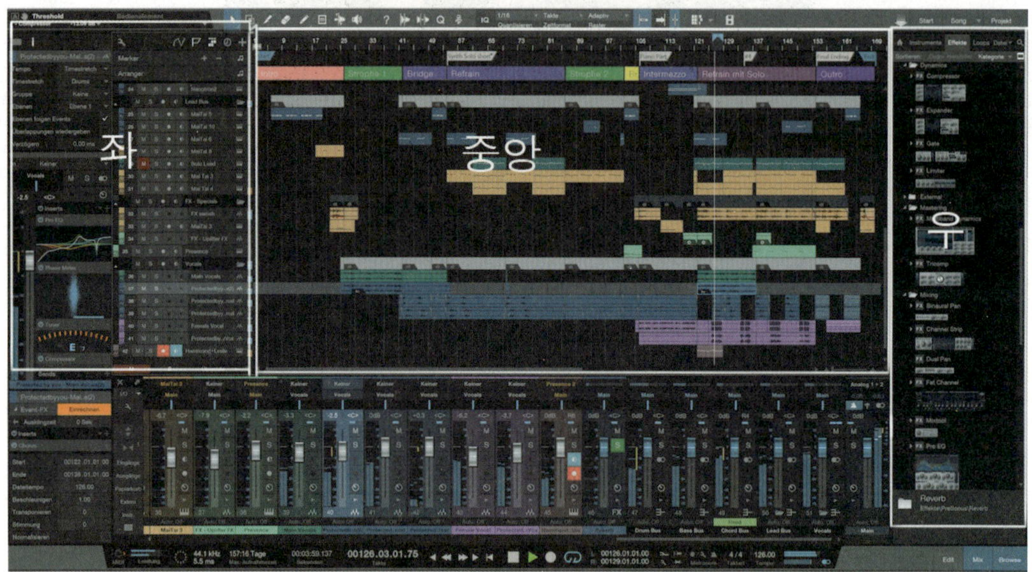


**그림 4 - 39**  스튜디오 원 3 메인화면

## 5.1 좌측 창

편의상 '좌측 창'이라고 불렀지만, 정확히는 '트랙 리스트'와 '인스펙터 윈도우'입니다. 더 왼쪽이 '트랙 리스트'고 그 옆이 '인스펙터 윈도우'입니다. 이 두 창은 아주 쉽게 가리거나 열어놓을 수 있으며, 가려놓아도 스튜디오 원의 모든 작업이 가능합니다.

이 창은 일목요연하게 정리되어서 보여진다는 편의성이 주 용도이며 반드시 이곳에서만 설정할 수 있는 기능은 하나도 없습니다. 물론 열어 놓는 게 편하지만 노트북처럼 화면이 작은 상태에서 작업하는 사람이라면 좁아서 불편할 수도 있습니다.

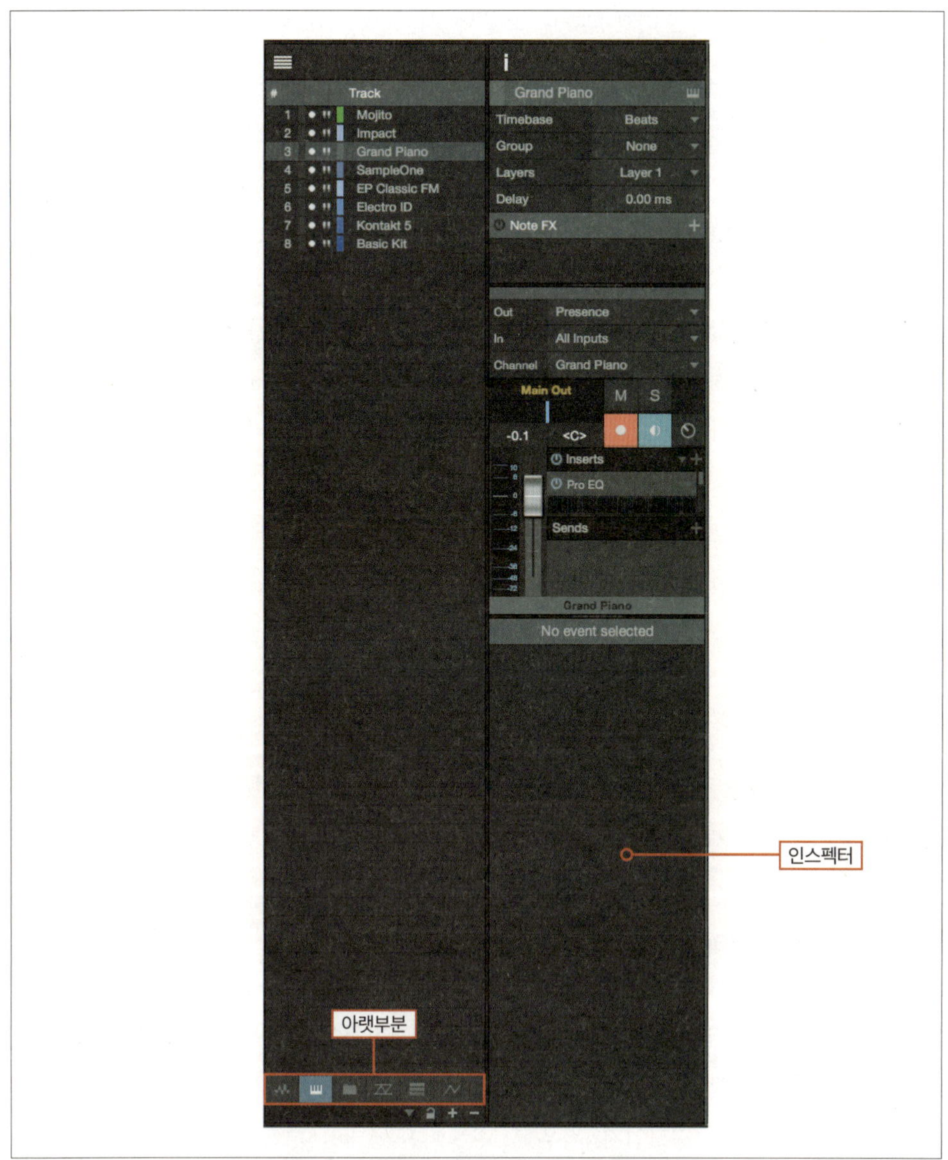



**그림 4 - 40**  좌측 창들

## 5.1.1 트랙 리스트(Track List)

트랙 리스트는 지금 작업 중인 프로젝트에서 사용 중인 트랙들을 작게 표시해놓은 것입니다. 트랙 넘버와 순서 그리고 악기명 혹은 트랙명과 스테레오 트랙인지, 모노 트랙인지를 쉽게 파악할 수 있습니다.

작업 중 트랙이 수십 트랙이 넘어가면 모든 트랙을 한 번에 살펴보기가 어려운데, 여기에는 일목요연하게 정리가 되어 있어 파악하기 쉽습니다. 또 작업 중 보고 싶은 트랙들만 고른 후 묶어서 보는 것이 가능합니다. 예를 들어 오디오 트랙만 묶어서 본다거나, 인스트루먼트 트랙(악기)만 묶어 본다거나, 폴더 트랙 혹은 오토메이션 트랙만 작업자가 원하는 대로 묶어서 볼 수가 있습니다.

한마디로 '색인' 혹은 '목차(INDEX)'를 만들어서 작업 화면을 일목요연하게 보기 위함이라고 볼 수 있습니다. 그림4-40에서 아랫부분의 빨간색으로 표시한 아이콘들을 클릭하면 원하는 트랙들의 종류만 묶어 따로 볼 수 있습니다.

## 5.1.2 폴더 트랙(Folder Track)과 레이어 트랙(Layer Track)

폴더 트랙은 가령 '드럼 폴더'라고 지정해놓고 그 안에 드럼에 관련한 소리를 모두 모아 놓은 트랙을 말합니다. 폴더 트랙을 사용하는 이유는 묶어 놓아야 깔끔하게 정리되어 보기 편하기 때문입니다. 폴더 트랙을 더블클릭하면 폴더 트랙이 열리면서 그 안에 들어 있는 여러 트랙들이 나타납니다. 아직은 여러분들이 작업한 파일이 없으니 '튜토리얼 아티스트 다운로드'에서 다른 뮤지션들의 곡을 다운로드를 해서 다른 뮤지션들의 프로젝트 파일로 확인해보길 바랍니다.

레이어 트랙은 여러 번의 '시도'를 모아 놓은 트랙이라고 생각하면 됩니다. 미디나 오디오 녹음 등 본인의 연주를 여러 번 반복해서 마음에 들 때까지 레코딩을 했을 때 그 'take'가 마음에 드는지 안 드는지 바로 결정을 못했을 때 사용하면 좋습니다. 물론 트랙들을 레이어로 보관했다가 여러 테이크들을 섞어서 사용할 수도 있습니다.

## 5.1.3 인스펙터(Inspector) 창

Inspector는 '검사관'이라는 뜻입니다. 그 뜻처럼 트랙별 세부 사항들을 검사하여 표시합니다.

트랙 리스트에서 중요한 정보만 표시되고 생략된 세부 사항들을 마치 검사하듯 해당 트랙별로 나타냅니다. 이 트랙에 어떤 악기가 쓰였는지, 만일 폴더 트랙이라면 어떤 트랙들이 그 폴더에 들어 있는지, 그 트랙의 볼륨은 어느 정도인지, 좌우 PAN은 어떤 상태인지, 그 트랙의 오토메이션은 어떻게 변하고 있는지 등이 표시되며, 심지어 해당 트랙에 기록해 놓고 싶은 코멘트(글)까지도 적어둘 수가 있습니다.

코멘트 부분은 가수가 많은 곡의 경우 트랙에 가수 이름 혹은 그 곡의 코드 진행을 표시하는 등 여러 용도로 사용하기도 합니다.

## 5.2 중앙 메인 창

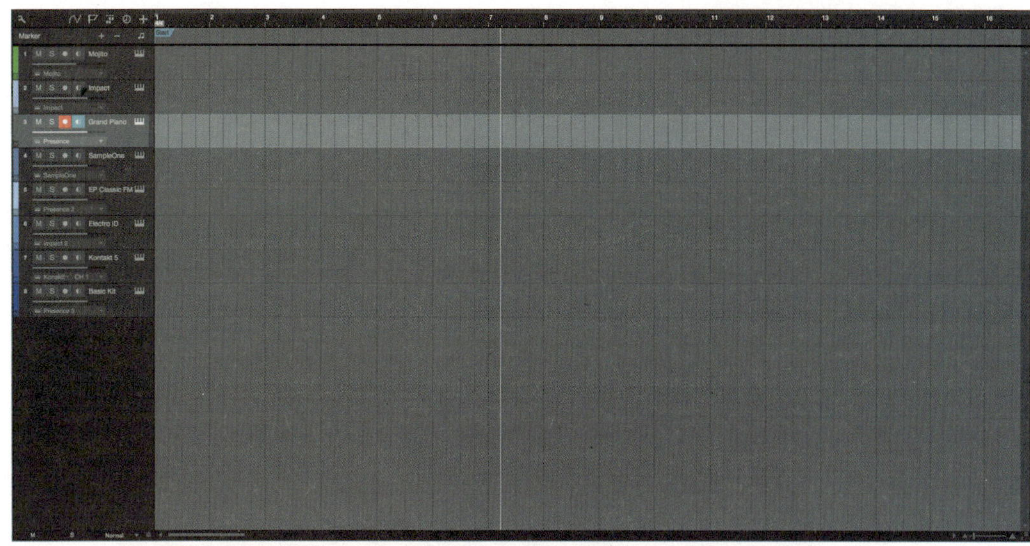

그림 4 - 41　중앙 메인 창

중앙 부분의 메인 편집 창은 작업 시 가장 많이 쳐다보게 되는 부분입니다. 편집, 녹음 모두 이곳에서 이루어집니다.

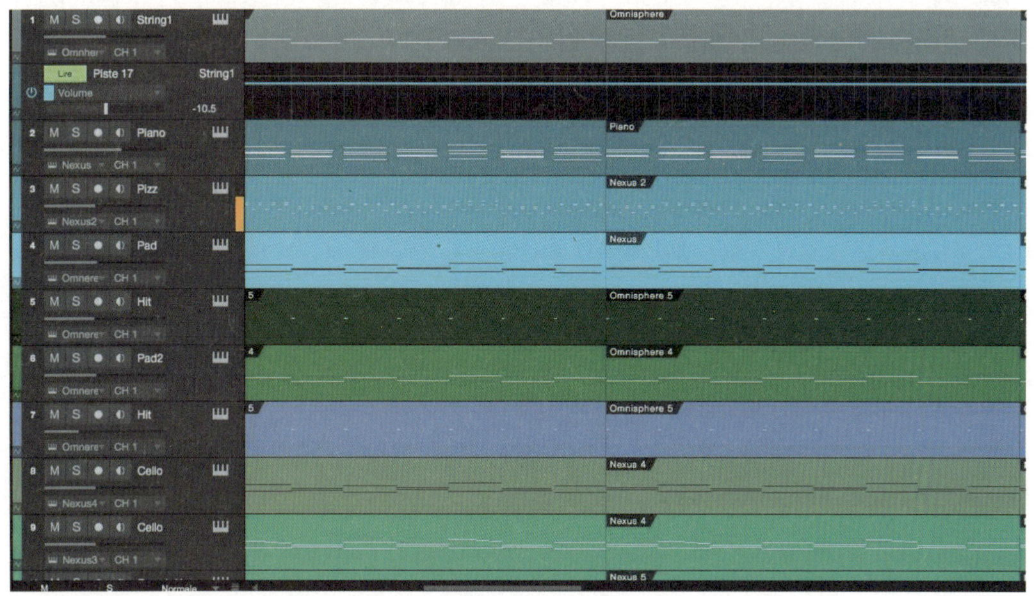

그림 4 - 42　중앙 윈도우

중앙은 미디 트랙과 오디오 트랙의 편집이 이루어지고 전체 곡의 어레인지먼트 상황까지 파악됩니다. 각 트랙의 박스 모양의 미디 트랙 혹은 오디오 트랙의 레전(region)을 더블클릭하면 새 창이 크게 열리면서 더 세밀한 편집도 가능합니다.

### 5.2.1 트랙 정보(Track column)

필자 임의로 '트랙 칼럼'을 '트랙 정보'라고 의역했습니다.

이곳은 해당 트랙의 제어와 설정을 할 수 있는 구역입니다.

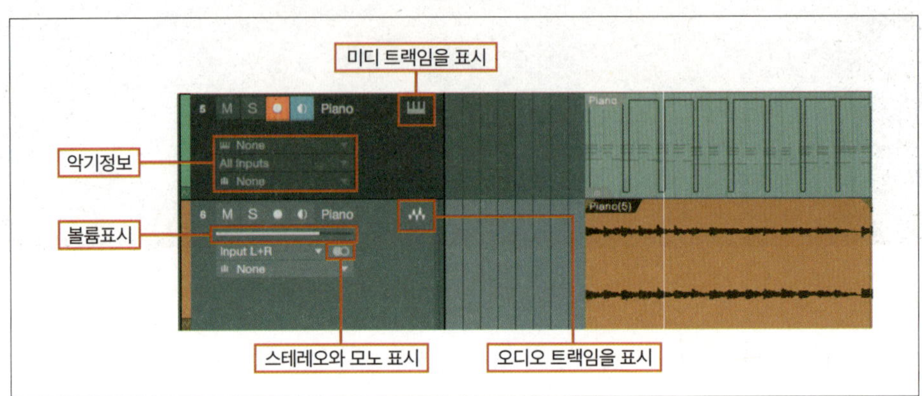


**그림 4 - 43** 트랙 정보(Track column)

'트랙 정보'는 두 가지 종류가 있는데 하나는 미디 트랙, 하나는 오디오 트랙입니다. 그림에서 나타난 것을 보면 위쪽 트랙은 미디 트랙, 아래쪽 트랙은 오디오 트랙입니다. 트랙 정보 우측 상단에 건반 모양의 아이콘이 있으면 '미디 트랙'이고, 물결무늬가 있으면 '오디오 트랙'입니다(물결무늬는 프리스 너스사의 심벌이기도 합니다).

M은 해당 트랙의 뮤트이고 S는 해당 트랙의 솔로입니다. '빨간색' 버튼이 있는 곳은 레코딩 활성화 단추입니다. 즉 "나는 이 트랙에다가 녹음할 것이다."라는 의미입니다. 레코딩 버튼 옆 '파란색'의 스 피커 모양 버튼은 "녹음 시 내 연주(혹은 내 목소리)를 듣겠습니다." 즉 "모니터 하겠습니다."입니다. 그래서 일단 '모니터 버튼'이라고 해두겠습니다.

위 그림에서 미디 트랙의 경우 'None'으로 되어 있는 곳은 가상 악기를 로딩하여 올려야 하는 곳입 니다. 사용할 가상 악기를 하나 올리게 되면(드래그 앤드 드롭) 그곳에 그 악기 이름이 올라옵니다.

All Input은 미디 입력 도구를 의미하는데, 각종 컨트롤러 등의 입력 도구 중 대표적인 것은 '마스터 키보드'입니다. 사용하는 특정 입력 도구를 지정해도 좋으나 보통은 All Input 상태로 놓고 스튜디오 원에 연결된 모든 입력 도구에 반응하도록 설정해도 됩니다. 입력 도구에는 마스터 키보드 외에도 '드럼 패드', '관악기 입력 도구', '미디 기타(guitar)' 등이 있습니다.

오디오 트랙의 가로로 긴 하얀 줄은 볼륨의 크기를 나타냅니다. 줄을 오른쪽으로 드래그하면 볼륨이 커지고 반대로 하면 작아집니다. 트랙별 작업을 할 때 '콘솔 윈도우'나 '인스펙터 윈도우'까지 가지 않고 트랙별 볼륨 값을 줄 수 있습니다.

Input L +R은 스테레오 트랙일 경우에 나타나는데, 소스를 녹음할 때 인풋을 어디로 받을 것인지에 관한 설정입니다. 그래서 이 버튼은 Audio IO Set up 윈도우즈와 연결이 됩니다.

우측에 동그라미 두 개가 겹쳐 있는 아이콘은 '스테레오 트랙'이라는 표시입니다. '모노 트랙'일 경우 동그라미가 하나입니다. 이 아이콘의 이름은 채널 모드(Channel Mode)입니다.

## 5.2.2 여러 트랙의 솔로, 뮤트

간혹 작업하다 보면 여러 개의 트랙을 동시에 뮤트 혹은 솔로로 해놓고 듣고 싶을 때가 있습니다. 그때마다 설정할 트랙별로 클릭 + 클릭 + 클릭 … 하면 되겠지만 트랙이 많을 경우 사용하다 보면 그게 불편해집니다.

스튜디오 원 3에서는 그런 상황일 때 솔로나 뮤트 버튼을 하나 클릭하고 마우스를 누른 채로 위나 아래로 마우스를 드래그하면 '뮤트' 혹은 '솔로'가 됩니다. 솔로나 뮤트 전체를 풀기 위해서는 트랙 칼럼의 하단의 m, s 버튼을 누르면 됩니다.

실제의 콘솔을 사용하는 엔지니어들이 사용 중인 채널들을 뮤트나 솔로를 만들 때 우측으로 손가락을 주르륵 미끄러지 듯 누르는 것과 같습니다. 그리고 뮤트·솔로의 단축키도 뮤트는 m, 솔로는 s입니다.

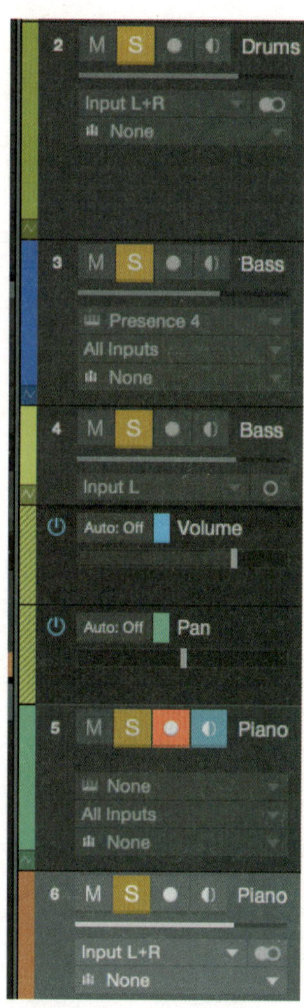

그림 4 - 44　여러 트랙의 솔로, 뮤트

# 5.3 우측 창

스튜디오 원의 우측 창은 언뜻 보기에는 로직과 프로툴스가 섞여 있는 듯한 느낌입니다. 우측 창의 여러 탭을 살펴보면 인스트루먼트, 이펙트, 룹스 등으로 되어 있습니다. 이 '우측 창'은 주로 '찾기'라는 목적으로 만들어진 창입니다.

## 5.3.1 Instruments / Effects 탭

Instruments(악기) 탭 안의 메뉴는 종류(Sort)별로 납작한 아이콘으로 보기, 폴더로 보기, 제조사 이름으로 보기, 카테고리별로 보기 등으로 나누어져 있습니다. 또한 Effects 탭 안의 메뉴도 Instruments 탭의 메뉴와 같습니다.

Effects 탭은 오디오 트랙들을 믹싱할 때 각종 효과를 줄 수 있는 이펙터들이 모여 있는 탭입니다.

필자의 경우에는 악기와 이펙터들 모두 '제조사별 보기'를 사용하는데, 음악 프로그램들을 사용하다 보면 알게 되는 각종 악기의 유명 회사들 이름이 익숙해지기에 편하기 때문입니다.

위 그림의 Instruments(악기) 목록을 보면 스튜디오 원 3 설치 시 기본으로 설치되는 35기가 분량의 악기들과 플러그인 이펙터들이 들어 있음을 볼 수 있습니다. 스튜디오 원 3에는 프리센스, 모지토, 임팩트, 메타이, 샘플원 등의 용도별 악기가 기본으로 제공됩니다.

또한 '우측 창'은 Instruments(악기)를 찾고 적용할 이펙터(Effects) 플러그인을 찾을 수 있는 'FINDER'의 기능으로도 사용합니다. 스튜디오 원 3에서 유저가 원하는 이펙터나 악기를 바로 중앙 창으로 끌어다 놓으면 트랙이 생성되거나 혹은 이미 생성된 특정 오디오 트랙으로 그 효과가 곧바로 적용됩니다. 스튜디오 원 3는 모든 작동이 드래그 앤드 드롭입니다.

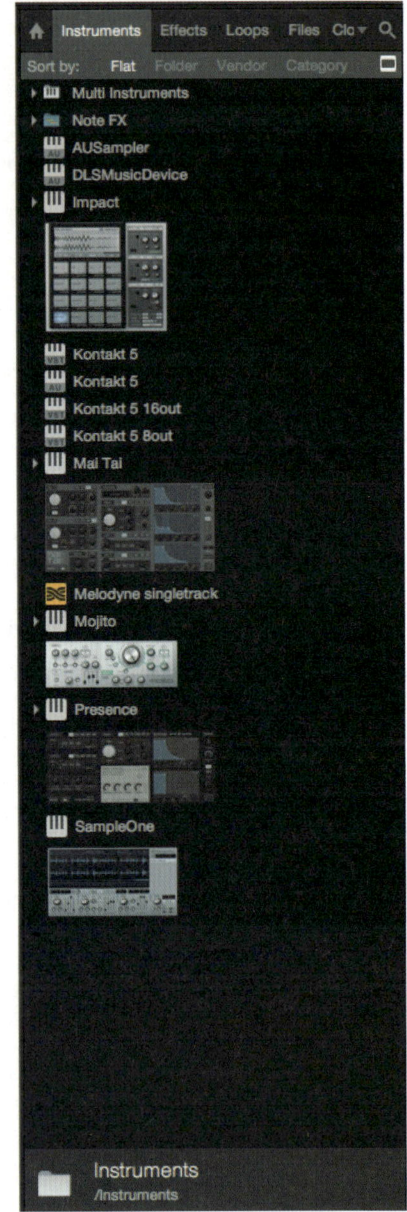


그림 4 - 45  인스트루먼트 탭 메뉴

### 5.3.2  Loops 탭

말 그대로 'loop 소스'가 들어 있는 메뉴입니다. 모
두 '스튜디오 원 3'에서 기본으로 제공하는 샘플
loop의 모음입니다. 장르별, 스타일별로 쓰기 좋은
loop 들을 편하게 나눠 놓아서 금방 적용해서 쓰기
도 좋습니다. 이 loop 소스들도 역시 중앙 창으로
드래그 앤드 드롭하면 됩니다. 곡을 빨리 스케치하
고 싶을 때 샘플로 사용할 'loop'를 찾아서 곡을 만
들 수도 있습니다.

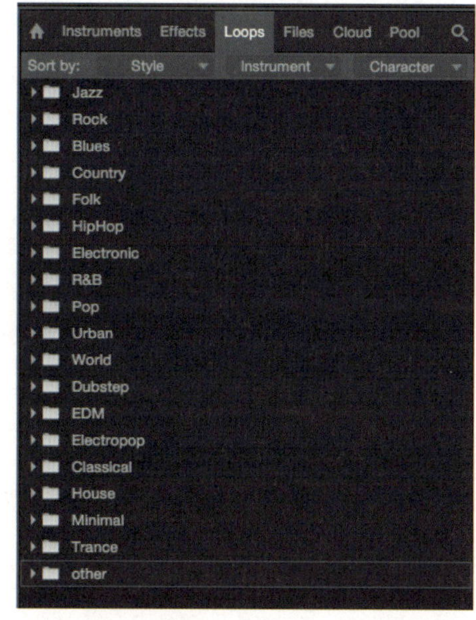

그림 4 - 46  Loops 탭

### 5.3.3  Files 탭

이곳은 여러 파일들 혹은 작업했던 다른 스튜디오
원 3의 프로젝트 파일들을 찾을 수 있는 메뉴입니
다. 물론 스튜디오 원 3에서 읽기 가능한 파일들을
말합니다. 앞으로 스튜디오 원 3에서 작업 중 불러
올 파일들이나 프로젝트는 반드시 이곳을 이용하
도록 합니다. 또한 컴퓨터 안에 음악 관련 외의 여
러 파일들이 있어도 우선은 스튜디오 원 3에서 불

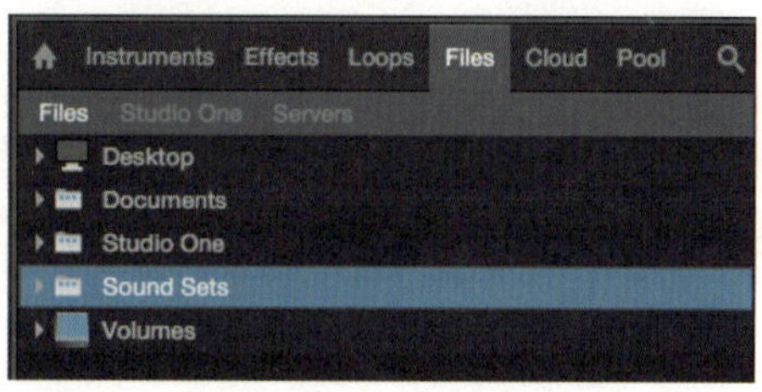

그림 4 - 47  Files 탭

러올 수 있는 사운드 관련, 미디 관련 파일들이 바로 보이므로 이 탭을 이용하는 것이 편리합니다.

### 5.3.4 Cloud 탭

이 탭은 스튜디오 원의 소셜 네트워크 서비스라고
부를 수 있는 곳입니다. 프리소너스사의 홈페이지
에 연결해서 구매할 품목을 찾거나 질문할 수 있고
다른 스튜디오 원 사용자와 교류가 가능합니다. 또
한 웹 브라우저를 이용하지 않고 자신의 곡을 클라

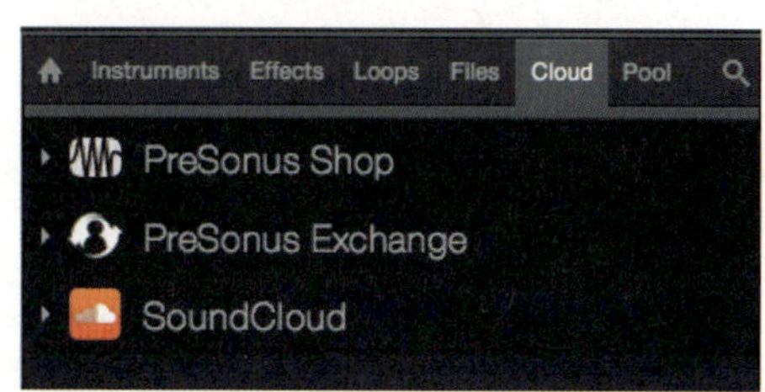

그림 4 - 48  Cloud 탭

우드 서비스(www.soundcloud.com)에 업로드해서 다른 사람들에게 공개하는 것도 가능합니다.
CD 버닝 프로그램을 따로 띄우지 않고도 스튜디오 원 3 프로페셔널 버전에서 작업을 마친 곡을 곧
바로 CD로 구울 수 있는 기능과 비슷하다는 생각이 듭니다. 현재 대표적인 오디오 클라우드 서비스
인 SOUNDCLOUD.COM에는 많은 뮤지션들이 자신의 곡을 올려서 팬을 확보하기도 합니다. 프리
소너스 익스체인지 메뉴는 프리소너스 스튜디오 원 유저들끼리 스스로 만든 여러 편의 기능과 프리
셋 메뉴들을 주고받는 일종의 벼룩시장 같은 곳입니다.

## 5.3.5 Pool 탭

작업 중인 스튜디오 원 3 파일에 올려져 있는 모
든 사운드 소스들은 이곳 Pool 탭에 있습니다. 즉
중앙 창에서 작업 중인 사운드 소스 레전(region)
은 반드시 이 Pool 메뉴 안에 존재합니다. 만약
작업 중 '중앙 창'에서 삭제한 사운드 파일을 다시
써야 할 때는 당황하지 말고 이곳 pool 메뉴에서
찾아서 다시 드래그 앤드 드롭으로 끌어와 작업
하면 됩니다.

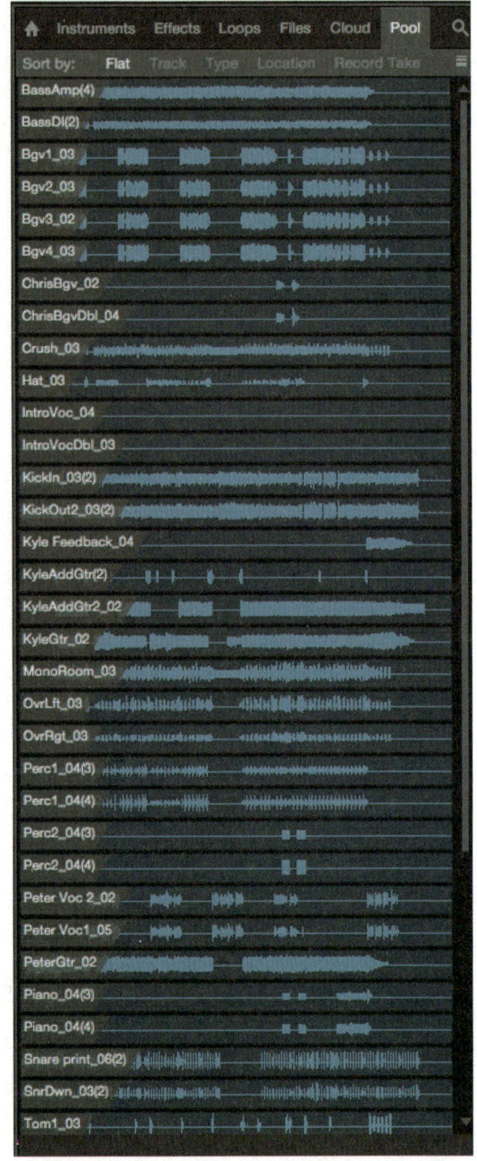

그림 4 - 49  Pool 탭

# ∿ 6 도구 메뉴

## 6.1 Toolbox 메뉴

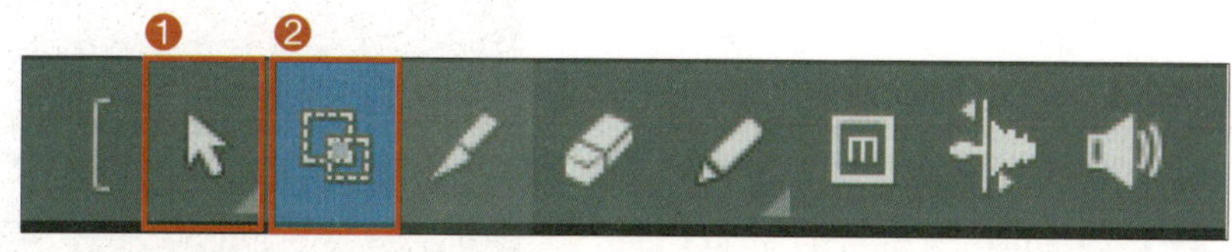

그림 4 - 50   툴박스

위 그림은 스튜디오 원 3.2까지의 툴박스입니다. F1~F8까지 키가 메뉴를 차례로 고르는 단축키입니다. 이 툴박스는 이름대로 중앙 윈도우상에서 편집을 위한 툴들을 모아 놓은 곳입니다. 그림만 보아도 금방 알 수 있는 아주 자주 쓰는 기능들입니다.

스튜디오 원 3.3이 되면서 화살표 키(❶)가 업데이트 되었습니다. 마치 프로툴스가 연상될 정도로 같아졌는데 작업 시 편한 마우스 3가지를 선택해서 바꿀 수 있습니다.

현재 마우스 모양은 cursor point(커서 포인트, ❷), 지금 그림 상에서는 영역 지정 선택입니다.

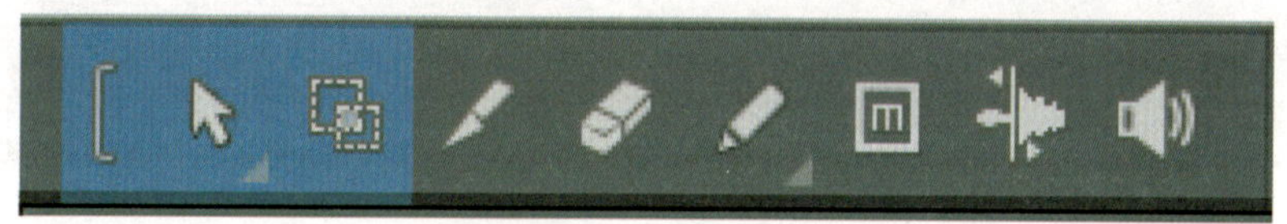

그림 4 - 51   툴박스2

맨 좌측의 '['을 클릭하면 전체가 선택된 상태가 되며 3가지를 한 번에 모두 사용할 수 있습니다. 트랙 레전의 중앙선을 기준으로 마우스 커서가 선 위, 선 아래에 따라 모양이 변하게 됩니다. 스튜디오 원 3에서 커서의 다양한 '커맨드' 기능을 알아보겠습니다. 커서 버튼 우측 아래에 삼각형 버튼이 있습니다. 이 메뉴를 눌러 보면 다음과 같은 화면이 나옵니다.

위의 부가 기능들은 실제 툴박스 안에 가로로 들어 있는 기능들의 세로 배열일 뿐입니다. 툴박스와 메뉴 아이콘 구성이 같습니다. 이 메뉴에서 편집 시 자주 쓰게 되는 기능을 하나 선택하면 그 기능은 매킨토시의 경우 'command 키', 윈도우즈의 경우 'alt' 키를 누르면 마우스 커서가 선택한 기능 키로 바로 바뀝니다.

커서와 자주 쓰는 키를 지정해놓고 쓰다가 'command 키' 혹은 'alt 키'에서 손을 떼면 다시 커서가 됩니다. 원래 있는 기능인 F1, F2, F3, F4 키 전환보다 이렇게 쓰는 게 더 편리합니다.

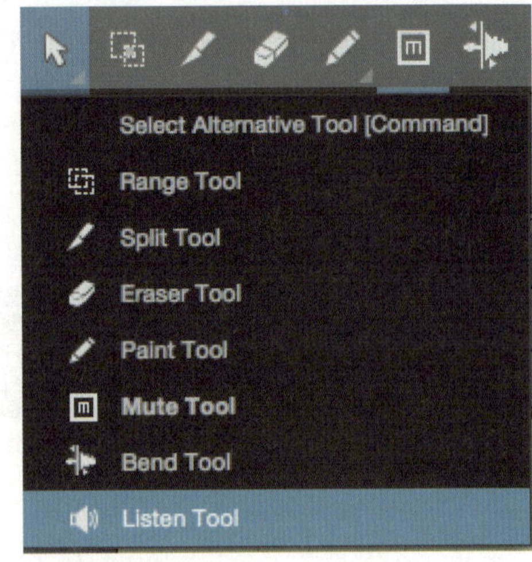


**그림 4 - 52** 커서 부가 기능

## 6.2 레전(REGION)

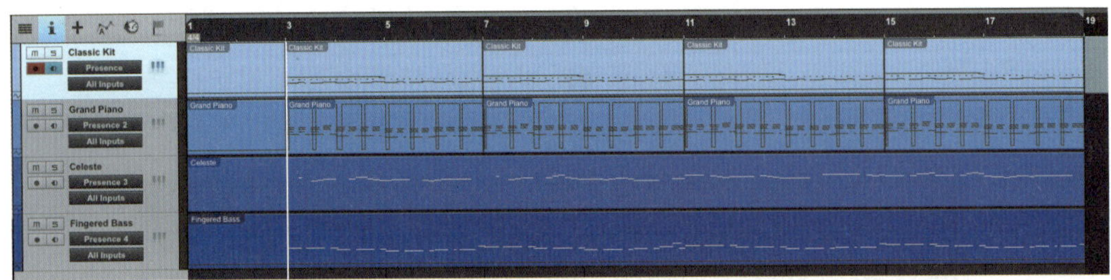

**그림 4 - 53** 레전(REGION)

레전은 그림에서 보듯 작업을 하는 네모난 박스를 말합니다(위 화면은 스튜디오 원 2.6에서의 화면입니다).

때로는 '미디(midi)' 레전, 때로는 '오디오(audio)' 레전이 되겠습니다. 레전 뮤트라고 하는 것은 해당 트랙을 다 뮤트하지 않고 레전별로 뮤트를 하겠다는 뜻입니다.

# 6.3 '?' 메뉴

**그림 4 - 54** '?' 메뉴

위의 툴 메뉴들은 편집보다는 편집을 하기 위한 특정 설정을 미리 해두는 곳으로 생각하면 됩니다. 맨 처음 물음표 '?' 메뉴는 작업 중인 사운드 레전이나 미디 레전들의 편집 도움말을 보여줍니다. 물음표를 클릭하면 툴 메뉴 박스 바로 아래 공간이 넓어지며 해당 레전의 편집을 위한 여러 메뉴들이 나열됩니다.

**그림 4 - 55** '?' 메뉴 선택 시 화면

특정 레전을 선택하는 순간 해당 레전의 편집 방향과 방법을 도와주는 여러 정보가 파란색 글자로 보입니다.

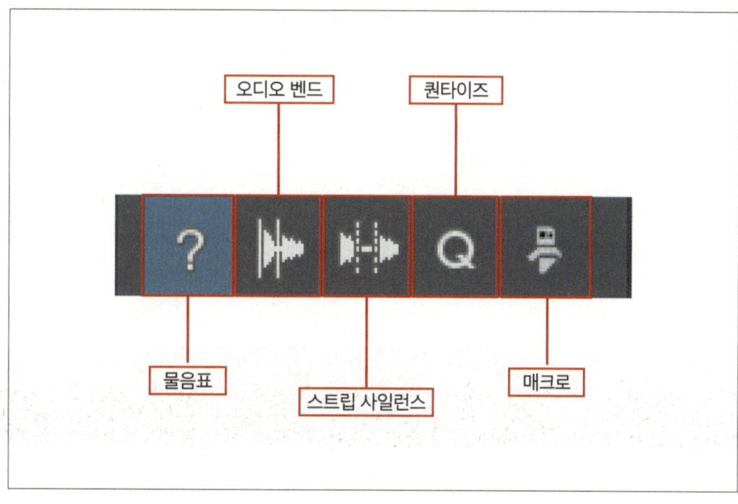


**그림 4 - 56** 툴박스 3

이것은 스튜디오 원 3의 초보자들이 사용하기에 좋은 메뉴입니다. 즉 '?' 메뉴는 '이 툴을 선택하면 무엇을 할 수 있다'를 보여줍니다.

오디오 벤드 버튼과 스트립 사일런스 버튼은 뒤에서 설명하겠습니다.

## 6.4 퀀타이즈 메뉴

Q 메뉴는 퀀타이즈에 관한 설정입니다. 퀀타이즈란 간단히 말해 입력한 음표가 가장 가까운 정박에 딱 맞도록 위치시키는 것을 의미합니다. 마우스로 시퀀싱을 하는 유저들은 미리 '인풋 퀀타이즈'를 적용하면 저절로 설정한 기준에서의 정확한 박에 위치하게 들어갑니다. 하지만 실시간 연주로 입력을 하게 되면 당연히 박자가 조금씩 틀어집니다. 이때 입력 음정 혹은 레전을 전체 선택한 후 퀀타이즈를 적용하면 정확한 박에 맞아 들어갑니다.

단축키는 Q입니다. 하지만 우선 중요한 것은 퀀타이즈를 적용할 기준이 되는 박자를 정하는 것이며, 그 박자마다 적용되는 퀀타이즈 값이 다르므로 주의해서 적용해야 합니다.

## 6.5 매크로 메뉴와 설정

매크로 버튼의 기능들은 여러분이 스튜디오 원과 어느 정도 친숙해진 후에 따라 해보길 바랍니다. 누군가에게는 필요 없는 기능일 수도 있기 때문입니다. 매크로 버튼은 '특정 명령 기능이 있으면 좋겠다'라고 느낄 때 그러한 기능을 직접 만드는 것입니다. 아직 뭐가 아쉬운지조차 모르는 초보인 분들에게 이 기능은 전혀 의미가 없습니다.

매크로 버튼을 통해 여러 명령을 조합해서 자기만의 실행 용도를 만들 수 있습니다. 매크로 버튼을 누르시면 밑에 바로 매크로 메뉴가 나타납니다.

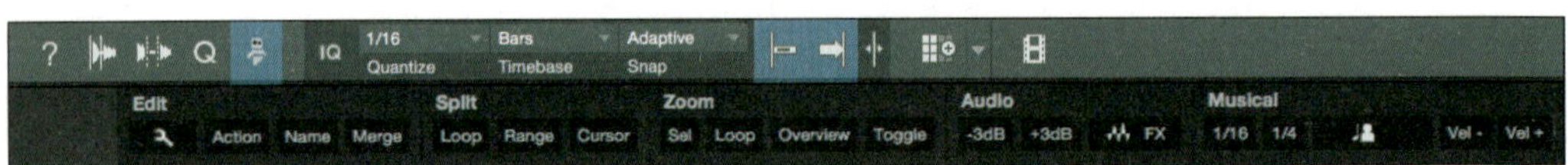

그림 4 - 57  매크로 메뉴

매크로 기능은 한 번 클릭에 조합된 여러 명령이 동시에 적용되는 기능을 제공합니다. 매크로 메뉴에 보면 Edit, Split, Zoom, Audio, Musical이라는 용어가 나옵니다. 이 이름들은 본인이 만들어 쓰고 싶은 명령을 조합하기 전 분류된 카테고리의 이름입니다.

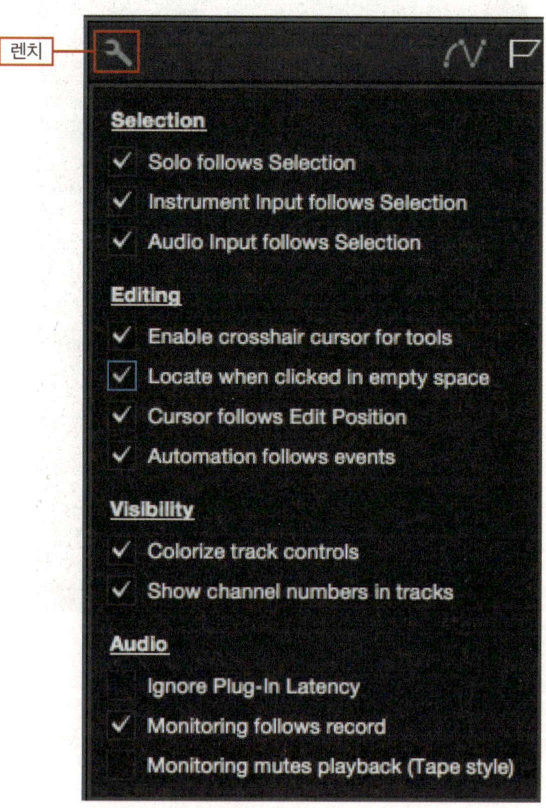


그림 4 - 58  Locate when clicked in empty space

중앙 윈도우의 트랙 칼럼 '렌치' 버튼을 누르면 나오는 설정 중에 Locate when clicked in empty space를 알아봅니다. 로직이나 큐베이스를 특정 마디로 이동을 하려면 상단의 '룰러' 바를 클릭해야 합니다. 반면에 프롤툴스의 경우에는 그냥 작업하던 편집 창의 아무 곳이나 클릭해도 해당 마디로 편집 지점이 바뀝니다. 그런 '프롤툴스'의 기능이 'Locate when clicked in empty space'입니다. 이 설정이 체크되어 있다면 여러분은 상단 룰러 바를 누르지 않고도 중앙 윈도우의 아무 곳이나 클릭하면 그곳에서 재생이 시작됩니다. 필자는 이 기능을 스튜디오 원 3.2까지 매크로 기능을 이용해 만들어 썼었는데 스튜디오 3.3부터는 기본으로 탑재되어 더 이상 필요 없어졌습니다.

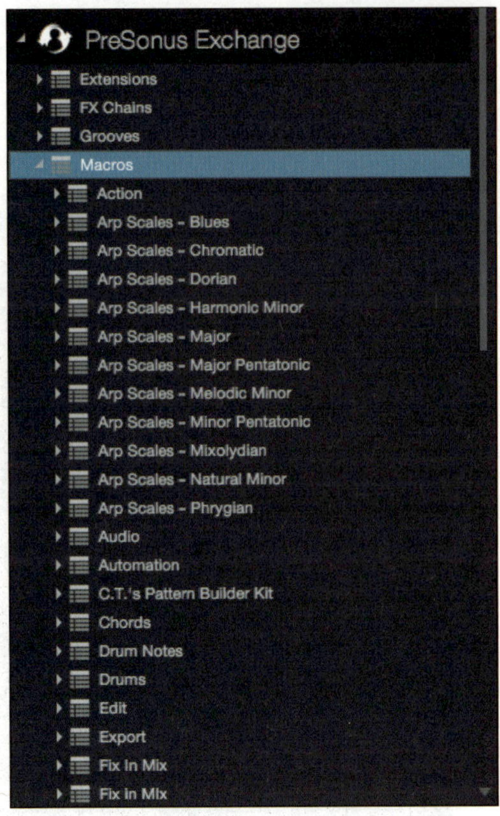



**그림 4 - 59** 익스체인지 안의 매크로

세계의 유저들과 프리소너스사가 제공하는 PreSonus Exchange 안의 Macros(매크로) 메뉴에 있는 각종 매크로는 유저들끼리의 공유입니다. 예를 들어 미디로 입력하기 쉽지 않은 기타의 '아르페지오 입력 매크로'나 각종 '오토메이션 매크로' 등 활용하기에 따라 편리한 기능들이 많습니다. 여러분이 만든 좋은 설정을 올릴 수도 있습니다.

매크로를 이용하면 포토샵의 '같은 동작을 여러 번 해야 할 것을 한 번에 실행'시켜주는 Action 기능도 '스튜디오 원'에서 사용이 가능합니다. 즉 '스튜디오 원'에서 해야 할 같은 동작을 여러 번 하지 않고 한 번의 명령에 모두 적용시킬 수 있습니다. 예를 들어 여러 트랙의 레전 영역을 모두 선택하고 매크로 메뉴의 Split 메뉴 중 Range 명령을 클릭하면 그 레전들이 모두 한 번에 잘립니다. 혹은 Cursor를 선택하기만 하면 커서가 위치한 곳의 여러 트랙들이 한 번에 잘려나갑니다.

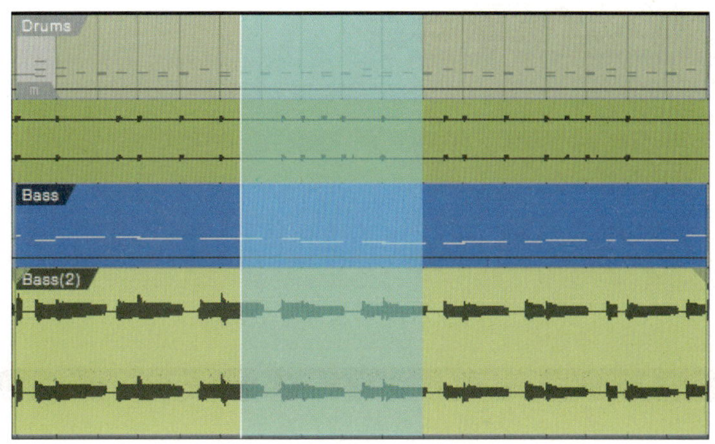

그림 4 - 60　매크로 영역 선택

여러 트랙의 레전들을 부분 선택 합니다. 그리고 Split(분리) 메뉴 중의 Range(영역) 명령을 클릭하면
선택된 여러 트랙들의 영역이 한 번에 잘립니다.

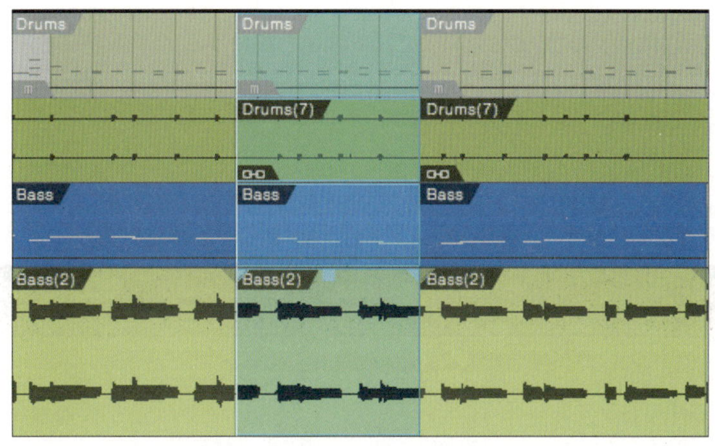

그림 4 - 61　레인지 명령

이외에도 적용 방법은 같지만 다른 기능들이 있는 여러 매크로 메뉴들을 한 번씩 적용해보기 바랍니
다. 주로 Zoom 버튼에 있는 기능들이 편리합니다.

# 〜⋙ 7 트랜스포트 윈도우

스튜디오 원의 아랫부분에 위치한 트랜스포트 윈도우는 재생에 관련한 조절기이며, 작업하는 프로
젝트의 정보를 몇 가지 보여줍니다. 일종의 리모컨 정도로 생각하면 됩니다.

그림 4 - 62   트랜스포트 윈도우 1

트랜스포트 창에서 조절할 수 있는 기능은 다음과 같습니다.

- 재생, 정지, 녹음,되감기, 빨리감기
- 루프 설정
- 펀치 인, 펀치 아웃
- 곡의 템포와 박자 설정

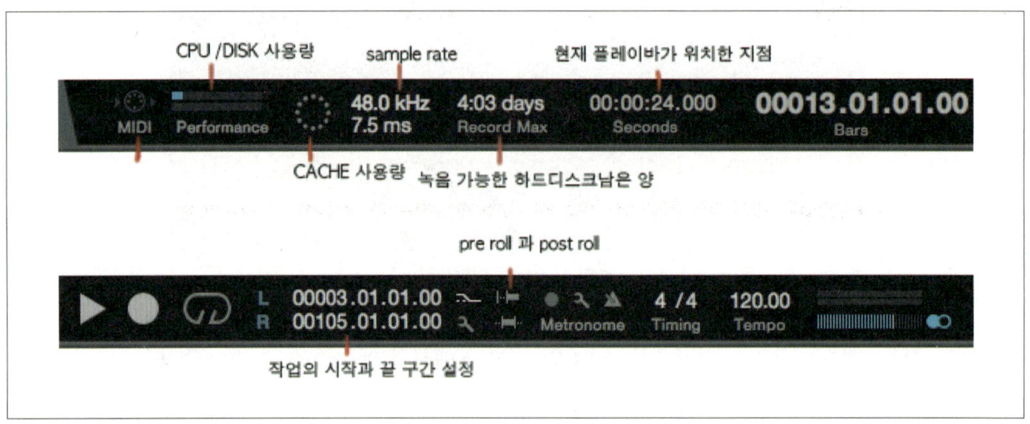


그림 4 - 63   트랜스포트 윈도우 2

트랜스포트 창에서 확인할 수 있는 정보는 다음과 같습니다.

- 이 프로젝트의 샘플레이트
- 하드디스크의 작업 가능 용량
- CPU, DISK 사용량

# 7.1 레코드 패널 설정

그림 4 - 64   레코드 패널

스튜디오 원 3에서의 녹음 단축키는 '프로툴스 숏컷' 기준으로 오른쪽 숫자 패드 중 '3'입니다. 만일 '큐베이스 숏컷'을 사용 중이라면 오른쪽 숫자 패드 중 '*'입니다.

스튜디오 원 레코딩 기본 숏컷은 '/'입니다. 이것은 미디 레코딩이나 오디오 레코딩 모두 같습니다.

필자는 '프로툴스 숏컷'을 사용 중입니다.

### 7.1.1 레코드 모드

위의 그림에서 레코딩에 관한 몇 가지 설정들을 볼 수 있는데 그 중 맨 좌측 Record Mode 설정을 알아보겠습니다. 레코드 패널 모드를 꺼내려면 View 메뉴 중에 Record Panel을 선택합니다.

① Replace : 녹음을 하는 중 먼저 녹음한 레전이 있다면 그것을 지우고 대체하여 새로 녹음합니다.

② Take to Layers : 녹음을 하는 중 먼저 녹음한 것을 지우지 않고 그 위에 새로 녹음하는 횟수(take)를 기록합니다. 녹음하던 트랙 밑으로 레코딩할 때마다 버전별로 겹겹이 layer 트랙이 새로 생깁니다. 이 설정을 하면 녹음할 때마다 자동으로 레이어 트랙이 생성됩니다. 만일 이 설정이 꺼져 있는데 임시로 사용하고 싶다면 각 트랙 하단의 '레이어 설정' 버튼을 눌러 레이어 트랙을 임의로 하나씩 생성하면 됩니다.

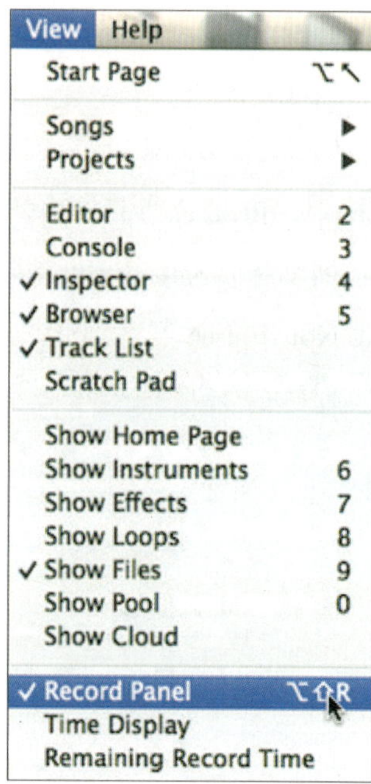

그림 4 - 65   레코드 모드

③ Input Quantize : 미디 레코딩을 하는 중 설정한 퀸타이즈 기준 음표에 맞추어 정박에 맞게 녹음
합니다.

위의 3가지 설정은 다중 선택이 가능합니다. 예를 들면 Replace와 Input Quantize를 동시에 설정할
수 있습니다.

## 1) Instrument Loop Record

① Record Takes : 루프하면서 녹음이 반복될 때 그 여러 시도 횟수(takes)가 저장됩니다. 녹음이
끝난 후 녹음한 레전에 마우스 오른쪽 버튼 클릭 후 나오는 메뉴 중에 unpack track을 클릭하면
takes를 다 볼 수 있습니다.
② Record Mix : 먼저 녹음된 파일을 지우지 않고 덧씌우면서 녹음합니다. 레이어가 생기는 것이 아
니라 녹음한 트랙 위에 계속 이어서 녹음할 수 있습니다. 예를 들어 드럼을 미디 녹음할 때 킥을
녹음한 후 그 위에 스네어와 하이햇을 녹음할 수 있습니다.

Instrument Loop Record의 버튼도 다중으로 선택해서 사용이 가능합니다.

## Instrument Recording Tools

① Undo Last Loop : 루프 레코딩 시 마지막 레코딩한 take가 마음에 안 들면 바로 직전으로 되돌립
니다.
② Undo All Loops : 루프 레코딩 시 모두 마음에 안 들면 레코딩 직전으로 되돌립니다.
③ Note Repeat : 누르기만 하면 원하는 음정이 자동으로 반복되며 녹음됩니다. 다만 퀸타이즈 설정
에 있는 Length quantize의 음정 길이 설정에 따라 녹음되는 점에 주의해야 합니다.
④ Note Erase : 루프 레코딩 시 잘못 입력된 음정이 생겼을 때 이 버튼을 누르면 자동으로 반복되지
않는 음정을 지웁니다.

## 7.2 펀치 인 펀치 아웃

'펀치 인 펀치 아웃'은 녹음 중에 딱 어느 구간만 녹음을 '치고 빠지게' 받는 것입니다. 예를 들어 '학교 종이 땡땡땡 어서 모이자'를 녹음한다고 가정하면 그 중 '어서'만 녹음을 다시 한다거나 심지어 더 짧은 '어'나 '서'만 녹음하는 것도 가능합니다.

예전 아날로그 녹음 시절엔 이 '펀치 인 펀치 아웃'이 아주 중요해서 주로 베테랑 작업자들이 하는 일이었습니다. 지금처럼 컴퓨터 상에서 녹음을 받는 시대에는 그 구간 즉 '서'만 설정해놓고 정확히 '치고 빠지게' 녹음할 수 있습니다. '치고' 까지를 'pre roll', '빠지고' 나서 얼마만큼 더 가는 구간을 'post roll'이라고 합니다.

요새처럼 컴퓨터에 녹음하는 시대가 되고부터는 사실상 사용 가능한 트랙 수 제한이 없다보니 '어서'를 녹음받기 위해 펀치 인 · 아웃 설정을 안 하고 바로 밑에 새 트랙을 만들어서 '어서'를 녹음하고 이동해서 붙이는 방식이 더 흔해지긴 했습니다. 따라서 요즘엔 펀치 인 · 아웃의 장점이 많이 사라졌지만 10개 이상의 마이크와 트랙을 사용하는 드럼 녹음의 경우 펀치 인 · 아웃 기능이 빛을 발합니다.

우선 우측 윈도우에서 오디오 루프 샘플을 하나 가져와 보겠습니다. 스튜디오 원의 우측 윈도우 중 Loops 탭 중에 Hiphop의 PreSonus 안에 있는 루프를 쓰겠습니다. 물론 각자 임의대로 선택해도 됩니다. 필자는 094_Comeup_Drum_mixaudio 루프를 골랐습니다.

그리고 중앙 윈도우로 드래그 앤드 드롭합니다.
이 상태에서 레전의 시작(L)과 끝(R) 그 구간을 선택하는 단축

**그림 4 - 66** 루프 선택

키인 'P'를 누릅니다. 그러면 룰러 바에 레전의 왼쪽 끝인 L과 오른쪽 끝인 R의 구간이 지정된 것이 나타나며 그 구간만큼은 필터를 낀 것처럼 색깔이 약간 흐려집니다.

이 상태에서 3마디 2번째 박자를 잘라서 지웁니다. 위에 설명한 대로 툴 메뉴에서 칼을 선택하고 자

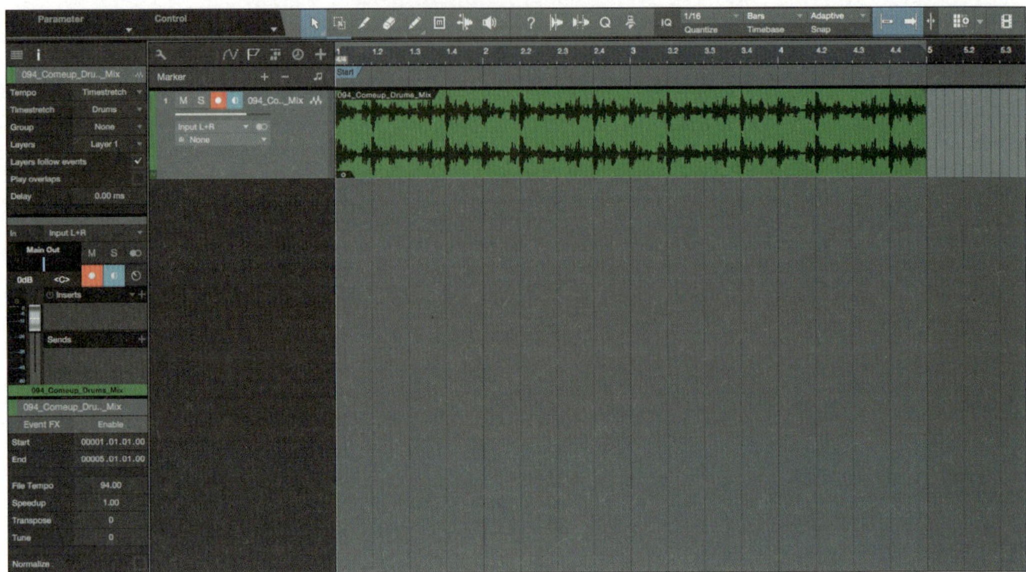

**그림 4 - 67**  P를 눌러 구간 선택

르면 됩니다(칼을 선택하는 단축키는 F3입니다).

그리고 L과 R을 마우스를 이용해  위의 그림처럼 잘린 구간만큼 지정해 줍니다.

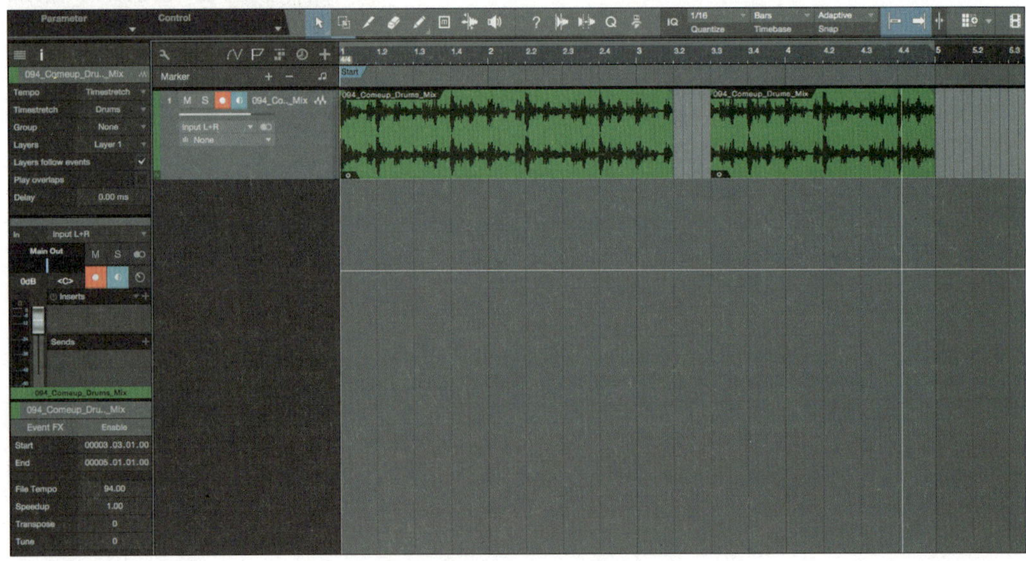

**그림 4 - 68**  자른 모습

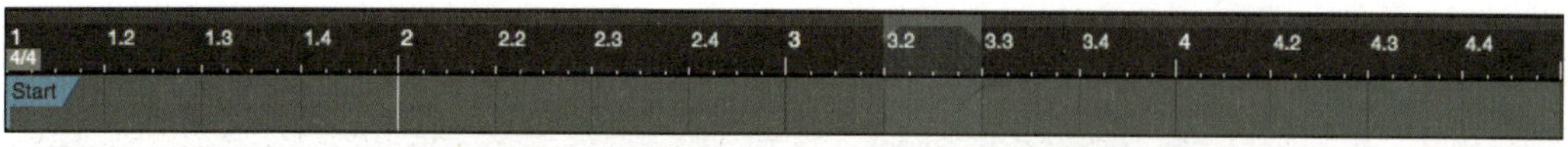

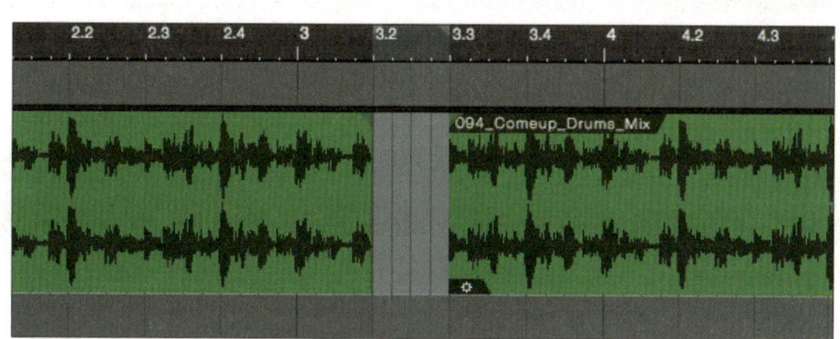

**그림 4 - 69**  3번째 마디 2번째 박자 구간 설정 '룰러' 바

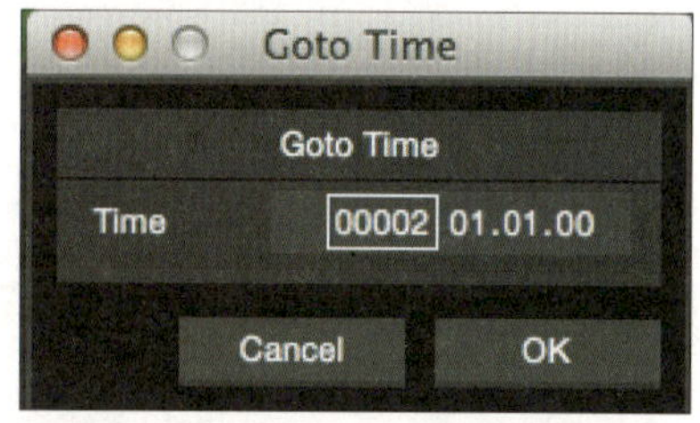


**그림 4 - 70**  잘린 부분 구간 설정

이젠 아래 윈도우에 위치한 트랜스포트 바에 있는 압정 모양의 Auto punch가 빨간 불이 켜지도록 클릭합니다(숏컷은 매킨토시는 'Shift+Command+P' 키, 윈도우즈는 'Shift+Alt+P' 키입니다).

레코딩 버튼을 누릅니다. '프로툴스 숏컷'을 사용할 경우 레코딩 버튼은 우측 숫자 키패드 중 3을 누릅니다. 그럼 펀치 구간만 녹음이 되는 걸 확인할 수 있습니다.

① 만약 두 번째 마디부터 듣다가 펀치 인이 되는 것을 하고 싶다면 키보드에서 우측 넘버 키패드 중 '*'을 클릭합니다.

② 두 번째 마디를 의미하는 숫자 2를 누르고 엔터 키를 누릅니다.

③ 그러면 원하는 마디로 가는 마디 입력 다이얼로그인 'Goto 메뉴'가 뜹니다. 녹음 버튼을 누릅니다.

④ 펀치 레코딩이 된 모습을 확인할 수 있습니다.

※ Goto 메뉴로 마디를 지정해 가지 않고 마우스를 눌러서 지정하고 싶은 마디로 가도 됩니다.

**그림 4 - 71**  Goto 메뉴

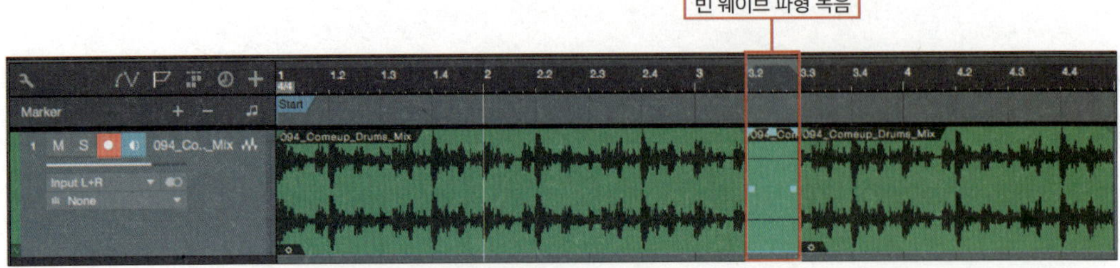


**그림 4 - 72** 펀치 레코딩

이번 예제에선 아무 녹음을 하지 않았으니 저렇게 빈 웨이브 파형이 녹음됩니다. 밑의 트랙에 녹음을 받아서 위의 빈 구간에 넣어도 되지만 펀치 녹음을 하게 되면 다른 트랙을 만들지 않고 한 트랙 안에서 작업을 할 수 있기에 깔끔합니다.

현재의 '펀치 인 · 아웃' 녹음이 요긴하게 쓰일 상황은 한 트랙 정도 받을 때 보다는 드럼 녹음 등을 해야 해서 많은 트랙을 동시에 레코딩받아야 할 때입니다. 여분의 트랙을 만든다 하더라도 드럼 녹음의 경우 10 트랙 이상을 받게 되면 여분의 트랙 또한 10개 이상을 만들어야 하니 두 배인 20개 이상의 트랙을 사용해서 작업을 해야 하므로 아주 번거롭습니다. 그럴 때 '펀치 인 · 아웃'을 사용해서 녹음받던 트랙을 사용하면 아주 편리합니다.

또한 펀치 인 · 아웃 작업은 MIDI 악기를 입력할 때도 사용할 수 있는데, Layer 입력과 Punch 입력 중 어느 것이 편할지는 여러분의 건반 실력에 달려있습니다.

작업하다 보면 여러 트랙이 중앙 윈도우에 걸리게 될 때 폭을 작게 해서 여러 트랙을 보고 싶기도 하고 폭을 넓혀 보고 싶기도 합니다. 그럴 때 중앙 윈도우 좌측 하단에 수동으로 슬라이드 조절 바를 움직일 수도 있고 기본 설정이 있는 여러 개의 폭으로 조절할 수 있기도 합니다.

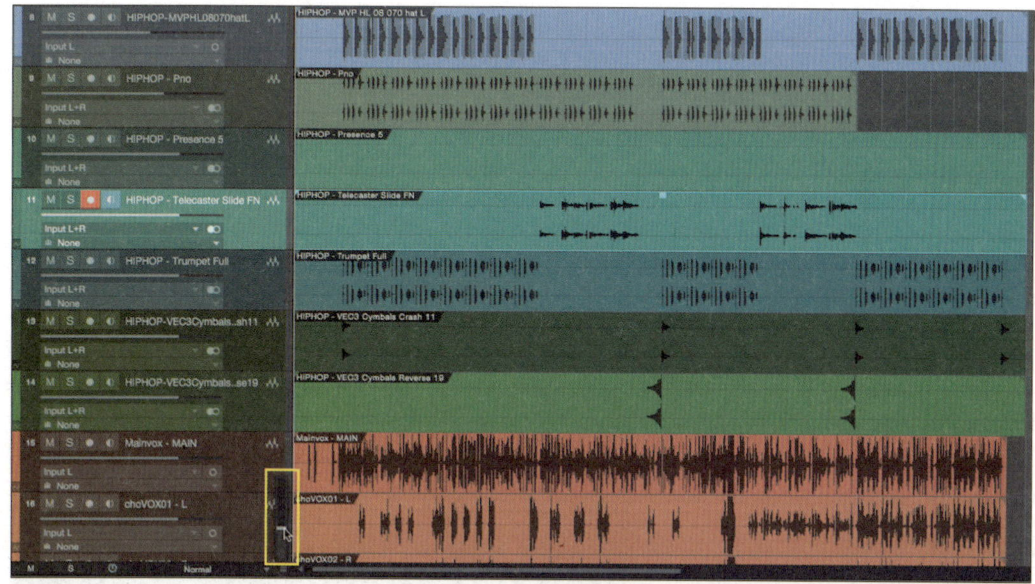

**그림 4 - 73**  수동 크기 조절

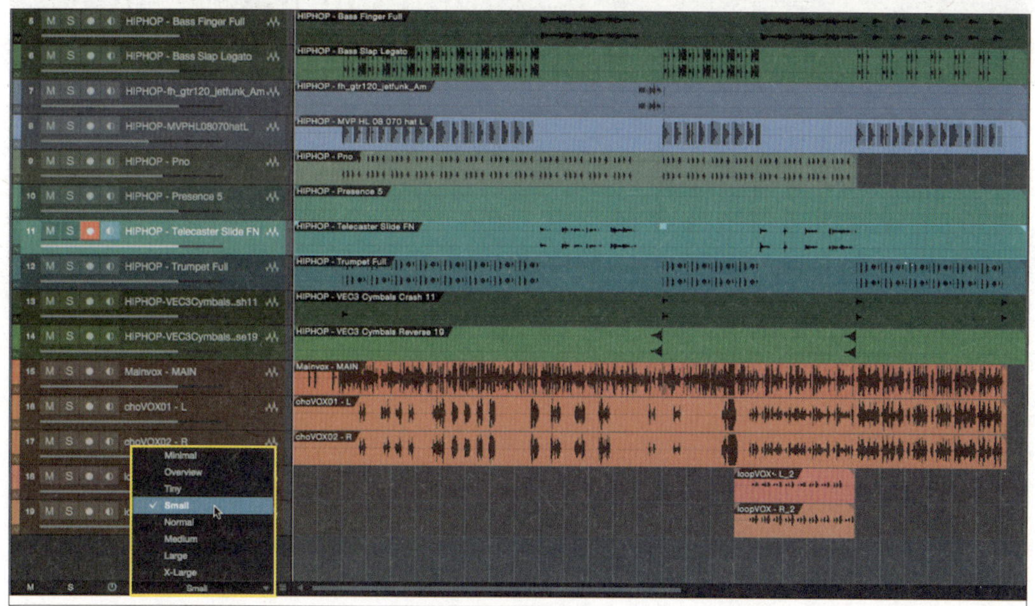

**그림 4 - 74**  세팅 값 조절

# ᴡᴡᴡ 8 스튜디오 원 3 콘솔

콘솔은 믹싱 콘솔(mixing console), 믹서(mixer)라고 합니다.

여러 개의 오디오 시그널이 들어오는 기기이며 마이크 인풋의 소리가 있다면 그 소리를 키워주고 그

것들을 모아서 특정한 출력으로 보내거나 그 음색, 레벨들을 조절할 수 있는 기기를 말합니다.

가장 중요한 기능은 '여러 입력 신호'를 한 곳에 모아준다는 점입니다.

## 8.1 콘솔 전체 보기

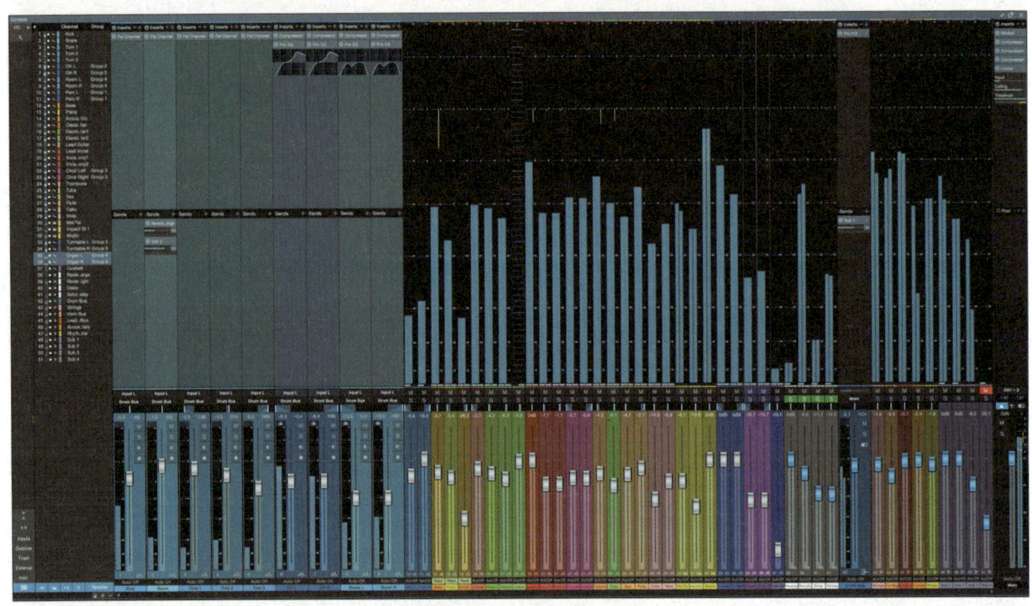

**그림 4 - 75**  콘솔 전체 화면

콘솔(console) 윈도우는 아날로그 콘솔을 DAW로 옮겨 놓은 형태이기에 실제 콘솔을 어느 정도 사용

했거나 알고 있으면 사용이 쉽지만, 그렇지 않은 음악 · 미디 초보자들의 경우 어려워하는 윈도우입

니다. 또한 콘솔을 사용할 줄 알더라도 실제로 만지는 콘솔과 DAW상의 콘솔은 아무래도 약간 다른

느낌이라 처음에는 어색합니다.

콘솔 윈도우를 보는 것에 적응을 못 하면 대부분 앞서 배운 '좌측 윈도우'에 위치한 트랙별 '인스펙터 윈

도우'상에서 믹서의 일부분을 사용하게 되고 그것에 익숙해지면 더더욱 이 전체 콘솔 윈도우를 꺼내 보지 않게 됩니다. 그렇게 되면 전체 트랙을 한눈에 보지 못하고 트랙별로 각각 따로 보게 되므로 다른 트랙과 비교하며 체크하기 힘들고, 전체 믹싱이 어려워지니 인스펙터 윈도우만 보고 믹싱을 한다면 나무는 보되 숲을 보지 못하는 믹싱을 하게 될 확률이 높습니다.

여러분들도 기회가 되면 실제 작은 아날로그 콘솔이라도 꼭 사용해 보는 것을 추천합니다.

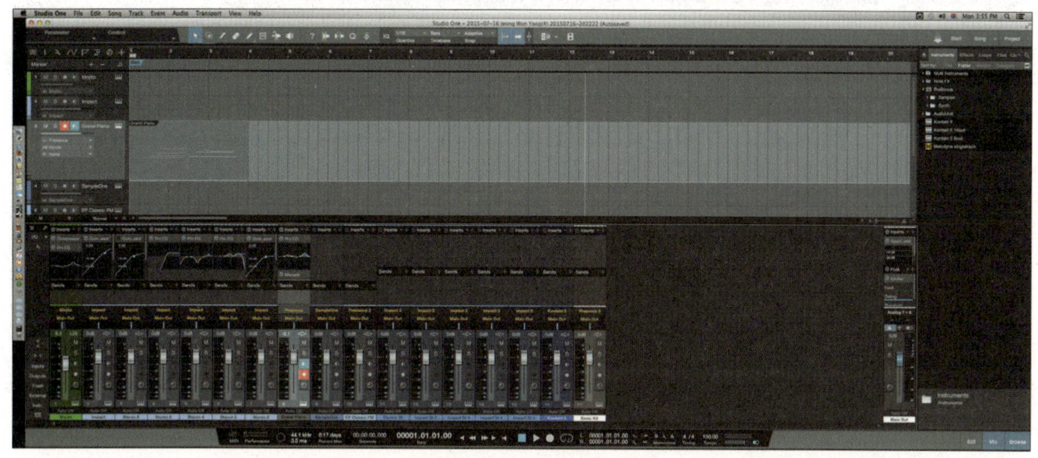

**그림 4 - 76** 작은 믹서

콘솔 윈도우를 나오게 하는 숏컷은 여러분 컴퓨터 키보드의 위쪽 숫자 키패드 중 3입니다. 콘솔이 나타나면 하단에 여러 트랙이 최소한의 메뉴와 표시로 구성됩니다. 하단에 위치한 이 콘솔은 밖으로 꺼낼 수 있습니다. 믹서 창 왼쪽 상단의 화살표 모양의 확대 아이콘을 클릭하면 전체 구성 창에서 콘솔이 밖으로 튀어나오게 됩니다.

작게 나오는 콘솔치고 '스튜디오 원 3'의 콘솔은 대부분의 정보를 파악하기가 쉬운 편이라 쓸만합니다. 다른 시퀀서 등에도 콘솔을 작게 볼 수 있는 기능이 있기는 하지만 스튜디오 원 3의 작은 콘솔보다 많은 정보를 포함하지 못하며 다소 제한적이라 작업하기에 편하지 않습니다.

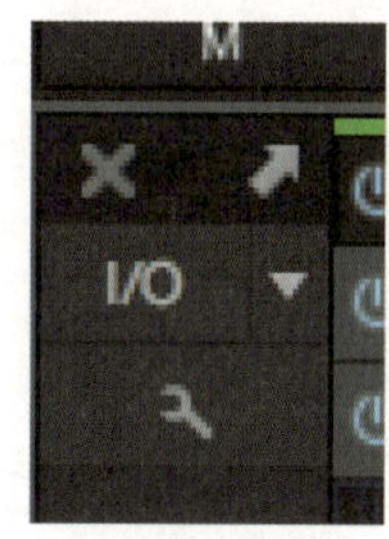

**그림 4 - 77** 믹서 확대 아이콘

**그림 4 - 78** 큰 믹서

화살표 버튼을 눌러 메인 윈도우 아래에 지정돼있던 콘솔을 꺼낸 후 확대 아이콘을 클릭하면 위의 그림처럼 한 화면을 가득 채운 콘솔을 볼 수 있습니다. 스튜디오 원의 콘솔 모습은 작게 보기와 크게 보기 외에도 크게 본 상태에서 레벨 미터 위주로 보기, 트랙 리스트와 정보 위주로 보기, 인서트 된 플러그인과 이퀄라이저 파악하기, 쉽게 보기 등 여러 형태로 바뀝니다. 위 그림은 '인서트 된 플러그인 이퀄라이저 파악'이 쉽게 된 모습입니다.

중앙 윈도우상에서 사운드나 미디의 편집을 완벽히 끝낸 뒤에 이 콘솔만 띄워 놓고 믹싱하면 마치 예전 아날로그 시절의 콘솔 앞에서 믹싱하는 느낌도 받습니다.

## 8.2 콘솔의 버튼 설정

**그림 4 - 79** 콘솔 좌측 상단 IO

DAW 상에서 'I/O'는 글자 그대로 모든 시그널의 인풋과 아웃풋, 즉 입·출력을 관장합니다. 쉽게 말해 스튜디오 원에서 들어오고 나가는 모든 시그널의 입구(input, 시작)와 출구(output, 끝)를 말합니다. 또한 여러분의 오디오 인터페이스에서의 입·출력 사양을 뜻하기도 합니다. 시그널의 시작을 의미하는 '녹음'을 하기 위한 설정이기에 가장 먼저 들여다봐야 하는 곳입니다.

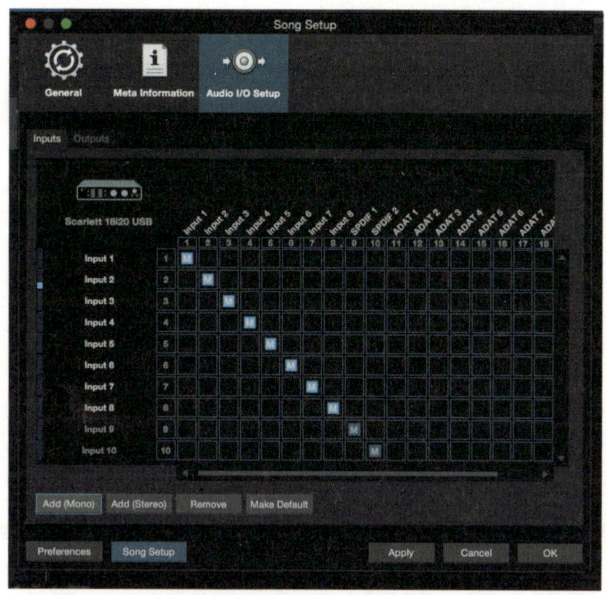

**그림 4 - 80**  Audio I/O Setup

I/O 버튼을 클릭하면 Audio I/O Setup 창이 나타나며 앞서 언급했듯 여러분들이 가지고 있는 오디오 인터페이스의 사양을 보여줍니다. 위 그림은 포커스 라이트 사의 스칼렛이라는 '오디오 인터페이스' I/O 사양으로 그림 상에서는 INPUT 탭이 눌러진 상태이고 인풋 설정을 하는 중입니다. 아직 오디오 인터페이스가 없다면 컴퓨터의 기본 사운드 카드가 보이게 됩니다. 보통 기본 사운드 카드는 '스테레오 인풋 하나'와 '스테레오 아웃풋 하나'로 구성된 2 IN 2 OUT입니다.

I/O 버튼 옆 삼각형 모양 부메뉴를 누르면 필요한 만큼 스튜디오 원 3 콘솔에서 가상의 Bus / FX 채널(Bus 아웃, FX 아웃)을 늘릴 수 있습니다. 실제 콘솔이라면 버스 아웃 등의 개수는 콘솔을 살 때 이미 그 제품의 사양으로 정해져 있기 때문에 가상이라고 말합니다. 따라서 아날로그 콘솔에서 많은 버스 아웃이 필요하면

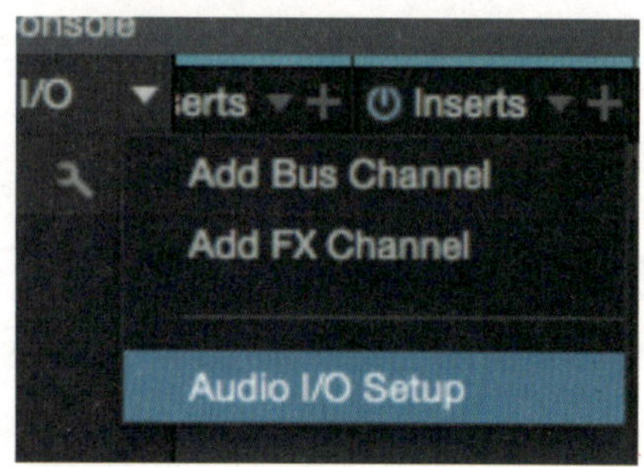

**그림 4 - 81**  I/O의 부메뉴

처음부터 버스 아웃이 많은 콘솔을 사야 합니다. DAW에서는 그런 제한이 없습니다.

맨 아래 I/O 셋업을 누르면 I/O 버튼을 클릭했을 때와 같이 '오디오 인터페이스' 설정 창이 나타납니다.

## 8.3 콘솔 보기 설정

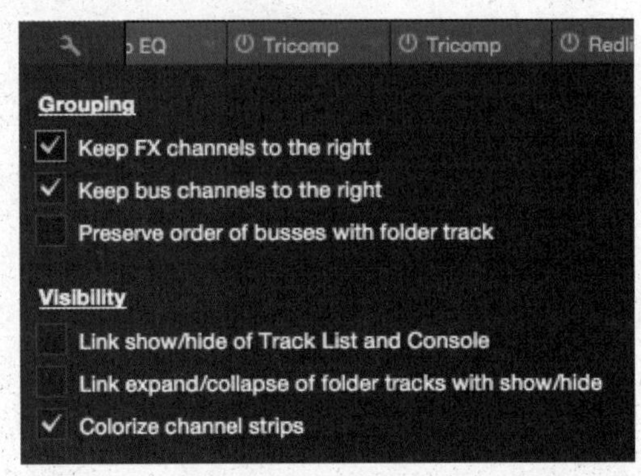


**그림 4 - 82**  콘솔 보기 설정

렌치 모양의 버튼을 누르면 콘솔을 설정하는 기능들이 나옵니다. 메뉴별로 살펴보면 다음과 같습니다.


### 1) Grouping

① Keep FX channels to the right : FX 채널들은 모두 맨 우측에 고정

② Keep bus channel to the right : bus 채널들은 모두 맨 우측에 고정

③ Preserve order of busses with folder track : 폴더 트랙과 bus 채널들의 정렬순서를 보존


### 2) Visibility

① Link show/hide of Track List and Console : 트랙 리스트와 콘솔의 숨기기/보이기 연동

② Link expand/collapse of folder tracks with show/hide : 폴더 트랙들의 확장/흐트러짐과 숨기기/
보이기 연동

③ Colorize channel strips : 채널 스트립에 색상 넣기


부메뉴 내용은 스튜디오 원 3의 콘솔 사용을 사용자가 좀 더 편하게 쓰도록 배려하는 기능들입니다.

예를 들어 Keep FX channels to the right가 켜져 있으면 무슨 일이 있어도 콘솔의 맨 우측에는 항상

FX channels이 위치합니다. 이렇게 지정해 놓는 게 트랙이 늘어났을 때 작업하기에 편리합니다.

부메뉴를 요약해보면 Grouping은 한쪽에 모아서 볼 것인지, 트랙과 채널 수가 늘어나도 이 정렬을 유지할 것인지의 여부이며 Visibility는 콘솔 창과 트랙 리스트를 연동해서 볼지, 콘솔 윈도우에서 폴더 트랙을 어떤 형태와 색깔로 볼 것인지입니다.

## 8.4 버스 정렬 옵션

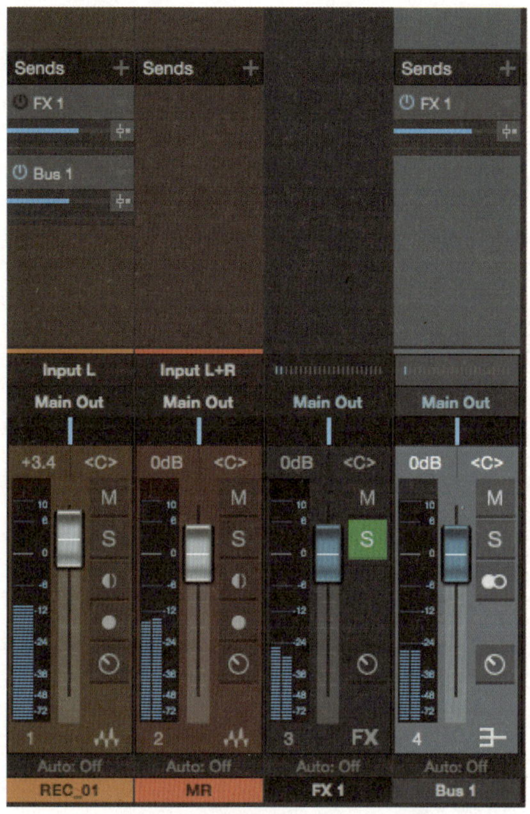


**그림 4 - 83** 버스 정렬

위 그림에서 우측 두 채널은 FX 채널과 BUS 채널입니다. 뒤에 나올 믹싱 챕터에서 다시 언급하겠지만 오디오 시그널에 이펙트를 주는 방법은 크게 두 가지가 있습니다.

하나는 Insert이며 다른 하나는 FX 채널을 이용하는 Send/Return입니다. 단, Send/Return 방식은 공간계(혹은 시간계) 이펙터들만 가능합니다(공간계 이펙터는 울림이 있어서 공간감이 느껴지는 이펙터들을 말합니다).

공간계 이펙트 외에 다이내믹계 이펙트가 있는데, 다이내믹계 이펙트는 소리의 질감에 관여합니다. 예를 들어 전화기 목소리를 만든다거나, 소리의 볼륨을 압축해서 키운다거나 제거하는 것들을 말합니다. 공간계 이펙트는 인서트(Insert)로도 FX 채널(Send/Return)로도 사용할 수 있지만 다이내믹계 이펙트는 인서트(Insert)일 때만 가능합니다. Insert는 '직렬', FX 채널은 '병렬'로 이펙터를 사용하는 방식입니다.

위 그림에서 알 수 있는 것은 'FX 채널을 만들었고 그 채널 윗부분에는 이펙트가 인서트로 걸려 있을 것이며 BUS 채널로 모인 여러 시그널들이 그 이펙트들을 쓰기 위해 FX 채널로 Sends 되었겠구나'입니다.

## 8.5 콘솔의 좌측 하단

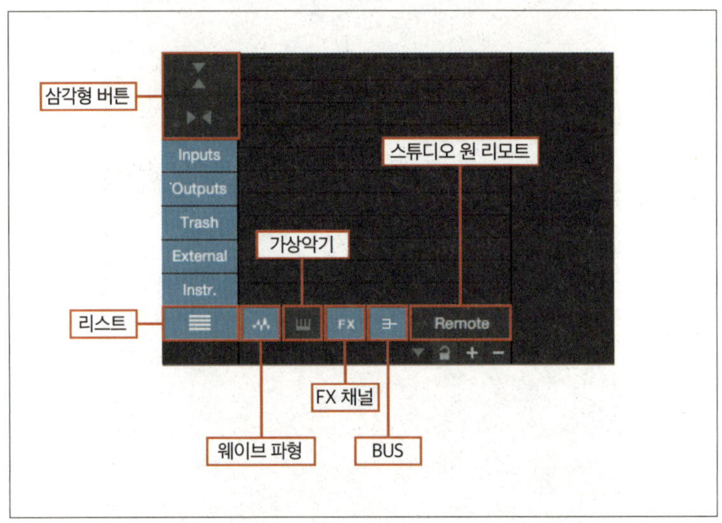


**그림 4 - 84** 콘솔의 좌측 하단

콘솔의 좌측 하단은 콘솔에 표시 혹은 안 보이게 할 각종 옵션들을 설정하는 on/off 버튼들입니다.

① 삼각형 버튼 : 콘솔 형태를 다르게 보기(가로, 세로)

② Inputs : 입력 시그널의 gain(게인) 레벨을 봅니다.

③ Outputs : 출력 시그널의 출력 레벨을 봅니다.

④ Trash : 휴지통에 버릴 수 있습니다.

⑤ External : 외장 악기나 이펙터들을 사용할 때 봅니다.

⑥ Instr : 가상 악기들의 레벨 미터를 나타내거나 가리거나 합니다.

⑦ 채널 리스트 : 선택하면 현재 콘솔에 올라와 있는 모든 채널의 리스트를 보여줍니다.

⑧ Tracks 웨이브 파형 : 콘솔상에서 오디오 트랙을 봅니다.

⑨ Instruments 가상 악기 : 콘솔상에서 가상 악기 트랙을 봅니다.

⑩ FX 채널 : 콘솔상에서 FX 채널을 볼 것인지 안 볼 것인지를 결정합니다.

⑪ BUS : 콘솔상에서 버스 채널을 볼 것인지 안 볼 것인지를 결정합니다.

⑫ 스튜디오 원 리모트 : iOS용 '스튜디오 원 리모트' 앱에서 작동되는 옵션. FX와 BUS 채널은 반드시 ADD FX, ADD BUS로 만들어진 후에 활성화할 수 있습니다.


## 8.6 콘솔 확장 보기

**그림 4 - 85** 콘솔 확장 보기

위 그림처럼 확장 콘솔은 믹싱 시 각 시그널들의 레벨 미터를 충실히 보고 페이더를 정밀하게 움직일 때 필요합니다. 이렇게 레벨 미터를 중요하게 보아야 할 때는 주로 다음과 같습니다.

① 적정 인풋 레벨로 받기 위해 녹음 중인 시그널 레벨을 확인

② 페이더만을 이용해 여러 시그널들의 본격 믹스 전 '가믹스'를 해볼 때

③ 시그널별 이펙팅이 완성된 후 마무리 믹싱 혹은 마스터링 시 아웃풋 레벨 체크를 해야 할 때

스튜디오 원 3에 익숙해지고 앞으로 본격적인 믹싱을 시작할 때는 작은 콘솔 모양으로 보기보다는 크게 해놓고 보는 일이 많아질 것이라 예상합니다.


## 8.7 콘솔 보기 옵션

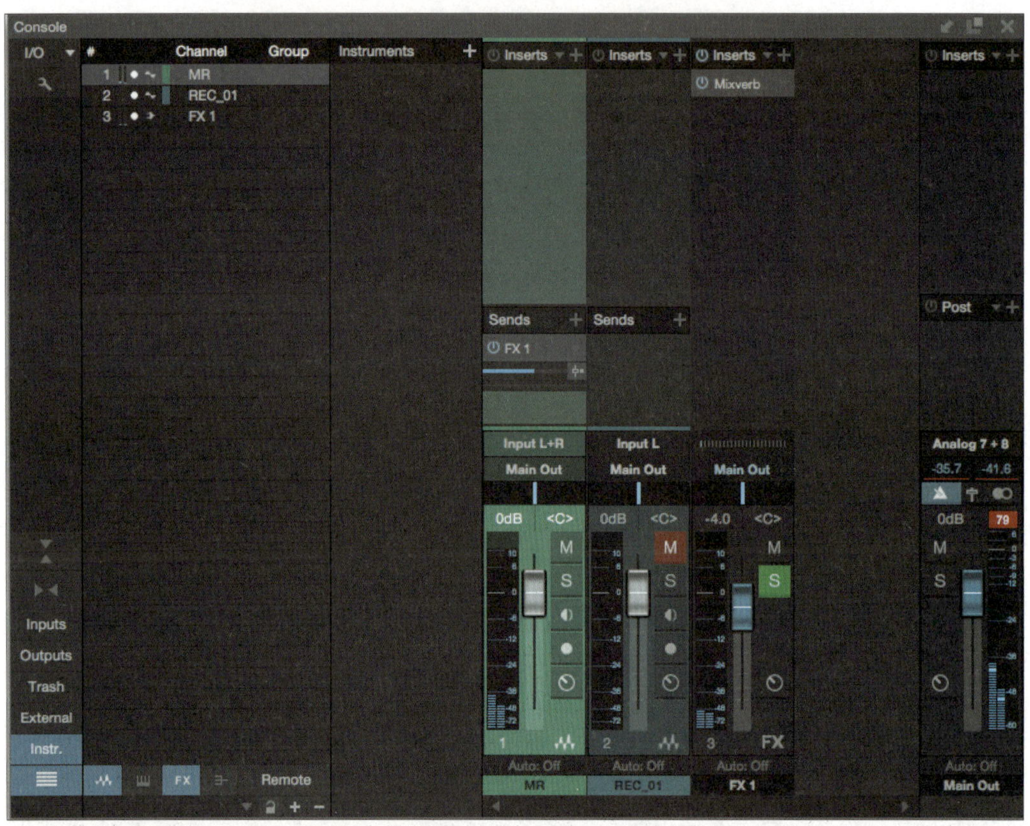

그림 4 - 86 콘솔 보기 옵션

콘솔 보기 옵션을 쓰는 이유는 걸려 있는 여러 트랙이나 플러그인, FX와 BUS 채널들의 사용을 좀 더 잘 보기 위해서입니다. 트랙이 일정 수준 이상 늘어나면 모니터에 모두 표시되지 않을 수도 있기 에 콘솔을 좌우로 왔다 갔다 해야 하는데, 이러면 귀찮기도 하고 헷갈릴 염려가 있습니다. 헷갈리지

않기 위해서 트랙별로 색도 다르게 지정도 하고 비슷한 류의 악기들끼리 모아 놓기도 하지만 그럼에도 불구하고 많이 늘어난 트랙은 한 번에 구별하기 어렵습니다.

곡에 따라 다르겠지만 믹싱을 할 때 오디오 트랙만 50트랙 이상이 되는 경우는 흔한 편이고 거기에 FX, BUS 채널이 생기면 더 많아집니다. 때문에 좌측에 각 트랙들의 정보가 리스트로 정리되어 있으면 정말 편리합니다. 트랙들의 이름은 물론이고 미디트랙인지 오디오 트랙인지 FX 채널인지 등을 횡이 아닌 종으로 파악할 수 있기 때문입니다. 트랙 정리를 하고 이펙팅을 하면서 본격 믹싱 중에 이렇게 보는 콘솔 모양이 더 편하게 보일 겁니다.

## 8.8 페이더(Fader) 윗부분

콘솔은 언뜻 보면 복잡하게 생겼지만, 가만히 살펴보면 같은 모양의 트랙들이 주르륵 나열된 것일 뿐입니다. 그리고 그 용도도 소리를 섞기 위해 시그널을 한 군데로 모은 '사운드 시그널의 집합소' 같은 곳입니다. 소리를 줄였다 키웠다 하는 페이더는 다 똑같아 보이는데, 그 위쪽은 조금씩 달라 보이기도 합니다. 이는 인서트 된 플러그인들의 종류가 다르거나 FX 채널 혹은 BUS 채널이어서 그런 것이지 사실 페이더의 윗부분까지 동일합니다. 실제 아날로그 콘솔도 마찬가지입니다.

페이더 윗부분의 시그널 체인(소리의 경로)을 음향 용어로는 '채널 스트립(Channel Strip)'이라고 합니다. 정확히는 마이크 프리앰프, 컴프레서, 이퀄라이저를 거치는 조합을 채널 스트립이라고 하는데, 음원 소스 즉 시그널이 들어와서 볼륨을 컨트롤하는 페이더에 이르기까지 소리가 거쳐야 하는 경로라고 생각하면 됩니다. 실제 아날로그 콘솔에서도 동일합니다. 위의 그림에 보듯이 인서트(Insert)에서는 이펙터를 단어 그대로 '삽입'합니다. Insert 옆의 +를 누르면

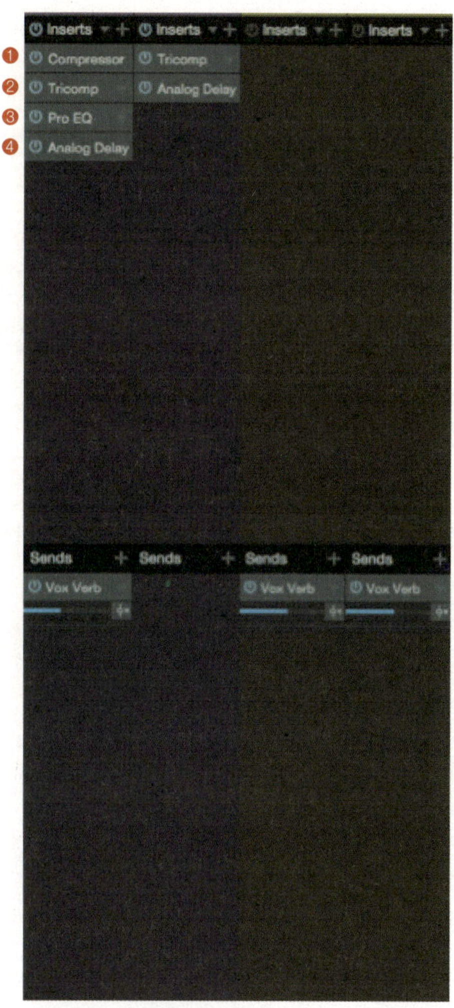

그림 4 - 87 인서트 이펙트

인서트 할 이펙터들을 고를 수가 있고 여기서 원하는 이펙트를 선택하면 됩니다. 혹은 '우측' 브라우저에서 Effecct를 드래그 앤드 드롭해도 됩니다. 이제 콘솔의 위에서부터 아래로 내려오겠습니다.

## 8.9 인서트(Insert) 이펙트

각각의 트랙에 현재 스튜디오 원 3에 설치된 모든 사운드에 관한 이펙터를 사용자가 원하는 대로 세로로(직렬) 차곡차곡 걸 수가 있습니다. 물론 그 순서도 사용자 마음입니다. 앞선 그림에서 보면 좌측 끝 트랙은 1. Compressor 2. Tricomp 3. Pro EQ 4. Analog Delay 순서로 인서트되어 걸려 있습니다. 특정 효과를 주기 위한 플러그인의 인서트 순서도 중요한데, 특별한 효과나 목적을 위해서가 아니라면 이렇듯 다이내믹 계열의 이펙터를 직렬로 건 후 공간계 이펙터를 거는 편이 일반적입니다. 1, 2, 3은 다이내믹계 이펙트이며 4번 Analog Delay만 공간계 이펙트입니다. 인서트(insert)는 직렬로 거는 방식이란 것을 반드시 기억하셔야 합니다.

## 8.10 4Band EQ

스튜디오 원 3에는 Pro EQ라는 기본 이퀄라이저가 내장되어 있습니다. 이퀄라이저를 보는 방법도 knob 형태, 그래프, 슬라이드 바 등으로 비주얼을 바꾸어서 볼 수가 있습니다. 음향에 관한 초보자일수록 그래프로 보기를 추천합니다.

XY 그래프의 X 축에 해당하는 가로축은 사람이 들을 수 있는 '가청주파수 대역'을 나타냅니다(인간의 가청주파수 대역은 20~20,000Hz입니다).

가청주파수 대역 중 특정 대역만을 부각시키거나 혹은 깎아서 줄여버리거나 하여 시그널의 톤과 질감을 조절하는 것을 '이큐잉'이라고 하고 특정 대역대를 과도하게 깎아 아예 컷팅해버리는 것을 '필터링'이라고 부릅니다.

Band는 Band Width(밴드 위쓰)의 약어이며, Band Width는 '구역, 대역' 정도로 번역할 수 있습니다. 4Band EQ는 우리가 들을 수 있는 가청 주파수 대역을 크게 네 구역으로 나눈 것을 뜻합니다. 나누는 구간에 따라 3 BAND, 7 BAND, 32 BAND 등 더 많이 존재하는데, 세분화될수록 믹싱 경험이 부족한 사람에게는 더 까다롭습니다.

참고로, 내장된 이퀄라이저를 이용해 전화기 목소리를 이퀄라이저로 만들어 보기를 추천합니다.

이렇게 적용되는 필터를 하이패스 필터(Highpass Filter), 로우패스 필터(Lowpass Filter), 노치 필터(Notch Filter)로 용도에 따라 구별하여 부릅니다.

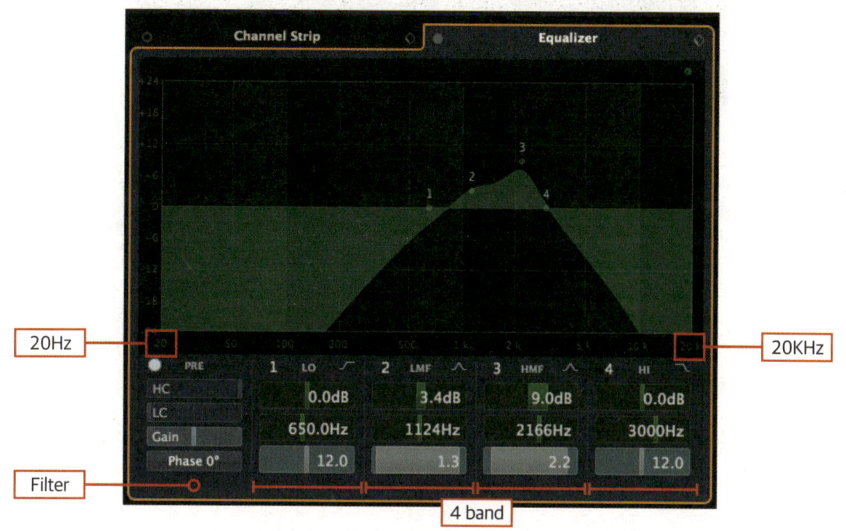


**그림 4 - 88** 전화 목소리 이퀄라이저 사진(큐베이스)

위의 그림은 전화 목소리를 만들 때의 이퀄라이저 세팅입니다. 큐베이스상의 그림이지만 주파수 대역 설정값은 어느 프로그램에서나 같습니다. 로우컷, 하이컷이 된 상태에서 2kHz 대역을 6dB 정도 키웠음을 볼 수 있습니다.

# 8.11 Sends

보낸다는 의미의 'Sends'는 해당 채널 스트립을 타고 볼륨 페이더 쪽으로 직렬로 내려오던 시그널을 '다른 원하는 곳'으로 원하는 양만큼 보내주는 기능이며, '다른 원하는 곳'은 본인이 걸고 싶은 효과가 인서트 되어 있는 FX 채널입니다.

FX 채널로 보내진 시그널은 그곳에 인서트 된 이펙터가 걸린 채로 마스터 페이더로(혹은 설정에 따라 버스 채널로) 보내집니다(이것은 병렬 방식입니다). 믹서는 기본적으로 해당 트랙마다 채널 스트립을 따라 내려오는 시그널이 콘솔의 마스터 페이더 트랙으로 최종 출력되는 방식입니다. Sends는 그걸 잠시 FX 채널로 틀었다가 다시 원래 채널(마스터 채널)과 함께 나오도록 하는 것입니다. 직렬로 가는 신호와 병렬로 보내진 신호가 마스터 채널에서 함께 나오는 비율의 정도는 병렬(FX)로 보내진 Sends양으로 정해집니다.

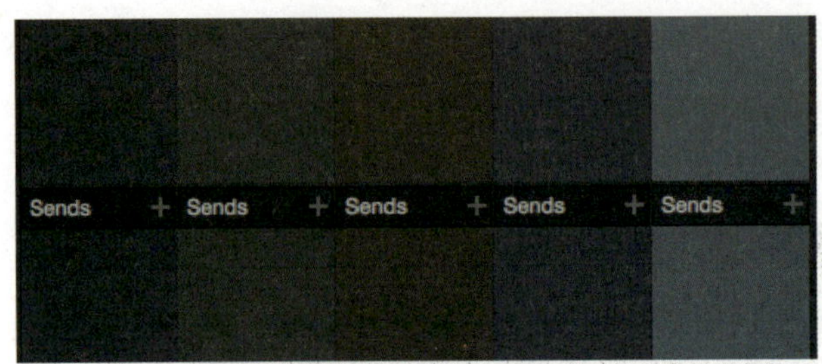

**그림 4 - 89** 센드 이펙트

FX 채널은 직접 스튜디오 원 콘솔에 마우스 오른쪽 버튼을 클릭해서 나타나는 부메뉴에서 추가하거나 중앙 윈도우의 '트랙 칼럼'에서 추가(Add)할 트랙을 FX로 만들면 됩니다.

공간계 이펙터를 각 트랙에 직접 인서트로 걸어서 사용해도 되는데, 굳이 이렇게 FX 채널을 쓰는 이유는 예를 들어 5개의 트랙에 리버브라는 울림을 줄 경우 각각 5개의 리버브를 직렬로 다섯 번 주기보다는 FX 채널에 리버브 하나를 걸고 그곳으로 5개의 채널을 보내는 편이 리버브의 세팅을 한 번만 해도 되니 간단하고, CPU 파워도 절약할 수 있으며, 인서트로 걸 때와는 조금 다른 질감을 얻을 수 있습니다(예를 들어 무대 위에서 노래하는 아이돌 가수 5명의 마이크에는 공간계 이펙터가 하나면 충분합니다).

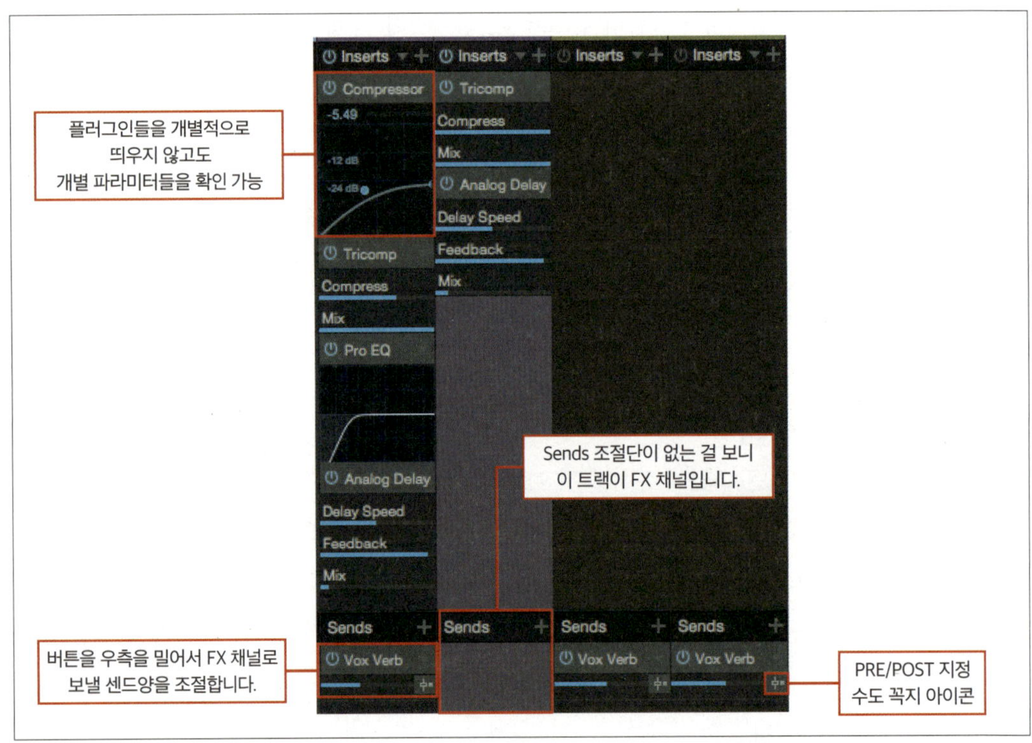


**그림 4 - 90** 센드

그림 중단 부분의 Sends 단을 보면 '하늘색 슬라이드 바'가 나와 있습니다. 마우스를 이용해 좌우로 밀어서 FX 채널로 보내는 양을 정할 수 있습니다. 실제 콘솔에서도 콘솔의 페이더 바로 위에 좌우로 돌려서 조절 가능한 놉(Knob)으로 존재합니다.

그리고 슬라이드 바 옆의 '수도꼭지 같은 아이콘'의 작은 버튼은 Pre/Post 버튼입니다. Pre/Post 버튼은 위에서부터 내려온 시그널을 FX 채널로 Send를 이용해 보낼 때 Fader 전(Pre)에 적용할 것인지 아니면 Fader 후(Post)에 적용할 것인지를 정하는 버튼입니다.

즉, Fader에 적용된 볼륨 값대로 버스로 보내질 것인지 그 볼륨 값이 정해지기 전 시그널을 버스로 보낼 것인지를 정하는 것입니다. Pre로 건다면 Fader로 시그널이 보내지기 전이기에 페이더를 올리고 내리고 해봐야 해당 채널의 볼륨의 크기는 소리에 아무 영향을 주지 않습니다.

설명만 들으면 '그게 무슨 차이지?' 하겠지만 분명히 뉘앙스가 다릅니다. 음향 관련 책에서는 Pre/Post 버튼을 'Fader를 기준으로 그 앞 단인지 뒤 단인지를 결정'한다고 나옵니다. '수도꼭지 같은 아이콘'의 작은 버튼이 불이 켜지면 Pre이고 꺼져 있다면 Post입니다.

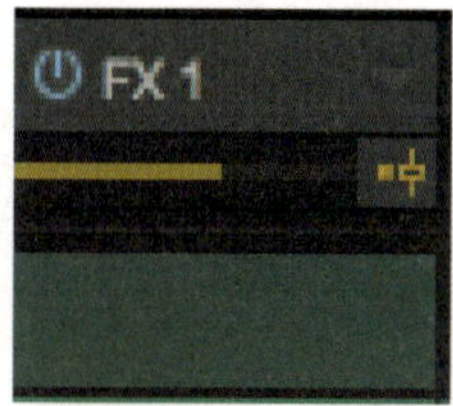

**그림 4 - 91** Pre

해당 트랙의 볼륨 페이더 양과 상관 없이 Sends의 양으로만 소리가 결정됩니다.

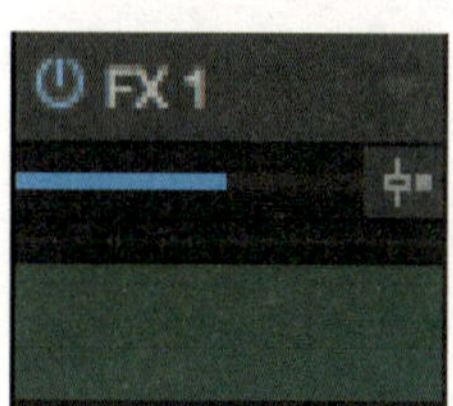

**그림 4 - 92** Post

볼륨 페이더 값이 적용된 후 Sends가 된다면 각 채널의 페이더를 올리고 내리고에 볼륨값이 영향을 받습니다.

필요한 공간계 이펙터를 FX 채널에 인서트(Insert)시킵니다. 옆 그림은 Vox Verb라는 리버브가 인서트 된 FX 채널입니다. 그러면 각각의 채널에서 '시그널 체인을 거쳐 페이더를 통해 나오는 원래의 아무 효과 없는 시그널'과 'Sends로 보내져 FX 채널에서 Vox Verb라는 리버브가 묻은 시그널' 두 가지가 섞여서 마스터 페이더로 나오게 됩니다.

그 섞이는 양을 조절하는 것은 그림에서 가로로 늘리는 하늘색 슬라이드 바입니다. 슬라이드 바를 우측 끝으로 밀어 최고로 한다면 Vox Verb라는 리버브가 많이 묻어 나올 테고 왼쪽 끝으로 밀어 놓으면 Vox Verb라는 리버브가 전혀 묻지 않은 원래의 시그널만 나옵니다.

만일 슬라이드 바를 왼쪽 끝으로 밀어 놓고 Pre/Post 중 Pre 상태라면 소리는 어떻게 될까요? 아무 소리도 안 납니다. 페이더까지 시그널이 가지 않으니 오로지 Sends 슬라이드 바의 양에 의해서 보내지는 소리의 양이 정해집니다. 이번엔 Post로 놓고 Fader를 맨 아래로 내리면 어떻게 될까요? 역시 아무 소리 안 납니다.

FX 채널은 위에 설명했듯이 공간계 이펙터를 'Send/Return'으로 사용이 가능합니다. 이 채널은 실제 콘솔의 AUX 채널과 사용이 같습니다. FX 채널을 '들렀다 와서' 이펙팅된 소스가 채널 별로 나가는 원본 시그널에 블랜딩되어(묻어서) 출력됩니다.

원본 시그널  +  FX 채널  = 마스터 채널

인서트로 공간계 이펙터를 거는 것과 FX 채널을 이용해 거는 것은 그 목적은 같지만 사운드의 뉘앙스가 다릅니다. 이런 Send/Return을 사용한 병렬식 이펙팅은 실제 믹싱에서 자주 사용하게 됩니다.

Bus 채널을 만드는 것은 FX 채널과 마찬가지로 중앙 윈도우의 '트랙 칼럼'에서 ADD 트랙 하거나 콘솔 윈도우 위에서 마우스 오른쪽 버튼을 클릭하면 나오는 부메뉴 중에 'Bus 채널'을 고르면 됩니다.

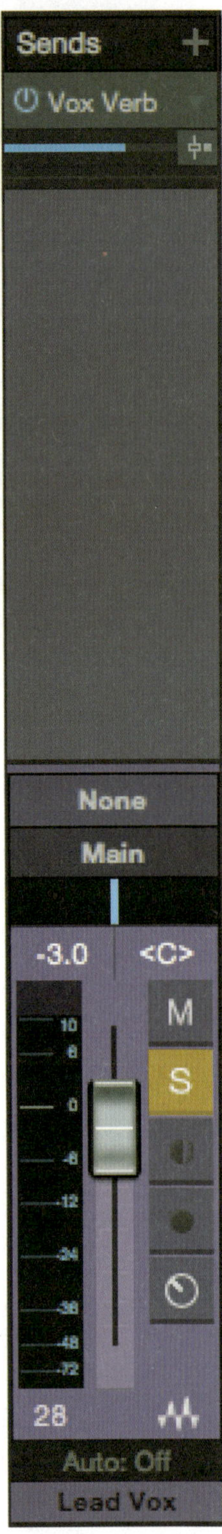

그림 4 - 93 리버브 FX단

트랙이 늘어나다 보면 한 트랙으로 묶어서 편하게 사용하고 싶다는 생각이 듭니다. 특히 원래는 '드럼'이라는 악기 하나지만 킥, 스네어, 하이햇 등 여러 가지 드럼 트랙을 개별로 작업하다 보면 그런 생각이 간절합니다. 그럴 때 사용하는 게 Bus 채널이며, 그래서 이 버스 채널을 다른 DAW에선 '그룹 채널'이라고도 합니다.

여러 트랙을 묶으려면 여러 트랙에서 나온 시그널들이 흘러가 한곳에 모이는 정류소를 만들어주면 됩니다. 시그널들을 행선지가 각각 다른 '고속버스'라고 생각한다면 여러 행선지의 버스가 모인 버스 터미널이 있을 것입니다. 그 시그널들이 모여있는 트랙을 'Bus 트랙'이라고 부릅니다.

제가 임의로 예를 들어 버스 터미널을 이야기한 것 같지만 실제로 'Bus 채널'이라는 말은 그래서 나온 말입니다. 시그널을 마스터 메인 아웃 트랙(종점 터미널)이 아닌 Bus 채널(정류장)로 보내고 모아서 별도의 출력단을 더 만들어 사용할 수 있습니다(외우기 쉽게 BUS 채널 아웃은 원래의 콘솔 마스터 출력(MASTER)이 아닌 '곁다리(?) 출력'이라고 해두겠습니다).

물론 이 곁다리 출력인 Bus 채널의 시그널 아웃도 소리가 나야 하니 당연히 종점인 마스터 아웃으로도 보낼 수 있고, Bus 아웃의 출력을 따로 만들어 쓸 수도 있습니다.

만일 본인의 오디오카드 Output이 여러 개라면 마스터 아웃으로 보내지 않고 Bus 아웃출력을 만들어서 더 많은 활용도 가능합니다.

위에 예로 든 드럼 트랙들을 BUS 채널 아웃을 만들어 그쪽으로 드럼 트랙들을 모아 보내면 Bus 채널의 Fader 하나로 전체 드럼 소리가 제어 가능하니 작업이 훨씬 편리해질 것입니다.

그리고 드럼 킥, 스네어, 하이햇 등 각각의 드럼 트랙을 FX 채널로 보내도(Send) 되지만 여러 드럼 소리가 모아진 드럼의 Bus 채널을 FX 채널로 보내면(Send) 더 간편할 겁니다. 물론 믹싱자의 다른 의도가 있다면 그렇게 쓰지 않을 수도 있습니다.


# 8.12 레벨 미터(Level Meter)

미터를 보는 것은 단지 레벨이 올라오는 불빛만을 보는 것이 중요한 게 아니라 그 레벨의 단위를 먼저 알아야 의미가 있습니다. 하지만 이 부분의 설명은 초보자에게는 좀 까다롭게 느껴질 수 있습니다. 어렵다고 생각하면 건너뛰어도 무방합니다.

일단 알아야 할 것은 우리가 보통 데시벨이라고 부르는 것이 사실은 기준에 따른 여러 종류가 있다는 것입니다.

## 8.12.1 아날로그 VU 미터

**그림 4 - 94** 아날로그 VU미터

VU는 'Voltage Unit'의 약자입니다. 직역하자면 '전압장치' 정도의 뜻이 되겠습니다.

과거 아날로그 장비를 예로 들면, 아날로그 콘솔, 컴프레서, 프리 앰프 등은 빈티지한 VU 미터가 있습니다. 여기에 표시되는 시그널의 최대치(콘솔이 받을 수 있는 가장 큰소리)는 0dBvu이고 그 레벨을 살짝 넘어가도 소리가 찌그러지기 전까지의 남은 부분(scale)을 '헤드룸(Headroom)'이라고 합니다. 아날로그 장비의 VU 미터는 정확하게 딱 맞아 떨어지는 값이 아니고 대략의 평균치를 나타냅니다. 다시 말해 인간의 청각을 기준으로 한 '평균 레벨', 음향용어로 RMS(Root Mean Square) 레벨을 표시하는 것입니다. 헤드룸의 뜻은 0dBvu를 넘어가 맥시멈 값까지의 조금 여유를 가진 구간으로 아날로그 기기에만 있는 마진으로 보면 됩니다. 이걸 아날로그 음향기기 고유의 'Saturation(새츄레이션)'이라고도 합니다.

정리하자면 저렇게 바늘로 움직이는 아날로그 레벨 미터는 RMS 레벨을 나타냅니다. 이는 PART 7 믹싱에서 자세히 다루겠습니다.

## 8.12.2 디지털 레벨 미터

아직도 대형 스튜디오에서는 외장 아날로그 아웃보드 이펙터들을 많이 사용합니다. 플러그인 형태 즉, 소프트웨어 형태로 나온 것과 다른 뉘앙스가 있기 때문입니다. 위에서 살펴본 바와 같이 아날로그 콘솔의 레벨 미터는 VU 미터입니다. 그런데 이 책에서 사용하는 스튜디오 원 3를 포함한 대다수의 DAW는 dBfs(deci-Bell full scale) 단위를 씁니다. 둘의 단위가 다르기 때문에 서로 호환되도록 기준을 만들어 설정해야 합니다. 이를 '얼라이먼트 레벨을 조정'한다고 말합니다. 예를 들어 일반적으로 프로툴스 소프트웨어의 권장 얼라이먼트 레벨 조정은 −18dBfs = 0dBvu입니다. −18dBfs가

0dBvu이므로 0dBfs까지 18dB의 Headroom이 있습니다.

한때 많은 녹음실에서 표준처럼 사용된 프로툴스의 오디오 인터페이스의 경우 −18dBfs에서 가장 깔끔한 시그널을 보장하는 캘리브레이션이 되었다고 하며, AES(미국엔지니어협회)의 권장 사항도 −18dBfs입니다.

얼라이먼트 레벨 조정 후 프로툴스에서 체크 시그널을 레벨 미터 −18dBfs로 하여 아날로그 릴 데크(구형 레코더)로 보내고 VU 미터를 보면 눈금이 0으로 가는 걸 볼 수 있습니다. 이론적으로 더 나아가면 0dBvu = −18dBfs = +4dBu = 1.227V까지 기억해야 하는데 이 부분은 PART 7 믹싱에서 다루겠습니다.


'아날로그 장비'와 '디지털 장비'의 레벨에 균형을 맞추어 놓아야 너무 큰 소리 혹은 너무 작은 소리로 시그널이 변하는 것을 예방할 수 있습니다. 물론 스튜디오 엔지니어의 성향과 경험에 따라 임의의 얼라이먼트 설정으로 그 조정값에 차이가 있을 수 있습니다(예를 들어 더 넓은 헤드룸 확보를 위해 프로툴스의 −22dBfs와 0dBvu를 맞추어 놓고 사용할 수도 있습니다).

영화나 방송 사운드 그리고 음악에 이르기까지 dBfs의 얼라이먼트 조정은 다양하게 할 수 있지만 대부분의 경우 프로툴스의 −18dBfs = 0dBvu를 따라가는 것 같습니다. 실제로 방송국에서 기준으로 제시하는 것도 과거에는 −16dBfs, −20dBfs와 같이 조금씩 달랐지만 요즘은 −18dBfs = 0dBvu에 맞추는 편입니다. 이러한 얼라이먼트를 하는 이유는 아날로그 장비의 좋은 시그널 레벨을 보장하는 스윗 스팟(Sweet Spot) 지점에 디지털 레벨을 맞추기 위해서입니다.

그림 4 - 95  로직 pro X

그림 4 - 96  스튜디오 원 2.5

그림 4 - 97  프로툴스 10

그림 4 - 98  프로툴스 11

스튜디오 원 3의 레벨 미터의 −18dBfs는 레벨 미터의 중간지점의 바로 아래에 위치합니다. 믹스 시 다른 DAW에 비하여 레벨이 시각적으로 작게 떠오를 수밖에 없습니다. 앞에 나온 그림의 맨 좌측은 로직 pro X, 그 다음은 스튜디오 원 2.5, 그 다음은 프로툴스 10, 맨 오른쪽은 프로툴스 11입니다. 각각 −18dBfs의 위치에 높낮이가 있습니다. 이 레벨 미터에 관해서도 PART 7 믹싱에서 다시 언급 하겠습니다.

## 8.13 SNR

우리가 다루는 모든 시그널에는 잡음이 섞여 있습니다. 다만 그 잡음이 우리가 들어야 할 시그널보 다 작으면 거의 인식하지 못하거나 안 들립니다. 이렇게 신호에 섞인 잡음의 비율을 SNR(Signal to Noise Ratio : 신호 대비 잡음 비)이라 하며 이 비율로 취득한 오디오 시그널의 품질을 논할 수 있습 니다. 즉, 신호 대비 잡음 비가 좋은 장비일수록 좋은 장비입니다.

예를 들어 저가형 마이크와 저가형 프리앰프를 이용해 위에 배운 −18dBfs라는 단위보다 녹음을 더 작게 받으면 시그널이 적게 들어오지만 당연히 그만큼 잡음도 적게 들어 오며, 시그널을 키우면 잡음도 같이 커지게 됩니다. 여러분이 가진 마이크나 이어폰 혹은 오디오 인터페이스의 메뉴얼에도 SNR이 표기되어 있습니다.

# 8.14 마스터페이더

그림 4 - 99  마스터페이더 1     그림 4 - 100  마스터페이더 2

'스튜디오 원 3'의 마스터 페이더 모습입니다. 스튜디오 원 3'에서는 클릭 한 번에 페이더의 길이를
확장할 수 있도록 하여 더욱 디테일한 페이더의 움직임을 가능하게 합니다.

## 8.15  입력 INPUT 페이더 값

입력되는 시그널의 크기는 여러분이 지닌 오디오 인터페이스에 내장된 프리앰프의 GAIN 설정 혹은
별도의 마이크 프리앰프에서 조절하게 됩니다. 페이더는 출력 시그널의 볼륨크기를 조절해줍니다.
GAIN은 입력, Volume은 출력임을 잊지 마세요.

**그림 4 - 101**  Input 페이더 값

위 그림에서 보듯이 스튜디오 원 3의 레벨 미터 눈금은 −24~−12dB 사이의 거리가 확연히 늘어나
있어서 보기 편하고 정밀한 페이더링이 가능합니다.

# ᐂᕮ **9 채널 에디터(Channel Editor)**

콘솔과 트랙 칼럼 등 여러 곳에 위치한 '스튜디오 원 3'에 내장된 채널 에디터 버튼을 알아봅니다.

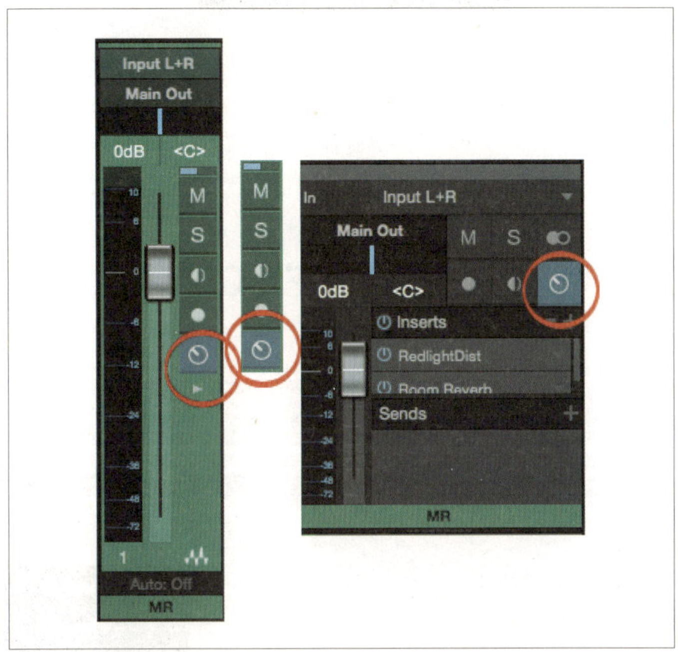


그림 4 - 102 채널 에디터

위 그림에서 원 안에 있는 곳의 버튼이 채널 에디터 버튼입니다. '채널 에디터'는 해당 채널의 사운드 이펙트 혹은 음원 등을 에디터라는 이름처럼 편집, 가공해서 사용합니다.

그림 4 - 103 스플릿 버튼 1

스플릿 설정의 전체 원도우입니다. 그 중에 스플리터라는 손바닥 버튼을 찾습니다.

**그림 4 - 104** 스플릿 버튼 2

이 버튼을 클릭하면 Extension FX Chain 창이 생깁니다.

# 9.1 익스텐션 FX 체인(Extension FX Chain)

'스튜디오 원 3 Pro'의 확장 FX 체인은 매우 재미있는 기능으로, 각종 이펙터들을 직렬, 병렬로 유저가 스스로 만들어 씁니다. 모든 DAW는 종으로(직렬) 플러그인들을 이펙팅을 하는데, 이 기능은 횡으로(병렬) '스테레오 트랙의 좌, 우'를 분리하여 별도의 이펙팅을 할 수가 있습니다.

① Insert에 플러그인을 하나 입력합니다.

인서트를 클릭하면 사용할 수 있는 '플러그인'이 풀 다운 해서  나열됩니다. 이 중에서 그림상으로 가장 아래쪽에 위치한 플랜저(Flanger)라는 이펙터를 선택합니다. 플랜저는 오디오 시그널의 피치(Pitch)와 스피드(Speed)를 조정하여 음색은 물론 급변하는 원근감도 느낄 수 있습니다.

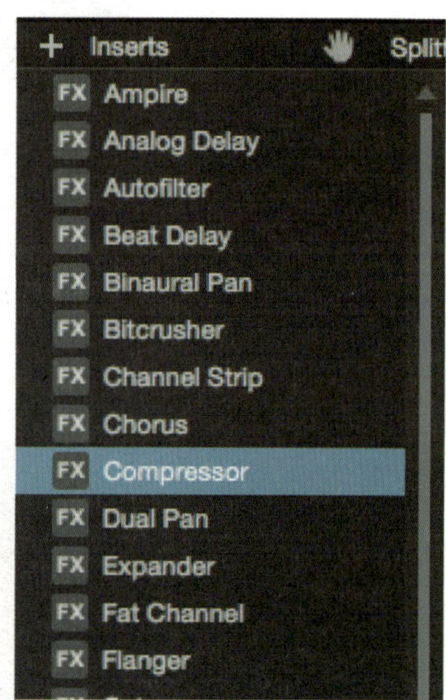

**그림 4 - 105** FX Chain 인서트

그림에서 보듯 FX(이펙터)들을 체인으로 연결합니다. 플랜저가 첫 번째로 걸려 있습니다.

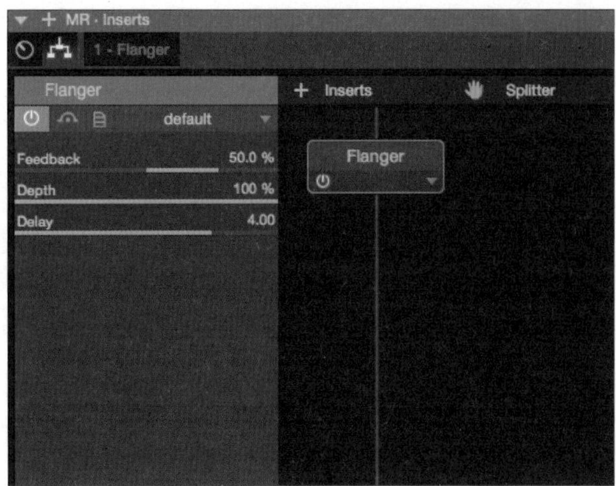

그림 4 - 106 플랜저 인서트

② 우측 상단의 '손바닥 버튼(스플릿 버튼)'을 'Inserts'로 드래그 앤드 드롭해서 끌어다 놓습니다. 플랜저 위로 인서트하겠습니다. 그러면 스플리터 밑으로 병렬 형태의 라인들이 보이면서 플러그인 인서트를 넣을 수 있도록 나타납니다. 좌측 인스펙터 창에 플랜저 이펙트의 요약된 조절 기능들이 슬라이드 바 형태로 나타납니다.

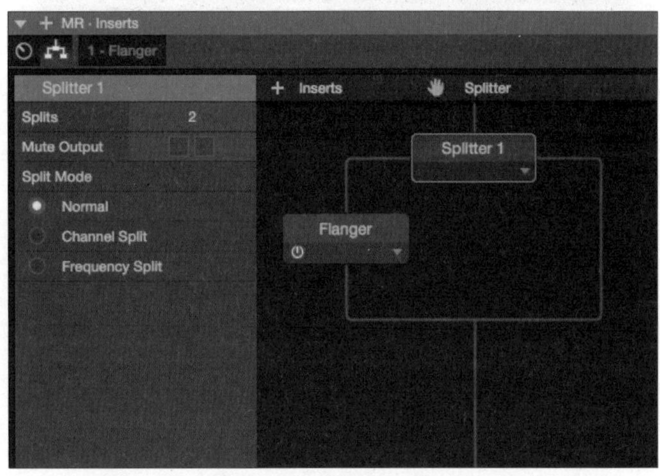

그림 4 - 107 스플릿 버튼을 플랜저 위로 드래그 앤드 드롭한 모습

③ 플러그인을 하나 더 걸어 보겠습니다. 우측 윈도우에서 이펙터를 더 골라 보겠습니다.

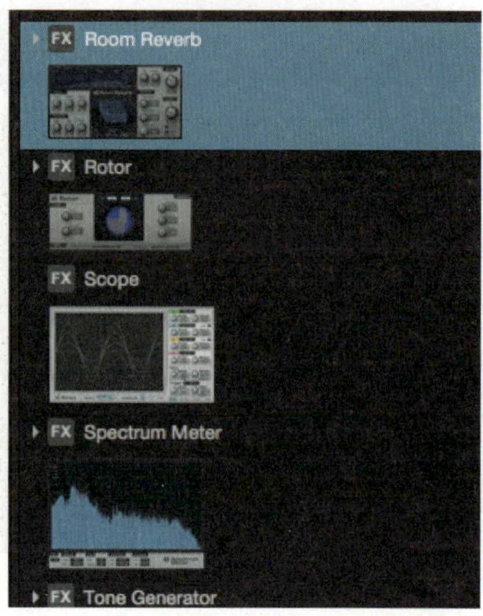
**그림 4 - 108** 우측 플러그인 선택

맨 위에서부터 룸 리버브(Room Reverb), 로토(Rotor), 스코프(Scope), 스펙트럼 미터(Spectrum Meter)가 보입니다. 우리는 그림 중에 두 번째로 있는 로토(Rotor)를 걸어보겠습니다.
로토(Rotor) 이펙트를 골라 드래그 앤드 드롭으로 스플리터 쪽으로 끌어다 놓습니다.

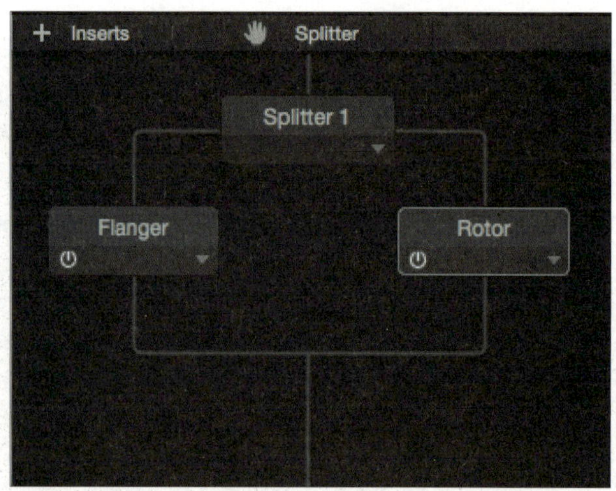

**그림 4 - 109** Rotor 이펙트

④ 좌측 인스펙터를 보면 병렬로 인서트할 수 있는 트리의 개수를 정할 수 있습니다. 최대 5개까지 가능합니다.

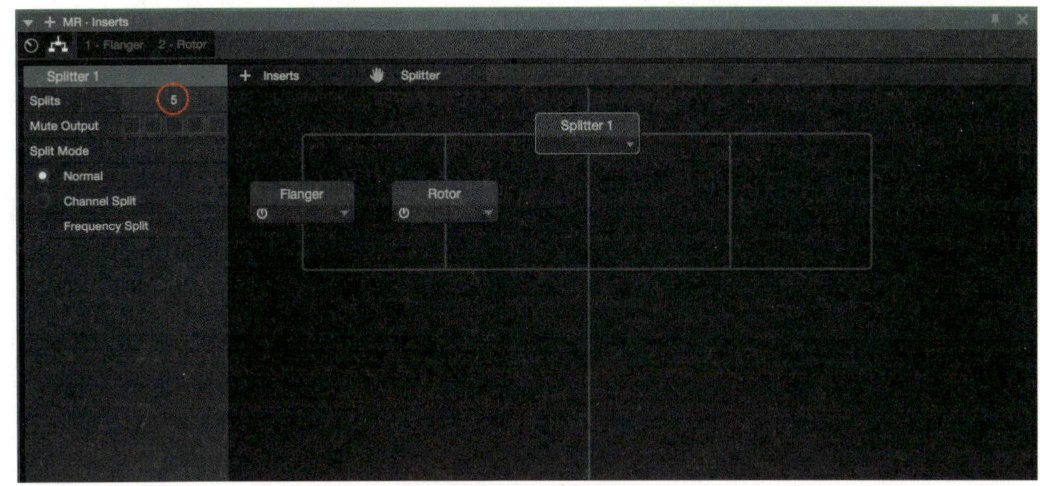

**그림 4 - 110** 병렬 트리

Mute Output은 인서트된 플러그인들을 선택해서 Mute시켜 Bypass시킬 수 있습니다.


## 9.2 스플릿 모드(Split Mode)

① Normal : 좌우 플러그인이 모두 적용된 상태가 됩니다.

② Channel Split : 스테레오의 채널(L + R)별로 각각 다르게 적용됩니다.

③ Frequency Split : 특정 주파수를 슬라이드 바로 지정하여 적용할 수 있습니다.

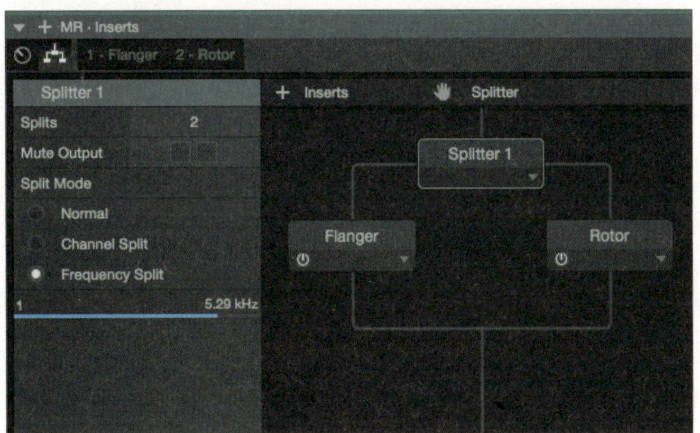

**그림 4 - 111** 스플리터

이펙터들을 이렇게 병렬로 사용한다면 직렬로 사용할 때보다 플러그인을 많이 사용하게 되며 그로 인해 시그널의 레이턴시(Latency)도 누적되어 커지지만, 다행히도 적용된 이펙터들은 스스로 레이턴시 보정이 됩니다.

# ᕈᐢᕈ 10 매크로 패널 노브

매크로 패널도 스튜디오 원 3에서 새로 생긴 파트입니다. 채널 에디터와 함께 사용하는 부분이라고 이해하면 됩니다. 매크로(macro)란 말이 들어가면 어떤 기능에 관한 '프로그래밍'의 의미가 들어있다고 생각하세요.

## 10.1 매크로 컨트롤

**그림 4 - 112** 매크로 컨트롤

매크로 컨트롤은 작곡 파트에 응용하여 톤을 만들거나 컨트롤로 우연의 효과를 기대할 수도 있습니다. 윗부분 8개의 놉에는 악기 컨트롤, 이펙트 제어 등을 임의로 어사인(assign)하여 사용이 가능하고 아래부분 XY 벡터 패드는 각각의 컨트롤 값을 지정할 수 있습니다. 확대, 축소가 가능하고 멀티 터치 지원 디스플레이를 사용하면 유용합니다.

좌측 상단의 렌치 버튼을 클릭하면 다음과 같은 어사인 목록이 나타납니다. '어사인'한다는 것은 이 곳에 달린 8개의 놉에 하나씩 연결시켜 기능을 부여하는 것을 의미합니다. 어사인할 기능을 만드는 매크로는 좌측 상단 두 번째 스플릿 버튼을 클릭하면 됩니다.

## 10.2 어사인

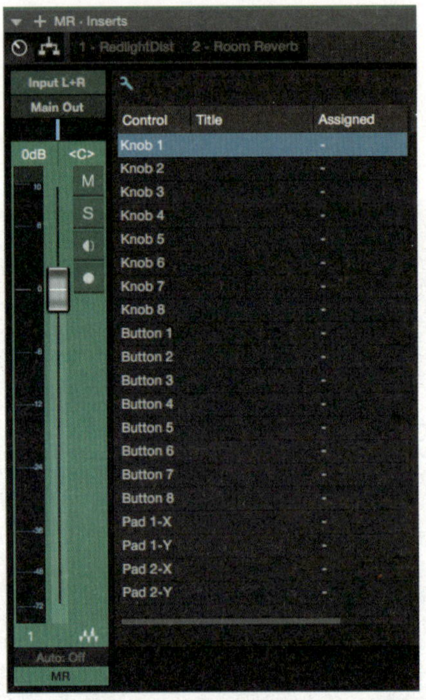

**그림 4 - 113** 채널 에디터 어사인

**그림 4 - 114** 어사인 기능 메뉴

어사인한 기능이 부여된 놉들의 이름도 지정할 수가 있습니다. 하단의 버튼 8개의 이름도 지정이 가 능하며 XY 에디터 양쪽 두 개의 기능도 어사인과 이름 부여가 가능합니다. 하단의 삼각형 버튼을 클릭하면 XY 에디터가 보입니다. XY 에디터는 사운드를 X축과 Y축으로 나누어 그 위치에 따라 톤을 바꾸는 것을 뜻합니다(영상을 예로 들면 '몰핑(MORPH)' 기법과 비슷합니다). XY 컨트롤러도 조이스틱 모양으로 시중에 나와 있고 DJ들은 현장에서 라이브 믹스할 때 사용할 수도 있습니다.

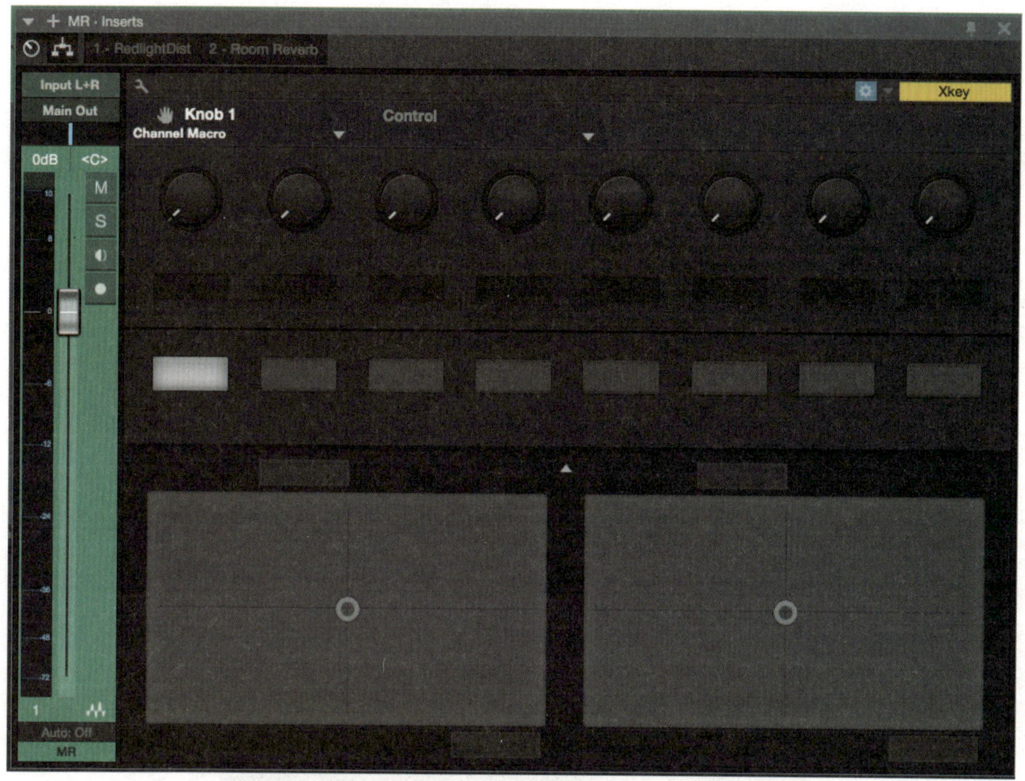


그림 4 - 115 XY 컨트롤

'스튜디오 원 3'의 XY 컨트롤 기능이나 다음에 설명할 컴바인 기능은 그런 장르의 음악을 하는 뮤지션들에게 선택 가능한 DAW 컨트롤러가 하나 더 생긴 것이라 볼 수 있습니다. 보통은 그런 장르의 뮤지션들은 Abelton Live 같은 좀 색다른 DAW 프로그램을 사용했습니다.

스튜디오 원은 라이브 퍼포먼스나 믹싱 시 멀티로 컨트롤하려는 기능이 들어가 근래의 음악 추세에 대응했다고 생각됩니다.

# ⌇⍉ 11 스튜디오 원 미디 편집

## 11.1 미디 트랙 생성

프로툴스처럼 'Shift + Cmd + N' 키를 누르면 트랙 생성 다이얼로그 상자가 뜹니다. 혹은 큐베이스처럼 트랙 칼럼 부분을 '더블클릭'해서 새로운 트랙을 생성할 수도 있습니다. 혹은 로직처럼 우측 윈도우에서 악기나 혹은 오디오를 중앙 윈도우에 끌어다 놓으면 트랙이 생성되기도 합니다. 또 클랙 칼럼에 우클릭하면 Add New 트랙의 옵션들이 떠오릅니다. Instrument 트랙이나 Audio 트랙 혹은 그밖의 트랙을 생성할 수 있습니다.

## 11.2 그룹 트랙 생성 · 해제

여러 개의 미디 트랙이 생겼을 때 편집하기 쉽도록 트랙들을 하나로 묶는 기능입니다. 작업하다 보면 비슷한 군의 악기 트랙들은 한꺼번에 제어하는 게 편할 때가 있습니다. 특히 킥과 스네어, 하이햇, 심벌즈 등의 조합으로 이루어진 드럼 트랙의 경우가 그렇습니다.

**그림 4 - 116** 그룹 트랙 지정

그룹으로 묶고 싶은 트랙들을 선택한 후 우클릭합니다. 그러면 여러 개의 부메뉴가 나오는데, 그 중 'Group Selected Tracks'를 선택합니다. 묶인 트랙들은 볼륨 페이더가 한꺼번에 같이 움직이게 됩니다.

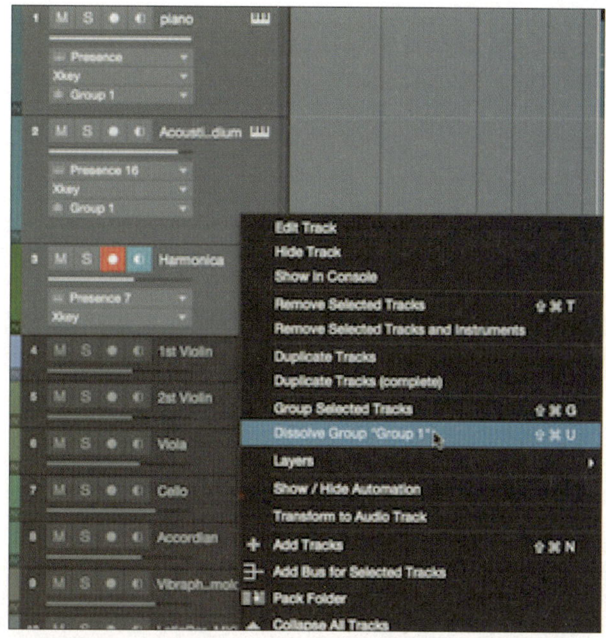

**그림 4 - 117** 그룹 트랙 해제

묶었던 그룹 트랙 해제 역시 우클릭 후 'Dissolve Group'을 선택하면 됩니다.


## 11.3 트랙 뮤트와 솔로

스튜디오 원 3에서는 여러 트랙의 뮤트와 솔로를 쉽게 할 수 있게 되었습니다. 특정 트랙의 뮤트 버튼 M 혹은 솔로 버튼 S를 마우스로 누른 채 아래로 드래그하면 모두 뮤트 혹은 모두 솔로가 됩니다. 물론 레코딩 버튼도 똑같이 적용됩니다.

# ᜰᜲᜲᜲᜲ 12  어레인저(Arranger)

스튜디오 원 3의 새로운 기능 중 필자가 정말 좋아하는 기능으로 작업 도중 송 폼(Song Form), 즉 곡의 구조를 임시로 변경해보고 싶을 때 유용합니다. 커맨드 키(윈도우즈는 컨트롤 키)를 누른 채 어레인지먼트 트랙을 클릭하면 마우스가 연필 툴로 바뀌면서 옆으로 그리면 곡의 구간이 설정됩니다. 구간 설정이 되면 구간을 늘렸다 줄였다는 물론 해당 구간을 원하는 마디로 쉽게 이동시킬 수 있으며, 이동 시 하단의 레전들도 함께 움직이게 됩니다(물론 상단의 연필 메뉴를 선택해서 해당 마디 구간 선만큼 그려도 됩니다).

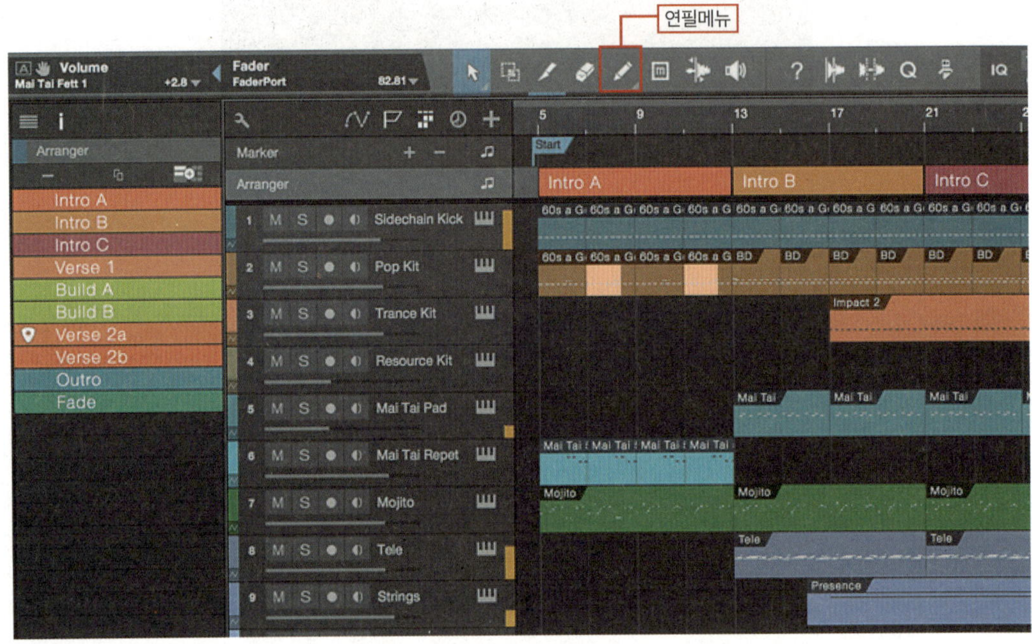


**그림 4 - 118**  어레인저

좌측 윈도우 인스펙터에는 어레인저의 송 구간별 이름들이 차곡차곡 쌓여 있습니다. 이때 인스펙터 윈도우를 살펴보면 만들어진 어레인지먼트 윈도우의 구간들이 차곡차곡 정리된 것을 볼 수 있습니다. 이곳에서 필요에 따라 그 구간의 이름도 바꿀수 있음은 물론입니다.

어레인져의 가장 편리한 점은 위 그림에서 INTRO A와 INTRO B의 순서를 바꾸고 싶을 경우 어레인져를 드래그해서 아주 간단히 시도해볼 수 있다는 점입니다.

# ᜧᜩᜪᜫ 13 스크래치 패드 윈도우

스튜디오 원 3의 좌측 윈도우, 중앙 윈도우, 우측 윈도우만 얘기했었
는데 스튜디오 원 2.5에 없던 새로운 창이 스튜디오 원 3에 생겼습니
다. 중앙 윈도우에 세 들어 입주한 스크래치 패드라는 윈도우입니다.

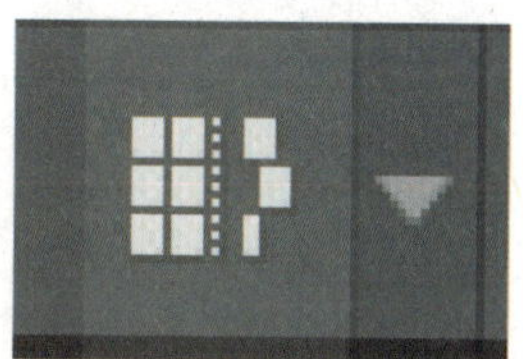

**그림 4 - 119** 스크래치 패드 버튼

이 스크래치 패드는 학교 다닐 때 수학 문제를 풀던 연습장 같은 용도
로 생각하시면 됩니다. 중앙 윈도우에서 작업하던 곡이 어느 정도 완
성이 되면 곡의 편곡이나 어레인지를 해보고 싶기 마련입니다. 물론 바꾸는 게 더 낫다는 확신이 없
기 때문에 지금 작업하던 프로젝트에는 못해서 예전에는 Save as로 따로 저장하여 그 파일에 작업하
곤 했습니다. 바로 이런 경우에 스크래치 패드를 이용하면 됩니다. Save as 없이 스크래치 패드를 열
어 얼마든지 Song Form을 바꿔볼 수 있습니다.

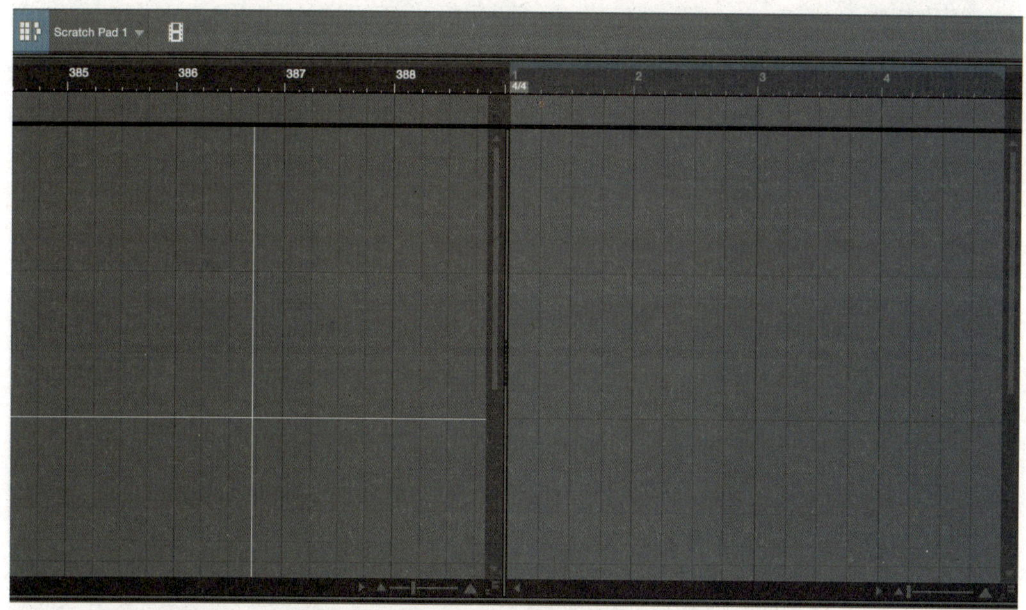

**그림 4 - 120** 스크래치 패드 윈도우

우측에 위치한 부분이 새로 열린 스크래치 패드입니다. 열심히 작업해왔던 파일을 잠시 망가뜨렸다
가 되돌리려면 기억해둘 것도 많고 좀 성가신 일입니다. 과거엔 작업하던 파일의 복사본(Save as)을
만들어서 그 파일로 작업을 시도하다가 좀 별로다 싶으면 다시 원래 작업하던 파일을 열어서 작업하

곤 했는데 이 스크래치 패드를 이용하면 여러 가지 시도를 그 '스크래치 패드 안'에서 해보면 되니 굳이 파일의 복사본을 만들 필요가 없고 원래 작업으로 되돌리기도 쉬워졌습니다.

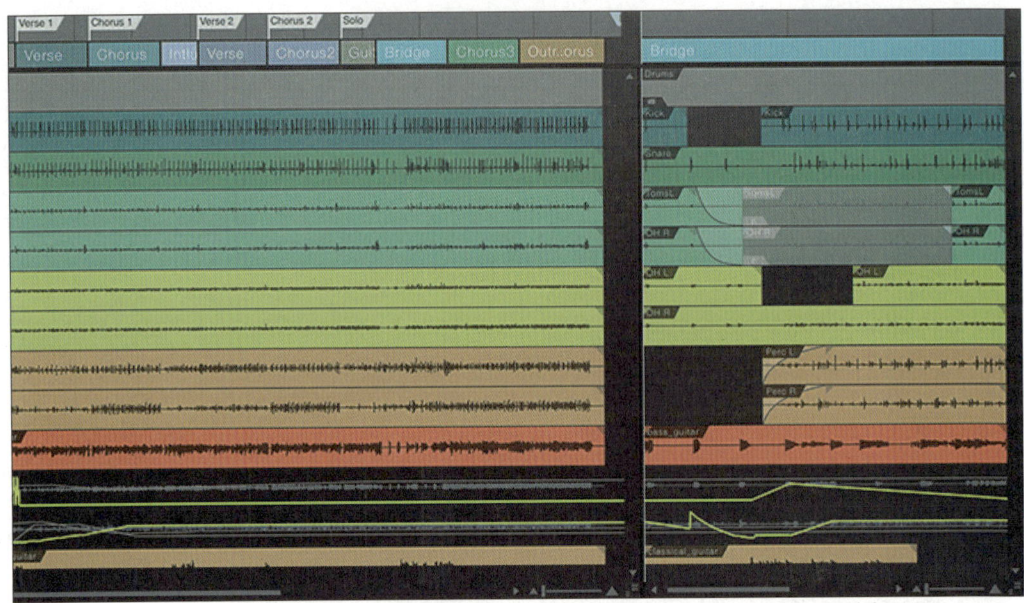

**그림 4 - 121** 스크래치 패드 2

스크래치 패드에 해놓은 것이 1안 혹은 2안, 3안이 될 수도 있기에 Scratch Pad 1, 2, 3식으로 저장할 수도 있습니다.

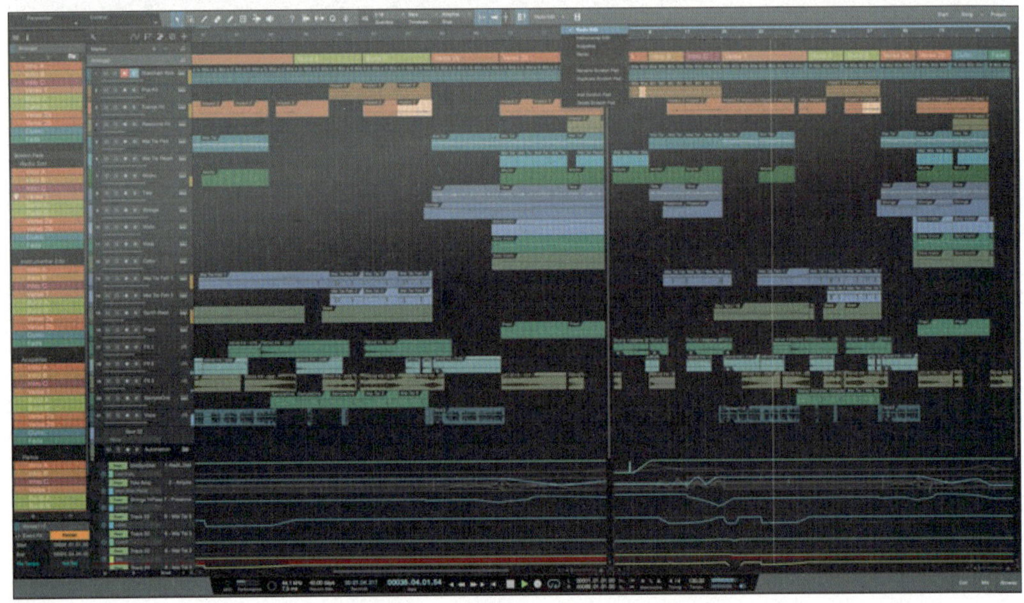

**그림 4 - 122** 스크래치 패드와 어레인저

처음 곡 작업 시에 어레인지먼트 바에서 곡의 구성을 정해놓으면 스크래치 패드를 열어 곧바로 드래그 앤드 드롭해서 사용할 수 있습니다. 어렌지먼트 바를 그냥 스크래치 패드로 옮겨놓는다고 생각하면 됩니다. 주로 어레인지 바의 내용들을 순서를 바꾸어 가져와 보는 방식으로 사용될 것입니다. 앞의 그림(4-120)에서 중앙 윈도우를 대략 반으로 나누면 우측이 스크래치 패드 윈도우이며 상단의 어레인지먼트 바를 끌어서 옮긴 모습입니다.

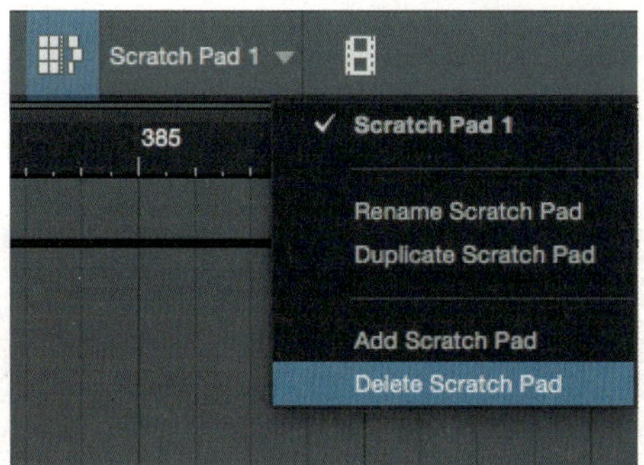


**그림 4 - 123** 스크래치 패드 설정

스크래치 패드 안에서 작업했을 때 변경한 모습대로 이름을 새로 만들어 주고 싶을 때가 생깁니다. 가령 인트로를 변형했다면 원래 이름은 INTRO였으나 새롭게 INTRO 2로 하고 싶을 수 있습니다. 그럴 경우 스크래치 패드 풀 다운 메뉴를 누르면 Rename Scratch Pad 창이 뜨면서 새로운 이름을 만들 수 있습니다. 스크래치 패드는 그 안에서 Add Scratch Pad 기능을 이용해 스크래치 패드를 추가로 하나 더 만들거나 삭제하는 것도 가능합니다.

곡의 어레인지를 바꾸는 가장 손쉬운 방법이라 생각됩니다.

# 14  가상악기 컴바인(Combine)

스튜디오 원 3에는 음원을 선택하는 새로운 기능이 생겼습니다. '결합하다'라는 뜻의 컴바인(Combine) 이라는 이름대로 한 가지 이상의 악기들을 결합해서 새로운 소리를 만들어줍니다. 예를 들어 우측 윈 도우에서 마이타이(maitai)라는 신스 악기를 메인 작업 윈도우로 드래그 앤드 드롭하면 인스트루먼트 트랙이 생성됩니다.

**그림 4 - 124**  마이타이 트랙 생성

그리고 생성된 마이타이 트랙 위에 또다시 다른 악기인 임팩트(Impact)를 겹쳐서 드래그해 올려봅니다.

**그림 4 - 125**  Impact 악기 드롭

그러면 다음과 같은 문구가 나옵니다.

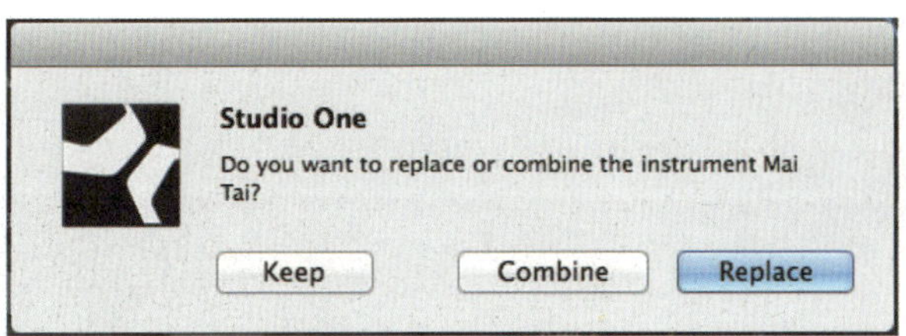

**그림 4 - 126** 컴바인 트랙

여기서 Replace를 선택하면 '원래 있던 악기 대신 지금 드래그하는 악기로 대체하겠다'라는 의미가
됩니다. 하지만 Combine을 선택하면 '원래 있던 악기와 지금 드래그하는 악기를 둘 다 쓰겠다'라는
의미가 됩니다. Keep은 원래 있던 악기를 그대로 유지하겠다는 의미입니다.

**그림 4 - 127** 마이타이와 임팩트 컴바인

Combine을 선택하면 두 개의 악기가 함께 들어가서 '한 지붕 두 가족' 상태가 됩니다.
정확히 말하면 '한 트랙 두 계통'입니다. 물론 더 많은 악기를 올려서 '한 지붕 여러 가족'이 되도록 사
용하는 것도 가능합니다. 컴바인 세팅은 자신만의 음원을 만든다는 의미가 가장 큽니다.

**그림 4 - 128** 컴바인 그림

위의 그림에서는 '한 지붕 네 가족', 즉 '한 트랙에 네 가지 계통의 악기'들이 블랜딩되어 음원을 만듭
니다. 물론 여러 악기를 한 트랙에 올려서 쓴다는 의미만 있다면 이 기능은 재미는 있어도 별반 유용
하다는 생각이 들지는 않을 것입니다. 가령 컴바인 기능보다 불편하긴 하더라도 그냥 인스트루먼트
트랙을 하나 더 생성해서 작업했던 미디 트랙을 복사한 후 다른 새로운 악기를 불러들이면 같은 효
과가 됩니다.

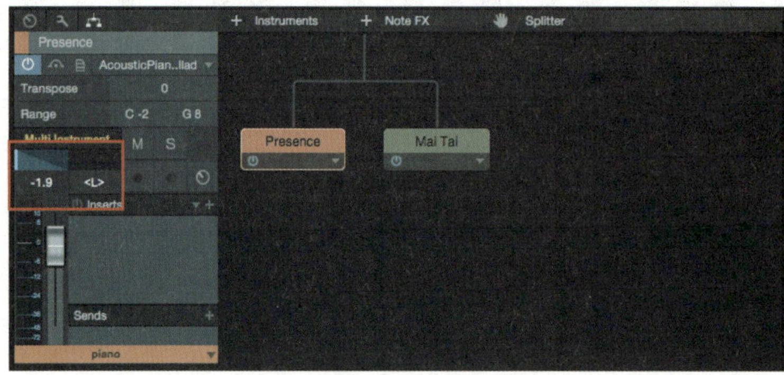

**그림 4 - 129** 좌측 팬 컴바인

하지만 이 컴바인은 좌측의 트랙 정보에서 각각의 악기의 팬(Pan)을 바꾸거나 볼륨의 양을 다르게 주는 등 다양한 설정을 변경할 수 있습니다. 위 그림에서는 프리센스의 팬을 맨 좌측으로 밀어서 프리센스 소리를 좌측 스피커에서만 나도록 설정했습니다.

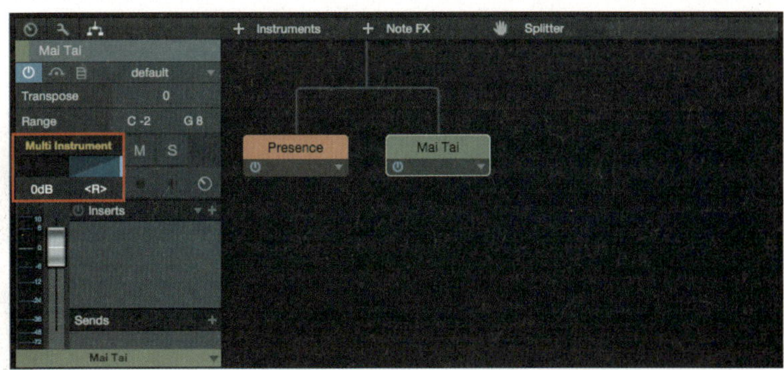

**그림 4 - 130** 우측 팬 컴바인

마이타이 신시사이저의 팬을 맨 우측으로 밀어서 마이타이 신스의 소리는 우측 스피커에서만 나도록 했습니다. 물론 양쪽 악기의 볼륨 밸런스를 위해 페이더로 볼륨을 조절할 수 있습니다. 한 트랙 안에서 여러 악기를 쉽게 제어합니다.

더 흥미로운 설정은 컴바인 윈도우 아래쪽의 악기별 음역 구간 설정 기능입니다. 컴바인 윈도우 밑에 건반이 있습니다.

**그림 4 - 131** 컴바인 음역 존 1

건반 바로 위에 위치한 긴 막대가 컴바인 존(zone)입니다. 악기의 구간을 설정하면 해당하는 음역에서만 소리가 납니다. 이렇게 하면 어떤 음역으로 블렌딩된 소리가 넘어가게 될 경우 어떤 악기는 소리가 나고 어떤 악기는 소리가 안 납니다. 마스터 키보드가 있는 독자들은 한 번에 왼손, 오른손에서 각각 다른 악기를 연주한다고 생각하면 이해가 빠를 겁니다.

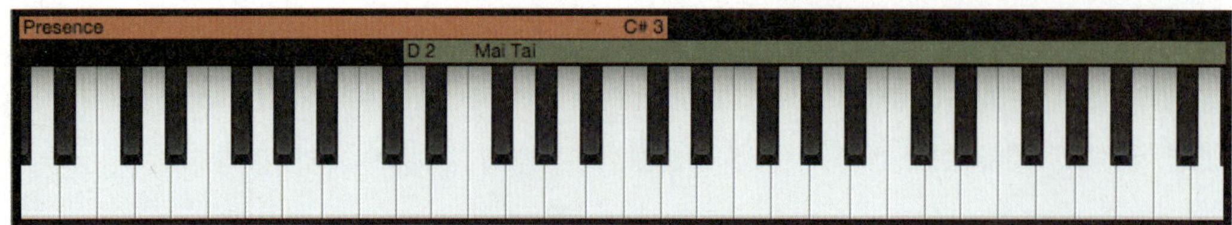


**그림 4 - 132** 컴바인 음역 존2

**그림 4 - 133** 컴바인 트랙 이름

이 설정대로라면 우측의 마이타이 신스는 레(D2)음부터 소리가 날 것입니다. 이 기능은 고급형 하드웨어 신시사이저들에 있는 기능과 유사합니다. 고급형 신시사이저에선 연주자 혼자 두 가지 음색을 연주하는 게 가능한데, 그 기능을 좀 더 발전시켜서 스튜디오 원에 넣은 것 같습니다. 이 컴바인의 세팅은 해당 트랙의 믹서 창에서도 조절할 수 있습니다. 컴바인 된 믹서의 채널 이름은 Multi Instrument입니다.

악기 로딩 시 컴바인 되면 저절로 Multi Instrument라는 이름으로 바뀌게 됩니다.

# PART 5

# 팔로우 미…디
## (Follow MI…DI)

# 〰️ 1 미디를 입력하기 전에 알아야 할 것들

## 1.1 스튜디오 원 프로젝트 생성

### 1.1.1 create 종류

Studio One 3를 열면 제일 먼저 만나게 되는 윈도우의 상단입니다.

그림 5 - 1  create 종류

새로운 곡 생성, 새로운 프로젝트 생성, 이미 있는 도큐멘트 열기 이렇게 3가지입니다.

일단 아이콘에서 짐작이 좀 되는 것은 기능이 다르다는 것입니다. 중간과 맨 우측에 있는 아이콘엔 CD 그림이 있습니다. 중간에 있는 프로젝트 생성은 마스터링을 위한 프로젝트가 생성이 됩니다. 마스터링이 끝나면 마스터링 스튜디오에선 음반을 여러 장 제작하기 위한 마스터CD를 만듭니다. 아마 그것을 의미해서 CD 그림이 있는 듯 합니다.

맨 우측의 'CD와 스튜디오 원 송 파일' 그림 아이콘(Open existing Document)은 전에 작업해서 존재하는 파일은 물론이고 컴퓨터에 삽입된 CD 음반에서 곡을 리핑(CD에서 음원을 추출해서 Burning 하는 것)할 수 있다는 뜻이기도 합니다. 하지만 근래의 컴퓨터는 ODD가 없어서 그게 별 장점이 안 될 수도 있겠습니다. 아마도 마스터링 전문 스튜디오 전문 툴이란 의도 같습니다.

### 1.1.2  작업 히스토리

이전에 작업했던 파일들의 히스토리의 파일명과 날짜가 나열됩니다. 이렇게 나오면 매번 스튜디오 원을 켤 때마다 기존에 하던 작업의 업데이트를 하기 위한 파일에 액세스하는 것이 간단합니다. 물론 새로운 작업을 할 생각이면 Create new song을 하면 됩니다.

그림 5 - 2  작업 히스토리

## 1.1.3 New song 윈도우
### 1) styles 탭

본인이 작업할 스타일(style)에 맞추어 좌측에
템플릿이 미리 만들어져 있습니다. 하지만 일
단 Empty Song으로 설정하겠습니다. 필자는
작업 유형별로 정리된 저 템플릿을 사용하지
않습니다. 작업이 어떻게 어떤 방향으로 흐를
지 모르기 때문입니다. 마치 워드 프로그램에
서 유형별로 문서들이 미리 만들어져 있어도
항상 '빈 문서'를 띄우는 것과 같습니다.

곡 제목은 제목이 있으면 넣으면 되지만 만일
곡 제목이 없는 경우에는 곡 작업한 날짜와 스
튜디오 원 3의 등록된 '유저 네임'으로 기록됩

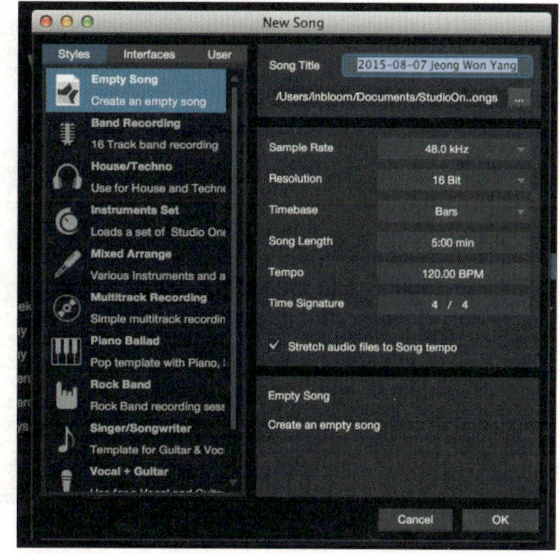

**그림 5 - 3** 뉴 송 윈도우 styles 탭

니다. 필자의 경험으로는 '가제'라도 곡 제목을 만들어 넣는 것을 선호합니다.

이 작업의 저장 장소(location)는 기본적으로 Documents 〉 Studio One 3 〉 Songs 폴더로 지정되어
있습니다. 이 작업의 sample rate/bit depth는 필자의 경우 48kHz에 16bit입니다(24bit 48kHz가 대
세인 것처럼 되어 있긴 합니다. 참고로 CD 음질은 16bit 44.1kHz입니다). 만일 작업 프로젝트가
48kHz인데 불러오는 오디오 샘플이 44kHz이면 임포트 시 저절로 48kHz로 변환이 됩니다.

그렇다고 음질이 좋아지는 것은 아닙니다. 만일 임포트 시 샘플레이트 변환이 안 일어난다면 44kHz
이던 오디오는 48kHz 작업 상에선 소리의 pitch가 올라갑니다(일종의 에러로 음정이 달라집니다).
Timebase는 음악 작업이니 마디(Bars) 보기로 설정할 것이며 곡 길이는 대략 '5분'에 빠르기는
120BPM, 박자는 4분의 4박자입니다. 마디와 길이, 템포 등의 설정은 작업 중에 변경이 가능합니다.
'Stretch audio files to Song tempo'는 만일 다른 템포에서 작업한 오디오 파일을 끌어오면 이 템포에
박자를 맞추어 강제로 늘리겠다는 옵션입니다. 이게 때론 편하고 때론 불편합니다. 예를 들어 루프
소스를 사용하여 곡을 만들 때 마음에 드는 드럼 루프 소스를 구했는데 내가 만든 곡의 템포와 맞지
않을 때 그냥 끌어 오면 저절로 템포가 맞아 들어가니 편리합니다. 하지만 원본 소스 그대로가 필요
한 경우도 종종 있습니다. 현재 위 그림 상의 모든 설정은 아무것도 변경하지 않은 기본 설정입니다.

## 2) Interfaces 탭

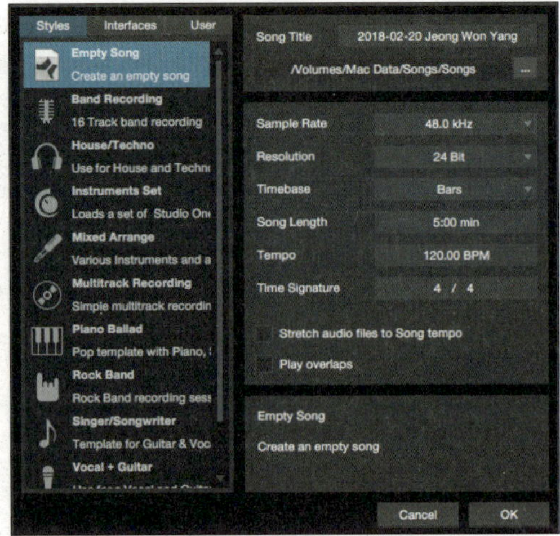

그림 5 - 4 뉴 송 원도우 interface 탭

Interface(인터페이스) 탭을 보면 프리소너스사에서 출시된 '오디오 인터페이스'들이 나열되어 있습니다. 아무래도 자사의 제품이니 드라이버 없이 연결하면 바로 인식합니다.

## 3) user 탭

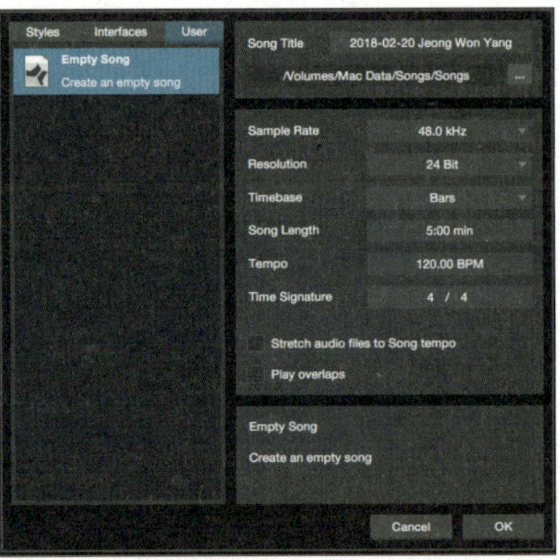

그림 5 - 5 뉴 송 원도우 user 탭

User 탭에는 현재 기본인 Empty Song 하나인데, 여러분들이 작업을 하면서 생기는 곡마다의 스타일들을 템플릿으로 저장이 가능합니다. 저장을 하면 이곳에 리스트 업 됩니다.

일단 OK해서 새로운 곡 작업을 엽니다.

## 1.1.4 메트로놈과 박자

**그림 5 - 6** 메트로놈과 박자 1

우선 박자는 하단의 '트랜스포트 바'에서 임의로 4분의 4박자 템포 100(BPM =100)으로 정합니다.
우측에 120이라고 쓰인 곳을 더블클릭하면 숫자가 변경이 가능합니다.

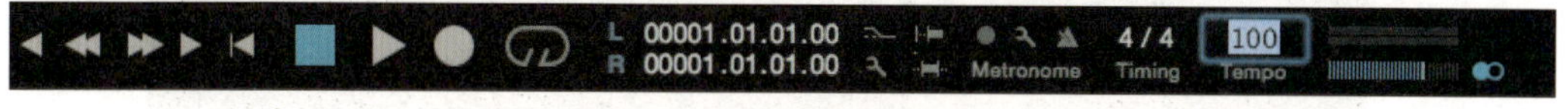

**그림 5 - 6 - 1** 메트로놈과 박자 2

# 1.2 트랙 생성

'스튜디오 원 3'에서는 모든 과정이 드래그 앤드 드롭으로 가능하니 트랙도 악기나 웨이브를 끌어다
놓으면 저절로 만들어집니다. 우선 트랙을 만들어야겠습니다. 우리는 미디를 할 것이니 우선 악기
트랙(instrument track)을 생성해야 합니다.
트랙을 만드는 법은 두 가지입니다. Add Track을 하거나 우측 브라우저 윈도우에서 악기를 끌어다
던져놓는 것입니다. 필자는 주로 끌어다 놓는 방법을 사용합니다.

### 1.2.1 Add Instrument Track

트랙 컬럼에 마우스를 대고 우측 클릭을 하면 부메뉴가 뜹니다.
피아노 그림이 있는 Add Instrument Track을 선택하면 됩니다.

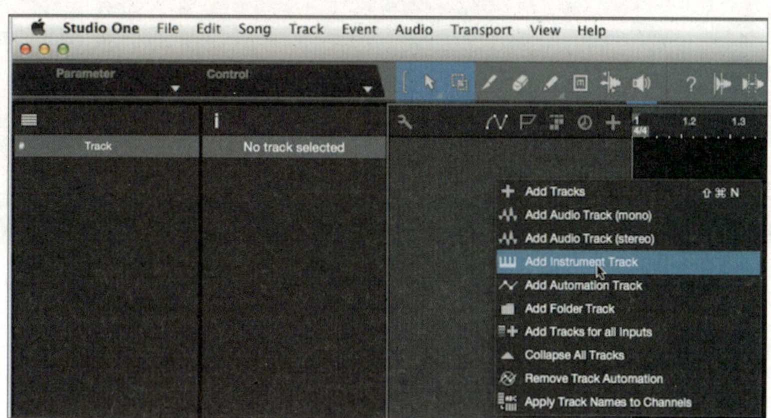

**그림 5 - 7** Add Instrument Track 1

그러면 Track 1이란 트랙이 생성됩니다. 그리고 옆의 피아노 아이콘도 확인이 가능합니다.
그림만 보고도 '이 트랙은 미디를 하는 트랙' 즉, '음표를 찍는 트랙'이라고 생각하면 됩니다.

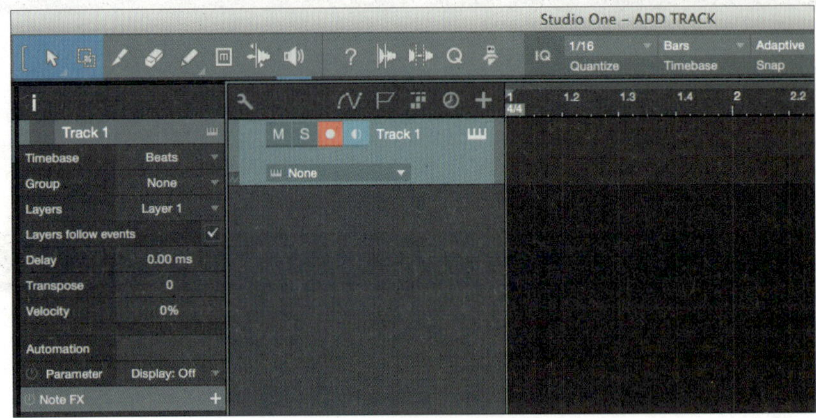

**그림 5 - 8** Add Instrument Track 2

그러나 아무 악기가 올라가 있지 않은 그냥 빈 트랙일 뿐입니다. 악기를 로딩해서 올려야겠습니다.

이제 우측에서 악기를 고르고 그 빈 트랙으로 던져 놓습니다. 프리센스를 골라서 던져 놓은 그림입니다.

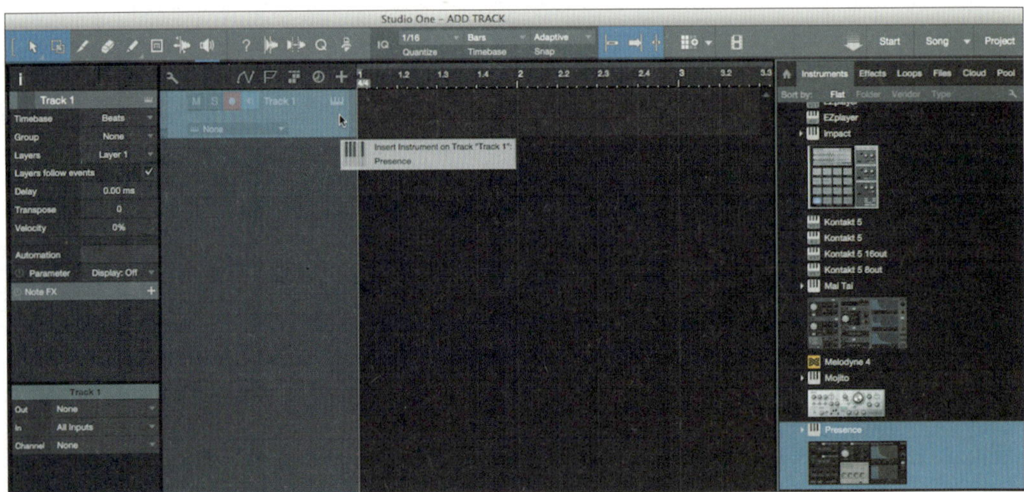

**그림 5 - 9** Add Instrument Track 3

## 1.2.2 악기 던져 넣고 트랙 만들기

이번엔 악기 던져넣기입니다.

먼저 쓰고 싶은 악기를 메인 창으로 던져넣는 것입니다.

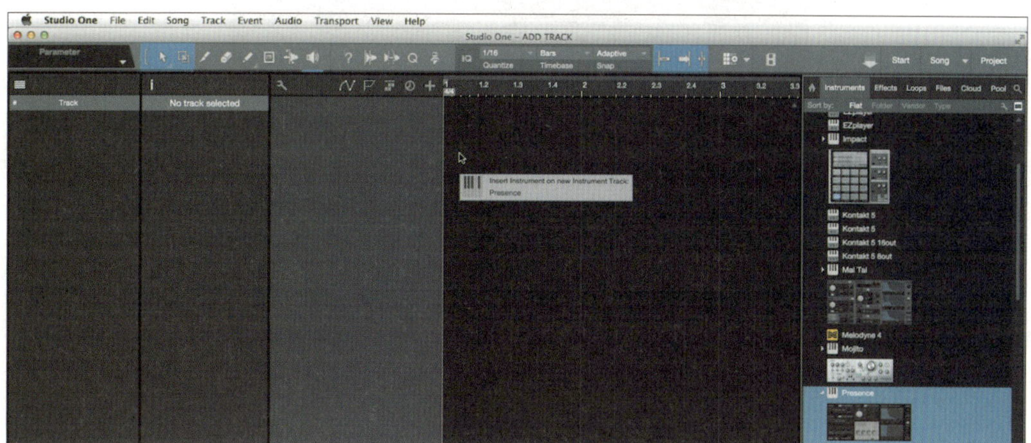

**그림 5 - 10** 악기 던져넣기 1

악기를 메인 창으로 던져놓고 나중에 악기 세부 메뉴를 골라도 됩니다.

프리센스를 골라 던지니 바로 프리센스 악기 트랙이 됩니다.

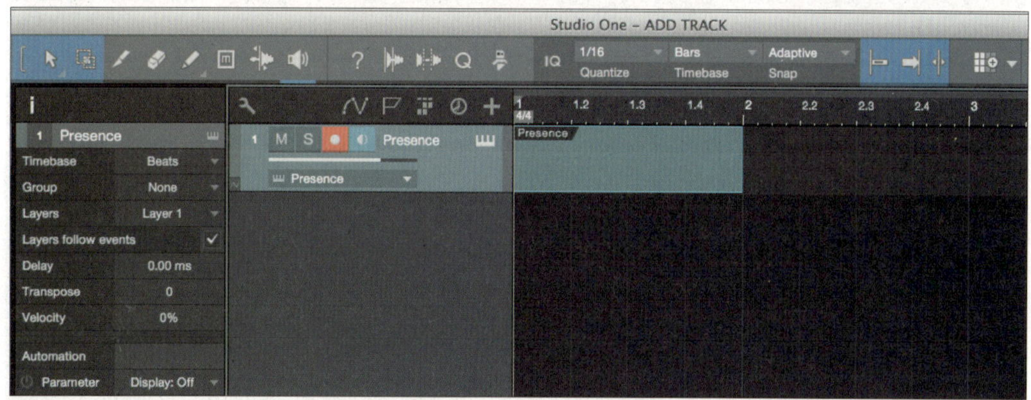

**그림 5 - 11** 악기 던져넣기 2

마우스를 편집 창에 대고 더블클릭을 하면 위 그림처럼 한 마디의 빈 레전이 생성됩니다.

이런 식으로 레전을 만들 수도 있고 녹음을 시작해서 만들 수도 있습니다.

이제 만들어진 레전을 더블클릭해서 피아노 롤을 보겠습니다.

### 1.2.3 폴더 트랙

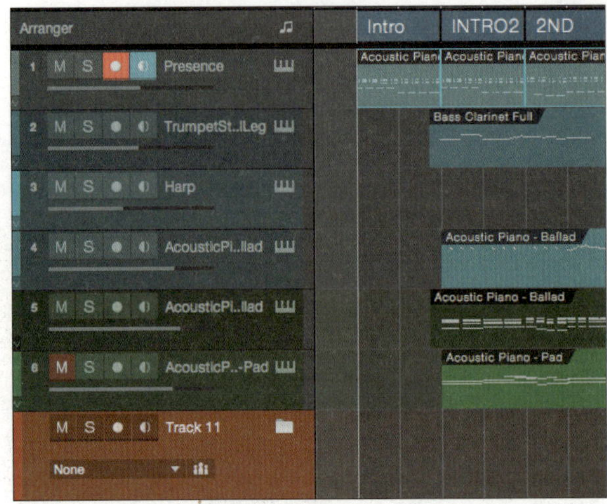

그림 5 - 12 폴더 트랙 1

폴더 트랙은 말 그대로 트랙이 폴더 기능을 합니다. 즉, 그 안에 많은 트랙들을 넣을 수가 있게 됩니다. 분류상 같은 종류의 트랙이 많은 경우 이 트랙들을 모두 이 폴더 트랙 안에 집어 넣으면 깔끔합니다.

맨 아래 빨간 색 트랙이 폴더 트랙입니다. 트랙 우측 상단에 있는 폴더 아이콘이 보일 겁니다.

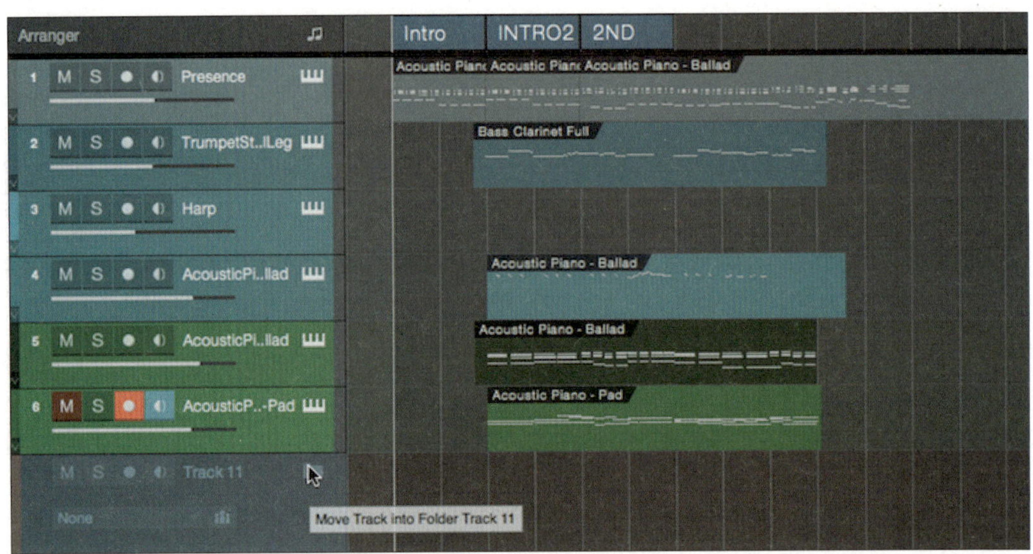


그림 5 - 13 폴더 트랙 2

이제 폴더 트랙의 위쪽 6개의 트랙을 전체 선택한 후 끌어다 폴더 트랙 위로 던져 넣습니다.

위 그림은 트랙들을 전체 선택한 후 그냥 폴더 트랙 위로 마우스만 가져다 놓은 상태입니다.

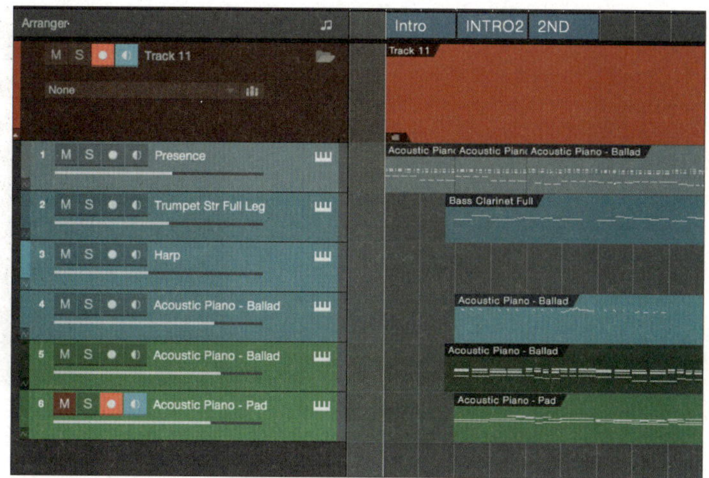

그림 5 - 14 폴더 트랙 3

모든 트랙들을 폴더 트랙으로 넣었더니 결과적으로 트랙 리스트에는 폴더 트랙 하나만 남게 된 셈이
라 맨 위로 자리를 바꾼 것처럼 보입니다만, 모든 트랙이 폴더 트랙 안으로 숨은 것입니다.
폴더 트랙 우측 상단의 폴더 아이콘이 열려 있는 것을 볼 수 있습니다.

그림 5 - 15 폴더 트랙 4

폴더 아이콘을 닫았을 때 모습입니다. 작업에 따라서는 트랙이 100여가 넘기도 하는 경우도 있기에
저런 식으로 연관지을 수 있는 트랙들끼리 묶어서 폴더 트랙을 만들어 놓으면 관리가 편리합니다.
물론 폴더 트랙 이름을 정하는 게 그 묶음을 알 수 있는 이름이어야 합니다.

### 1.2.4 Collapse all track

트랙 생성 부메뉴 맨 하단의 Collapse All Track은 모든 트랙을 Collapse(붕괴)할 때 씁니다. 생성되었던 트랙 전체를 없앨 수 있습니다.

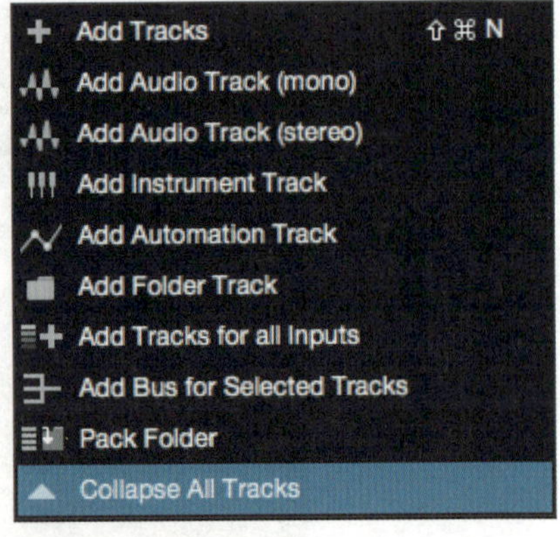


그림 5 - 16  트랙생성

# 1.3 피아노 롤

그림 5-17은 미디 작업을 하는 사람에게는 마치 악보와 같은 공간이라 할 수 있는 스튜디오 원 3의 피아노 롤 화면입니다. Add Instrument 후 생긴 인스트루먼트 트랙에 그려진 레전을 더블클릭하면 스튜디오 원 3 아래쪽에 피아노 롤 창이 올라옵니다. 물론 부분 화면으로도 볼 수 있고 여러분의 모니터를 덮을 만큼 전체 화면으로도 볼 수 있습니다.

'스튜디오 원 3'만큼 여러 창들을 동시에 띄워놓고도 기능적으로 편리하고 좋은 툴은 없는 듯 싶습니다. 화면이 줄어들어도 사용할 수 있는 기능은 크기가 줄었다고 제한적이지 않고 모두 사용이 가능합니다.

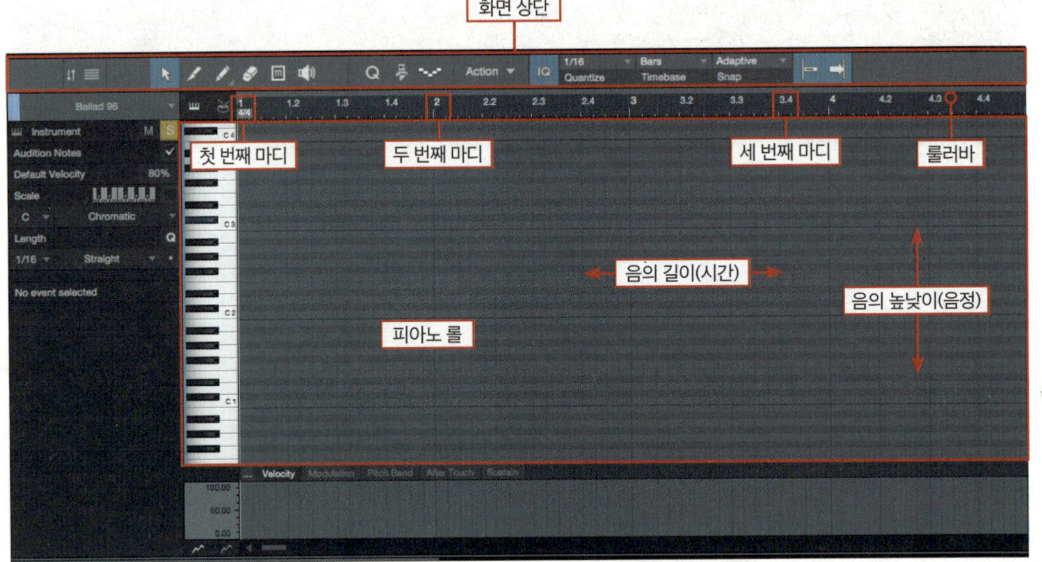


그림 5 - 17  스튜디오 원 피아노 롤 화면 1

화면 상단에는 각종 툴들과 설정 버튼들이 자리하고 왼편에는 해당 피아노 롤 화면의 정보들, 예를 들어 사용 악기나 스케일 그리고 퀀타이즈 설정 등이 분수와 프리셋으로 표기되어 있습니다.

화면 하단은 미디 메시지에 관한 설정들인데 벨로시티와 모듈레이션, 피치 밴드, 애프터터치, 듀레이션 탭이 보입니다. 근래에 나오는 어느 시퀀서나 이 창과 비슷한 구조와 버튼들이 자리하고 있으니 미디에 입문하는 독자들은 이런 구조에 익숙해지길 바랍니다.

룰러 바에 표시된 숫자들은 마디와 박자들을 나타냅니다. 굵은 숫자인 1, 2, 3, 4 … 등은 해당 마디를 나타내고 있으며 그 사이의 좀 더 작은 숫자로 그려진 1.2, 1.3, 1.4 등은 박자를 나타냅니다. 즉 1.2, 1.3, 1.4는 '첫 번째 마디의 두 번째 박자', '첫 번째 마디의 세 번째 박자', '첫 번째 마디의 네 번째 박자'를 의미합니다. 이 곡은 4분의 4박자이니 한 마디는 네 박자 즉, 4칸으로 구성되어야 한다는 걸 반드시 기억하기 바랍니다. 1박자는 4분음표 기준으로 480(혹은 960)tick입니다.

**그림 5 - 18** 스튜디오 원 피아노 롤 화면 2

피아노 롤 좌측의 피아노 그림은 음의 높낮이인 음정들을 나타냅니다. 즉 피아노 롤 세로 축은 음정(음의 높낮이), 가로 축은 박자(시간)를 나타내고 있습니다.

우선 마우스를 이용해 한 음정 한 음정씩 그려보도록 하겠습니다. 뮤지션들 사이에서는 그린다는 말을 안하고 '찍는다'는 표현을 씁니다. 퀀타이즈 버튼에서 기준 음표를 정하면 줌 인 줌 아웃 시에 그 가로축들의 칸칸은 더 넓어지기도 좁아지기도 합니다. 필자가 지정한 프로툴스 숏컷일 경우 화면의 줌 인 줌 아웃은 T와 R입니다.

예를 들어 16분음표 기준이면 4분음표 기준일 때보다 그 칸들이 더 작고 좁아집니다.

# 1.4 퀀타이즈

미디에서 '퀀타이즈'라 함은 음정의 박자가 정확한 제 위치에 들어가도록 도와주는 기능입니다.
미디 작업 중에 아마 가장 꾸준하게 사용되는 기능이라 생각됩니다.



예전 옵코드(opcode)사의 '스튜디오 비전(Studio Vision)'이라는 시퀀서에서는 4분의 4박자인 경우 4분음표 = 480tick이란 길이를 갖습니다. 그렇다면 8분음표 = 240tick이고, 16분음표는 120tick입니다.

# 1.5 인서트 노트(Insert Note)

글자 그대로 음정(note)을 마우스를 이용해 피아노 롤에 삽입(insert)한다는 개념입니다. 당연히 한 번의 마우스 클릭에 한 음정만을 가져다 놓을 수밖에 없습니다.

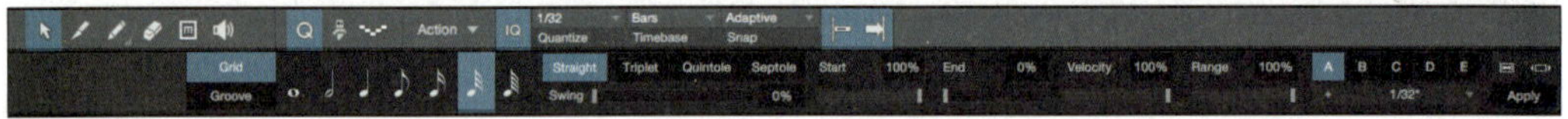

**그림 5 - 19** 인서트 노트

연필 툴을 선택해서 음표를 그리겠다고 생각하면 됩니다. 하지만 연필 툴만 선택해서 쓰는 것이 좀 불편합니다. 음정을 그려 넣는 시간보다 여타 다른 조정을 하는 경우가 좀 더 빈번하기 때문입니다. 음정을 그리고 난 후 다른 것을 클릭하고 싶거나 편집을 해야 할 일이 생길 때 연필 모드라면 자꾸 툴을 바꾸어야 하니 매우 불편한 일입니다. 그래서 그냥 맨 좌측의 마우스 툴을 사용하겠습니다.
마우스 툴일 때 매킨토시의 경우 cmd 키를 누른 채로 음표를 그리면 커서가 연필 모양으로 변하게 되고 음정을 그릴 수 있게 됩니다(윈도우즈 버전은 ctrl 키입니다).
연필 툴로 바뀌면 원하는 음정을 원하는 만큼 그려서 적절히 길이(듀레이션)를 채워넣습니다. 그려진 음정들의 상하 이동 즉 음정의 높낮이를 이동할 때는 컴퓨터 키보드의 화살표 키를 사용하면 편리합니다.

연필 툴에 나오는 메뉴들입니다. 각각 음표를 그리거나 벨로시티나 그 밖의 '미디 메시지'를 조정해야 할 때 적절한 모양의 메뉴를 선택하여 그리면 됩니다.

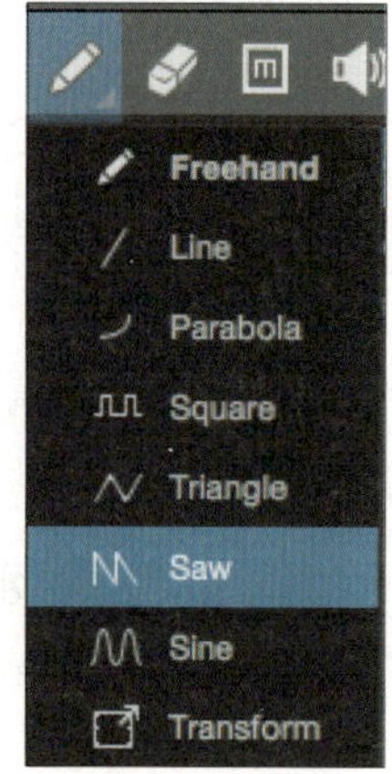

그림 5 - 20 연필 툴 메뉴

## 1.6 스냅 퀀타이즈(Snap Quantize) 후 인서트 노트

왼쪽 파란 부분은 예전 시퀀서에서는 커서 퀀타이즈라고 불리던 기능입니다.

이 퀀타이즈 버튼은 작업 중에 자주 껐다 켰다 해야 하는 기능이기도 합니다. 스냅 퀀타이즈는 음표를 골라 피아노 롤에 그릴 때 마우스 커서에 바로 정박이 맞아 들어가는 것을 뜻합니다. 상단 퀀타이즈 메뉴

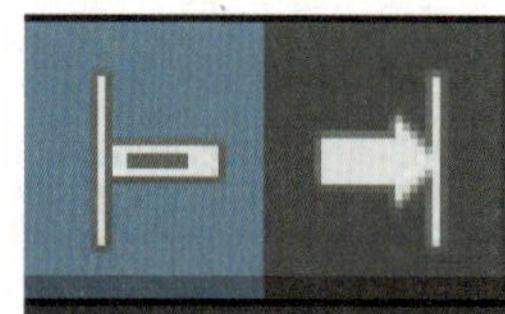

그림 5 - 21 스냅 퀀타이즈 버튼

중에 저 버튼이 눌러져 있으면 마우스를 정확한 박자 근처에만 갖다 그려도 그려진 음표는 정확한 박자에 맞아 들어갑니다. 정박에 그려 넣고 싶지 않을 때는 잠시 꺼두어야 합니다.

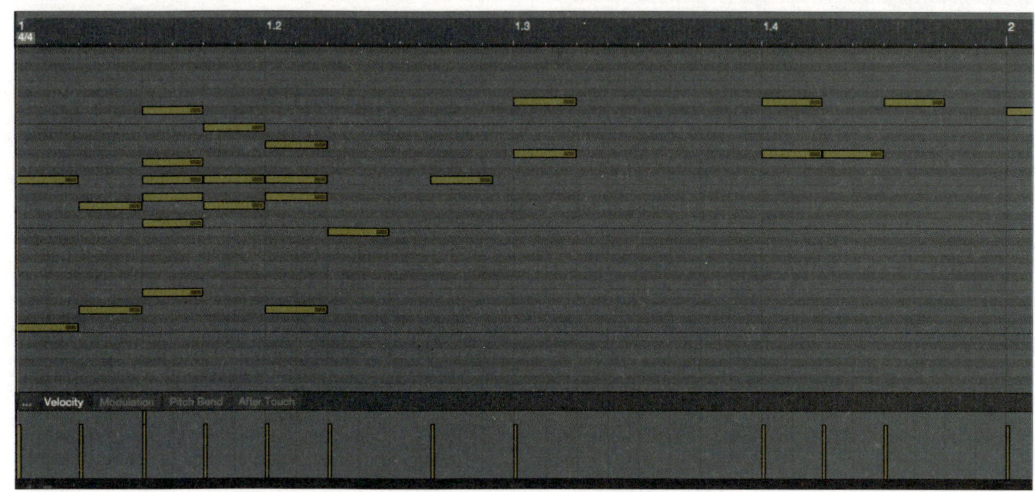

그림 5 - 22 스냅 퀀타이즈 후 입력된 화면

스냅 퀀타이즈 후에 인서트 노트로 입력된 피아노 롤 화면을 보면 모든 음정의 길이와 벨로시티의 크기가 정확한 박자에 맞아 떨어진 것을 볼 수 있습니다.  4/4 박자 곡이기에 1.0, 1.2, 1.3, 1.4로 한 마디가 한 박자 간격 즉 4칸으로 나누어져 있습니다. 그럼 그 한 칸의 간격은 4분음표 = ♩ 입니다. 그리고 그 한 칸은 8칸으로 나누어져 있습니다. 그렇다면 그 중 절반인 4칸은 8분음표 = ♪ 길이가 될 것이고 2칸은 16분음표가 될 것이며 제일 작은 한 칸은 32분음표가 될 것입니다.

현재 제일 작은 작은 칸 2개를 차지한 모든 음정의 길이(16분음표)에 퀀타이즈 설정도 16분음표단위 (120 tick), 기본 설정 벨로시티(Default velocity)는 80입니다. 한 마디 혹은 한 박자 마다 더 편리한 설정들을 자꾸 바꾸어 입력해서 익숙해지길 바랍니다.


# 1.7 스텝 입력

이 책에서는 기본적으로 마우스를 사용한다는 가정 하에 설명하지만 분명 마스터 키보드나 신시사이저가 있는 유저들도 있습니다. 사실 건반을 통해 입력을 하는 것이 마우스를 가지고 입력하는 것보다 훨씬 빠릅니다. 마우스로는 한 번에 한 음정은 입력이 되어도 2개 음정 이상으로 이루어진 코드 입력 같은 것은 절대로 안 되기 때문입니다.

그런데 건반 입력을 하는 유저들도 건반을 잘 치는 작업자와 그렇지 않은 작업자로 나뉩니다. 스텝 입력은 그중에 건반을 잘 못 치는데 건반이 있는 작업자들이 사용하면 편리한 기능입니다. 하지만 미디 작업자라면 누구든지 마스터 건반은 꼭 구비하는 걸 권합니다.

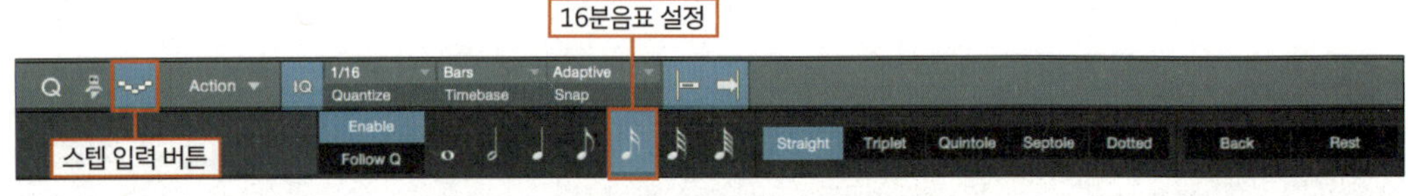


그림 5 - 23 스텝 입력 버튼

좌측 위 매크로 버튼(로봇 아이콘 버튼) 바로 옆의 버튼이 스텝 입력 버튼입니다. 스텝 입력은 간단히 말해 기본 설정을 잡아놓으면 건반을 누른 음정이 그 설정대로만 입력되는 기능입니다. 버튼을 클릭하면 메뉴에 각종 설정들이 생겨납니다. 모두 원하는 음표를 넣기 위한 옵션들입니다. 이곳에서 원하는 음표 길이를 선택한 후 마우스로는 원하는 마디 · 박자에 커서를 가져다놓고 시작합니다.

위 그림은 16분음표가 설정되어 있으니 만일 작업자가 건반을 10분 동안 누르고 있어도 16분음표만 입력되고 끝입니다. 이 스텝 입력에 관한 설명은 마스터 건반이 있는 분들에게만 사용 가능한 기능이기에 건반이 있다는 전제로 설명하겠습니다.

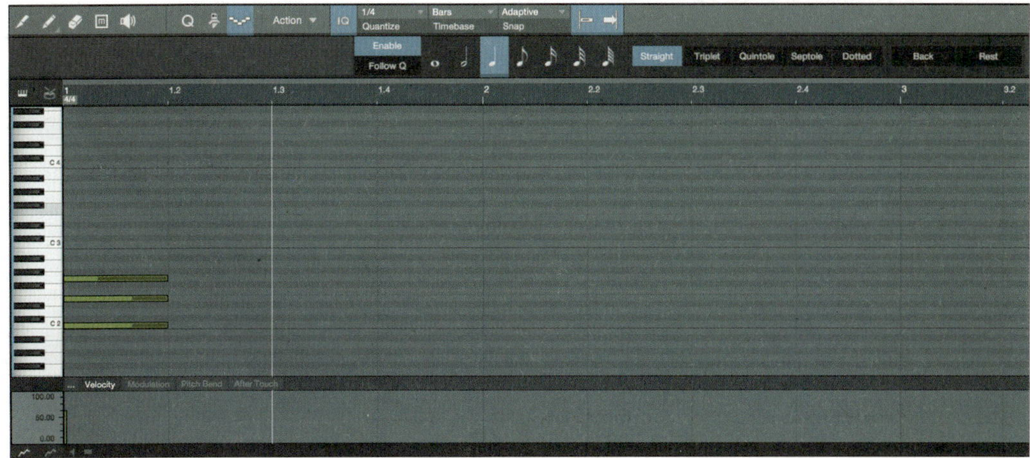

그림 5 - 24 스텝 입력 1

4분음표를 선택한 후 C 코드를 누릅니다. 그림에서 보듯 1.0에서 1.2까지 한 칸이 다 채워진 길이이 므로 4분음표가 맞습니다. 만일 4분음표보다 더 길게 혹은 더 짧게 눌러도 그것과는 상관없이 반드 시 4분음표 길이만큼만 입력이 됩니다. 다만 작업자가 이번에 입력할 음정이 '4분음표'라는 걸 알고 있어야 합니다.

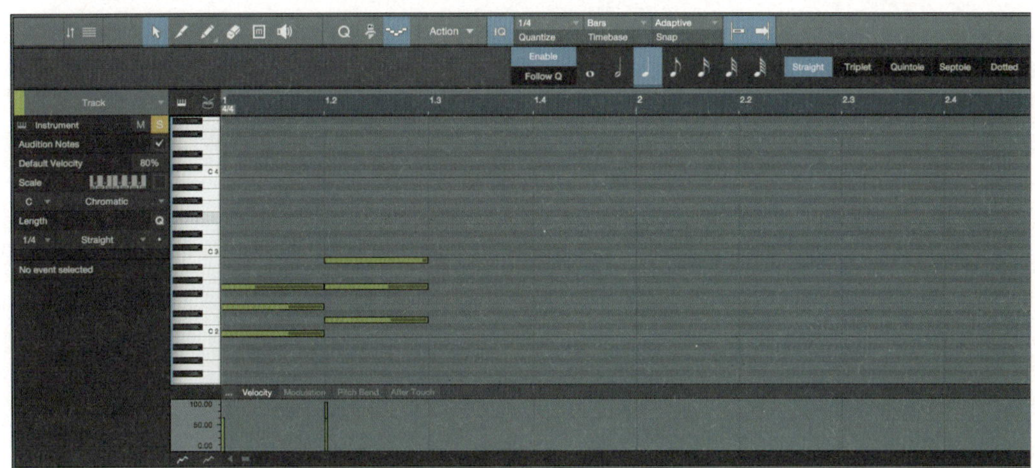

그림 5 - 25 스텝 입력 2

두 번째 박자에도 4분음표 길이만큼 G 코드를 입력합니다. 마우스는 1.2~1.3(첫 번째 마디 2번째 박자에서 3번째 박자까지)에 위치합니다. 누르는 음표가 정해진 길이, 정해진 박자에 딱딱 맞아 들 어갑니다.

이런 스텝 입력은 이미 악보가 있는 곡을 카피해서 입력할 때나 코드 등이 나와서 미리 입력을 해볼 때, 건반 입력 실력이 시원치 않은 분들이 코드 진행을 만들고 곡 스케치를 할 때 이용하면 편리합니다.

여러분이 지금 찍어 놓은 스텝 입력 피아노 연주들은 아주 무미건조하고 특색이 없는 상태입니다.

그래서 일단 서스테인 페달을 조금 넣습니다. 서스테인 페달은 진짜 피아노에 달린 3개의 페달 중 가장 오른쪽 페달을 말합니다. 말 그대로 누르고 있는 피아노 음정의 서스테인을 길게 늘려주는 역할을 합니다. 물론 여러분이 가진 마스터 건반에 페달이 있어야 합니다.

**그림 5 - 26** 서스테인 페달

피아노 소리가 점점 사라지는 그 끝쪽의 여운이 남는 소리를 decay라고 부릅니다. decay는 소리가 줄어드는 속도를 말합니다. 그리고 그 끝쪽으로 갈수록 소멸해가는 소리를 서스테인이라고 합니다. '서스테인' 페달을 밟으면 일찍 소멸하지 않고 서스테인, 즉 그 음의 길이가 늘어나 음이 소멸해가는 속도가 길어집니다. 앞으로 피아노 연주자들의 독주를 듣는다면 이 서스테인 페달을 언제 밟고 언제 떼는지를 눈여겨볼 필요가 있습니다.

인서트 노트와 스텝 입력은 미디 키보드가 없거나 혹은 있더라도 건반을 잘 못 다루는 유저가 사용하기에 좋은 기능이 맞습니다. 딱딱 박자에 맞아떨어지는 것이 연주상으로는 맞지만 듣기에는 참 불편합니다. 박자가 너무 정확해서 듣기 불편한 것인데, 음악적이지 않게 들릴 수 있다는 뜻이기도 합니다. 이 경우 사용하기 좋은 메뉴가 'humanize'입니다.

## 1. 코드 입력

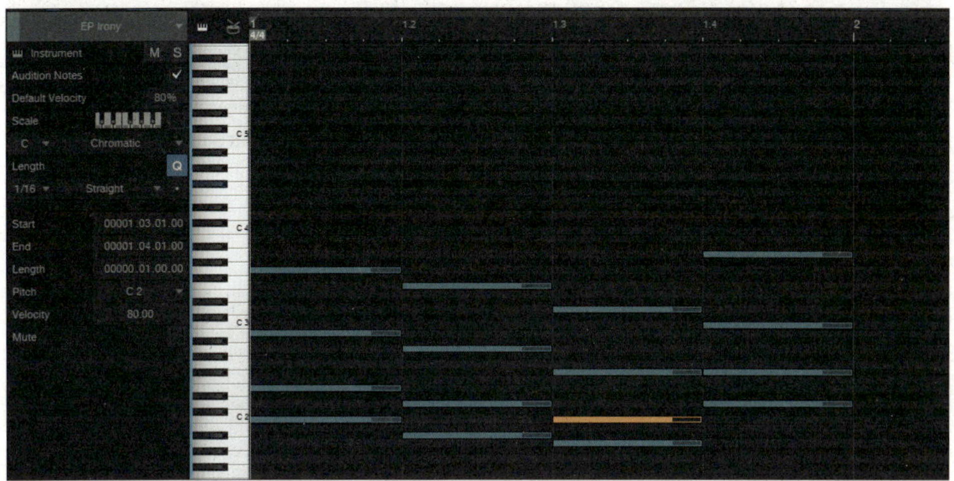

그림 5 - 27 코드 입력

일단 예제로 한 마디를 마우스만을 이용해 인서트 노트로 시퀀싱했습니다. 모든 음표가 4분음표로 이루어지고 벨로시티도 같으며 심지어 정확한 박자에 딱딱 맞아 있는 것을 볼 수 있습니다.

## 2. 노트 선택

휴머나이즈를 적용할 노트(음표)들을 선택합니다. 여기에서는 저 한마디를 다 선택합니다.

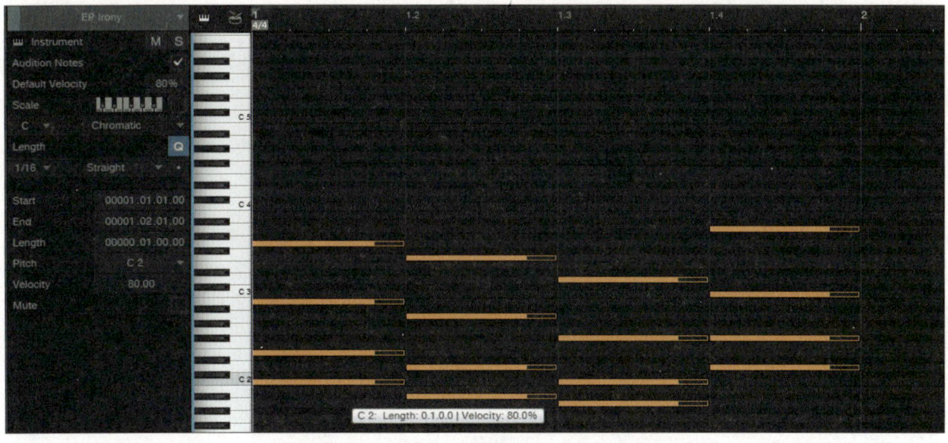

그림 5 - 28 휴머나이즈를 위한 노트(음표) 선택

## 3. 휴머나이즈 기능

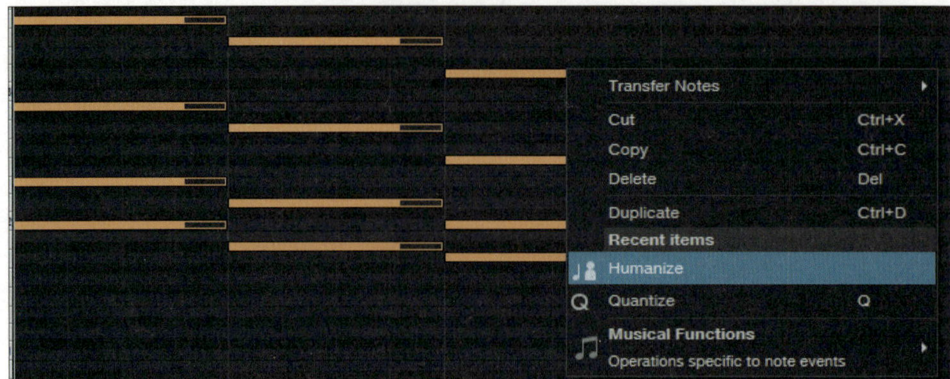

**그림 5 - 29** 우클릭

선택한 후 아무 노트에나 대고 마우스 오른쪽 버튼을 클릭하여 휴머나이즈 기능을 적용합니다.

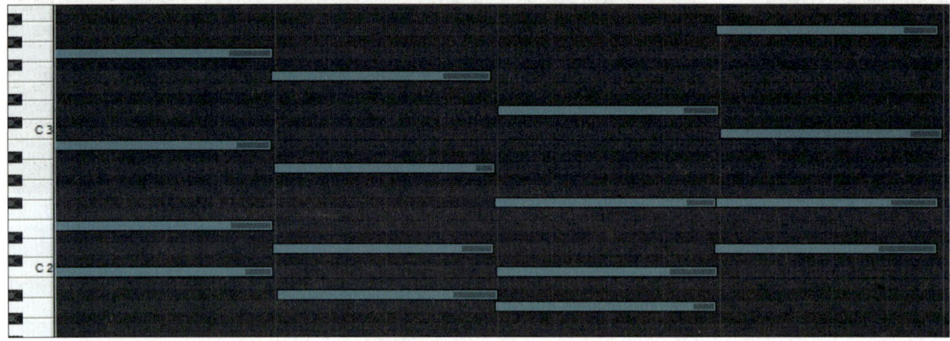

**그림 5 - 30** 휴머나이즈 기능 적용

휴머나이즈가 적용된 후 모습입니다. 아주 조금씩 흐트러져 있는 것을 확인할 수 있습니다. 이 기능은 이런 피아노 코드 입력 때도 좋지만 드럼 입력 시에도 쓰기 좋습니다.

# 1.8 리얼 타임 입력

레코딩 버튼을 누르고 바로 녹음하여 입력하는 가장 빠르고 편한 방식입니다. 다만 건반을 잘 쳐야 한다는 전제 조건이 있습니다. 필자는 '프로툴스 숏컷'을 사용하며, 여러분 키보드의 오른쪽 숫자 키 패드 3이 프로툴스 레코딩 버튼입니다('큐베이스 숏컷'을 사용한다면 숫자 키 패드 위쪽 *표시가 레코딩 버튼입니다).

중요한 건 메트로놈과 예비박과 오버 더빙/리플레이스입니다.

실시간 입력(리얼 타임 입력)을 위한 각종 설정들을 알아봅니다.

### 1.8.1 레코딩 설정

실시간 입력을 위한 설정은 트랜스포트 바의 우측 하단 구간 설정 옆 렌치 버튼을 클릭하면 됩니다. 클릭하면 그림에서 보듯이 레코드 모드 창이 나옵니다.

**그림 5 - 31** 레코딩 모드 설정

① Replace : 이미 입력된 음표들을 지워가며 새로 입력이 되는 것입니다.

② Take to layers : 여러 번의 연주를 지우지 않고 그 위로 계속 레이어를 덧씌웁니다.

③ Input Quantize : 퀀타이즈 설정 창에 설정된 기준 음표의 길이만큼 리얼 타임 입력 시 박자를 좀 놓치더라도 정확한 박자에 맞아 들어가게 합니다.

### 1.8.2 예비박 설정

리얼 타임 입력 시 반드시 필요한 건 예비박(precount, 프리카운트)인데 적어도 한 마디 혹은 두 마디 이상의 예비 마디를 들려주고 실시간 연주가 되어야 합니다. '시~~작!'과 동시에 레코딩은 거의 불가능하기 때문입니다.

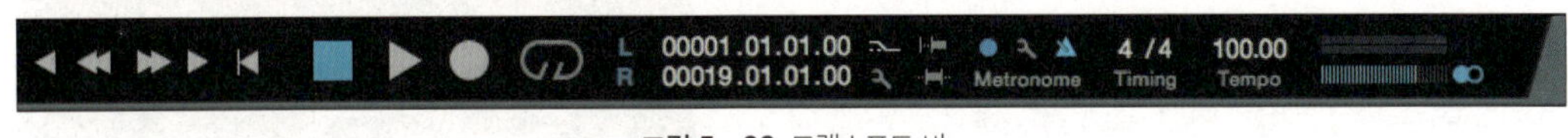

**그림 5 - 32** 트랜스포트 바

트랜스포트 바의 파란색 동그란 버튼은 예비박 즉, precount입니다.

**그림 5 - 33** 예비박 버튼

이 예비박은 실시간 입력을 하는 유저에게는 반드시 필요한 기능입니다. 예를 들어 5마디째부터 들어갈 연주를 해야 할 경우 4마디부터 플레이 혹은 3마디째부터 플레이 등을 설정합니다. 물론 가수가 반주에 맞추어 노래를 부른다던가 세션맨을 불러 기타를 녹음한다거나 할 때도 마찬가지입니다. 기본으로는 한 마디가 설정되어 있는데 예비박을 더 늘리고 싶은 경우 동그라미 아이콘 옆의 렌치 모양 아이콘을 누르면 설정이 뜹니다.

### 1.8.3 메트로놈

**그림 5 - 34** 메트로놈 버튼

메트로놈 아이콘은 리얼 타임 입력 시 메트로놈을 켤 것인지 말 것인지에 관한 버튼입니다. 현재 그림 상에는 켜져 있는데, 이 경우 연주 중에도 메트로놈 소리는 계속 나옵니다. 이번에도 역시 그 바로 옆 렌치 모양 아이콘을 클릭하면 메트로놈 설정 윈도우가 나타납니다.

이곳에는 메트로놈에 관한 여러 설정이 나타납니다. 이 중 재미있는 기능은 맨 위의 Render 버튼입니다. 메트로놈 설정된 소리가 웨이브 파일로 렌더가 걸려 메트로놈 트랙이 하나 저절로 생성됩니다. 가끔은 녹음 중인 곡에 브레이크(정지)가 걸리거나 혹은 특정 마디 부분만 변박이 오거나 할 때 등 연주자들이 특정 몇 마디만은 좀 다른 메트로놈을 원할 때가 있습니다. 그래서 메트로놈 설정을 그 마디만 바꾸거나 변화를 주어야 할 때 웨이브 파일로

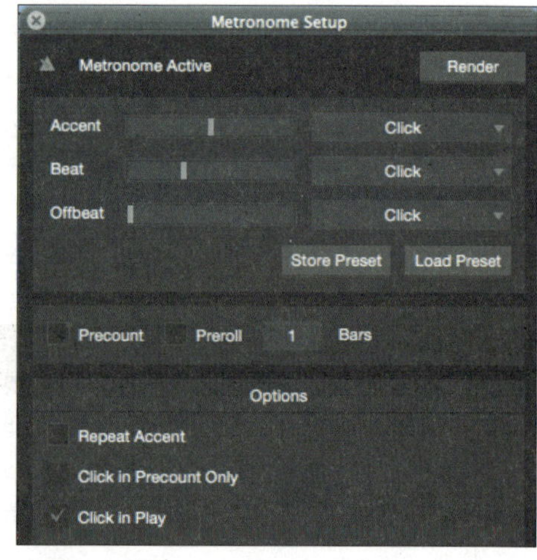


**그림 5 - 35** 메트로놈 설정

렌더가 걸려서 트랙에 저절로 올라와 있으면 정말 편리합니다. 메트로놈 트랙이 이 렌더 기능으로 웨이브 파일로 만들어졌을 때 그때그때 상황에 맞추어 편집해서 사용하는 편리함은 녹음 작업을 자주 하다 보면 느끼게 될 겁니다.

중간에 있는 Precount(프리카운트) 체크란은 예비박 설정인데 예비박을 한 마디로 줄 것인지 여러 마디로 줄 것인지 설정하는 곳입니다. 리얼 타임 입력자라면 꼭 필요한 설정인데 기본 설정은 1Bars(한 마디)로 되어 있습니다.

하단 Option의 세 가지 체크 사항은 아래와 같습니다.
① Repeat Account : 반복 횟수(여러 번 반복을 시켜줍니다)
② Click in Precount Only : 메트로놈 클릭 소리가 예비박에서만 나오도록 합니다.
③ Click in Play : 재생 중에 메트로놈 클릭 소리가 나오도록 합니다.

### 1.8.4 템포와 템포 트랙

어떤 곡을 만들 때 중간에 템포를 바꾸고 싶은 경우가 간혹 있습니다. 사실 처음 정한 템포로 쭉 간다면 문제될 것이 없겠으나 만일 곡 중간에 템포를 바꾸고 싶다는 생각이 든다면 템포 설정을 해야 합니다. 이럴 경우에는 '템포 트랙'을 불러옵니다.

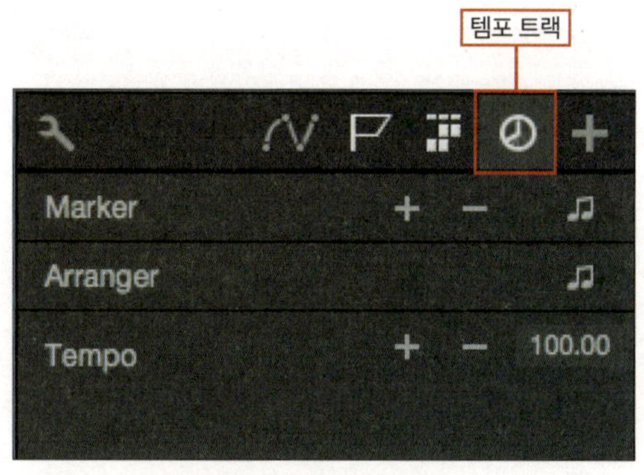


그림 5 - 36 템포 트랙 아이콘

상단의 시계 모양 아이콘이 템포 트랙을 열어 주는 설정입니다. 현재 마커 트랙과 어레인지먼트 트랙 그리고 맨 아래에 템포 트랙이 열려 있습니다. 시계 모양 아이콘을 클릭하면 템포 트랙이 생성되어 화면에 보입니다.

그림 5 - 37 템포 트랙

BPM100으로 설정된 곡의 템포 트랙 모습입니다. 만일 이 곡의 템포를 바꾸고 싶다면 연필 툴을 가지고 그리면 됩니다.

그림 5 - 38 템포 변경

이해를 돕기 위해 임의로 여러 부분 바꾸어 보았습니다. 템포 트랙 안의 +, − 키를 통해 한 칸씩 업 다운도 가능합니다. 물론 더블클릭 후 숫자를 입력해서 템포를 변경할 수도 있습니다.

# ᴗᴗᴗ **2 첫 번째 곡 만들어보기**

## 2.1 악기 선택

그림 5 - 39 프리센스에서 피아노 고르기

프리센스에서 피아노를 고릅니다. 프리센스의 여러 악기 폴더들 중 피아노 폴더를 열어보면 여러 종
류의 피아노 소리가 보입니다. 각자 소리가 다 다른 피아노인지라 곡에 주는 뉘앙스도 당연히 다릅
니다. 이 중에 우리는 Acoustic Piano – Ballad를 선택합니다.


## 2.2 코드 입력

마우스로 하나 하나 입력하는 인서트 노트, 건반을 쓰되 음 길이와 박자를 정해서 가는 스텝 레코딩
그리고 실시간 레코딩 이렇게 3가지 방법 중 하나를 택해서 입력하도록 합니다. 필자의 경우 저 3가
지를 한 작업에 모두 사용하고 있습니다.

연필 툴을 이용해 C– Am –F –G  4마디 코드를 입력합니다.

## 2.2.1 코드 입력 전 준비

**그림 5 - 40** 연필 툴 선택

상단의 툴 바에서 연필 툴을 이용해 3마디를 첫 마디로 해서 레전을 그립니다. 혹은 빈바탕에 더블 클릭 후 생긴 레전을 잡아 늘려도 됩니다. 우선 메인 윈도우에서 4마디 레전을 그리고 레전을 더블 클릭합니다.

**그림 5 - 41** 마디 레전 그리기

그러면 미디 에디터가 뜹니다. 이것을 '피아노 롤' 화면 이라고도 부릅니다. 이곳에서 연필 툴을 고릅니다.

## 2.2.2 코드 입력(C – Am – F – G)

C – Am – F – G7 진행은 C를 1도로 하고 5도인 G로 가는 4도 F가 걸린 진행으로, 팝송이나 가요에서 흔하게 찾아볼 수 있는 진행입니다. 이 코드 진행과 유사한 Am – F – G – C의 코드 진행은 더욱 많은 가요에서 찾을 수 있습니다. 앞장에서 배운 대로 F 대신 Dm7을 사용해도 됩니다.

## 1) C 코드 입력

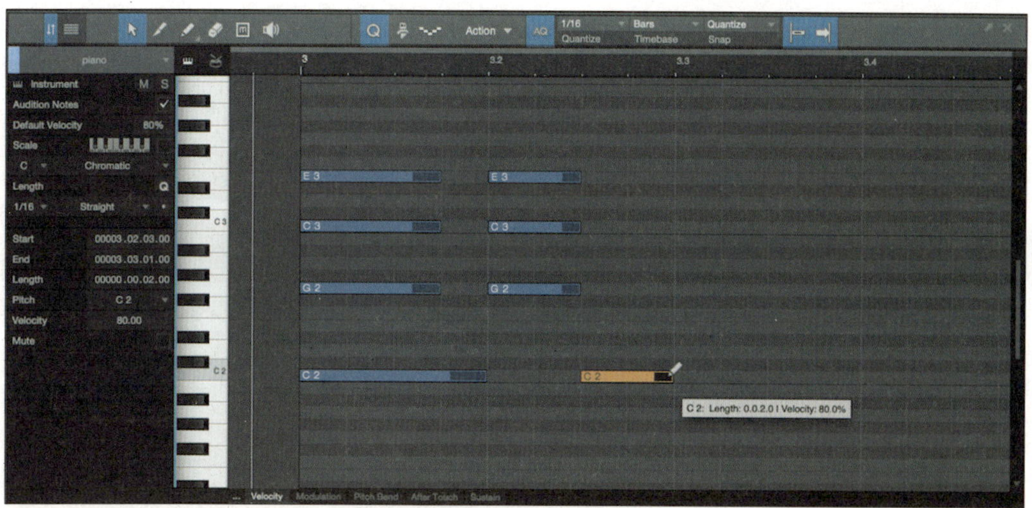

그림 5 - 42 C 코드 입력

3번째 마디를 시작 마디로 해서 그리겠습니다.

연필 툴을 이용해(혹은 마우스 툴을 선택 후 cmd(alt)키를 누르고) 상단의 그림처럼 그려줍니다.

베이스 음인 도를 한 박자 가득, 그리고 솔 도 미 순으로 16분음표만큼 모자라게 그려줬습니다.

베이스 음인 도는 건반 연주 시 왼손으로 눌렀다 생각해서 한 옥타브 아래로 하나 더 그려줍니다.

역시 베이스 음인 도를 리듬감 있게 3.2 박의 중간에 8분음표 길이만큼 그려줍니다.

그림 5 - 43 C 코드 입력 후 듀플리케이션

2박까지 입력되었으니 3, 4박째는 그냥 1, 2박에 찍은 음정들을 선택 후 매킨토시라면 cmd + D , 윈
도우즈라면 ctrl + D를 누릅니다. 위 그림처럼 제대로 맞는 박자에 복제되어 들어갑니다.

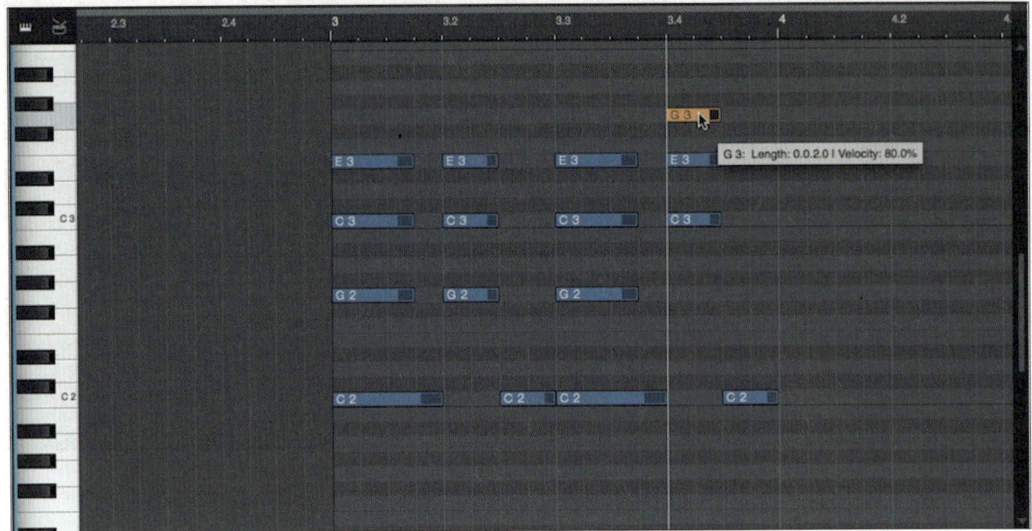

그림 5 - 44 C 코드 입력 후 음정 바꾸기

복제된 3, 4 박자 중 4번째 박자의 음정을 하나 바꿔 봅니다. C 코드의 베이스 음정의 완전 5도인 G
를 맨 위로 올리니 갑자기 다른 인상이 생깁니다.

## 2) Am 코드 입력

그림 5 - 45 Am 코드 입력

다음 마디에 Am 코드도 같은 방법으로 입력합니다. 1, 2박은 그대로 하고 3, 4박은 복제합니다.

## 3) F 코드 입력

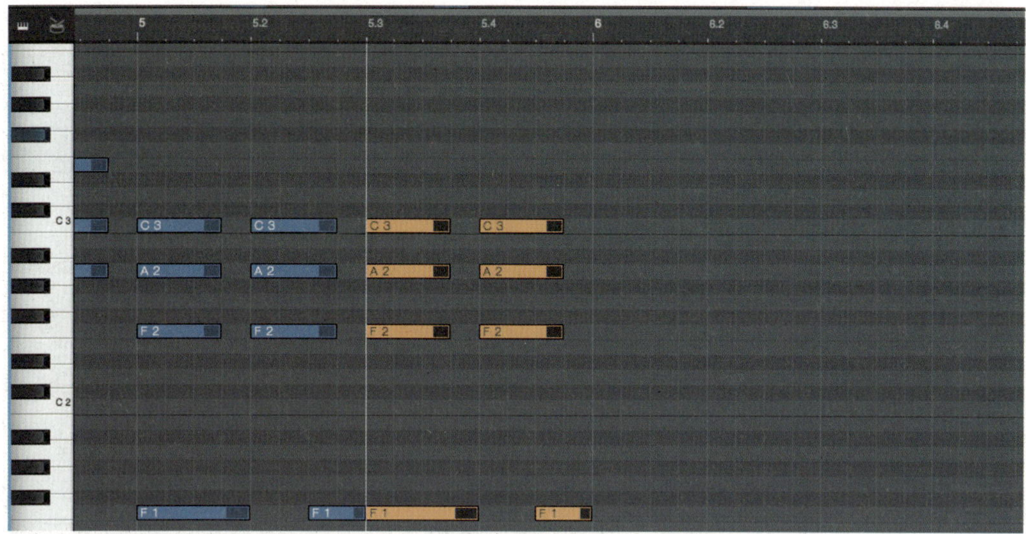

**그림 5 - 46** F 코드 입력

F 코드도 같은 방법으로 입력합니다. 1, 2박은 그대로 하고 3, 4박은 복제합니다.

## 4) G 코드 입력

**그림 5 - 47** G 코드 입력

G 코드도 같은 방법으로 입력합니다. 1, 2박은 그대로 하고 3, 4박은 복제합니다.


## 5) 4마디 완성

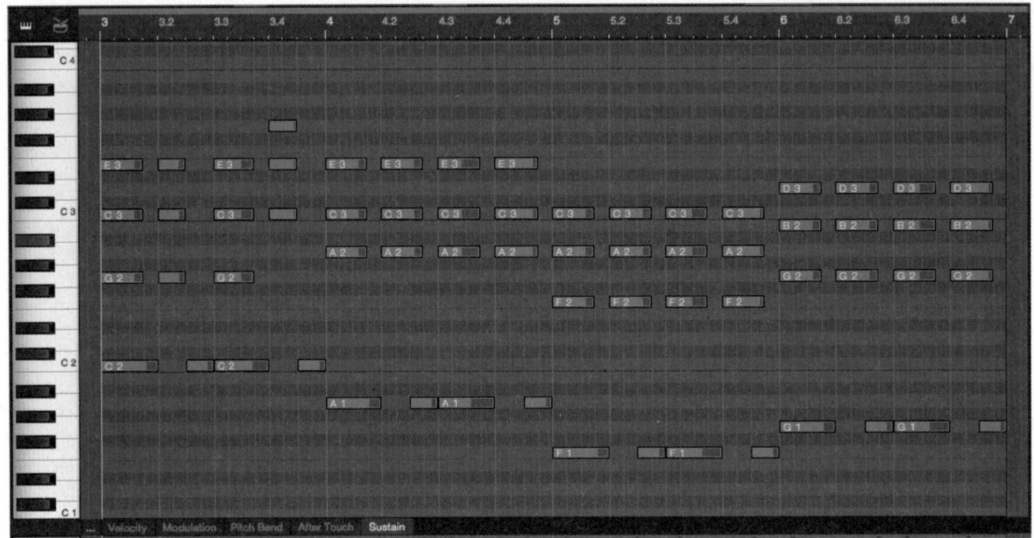

**그림 5 - 48** 4마디 코드 진행

미디 에디터 윈도우 상에서 이런 모양으로 시퀀싱이 되었다면 성공입니다. 필자 역시 마우스로 시퀀싱하였고, 하단의 벨로시티를 약간씩 차이 나도록 조절했습니다.

대신 마우스로 시퀀싱하다 보니 음들의 길이(듀레이션)가 동일합니다. 주의해서 볼 점은 코드를 시퀀싱하기는 했습니다만 베이스(루트) 음에 약간씩 박의 차이를 두었습니다. 예를 들어 첫 마디(즉 시퀀싱상 3째 마디)의 C 코드 진행을 보면 루트 음인 C 음이 2번째 박과 4번째 박에선 반 박자씩 뒤로 가도록 했습니다. 이렇게 되면 그냥 건조한 코드 진행이 아닌 조금 더 '자연스러운' 연주가 됩니다. 위의 그림과 똑같이 만들어 보기 바랍니다.

## 2.2.3 서스테인(Sustain)

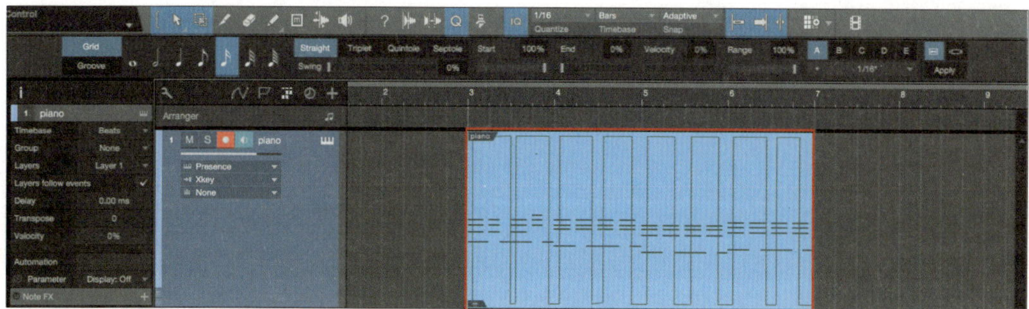

**그림 5 - 49** 서스테인 1

위 그림에서 레전에 피아노 음들 외에 사각형의 테두리 같은 것이 보입니다. 이것은 피아노의 서스테인 페달을 밟은 것입니다. 이제 미디 에디터 윈도우에서 피아노의 서스테인 값을 조절해 보겠습니다.

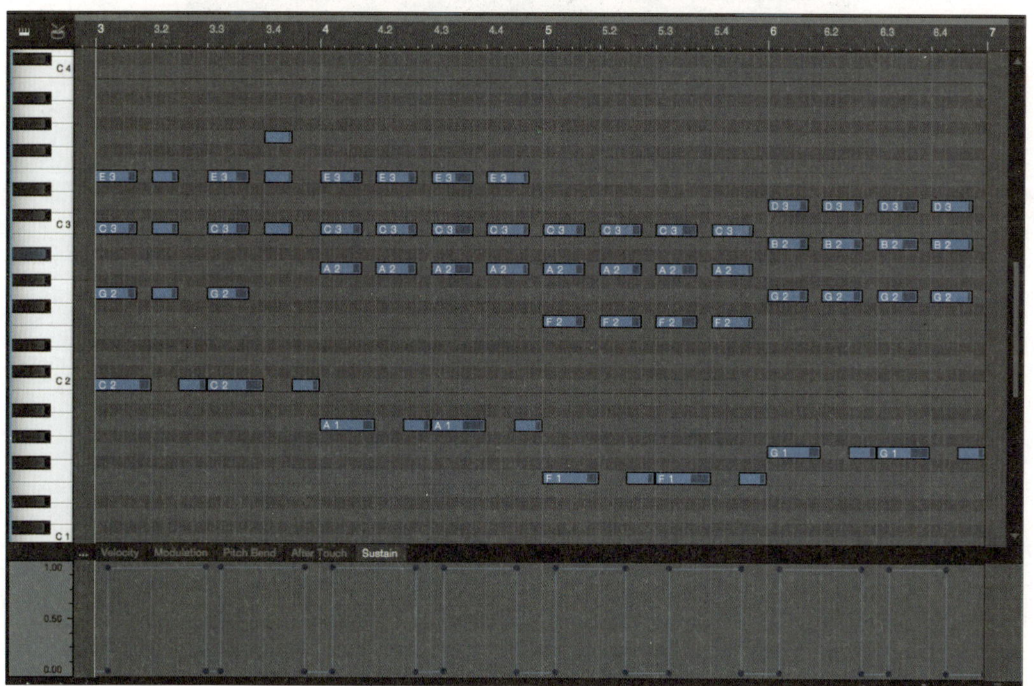

**그림 5 - 50** 서스테인 2

서스테인 값의 조절은 벨로시티 조절란과 같이 피아노 롤 화면(미디 에디터) 하단 탭에서 볼 수 있습니다. 이곳에서는 벨로시티, 모듈레이션, 피치 밴드, 애프터 터치 그리고 서스테인이 탭으로 드러나 있습니다. 이런 설정들은 모두 미디 메시지라는 신호로 이루어지는데, 위 설정 이외에도 더 많은 미디 메시지가 존재합니다. 그중 위의 설정들이 드러나 있는 이유는 가장 많이 사용되기 때문입니다. 벨로시티 탭 바로 옆의 '…' 모양의 버튼을 클릭하시면 이런 미디 메시지들을 보실 수 있습니다.



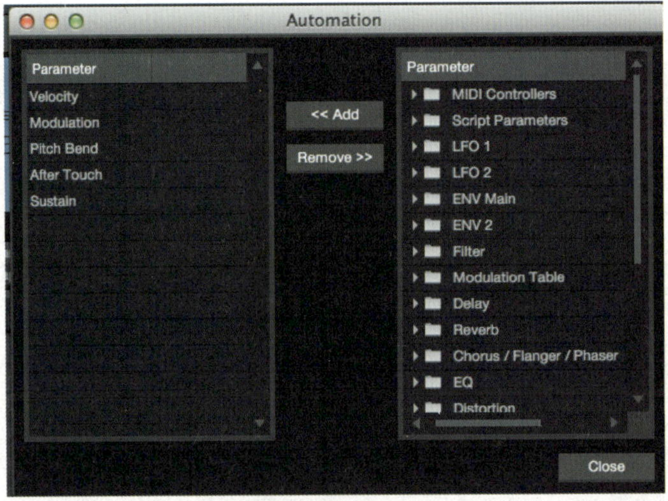


그림 5 - 51  미디 메세지

이 부분은 참고만 하기 바랍니다. 이곳은 미디의 근간이 되는 미디 시스템 메시지, 즉 '미디 메시지들의 제어가 가능한 구역이다' 정도로만 알면 됩니다. 외장 악기들이나 미디 신호로 동작하는 다른 기기들의 명령 시스템인 '시스템 익스클루시브' 메시지만 해도 '시스템 익스클루시브' 메시지 중 공통된 것들만 추려서 모아놓은 '유니버설 익스클루시브' 메시지라는 것과 구별을 해야 하는데 한 챕터는 설명을 해야합니다.
중요한 건 오늘날의 작 · 편곡에서는 들여다볼 일이 없습니다. 오로지 개발자나 혹은 관심 있는 분들의 몫입니다. 왜냐하면 미디 메시지라는 것은 이미 20년도 더 된 낡고 느린 신호이기 때문입니다.
예전에는 미디 메시지로 제어하던 싱크나 컨트롤이 USB나 LAN선을 통해 이루어지고 심지어 와이파이를 이용한 무선제어가 가능해지고 있습니다.

## 2.2.4 레전 복제해서 16마디로 늘리기

이젠 시퀀싱한 4마디를 16마디로 늘려보겠습니다. 시퀀싱된 4마디 레전을 매킨토시라면 'opt + 드래그', 윈도우즈라면 'ctrl + 드래그'하거나 혹은 레전을 클릭 후 매킨토시라면 'cmd + D'키, 윈도우즈라면 'ctrl + D' 키를 이용해 듀플리케이트합니다.

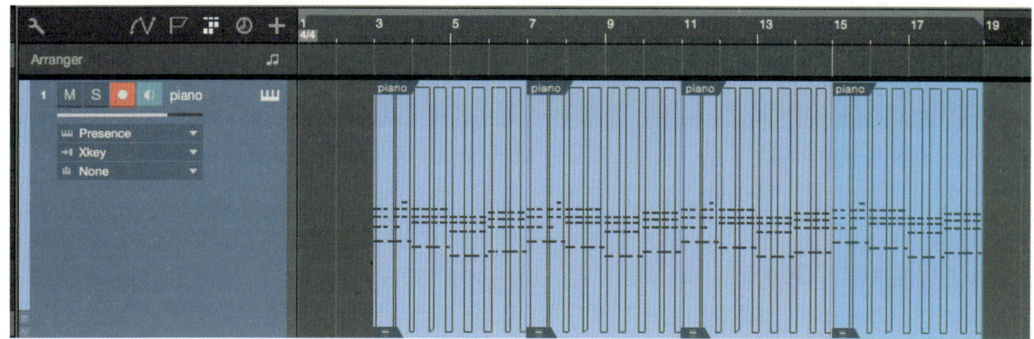

**그림 5 - 52** 16마디로 늘리기

복제 후의 모습으로, 4개의 레전들이 나열되어 있습니다.

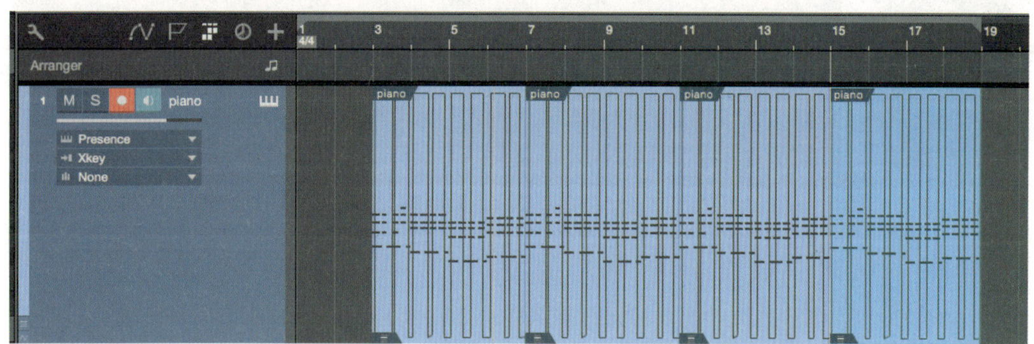

**그림 5 - 53** 레전 합치기

4개의 레전을 합치는 단축키인 'G'를 누릅니다(프로툴스 숏컷 모드일 때 큐베이스는 w입니다). 그러면 위 그림처럼 4개의 레전이 하나로 합쳐집니다. 여러분이 시퀀싱한 피아노 연주를 들으면서 여러분들만의 어떤 멜로디가 머릿속에 떠오르길 바랍니다.

# 2.3 조금 발전된 코드 입력

앞서 입력한 4마디 코드 진행은 C- Am -F -G 진행이었습니다. 이건 토닉에서 서브 도미넌트 - 도미넌트 그리고 토닉으로 움직이는 도미넌트 모션이 보이는 164-251진행입니다. 여기서 F 대신 대리코드인 Dm7을 넣을 수도 있습니다. .

이번엔 앞 선 두 코드인 C- Am를 약간 발전시켜 C / CM7 - Am7 / F6 두 마디 코드 진행으로 입력하겠습니다. 이렇게 되면 한 마디를 2개의 코드가 나누어 쓰게 되어 코드 하나 당 두 박자씩 나누어 가지는 형식입니다. 베이스 음의 진행을 고려한 진행입니다.

## 2.3.1 C / CM7 입력하기

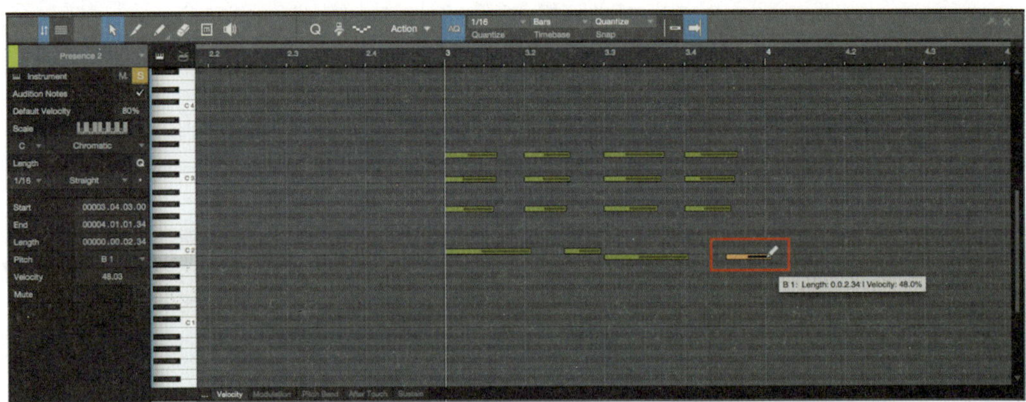

그림 5 - 54  C / CM7 입력하기

커서(cursor) 퀀타이즈 버튼은 꺼져 있습니다. 3.1, 3.2는 C 코드이고 3.3, 3.4는 CM7입니다. 루트음으로 '시'가 그려지고 있습니다.

## 2.3.2 Am / F6 코드 입력하기

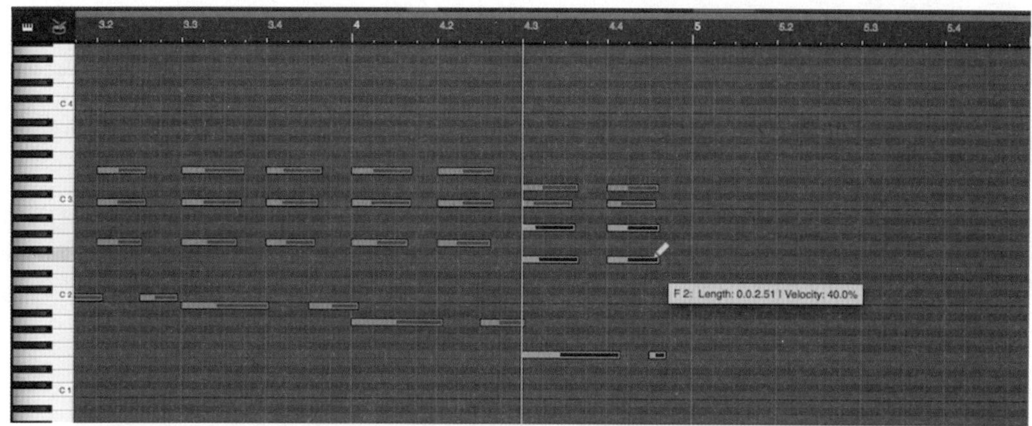

**그림 5 - 55** Am / F6 코드 입력하기

앞의 두 박 Am7의 구성음은 '라 도 미 솔'입니다.

하지만 배열은 루트음 다음 7th음이 오도록 했습니다. 그러면 아래부터 '라 솔 도 미' 순입니다.

F6 구간은 구성음은 '파 라 도 + 레' 가 됩니다.

이렇게 되면 제일 높음 음정 두 개가 '미'에서 '레'로 하행합니다.

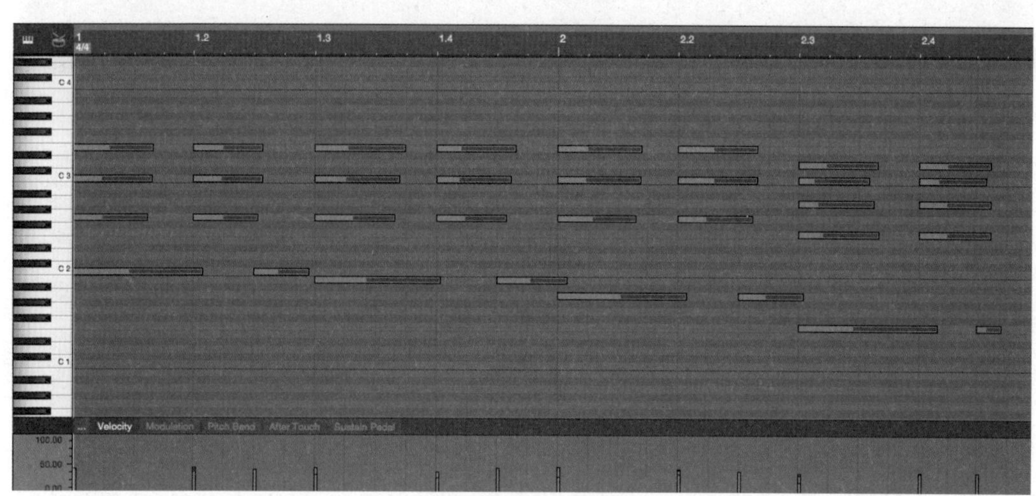

**그림 5 - 56** 진행 두 마디

2마디가 다 입력된 후의 모습입니다. 이렇게 따라 그리시면 됩니다(피아노 롤의 색깔은 랜덤하게 생기기에 필자와 여러분이 달라도 중요하지 않습니다).

각 칸마다 정확히 맞지 않는 음정들도 있는 걸 봐서는 커서 퀸타이즈를 사용하지 않고 입력이 되었음을 알 수도 있습니다. 인서트 노트로 입력된 그림 5-56의 3번째 마디 1, 2박자를 언뜻 보면 4화음 같습니다.

하지만 자세히 보면 맨 밑에는 옥타브 아래의 루트 음입니다. 그리고 옥타브 아래 저음 부분의 루트 음은 코드를 듣기에 안정감을 줍니다. 음향적으로도 저음 부분을 담당해주기도 하지만 안정적인 코드감을 주기도 하고 또한 베이스 음의 진행을 확실히 들리게 해주기도 합니다. 이 진행에서 베이스 음의 진행을 살펴보면

C → B → A → F로 도에서 시로, 시에서 라로, 라에서 파로 내려가고 있습니다. 자연스러운 느낌으로 하행하는 코드 진행감을 갖는다고 보면 됩니다.

그럼 이제 다음 마디인 3번째 마디로 진행을 더 만들기 위해서 두 번째 마디의 3번째 박자(2.3) 코드를 그냥 F로 끝내지 말고 F6(파 라 도 레)를 사용해보도록 합니다.

요즘 유행하는 노래들의 느낌으로만 비추어 보자면 너무 흔해서 조금 재미없는 진행이기도 합니다만 독자 여러분이 첫 발을 떼는 미디 입력으로 의의가 있다고 필자는 생각합니다.

아랫부분 코드별 벨로시티를 보면 조금씩 다름을 알 수 있는데 그림의 높낮이대로 따라 해봐도 좋고 혹은 본인의 느낌대로 직접 자연스런 조정을 해보면 됩니다.

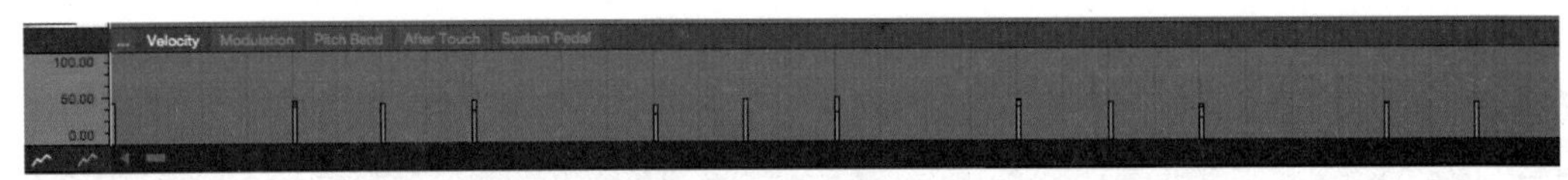

**그림 5 - 57** 두 마디 벨로시티

실제 건반 연주를 못 하는 분들은 다른 분들의 연주를 많이 들으면서 어느 부분이 벨로시티가 강해야 하는지 자꾸 의식해야 합니다. 음정의 노란 막대기마다 가로로 음영(진하고 연함)이 생기는 것은 역시 벨로시티를 나타냅니다. 입력된 음정들 모두가 같은 벨로시티라면 듣기에 정말 재미없고 딱딱한 연주가 됩니다. 벨로시티에 관한 설명은 드럼 시퀀싱 부분에서 자세히 다루도록 하겠습니다.

이제 2마디를 더 붙여 피아노 4마디로 만듭니다. 4마디 큰 코드 진행은 위 진행에서 조금 늘려 놓은 C- Am -F -G의 4마디였습니다. 이 진행을 약간 발전시킨 앞선 두 마디는 C /CM7 - Am / F가 되었고 이제 그 뒤의 3, 4마디도 좀 더 발전시킨 코드 진행으로 만들어,

C/CM7 - Am7/F6 - F/Fm - G7/G로 해보겠습니다.

현재 베이스 음들의 진행은 도 → 시 → 라 → 파로 순차적으로 내려가며 맨 위의 음들은 미 → 레 → 도 → 레 → 미로 매우 자연스러운 진행입니다.

### 2.3.3 F / Fm 코드 입력하기

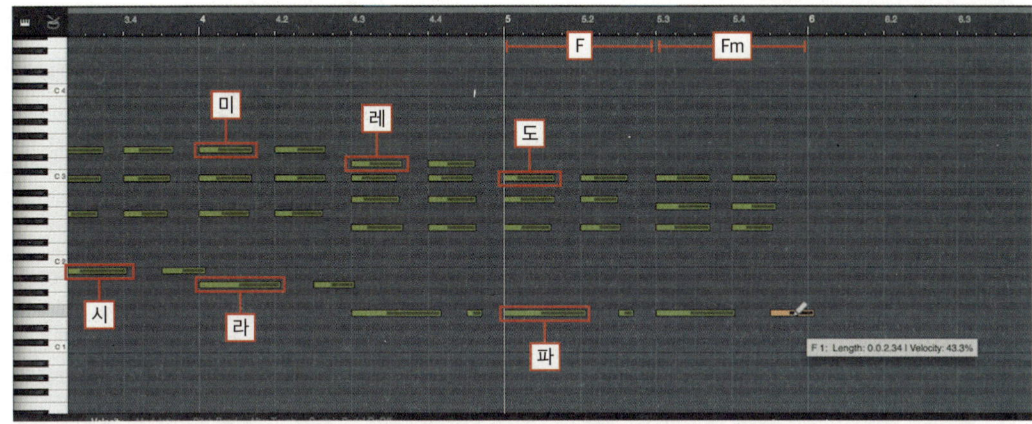


**그림 5 - 58** F / Fm 코드 입력하기

앞의 두 박인 F는 '파 라 도' 뒤에, 두 박인 Fm는 '파 솔# 도'입니다. 맨 위의 음정은 '도'이니 첫 마디부터 음정은 '미 → 레 → 도' 순으로 하행합니다. 역시 루트 음정도 '도 → 시 → 라 → 파'로 하행합니다.

### 2.3.4 G7 / G 코드 입력하기

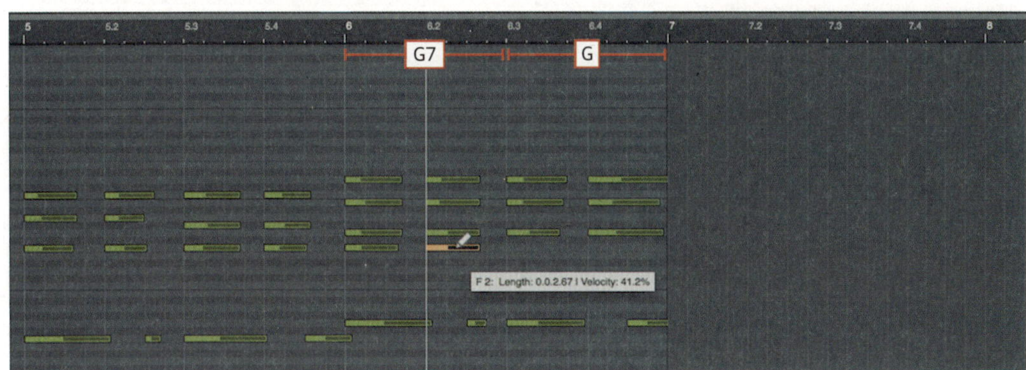


**그림 5 - 59** G7 / G 코드 입력하기

6.1, 6.2 앞의 두 박은 G7입니다. 루트 음인 '솔'과 7th음인 '파'를 아래에 두고 '솔 시 레' 순으로 배열했습니다.

이 진행은 토닉(C)에서 서브도미넌트(F)로, 그리고 도미넌트(G)로 진행하는 전형적인 '도미넌트 모션'입니다. 게다가 차후에 F 코드를 Dm로 대리코드로 사용하여 바꿀 수도 있다는 것까지 기억하면 좋습니다.

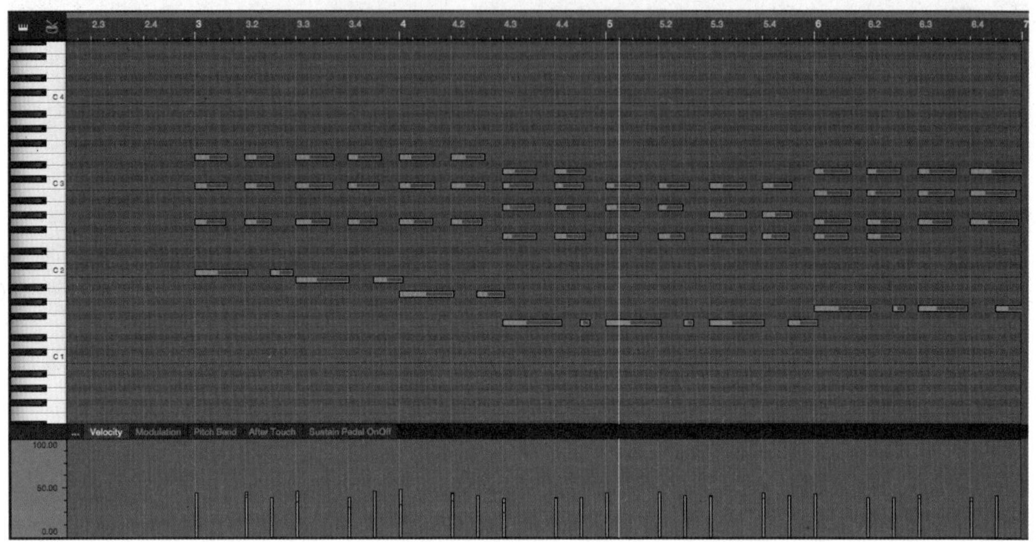

**그림 5 - 60** 4마디 코드 진행

4마디 입력이 끝났습니다. 입력이 끝난 화면이 위 그림과 비슷하게 되었기를 바랍니다. 그리고 이 4마디가 앞으로 만들 곡의 실마리가 될 것이니 머릿속에 흥얼거려지는 멜로디까지 있으면 더욱 좋습니다.

2000년 초, 중반 정도에는 녹음실에 있는 외부 레코더(녹음기, 주로 프로툴스)와의 싱크 문제로 인하여 앞선 5마디 혹은 2마디 정도를 띄워놓고 곡 작업을 했었습니다. 지금은 대부분 집 혹은 작업실에서 미디 파일을 오디오로 변환하지만 예전에는 미디 파일을 오디오로 녹음하는 과정을 녹음실에 가서야 했습니다.

곡의 시작을 최소 2마디 이상은 띄워놓아야 외부 레코더가 시퀀서가 플레이되는 타이밍을 따라 올 수 있었기 때문입니다. 하지만 지금은 그럴 필요가 없어졌습니다.

가장 큰 이유는 홈 레코딩이 보편화되면서 이미 가상 악기들을 다 바운스를 해서 wave 파일로 받은 후 녹음실에는 오디오 파일로 가져가기 때문입니다.

모든 외장 신시사이저나 외장 모듈 악기를 녹음실에 가서 악기별로 녹음을 일일이 해야 했기에 신시사이저를 비롯해 외장 악기들을 모두 녹음실로 가져가야 했었고 덕분에 예전 작업자들은 악기들을 운반하기 쉽도록 악기를 꽂아놓는 Rack장을 많이 구입해서 사용했었습니다. 자기 차를 이용하든 택시를 부르든 해서 악기는 물론 본인이 작업하던 컴퓨터까지 녹음실로 들고 가야 했습니다. 외장 레코더가 마스터, 본인의 컴퓨터가 슬레이브가 되어서 smpte로 싱크시켜서 녹음했습니다.

그림 5 - 61  과거 랙장 사진

# 2.4 드럼 입력

## 2.4.1 드럼 고르기

드럼마다 튜닝된 소리와 스네어나 스틱의 재질 느낌이 다릅니다. 그런 다양한 드럼 소리의 뉘앙스 차이를 알아야 좋은 편곡이 나옵니다. 드럼은 스튜디오 원 기본 악기 세트 중에 프리센스의 아티스트 인스트루먼트 중 Basic Kit로 하겠습니다.

메인 윈도우의 우측 브라우저 3.0 창의 instruments 탭을 클릭하고 Presence XT 〉 Artist Instruments 〉 Drum Kits 〉 Basic Kit의 순서로 클릭합니다.

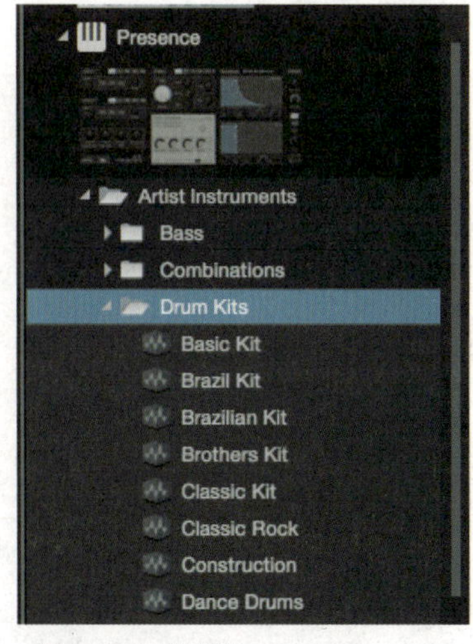

그림 5 - 62  드럼 셀렉트

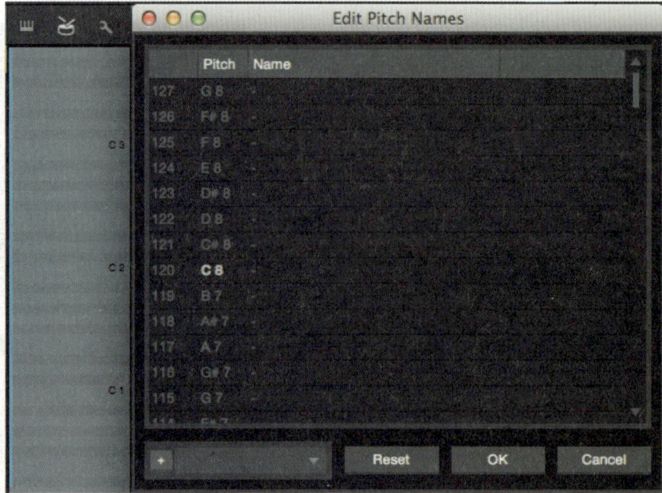

그림 5 - 63  Edit Pitch Names 드럼 에디터 버튼

피아노 롤(미디 에디터) 윈도우의 좌측 스네어 그림 버튼을 누릅니다. 그리고 우측 렌치 모양 아이콘 버튼을 클릭하면 피아노 입력 때 보았던 '피아노 롤' 배열이 아닌 'Edit Pitch Names'라는 윈도우가 나타납니다. 이곳은 음정별로 드럼의 악기별 이름을 입력하는 곳입니다. 이 안에서 음정 별로 킥인지 스네어인지 등의 이름을 기록해 놓으면 됩니다.

자주 사용하는 드럼의 경우 본인이 직접 입력을 해야 합니다. 왜냐하면 악기를 만든 회사별로 음정에 할당된 드럼 소리에 차이가 나기 때문입니다. Basic Kit의 경우 C1이 드럼의 킥에 해당합니다. 악기에 따라서는 C1이 킥이 아닐 수도 있다는 뜻입니다. 이는 프리센스 외의 다양한 드럼소리를 가진 악기를 쓸 때마다 패치의 순서가 다르다는 말이기도 합니다. 그래서 귀찮은 일이기도 하지만 해놓으면 편한 기능입니다.

## 2.4.2 8비트 하이햇

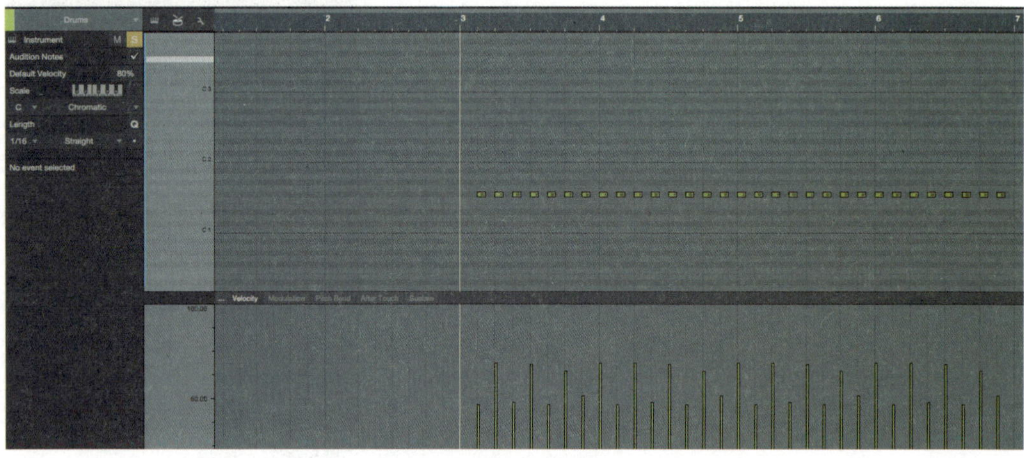

그림 5 - 64  하이햇 입력

역시 맨 앞의 두 마디는 비워 놓고 3번째 마디부터 시작합니다. 첫 마디 첫 박은 크래시 심벌이 들어갈 자리이니 하이햇 하나는 비워놓습니다. 이런 순서로 배열이 된다고 생각하면 됩니다. 그냥 배열이 중요한 것은 아니고 밑에 벨로시티를 살펴보면 강, 약/강, 약을 주어서 시퀀싱이 되었습니다.

'착 차 착 차 착 차 착 차…' 대략 이런 식으로 들린다면 제대로 된 것입니다.

마우스를 음정에 갖다 놓으면 표시되는 스튜디오 원 3의 디폴트 벨로시티는 80%이니 하나씩 크거나 작게 조절합니다. 하지만 이렇게만 들으면 드럼 연주가 조금 심심하니 오픈 하이햇 등을 넣어보겠습니다.

실제로 연주할 때는 발로 하이햇을 조절해서 하이햇 심벌을 약간 열기도 닫기도 하면서 곡의 인상을 주는데, 이것을 FOOT HIHAT이라고 하고 하이햇을 열었을 때 오픈 하이햇이라고 합니다.

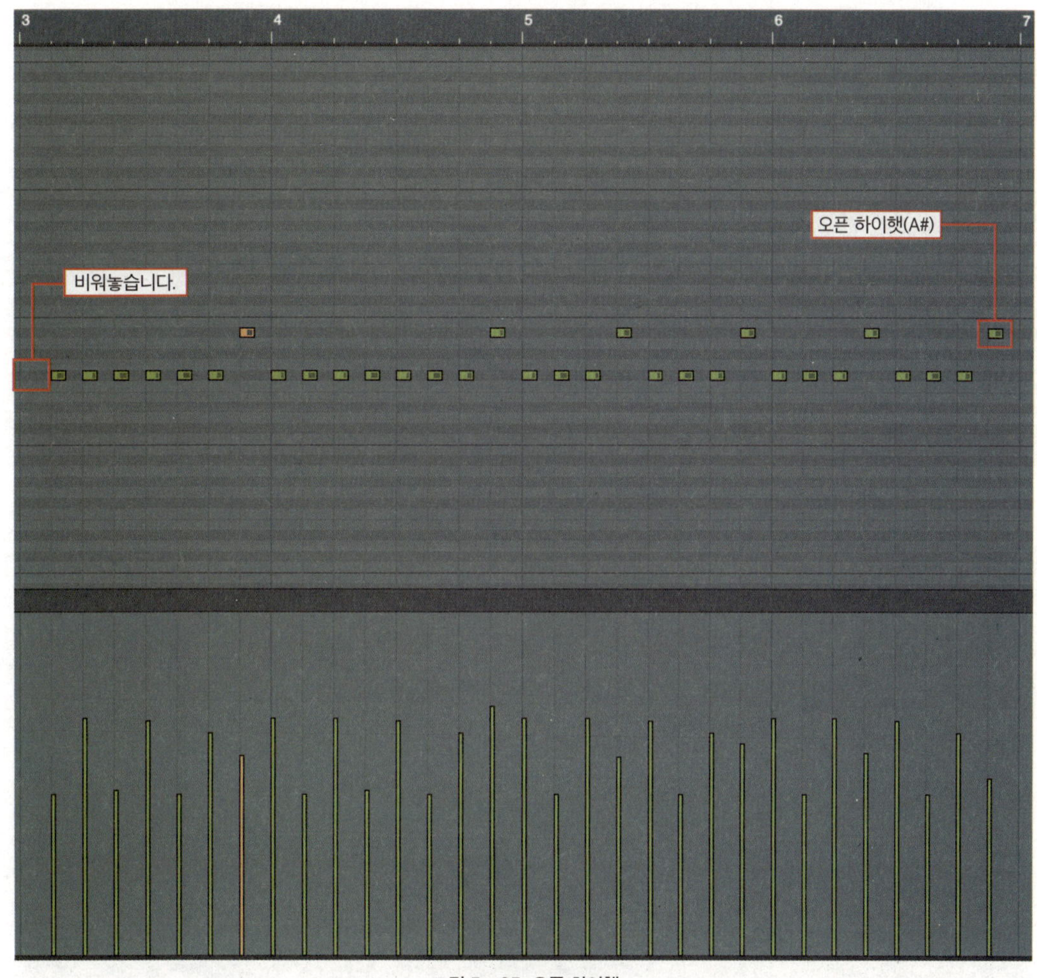


그림 5 - 65  오픈 하이햇

오픈 하이햇은 Basic Kit의 음정으로 A#입니다. 드럼 시퀀싱을 할 때는 음정의 이름보다는 지금 여러분이 들리는 소리 자체를 외우는 게 좋습니다. 소리를 들으면서 '아 이게 오픈 하이햇 소리구나' 해야합니다. 이 오픈 하이햇의 벨로시티는 45% 정도로 합니다.

## 2.4.3 스네어 입력하기

이번에는 스네어 드럼을 시퀀싱합니다. 스네어 드럼은 4분의 4박자 곡에선 대개 한 마디에 두 번째 박과 네 번째 박에 들어갑니다. 반드시는 아니지만 2(two), 4(four)에 스네어가 자리한다고 생각하면 됩니다.

발라드 곡의 경우 2에는 빠지고 4에만 들어가는 경우도 있고 펑키(FUNKY)한 곡의 경우에는 홀수 박에 넣기도 합니다.

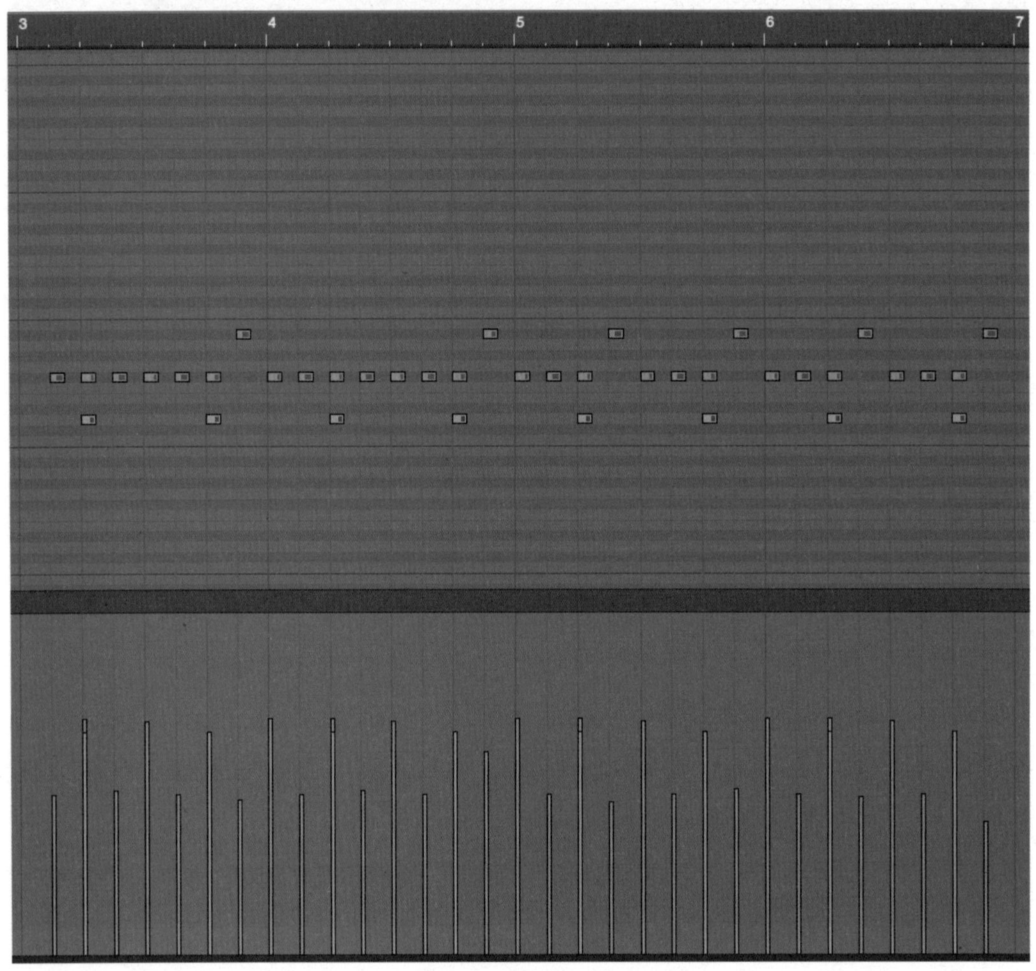

**그림 5 - 66** 스네어 시퀀싱

스네어 드럼의 벨로시티는 모두 65%로 했습니다. 위의 그림과 비슷하게 되었다면 성공입니다. 필자 역시 마우스로 하나씩 가져다 놓고 있습니다. 물론 음정 하나를 시퀀싱하면 똑같은 음정의 반복은 매킨토시라면 'opt + 드래그', 윈도우즈라면 'alt + 드래그'로 사용합니다.

일반적인 연주에 있어서 스네어 드럼의 벨로시티는 거의 일정해야 합니다. 실제 드러머의 드럼 연주에 있어서도 거의 일정한 스네어 벨로시티를 중요하게 생각합니다. 다만 드럼 연주자의 애드립이라고 말할 수 있는 필 인(FILL IN) 부분은 예외입니다.

그리고 스네어 드럼이 들어가는 타이밍이 엇박인 경우와 스네어 롤(roll) 혹은 고스트 노트(ghost note)를 표현할 경우에는 당연히 벨로시티가 달라야 합니다. 경우에 따라서는 벨로시티 차이가 아주 커야 좋을 때도 있습니다.

## 2.4.4 킥 입력하기

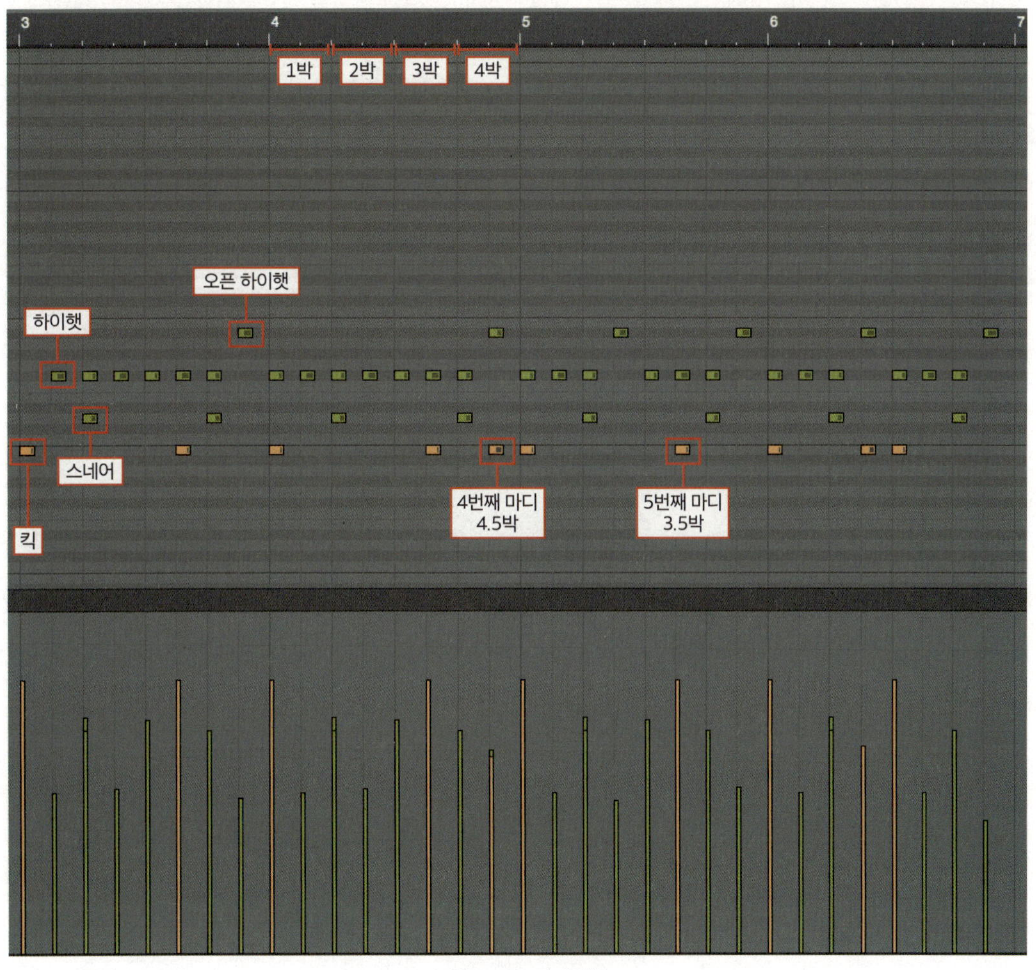


**그림 5 - 67** 킥 시퀀싱

킥 드럼은 B(시) 음정에 있는 드럼 소리를 사용해 그림의 순서대로 넣습니다.

다시 말하지만 마우스로 시퀀싱할 때 스튜디오 원의 디폴트 벨로시티는 80%입니다. 전체 킥 드럼의 벨로시티는 80%로 되겠지만 만일 연음으로 두 번 킥을 밟아야 하는 경우 먼저 밟는 킥 드럼의 벨로시티가 뒤의 킥 벨로시티보다 작아야 자연스럽습니다.

그림 상에서 보면 4번째 마디 4번째 박자 중간 부분(4.5박)의 킥과 5번째 마디 3.5박 부분의 킥은 작아야 자연스럽습니다. 그 작은 킥의 벨로시티는 60%로 하겠습니다.

### 2.4.5 크래시 입력하기

크래시 심벌을 넣어 보겠습니다. 앞의 하이햇 시퀀싱 부분에서 첫 마디 첫 박자는 비워 놓았었습니다. 바로 그 자리에 크래시 심벌을 넣습니다.

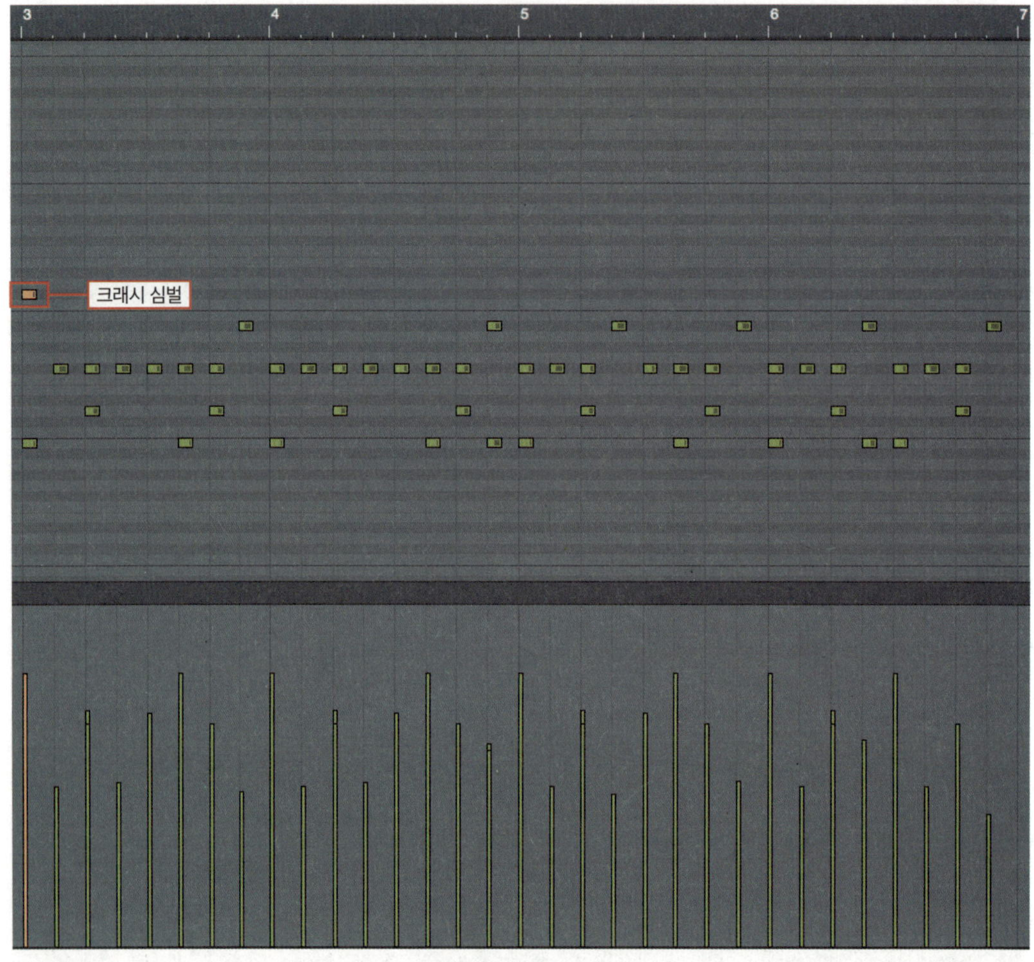


그림 5 - 68 크래시 시퀀싱

노란색으로 된 부분이 첫 마디 첫 박자의 크래시 심벌입니다. 음정상으로는 C#2입니다(다시 말하지만 모든 드럼 세트가 같은 음정에 같은 소리는 아닙니다).

음정을 올리고 내리는 단축키는 컴퓨터 키보드의 화살표 키입니다.

연주자의 해석 몫이긴 하지만 크래시 심벌이 들어가는 자리는 그래도 약간의 일정한 패턴이 있습니다. 곡의 코드가 바뀐다거나 다른 악기와의 박을 맞추는 협주가 들어간 후 등 곡에 변화가 오는 짝수 마디 즉 4, 8마디 혹은 16마디 첫 박에는 거의 크래시 심벌이 위치합니다.

현재 이 드럼 시퀀싱은 4마디를 했지만, 매킨토시라면 'opt + 드래그', 윈도우즈라면 'alt + 드래그' 혹은 매킨토시라면 cmd +D 키, 윈도우즈라면 ctrl + D 키를 이용해 '레전을 복제(duplicate)'를 하면 8마디로 늘릴 수 있습니다. 그렇게 되면 7번째 마디 첫 박에도 크래시가 들어가게 될 것입니다.

그게 어울리기도 혹은 어울리지 않기도 할 텐데 그것은 곡의 진행과 변화에 따라 다릅니다. 이 곡에서는 곡의 도입 부분이라 그다지 어울리지는 않을 것 같으니 7번째 마디 첫 박의 크래시는 지우도록 합니다.

**그림 5 - 69** 드럼 듀플리케이트

이 상태에서 7번째 마디 첫 박에 들어간 크래시를 지우고 하이햇으로 대체하겠습니다.

레전을 더블클릭하면 다음과 같이 화면이 나옵니다.

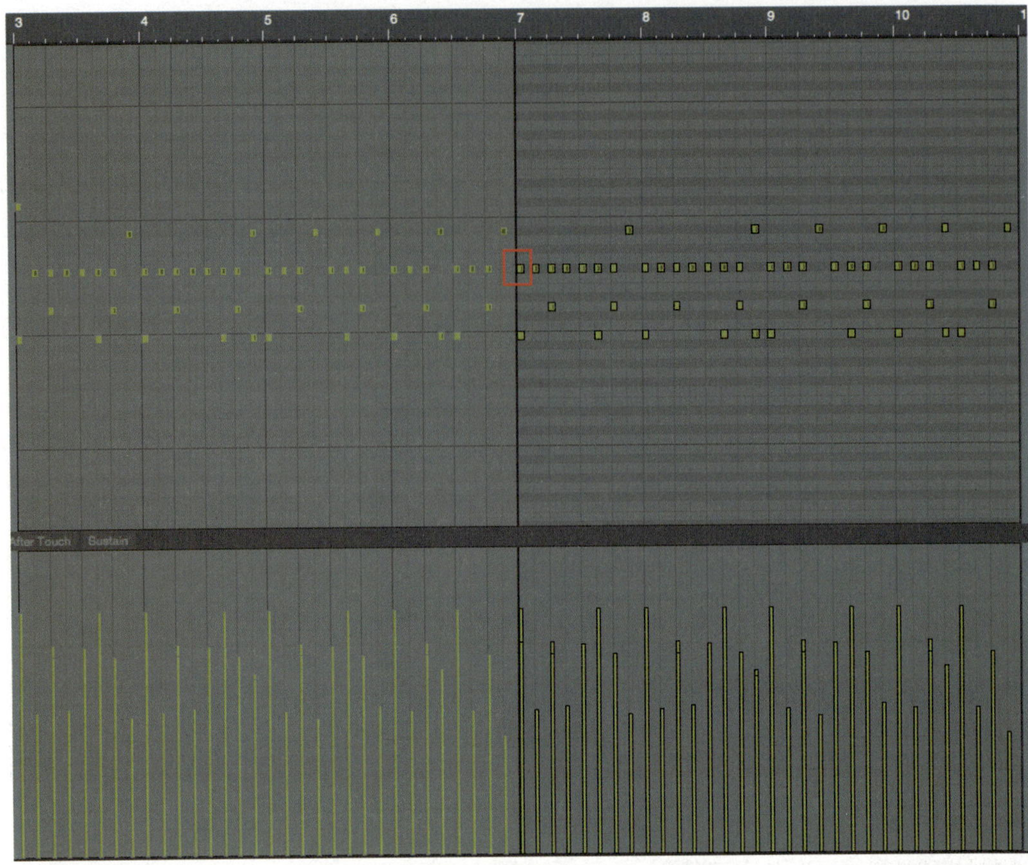

**그림 5 - 70** 7번째 마디 첫 박 크래시를 하이햇으로 대체

레전을 더블클릭한 후에도 두 개의 레전이 구별됩니다.


### 2.4.6 16마디 드럼

위의 방법을 이용해서 8마디로 늘어난 이 드럼을 또다시 전체 8마디를 듀플리케이트하면 16마디가

될 것입니다.

**그림 5 - 71** 16마디 드럼 시퀀싱

4마디 패턴이 계속 반복되는 셈이 되는데, 실제 정밀한 시퀀싱을 해야 하는 경우엔 복제하고 난 후에 레전별로 그 안에서 좀 더 세밀한 벨로시티 조정 등을 더하는 것을 추천합니다. 아무리 정확한 연주를 하더라도 사람은 조금씩이나마 박이나 벨로시티가 매번 다른 연주를 하기 때문입니다.

## 2.5 벨로시티 / 퀀타이즈

앞서 드럼과 피아노 입력 시 계속 언급했던 벨로시티를 좀 더 알아 보겠습니다. 벨로시티는 연주가 미디 입력인지 사람이 정말 연주한 것인지의 차별성을 줄이는 데 가장 중요한 요소라고 할 수 있습니다. 물론 실제 악기에 가까운 리얼한 음색도 중요합니다. 하지만 그런 리얼한 악기 소리를 가졌다 하더라도 이 벨로시티의 묘미를 살리지 못하면 시퀀싱이 퇴색됩니다. 즉 해당 악기를 실제로 연주할 줄 아는 사람이 벨로시티를 표현하면 가장 비슷한 느낌을 구현할 수 있을 것입니다.

그리고 벨로시티만큼 리얼한 느낌의 연주를 표현하는 데 중요한 요소가 퀀타이즈입니다.

그렇기에 많은 시퀀서들은 이 퀀타이즈 부분에 신경을 씁니다. 시퀀서마다 퀀타이즈의 편리한 적용 부분도 있겠지만 그보다는 그루브 퀀타이즈의 기능과 프리셋에 공을 들이는 듯합니다. 물론 '스튜디오 원 3'도 예외는 아닙니다.

### 2.5.1 벨로시티

벨로시티는 소리의 강약을 의미합니다. 음악 초보자의 경우 볼륨과 벨로시티의 의미의 차이를 물어 오는 경우가 있는데 벨로시티와 볼륨은 분명히 다릅니다. 볼륨은 소리의 크기를 말하고 벨로시티는 소리의 강약을 말합니다. 예를 들어 드럼이 소리의 강약(세기)으로 인해서 강하게 소리가 난다면 분명히 볼륨도 클 것입니다.

바로 이런 이유 때문에 헷갈리는 것일 텐데, 예를 하나 더 들면 피아니시모로 아주 여리게 살짝 연주한 피아노 소리를 라디오의 '볼륨'을 키워서 들을 수 있지만 포르테시모로 강하게 연주해서 '볼륨'이 커진 연주와는 구별된다는 것을 기억하면 됩니다. 즉, 벨로시티와 볼륨의 차이점은 작게 연주한 벨로시티라도 볼륨을 크게 키울 수 있으나 벨로시티가 커서 자연스레 커진 볼륨과는 소리가 같다고 볼 수가 없다는 점입니다.

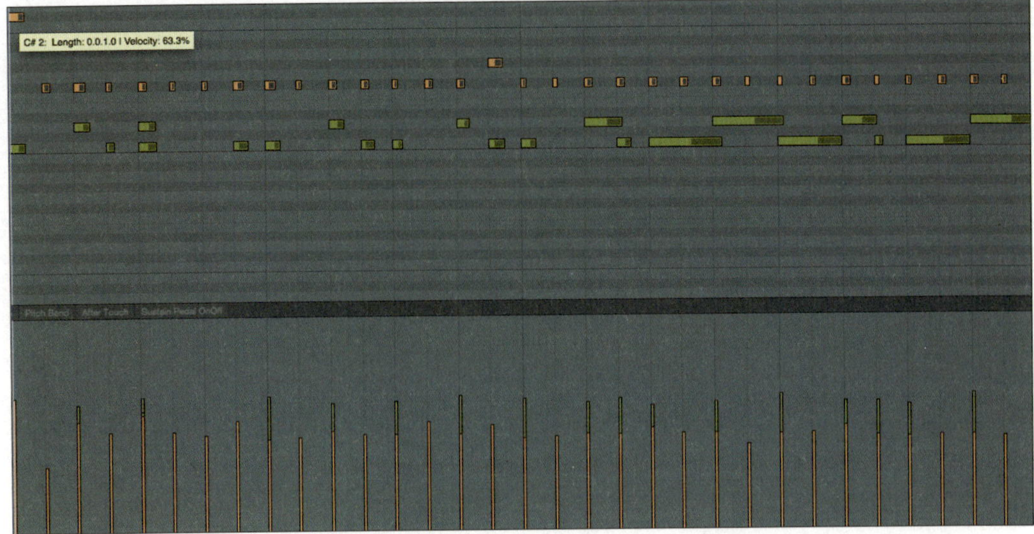

**그림 5 - 72** 하이햇 벨로시티

같은 박자에 위치한 음정들은 음정끼리 겹쳐 있게 됩니다. 이 경우 벨로시티 조정은 애매할 수 있는 데 스튜디오 원 3에서는 벨로시티를 조정하고자 하는 해당 음정을 클릭하면 그 음정에 해당하는 벨로시티 조절 막대의 색이 반전됩니다.

## 2.5.2 퀀타이즈(Quantize)

미디(MIDI)를 함에 있어서 가장 중요하다고 할 수 있는 기능 하나를 꼽으라면 필자의 선택은 퀀타이즈입니다. 퀀타이즈는 단순히 설명하면 정확한 박자에 원하는 음정이 연주되도록 하는 기능입니다. 음악 하는 사람들 사이에서는 이를 '칼박'이라고 하는데 박자가 딱딱 맞아 들어가는 것이 마치 예리한 칼로 자른 것 같아 그렇게 부르는 것 같습니다.

퀀타이즈는 기준 음표의 길이를 기준으로 박자를 맞추어버립니다. 예를 들어 4분음표 길이(480tick)로 퀀타이즈를 실행하면 한 박자의 단위의 칸에 맞아 들어가게 됩니다.

이럴 경우 원하는 제 박자에 연주되지 않고 엉뚱하게 앞쪽이나 뒤쪽으로 붙어버리는, 16분음표나 8분음표 기준으로 시퀀싱된 음정들이 생기게 마련입니다.

tick을 기준으로 설명하면 쉽습니다. 어떤 음표를 입력했는데 가령 364tick 자리에 시퀀싱이 되었다고 가정해보겠습니다.

그때 퀀타이즈 기준 음표가 8분음표인 240 기준이라면 364자리에 있던 음표는 어디로 퀀타이즈되어 어느 셀에 붙어버릴까요?

아래 그림을 참고로 생각해보겠습니다. 퀀타이즈 기준 음표는 240이니 두 칸(240 tick) 단위로 움직여야 합니다. 그렇다면 현재 240보다 더 가까운 쪽 두 칸 단위인 다음 박자 0자리(480 자리)에 들어가게 됩니다. 그럼 만일 아슬아슬하게 359 tick이라면 어디로 퀀타이즈가 될까요? 그렇게 되면 240에 가서 붙게 됩니다.

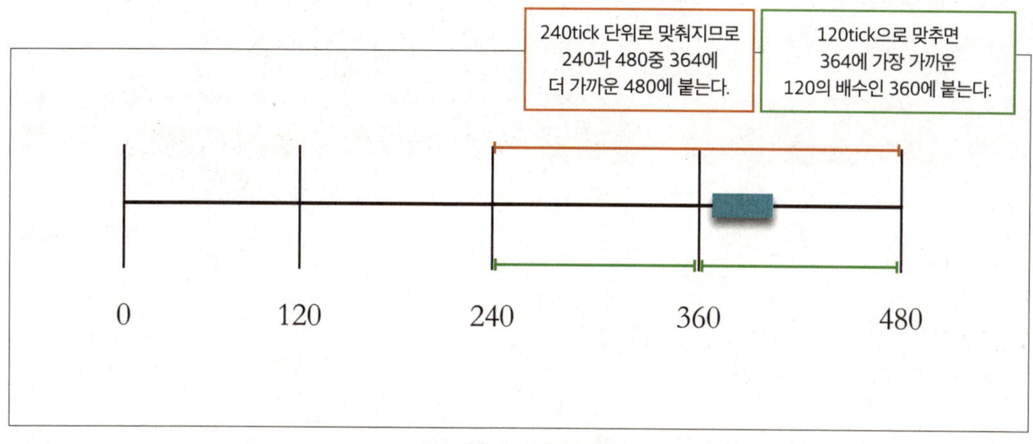


**그림 5 - 73** 480tick 한 마디

이번엔 퀀타이즈 기준음표를 16분음표인 120tick(한 칸)으로 놓게 된다면 어떻게 될까요?

364tick 자리에 있던 음표는 360에 가서 붙게 됩니다. 그리고 359tick 자리에 있던 음표도 360에 가서 붙게 됩니다.

그럼 299tick 자리에 시퀀싱되었을 때 퀀타이즈 기준 음표가 240이면 어떻게 될까요?

240과 360의 차이는 120입니다. 299는 240에 1틱이라도 더 가깝습니다. 그러므로 퀀타이즈 실행 시 240에 가서 붙게 됩니다. 스튜디오 원에는 tick의 개념을 쓰지 않지만 표현만 안 될 뿐 실제 퀀타이즈는 이런 원리로 움직입니다.

# 1) 특정 기준 음표 퀀타이즈

그림 5 - 74  4분음표 퀀타이즈

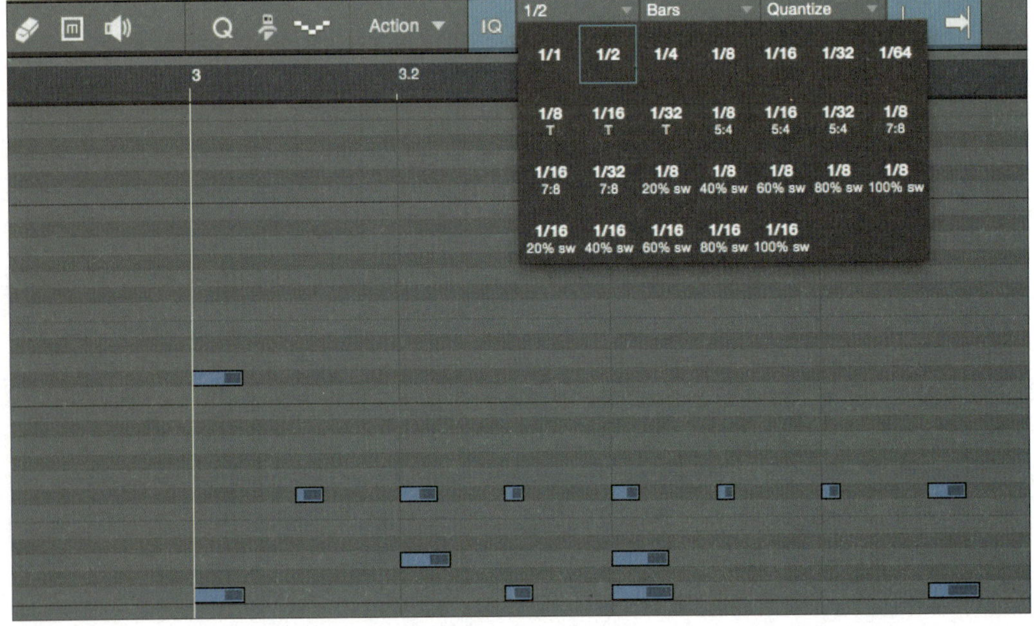

그림 5 - 75  2분음표 퀀타이즈

왼쪽의 그림은 드럼 시퀀싱 중 한 마디입니다. 1/4로 표시된 것은 퀀타이즈가 4분음표(480tick, 한 박자) 기준이라는 뜻입니다. 그 기준일 때 스네어 드럼(노란색 음정)은 저 위치(4박자 때)에 정박으로 들어가 있습니다. 하지만 2분음표(두 박자) 기준으로 퀀타이즈를 하는 순간 앞으로 한 칸이 옮겨져 3번째 박자에 정확하게 들어갑니다. 4분의 4박자 곡의 경우 한 마디는 2분음표 두 개로 이루어지니 저렇게 퀀타이즈되는 것이 당연합니다.

그렇다면 여러분이 시퀀싱을 16분음표 기준으로 작업을 하다가 막상 퀀타이즈는 8분음표로 해버리면 어떤 결과가 초래될지 예상이 되나요? 아마 퀀타이즈가 엉망진창이 될 겁니다.

따라서 기준이 되는 음표의 길이를 잘 선택해야 하기에 작업한 시퀀싱을 단축키(Cmd + A, Ctrl + A)로 전체 선택한 후 전체 퀀타이즈를 하는 것은 좀 위험합니다.

필자는 한 마디를 집중해서 편집할 때 퀀타이즈를 각각 한마디씩 그때그때 해버립니다(퀀타이즈 단축키는 'Q'입니다).

물론 기준이 되는 음표의 길이는 정해놓아야 하는데, 보통 32분음표 정도로 작게 정해 놓으면 퀀타이즈가 엉망이 되진 않습니다.

다만 32분음표로 퀀타이즈를 하면 너무 세분화된 길이이기에 퀀타이즈가 안 먹는 음표가 있을 순 있겠습니다.


## 2) 퀀타이즈의 종류

퀀타이즈는 기준이 되는 음표의 길이로 하는 그리드 퀀타이즈(GRID QUANTIZE) 외에도 사람이 연주한 것처럼 박자가 조금 흔들리는 그루브 퀀타이즈(GROOVE QUANTIZE)라는 것이 있습니다.

퀀타이즈 메뉴의 삼각형 버튼을 누르면 오른쪽 그림과 같은 부메뉴가 나타납니다. 어댑티브로 해놓으면 퀀타이즈를 하고자 하는 단위들이 자동으로 적용됩니다. 기본 설정인 어댑티브가 아닐 경우 마디, 퀀타이즈 기준 음표, 프레임 단위로 바꾸어주어야 합니다. 그리고 그 밑의 메뉴들인

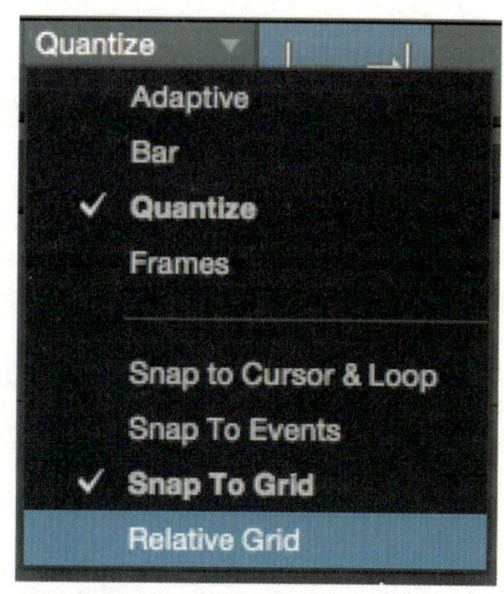



**그림 5 - 76** 퀀타이즈의 종류

종류별 스냅 퀀타이즈를 적용하면 밑에 있는 세부 메뉴들이 시퀀싱을 도와줍니다.

마우스로 시퀀싱할 때 혹은 마스터 건반을 이용해 리얼 타임으로 시퀀싱 후 수정을 할 때 정확한 박자에 음표를 삽입하기 위하여 주로 Snap To Grid를 사용하게 될 것입니다. 이 상태에서 마우스로 음정을 움직이면 퀀타이즈 기준 음표 기준으로 칸칸이 딱딱 맞아서 움직이게 됩니다.

## 3) 퀀타이즈 세부 메뉴

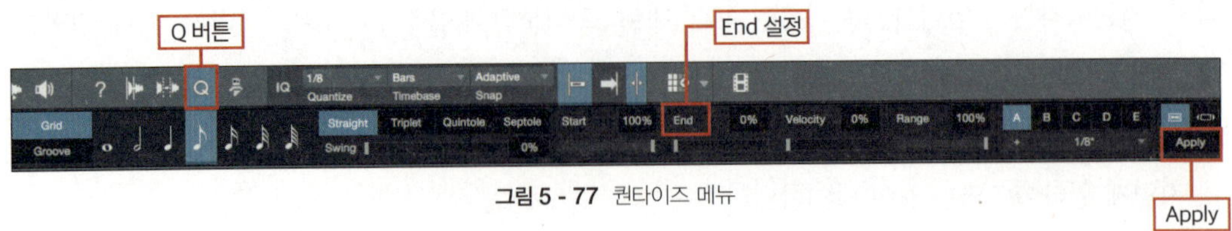


**그림 5 - 77** 퀀타이즈 메뉴

상단 메뉴 버튼 중에 'Q'라는 버튼을 누르면 세분화된 퀀타이즈 설정들이 나타납니다. 그리드 (GRID)와 그루브(GROOVE) 퀀타이즈의 선택 버튼부터 그 기준에 따른 해당 기준 음표들 버튼 등 이 나타납니다. 그 옆으로 주로 드럼이나 피아노 입력 시 사용하는 세 잇단(triplet) 음표인지, 다섯 잇단 (quintole) 음표인지, 일곱 잇단(septole) 음표로 할 것인지 설정할 수 있습니다.

또한 Swing 값을 슬라이드 바로 조절해서 기준 음표 대비 흐트러짐을 퍼센트로 나타내어 전체 박자 의 흐트러짐의 양을 조절할 수도 있습니다. 그리고 그 음정들의 시작점과 끝점 그리고 음정 영역(길 이)만큼의 퀀타이즈와 벨로시티를 본인의 프리셋 A, B, C, D, E 등으로 저장해놓고 나중에라도 사 용할 수도 있습니다(스튜디오 원 3의 디폴트 프리셋으로 일단은 저장이 되어 있습니다).

이것들의 설정은 맨 우측의 Apply 버튼을 눌러야 적용이 됩니다. 그리고 Apply 버튼을 여러 번 클릭 하면 음정들의 벨로시티와 위치가 프리셋에 따라 변하는 것을 확인할 수 있습니다. 예를 들어 음정 의 끝이 딱딱 맞아 떨어지는 걸 중요하게 여기는 분들에게는 끝점(End)을 맞추는 설정이 유용할 것 입니다.

본인만의 퀀타이즈 프리셋을 만들어 본다면 좋을 것입니다. 예전에는 하드웨어 외장 샘 플러들은 그 특유의 퀀타이즈와 소리의 질감 으로 인해 흑인 음악을 만드는 작곡가들이 많이들 사용했습니다. 대표적으로 아카이사 의 'mpc 300'이라는 리듬 샘플러가 있었습니 다. 현재 개인들이 만든 mpc 등의 퀀타이즈 프리셋도 공유하는 것 같으니 흑인 음악 특 유의 비트감을 구현하고 싶은 독자들은 스튜

디오 원의 브라우저 윈도우의 'Cloud 〉 Presonus Exchange 〉 Grooves'를 찾아보시길 바랍니다.

## 4) 오디오 퀀타이즈와 슬라이스

루프 리듬을 사용한 음악을 작업할 때 어딘가에서 구한 '루프 (loop)'를 나만의 스타일로 가공해서 사용하고 싶을 때가 있습니다. 그럴 때는 미디가 아닌 오디오 트랙에 적용하는 오디오 퀀타이즈 기능이 유용합니다. 대부분의 loop는 '오디오 파일'이기 때문입니다. 기준 음표를 적용해놓으면 자동으로 강한 박자를 기준으로 오디오를 '슬라이스'해줍니다.

**그림 5 - 78** 오디오 퀀타이즈와 슬라이스

브라우저 윈도우에서 임의로 고른 드럼 루프를 오디오 트랙에 놓고 Apply 버튼을 클릭하면 이렇게 강박을 기준으로 슬라이스됩니다.

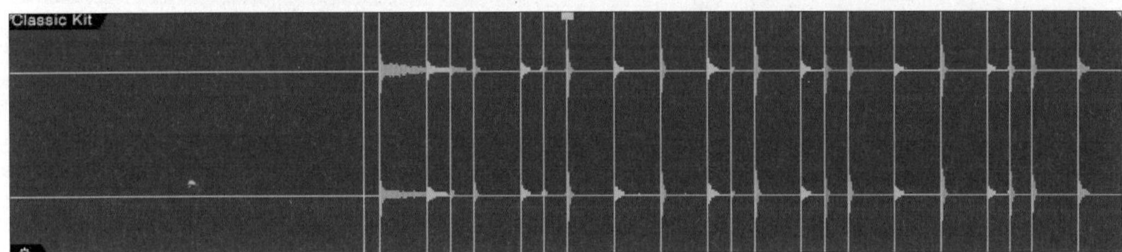


**그림 5 - 79** 슬라이스된 오디오 트랙

그리고 퀀타이즈 기준 음표를 선택한 후 또다시 Apply 버튼을 클릭하면 이 오디오의 퀀타이즈가 가능합니다. 오디오 루프를 사용하여 곡을 만들 때 참 편리한 기능입니다.

특히 본인이 원하는 곡의 템포와 루프의 속도가 '약간' 다를 때 유용합니다.

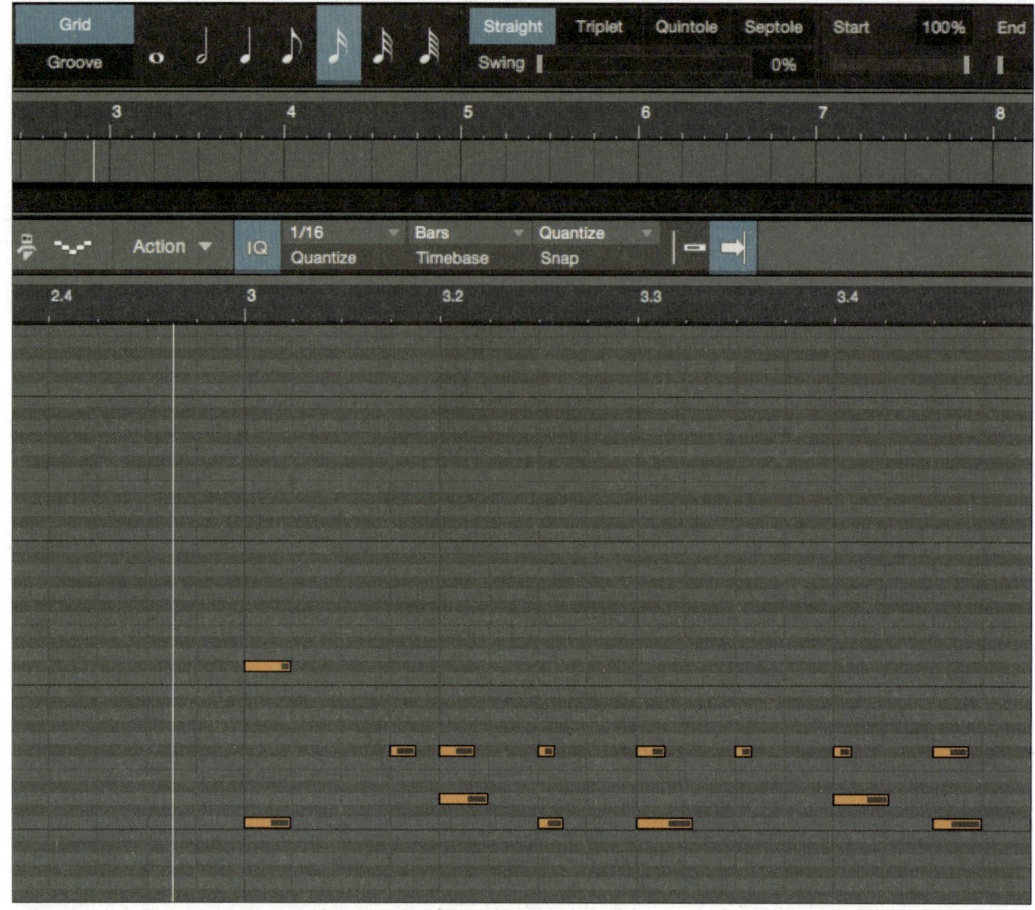



**그림 5 - 80** 퀀타이즈 기준

오디오 퀀타이즈뿐 아니라 미디 음정에서도 시퀀싱해놓은 상태에서 상단의 '퀀타이즈 기준 음표' 버튼들을 바꿔가며 클릭해보면 그 기준에 맞춘 퀀타이즈 자리로 음정들이 이동하는 것을 볼 수 있습니다. 스튜디오 원은 퀀타이즈에서 tick을 사용하지 않지만 tick으로 설명하고 tick으로 이해하는 게 빠를 것 같아서 그렇게 설명드렸습니다. 예전의 모든 시퀀서들은 tick 개념을 사용했었고 현재도 프로툴스는 tick이라는 이름으로 사용 중입니다.

## 2.6 고스트 노트 / 싱코페이션

이 곡의 시작부, 즉 인트로 드럼 필 인을 만들면서 고스트 노트와 싱코페이션을 알아보겠습니다. 이 곡을 처음 만들 때 첫 번째 마디부터 작업을 하지 않은 이유가 예전의 외부 레코더와의 동기 타이밍 때문이었다고 설명했는데, 마침 그 빈 마디를 이용해 드럼 필 인을 넣어 보겠습니다.

## 2.6.1 고스트 노트를 활용한 드럼 필 인

두 마디 3번째 박자부터 필 인을 넣겠습니다. 우선 하이햇을 2번째 마디 첫 박과 두 번째 박에 넣어
보겠습니다. 필 인은 2번째 마디 3번째 박자에 시작됩니다.

### 1) 하이햇 필 인 입력하기

**그림 5 - 81** foot 하이햇 입력하기

대개 드러머들은 왼쪽 뒤꿈치를 들었다 놓았다 하여 발로 하이햇의 페달을 밟으면서 박자를 셉니다.
드러머의 연주를 볼 기회가 생기면 꾸준히 움직이고 있는 드러머의 왼발을 볼 수 있을 겁니다. 이 곡
을 연주하는 드러머도 이 곡의 시작인 3마디째 바로 전인 2번째 마디부터 박을 세고 있을 겁니다. 첫
박과 두 번째 박에 계속 하이햇을 밟고 있다가 필 인 연주는 2.3마디째에 들어 가는 것으로 만들어
봅니다.

## 2) 스네어 필 인 입력하기

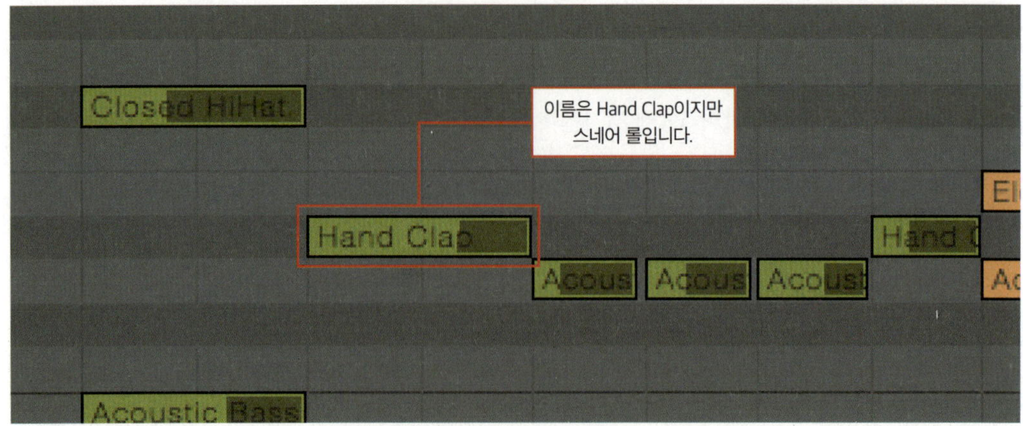



**그림 5 - 82** 스네어 롤

밋밋하게 시작하는 곡이란 생각에 드럼 인트로 필 인을 만들어 보았습니다. 2번째 마디 3번째 박자에 킥(Acoustic Bass)을 넣었습니다. 노란색으로 된 부분을 살펴보면 스네어가 위치합니다. 노란색이 모두 스네어입니다(다행히 우리가 고른 가상악기 '프리센스'의 베이직 킷은 GM 킷과 거의 드럼 네임이 일치하기에 좌측 드럼 에디터에 각 드럼들의 이름이 나오고 있습니다. 다만 소리는 스네어이지만 하나만 Hand Clap으로 나오는 아쉬움이 있습니다).

2번째 마디 3번째 박자 때에 첫 킥과 첫 크래시 심벌이 들어감을 볼 수 있습니다. 그 다음은 스네어 롤(roll)입니다. 좌측 GM 드럼 네임은 핸드 클랩으로 되어 있지만 실제 소리를 들어보면 스네어 롤이 들어가 있습니다. 이 소리를 첨가하면 악보에는 표기되지 않지만 실제로 존재하는 소리 즉 '고스트 노트'가 됩니다. 없어도 문제될 건 없지만 있을 때 곡의 분위기를 상당히 바꿔줍니다.

그 다음은 연속된 스네어 3개입니다. 자세히 보면 벨로시티에 차이를 크게 두었음을 알 수 있습니다. 벨로시티로 주는 드럼 필 인의 극적인 효과를 노리고 일부러 벨로시티의 차이를 좀 과하게 둡니다.

그 다음은 다시 핸드 클랩으로 씌어져 있지만 실제 소리는 '스네어 롤'인 음정을 짧게 넣습니다. 고스트 노트이기에 벨로시티도 스네어보다 작게 넣습니다.

악보에 표기될 다음 박자의 스네어를 가격하기 전에 짧은 경과음처럼 들리길 바랐습니다. 바로 다음은 다시 스네어입니다. 4번째 박자 정박자에 들어가기에 벨로시티가 아주 커야 합니다. 게다가 포개어 있는 윗부분 역시 다른 소리의 스네어입니다. 일부러 두 개의 스네어 소리를 섞고 싶었습니다.

**그림 5 - 83** 스네어 드럼 필 인 입력

이유는 단순합니다. 그래야 타격음이 더 명료하게 들렸기 때문입니다.

확대해서 보면 위의 그림과 같은 모양입니다. 색깔이 반전된 것이 GM 드럼상에는 일렉트릭 스네어라고 되어 있지만 이 베이직 킷의 실제 소리는 그냥 다른 톤의 '스네어 소리'입니다. 거듭 말하지만 GM 드럼 맵과 프리센스의 베이직 킷의 악기 배열 맵애는 약간의 차이가 있다는 걸 알 수 있습니다. 그 다음은 킥과 오픈 하이햇입니다. 그 다음 마디인 3번째 마디의 첫 박도 킥이어서 킥의 연타가 되므로 앞의 타격을 작게 넣어야 자연스럽습니다. 그리고 드러머가 매 박자마다 풋을 밟고 있으니 이때는 하이햇을 밟지 않고(닫지 않고) 열어 두는 편이 멋지게 들립니다. 일단은 위의 그림과 똑같이 시퀀싱해보길 바랍니다.

## 2.6.2 싱코페이션

이번에는 8마디 시작 부분에 싱코페이션을 넣어 보겠습니다. 앞서 2마디를 띄우고 이 곡을 작업했으니 스튜디오 원상에서는 10마디째(실제로는 8마디째)가 되겠습니다.

싱코페이션이란 정박보다 빠르게 그보다 앞선 박자에 악센트를 주는 것입니다. 음악에는 이 싱코페이션을 이용한 패턴이 아주 많습니다. 실제 연주 시 모든 연주자들이 SYNC(합)를 맞추어야 하는 파트라 연주적으로 재미있기도 합니다.

싱코페이션은 곡을 긴박감 있게 만들어 주기도 하고 곡이 자칫 지루해질 수 있을 때 해결감을 주기도 합니다. 또한 곡을 예상보다 짧게 끝내야 할 때(즉 짝수 마디로 못 끝낼 때) 이 싱코페이션을 이용하면 해결이 되기도 합니다. 가령 곡의 진행은 한 마디 더 가야 끝나는데 빨리 끝내야 할 때 싱코페이션을 씁니다.

### 1) 싱코페이션의 위치

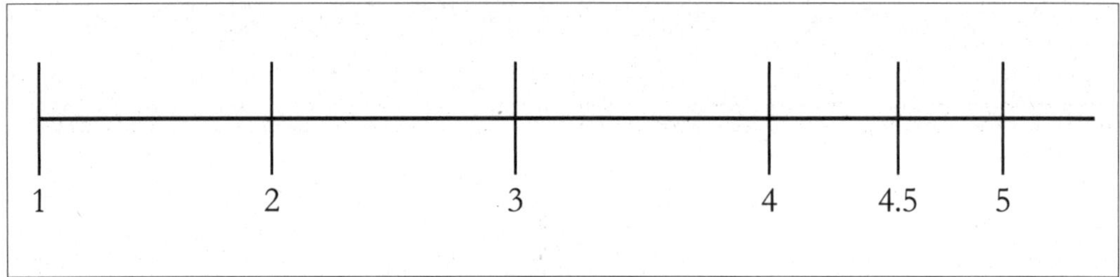


그림 5 - 84 싱코페이션 위치

위 그림의 첫 칸을 4/4박자 곡의 첫 마디로 보면 5번째 마디 첫 박에서 강세가 있을 수 있지만 강세를 거기에 두지 않고 4.5번째 마디(3번째 박자) '점선 부분'에 줄 수 있습니다. 이렇듯 원래는 '여린박' 자리에 '강 박'이 온다고 해서 싱코페이션을 당김음이라고도 부르기도합니다.

앞서 말했듯이 싱코페이션을 연주할 때는 모든 악기 파트들이 이 싱코페이션을 지켜주어야 의미가 있습니다. 드러머 혼자 한다면 자칫 드러머가 박자를 틀린 것으로 들릴 수 있습니다.

### 2) 피아노와 드럼 함께 보기

그럼 드럼보다 먼저 시퀀싱했던 피아노와 함께 편집을 해보겠습니다. '스튜디오 원 3'의 '미디 에디터(피아노 롤)' 창의 왼쪽 위 버튼을 보면 다음과 같은 버튼이 있습니다.

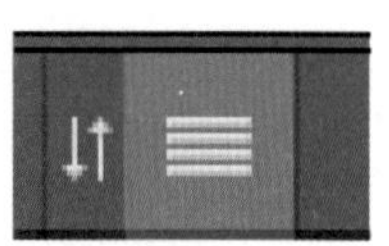

그림 5 - 85 줄무늬 버튼

이 버튼을 누르면 지금까지 시퀀싱했던 파트의 트랙들이 모두 나열됩니다.

현재까지 드럼과 피아노만 작업했으니 이렇게 두 트랙만 보일 겁니다. 트랙 이름 옆의 좌측 하얀 점은 '미디 에디터' 창에 이 악기를 나타내겠다는 의미이고 트랙, 이름 우측의 연필 버튼은 그 트랙을 편집하겠다는 의미입니다. 만일 하얀점만 찍힌다면 그 악기는 그냥 보이기만 하고 편집은 되지 않습니다. 위 그림을 보면 현재는 드럼을 편집하겠다는 상태입니다. 물론 여러 개 동시 선택이 가능합니다.

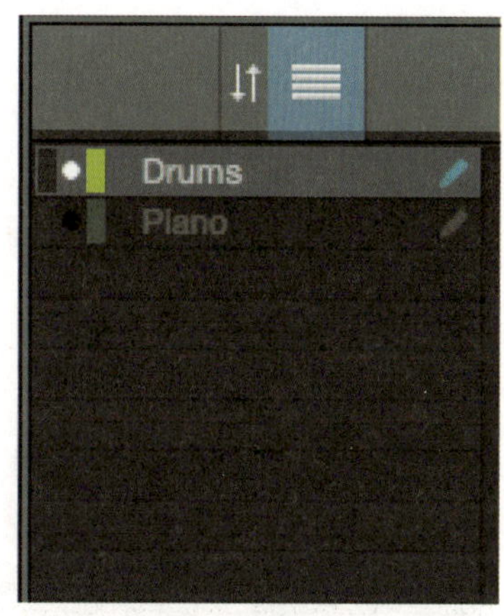

그림 5 - 86 트랙 리스트

이 기능이 편리한 것은 트랙 하나에 원하는 악기 파트들이 한꺼번에 표시되기 때문입니다. 다른 파트의 악기와 리듬이 맞는지 확인하면서 시퀀싱할 때 편리합니다. 또한 화성이 있는 악기들 간의 혹시 모를 불협을 체크하면서 안전하게 시퀀싱하기에도 좋습니다. 게다가 미디 인스펙터 창에 곡의 스케일(Scale, 조성)을 정해놓고 작업하면 스케일에서 틀린 음은 아예 찍히지가 않습니다.

이 트랙 리스트 에디트 창을 하얀 점이 나오도록 모두 체크하면 작업 중인 이 곡의 싱코페이션을 모든 악기가 다 지키고 있는지를 한 번에 볼 수도 있습니다. 그리고 연필 버튼도 눌러져 있다면 해당 악기의 수정도 가능합니다.

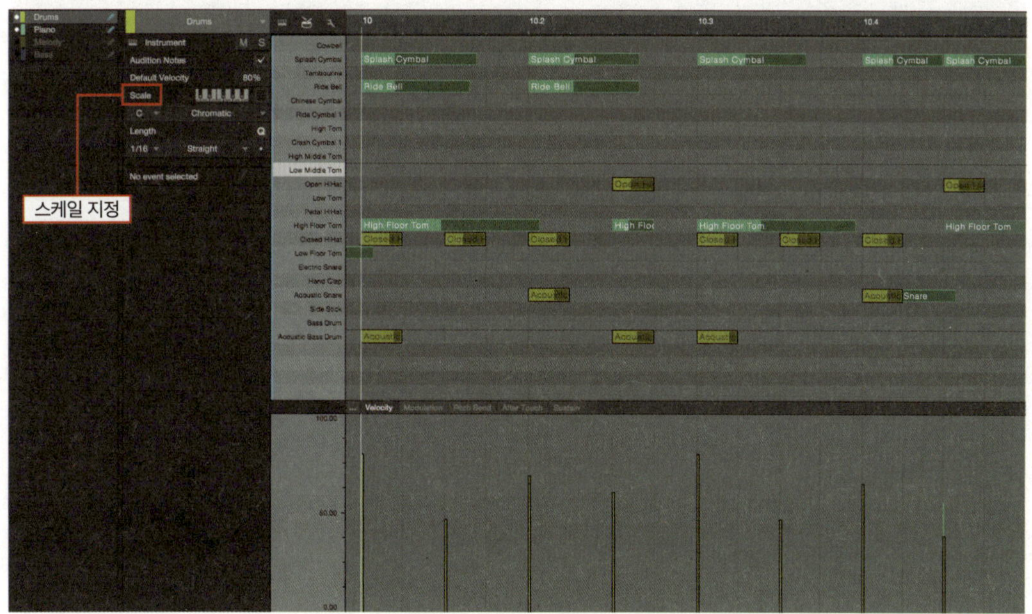


그림 5 - 87 피아노와 드럼 함께 보기

앞의 그림에서 보듯 위의 초록색 부분은 피아노이고 노란색 부분은 드럼입니다. 좌측 '트랙 리스트' 를 보면 하얀 점이 찍히고 연필 툴도 켜져 있으니 드럼과 피아노가 '모두 보이고 모두 편집도 가능'한 상태입니다. 다만 초록색 부분이 피아노임에도 음정마다 드럼 이름이 들어가 있는 것은 좌측 드럼 에디터 창의 드럼 이름이 피아노에 새겨져서입니다. 드럼과 함께 다른 악기들을 트랙 리스트에서 편 집할 때 어쩔 수 없이 나오는 부분 같습니다.

### 3) 드럼의 킥 / 싱코페이션 입력

그림 5 - 88 싱코페이션의 킥

이 곡은 처음에 2마디를 덜어내고 시작했으니 이 곡의 8마디가 되는 부분에 싱코페이션을 넣으려면 스튜디오 원에서는 10번째 마디가 될 것입니다.

일단 피아노는 내버려두고 위에 싱코페이션을 위해 크래시와 킥을 앞 쪽으로 미리 당겨보겠습니다.

원래는 11마디 첫 박에 강박이 와야 하지만 싱코페이션을 위해 10번째 마디 4번째 박자 240tick(=8 분음표)에 강박을 넣게 됩니다(즉, 10.4.5박 = 10마디 4번째 박자의 중간 =10번째 마디 4번째 박자 240tick).

위 그림에서 보듯이 드럼의 킥과 크래시 심벌을 매킨토시라면 opt +드래그, 윈도우즈라면 alt + 드 래그해서 복사하여 앞으로 당겨놓은 것입니다.

드럼의 싱코페이션은 일단 된 것이긴 한데 좀 멋이 없습니다. 좀 밋밋한 생각이 드니 이젠 싱코를 하 기 전에 간단한 추가 드럼 필 인을 하나 넣어 보겠습니다.

# 4) 추가 필 인 입력하기

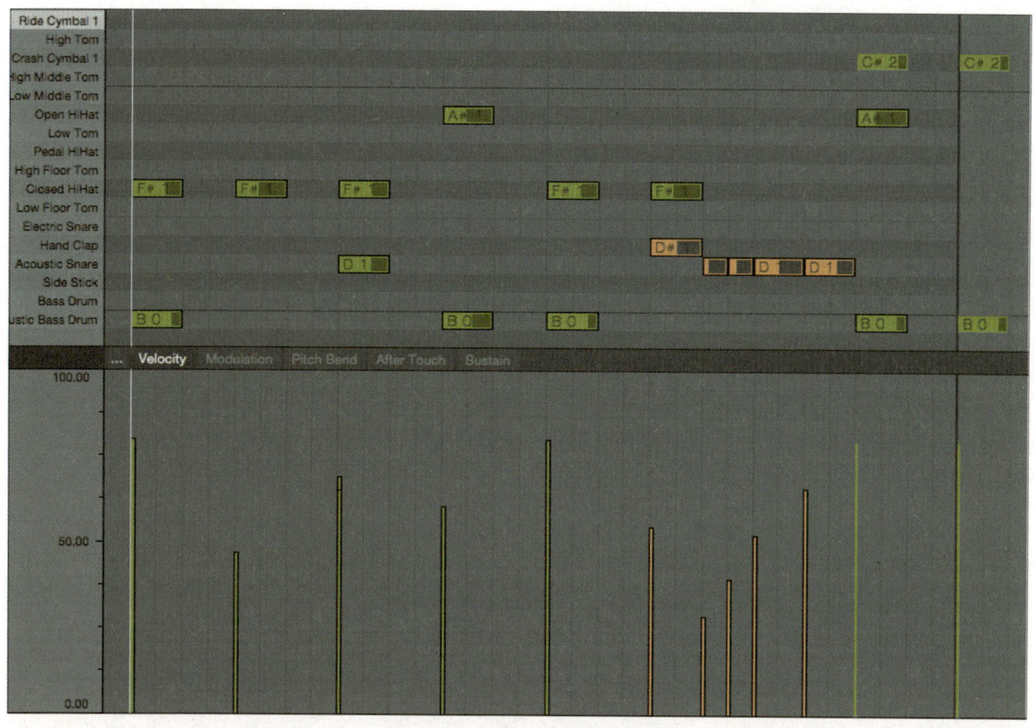

**그림 5 - 89** 스네어 씽코 필 인

간단히 스네어만 추가를 해보았습니다. 노란색으로 보이는 부분이 새로 추가된 스네어 드럼입니다.
위치는 씽코페이션이 일어나는 위치인 10.4.5박(= 10번째 마디 4번째 박자 240tick) 바로 직전입니
다. D#이라고 나온 부분은 스네어 롤입니다. 그리고 스네어를 4개 연달아 놓았습니다. 이 부분의 풋
퀀타이즈는 32분음표를 기준으로 하고 시퀀싱했습니다.

그림을 자세히 보면 이제까지 드럼 시퀀싱을 했던 16분음표 때보다 더 촘촘해진 걸 볼 수 있습니다.
D#인 스네어 롤 포함 5개의 스네어가 추가되었습니다.

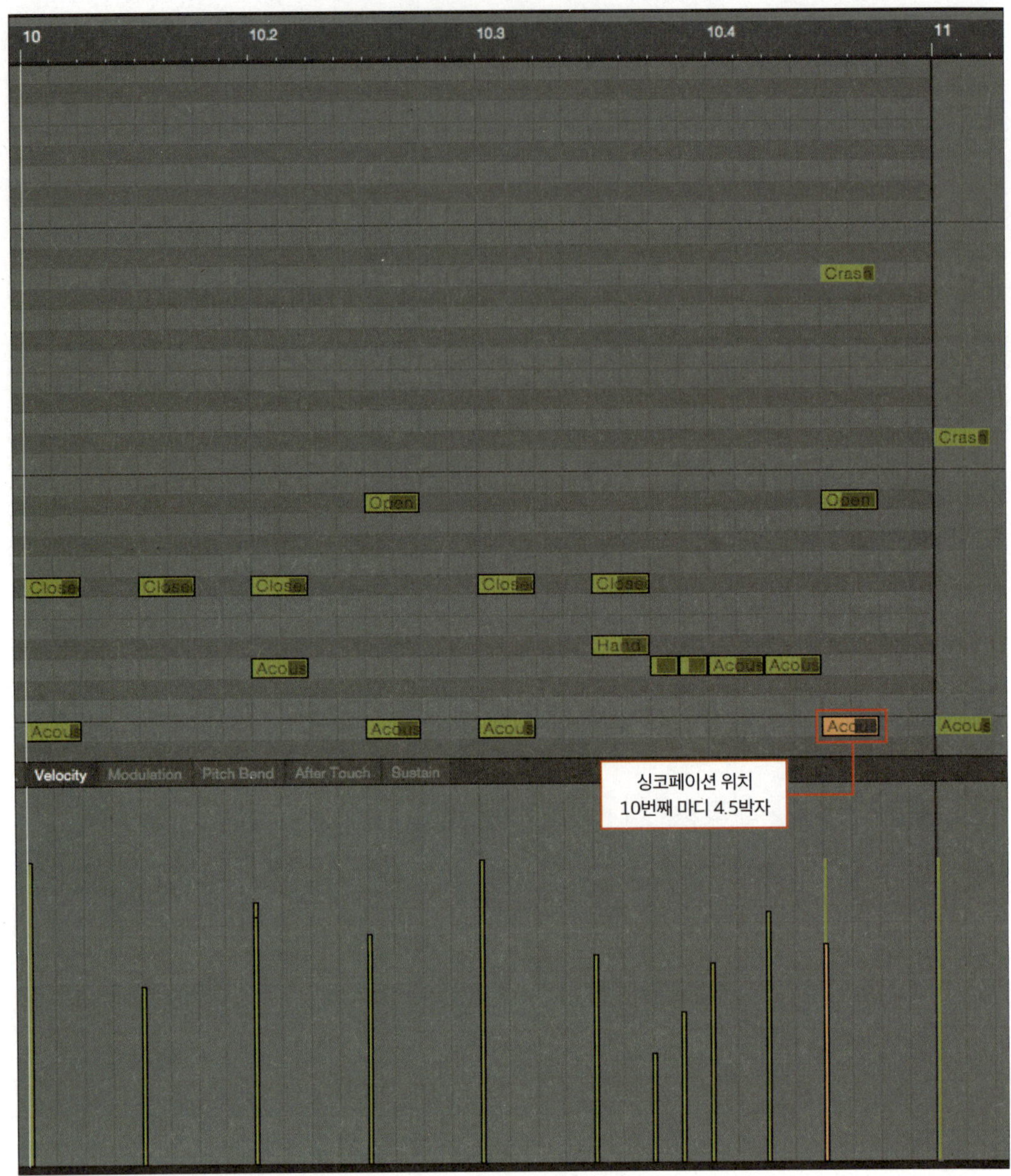



그림 5 - 90 킥 벨로시티 조절

싱코페이션이 일어나는 10.4.5박째의 드럼 '킥'의 벨로시티 역시 그 다음 마디(11번째 마디) 첫 박과 연타가 되기에 조금 약하게 조절합니다. 마치 '쿠 – 쿵' 하는 느낌이면 되겠습니다.

스네어 필 인 역시 벨로시티 조절을 합시다. 스네어들의 벨로시티 차이가 큰 것이 중요합니다.

**그림 5 - 91** 다른 크래시 심벌

킥과 항상 붙어다닌다고 생각하면 되는 크래시 역시 다음 박에 들어갈 크래시와는 다른 소리의 크래시를 선택해 보겠습니다. 드러머의 성향과 곡에 따른 드럼 셋팅에 따라 다르긴 하지만 보통 크래시심벌은 드러머의 우측과 좌측에 하나씩은 있기 때문입니다. 또한 일반적으로 우측 심벌 소리가 더저음입니다. 그림에서 보듯 11번째 마디의 크래시와 10번째 마디 4.5박자 때의 크래시의 음정 위치가 다름을 알 수 있습니다.

## 2.7 드럼 루프

이번엔 미디로 찍는 드럼 말고 오디오 드럼 루프(loop)를 사용하는 것을 알아보겠습니다. 드럼 루프는 '킥, 스네어, 하이햇'이 연주되는 드럼의 한 패턴이 1, 2, 4, 8마디 등으로 만들어진 오디오 소스를말합니다. 과거의 미디 작업은 미디 음정들을 가지고 작업하는 것이 주가 되었지만 최근 몇 년간의미디 작업은 오디오 편집이 아주 중요해졌습니다.

그것은 홈 레코딩과 오디오 루프 등의 작업이 늘어났기 때문입니다. 어쩌면 근래의 음악이 힙합, 덥스탭(Dubstep)을 비롯한 EDM 등의 루프성 장르들이 주류가 된 것도 이 때문이 아닐까 생각합니다.

드럼 웨이브 편집은 리듬파트가 주가 되는 요즘 음악 분위기에 맞추어 계속 새로운 음악 장르가 만들어지기도 하는 시발점이 된 것만큼은 분명합니다. 작곡가는 기존의 루프를 편집해서 자신만의 리듬을 가지고 싶어 합니다.

### 2.7.1 스트립 사일런스(STRIP SILENCE)

드럼 루프 등을 '강'한 박에 맞추어 웨이브 레전을 자르는 기능입니다. 즉, 묵음(silence)을 강박 사이에 넣어버려서 편리하게 조각내는(strip) 기능입니다. 이렇게 되면 루프를 편집해서 새로운

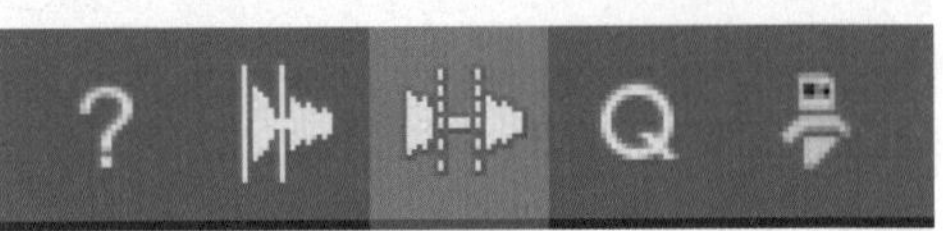

**그림 5 - 92** 스트립 사일런스 버튼

리듬을 만드는 데 아주 편리합니다. 주로 '강박'이 있는 곳이라 하면 '킥 드럼' 그리고 '스네어 드럼'을 생각하면 됩니다. 스트립 사일런스를 적용하게 되면 하이햇과 스네어의 고스트 노트 등이 줄어들게 되어 아예 안 들리게 됩니다. 물론 줄여버리는 오디오의 볼륨 기준을 완화하고 강화함에 따라 잘리는 강약의 양을 정할 수가 있습니다.

상단의 스트립 사일런스 버튼을 클릭하면 메뉴 바가 생깁니다.

**그림 5 - 93** 스트립 사일런스 메뉴

좌측 상단의 Detection은 해당 웨이브 파형을 '분석해서 검사하겠다'는 의미입니다. 그 밑에 있는 Material은 '재료, 원료'라는 의미인데 잘려나가는 부분의 묵음을 어느 정도 양으로 할 것인지 Detection을 하기 위한 재료의 설정입니다.

Open Threshold, Close Threshold의 Threshold는 스트립 사일런스가 작동하는 기준이 되는 값 혹은 시점이라고 생각하면 됩니다. 옆의 수치들은 그 기준 값이 열리고 닫히는 소리 크기의 레벨(dB)을 의미합니다.

소리의 크기는 dBspl이라는 단위를 제외하곤 모두 음수를 사용합니다. 그렇다면 가장 큰 소리의 값은 0dB이 될 것이고 그것을 기준으로 그 이하의 값이 Threshold가 될 것입니다. 현재 여기에서 적용되는 데시벨의 종류는 dBfs입니다. 기준 값은 −30dB인데, −30dB부터는 이 스트립 사일런스가 적용된다는 뜻입니다. 즉, −30B 이하의 소리가 영향을 받게 됩니다.

옆의 체인 모양 아이콘을 눌러 링크를 걸면 기준 값이 열리고 닫히는 레벨이 같아집니다. 복잡한 것 같지만 이것은 믹싱에서 다룰 컴프레서의 Hard knee, Soft knee와 비슷합니다.

Threshold가 열리고 닫히는 값이 같다면 Hard Knee입니다. 이 다양한 설정들은 Material 메뉴들 중에서 'Manual(수동)'을 선택해야 조절이 가능합니다.

## 2.7.2 루프 고르기

이제 우측 브라우저 윈도우에서 적당한 루프를 골라보겠습니다. 그 중 임의로 Eyes Verse 2라는 루프를 골라보겠습니다.

그리고 고른 루프를 메인 윈도우로 드래그 앤드 드롭합니다.

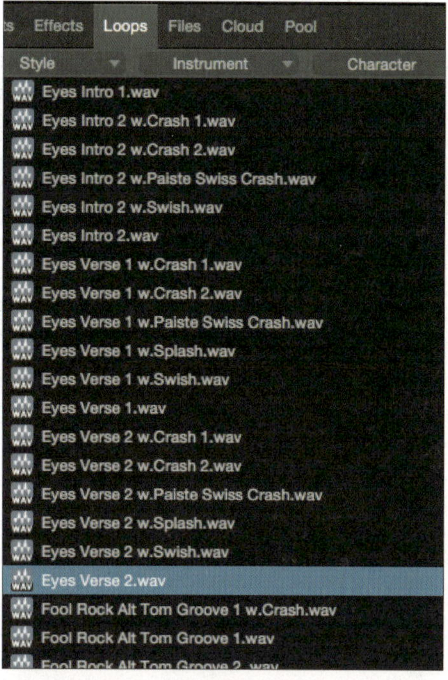

그림 5 - 94  Loops 〉 Eyes Verse 2

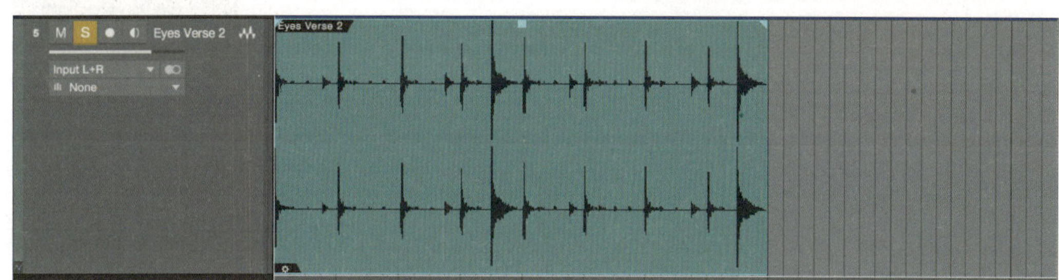

그림 5 - 95  Eyes Verse 2 오디오 트랙

드래그 앤드 드롭을 하면 메인 윈도우상에 이런 모양으로 오디오 트랙이 생성됩니다. 2마디 패턴을 가진 루프입니다.

### 2.7.3 스트립 사일런스 적용

이 상태에서 스트립 사일런스의 Material 기본 설정을 Little Silence로 두고 apply 해보겠습니다. 그러면 루프가 아래와 같이 잘립니다.

**그림 5 - 96** 스트립 사일런스 적용

재생해서 들어보면 킥과 스네어 소리만 남습니다.

### 2.7.4 Bend Tool 기능

이 기능은 루프의 부분을 잘라서 없애거나 하지 않습니다. 원 루프를 그대로 사용하려 합니다. 원본을 그대로 둔 상태에서 변형을 합니다. 가령 방금 해본 스트립 사일런스의 경우에는 '킥과 스네어'만 남으니 없어진 소리인 하이햇 등을 추가로 시퀀싱을 하거나 킥과 스네어의 위치를 이동해가며 유저가 원하는 변형을 하게 됩니다. 하지만 밴드 툴을 쓴다면 루프를 자르지 않고 루프에서 소리의 강약이나 위치 등을 편집합니다.

**그림 5 - 97** 벤드 메뉴 버튼

#### 1) 벤드 메뉴바

**그림 5 - 98** 벤드 메뉴바

벤드 메뉴 버튼을 누르면 나오는 메뉴입니다. 스트립 사일런스 메뉴와 거의 비슷합니다. 이 메뉴바 역시 Detective가 있습니다. 그 밑에 Mode를 보면 Standard(표준)와 Sensitive(민감)가 있습니다. Sensitive(민감)는 더 정밀하게 분석해서 보여줍니다.

바로 옆에는 파형을 '분석(Analyse)'해주는 버튼이 있습니다. 'Analyse' 버튼을 클릭하면 분석이 끝났으니 바로 우측 굵은 글씨의 'Bend Marker'가 활성화되며, 이에 대한 표시로 눈동자 버튼이 파란색으로 변합니다.

### 2) 벤드 마커

이곳의 Threshold 역시 웨이브 파형 위에 마커가 새겨지는 센서티브(정밀도)를 정하게 됩니다. 분석을 위한 Analyse 버튼을 클릭하면 눈동자 버튼 색이 변하기도 합니다.

그림 5 - 99 벤드 마커

### 3) 벤드 분석

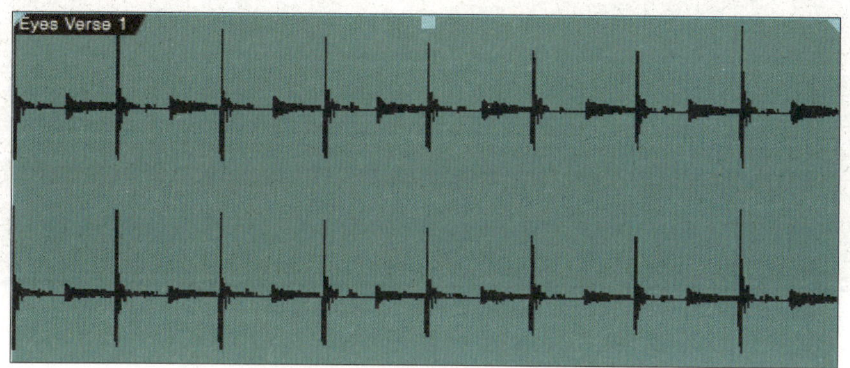

그림 5 - 100 Eyes Verse 1 Audio track

이번에는 Eyes Verse 1 Loof를 사용해보도록 하겠습니다. 우측 브라우저 윈도우에서 검색해서 찾아볼 수 있습니다. 위 그림은 Eyes Verse 1의 파형 분석 전의 모습입니다.

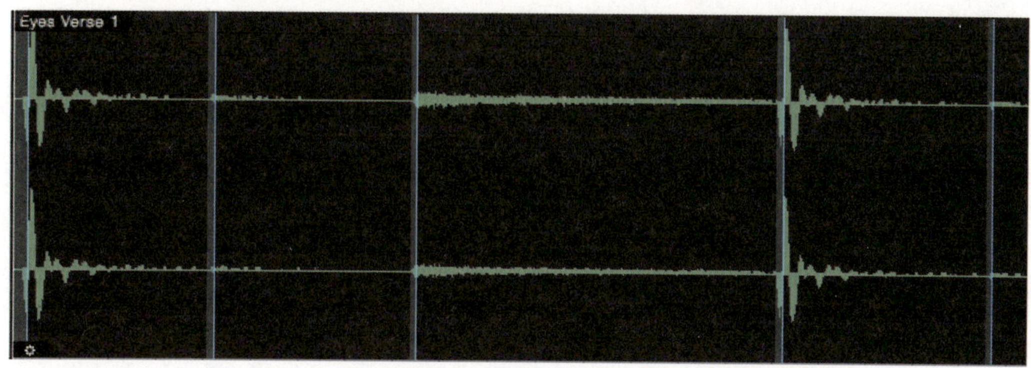

그림 5 - 101 벤드 파형 분석 후

파란 줄의 '마커'들은 마우스를 이용해 원하는 대로 늘릴 수 있습니다. Bend Tool 기능의 장점은 이 벤드 마커들을 기준으로 하니 이 루프의 기본 템포는 유지하되 '강박'의 시작을 없애거나 여리게 만들고 혹은 그 박자의 여음을 짧게 잘라내서 원본과 느낌이 다른 루프(loop)로 제작이 가능합니다.

## 4) 벤드 툴 마우스

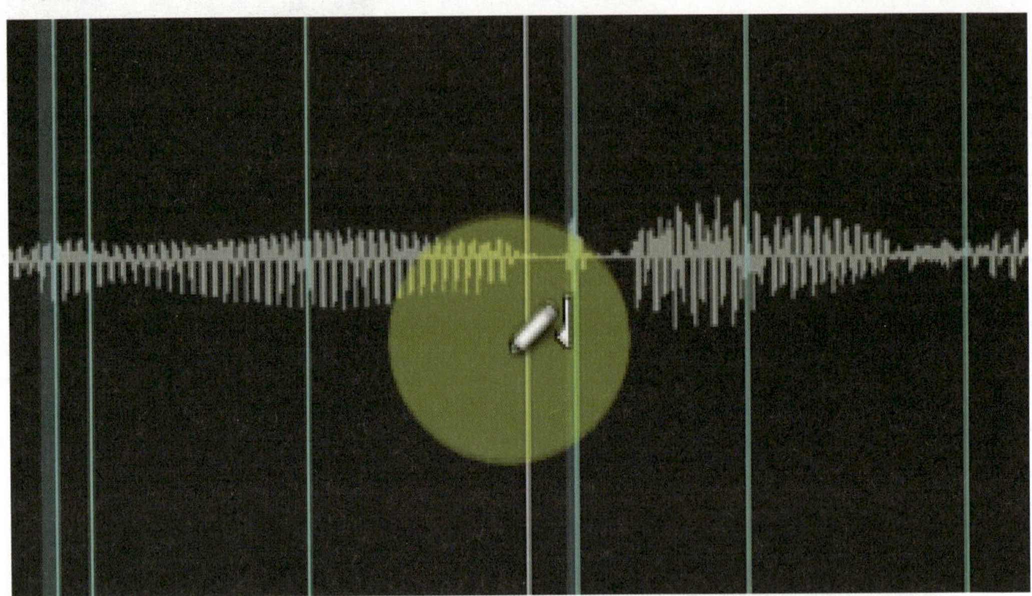

**그림 5 - 102** 벤드 툴 마우스

마우스 커서의 모양이 위 그림처럼 됩니다. 새겨진 마커를 기준으로 파형을 늘리거나 줄여서 가지고 있는 루프에 새로운 인상을 줄 수 있습니다.

## 5) 벤드를 이용한 루프 편집

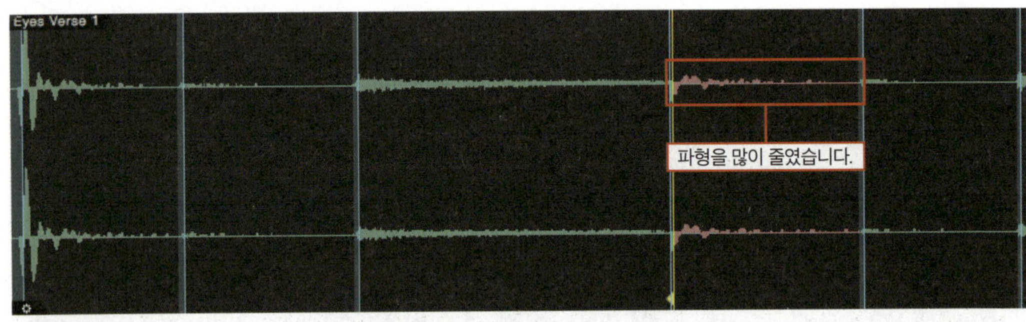


**그림 5 - 103** 벤드 이용

왼쪽 그림 중 빨간색으로 된 부분이 킥의 강박을 왼쪽으로 밀어서 마커 뒤로 숨게 만들어버린 모습입니다. 마커를 기준으로 여러 형태의 편집을 해보기 바랍니다. 원본 그대로의 루프를 활용하는 것도 나쁘지 않지만 여러분들이 분야의 고수가 되어가면 점점 자신만의 리듬 소스를 만들고 싶어질 겁니다. 위에 설명한 스튜디오 원 3의 스트립 사일런스와 벤드 툴을 적절히 활용하면 좋을 것 같습니다.

지금까지 드럼 시퀀싱을 해보았고 오디오 드럼 루프를 편집하는 방법도 함께 보았습니다. 베이스를 시퀀싱하기 전에 드럼을 시퀀싱해보거나 루프를 편집해서 드럼 리듬의 기본 베이스를 만들어보길 바랍니다.


## 2.8 베이스 기타

요즘 유행하는 음악들은 리듬 파트가 편곡의 핵심이라 할 수 있어서 어쩌면 가장 공들여 작업해야 하는 악기는 베이스 기타가 아닐까 생각합니다. 베이스 기타는 드럼처럼 리듬 악기이지만 동시에 음정을 내는 멜로디 악기이기도 합니다.
우선 멜로디 악기로서의 특징으로 곡의 화성에서 루트 톤의 빈 자리를 메꿔주는 역할을 하거나 반대로 텐션을 연주하기도 함으로써 화성적으로 풍부한 생동감을 줍니다. 동시에 리듬적으로는 드럼과 앙상블을 이루면서 곡의 리듬을 주도해나가기도 하며 때론 극적인 박자감을 만들어 매력적인 그루브를 만들 수도 있습니다. 하지만 베이스 기타도 일단 기타이기에 연주 시 건반에 비해서 손 포지션에서 오는 한계가 분명히 있습니다.
베이스 기타는 단선율을 연주하는 게 주된 연주법이니 코드를 잡아야 하는 기타에 비해 좀 더 자유롭기는 합니다. 물론 베이스 기타도 코드 연주가 가능합니다.

멜로디 보이싱을 가더라도 동시에 주 리듬을 신경써서 해야 하고 때에 따라선 드럼처럼 고스트 노트를 넣을 수도 있습니다. FUNK 계열의 음악을 작업하면 슬랩 연주를 넣을 때 고스트 노트는 정말 정말 중요한 리듬감을 살려줍니다. 일단 이 곡에선 단순하게 코드의 루트음 위주의 착한(?) 진행만을 짚어가보겠습니다.

## 2.8.1 베이스 기타 고르기

**그림 5 - 104** 프리센스 베이스

혹시 베이스 기타가 너무 저음이어서 톤이 뭉개지거나 혹은 반대로 너무 고음을 선택해서 베이스 기타다운 소리를 안 가진다면 음역대를 잘 선택해야 합니다. 그리고 베이스 기타는 한 음 한 음의 길이가 곡의 그루브를 나타내는 데 결정적인 역할을 합니다.

우리는 스튜디오 원 3의 프리센스 베이스 기타 중에 '핑거드 베이스(Fingerd Bass)'를 선택해보겠습니다.

메인 윈도우상에 베이스 트랙을 만들고 우측 브라우저 윈도우상에서 프리센스XT 중 'Fingerd Bass'를 고릅니다. 지금까지 앞에서 시퀀싱한 피아노와 드럼의 리듬을 살펴봅니다. 피아노는 4박자 매 마디 첫 박에 코드를 짚어주고 있습니다. 4박은 '원 / 투 / 쓰리 /포 / 원 / 투 /쓰리 / 포' 이렇게 세어 볼 수 있습니다. 단지 4번째 오는 마지막 마디는 '원 / 투 / 쓰리 / _ 포' 이렇게 칩니다(즉, 4박째는 비우고 4.5박에 칩니다). 그리고 싱코페이션이 있는 8번째 마디에서는 '원 / 투 / 쓰리 / 포 포' 이렇게 칩니다(즉, 4박째와 4.5박째 둘 다 칩니다).

현재 드럼의 리듬에서 스네어는 안정적으로 매 마디마다 2박째와 4박째에 위치합니다. 중요한 건 킥 드럼의 위치입니다. '쿵 / 딱 / _쿵 / 딱 / 쿵 / 딱 / _쿵 / 딱'. 주요한 패턴은 이렇게 볼 수 있습니다. 다만 4번째 마디는 '쿵 / 딱쿵 / 쿵 / 딱'입니다. 그리고 싱코페이션이 있는 8번째 마디는 '쿵 / 딱쿵 / 쿵 따 / 으 쿵'입니다(일단 스네어 롤은 빼고 봅니다).

이러한 드럼의 리듬 패턴을 보면서 베이스 라인을 시퀀싱해봅니다.

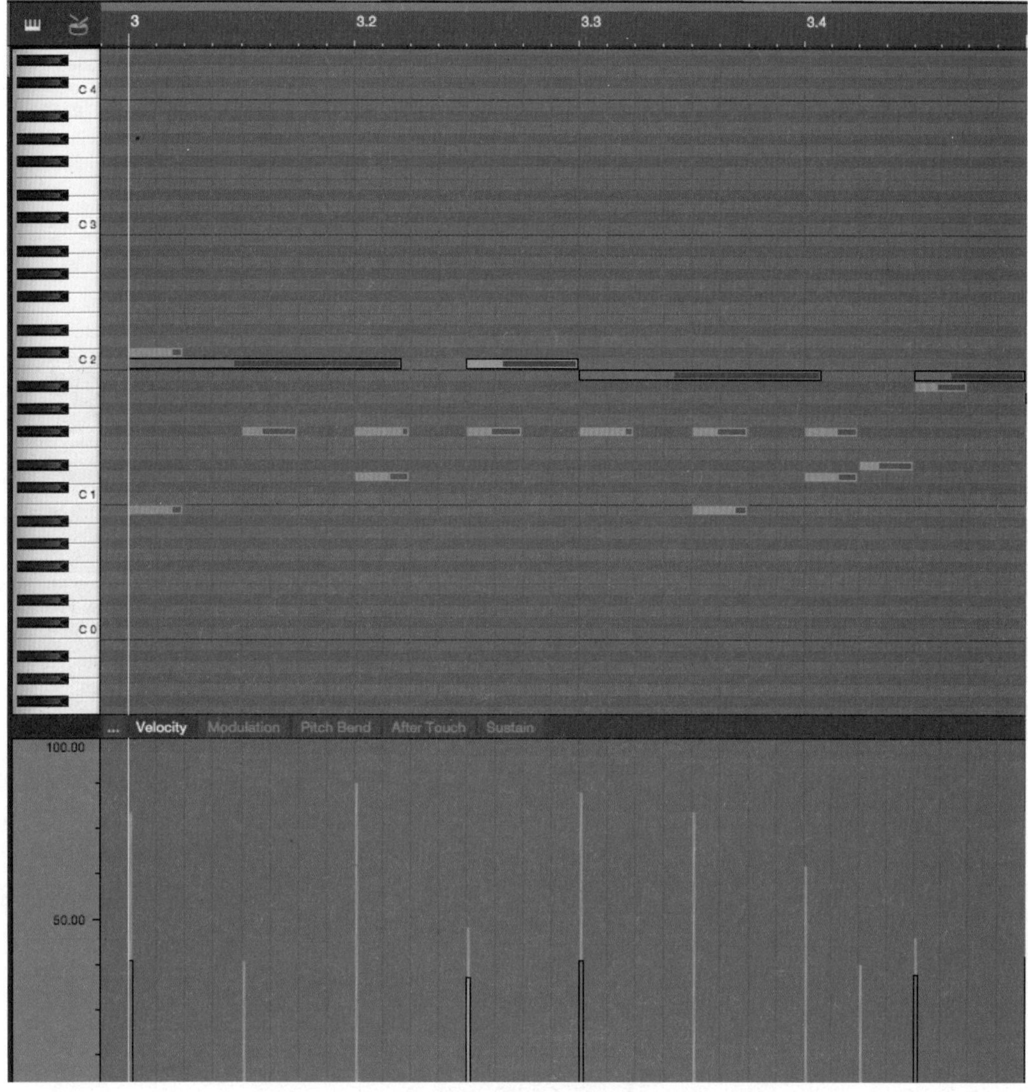

그림 5 - 105 베이스 기타 시퀀싱

## 2.8.2 베이스 기타 첫 마디

드럼과 베이스 기타의 첫 박은 맞추어 봅니다. 다만 단조로운 이 리듬에 텐션을 주고자 베이스 기타는 짝수 박자 첫 박엔 연주하지 않고 '짝수 마디의 중간'에 연주하도록 하겠습니다. 즉 2, 4박에 연주하지 않고 2.5, 4.5 박자에 연주합니다.

음정은 C 코드의 루트인 C와 CM7의 7th 음인 B를 연주합니다. 한 마디에 코드가 두 개 즉 그래서 1, 2박과 3, 4박이 코드가 바뀌니 음정과 박자는 '도 / _도 / 시 / _시' 이렇게 하도록 하겠습니다.

베이스 기타의 첫 마디 입력입니다. 스튜디오 원에서는 앞의 2마디를 띄우고 작업하니 3번째 마디를 첫 마디로 작업하고 있음을 잊지 마세요. 파란색 부분이 베이스 기타이며 노란색 부분은 드럼입니다.

간단한 첫 마디에 '도 도 시 시'를 연주할 뿐이지만 위치와 벨로시티를 그림처럼 만들어 보기 바랍니다. 두 번째 박 반(현재 3.2.240 tick)에 들어가는 주황색으로 바뀐 부분을 보면 첫 음 베이스보다는 약간 작습니다. 음정이나 리듬도 중요하지만 베이스 기타에서는 음의 길이가 더 중요합니다.

그림과 같은 음정과 박자에 넣었더라도 음 길이를 다르게 만들어보면 다른 느낌의 리듬감을 갖습니다.

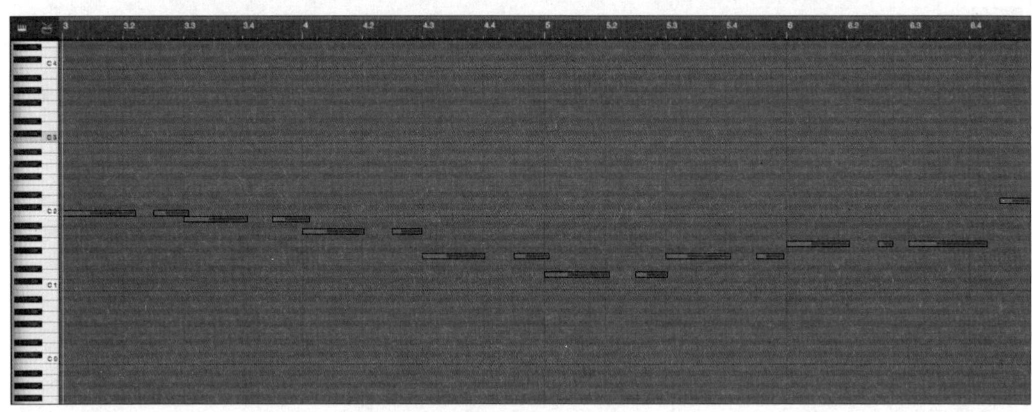

**그림 5 - 106** 베이스 기타 4마디

## 2.8.3 베이스 기타 첫 마디의 길이와 벨로시티 조절

예를 들어, 첫 박의 베이스 음의 길이를 반으로만 줄여도 완전 다른 느낌의 곡이 됩니다.

게다가 벨로시티 역시 첫 박은 더 강하게 뒤 박은 더 약하게 친다면 또 색다릅니다. 곡의 뼈대가 되는 장르감을 확 바꿔버립니다. 이는 멜로디에도 영향을 주게 되게 됩니다. 이런 부분이 베이스 기타 미디 시퀀싱을 하면서 느끼는 재미 같습니다.

베이스 기타의 연주는 주로 루트와 5도 음으로 구성을 한다면 일단은 무난한 진행이기는 합니다.

하지만 일단 루트음과 7th음 사용만으로도 베이스 기타의 존재 이유를 충분히 느꼈을 거라 생각합니다.

## 2.8.4 베이스 기타 4마디

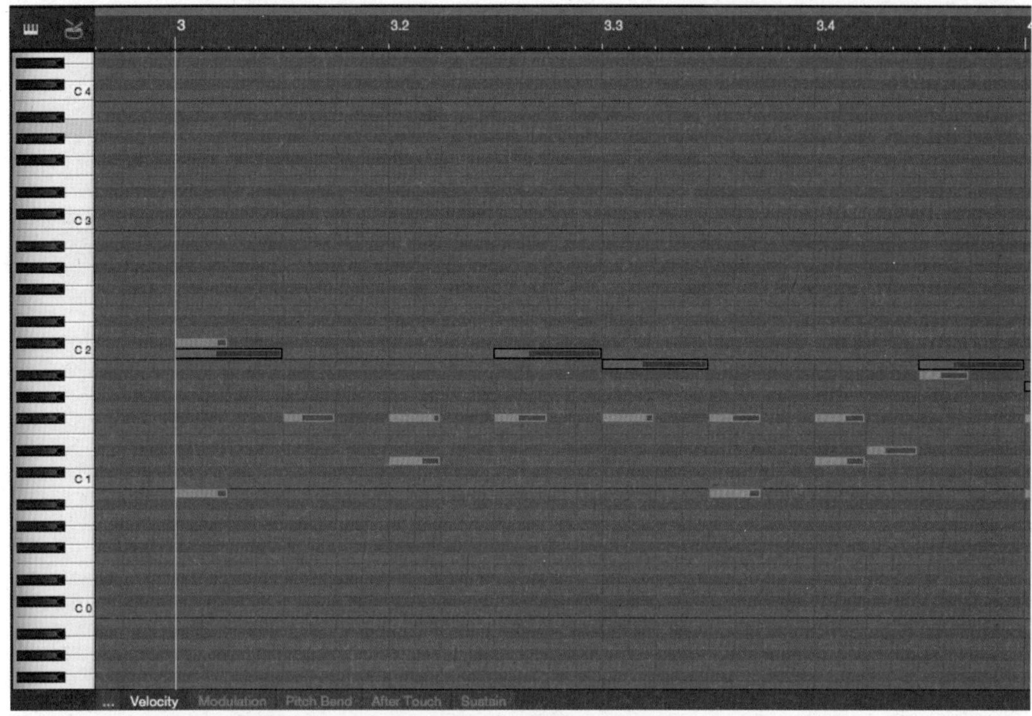

**그림 5 - 107** 베이스 기타 첫마디 길이 조정

위 그림에 보이는 4마디의 음정만을 열거하면 '도도시시 / 라라파파 / 레레파파 / 솔솔솔레'입니다.

참고로 이 곡의 코드 진행은 C/CM7 −Am7/F6 −F/Fm −G7/G입니다.

F6일 때는 F6 코드의 루트음인 F를 잡았지만 정작 F 코드일 때는 대리코드인 Dm를 생각해서 D를 잡아 보았습니다.

왜냐하면 하행하는 진행을 만들면 듣기 편안하기 때문입니다.

D를 기점으로 남은 마디는 '파'와 '솔', 그리고 4번째 마디 4번째 박자에는 G 코드의 5도음인 '레'를 사용했음을 간파하셔야 합니다.

이제 이 곡은 16마디 곡이므로 이 코드 진행을 반복해 16마디를 가보겠습니다.

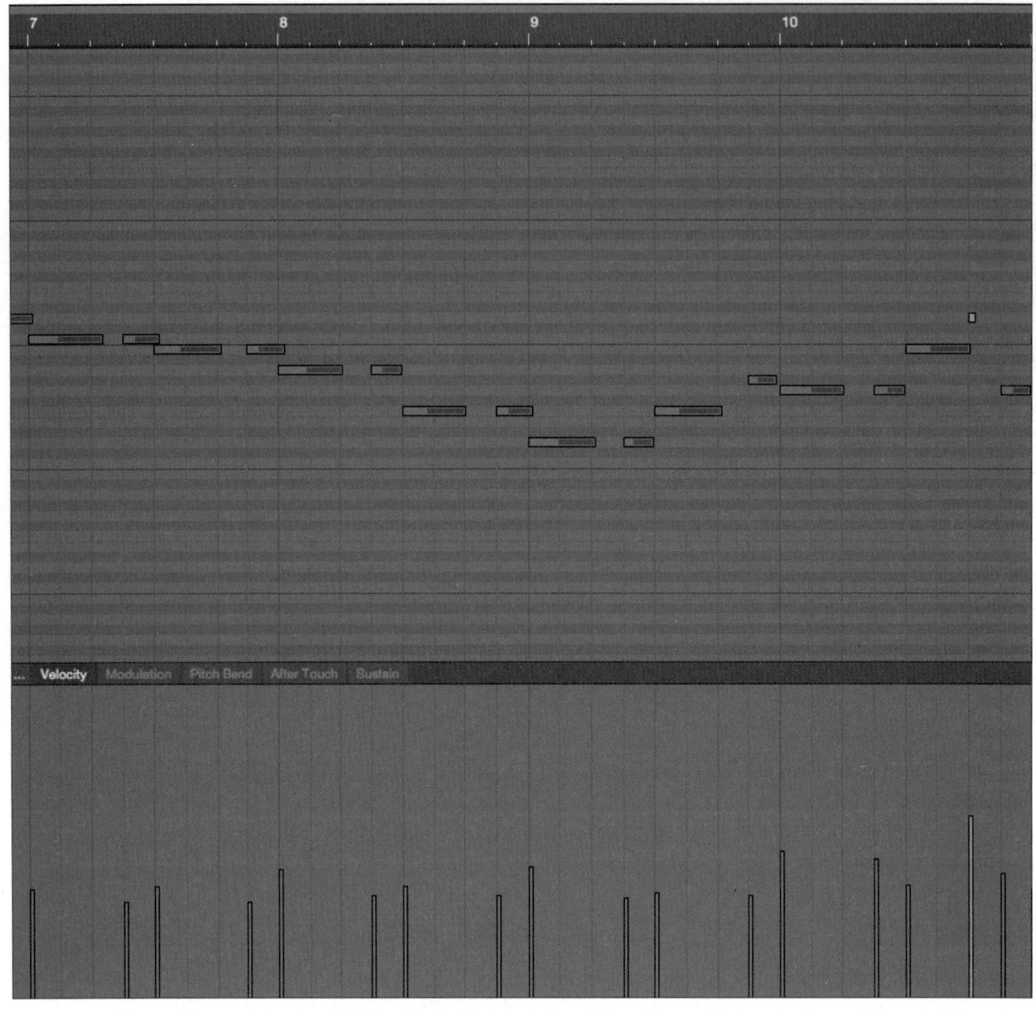


그림 5 - 108 베이스 기타 진행 뒤 4마디

## 2.8.5 베이스 기타 8마디 늘리기

지금 시퀀싱 한 4마디가 복사되어 뒤에 4마디 더 붙게 만듭니다. 듀플리케이트 측은 OPT(ctrl) + 드래그 사용입니다. 다만 8번째 마디(현재 스튜디오 원에서는 10번째 마디)는 먼저 시퀀싱한 드럼의 싱코페이션이 있던 자리입니다.

8번째 마디는 9번째 마디를 위해서 앞선 4번째 마디처럼 5th 음인 '레'로 끝나기보다는 이번에는 그냥 G 코드의 루트음인 '솔'로 끝나는 것이 이후 진행이 부드럽게 오기 더 좋을 것 같습니다. 따라서 싱코페이션이 있던 4.5박째에 솔을 넣습니다. 대신 4박 정박에 있던 '레'음을 짧게 치고 벨로시티는 조금 더 올려줍니다.

8번째 마디의 4박자 동안의 베이스 구성음들은 솔 : _ 솔 : 시 _ : 레 솔(1박 : 2박 : 3박 : 4박)입니다
(시퀀싱 상의 표시 마디는 10번째 마디입니다).

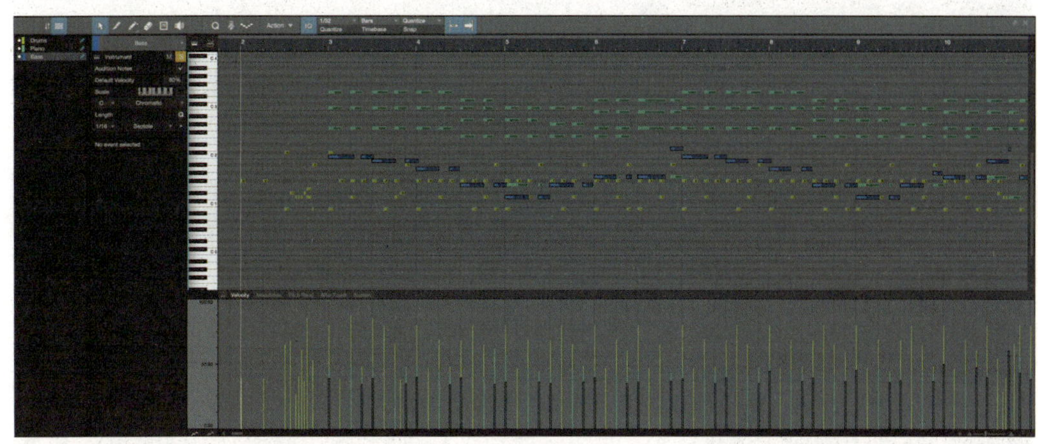

**그림 5 - 109** 8마디 전체

그럼 드럼 인트로 필 인 포함 9마디 전체 진행의 미디에디터 그림을 볼까요?

시퀀싱 상 2번째 마디의 드럼 필 인부터 8번째(스튜디오 원에서는 10마디)까지 모든 파트의 악기가
시퀀싱된 것이 그림입니다.


앞 장의 이론부터 차근히 따라 오셨다면 그리 어렵지 않으셨을 거라 예상합니다.

어렵게 설정해서 여기까지 오신 게 뿌듯하신 분들도 있겠지만 아직 밋밋한 곡의 인상에 실망하는 분
들도 있을 겁니다. 아직은 시작이니 하나하나 만들어가도록 하겠습니다.

그런데 이렇게 진행을 만들고 나니 뭔가 또 허전합니다.

멜로디가 있으면 좋을 것 같습니다.


## 2.9 멜로디 입력


드럼, 건반, 베이스라면 멜로디를 만들 수 있는 반주 정도는 완성이 된 것 같습니다.

사람 목소리의 녹음이 가능한 장비 셋업이라면 노래를 흥얼거려서 녹음하는 것이 좋겠지만 녹음 장
비가 없는 상황이라 가정하고 본인이 만든 멜로디를 음정이 확실하게 잘 들리는 악기로 입력해 보겠
습니다.

프리센스 악기 중 퍼커션 카테고리에 있는 비브라폰이라는 악기로 해보겠습니다.

## 2.9.1 멜로디 악기

그림 5 - 110 프리센스 XT의 Vibraphone Hard

Vibraphone Hard는 프리센스의 Percussion 카테고리 중에 Vibraphone 폴더 안에 있습니다.

이제 다시 연필 툴을 이용해 멜로디를 입력해보도록 하겠습니다.

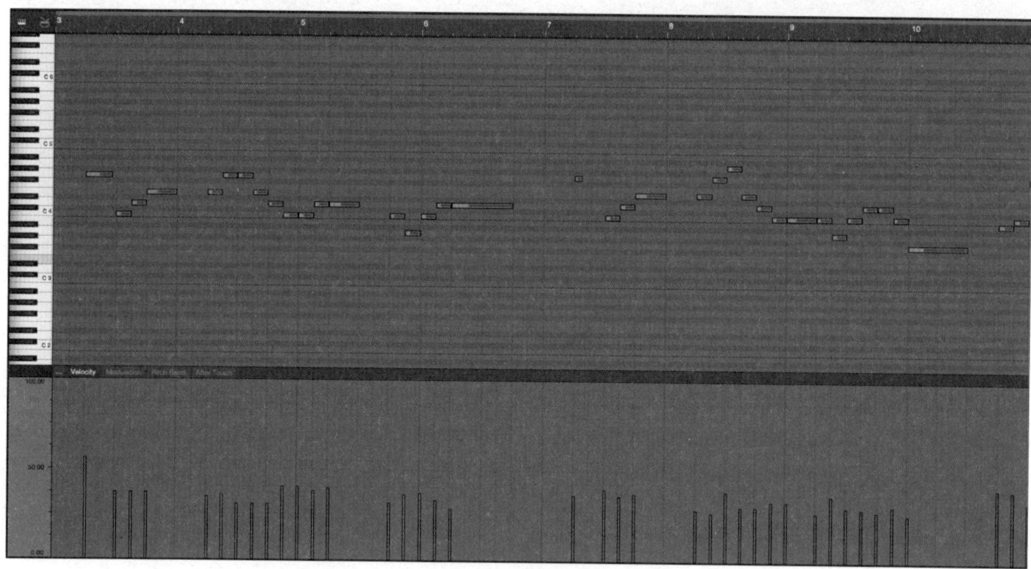

**그림 5 - 111** 멜로디 라인

## 2.9.2 멜로디 라인 입력하기

위 그림에서 보이는 8마디 멜로디는 필자가 그저 흥얼거리는 멜로디였습니다.

멜로디를 만들 때 느낄 수 있는 점은 리듬과 화성이 내가 만드는 멜로디에 둘 다 영향을 주고 있고

때로는 그 중 어느 한 쪽에 더 영향을 받기도 해 그걸 더 강조하고 싶기도 하다는 것입니다.

점점 거듭할수록 여러분들이 직접 만든 멜로디를 입력하는 것을 연습해보셔야 합니다.

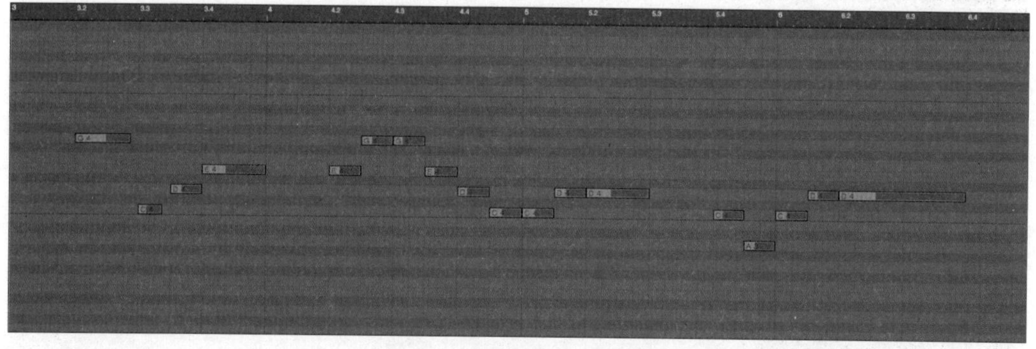

**그림 5 - 112** 멜로디 음정 앞 4마디

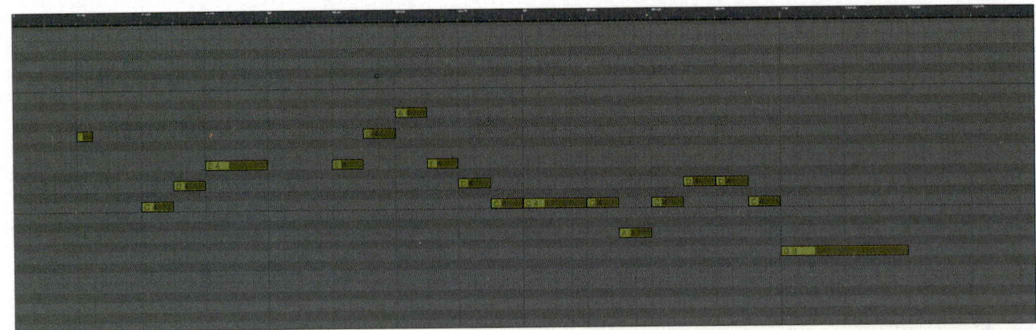

그림 5 - 113 멜로디 음정 뒤 4마디

어떤 멜로디인지 보여드리기 위해 좀 더 확대하면 음정이 보이니 따라서 입력해보시길 바랍니다.

자 이렇게 8마디 멜로디 입력이 끝났습니다.

이 진행에는 반드시 이 멜로디를 써야 한다는 규칙은 당연히 없습니다.

이 코드 진행에서 얼마든지 다른 멜로디를 만들어 낼 수 있습니다.

열 명이 만들면 10가지 멜로디가 나올 수 있습니다.

### 2.9.3 전체 8마디를 16마디로 복제

이번엔 전체 8마디 진행이었던 이 곡을 16마디로 늘려서 이 착한 멜로디를 더 진행시켜 보겠습니다.

앞 8마디의 전체적인 곡 분위기는 가져가지만 약간은 다른 느낌을 내야 곡이 연결이 될 겁니다.

다행히 드럼의 경우 8번째 마디(스튜디오 원에서는 10번째 마디)째에 싱코페이션을 넣느라 스네어 필 인을 만들어 놓았으니 9번째 마디로 넘어가는 게 듣기에 심심하지는 않을 것입니다.

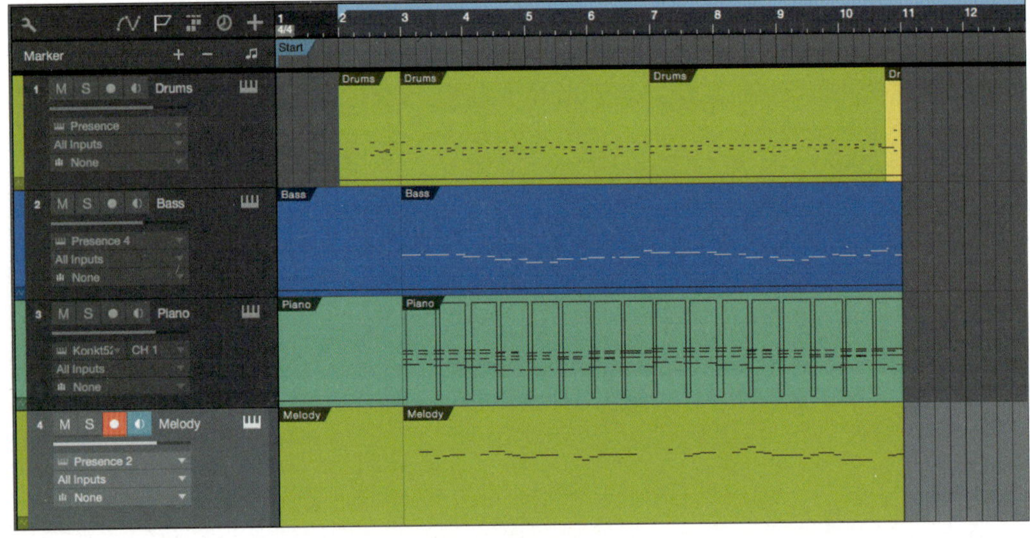

그림 5 - 114 8마디일때

8마디일 때의 전체 그림입니다. 각 레전의 앞에 악기가 찍히지 않은 부분은 잘라내셔도 좋습니다.

마디를 두 배로 늘릴 때 악기가 없는 저 부분까지 두 배가 되면 안 되기 때문입니다.

드럼 트랙을 보면 그림 5-114의 2마디째에 드럼 필 인이 있으니 다른 악기보다 먼저 시작한 것을 확인 할 수 있습니다.

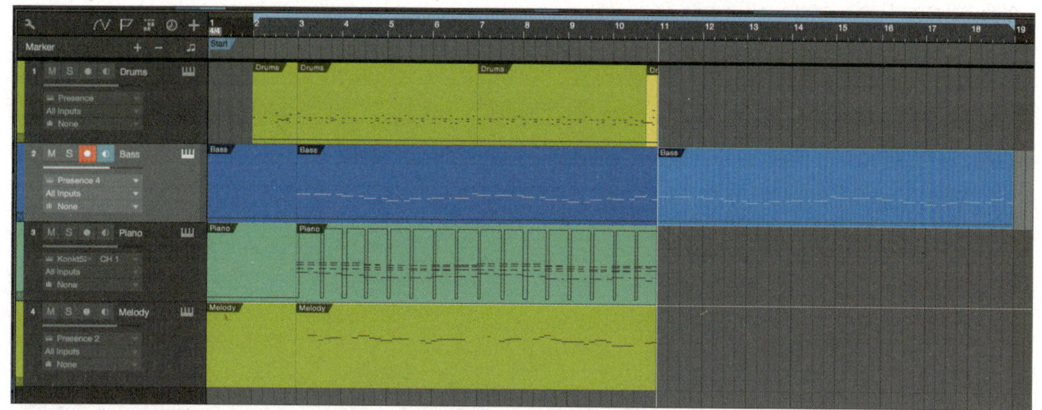

그림 5 - 115 8마디를 듀플리케이션해서 16마디로

우선 아무 소리도 없는 첫 마디를 잘라낸 Bass 레전만을 매킨토시는 cmd + D(윈도우즈는 ctrl + D)를 통해 '듀플리케이트'합니다.

나머지 악기도 같은 동작을 하면 16마디로 간단히 늘어납니다.

물론 전체 레전을 선택한 후 동시에 cmd +D를 해도 됩니다.

멜로디 레전까지 두 배로 만들면 같은 8마디가 반복될 뿐이니 멜로디 레전은 제외합니다.

## 2.9.4 멜로디 추가 입력

다 되었으면 우선 8번째 마디부터 12번째 마디까지 4마디(스튜디오 원에서는 10~14마디)의 음정을 입력해봅니다.

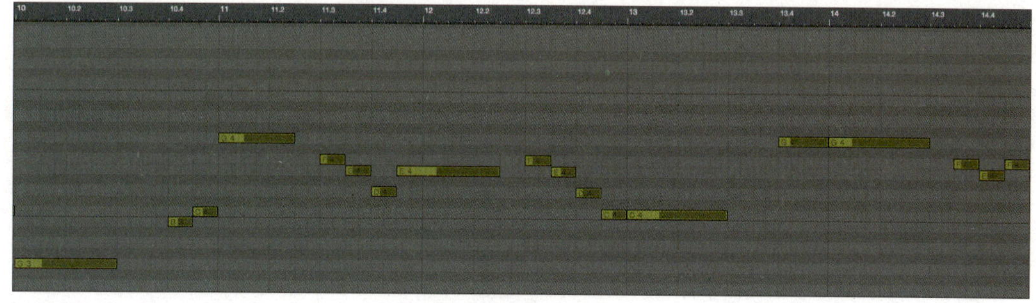

그림 5 - 116 멜로디 음정 8~12마디

앞 그림의 8번째 마디(스튜디오 원에서는 10번째 마디)부터 시작을 했는데, 이유는 바로 9번째 마디부터 새 멜로디를 넣기보다는 8번째 마디 마지막 박자에 연결되는 느낌의 멜로디를 넣는 편이 더 좋을 것 같아서입니다.

단 두 음정 '시'와 '도'에 의해서 부드럽게 연결이 됩니다.

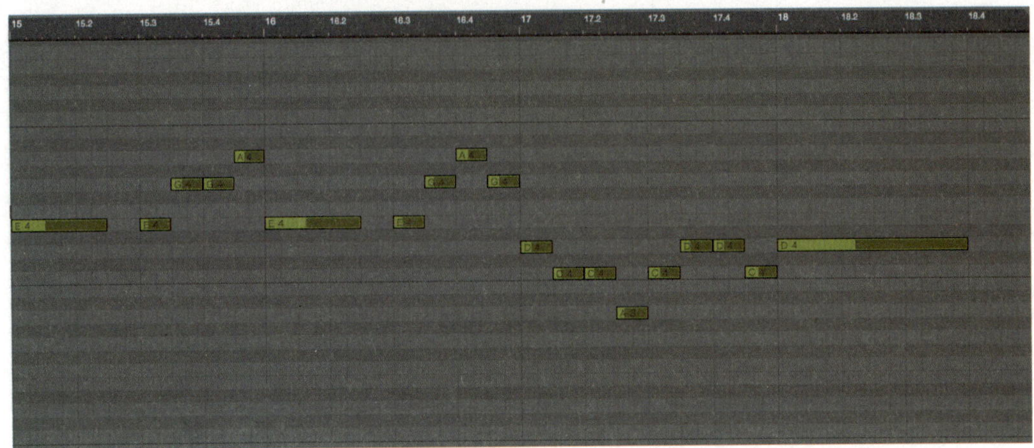

**그림 5 - 117** 멜로디 음정 13~16마디

마지막 4마디째의 음정들입니다(스튜디오 원에서는 15에서 18마디).

마지막 마디에는 '레'를 길게 늘려서 곡이 끝나는 기분을 들게 했습니다.

자 이렇게 16마디의 멜로디까지 넣은 짧은 곡을 만들어보았습니다.

4가지 악기를 가지고 16마디를 만든 전체 화면을 한번 보겠습니다(2번째마디의 드럼 필 인을 포함하면 17마디를 작업했습니다).

## 2.9.5 작업의 전체화면

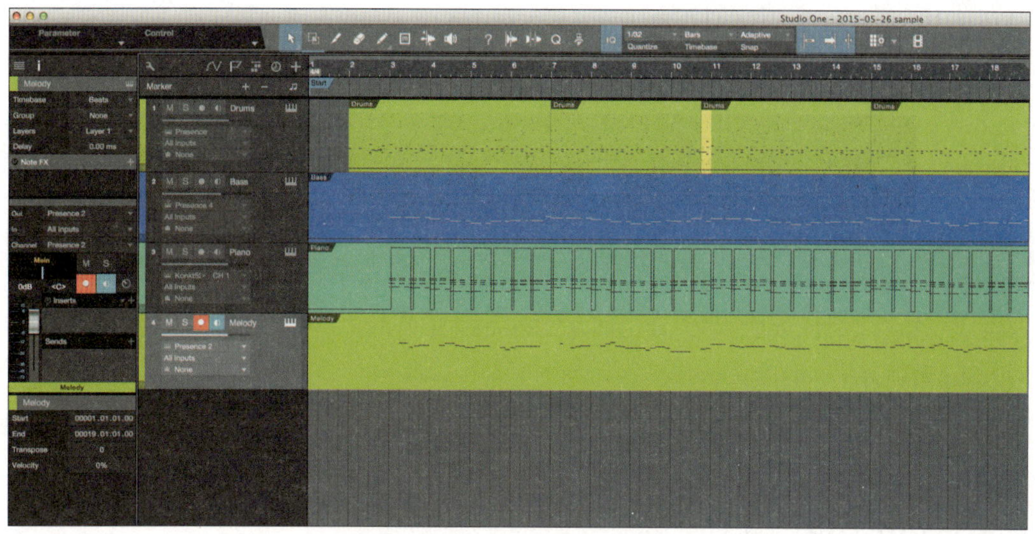

**그림 5 - 118** 스튜디오 원 작업의 전체 트랙들

맨 위 드럼 트랙의 겹쳐서 노란색으로 나오는 부분은 8마디째에 드럼 필 인을 넣었던 곳인데, 앞 레전과 뒤 레전이 겹쳐서 밝은 색으로 표시되고 있습니다.

이 곡을 계속 반복해서 듣고 싶다면 루프 플레이 기능을 이용하면 됩니다.

하지만 루프 기능은 루프를 할 구간을 먼저 지정해놓아야 합니다.

이 곡의 시작은 그림 상의 드럼을 기준으로 하면 2번째 마디 드럼 필 인이 시작이고 끝은 화면 상 18번째 마디이니 마우스로 드럼 레전을 선택하시기 바랍니다. 다른 악기를 골라도 되지만 그때는 맨 처음 마디는 잘라내시기 바랍니다. 첫 마디에는 아무 악기가 없으니까요.

그 후 키보드의 단축키 'P'를 누르면 윗줄 룰러 바에 파란색 구간 설정 그림이 나타납니다. 이 왼쪽에서 오른쪽까지의 구간 설정은 마우스로도 지정이 가능합니다.

## 2.9.6 구간 설정과 루프

자 드럼 필 인을 포함한 전체 17마디가 구간 선택이 되었습니다.

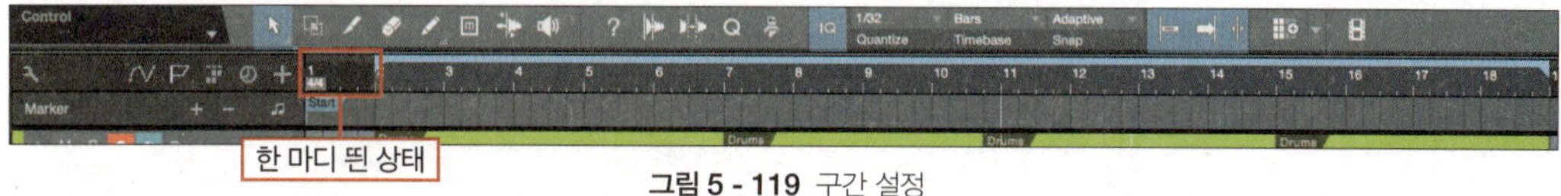


**그림 5 - 119** 구간 설정

이제 루프로 재생해보겠습니다.

스튜디오 원 3 아래쪽 트랜스포트 바에 보면 좌우로 긴 타원 모양의 버튼이 보입니다.

이 버튼이 루프 버튼입니다.

이 버튼이 눌린 상태에서 플레이를 한다면 계속 지정된 'P 구간' 반복으로 재생이 됩니다.

그림 5 - 120 트랜스포트 바의 루프 버튼

루프 재생의 단축키인 키보드 오른쪽 숫자패드의 num4를 눌러도 됩니다(프로툴즈 숏컷을 사용할 경우이며 큐베이스라면 '/'입니다).

# 2.10 기타 입력

위의 작업으로 대략의 곡작업은 끝났다고 봐도 됩니다만 곡에 양념처럼 들어갈 악기가 하나 더 있으면 좋겠다는 생각도 듭니다.

독자 분들 중에 기타를 연주할 줄 아는 분들이라면 직접 녹음하는 것을 권해드립니다만 우리가 여기까지 오면서 '건반을 연주 못한다' '마스터 키보드가 아직 준비가 안 되었다'라는 전제하에 온 것을 생각한다면 '기타를 연주 못한다' '기타가 없다'라는 전제로 진행하는 것이 좋아 보입니다. 2.10.5까지의 내용은 기타 입력 시 미리 알아야 할 통상의 지식입니다. 바로 입력을 원하는 독자는 2.10.6부터 보시면 됩니다 .

## 2.10.1 기타의 특징

기타는 시퀀싱으로 표현하기에는 변수가 많아 입력하기 어려운 악기입니다.

아니 기타 외에도 대부분의 현악기들은 입력이 쉽지 않은데, 그 현악기 가운데서도 기타는 다양한 톤을 가지고 있으며 멜로디에 화음 연주까지 가능하기에 '기타'스러운 미디 입력이 더 까다롭게 느껴집니다.

또한 기타 구조에서 오는 물리적 제약(음정들 간의 배치)과 이로 인한 연주 시의 영향도 무시할 수 없고, 기타의 코드 사운드에는 음정 외에도 기타 바디 특유의 풍부한 톤이 있기에 미디 키보드 혹은 마우스만으로 표현하기엔 쉽지 않습니다.

기타와 건반의 차이점 중 하나는, 가령 건반의 경우엔 '도' 음 중 C4가 하나밖에 존재하지 않지만 기타에는 C4의 피치를 지닌 포지션이 지판에 한 개 이상 존재합니다.

게다가 기타는 맨 윗줄인 6현부터 맨 아랫 줄인 1현까지 2옥타브 차이가 납니다.

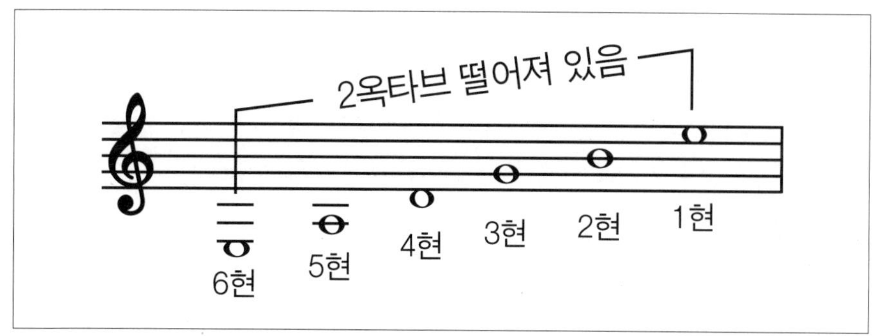


**그림 5 - 121** 기타 현의 간격

또한 각 현의 대부분이 완전 4도의 음정 차이도 납니다.

그래서인지 4th 보이싱이 비교적 편합니다(4도 음정을 중심으로 한 보이싱을 말합니다).

**그림 5 - 122** 기타 완전 4도

6현에서 1현으로 내려가는 순서로 '미 라 레 솔 시 미'입니다.

3현에서 2현으로 갈 때 외에는 모두 완전 4도입니다.

사실 미디로 기타를 표현하는 것은 그다지 권하고 싶지 않습니다.

더구나 액세서리를 통해 무궁무진한 톤을 가진 일렉트릭 기타는 더더욱 말리고 싶습니다.

일렉트릭 기타 연주의 세계에서는 그 톤을 만드는 것마저 기타리스트의 노하우이자 능력이니까요.

## 2.10.2 기타는 6개의 음으로 구성된다

기본적으로는 기타는 일단 6줄 밖에 없기에 한 번에 동시에 울리는 음정의 수는 6음입니다.

보통 양 손을 사용해서 건반을 입력하던 사람들이 기타를 시퀀싱할 때 잊기 쉬운 것이 바로 이 지점
입니다.

그리고 기타가 동시에 6개 음까지 연주가 가능하더라도 실제 아르페지오 연주에 있어서는 한 번에 모
든 줄을 쳐서 6개 음을 다 연주하는 경우는 드물며, 일반적으로 4개 음 정도를 연주합니다.

물론 이것은 연주자가 짚은 코드나 연주하는 곡의 백킹 스타일에 따라 바뀌기도 하겠지만, 코드를
입력할 때 3~4음 정도로 간결하게 입력하는 편이 차후에 다른 악기들과 조화에 있어서 사운드적으
로 불필요하게 텁텁한 감이 없어져서 더 나은 것 같습니다.

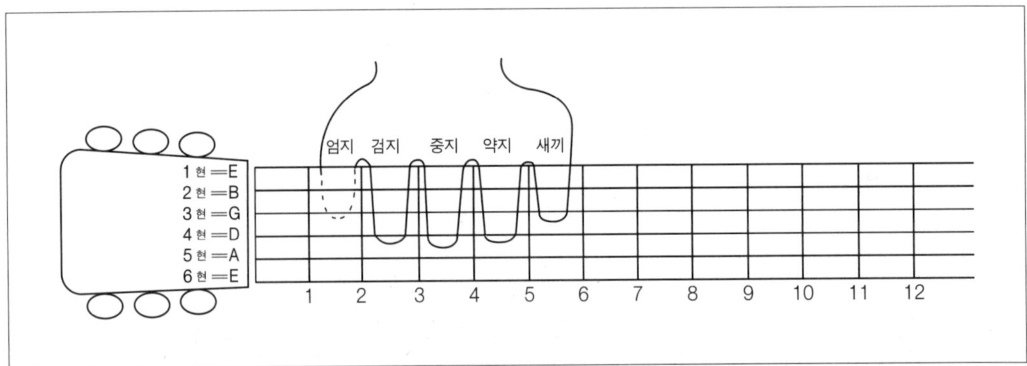


**그림 5 - 123** 기타 현과 손가락

그림에서 보듯 엄지 손가락은 아주 가끔을 제외하고는 거의 기타 네크 뒤에서 손을 받치는 역할을
합니다.

그렇다면 실제 손가락이 누를 수 있는 현의 총합은 4줄입니다.

### 2.10.3 기타 보이싱의 특징

기타의 보이싱에서 특징적인 것 하나는 4화음을 구성하는 코드 중에서 '3음'을 옥타브 아래로 드롭시키는 연주를 자주 사용한다는 점입니다.

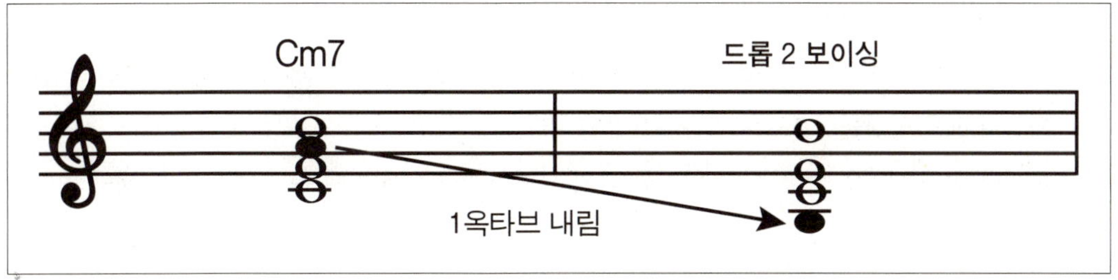


**그림 5 - 124** CM7 5th Drop

실제 기타 지판을 잡은 걸 악보상으로 보면 위 그림처럼 3음이 옥타브 아래로 내려갑니다.
이것은 기타 음정의 배열로 인한 것이기도 합니다.

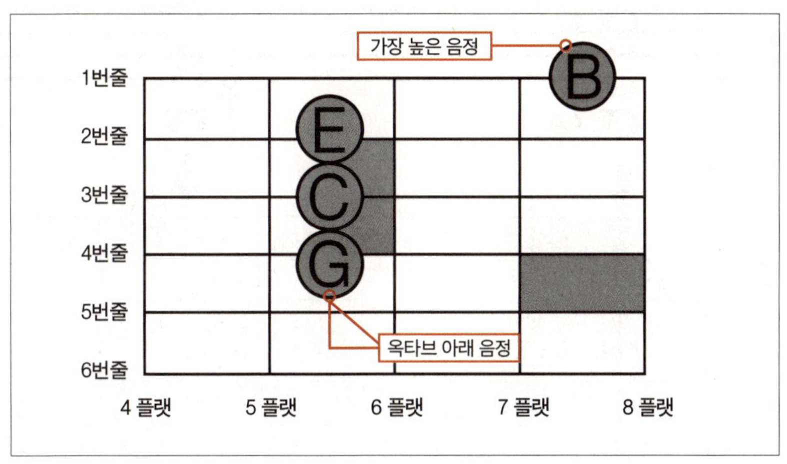


**그림 5 - 125** 5th Drop 지판

위 그림에서 보면 4번 줄을 누르고 있는 3음(5th) '솔(G)' 음이 가장 낮습니다.

그리고 3번 줄 2번 줄 1번 줄 순서 즉 '도 미 시' 순으로 높은 음정을 갖습니다.

이렇게 해야 기타 구조상 손 모양이 편하게 나오기 때문입니다.

기타를 미디 시퀀싱할 때 주의할 점은 코드를 입력할 때 3음(5th)은 생략도 가능하고 옥타브 아래에 위치하는 편이 실제 기타 연주와 비슷하다는 것입니다.

이 경우 기타에서는 G베이스 Cmaj7 코드라고 읽을 수도 있습니다. Cmaj7 / G입니다.

### 2.10.4 기타 텐션음

기타 보이싱에서 텐션을 넣는 것을 단지 4화음에 텐션을 넣는다는 것으로 이해한다면 앞서 말했듯이 연주상 불편한 코드 폼이 나옵니다. 그래서 기타 연주에서 텐션을 넣을 때는 기본 4화음의 5th를 생략하고 텐션과 바꾸는 방법을 많이 사용합니다. 예를 들어 루트(root)음을 9th로 쉽게 바꿔버리거나 5th를 11th나 13th로 바꾸는 것입니다.

루트음이 사라지는 경우가 오더라도 밴드나 여러 악기들의 합주 중에는 베이스 기타가 루트를 연주하고 있으니 밴드 앙상블적으로는 별문제가 없습니다.

미디로 기타 입력 시 중요한 건 다른 악기들 간의 코드 톤을 감안하면서 루트 음을 간혹 생략하며 나머지 화음들을 연주할 수도 있다는 점과 코드 톤 안에서 주로 5th 음을 사용해서 텐션음을 만든다는 점입니다.

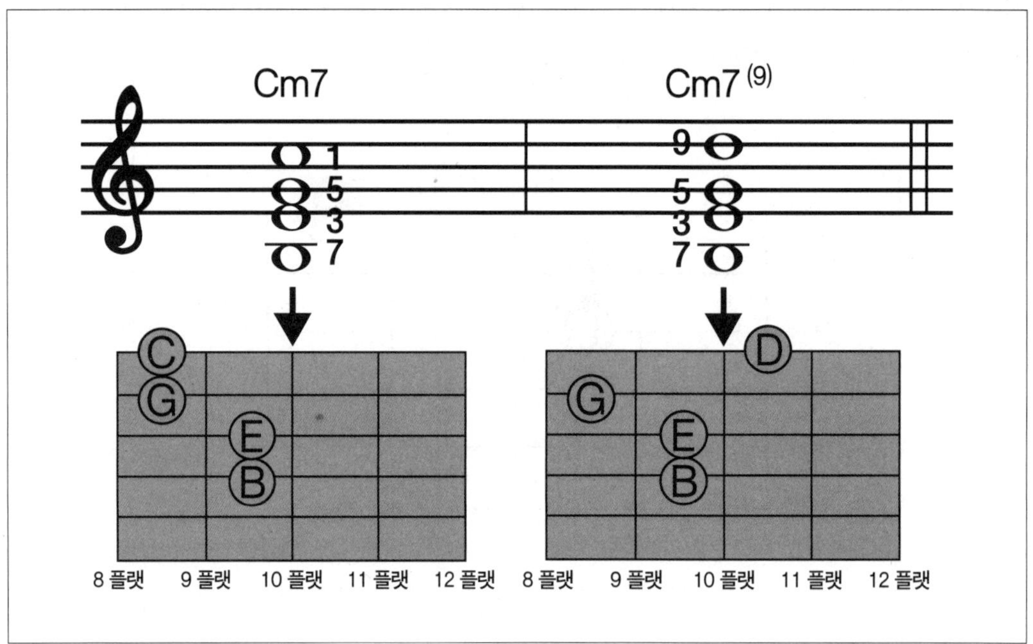


**그림 5 - 126** CM7이 CM9으로 가는 것

위 그림에서 보듯 CM7이 CM9으로 개방현 포지션을 유지해 가면 '도' 음을 생략해서 잡는 것이 나을 때가 많습니다. 이런 어프로치들을 매번 같은 상황에 똑같이 적용할 수는 없습니다만 그래도 기타를 연주하진 못해도 기타를 넣고 싶은 독자들의 경우 기타만이 가지고 있는 연주적인 특징을 알고 미디 입력을 해야 보다 기타스러운 연주로 들리게 됩니다.

## 2.10.5 벤딩 / 비브라토

기타 줄을 밀어 올려서 음정을 올리거나 밑으로 끌어내려 음정을 낮추는 것이 것이 '벤딩'이고 소리를 '~~~' 스타일로 만들어주는 것이 '비브라토'입니다.

둘 다 연주 중에 너무 빈번하게 사용하는 주법인지라 거의 모든 마디마디에 그 표현이 있다고 보셔도 됩니다. 벤딩과 비브라토는 일렉트릭 기타뿐 아니라 어쿠스틱 기타 연주에서도 많이 사용하는 연주법입니다.

사실 많이 들어보고 입력을 해봐야 그 느낌을 알 수 있습니다. 미세한 벤딩 하나하나에 곡의 인상이 달라집니다.

이제 기타 입력을 위해 기타 소리를 한번 골라보겠습니다.

## 2.10.6 나일론 기타 입력

이번에도 스튜디오 원 3의 프리센스 XT 중에서 골라보겠습니다.

우선 일렉트릭 기타는 다양한 톤이 존재하기도 하고 이 곡에선 그다지 어울리지도 않는 것 같습니다. 어쿠스틱 스틸 기타(통기타)는 '코드 톤'을 연주하기에 좋은 소리이지만 멜로디 연주를 넣기에는 피아노 등과 음역대가 겹치기도 합니다. 그래서 기타로 멜로디를 주로 연주하는 곡의 경우 나일론 기타를 선호합니다.

나일론 기타는 우리가 보통 클래식 기타라고 부르는 것입니다. 두꺼운 윗줄 3줄은 쇠 줄이지만 나머지 아랫줄은 나일론 줄을 사용하기에 나일론 기타라고 부릅니다. 기타의 지판도 다른 종류의 기타들보다 넓습니다.

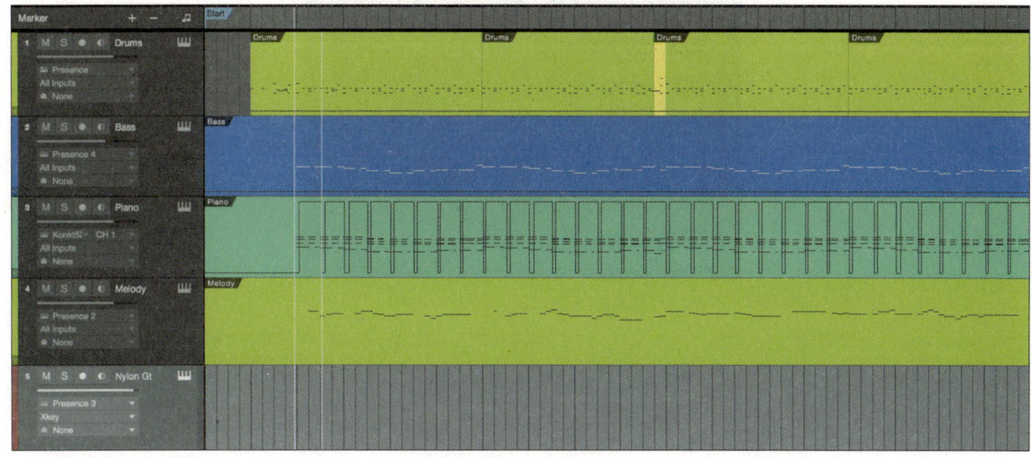

**그림 5 - 127** 나일론 기타 트랙

프리센스 XT를 브라우저 3.0에서 그냥 메인 윈도우로 끌어다 놓겠습니다.

그리고 트랙 이름을 Nylon Gt로 바꾸어줍니다. 프리센스 중에서 나일론 기타를 골라보겠습니다.

## 1) 기타 고르기

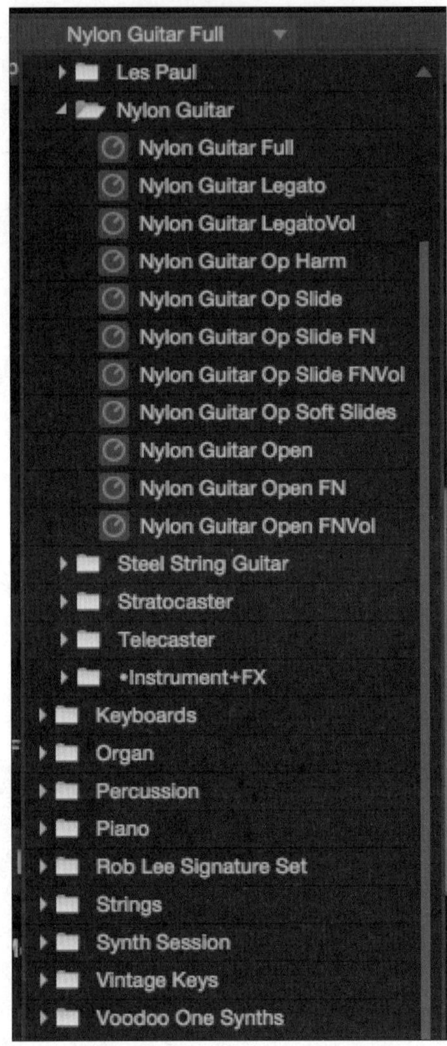


그림 5 - 128 나일론 기타 고르기

나일론 기타(Nylon Guitar)는 악기 중 기타 카테고리 안에 있습니다.

나일론 기타의 연주법 이름들로 또 세분화되어 있음을 볼 수 있습니다. 그 중 Nylon Guitar Full로 골라보겠습니다.

**그림 5 - 129** 프리센스 XT의 Nylon Guitar Full

프리센스 XT에서 Nylon Guitar Full을 선택한 모습입니다.

아래 건반 위 이펙트 효과 부분을 보면 Delay(딜레이)와 Reverb(리버브)가 켜져 있음을 알 수 있습니다.

대부분 기본 프리셋에서 건드리지 않고 쓰게 됩니다.

소리를 만든 제작사가 듣기에 가장 좋다고 생각되는 소리를 기본으로 넣었을 테니까요.

## 2) 첫 코드 C / Cmaj7 입력

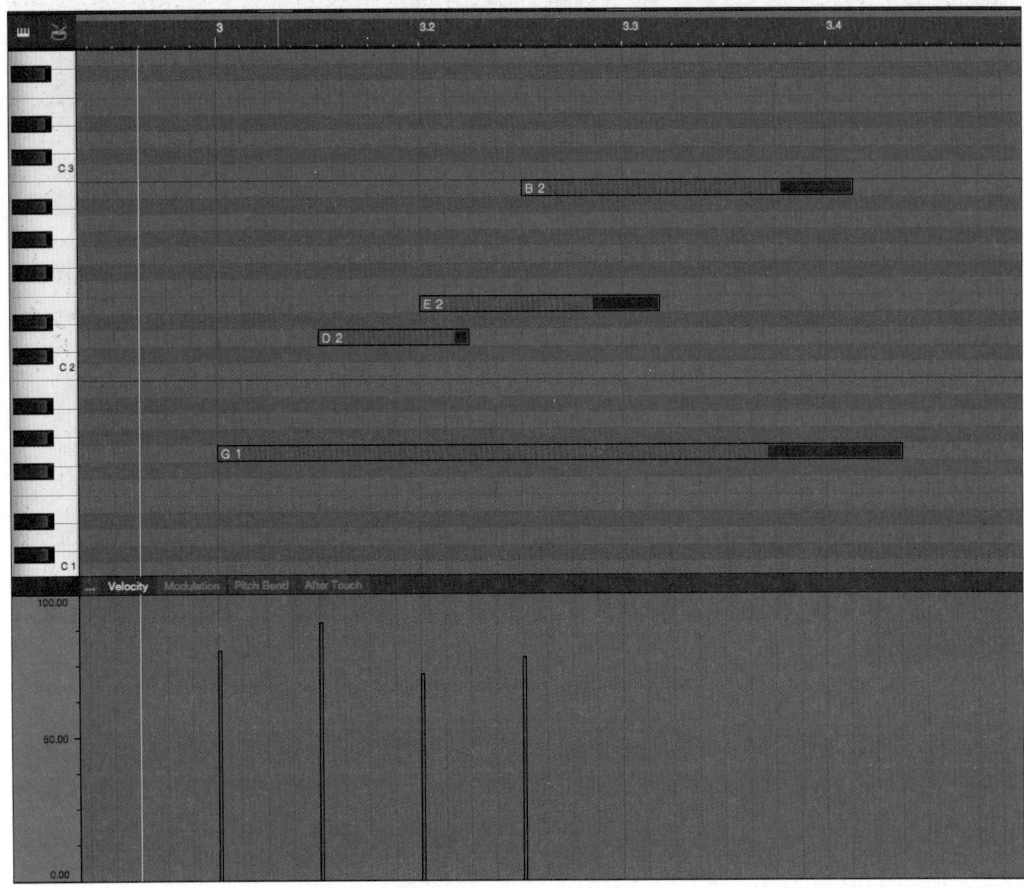

**그림 5 - 130** 기타 첫 마디

첫 마디 코드인 C / Cmaj7을 입력합니다.

현재 한 마디에 2개의 코드가 있지만 기타는 분산화음으로 그 한 마디를 다 연주합니다.

Cmaj7의 7th 음인 '시' 음을 마지막으로 코드 톤인 C를 생략하고 5th 음인 G를 코드 톤으로 가보겠습니다.

코드 톤은 앞서 시퀀싱한 베이스 기타가 이미 연주 중이고 현재는 피아노의 코드 톤도 있습니다.

저런 모양을 가지면 기타의 2플랫과 3플랫상에서 개방현으로 연주가 가능합니다.

그리고 맨 처음 연주하는 낮은 음인 G 음은 가장 길게 연장할 필요가 있습니다.

개방현의 코드 톤은 다음 코드를 잡아 연주할 때까지는 거의 건드리지 않기 때문입니다.

그리고 모든 음정들의 길이는 다음 음과 약간 겹치거나 조금 넘치게 입력하는 편이 기타다운 연주가
됩니다.

가장 고음인 B 음은 벨로시티를 너무 세게 주지 않도록 주의합니다.

## 3) 2번째 마디 Am7 / F6 입력

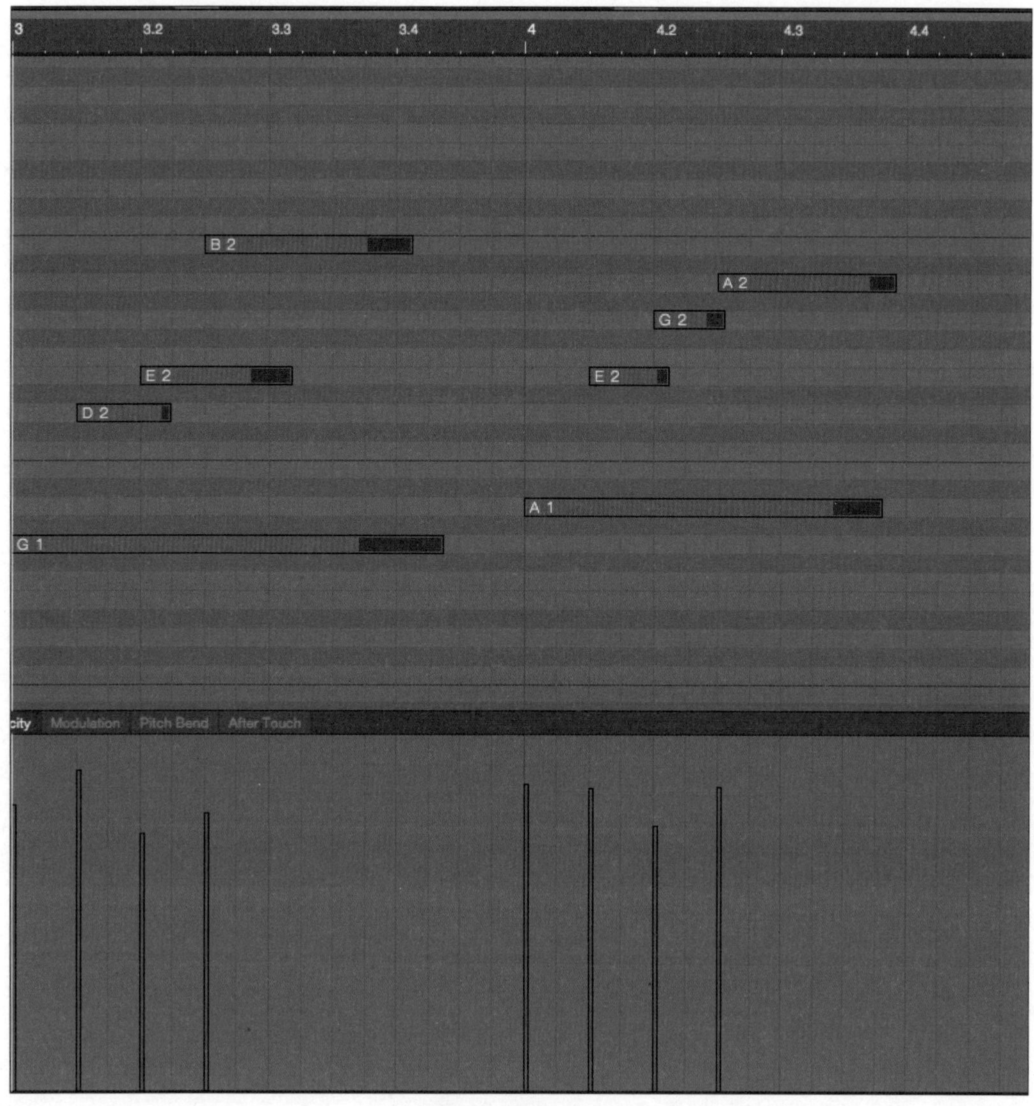



**그림 5 - 131** 2번째 마디

위의 그림에서 4번째 마디로 표시된 곳이 이 곡의 2번째 마디인 것을 기억하실 겁니다.

두 번째 마디는 Am7 / F6입니다.

Am7의 구성음들(라 도 미 솔)을 분산 화음으로 입력하겠습니다.

F6의 구성음은 '파 라 도 레'이니 3번째 박자까지 연결되는 '라' 음은 화음에 무리가 없을 겁니다.

## 4) 3, 4번째 마디 F - G7 입력

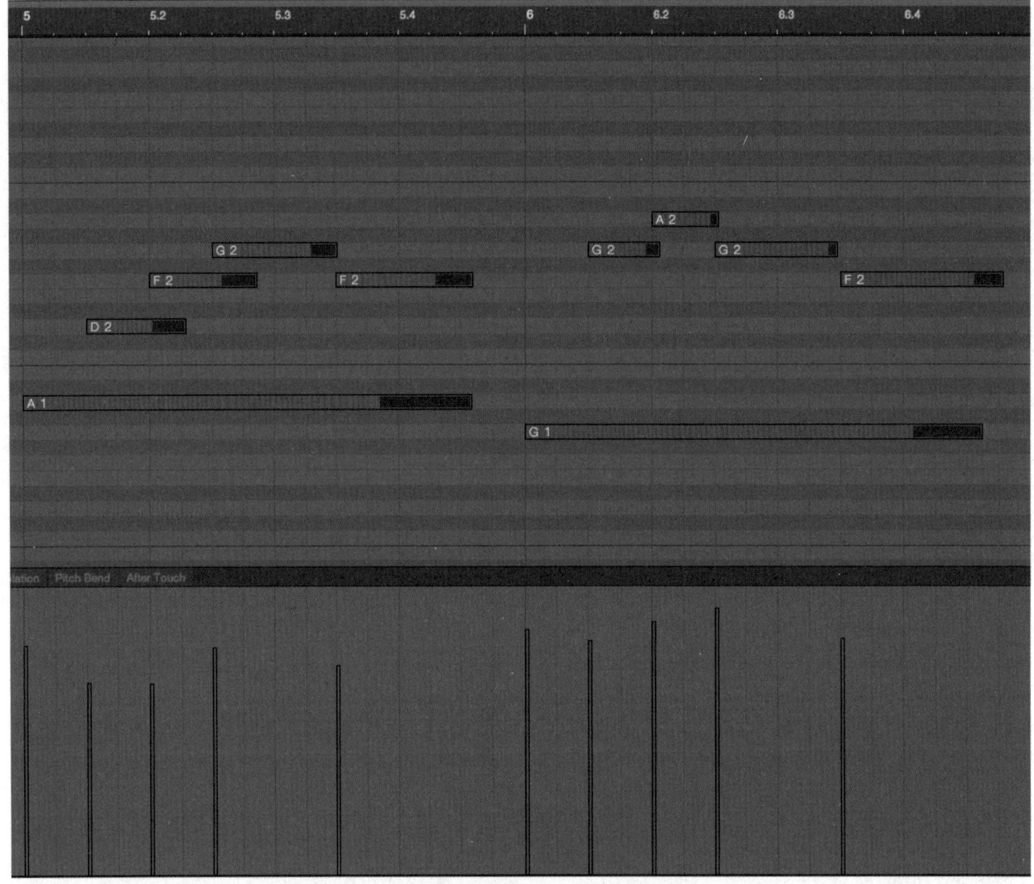

그림 5 - 132 3, 4번째 마디 입력하기

시작이 F 코드로 구성된 3번째 마디는 앞의 2번째 마디와 같은 루트음을 가지게 하는 편이 기타 연주에 편리합니다. 그래서 역시 2번째 마디의 코드 톤이었던 '라' 음을 루트로 하여 3번째 마디를 구성해보겠습니다.

구성음이 '파 라 도'를 가지니 '라' 음을 루트로 하면 7th 음정이 '솔'이 되므로 7th도 활용해보겠습니다.

'솔'은 2번째 마디에도 있던 음정입니다.

4번째 마디는 G 코드 구성음들과 역시 7th 음 '파'를 넣어 구성해봅니다.

피아노의 코드는 G를 치고 있으니 기타는 G7을 넣어 분위기를 좀 다르게 하는 의도가 됩니다.

G7의 구성음은 '솔 시 레 파'인데 '시' 음은 생략되고 '라' 음이 첨가되었습니다.

이렇게 되면 G9으로 9th 텐션이 사용되었다고 볼 수도 있습니다.

그렇다면 이 코드를 다른 코드로 보면 G 베이스의 Fadd9 코드로 5th 음이 생략된 것으로 볼 수도 있겠네요. Fadd9 / G 코드가 됩니다.

이렇게 되면 지금까지의 기타 4마디 코드 톤들은 옥타브 아래 '솔 라 라 솔'이 되겠습니다.
코드 톤이 솔로 시작해서 '단 2도' 차이인 '라'로 갔다가 다시 '솔'로 끝나는 순서인 안정적인 느낌을 줄 수 있기도 합니다.

## 5) 레전 듀플리케이트로 8마디 만들기

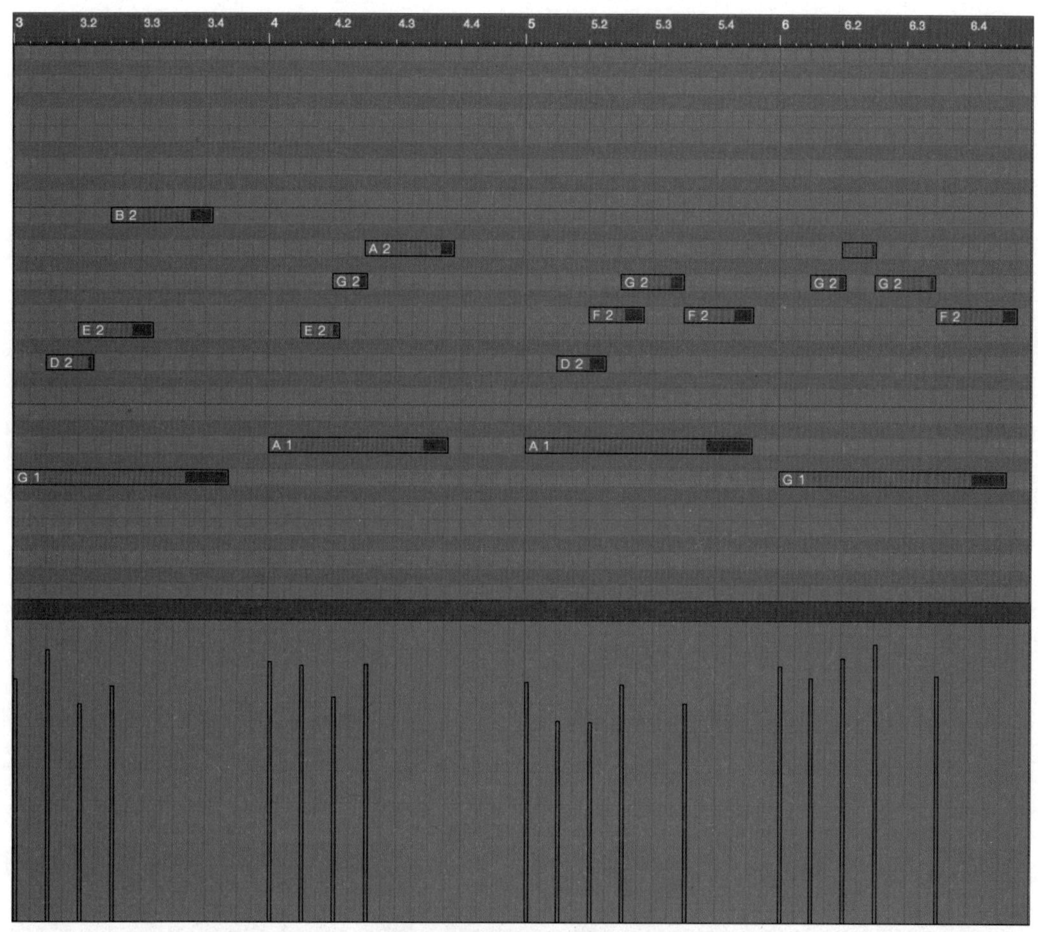

**그림 5 - 133** 기타 4마디 시퀀싱 후 화면

이렇게 기타 4마디 시퀀싱이 끝났습니다.
이 4 마디를 그 두 배인 8마디로 늘려 보겠습니다. 먼저 배웠듯이 '듀플리케이트'를 하셔도 됩니다.

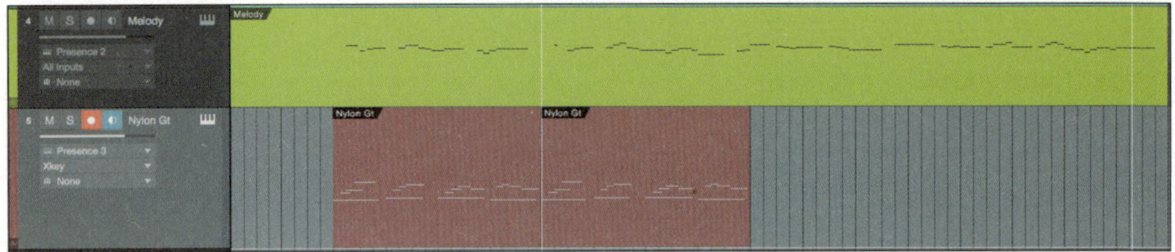

**그림 5 - 134** 기타 레전 복제

빨간색 레전 부분이 기타 트랙입니다.

레전 복제를 해서 현재 8마디가 만들어졌습니다.

### 6) 기타 9, 10번째 마디 입력

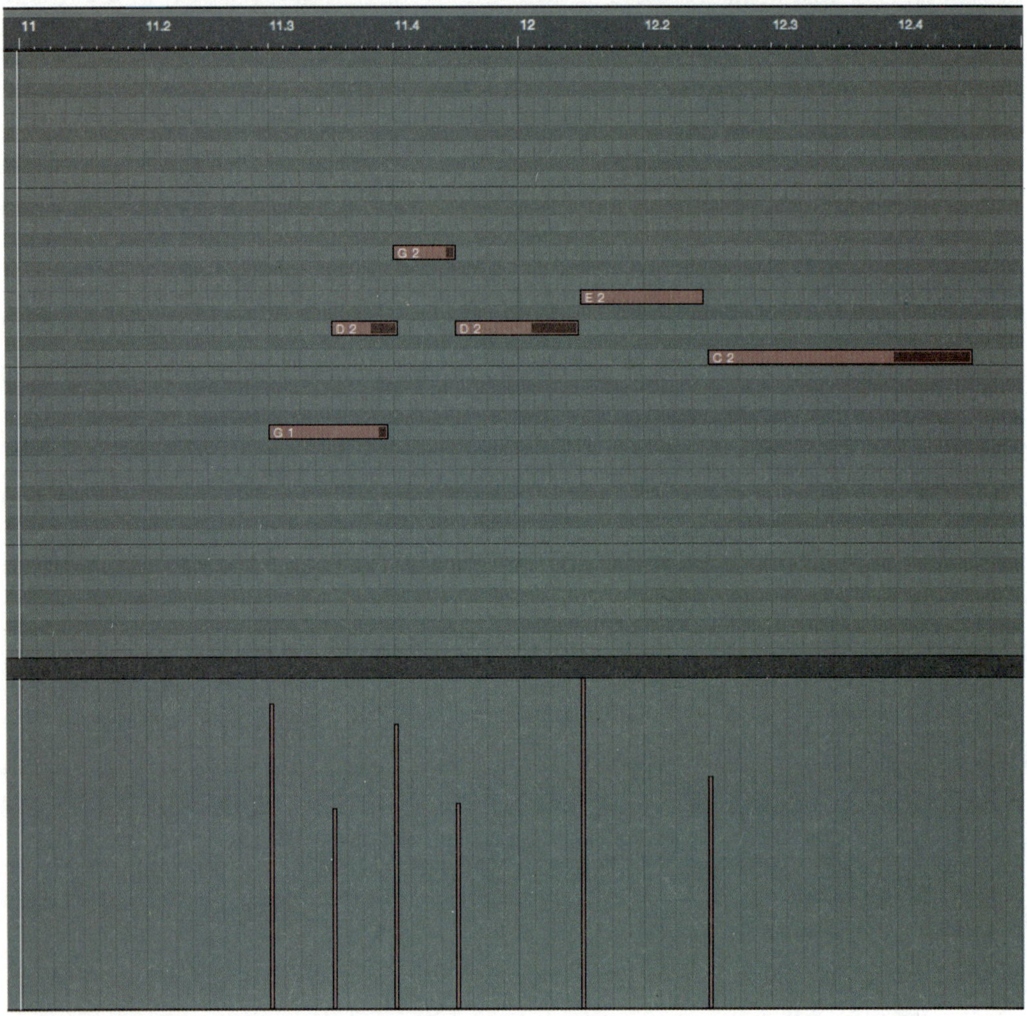

**그림 5 - 135** 기타 9, 10마디

이제 남은 8마디는 백킹을 하는 코드 느낌보다는 약간 더 기타의 멜로디를 더 들려주는 연주로 입력
해보겠습니다.

9번째 마디(스튜디오 원에서는 11마디) 앞의 2박을 쉬고 들어갑니다.

다른 파트의 악기들이 첫 박에 강세를 둘 때 기타 혼자만 3번째 박부터 여유 있게 들어가면 나중에
볼륨을 키우지 않아도 기타 연주가 다른 파트와 겹치지 않아 소리가 잘 구별되는 장점이 있습니다.

이렇듯 악기를 고르고 시퀀싱을 하는 순간에도 사실상 믹싱은 시작된 것으로 보는 것이 맞습니다.

11.3에 '솔'로 시작한 기타의 코드 톤은 한 박자를 다 끌어줍니다.

그리고 12.2.240에 있는 '도' 음도 길게 끌어줍니다.


## 7) 기타 11, 12번째 마디 입력

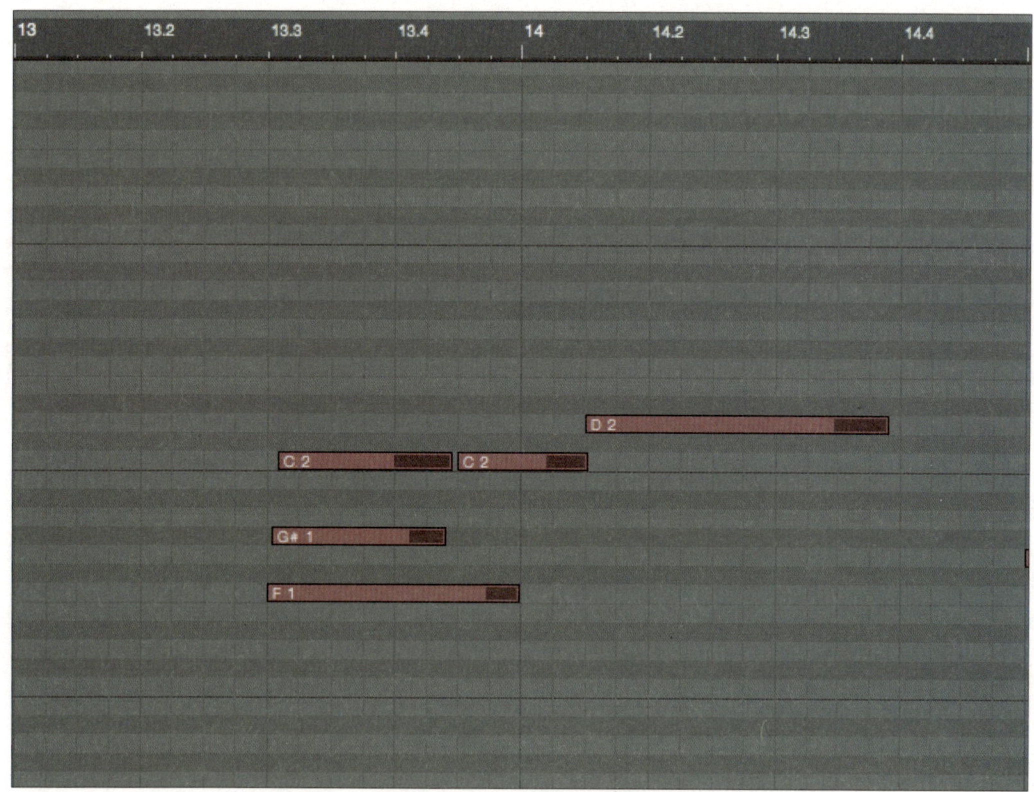

**그림 5 - 136** 기타 11, 12마디

이곳만큼은 짧게 끊어치는 코드 느낌으로 연주해보도록 하겠습니다.

11번째 마디(스튜디오 원에선 13번째 마디) 3번째 박자의 코드는 Fm입니다.

일단 이 부분의 퀀타이즈 기준 음표는 1/64로 해놓고 입력하는 것이 편리하겠습니다.

기타 스트로크 시 두꺼운 윗줄에서 얇은 아랫줄로 내려가니 간발의 차이로 타이밍이 다른 구성음들을 표현하기 위함입니다.

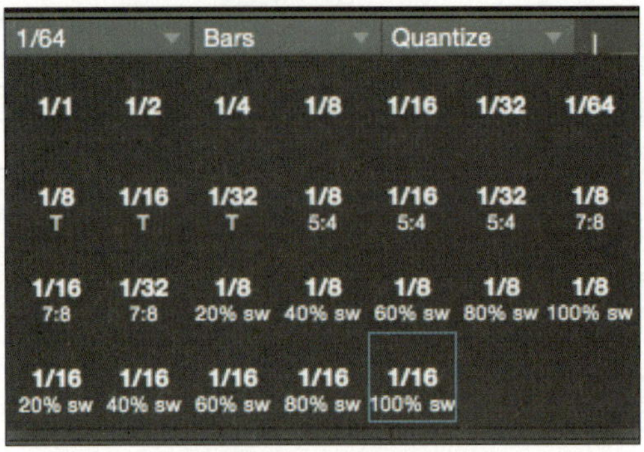

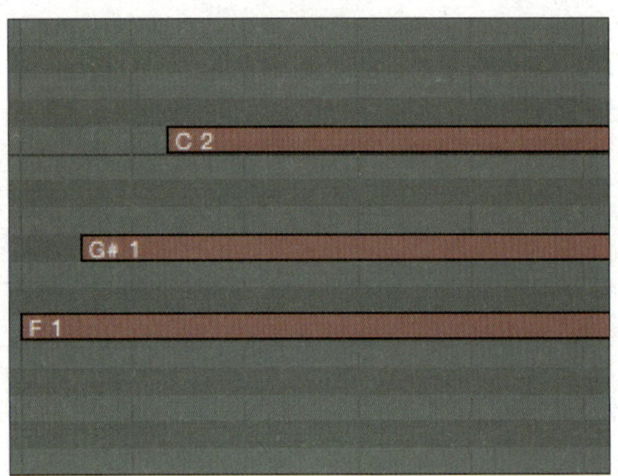

**그림 5 - 137** 1/64 퀀타이즈

실제로 음의 간격은 1/64보다도 더 짧은 편이 좋을 것 같습니다.

그림상의 퀀타이즈 메뉴에서 '16분음표 100% 스윙' 말고 상단의 1/64로 설정하기 바랍니다.

**그림 5 - 138** 코드 입력 간격

그림을 자세히 보면 정박을 의미하는 네모난 기준 칸들은 1/64 간격의 퀀타이즈를 유지합니다.

하지만 실제 입력된 기타의 음정을 보면 1/64보다 더 짧은 찰나의 타이밍입니다.

사실 거의 동시에 치는 느낌에 가깝습니다.

따라서 칸에 맞추고 난 후 첫 음인 F를 제외하고 G#과 C는 그 칸에 절반만큼 앞으로 조금씩 더 당겨 놓았습니다(결국 1/128이 됩니다). 이렇게 하면 훨씬 자연스럽게 들립니다.

그리고 각 음정의 길이는 코드를 통으로 연주하므로 3개의 구성음 모두 길이를 비슷하면서도 충분히 길게 늘려서 화음을 표현해줍니다.

기타를 실제로 연주하시는 분들은 이 미세한 차이의 느낌을 아실 것으로 생각합니다.

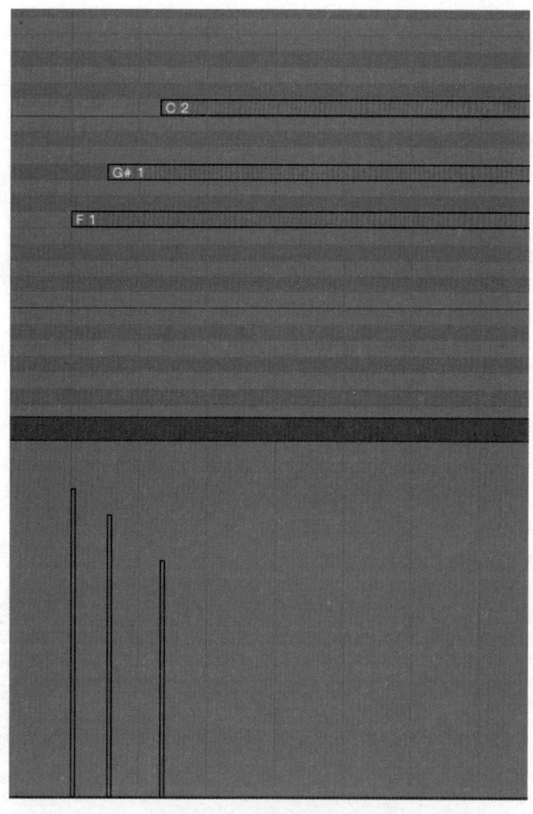

**그림 5 - 139** 코드의 벨로시티 조정

첫 음인 F의 경우 가장 강하게, 그리고 조금씩 작아지게 벨로시티를 줍니다.

벨로시티는 작아지더라도 고음역의 소리라 더 또렷하게 들리기에 작다는 느낌보다는 더 기타스러운 연주로 들리게 될 것입니다.

기타 입력에서 가장 공을 들여야 하는 부분은 바로 이 벨로시티입니다.

여러분들도 입력 시 여러 번 시도해 보고 듣기에 가장 자연스러운 기타 입력의 벨로시티를 찾아내시기 바랍니다. 매번 같을 순 없지만 보통은 코드 톤을 가진 루트음보다는 5th, 7th 음들에 벨로시티를 강하게 주거나 아니면 고음역에 배치하고 저음의 코드 톤들은 베이스 기타나 피아노 등에 맡기는 편이 작업이 끝난 후 믹싱 시에도 깔끔한 입력이 됩니다.

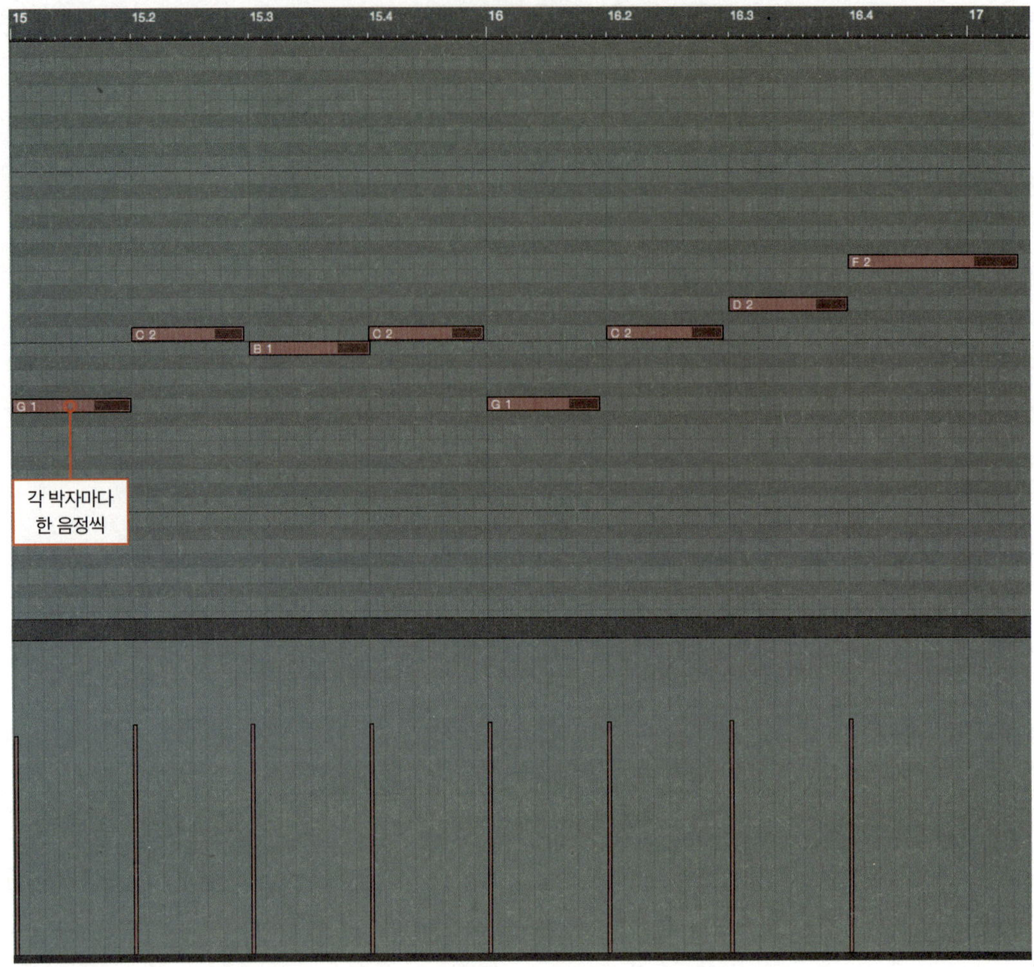



**그림 5 - 140** 기타 13, 14마디

13, 14번째 마디(스튜디오 원에선 15, 16마디)의 기타는 각 박자마다 한 음정씩을 연주하여 리듬감을 만들어봅시다.

C로 시작하는 13번째 마디는 다시 맨 처음 음정을 C의 5th 음인 G로 연주하겠습니다.

14번째 Am7 코드로 시작하는 첫 박 역시 G로 연주하겠습니다. G 음은 이 코드의 7th 음이 됩니다.

그러면서 14번째 마디의 3, 4번째 박자에는 F 코드의 대리코드인 Dm의 루트음과 F 음을 입력해보겠습니다. 입력 후 그림에서는 각 음들의 벨로시티 차이가 같으나, 만약 홀수 박자에는 벨로시티가 강하고 짝수 박자에는 약하다면 곡의 인상이 또 바뀝니다.

트랜스퍼는 '이동시키다'라는 뜻입니다. 노트는 '음정'을 말하므로 결국 '음정들을 이동시킨다'는 의미겠지요.
미디 편곡을 하다보면 어떤 특정 악기를 입력하다가 다른 악기에 지금 입력하고 있는 라인을 연주해보고 소리
를 들어보고 싶거나 혹은 같은 소리를 layer('겹' 정도로 번역하면 될 것 같습니다)로 만들어 유니즌으로 좀 더
풍부하고 두터운 소리로 만들고 싶을 때가 생깁니다.
물론 레전을 카피 후 원하는 곳으로 이동하는 게 제일 편리한데, 레전 정도로 큰 분량이 아니라 단지 몇 음정
만 옮기고 싶을 때가 약간 불편합니다.
당연히 '복사 + 붙이기' 방법을 써도 되지만 그럴 경우 박자나 음정을 내가 원하는 자리에 정확히 붙이기 위해
선 그 역시 마디에 커서를 정확히 대야 하는 집중력이 요구됩니다.

그럼, 트랜스퍼 노트를 한번 실행해보겠습니다.
지금 작업 중인 이 곡에서 특정 부분 베이스 기타 라인을 나일론 기타의 라인으로 만들어보면 어떨까 생각해볼
수 있습니다. 그렇다면 베이스 기타 연주 라인을 나일론 기타 트랙으로 옮겨와야 할 것입니다.
베이스 트랙의 9~10번째 마디(스튜디오 원 3에선 11~12마디)를 옮겨 보겠습니다.

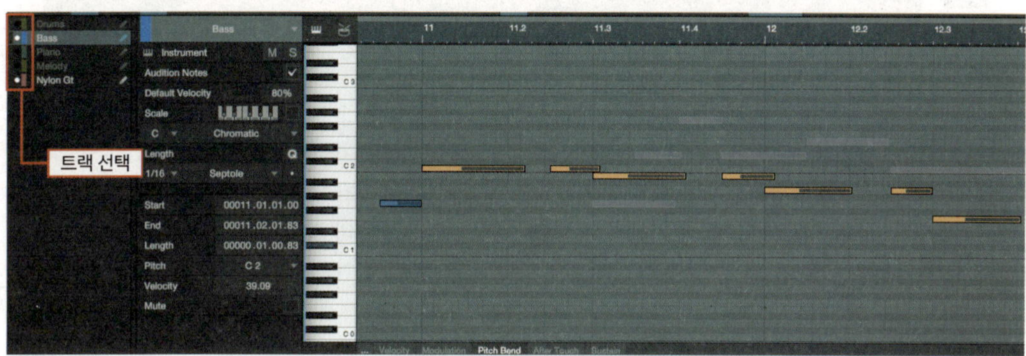


**그림 5 - 141** 베이스 기타 트랙

옮겨질 트랙과 옮기겠다고 마음 먹은 음정들이 있는 트랙을
선택합니다(좌측 상단의 하얀 점이 트랙 선택 표시입니다).
나일론 기타 트랙으로 옮길 계획인 베이스 트랙은 편집을
하겠다는 표시(연필 아이콘 체크)도 되어 있습니다.
이제 마우스를 우클릭하면 다음과 같은 부메뉴가 뜹니다.

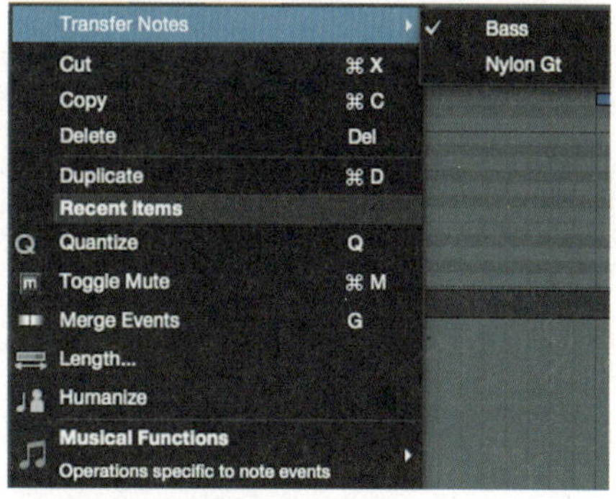


**그림 5 - 142** 베이스 기타 트랙

우클릭 후 생기는 부메뉴 중 가장 위 메뉴가 Transfer Notes(트랜스퍼 노트)입니다.

Transfer Notes 옆 삼각형 메뉴를 눌러보면 지금 선택했던 트랙 이름들이 나옵니다.

Bass는 옮길 음정들이므로 그 이름 옆에 체크가 되어 있습니다.

Nylon Gt로 마우스 클릭만 하면 음정들이 모두 'Transfer Notes'(음정 이사)됩니다.

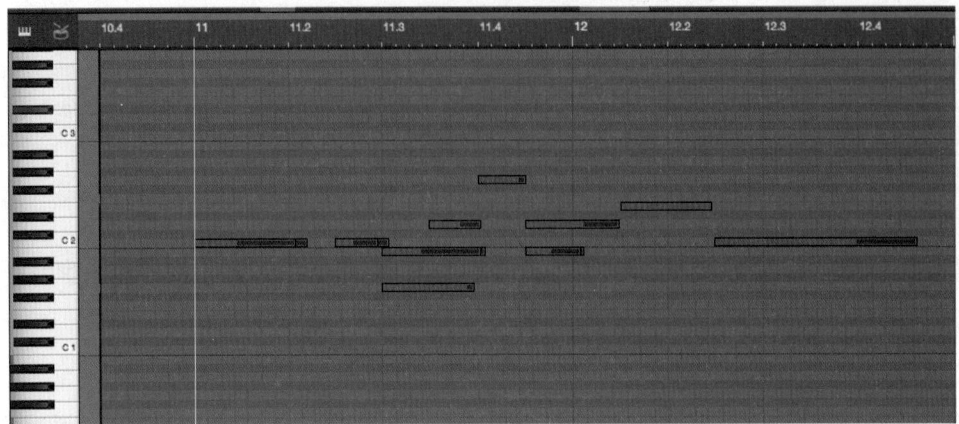

**그림 5 - 143** 베이스 기타 트랙

Nylon Gt 트랙에 옮겨진 베이스 기타 라인입니다.

현재 이 그림은 원래 존재하던 기타 라인과 뒤죽박죽인 상태입니다. 옮겨보니 음악적으로 별로네요.

Transfer Notes는 이렇게 트랙을 옮겨서 특정 멜로디 라인 등의 음색을 바꾸거나 화성을 편집해야 할 때 사용하기에 편리한 기능입니다.

## 9) 기타 15, 16번째 마디 입력

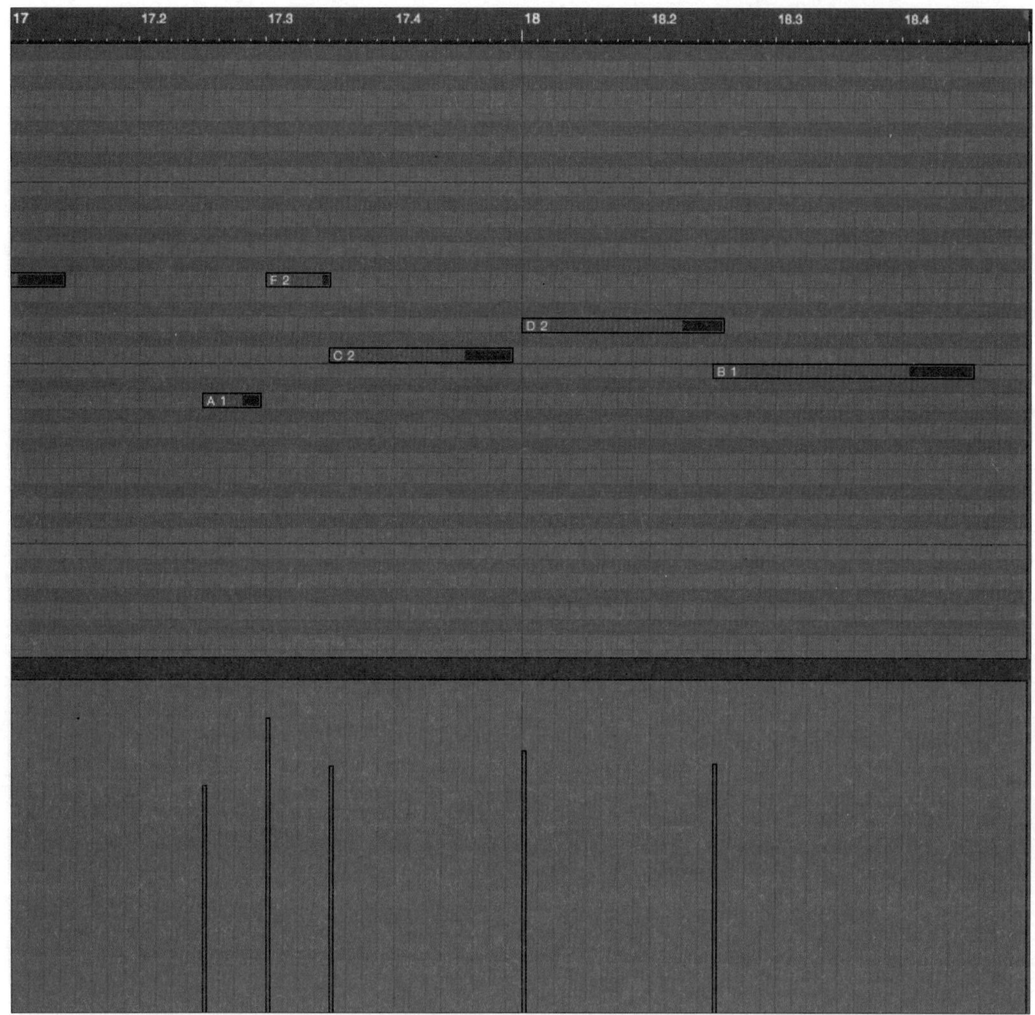

**그림 5 - 144** 기타 15, 16마디

이 곡의 끝부분 15마디, 16마디째(스튜디오 원에선 17,18마디)입니다.

곡의 끝부분이라 많은 음정들의 나열보다는 곡을 정리하는 느낌으로 가려고 했습니다.

이 부분의 듀레이션(음정의 길이)을 자꾸 조절해보면 이 곡을 루프시켰을 때 뉘앙스가 달라질 겁니다.

그리고 마지막 16번째 마디 첫 박의 '레' 음은 피치 밴드를 이용해 기타의 특징을 나타내보겠습니다.

기타 연주자는 연주 시 빈번하게 피치 밴드를 사용합니다.

지판에서 기타 현을 잡은 손가락을 윗줄(두꺼운 줄) 쪽은 피치 다운시키거나 아랫줄(얇은 줄) 쪽은
피치 업을 시키곤 합니다.

## 2.10.7 피치 밴드

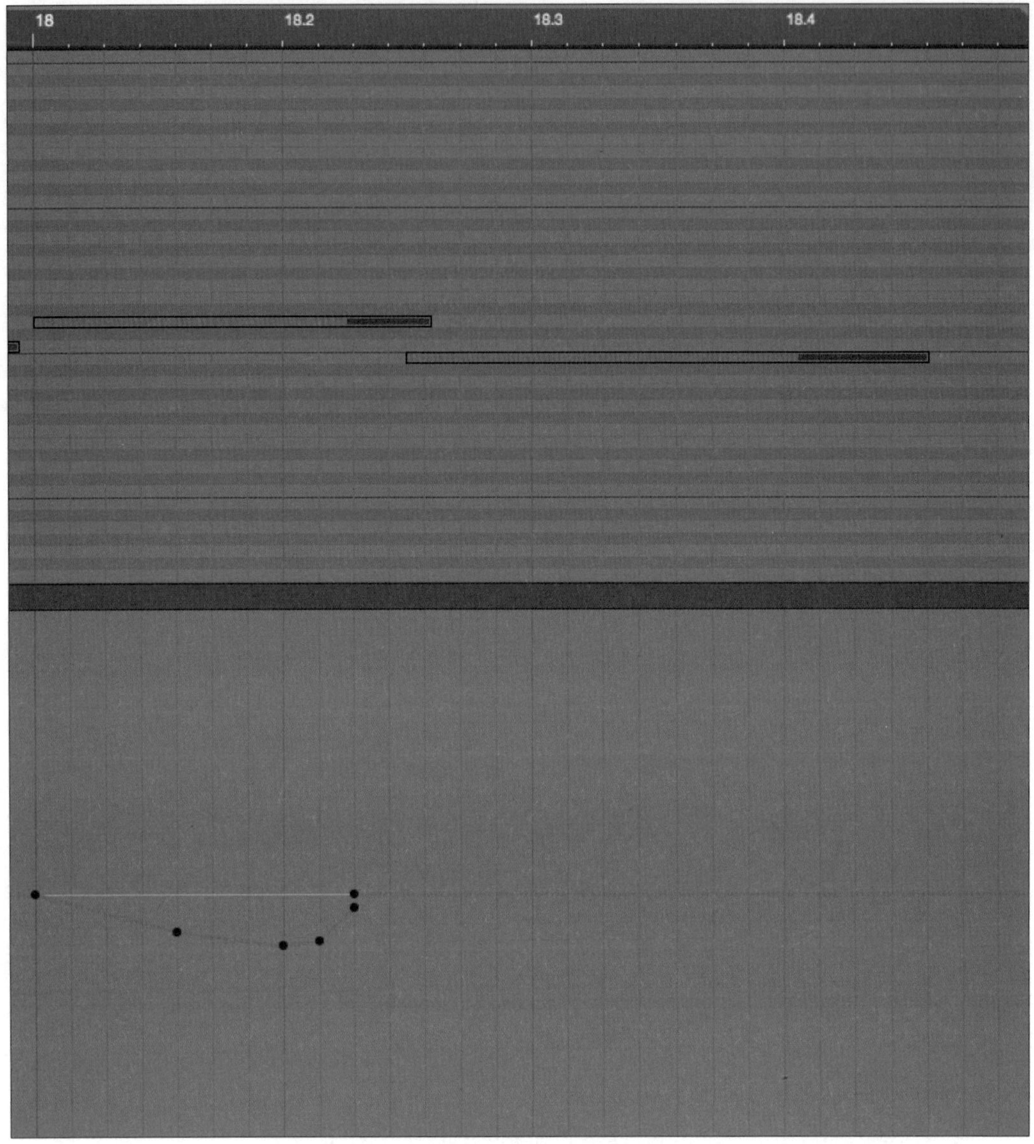

**그림 5 - 145** 피치 밴드

이 '레' 음은 저음역(두꺼운 윗줄)에 있어서 피치 업이 아니라 피치 다운이 더 어울립니다.

피치 밴드를 선택한 후 마우스로 연필 툴을 선택한 후 그려줍니다.

적당하게 기타스러운 연주가 되는 모양을 그릴 때까지 여러 번 들으면서 그려보기 바랍니다.

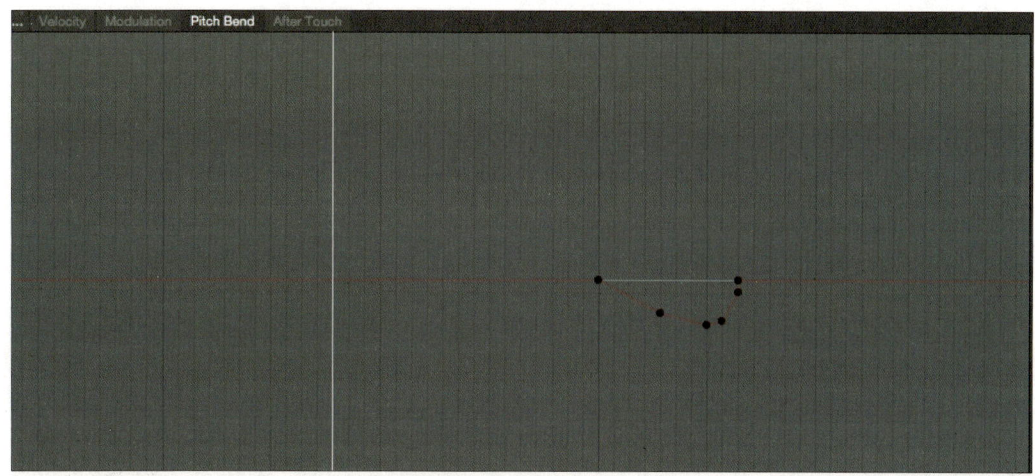


그림 5 - 146 피치 밴드 선택

피치 밴드는 미디 창 아래쪽 벨로시티 탭 옆에 위치합니다.

가장 자주 쓰는 벨로시티, 모듈레이션, 피치 밴드, 애프터 터치 이 네 가지, '미디 메시지'들만 탭에 넣어놓으면 이 편집이 필요할 때 접근하기 편리합니다.

> **○ 참고 | 애프터 터치(After touch) ○**
>
> 건반을 누른 상태의 세기에 따라 음색을 컨트롤할 수 있는 정보를 말합니다. 음색의 밝기나 비브라토를 조절하는 목적으로 사용합니다. 마스터 건반에서 지원 해야 표현이 가능합니다. 시퀀싱을 마우스로만 할 경우에는 사용하지 않는다고 봐도 됩니다. 그러나 고급 마스터 건반을 구입하시는 분들은 반드시 애프터 터치 지원 여부를 확인하시길 바랍니다. 저가형 마스터 건반에는 애프터 터치가 없습니다.

이로써 드럼, 베이스, 피아노, 기타 그리고 멜로디 라인의 5트랙이 갖춰진 16마디 곡을 완성했습니다.

멜로디 파트만큼은 여러분들의 멜로디로 다시 만들어 보길 권합니다.

그리고 지금까지 작업한 것들 중 예를 들어, 피아노를 뮤트하고 나머지 악기만 들어본다던가 하는 식으로 불필요한 음정들이 서로 부딪히거나 박자가 어긋나거나 혹은 화성적으로 불협이 아닌지 살펴볼 필요도 있습니다.

그러려면 믹싱에 도달했을 때 어떤 소리가 어떻게 변할 것인지도 염두에 두고 악기들도 고르게 되며 심지어 그 악기의 진행까지도 믹싱을 염두에 두고 작업하게 됩니다.

이제 전체 그림을 한번 볼까요?

## 2.11 전체 트랙 화면

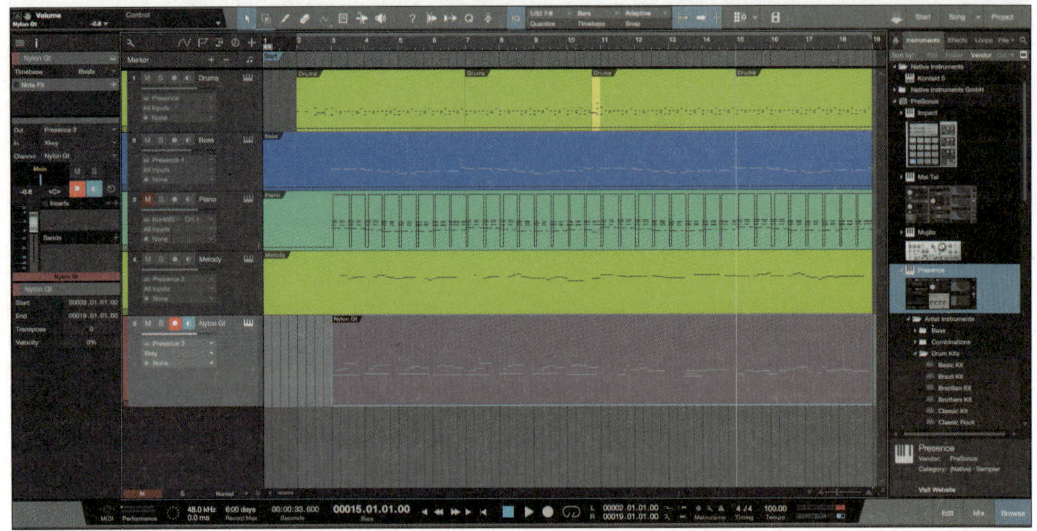

**그림 5 - 147** 지금까지의 전체 트랙 화면

이렇게 전체 작업한 화면을 보면 완성되어가는 모습에 뿌듯해집니다.

그리고 조금 더 편곡에 욕심나기도 하지요. 하지만 악기 수가 많다고 좋은 편곡은 아닙니다.

꼭 필요한 악기가 절대적으로 필요한 자리에서 좋은 하모니를 낼 때 정말 좋은 시퀀싱이라 할 수 있습니다.


## 2.12 곡의 구성(Arrangement)

곡도 영화나 드라마처럼 전체적인 구성이 있습니다.

이 구성의 묘미에 따라 곡의 성격이 달라지기도 합니다.

단순한 코드 반복의 곡도 이 구성에 따라 생각보다 다채롭게 들릴 수도 있습니다.

**그림 5 - 148** 기본 곡의 구성

벌스는 곡 도입 부분의 멜로디 라인이 있는 곳을 말하고 코러스는 곡의 하이라이트가 되는 부분을 의미합니다. 브릿지는 곡의 파트 중에 새로운 변화를 주어 다시 코러스나 벌스로 넘어가게 하는 역할을 한다고 해서 붙여진 이름입니다. 이 어레인지에 따라서 곡의 길이나 인상들이 달라질 수 있습니다. 요즘 곡의 어레인지는 곡의 주된 테마가 되는 chorus를 맨 앞으로 빼놓습니다. 테마를 숨겼다가 나중에 보여줘서 감동을 이끌어내기보다는 바로 본론으로 들어가서 듣는 사람의 귀를 끌겠다는 의도를 가지고 사용됩니다.

어쩌면 이것은 노래를 잠시 듣고 사람들의 관심을 받아야 하는 여러 음원 사이트들의 1분 듣기의 폐해 같다는 생각도 합니다. 어쨌든 곡의 어레인지먼트는 여러모로 중요합니다.

## 2.12.1 어레인지 바(Arrange Bar)

겨우 16마디 갖춘 곡에서 곡의 어레인지를 한다는 것은 의미없기도 하고 무리이지만 그래도 스크래치 패드의 연습을 위해 임의로 구성을 바꾸어 보도록 하겠습니다. 연습일 뿐입니다.

그러기 위해선 일부러 곡의 어레인지 파트를 나누어야 하니 우선 우리가 작업했던 이 곡의 작업한 레전을 4마디 단위로 잘라줍니다.

다시 강조하지만 지금 이 레전을 나누는 것은 어디까지나 스크래치 패드를 위해 '임의'로 하는 작업입니다.

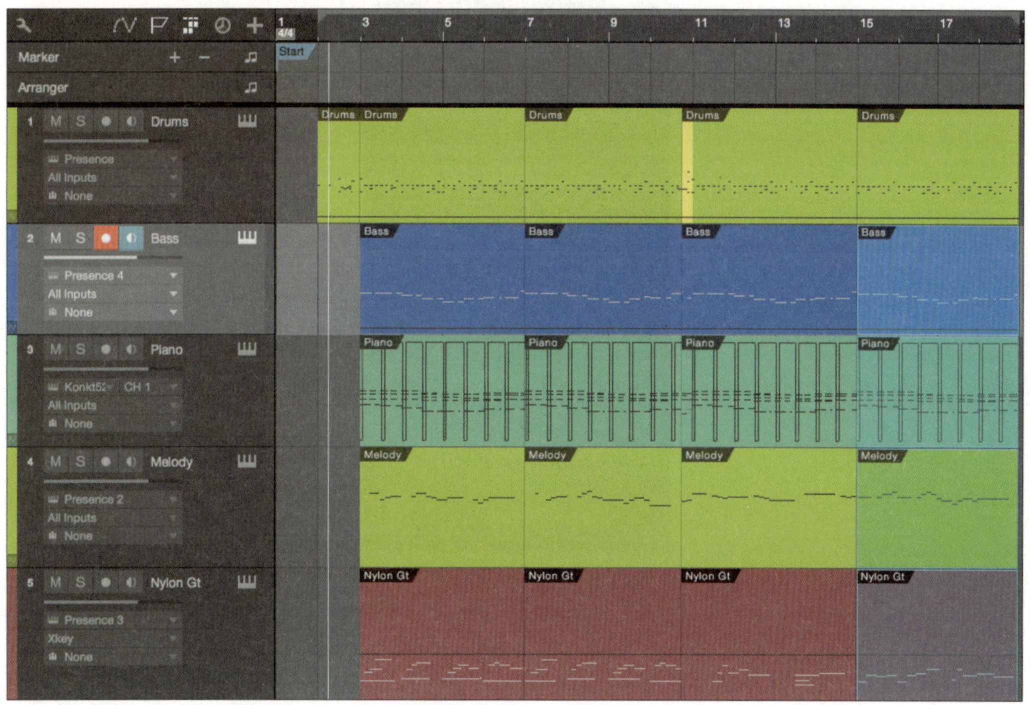

그림 5 - 149  4마디식 자르기

그림 5-149처럼 레전을 잘라내었다면 되었습니다.

이 곡은 스튜디오 원 3의 마디상 3번째가 시작이니 저 레전들을 모두 선택 후 칼 툴을 선택하여 3, 7, 11, 15마디를 금을 그어 잘라 놓으면 됩니다.

그럼 한 트랙 당 총 4개의 레전이 만들어집니다(드럼 트랙 필 인 제외).

그림 5 - 150  어레인저 바

상단 룰러 바들의 종류 중 Arranger bar(어레인저 바)를 불러냅니다.

사각형 점들로 구성된 아이콘이 어레인저 바를 불러내는 버튼입니다.

저 버튼을 클릭하면 룰러 바가 생성됩니다. 그림에서 마커 바 바로 밑에 한 줄이 더 생겼음을 볼 수 있습니다.

어레인지를 하기 위해 연필 툴을 불러내보겠습니다.

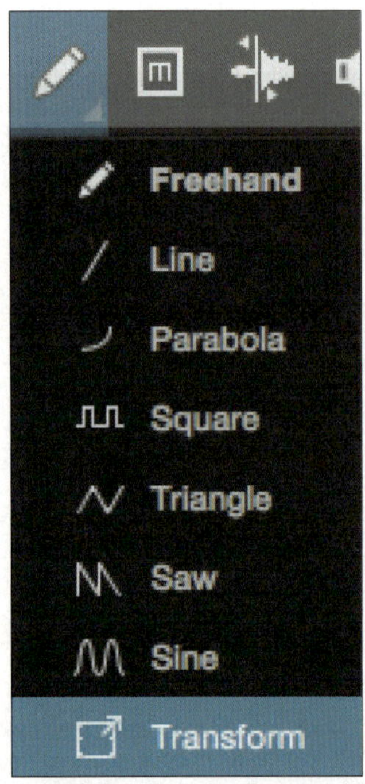


그림 5 - 151  프리핸드 연필 툴

여러 연필 툴 중 맨 위의 프리핸드를 선택합니다.

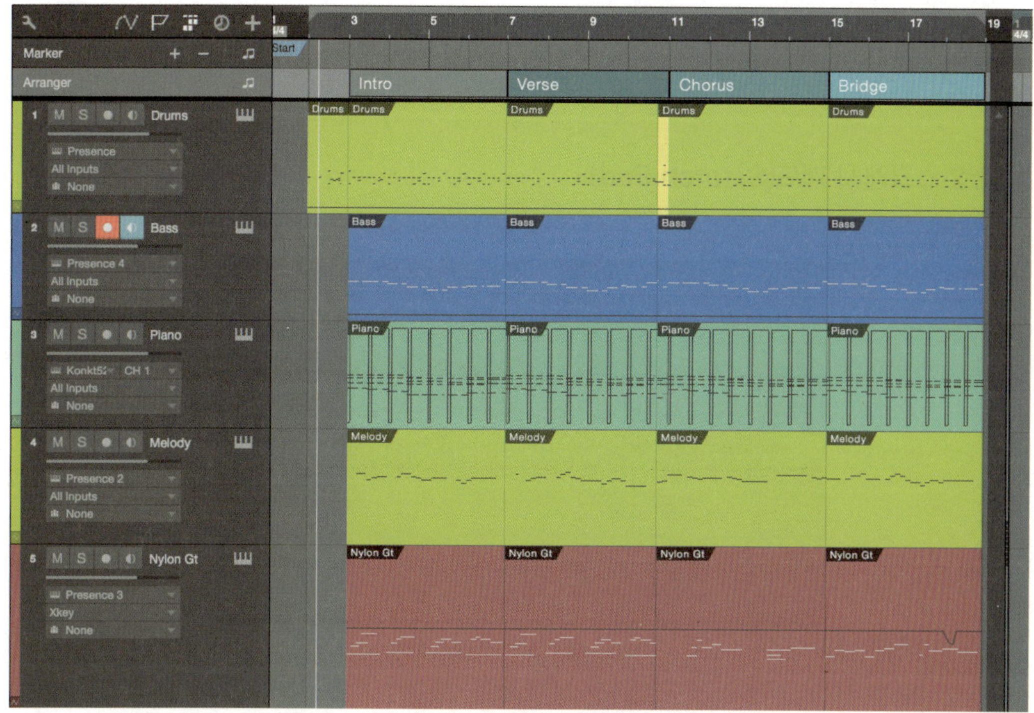

그림 5 - 152  어레인저 구간 설정

어레인저 바에 연필 툴을 이용하여 임의로 나눈 레전 길이만큼 드래그해서 그리면 저절로 이름이 새겨지며 구간이 설정됩니다.

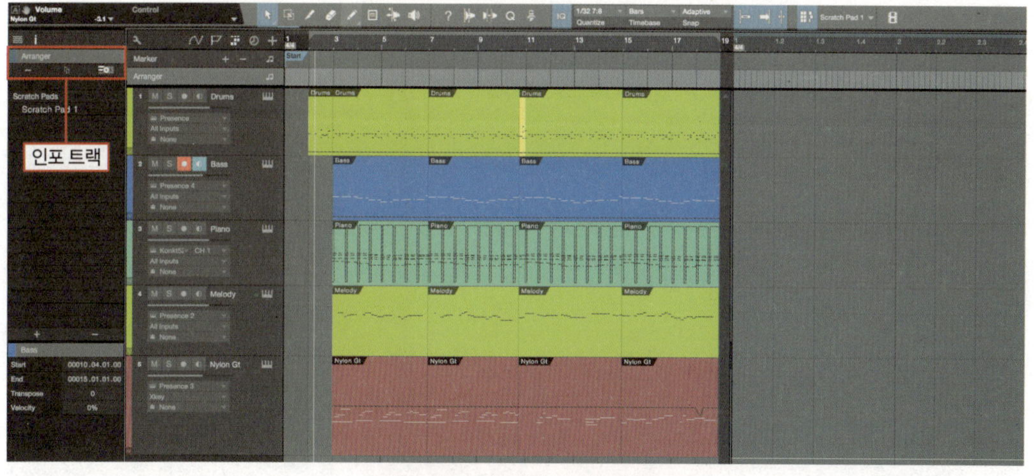


그림 5 - 153  어레인저 바 인포 윈도우

스튜디오 원 전체 화면의 좌측에 보면 어레인저 바 인포 트랙이 열려 있음을 볼 수 있습니다.
만일 이 윈도우가 안 보인다면 룰러 바 좌측 끝의 i 모양 버튼을 클릭하면 됩니다.

이 어레인저 바의 인포메이션에서 이름을 새로 지정할 수도 있습니다.

여기서 intro, verse 등을 본인의 곡에 맞게 새로 파트별 이름을 지정해 줄 수도 있습니다.

## 2.12.2 스크래치 패드(Scratch Pad)

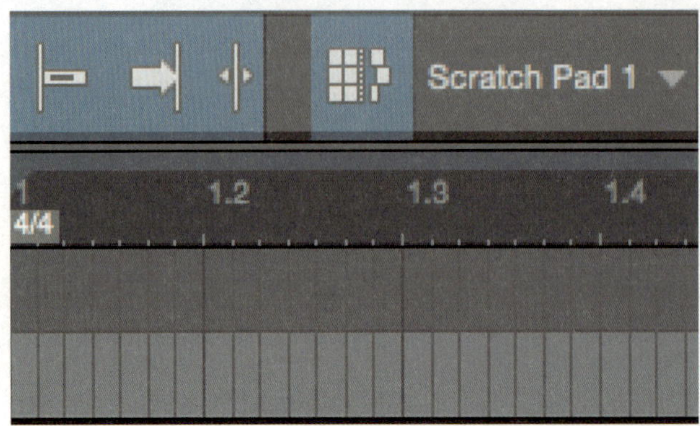

그림 5 - 154  스크래치 패드 버튼

스크래치 패드 버튼을 누르면 스튜디오 원 3의 메인 윈도우 우측에 새로운 메인 윈도우가 나타납니다. 그리고 Scratch Pad 1이라는 글자도 보이게 됩니다.

이 말은 유저가 원하는 만큼 스크래치 패드를 생성하여 본인이 이렇게 저렇게 여러 스타일로 어레인지를 시도해 볼 수가 있다는 뜻이기도 합니다.

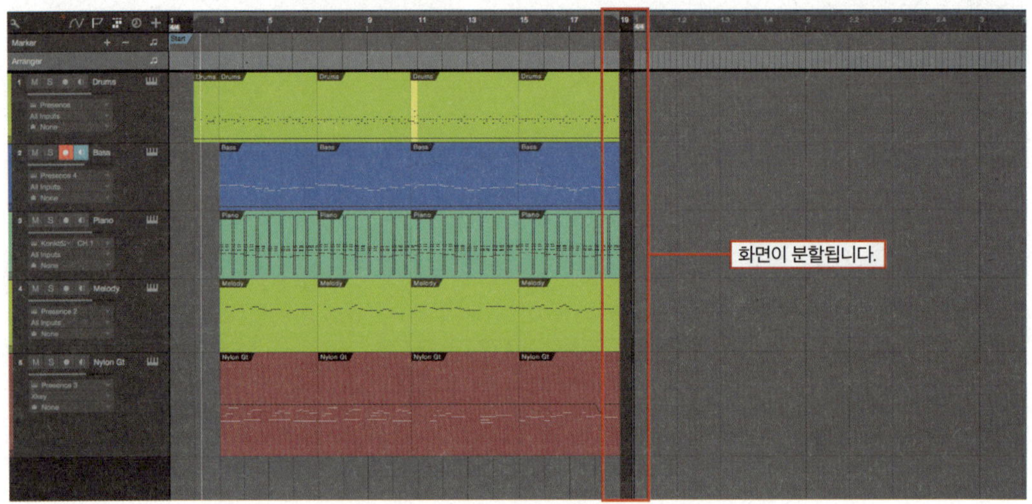


그림 5 - 155  스크래치 패드 버튼 누른 후 모습

왼쪽 그림에서 알 수 있듯이 우측에 새로운 메인 편집 창이 나타납니다. 일단 저 창의 이름은 Scratch Pad 1입니다.

Scratch Pad 1에 새로운 어레인지를 시도해보겠습니다.

아주 간단합니다. 좌측 어레인저들의 이미 만들어 놓은 룰러 바를 Scratch Pad 1로 드래그하기만 하면 됩니다.

룰러 바의 구간 지정한 만큼 딱 맞추어 잘라져서 옮겨집니다.

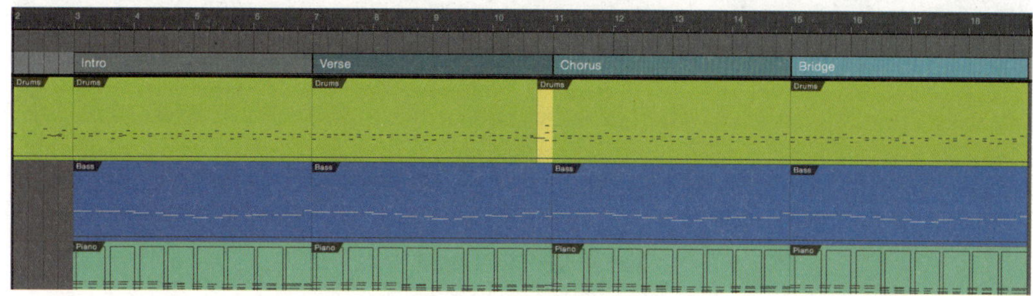


**그림 5 - 156** 어레인지

앞서 이 어레인지를 연습하기 위해서 임의로 곡을 나누려고 레전을 잘랐습니다.

사실 여러 트랙의 레전을 바로 자르는 수고를 하지 않기 위해서 어레인지먼트 바가 있는 것이니 굳이 레전별로 자를 필요는 없습니다. 레전별로 색을 다르게 지정하여 시각적으로 빨리 구별하려는 의도라면 예외이지만 말입니다.

만일 스크래치 패드를 이용하지 않는다 하더라도 작업하던 메인 윈도우상에서 그저 어레인지먼트 바의 이름만 잡아서 옮기면 됩니다. 어레인지먼트 바는 매우 편리한 기능입니다.

이 곡의 마지막 네 마디 부분은 임의로 Bridge로 되어 있습니다.

바로 이 부분을 이 곡의 맨 앞 부분으로 해보겠습니다.

저 Bridge라고 된 어레인저 바를 스크래치 패드 1로 '드래그 앤드 드롭'합니다.

그리고 verse 부분을 그 다음에 위치하도록 합니다.

그림 5-157처럼 시도해보기 바랍니다.  그리고 곡을 들어보면 이런 진행도 가능하겠구나 싶습니다.

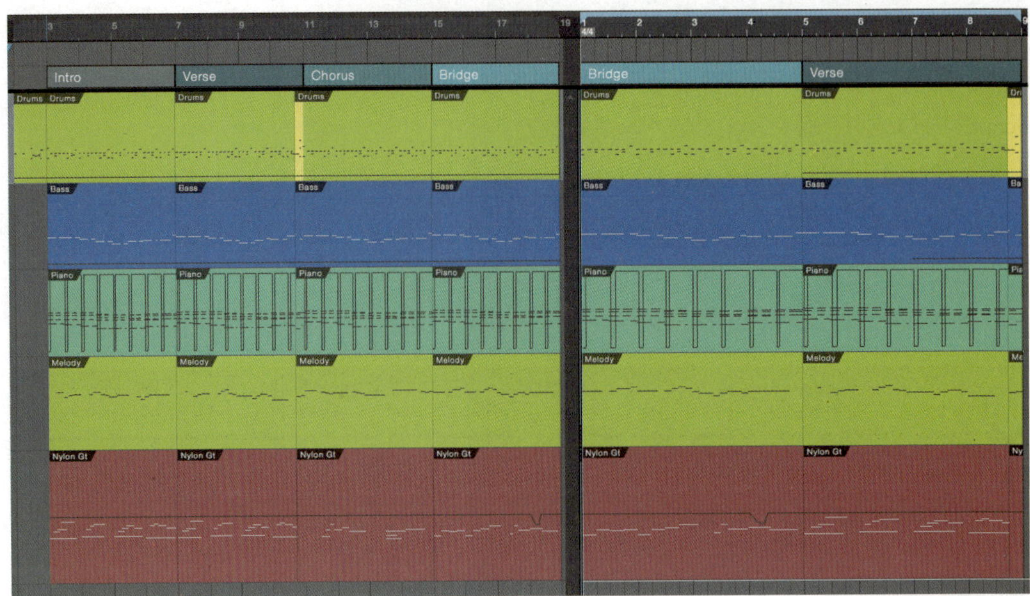

그림 5 - 157 스크래치 패드 결과

이렇게 어레인지먼트를 바꾸다 보면 새로운 멜로디가 떠오르거나 편곡상 보완할 부분들이 들리기 시작하면서 곡의 완성도를 높이기 좋을 겁니다. 곡을 의뢰받아 작업하는 작곡자로서는 본인의 클라이언트에게 여러 버전을 제시하기에 매우 편리한 기능이라고 생각됩니다.

### 2.12.3 멀티 인스트루먼트(Multi Instruments)

악기 레이어의 상단을 보면 Multi Instruments라는 항목이 보입니다.

이곳은 말 그대로 한 가지 악기가 아닌 여러 악기들이 겹쳐 있는 곳입니다.

주의할 것은 '컴바인' 기능과는 다르다는 점입니다.

컴바인처럼 톤을 섞어서 새로운 음색을 만들거나 뭔가 시도해본다는 의미보다는 이것은 화성이 겹쳐 나올 악기들을 음역별, 코드별로 정리해놓은 것입니다.

예를 들어 관악기 브라스의 경우 트럼펫, 트롬본 등은 음역대가 다른데, 초보자가 악기들의 음역을 알고 작업하기란 쉽지 않습니다. 그럴 때 Multi Instruments에 있는 Layers를 선택합니다.

우측 브라우저 윈도우 중 Instruments 〉 Multi Instruments 〉 Layer에서 임의로 Brass Section Smooth라는 악기를 고릅니다. Layer에서 고른다는 것은 관악기들이 세트로 들어 있다는 뜻입니다. 그러면 이런 악기 창이 나타납니다.

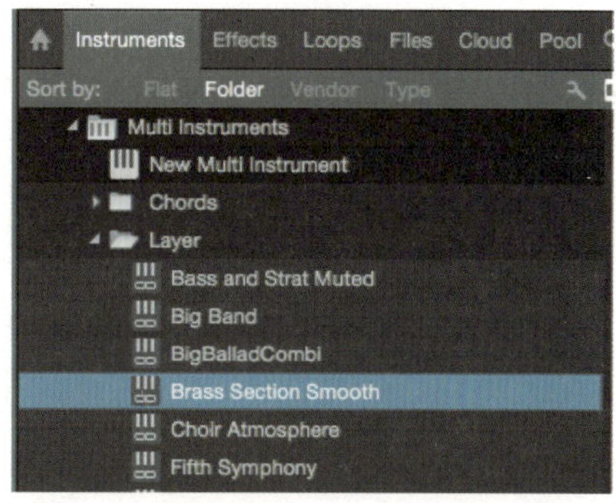

그림 5 - 158 레이어 악기

그림 5 - 159 음역존

악기창 밑에 음역 존이 생성되는 것을 볼 수 있습니다.

낮은 음역대는 트롬본, 중간 C3부터는 프루겔 혼, 고음 G#3 음역엔 트럼펫이 자리하고 있음을 보여줍니다.

상단의 여러 노브들은 이 악기들에 적용된 이펙트 효과들의 조절 노브들입니다.

이번엔 Instruments 〉 Multi Instruments 〉 Chord를 열어봅니다.

그러면 다음과 같은 악기들이 있습니다.

선택한 악기 명이 Big Band − Auto Harmonize
입니다.

빅밴드는 예전 재즈 밴드 중에 건반과 관악기가
포함된 형태를 말합니다.

그 악기들로 재즈 느낌을 내기 좋은 코드들이
음역별로 분포되어 있습니다.

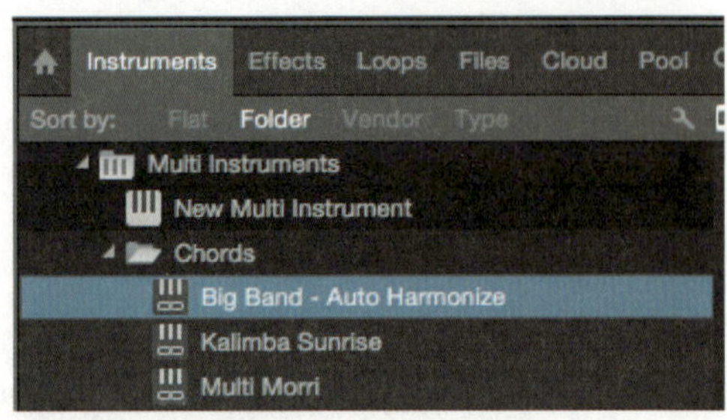

그림 5 - 160 빅 밴드 코드

그림 5 - 161 코드 악기

음역별로 분포된 악기들이 코드를 이루어 배치되어 있습니다.

이 음역별 배치를 보면 시퀀싱 시 악기의 음역 등을 틀리지 않고 화성적인 도움을 받으며 작업이 가능합니다.

개인적으로 아무리 음악 이론을 많이 공부하더라도 좋은 곡을 쓰는 작업은 이와의 반드시 비례하지는 않습니다. 음악 이론을 전혀 모르더라도 좋은 멜로디를 가지고 있는 사람도 많습니다. 곡을 만드는 과정은 흥미진진하지만 또한 많은 고민들로 고통스럽습니다.

두번째 곡으로 이번엔 '따라 하기'를 해보도록 하겠습니다. 그저 순서대로 나오는 그림처럼 따라 해보시길 권해드립니다.

# 3 힙합 곡 만들어 보기

힙합 곡을 만들어보려는 이유는 여러 가지 리듬 loop와 각종 라이브러리 샘플을 이용하기 좋은 장르이기 때문입니다.

일단 스튜디오 원 3의 아이콘을 더블클릭해보시길 바랍니다.

## 3.1 스튜디오 원에서 작곡을 위한 프로젝트 생성

그림 5 - 162 · 스튜디오 원 첫 화면

스튜디오 원 3를 더블클릭하면 처음 만나게 되는 화면입니다.

필자의 화면이기에 맨 좌측 화면에는 그간 작업했던 혹은 작업하는 중이던 파일들이 Songs에 리스

트 업되어 있는 것을 볼 수 있습니다. 참고로 '스튜디오 원 3'의 확장자는 .song입니다(큐베이스는
.cpr 누엔도는 .npr 프로툴스는 .ptx입니다).

맨 우측 화면에는 이 화면을 캡처했던 날의 프리소너스사 NEWS들이 올라왔습니다.

가운데 화면에는 곡을 만드는 이의 프로필(여러분의 사진도 넣을 수 있습니다)이 있고 하단에 필자
의 오디오 인터페이스가 올라와 있습니다.

여러분들 역시 오디오 인터페이스는 반드시 올라와 있어야 합니다(이 책의 1장을 참조하세요).

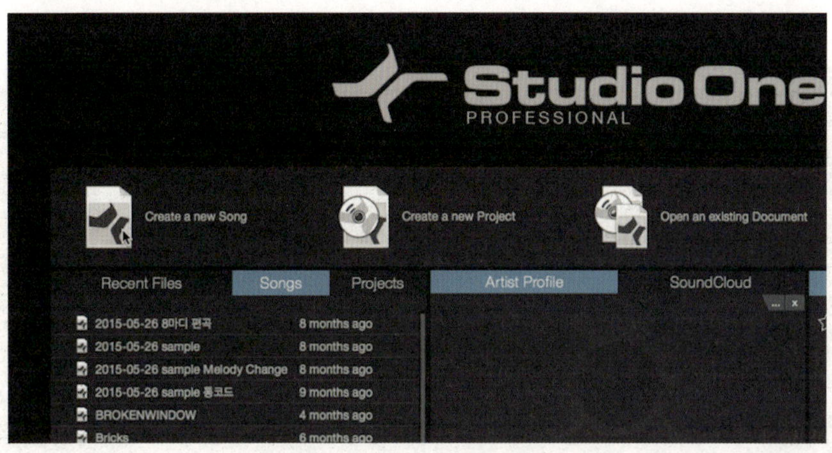

그림 5 - 163  Create a new Song

첫 화면이 나왔으면 곡 작업을 하기 위해 좌측 화면 상단의 Create a new Song을 클릭합니다.

이곳은 여러분들이 워드 프로그램이나 프레젠테
이션 프로그램들을 쓸 때 첫 화면으로 나오는 템
플릿 화면과 같습니다. 다시 말해 여러분들이 작
업할 스타일의 여러 형태들을 미리 만들어 놓은
템플릿입니다.

예를 들어 여러분들이 '워드 프로그램'을 이용해
과제 등을 할 때 주로 고르는 화면은 '빈 문서'일
겁니다.

자, '스튜디오 원 3'의 각종 템플릿들은 구경만 해
보시고 우리는 'Empty Song'을 고릅니다.

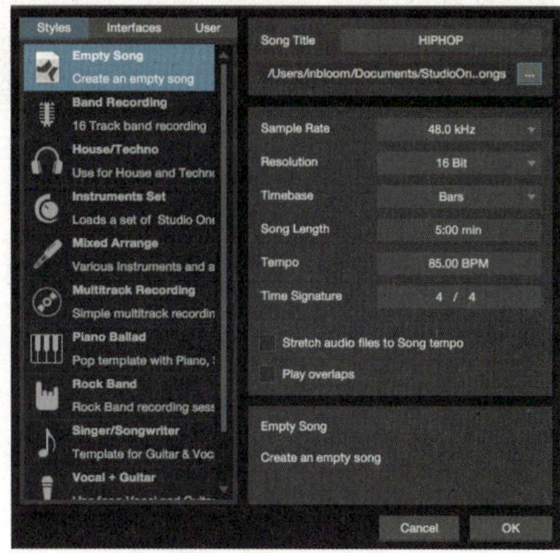

그림 5 - 164  템플릿 화면

아직은 곡을 어떻게 만들어갈지 아무것도 결정할 수가 없습니다. 곡의 길이나 템포, 박자는 미리 정하기 애매합니다. 그저 곡의 음질(16 혹은 24bit/48 kHz) 외에는 곡을 쓰기 시작해야 정해 질 것 같습니다.

Stretch audio file to Song tempo는 여러분들이 어쩌면 작업 중에 불러올 오디오 파일을 여러분이 지금 만드는 프로젝트의 템포에 강제로 맞추어 주는 옵션입니다. 이 기능은 때론 필요하기도 때론 불필요하기도 합니다. 그러니 일단 켜지 않겠습니다.

우린 빈 화면(Empty song)을 고릅니다.

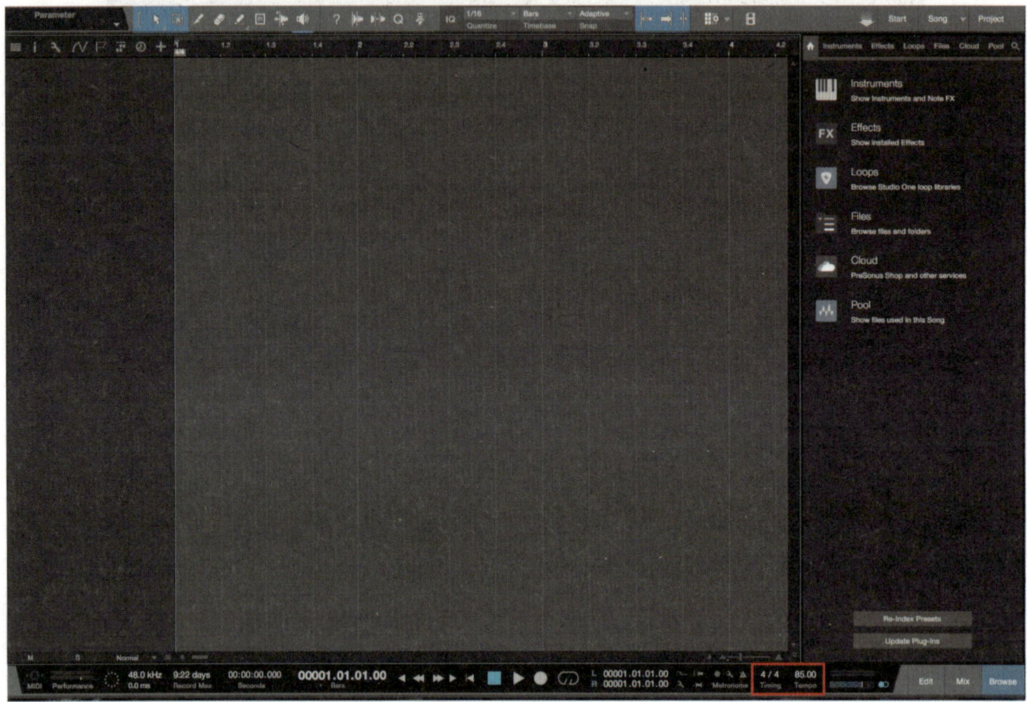

그림 5 - 165  스튜디오 원 작업 첫 화면

이런 빈 화면을 만나게 됩니다. 좀 막막합니다. 아마 앞으로도 이 화면을 만나시면 '이젠 뭘 하지?' 하는 막막한 느낌이 드실 겁니다. 우선 하단의 트랜스포트 윈도우를 보고 4/4 박자에 85bpm으로 나와 있는지 확인하세요. 앞서 템플릿 화면에서 기본으로 정해졌던 것과 같습니다.

## 3.2 드럼

### 3.2.1 loop 고르기

우리는 힙합 곡을 만들겠다는 것 외엔 정한 것이
없으니 아이디어를 떠오르게 하기 위해서라도 리
듬을 좀 들어보고 싶습니다.

우측 창 하단의 Browse가 활성화된 상태에서 위
의 탭 중에 Loops를 눌러서 여러 Loop 소스를 들
어 봅니다.

Loops 탭에는 여러 가지 장르별 카테고리가 나뉘
어져 있습니다. 그 장르별 카테고리 안에 들어가
보면 악기별 카테고리로 또 나누어져 있음을 볼
수 있습니다.

우리는 힙합 곡을 만들어 볼 것이니 일단 힙합 카
테고리를 살펴보도록 하겠습니다. 분위기를 잡
아주는 소리들이 들어 있는 Atmo 폴더부터 여러
가지가 들어 있는 Other 폴더까지 다양한 악기별
폴더들이 있습니다(힙합 곡을 만들겠다고 해서
힙합 카테고리를 먼저 살펴보는 것은 당연한 일
이겠지만 힙합 곡의 아이디어를 주는 것이 반드
시 힙합 카테고리에만 있을 것이라는 생각은 버
리시길 바랍니다).

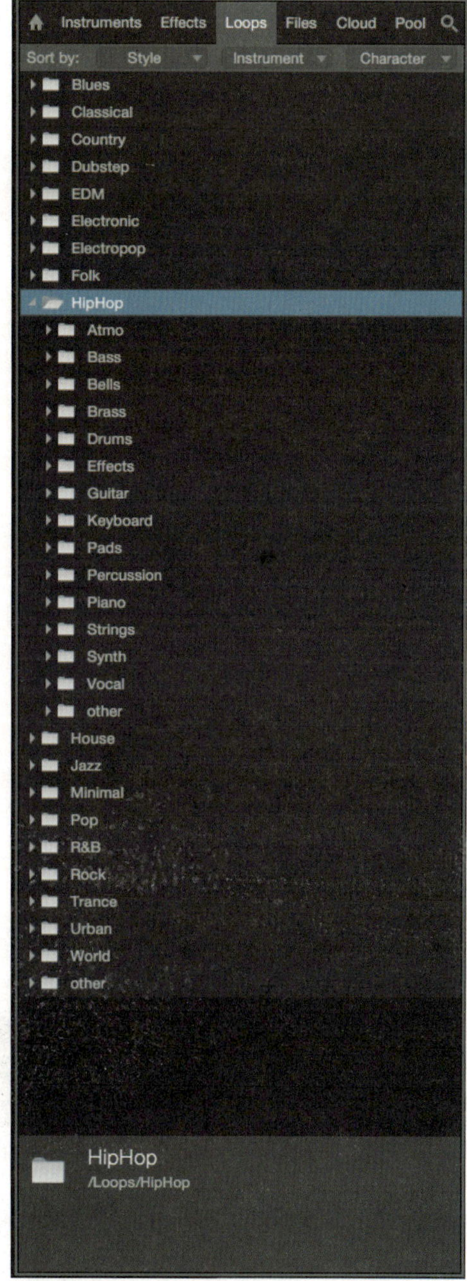

그림 5 - 166 Loops 탭

### 3.2.2 드럼 루프 선택

힙합 폴더 안의 드럼 폴더를 열어 보겠습니다.
그중에서도 loop 폴더를 열어 보도록 합니다.
사실 그냥 듣기에 loop 리듬만큼 편한 것은 없
으니까요.

그림 5 - 167  HipHop > Drums 폴더

이 모든 라이브러리 소스들은 한 번만 클릭하
면 들을 수 있습니다.
저 소스들 맨 앞의 숫자는 그 loop가 가지는 원
래 본인의 템포입니다.
필자의 마음에 든 루프 소스는 090_Never Be
Beat_Drums_Mix.audioloop이라는 소스입니다.

그림 5 - 168  루프 선택

### 3.2.3 템포 설정

그림 5 - 169  트랜스포트 윈도우

하단의 트랜스포트 창을 보면 우리가 이 프로젝트를 만들었을 때 템포는 85bpm입니다.

제가 고른 루프 소스는 090_Never Be Beat_Drums_Mix.audioloop이고 맨 앞의 숫자인 90에서 보듯
템포가 90이라 서로 템포가 맞지 않습니다.

여러분들이 loop 탭 안에서 들으실 때는 저절로 85bpm으로 재생되었을 겁니다. 기본 설정대로 미리

듣기가 재생됩니다. 그러니 실제 이 루프의 원래 템포보다 5bpm 더 느린 루프를 들으셨다는 얘기입니다.

이것은 Stretch audio file to Song tempo 기능처럼 그 템포에 자동으로 미리 듣기 템포를 맞추어 주었기 때문입니다. 하지만 필자가 듣기엔 85bpm은 너무 느리고 90 bpm도 여전히 느립니다.

그럼 제 임의대로 100bpm으로 만들어 보겠습니다.

그림 5 - 170 템포 변경

템포 란을 클릭 후 숫자 100을 입력합니다. 그리고 엔터를 누르세요. 이 작업의 템포는 100으로 변경되었습니다.

작업할 프로젝트의 템포를 100으로 변경했으니 이제 브라우저 창의 루프를 클릭해서 들어보시면 Stretch audio file to Song tempo 기능이 적용되어 100템포의 좀 더 빠른 리듬으로 들릴 겁니다.

이 오디오 루프의 정보가 보입니다.

'24bit 44.1KHz / stereo / 21초 분량 / 90bpm의 성질을 가진 파일입니다.

이젠 이 루프를 작업 윈도우로 '드래그 앤드 드롭' 시킵니다.

그림 5 - 171 루프 들어보기

그림 5 - 172 루프 올리기

작업 윈도우로 올라간 loop(루프) region(레전)의 마디가 딱 맞아 떨어지지 않음을 볼 수가 있습니다.

게다가, 분명 8마디 소스일 텐데 9마디가 조금 더 넘는 길이로 보입니다.

만약 Stretch audio file to Song tempo 기능이 켜져 있었다면 딱 8마디에 맞아 떨어졌을 것입니다.

문제는 그때는 이럴 줄 몰랐다는 것입니다.

어떤 템포의 루프가 마음에 들지 당시엔 전혀 예상하지 못했으니 말입니다. 그래서 앞서 말한 템포 등의 설정이 '무슨 의미지?' 라는 생각이 자주 들게 됩니다.

### 3.2.4 레전 스트래치

그림 5 - 173 레전 스트레치 하기

매킨토시 유저라면 option 키, 윈도우즈 유저라면 alt 키를 누른 채로 레전의 끝자락을 마우스로 클릭합니다.

그러면 마우스가 시계 모양으로 바뀌면서 레전이 늘어나기도 줄어들기도 합니다.

8마디로 만들어야 하니 저 상태로 9라는 숫자에 맞추도록 왼쪽으로 딱 맞추어 끌어다 놓습니다.

그리고 스페이스 바를 눌러 재생해보세요.

루프 소스가 100bpm에 맞게 변경되었습니다.

# 3.3 리듬 위에 악기 추가하기

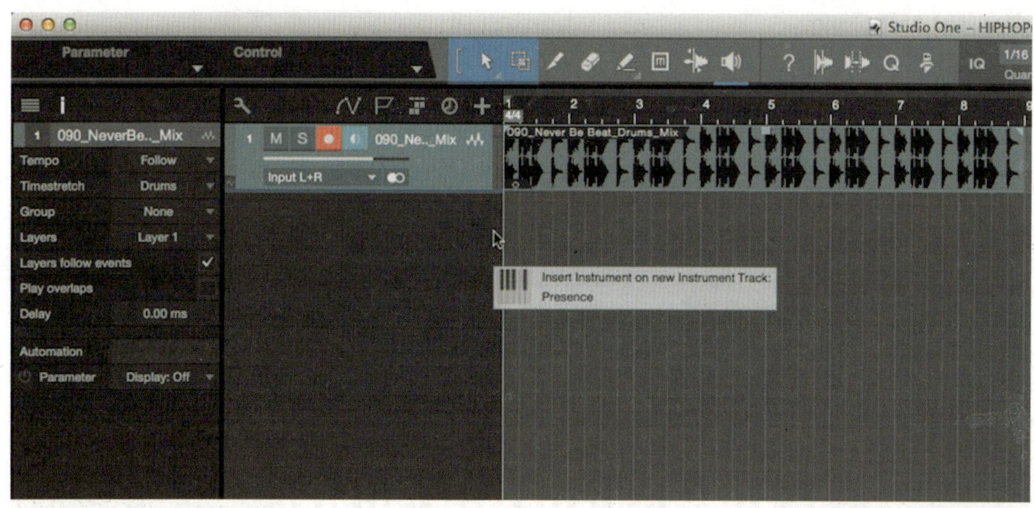

그림 5 - 174 프리센스 악기 선택

이 루프를 들으면 어깨가 덩실대는 분들도 있으실 거라 생각됩니다. 루프만으로도 충분히 흥겨울 수 있다고 느끼시겠지만 그래도 이제는 다른 악기를 더 넣어 보도록 합니다.

스튜디오 원 3의 팔방미인 악기인 프리센스를 작업 화면에 올려보겠습니다. 역시 프리센스를 마우스로 끌어다 작업 화면에 위 그림처럼 올려놓습니다. 대충 아무 곳에나 던져 놓아도 미디 트랙이 생성됩니다.

## 3.3.1 프리센스 XT 악기 선택

프리센스를 끌어다 놓으면 생성되는 트랙의 모습입니다. 트랙의 아이콘 중에 피아노 건반 모양의 아이콘을 클릭해봅니다.

위의 루프 트랙 우측 상단 아이콘은 프리소너스사의 회사 로고이며, '오디오 트랙'이라는 뜻입니다.

피아노 건반 모양의 트랙은 '미디 트랙'이라는 뜻입니다.

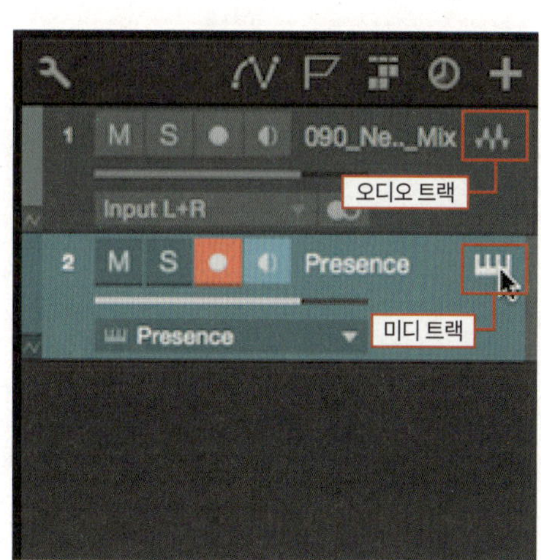

그림 5 - 175 프리센스 XT 악기 트랙

## 3.3.2 프리센스 XT 피아노 선택

**그림 5 - 176** 프리센스 XT 윈도우

건반 모양의 아이콘을 누르면 프리센스가 화면의 한가운데에 뜹니다.

이제 여러 종류의 소리가 들어 있는 악기인 프리센스를 골랐는데 다음으로 어떤 악기를 고를지 또 막막합니다.

음악을 만드는 것은 정말 고민의 연속인 것 같습니다.

고민한 끝의 결정치고는 싱겁지만 일단 가장 기본이 되는 악기인 피아노를 선택합니다.

그림에서 보듯 'default'라고 쓰인 부분을 클릭하면 서
브 메뉴가 주르륵 내려옵니다.

이곳 역시 악기들이 종류별로 카테고리화 되어 있습니다.
이 중에서 Piano라고 쓰인 폴더로 들어가보겠습니다.

그림 5 - 177 프리센스 XT 악기 메뉴

피아노 폴더 안의 Acoustic Piano - Hard를 골라봅
니다.

이를 고른 이유는 평범한 피아노 소리가 힙합 리듬에
파묻혀 존재감이 없어질 수 있기 때문입니다.

일단 Hard라는 이름에서 보듯 이런 피아노 소리는
컴프레서가 걸려 있는 소리로, 소리가 비교적 '땐땐'
한 느낌입니다. 퍼지는 듯한 소리는 아니고 뾰족뾰족
하다고 할까요?

참고로 악기 안에 있는 Instrument + FX라는 폴더는
이 폴더 안에 있는 피아노 소리들과 각종 음향 효과
가 미리 버무려져 있는 악기 소리를 말합니다.

믹싱에 자신이 없거나 혹은 음향 효과가 이미 들어간
피아노 소리를 들으면서 새로운 음악적인 영감을 더
받고 싶은 작업에는 나름 유용하게 써먹기도 합니다.

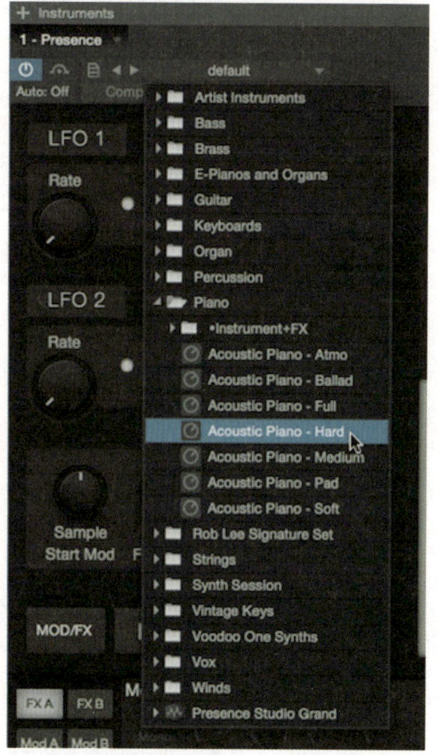


그림 5 - 178 피아노 고르기

그림 5 - 179 피아노 선택 후 프리센스 XT

프리센스 XT는 일종의 샘플러입니다. 샘플러는 악기 소리를 일일이 건반에 심어 음정을 부여하기도 하고 각종 효과음을 추가하기도 하며, 원래 음색에 어떤 톤을 만들어 부여하기도 합니다.

프리센스에 보이는 각종 놉(KNOB)들과 그래프 곡선들은 그것에 관련된 설정을 조절하는 것입니다. 때문에 우리가 다른 피아노 소리를 고른다면 그에 맞는 다른 설정으로 나타납니다.

### 3.3.3 입력할 분량의 레전 그리기

그림 5 - 180 메뉴 바에서 연필 툴 선택

필자는 현재 마스터 건반이 없다는 가정하에 마우스로만 작업하고 있습니다.

만일 마스터 건반이 있다면 트랙의 레코딩 활성화 버튼과 레코딩 버튼을 누른 뒤에 바로 연주를 하면 되지만 없다는 가정이니 음정을 그리기 위해 연필 툴을 고릅니다.

음정을 그리려면 악보가 있어야 하니 오선지를 꺼낸다는 마음으로 미디 입력을 위한 레전을 연필 툴로 먼저 그립니다.

그림 5 - 181 미디 입력을 위한 레전 그리기

위의 그림처럼 일단은 한 마디만 그려 보도록 합니다(그냥 빈 바탕에 더블클릭을 해도 레전은 생성됩니다).

트랙에 그려진 레전을 더블클릭하면 미디를 입력할 수 있는 피아노 롤이 나옵니다.

### 3.3.4 피아노 음정 입력

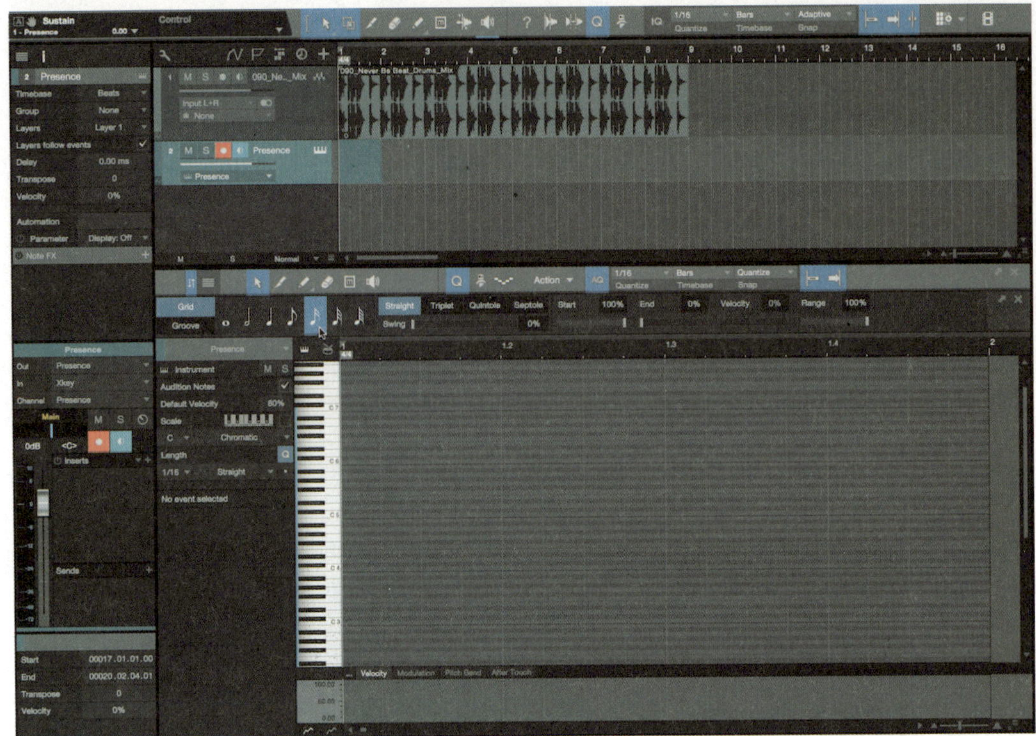

그림 5 - 182  레전 열기(피아노 롤 화면)

연필 툴을 다시 마우스 툴로 변경하고 레전을 더블클릭합니다.

그러면 위의 그림처럼 좌측에 피아노 화면이 세로로 길게 펼쳐진 '피아노 롤' 화면이 뜹니다.

'피아노 롤'은 예전으로 말하자면 오선지 같은 악보입니다.

아무튼, 여러분들은 필자의 저 캡처 화면을 잘 보고 밝아진 버튼들이 다 눌러져 있기를 바랍니다.

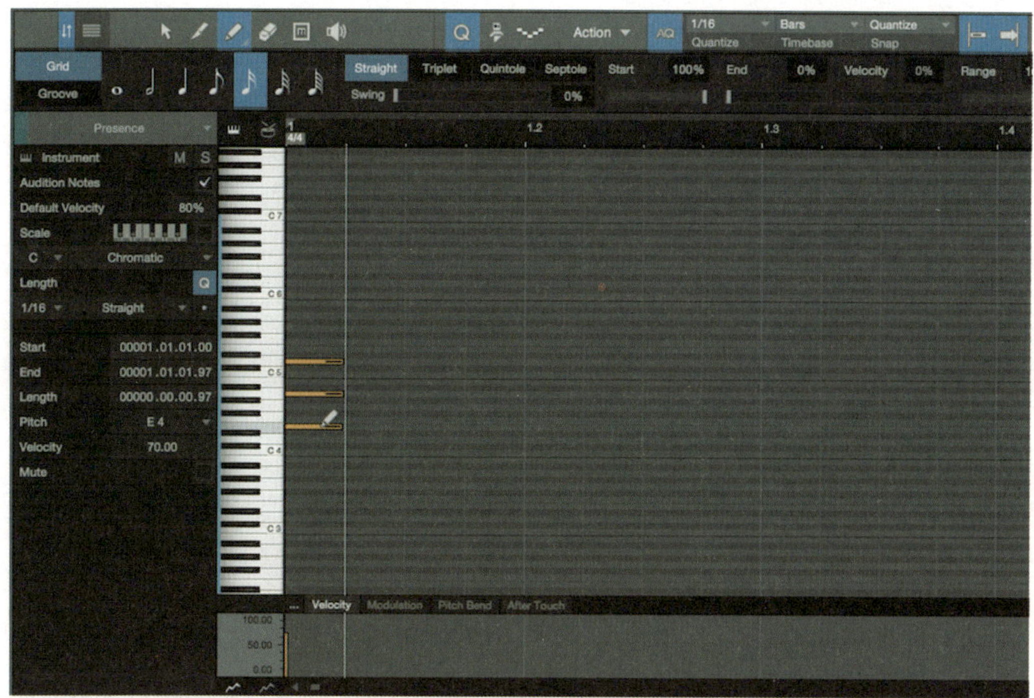

그림 5 - 183 음정 입력

그림처럼 퀀타이즈 설정을 해놓으면 됩니다.

Grid 버튼을 활성화해놓고 기준 음표는 16분음표로 해놓겠습니다. Grid는 음정이 저 칸에 딱딱 맞아 떨어지게끔 만들어줍니다. 16분음표로 해놓으면 4분의 4박자 한마디가 16칸으로 나누어지게 됩니다. 만일 32분음표를 기준으로 삼는다면 32칸으로 나누어지는 것을 볼 수 있습니다.

첫 마디 첫 박자에 코드는 16분음표로 A 코드를 해보겠습니다. A 코드는 '라 도# 미'로 구성됩니다. 이 트라이어드를 약간 변형해서 '도#'을 반음 올려봅니다. 그러면 sus4 코드가 됩니다. Asus4는 '라 레 미'가 됩니다. 그리고 코드의 자리바꿈을 해서 도미넌트인 E를 베이스 음으로 넣어 보면 어떨까요? 네 그러면 Asus4/E 코드가 됩니다.

Asus4/E(미 라 레)를 위의 그림과 같이 연필로 그려봅니다.

음정들의 길이는 위에 말했듯 16분음표 길이 한 칸에 맞추어 봅니다. 위 그림처럼 만들면 됩니다.

좌측 인스펙터 윈도우에서 음정의 세기를 말하는 Velocity는 70으로 설정하기를 바랍니다.

음정을 그려 넣었으면 스페이스 바를 눌러 들어봅니다. 어떤가요?

어떤 무언가가 생각나는지요? 이것만으로도 어떤 멜로디가 떠오르신다면 재능이 있는 겁니다.

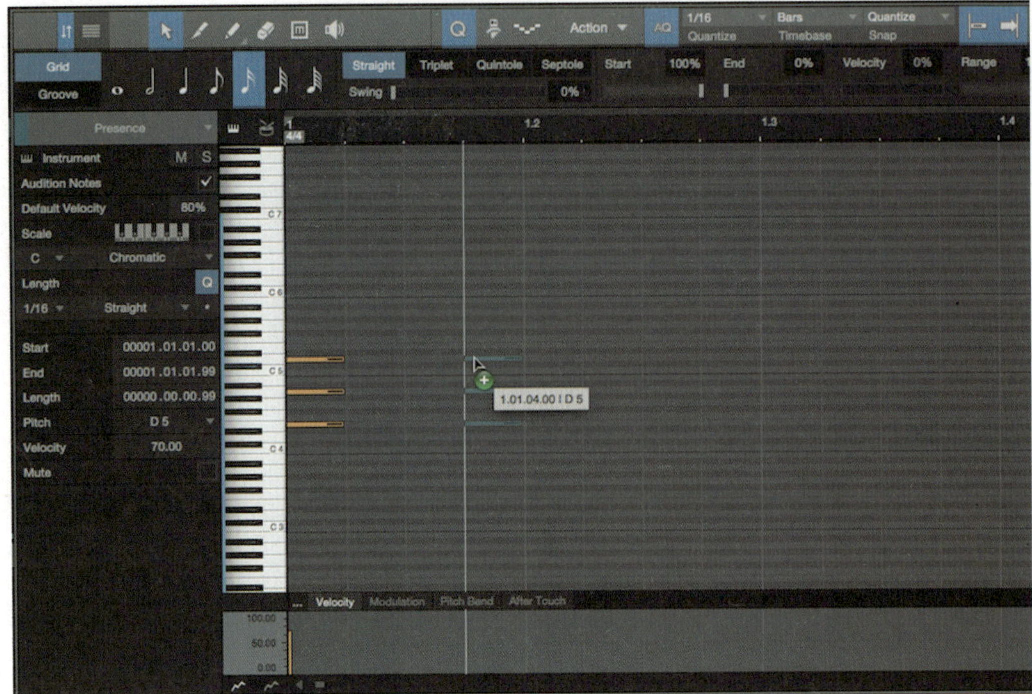


**그림 5 - 184  음정 복사**

그려 넣은 Asus4/E 코드를 반복해서 넣어보겠습니다.

연필 툴로 또 그려 넣어도 되지만 지금 그려 넣은 코드를 카피해서 더 넣어 봅니다. 먼저 그려 넣은 코드를 선택한 후 매킨토시라면 '옵션 + 드래그', 윈도우즈라면 'alt + 드래그'하면 됩니다.

드래그해서 옮겨 놓을 자리는 첫 박의 마지막 칸(4번째 칸)에 넣겠습니다.

그리고 스페이스 바를 눌러 다시 한 번 들어보시기 바랍니다. 어떻습니까? 전 단계보다 더 많은 상상력이 생기셨길 바랍니다.

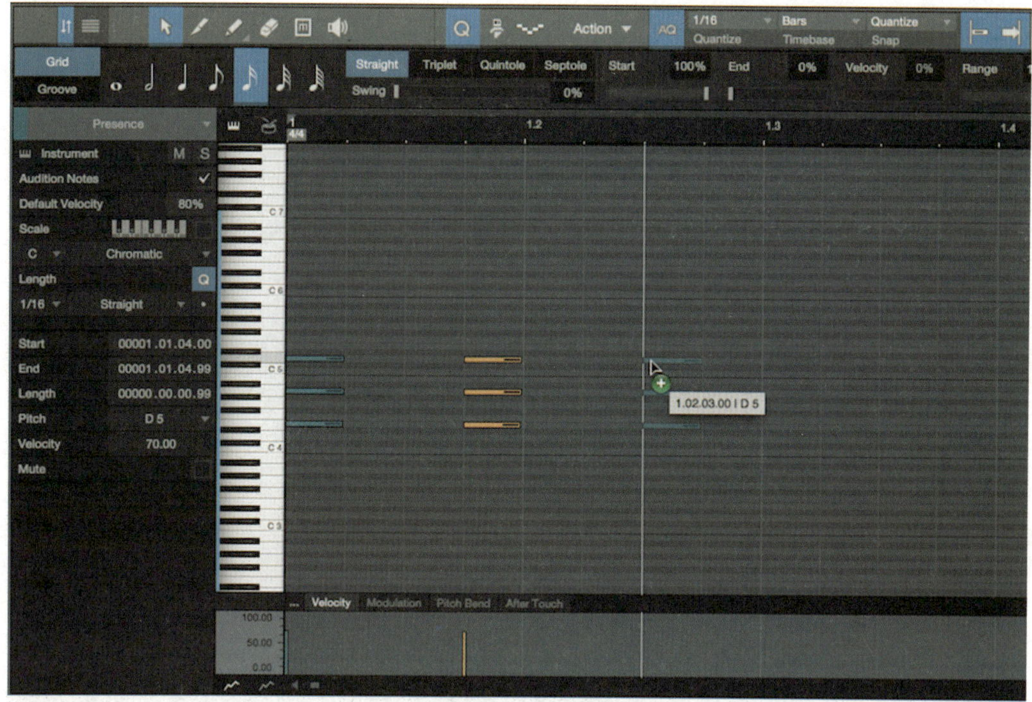

그림 5 - 185 음정 복사 2

이번에는 똑같은 요령으로 2번째 박자 3번째 칸에 넣어 보겠습니다.

먼저 들어있던 루프(loop) 소스와 섞여서 리듬감을 살리고 싶어 두 번째 박자의 3번째 칸에 넣어 보았습니다.

만일 다른 칸에 넣는다면 또 다른 그루브가 나올 것입니다.

필자가 원하는 그루브의 느낌은 저 박자였기에 일단은 묻지 말고 계속 진행합니다. 다시 스페이스바를 눌러 들어봅니다.

조금 전 단계보다 더 많은 상상력이 자극되면 좋겠습니다.

이 단계에 오니 Asus4/E 코드이지만 저음으로 A 음을 더 넣으면 어떨까 생각이 들었습니다. 그럼 이젠 더 이상 E 베이스가 아니게 되겠습니다.

### 3.3.5 피아노 베이스에 A 음 추가

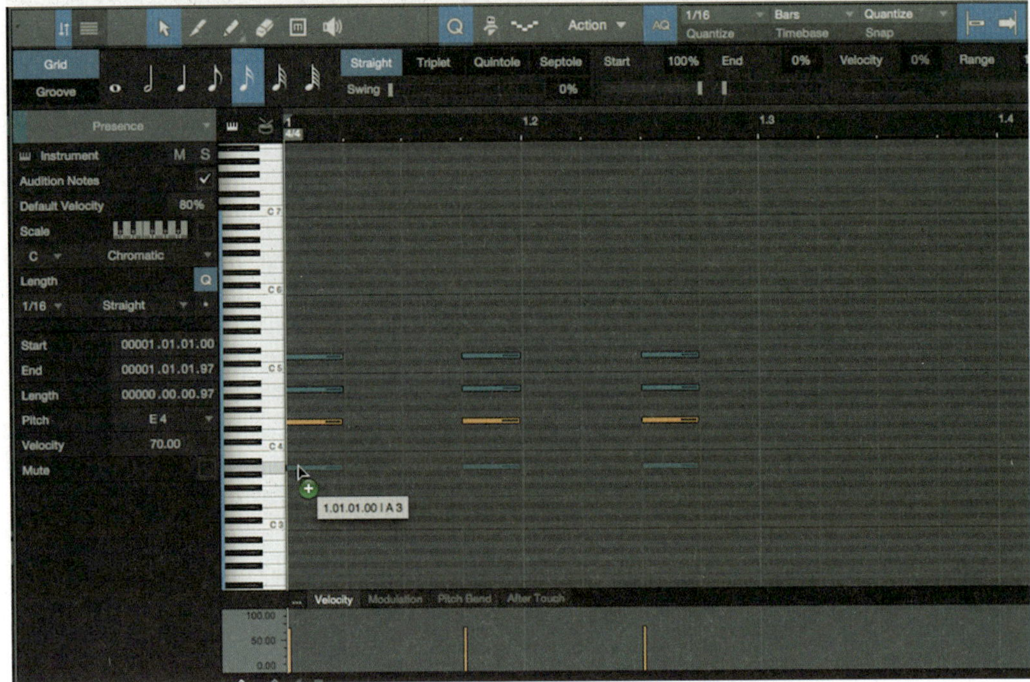

**그림 5 - 186** A 음 추가

A(라) 음을 추가하기 위해서 연필로 박자별 3번씩 더 그려도 되겠지만 그보단 맨 아래 음정을 전체 선택 후에 매킨토시라면 opt + 드래그, 윈도우즈라면 alt + 드래그를 이용하여 아래로 드래그하겠습니다.

스페이스 바를 눌러 들어봅니다. 필자가 듣기엔 베이스 음으로 추가한 A 음이 더 강하게 들리면 좋겠다는 생각이 듭니다. 그럼 더 안정감있게 들릴 것 같습니다. 그럼 A 음의 벨로시티를 변경해 보겠습니다.

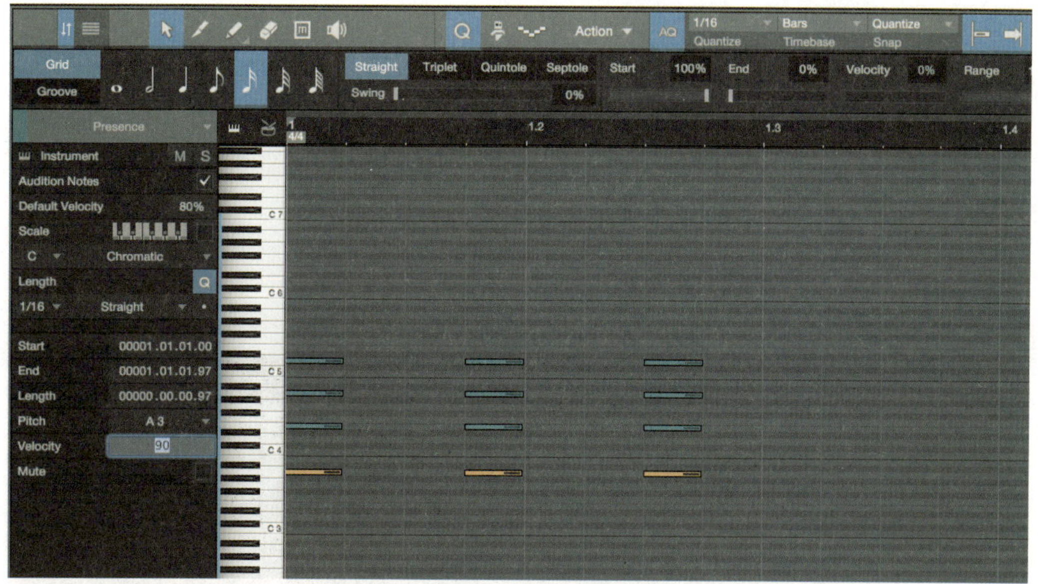

그림 5 - 187 A 벨로시티 조정

A 음들을 모두 선택한 후에 좌측 인스펙터 윈도우에서 벨로시티를 90으로 변경합니다.

이번에도 스페이스 바를 눌러 들어봅니다. 조금 더 안정감 있는 코드 음으로 들리는지요?

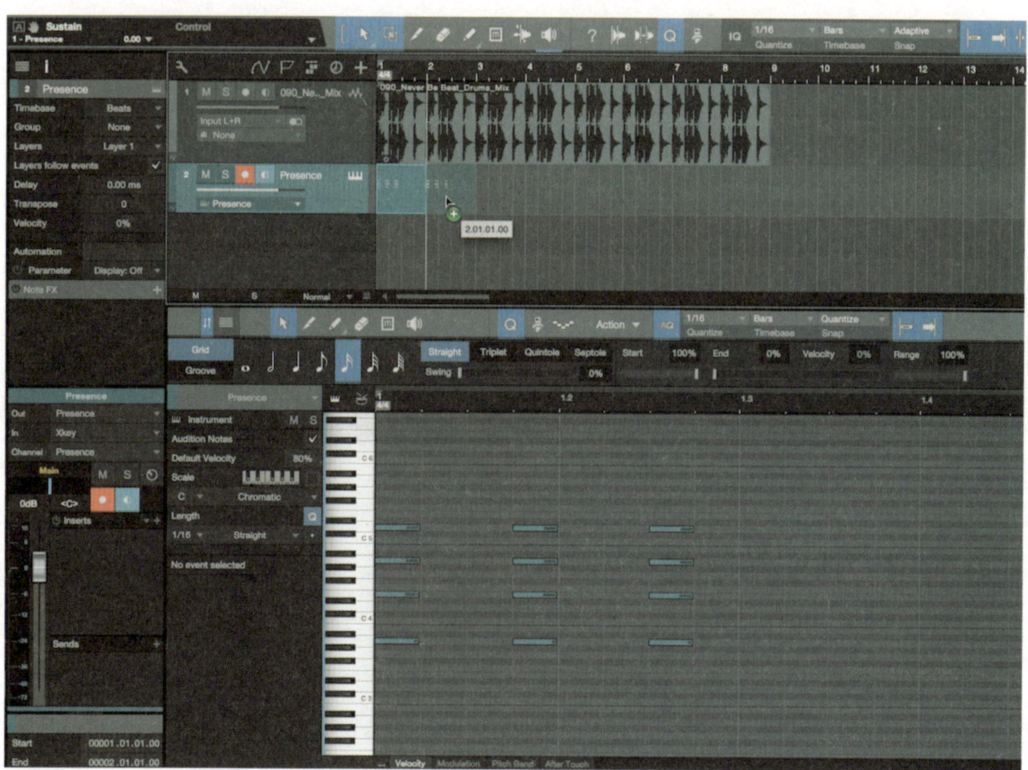

그림 5 - 188 레전 복사

먼저 넣어 두었던 루프 소스가 8마디였으니 지금까지 만든 한 마디 레전을 4마디로 늘리겠습니다.

그림 5-188에서 보듯이 이번에는 작업된 한 마디 레전을 마우스로 잡고 역시 매킨토시라면 'opt + 드래그', 윈도우즈라면 'alt + 드래그'를 하시면 됩니다.

사실 이보다 더 쉬운 방법으로, 작업된 한 마디 레전을 선택한 후에 매킨토시라면 'cmd + D', 윈도우즈라면 'ctrl + D' 하시면 레전이 Duplicate(듀플리케이트)됩니다.

연속으로 3번 듀플리케이트 하시면 4마디가 완성되니 더 빠르고 편합니다.

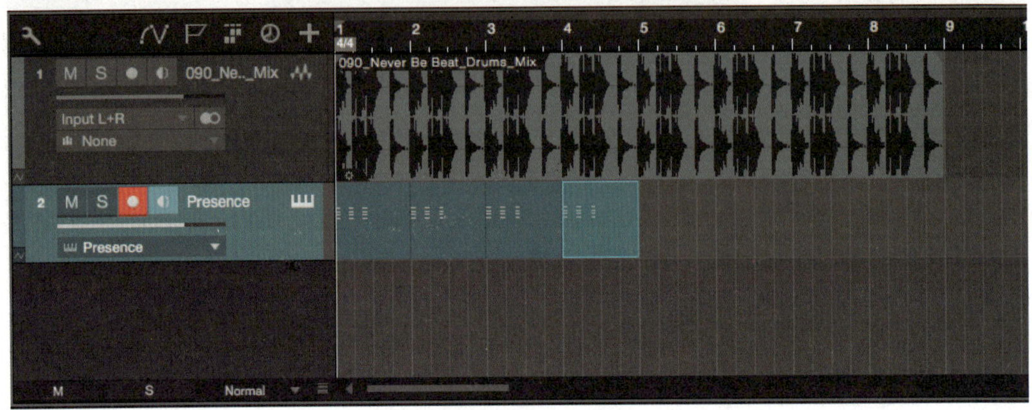

그림 5 - 189  레전 복사로 4마디 채우기

위 그림처럼 4마디를 다 채우시길 바랍니다.

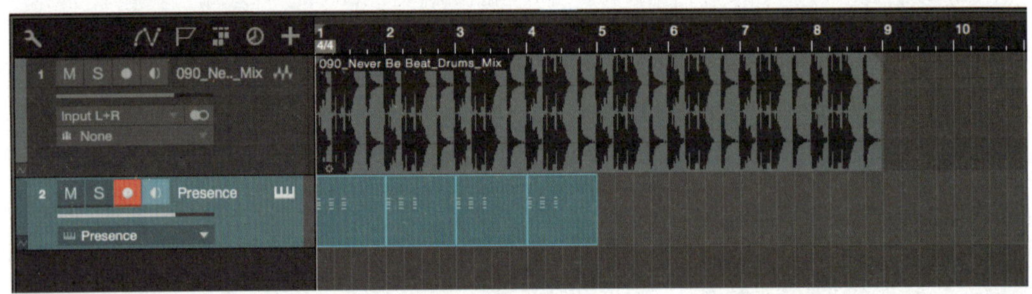

그림 5 - 190  레전 선택

이제는 4마디의 레전을 모두 선택합니다.

마디별로 되어 있는 레전을 한 덩어리, 즉 4마디짜리 레전으로 만들려고 합니다. 아무래도 4마디 단위로 움직일 일이 더 많을 것 같기 때문입니다.

그림 5 - 191  잘려진 레전 묶기

레전들이 선택된 상태에서 단축키 G를 누릅니다(스튜디오 원에서 프로툴스 단축키 사용 시입니다. 큐베이스 키로는 w를 사용하면 됩니다).

한 마디씩 4마디 레전을 그룹으로 묶는다 해서 G입니다.  그러면 위 그림처럼 4마디 단위의 하나의 레전이 됩니다.

만약 작은 단위가 필요하면 다시 잘라서 쓰면 되니까요. 스페이스 바를 눌러 지금까지 작업한 4마디를 들어 봅니다. Asus4 코드 하나로 4마디를 만들어 본 셈이 되었습니다.

하지만 뭔가 좀 심심합니다. 그럼 이제 다른 코드를 좀 넣어 보겠습니다. 뭐가 좋을까요?

### 3.3.6 다른 코드 추가

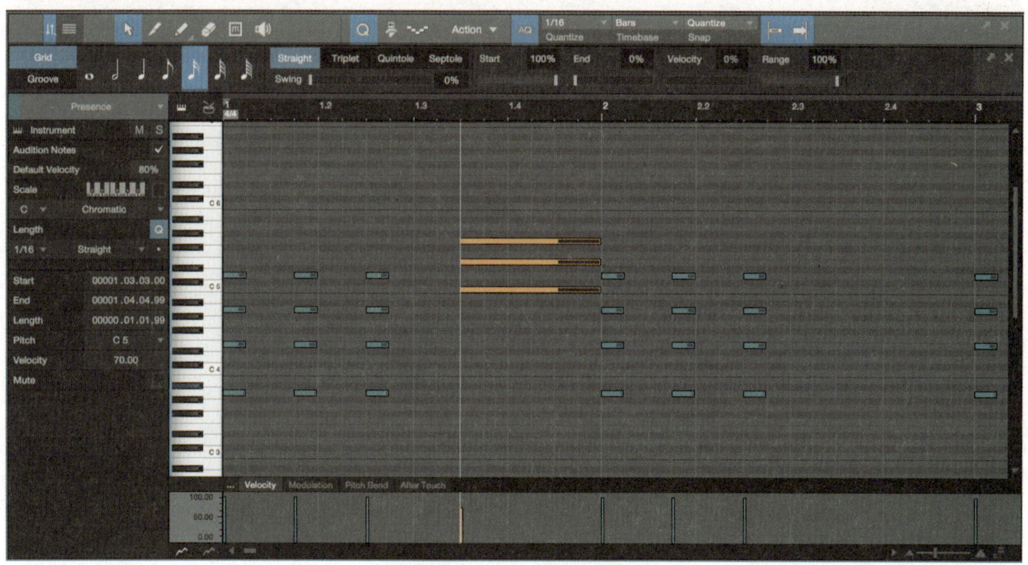

그림 5 - 192  C 코드 추가하기

Asus4 다음엔 C 코드(도 미 솔)를 넣어 보겠습니다.

A 코드의 완전 5도인 E 음정이 C로 가는 게 자연스럽게 들리기도 합니다.

위 그림처럼 마우스로 '도 미 솔'의 코드 음정을 그려넣으세요.

첫 번째 마디 3.5번째 박자에 넣습니다. 그리고 음정의 길이는 첫 번째 박자의 끝까지 놓습니다.

그렇게 되면 점 4분음표 길이가 됩니다.

### 3.3.7 C 코드에 G 음을 베이스로 넣기

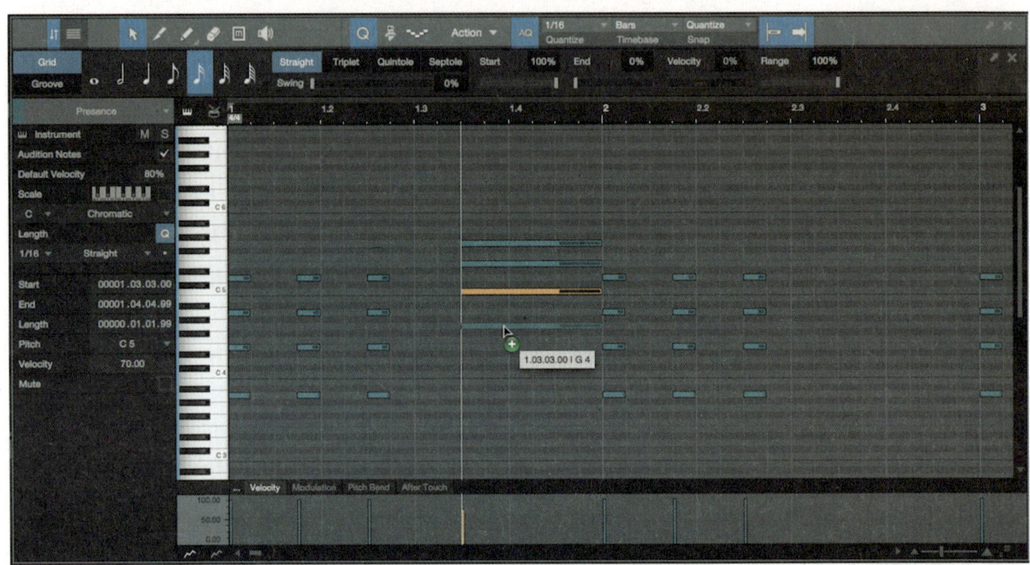

그림 5 - 193 베이스 음 바꾸기

C 코드를 입력했다면 다시 스페이스 바를 눌러 들어보세요. 나쁘지 않게 들립니다.

하지만 제가 듣기엔 도가 베이스 음인 것보다는 4화음으로 만들어 5도인 '솔'이 베이스 음으로 나오는 편이 더 좋을 것 같습니다. 그럼 맨 아래 음인 C(도)를 마우스로 잡고 역시 매킨토시라면 'opt + 드래그', 윈도우즈라면 'alt + 드래그'를 하여 G(솔)까지 내리면 됩니다.

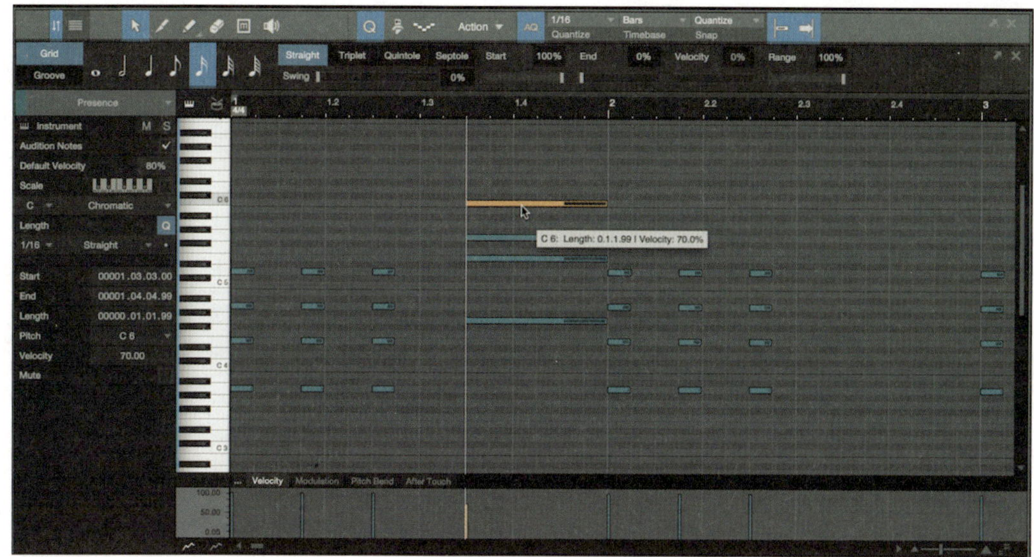

그림 5 - 194  C 음 자리 바꾸기

G 음을 베이스로 옮기고 C 음을 가장 고음으로 올려보겠습니다.

자리바꿈을 함으로써 더 들려야 할 음정인 도(C) 음이 강조되도록 하기 위해서입니다.

스페이스 바를 눌러서 그렇게 들리는지 확인합니다.

### 3.3.8 2번째 마디에 코드 추가

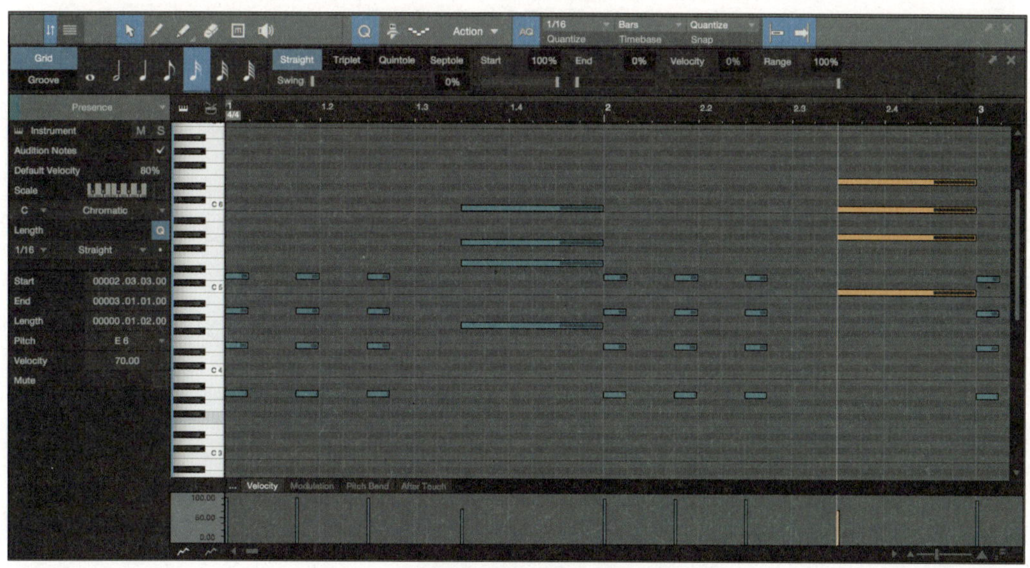

그림 5 - 195  코드 추가하기

이번엔 2번째 마디에 코드를 추가해보겠습니다. 앞선 마디엔 C 코드였는데 이번엔 Caugment를 넣어봅니다.

오그먼트는 5th 음을 반음 올리는 것이라고 앞서 배웠습니다. 그렇다면 C = C E G 이니 Caug = C E G#입니다.

그림 5-195처럼 베이스 음으로는 C 음, 그 다음은 G#, 그 다음은 C, 그 다음은 E로 배열해봅니다.

위치는 두 번째 박자 3.5박에 점 4분음표 길이만큼 그리면 됩니다.

이번에도 스페이스 바를 눌러 들어 봅니다. 어떠신가요? 피아노 코드로 음정을 넣으니 뭔가 더 음악이 된 거 같습니다.

하지만 너무 딱딱 맞아 떨어지는 것이 심심하게 들립니다. 사람이 연주한 것 같지 않다고나 할까요? 그러니 일부러 음을 좀 흐트러뜨려 놓겠습니다.

### 3.3.9 자연스러운 피아노 만들기

#### 1) 기준음표 재설정

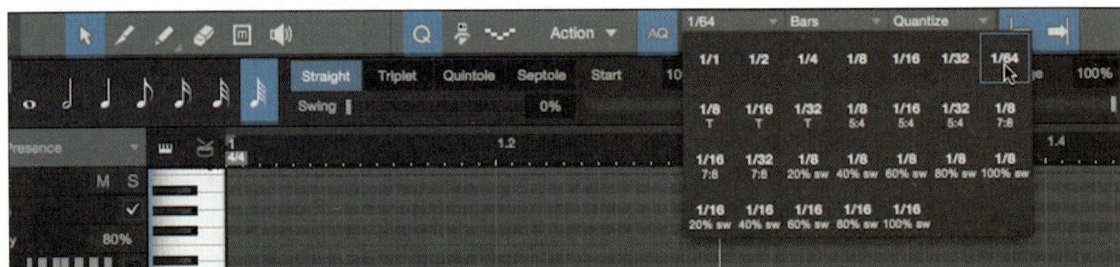

그림 5 - 196 기준음표 다시 설정하기

지금까지 16분음표를 기준으로 작업하던 것을 64분음표를 기준으로 바꾸어 보겠습니다.

더 세밀하게 박을 쪼개야 할 것 같다는 말입니다.

위 그림에서 보는 곳을 클릭하면 기준음표 설정을 바꿀 수 있습니다.

바꾸고 난 후 피아노 롤을 보시면 64분음표 기준으로 칸이 더 세밀하게 쪼개져 있는 것을 볼 수 있습니다.

위 그림에서도 1박자 길이가 64분음표 길이만큼 더 세밀히 쪼개져 있는 것을 확인할 수 있습니다.

## 2) 박자 세부조정

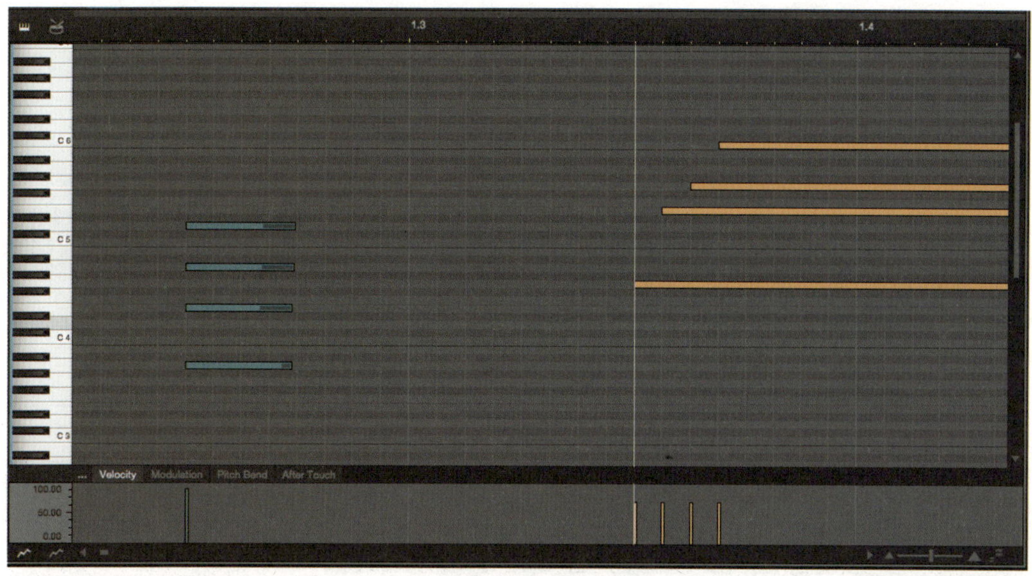

그림 5 - 197  음정별 박자 세부조정

첫마디 3.5박에 있던 루트 음인 G(솔)는 그대로 두고 그 위의 미, 솔, 도를 한 칸씩 뒤로 밀어둡니다. 코드로 눌려 있던 음들이 이제 64분음표 차이만큼 시간차를 두고 소리가 나게 됩니다. 스페이스 바를 눌러 한번 들어봅니다. 필자는 그냥 통 코드로 눌려 있을 때보다 조금 더 재미있어졌다고 생각합니다.

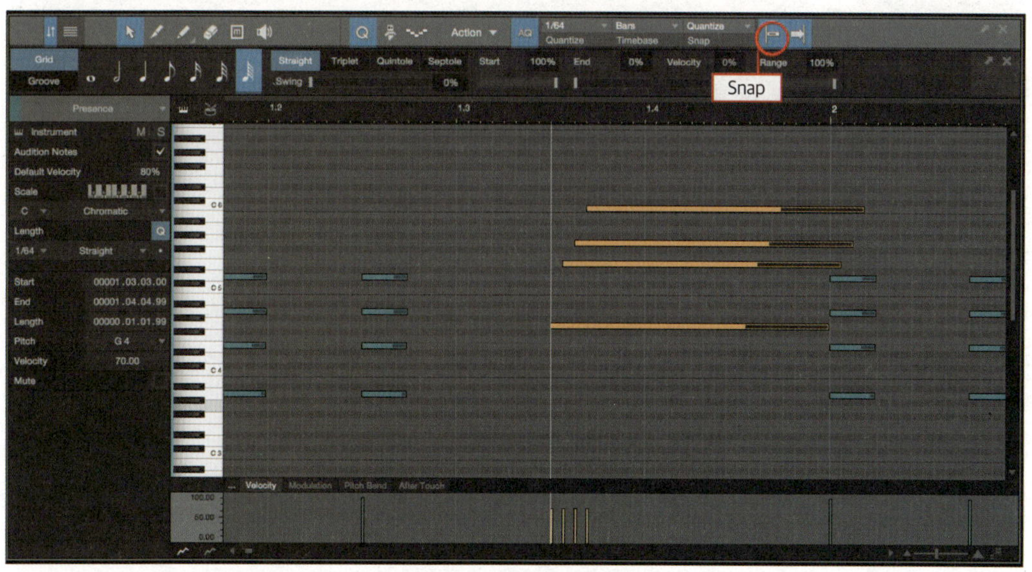

그림 5 - 198  박자 세부조정

음의 길이가 2마디째까지 넘어가지만, 신경 쓰지 않도록 합니다.

원래는 피아노 연주 시 서스테인 페달을 밟고 연주합니다. 서스테인은 음이 지속되다 없어질 때까지를 말합니다. 피아노 밑에 있는 서스테인 페달을 밟는다면 그 음의 지속은 길어집니다. 하지만 현재 우리는 마우스로 입력 중이고 서스테인 페달은 마우스로 그려서 입력해야 합니다. 그리고 이 곡은 서스테인 페달 입력이 필요 없을 것 같다고 판단됩니다.

피아노 연주가 드러나야 하는 곡이 아니기 때문인데요. 만일 서스테인 페달을 경험해 보고 싶다면 그림 5-198 하단 Velocity 탭이 있는 쪽에서 서스테인 페달 설정이 나오니 조정해보셔도 좋겠습니다.

snap 기능이 켜져 있어야 마우스 작업 시 칸에 딱딱 맞아 들어갑니다.


## 3) 벨로시티 조정

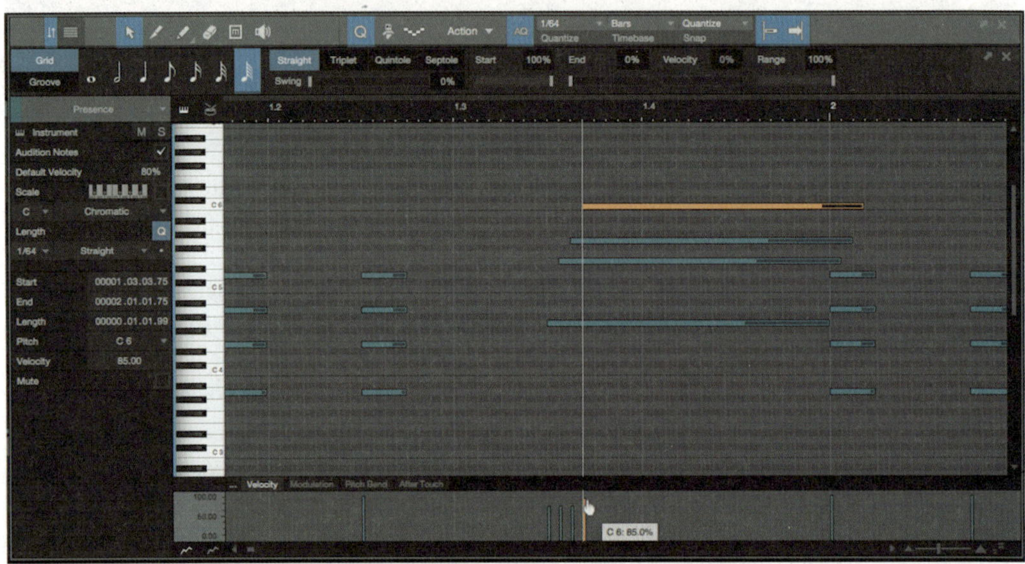

그림 5 - 199  벨로시티 조정 1

흐트러뜨린 피아노 코드의 벨로시티를 음정별로 다르게 만들어 보겠습니다.

맨 끝에 소리가 나야 할 '도' 음정을 가장 강하게 만들겠습니다.

그렇게 하는 편이 마무리되는 소리가 딱 맺혀서 듣기에 좋을 것 같습니다.

벨로시티는 위 그림 하단에 보이는 음정별 벨로시티 막대를 위로 올리면 강해집니다.

그림에서는 85%까지 올렸습니다.

숫자로 세부 조정이 필요하다면 좌측 인스펙터 윈도우 상의 Velocity에 숫자를 입력하시면 됩니다.

어느 것을 사용하든 상관 없습니다.

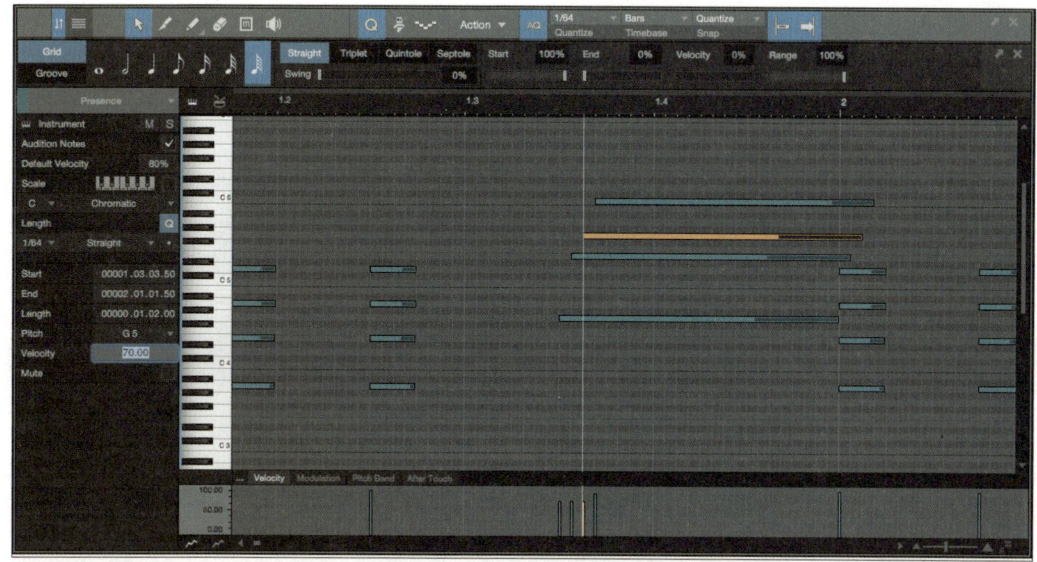

그림 5 - 200  벨로시티 조정 2

이번엔 G(솔) 음의 벨로시티를 조정합니다.

좌측 인스펙터 윈도우의 Velocity 조정의 숫자를 변경해봅니다.

위 그림은 70입니다. 이것을 80으로 바꾸어 보겠습니다.

G(80)에서 C(85)로 더 여리게 연주하다가 세게 연주하는 과정을 표현해보려는 것입니다.

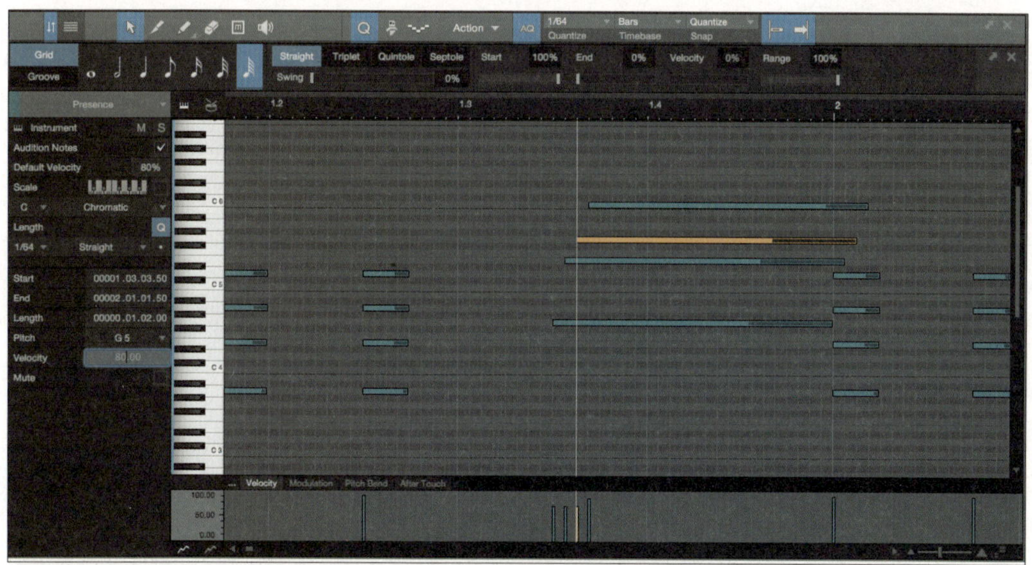

그림 5 - 201  벨로시티 조정 3

좌측 인스펙터 윈도우상에서 80을 입력합니다.

각 음정들의 박스에 색이 채워지는 것은 그 음정의 벨로시티를 시각적으로 표현한 것입니다.

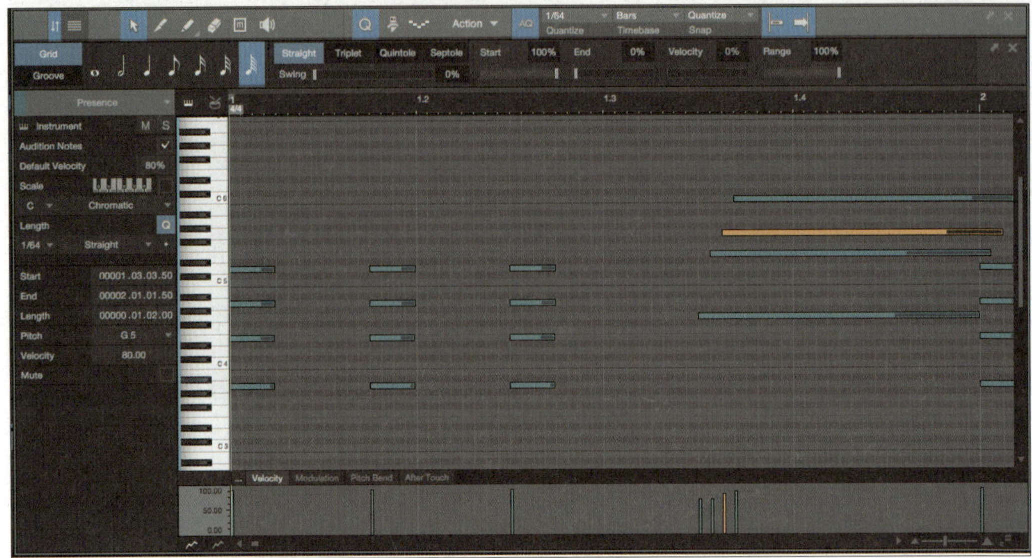

그림 5 - 202  벨로시티 조정 4

숫자를 조정한 후 하단의 벨로시티 막대의 높이가 조정된 것도 볼 수 있습니다.

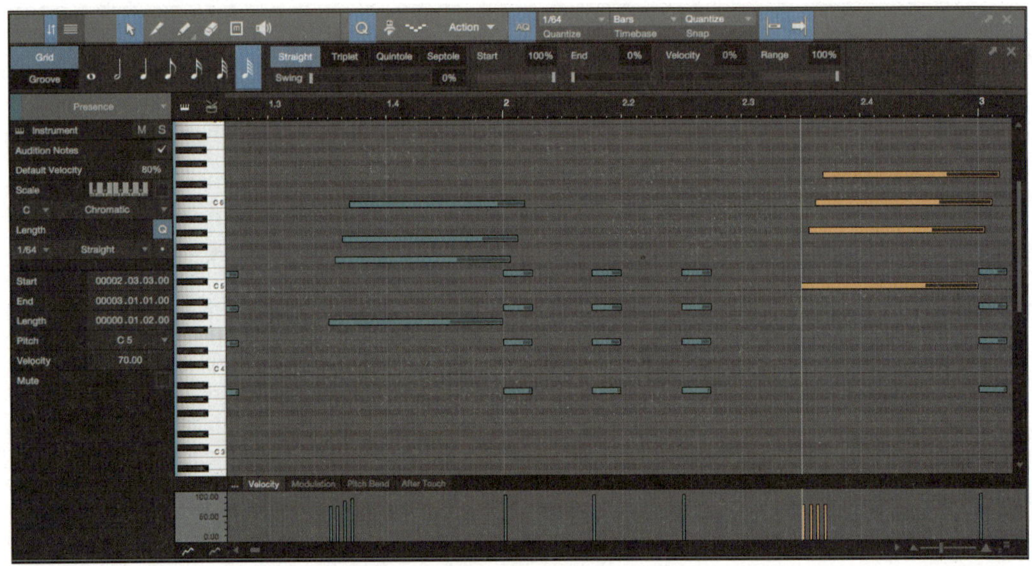

그림 5 - 203  두 번째 마디 벨로시티 조정 1

두 번째 마디 3.5박에 있는 Caug 코드도 벨로시티를 바꾸어 보겠습니다.

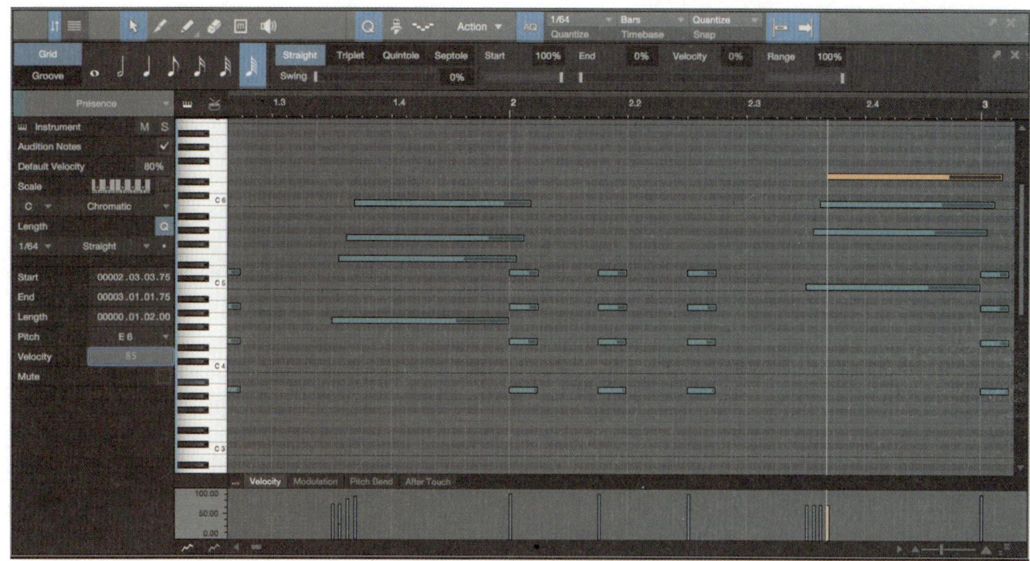

그림 5 - 204  두 번째 마디 벨로시티 조정 2

이번에도 맨 끝의 음정인 E(미) 음부터 조정해봅니다. 요령은 앞선 마디의 C 코드일 때와 같습니다.

## 3.3.10 나머지 마디 채우기

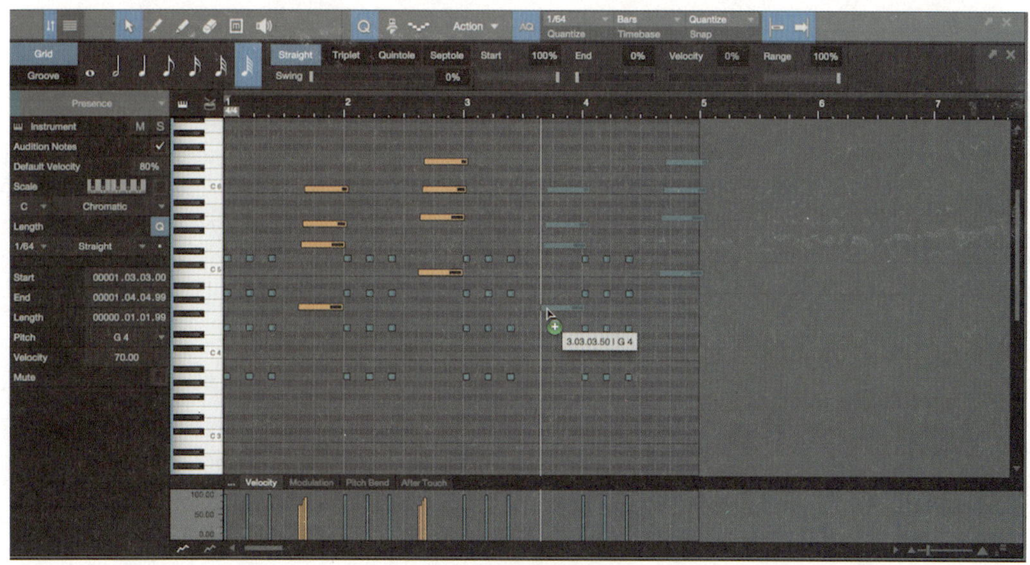

그림 5 - 205  음정 복사 이동

지금까지 작업한 코드들을 3번째 마디부터 4번째 마디까지 복사해서 옮겨 놓습니다. 매킨토시라면 'opt + 드래그', 윈도우즈라면 'alt + 드래그'라는 요령은 같습니다.

이로써 4마디가 완성되었습니다. 스페이스 바를 눌러 작업된 결과를 들어보시기 바랍니다.

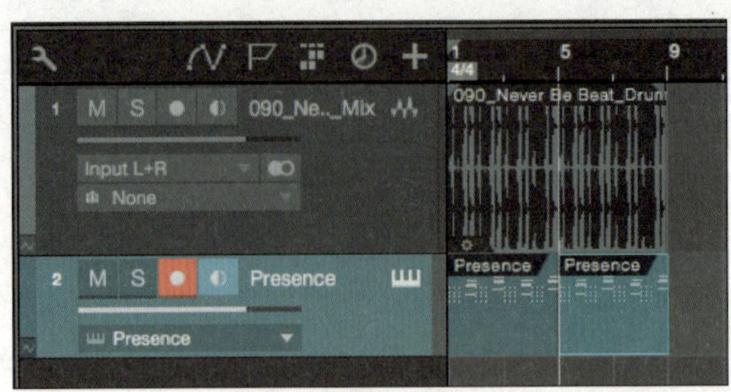

**그림 5 - 206** 레전 복사 이동

만들어진 4마디를 2배인 8마디로 늘려 보겠습니다.

지금까지 작업했던 편집 창에서 그대로 매킨토시라면 'opt + 드래그' 윈도우즈라면 'alt + 드래그'라는 요령대로 해도 되겠습니다만 많은 음정을 작은 편집 창에서 하는 것보단 메인 윈도우상에서 레전을 잡아서 옮기는 편이 더 편하겠지요. 역시 매킨토시라면 'opt + 드래그', 윈도우즈라면 'alt + 드래그'로 하셔도 되고, 매킨토시라면 'cmd + D', 윈도우즈라면 'ctl + D' 하셔서 레전 Duplicate(듀플리케이트)하셔도 됩니다.

여기까지 리듬과 대강의 화성이 드러나는 분위기만 내보았습니다. 그냥 '따라하기'이니 필자도 이 책을 쓰며 그냥 생각나는 대로 하고 있을 뿐입니다.

# 3.4 베이스 기타 입력

## 3.4.1 프리센스 베이스 기타 고르기

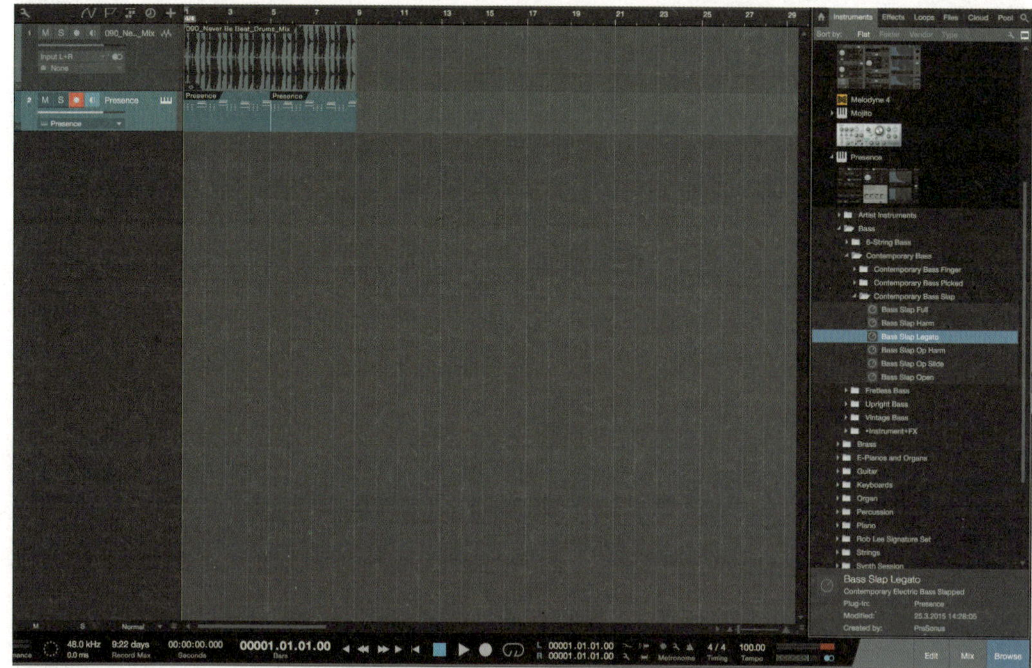

**그림 5 - 207**  베이스 기타 선택

이번엔 베이스 기타를 입력하겠습니다.

먼저 프리센스를 메인 윈도우로 끌어온 후 피아노를 골랐을 때와는 다르게 이번엔 우측 윈도우우상에서 음색을 먼저 고르고 옮기는 형식으로 해보겠습니다.

우측 브라우저 윈도우 상에서 프리센스를 클릭하면 폴더 형식으로 악기들이 나타납니다.

그 중 베이스 기타 폴더를 열어 보면 여러 스타일의 베이스 기타 폴더들이 나타납니다.

Contemporary Bass Slap 폴더 안의 Bass Slap Legato를 고릅니다.

## 3.4.2 베이스 트랙 생성

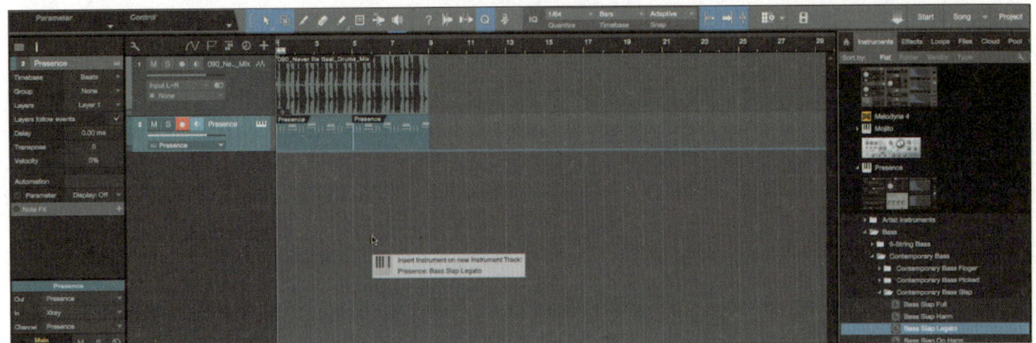

그림 5 - 208  드래그 앤드 드롭으로 베이스 기타 트랙 생성

위 그림처럼 선택된 음원을 그대로 메인 윈도우 창으로 드래그 앤드 드롭으로 옮깁니다.
그러면 저절로 트랙이 생성되며 악기가 뜹니다.

그림 5 - 209  Bass Slap Legato

slap 베이스 기타 소리는 펑키한 곡을 연주할 때 베이시스트들이 자주 사용합니다.

손바닥으로 베이스 기타 줄을 건드리면서 바로 손가락으로 기타 줄을 뜯듯이 연주를 하기에 매우 흥겨운 느낌이 납니다. 멜로디 라인도 라인이지만 그보다는 리듬악기로써 본인의 리듬을 만들어가는데 조금 더 주안점을 둔 연주라고 할 수 있습니다.

### 3.4.3 베이스 기타 입력

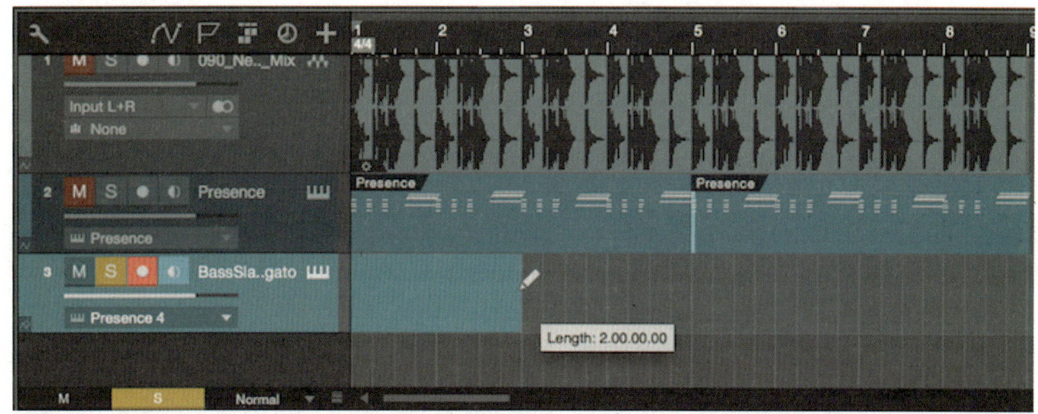

그림 5 - 210  레전 그리기

다시 연필 툴을 꺼내어 2마디를 그립니다. 이 과정은 앞서 말했듯 '오선지를 꺼내는 것이다'라고 생각하면 됩니다.

### 1) A 음 입력

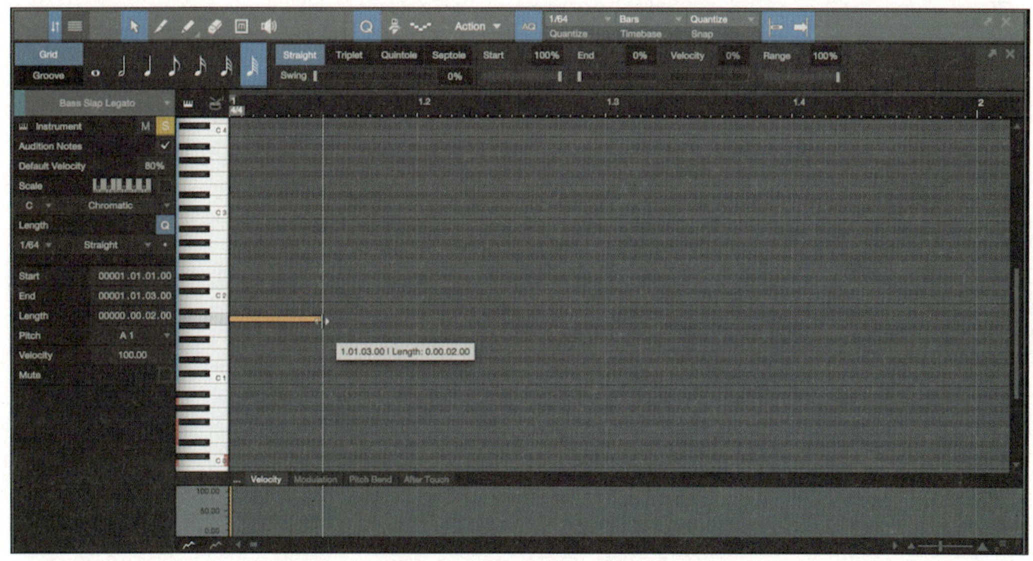

그림 5 - 211  베이스 기타 A 음 입력 1

이 곡의 첫 코드는 Asus4이니 그 코드의 루트 음인 A(라) 음을 넣어 보겠습니다.

현재 퀀타이즈 기준음표는 64분음표로 설정되어 있습니다.

첫 음인 '라'의 길이는 첫 박의 중간(1.5박)까지 옵니다. 벨로시티는 100으로 해두었습니다.

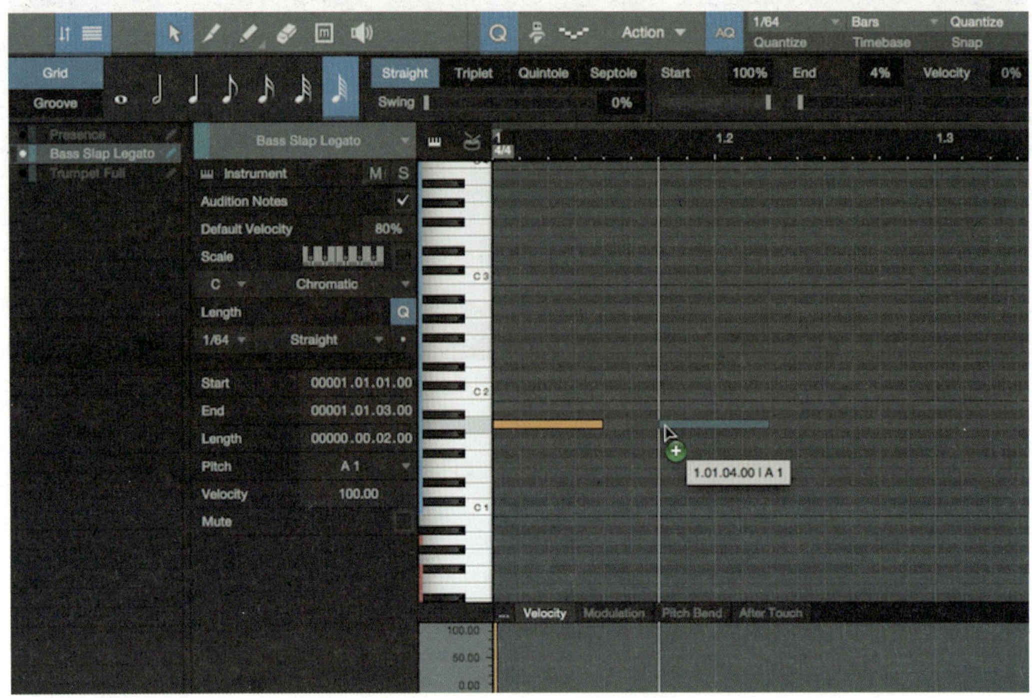

그림 5 - 212 베이스 기타 A 음 입력 2

첫 음 '라'를 매킨토시라면 'opt + 드래그', 윈도우즈라면 'alt + 드래그'라는 요령으로 1.01.04.00 위치로 복사합니다. 1.2의 16분음표 길이만큼 전, 즉 두 칸 앞입니다. 물론 다시 연필로 음을 그려도 되지만 복사가 더 빠르고 편합니다.

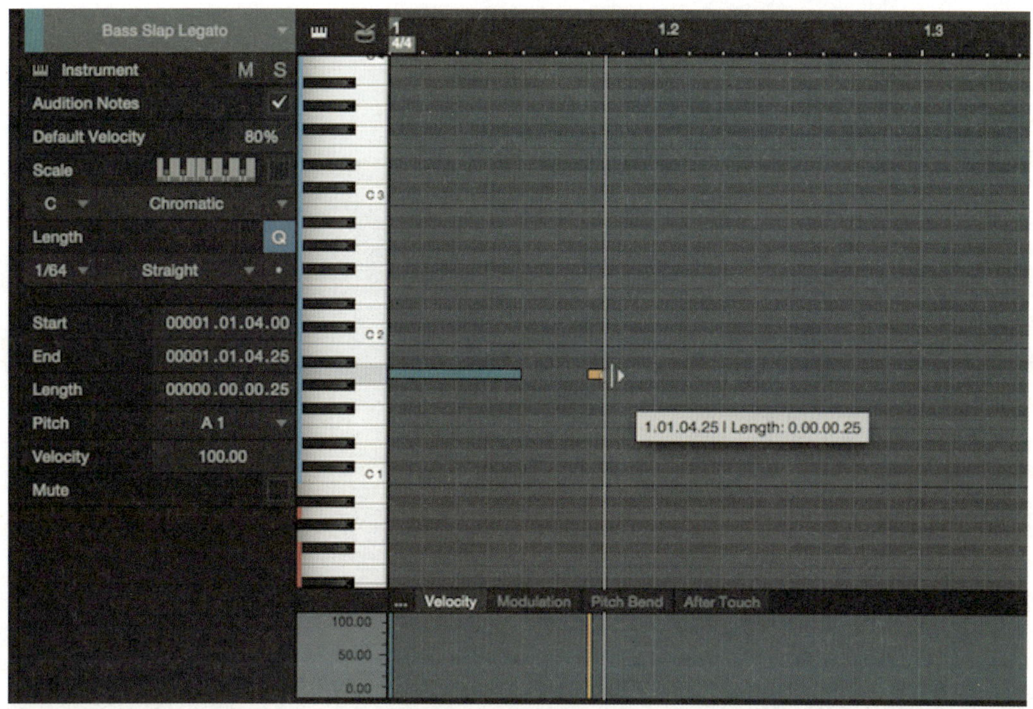

그림 5 - 213 두 번째 음 길이 조정

드래그 복사했던 '라' 음을 '반의 반'으로 줄입니다.

저 작은 한 칸이 64분음표며 그 한 칸에서 반으로 줄어드니 128분음표가 되겠네요. 너무 짧아 '스쳐 가는'듯한 음입니다.

스페이스 바를 눌러 한번 들어봅니다.

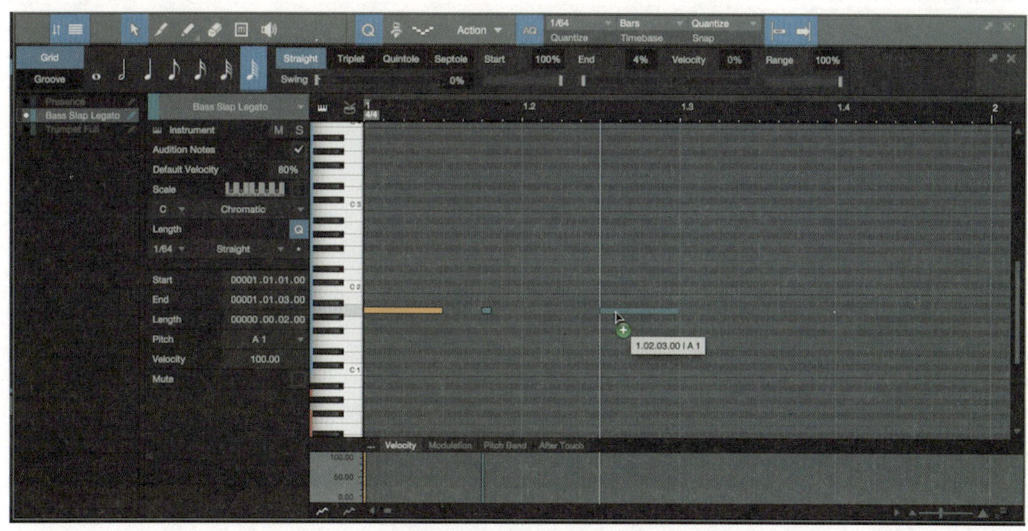

그림 5 - 214 복사로 세번째 음 추가

다시 이번에도 첫 음 '라'를 매킨토시라면 'opt + 드래그', 윈도우즈라면 'alt + 드래그'라는 요령으로 1.02.03.00 위치로 복사합니다. 두 번째 박자(1.2)와 세 번째 박자(1.3)의 딱 중간 즉 2.5박째입니다.

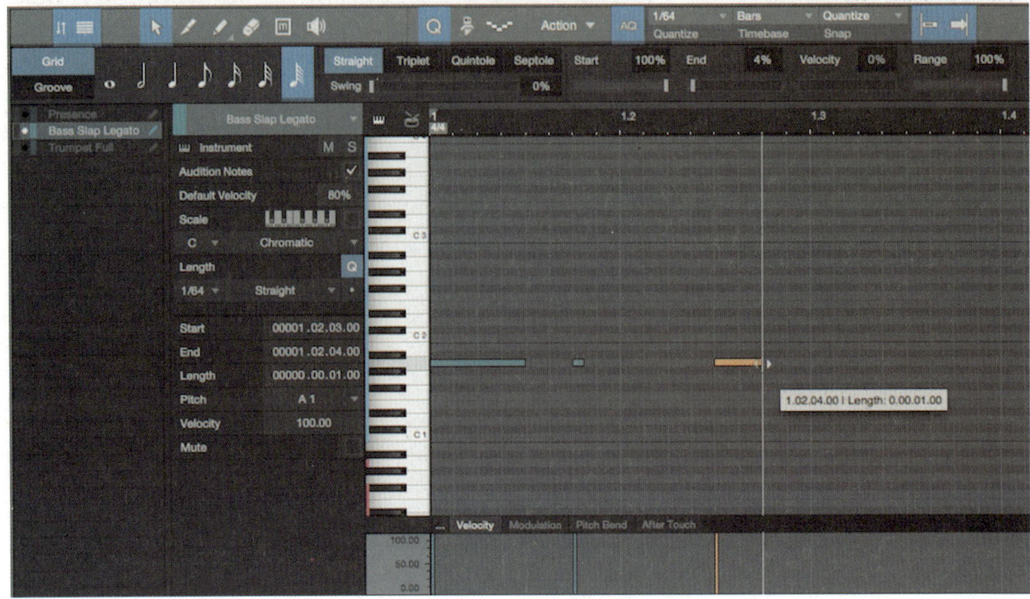

그림 5 - 215  세 번째 음 길이 조정

복사해 옮긴 음표의 길이를 반으로 줄입니다. 카피해 옮긴 음정의 길이가 8분음표였으니 반으로 줄이면 16분음표 길이가 되겠네요.

베이스 기타는 다른 어떤 악기보다도 음정의 세밀한 차이까지 곡 뉘앙스에 큰 영향을 줍니다.

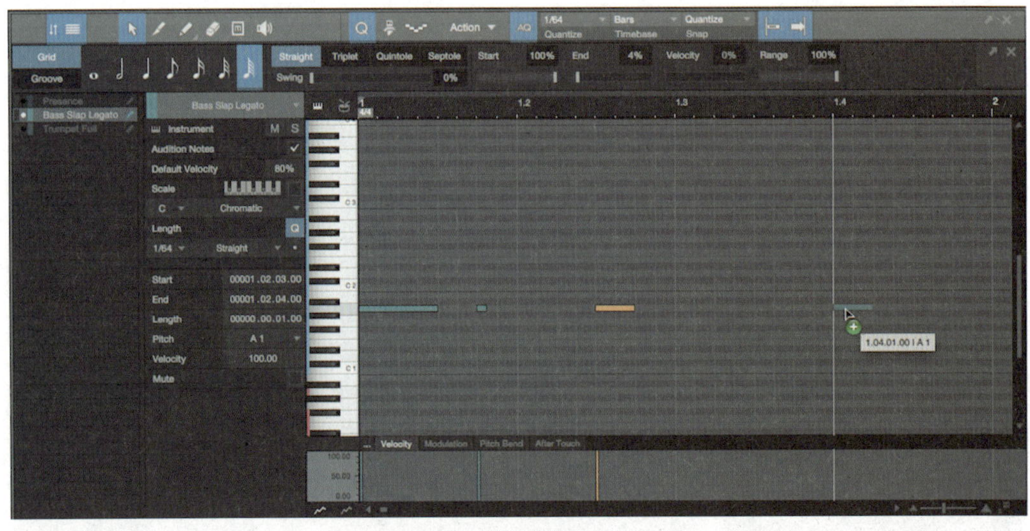

그림 5 - 216  복사로 네 번째 박에 음 추가

이젠 또 그 음정 '라'를 매킨토시라면 'opt + 드래그', 윈도우즈라면 'alt + 드래그'라는 요령으로 첫 번째 마디 4번째 박자 맨 첫 박에 딱 맞추어 가져다 놓습니다. 음의 길이는 16분음표입니다.

그리고 역시 상단에 보이듯 마우스 작업에 편하도록 SNAP 버튼은 눌러져 있는 상태입니다.

스페이스 바를 눌러 들어봅니다. 1, 2, 4박엔 음정들이 있는데 3박째에 비어있는 것이 좀 허전한 것 같습니다.

## 2) 리듬감을 살리기 위해 추가 음정 입력

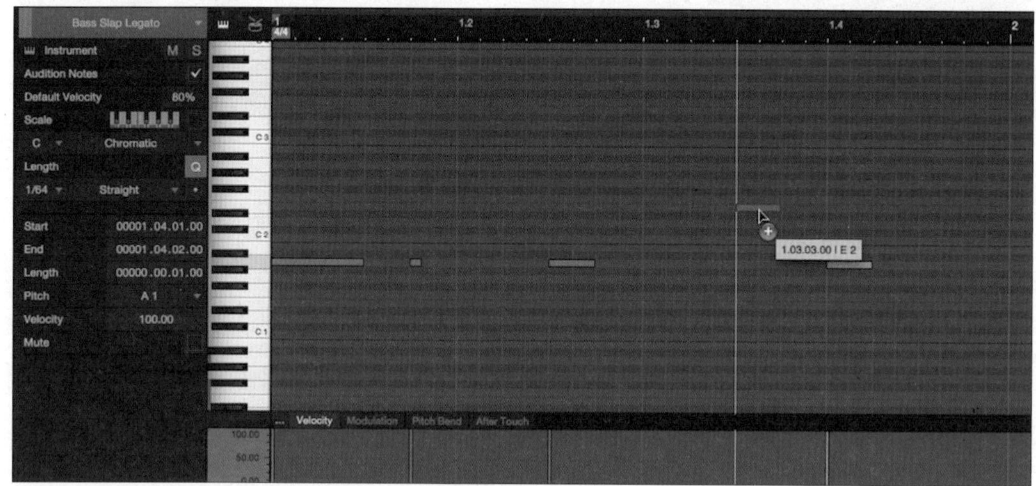

**그림 5 - 217** E 음 추가

4번째 박에 있던 음정을 잡아서 매킨토시라면 'opt + 드래그', 윈도우즈라면 'alt + 드래그'하여 3번 째 박자와 4번째 박자 사이의 딱 중앙인 3.5박째에 끌어다 놓습니다.

좌표는 1.03,03,00이며 가져다 놓을 음정은 'E(미)'입니다.

이 부분의 피아노는 C 코드였기에 그 구성음이자 C의 장3도 위인 E 음은 안정감 있게 알맞은 음입 니다. 4번째 박자에 있던 A 음은 C 코드의 구성음이 아니기 때문에 A 음을 G 음으로 옮겨줍니다.

스페이스 바를 눌러 또 들어봅니다. 한 음정을 더 넣겠습니다.

앞서 공부한 고스트 노트가 될 텐데요, 음정의 중요도보다는 그 박자에 연주가 된다는 데 더 큰 의미 가 있습니다. 즉, 리듬에 도움을 주는 역할이 더 크다고도 볼 수 있다는 얘기가 됩니다.

그래도 음정은 맞춰야 할 테지만 중요한 것은 '리듬감'이라는 것에 포인트를 두면 됩니다.

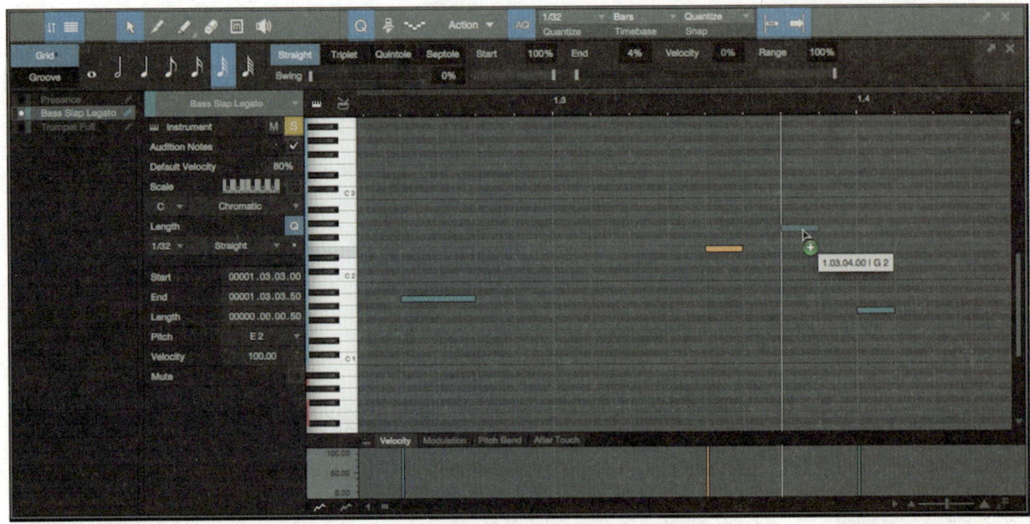

**그림 5 - 218** G 음 추가

이번에도 매킨토시라면 'opt + 드래그', 윈도우즈라면 'alt + 드래그'라는 요령으로 E 음을 G로 드래그 복사합니다.

G 음 역시 C 코드의 구성음이자 루트의 완전 5도 음이므로 어울리는 음정입니다.

하지만 G 음이 아니더라도 아주 짧게 고스트로 표현할 음이라 설령 다른 음정을 넣더라도 너무 짧아서 그다지 다르다는 느낌은 들지 않을지도 모릅니다. 그 정도로 짧게, 어택은 강하게 넣을 생각입니다.

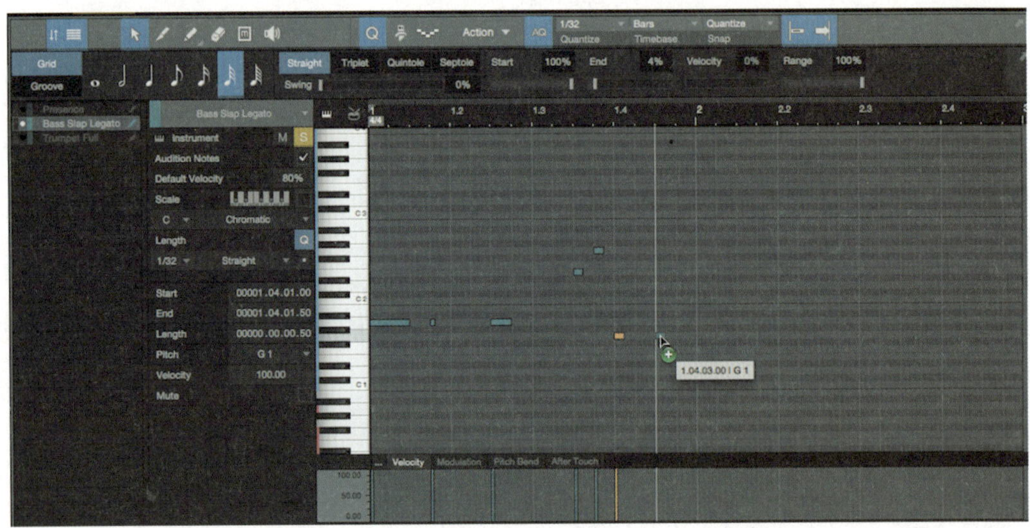

**그림 5 - 219** 마지막 음 추가

마지막으로 4번째 박자에 옮긴 G 음을 매킨토시라면 'opt + 드래그', 윈도우즈라면 'alt + 드래그'라는 요령으로 4.5박째에 드래그 복사합니다. 상단의 퀀타이즈 기준 음표는 현재 32분음표이므로, '한 칸'의 크기는 32분음표 길이입니다.

이제 스페이스 바를 눌러 들어봅니다.


### 3) 퀀타이즈와 벨로시티 조정

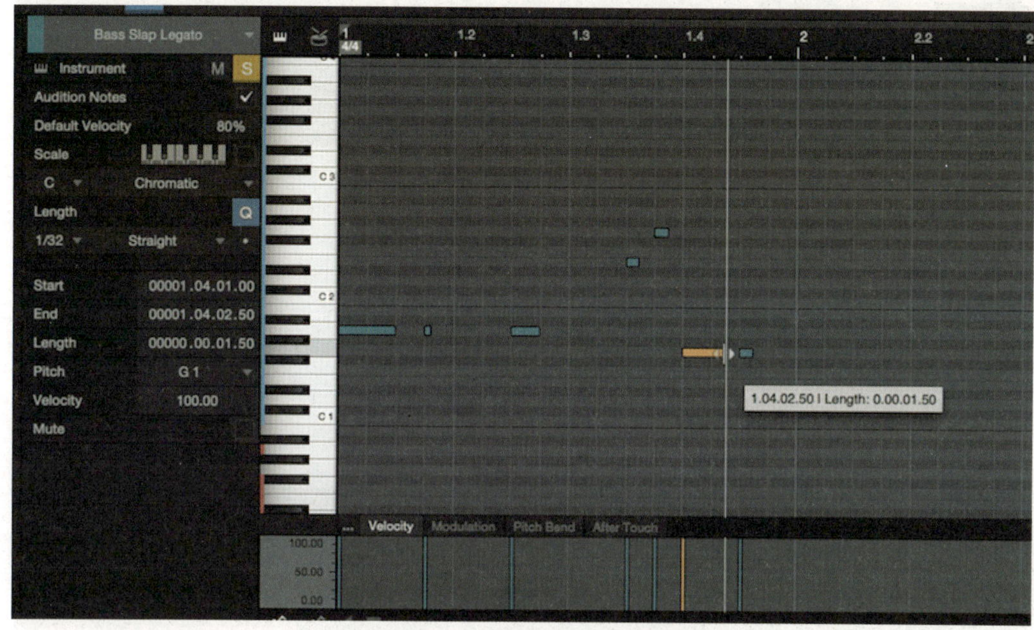

그림 5 - 220  4번째 박 첫 음인 G 음 길이 조정

4번째 박에 있는 G 음을 8분음표 길이로 늘립니다. 위 그림에서는 2칸을 채우면 됩니다.

다시 스페이스 바를 눌러 들어봅니다.

단지 음이 하나 약간 길어진 것만으로 곡의 흥겨운 뉘앙스가 많이 살아납니다. 뭔가 캐릭터가 붙은 느낌입니다.

그림 5 - 221  퀀타이즈 버튼


상단의 퀀타이즈 버튼을 눌러봅니다.

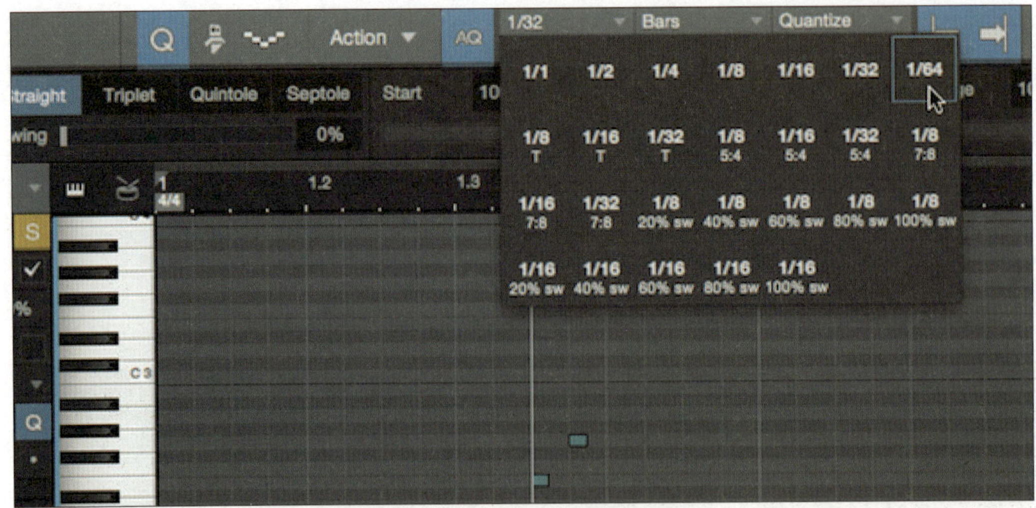

**그림 5 - 222** 64분음표로 퀀타이즈 기준음표 변경

32분음표 기준이었던 퀀타이즈 기준음표를 다시 64분음표로 놓겠습니다.

마우스로 입력할 때는 편의상 이 기준음표를 자주 바꾸게 됩니다. 마우스로 음정을 그려넣는 'INSERT NOTE'를 할 때마다 자주 바뀌게 될 겁니다.

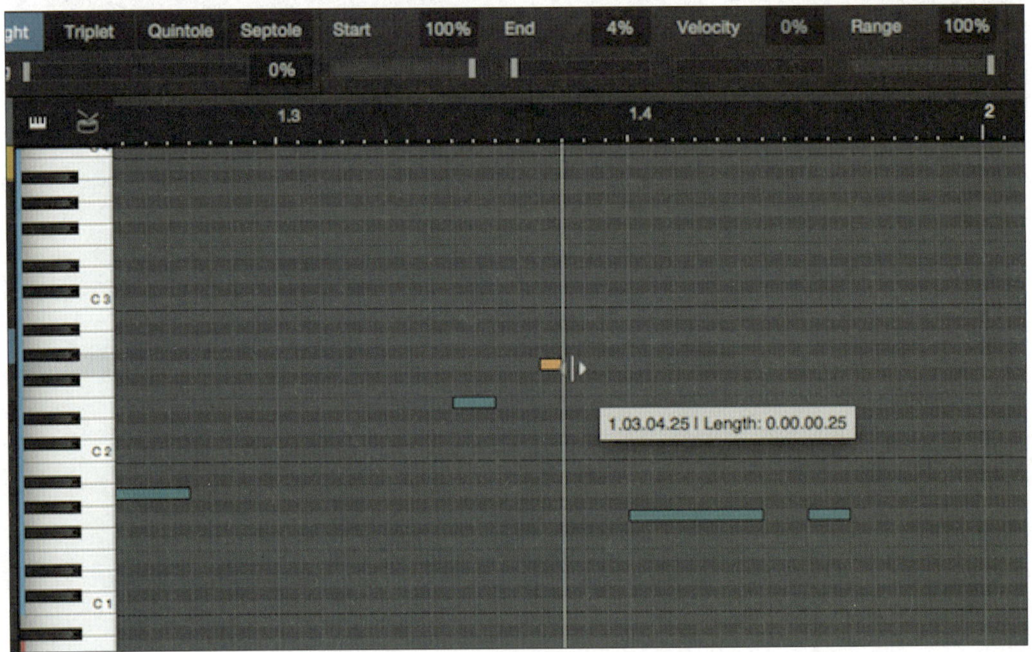

**그림 5 - 223** 3번째 박자의 G 음 길이 조정

이젠 3번째 박자에 있던 G(솔) 음을 줄여봅니다. 작은 한 칸에 딱 맞추게 되니 64분음표 길이만큼 됩니다.

경과음 같은 느낌으로 들어가는 음이니 정확한 음정보다는 박자감을 살리는 길이입니다.

그렇게 정리해서 보면 이 음정의 길이와 함께 벨로시티가 중요해집니다.

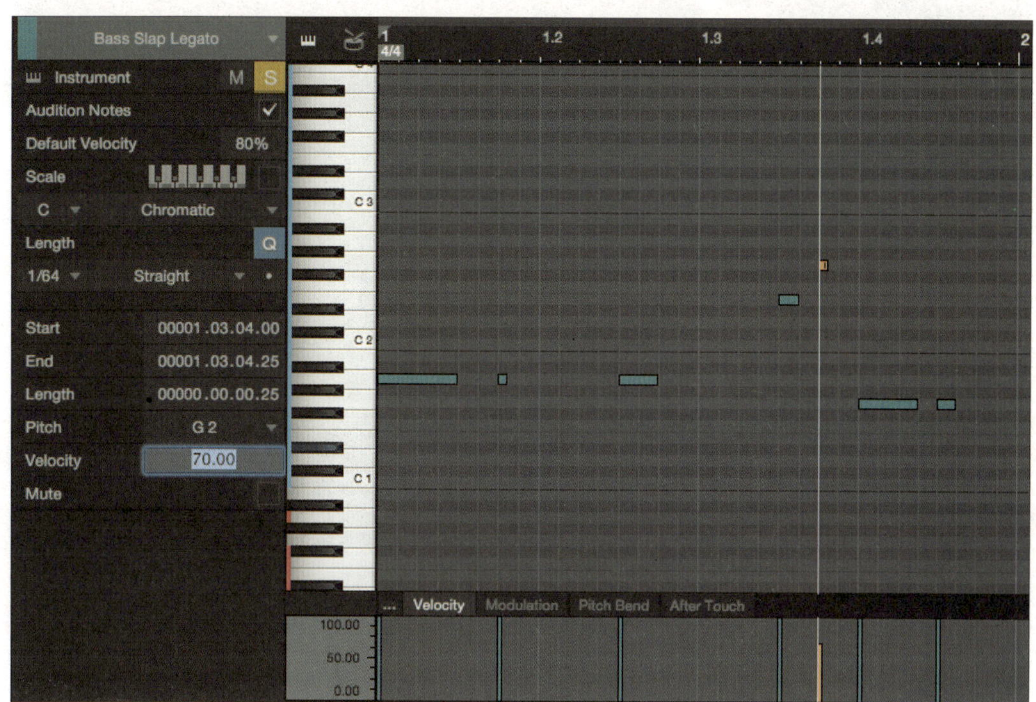

그림 5 - 224  3번째 박자의 G 음 벨로시티 조정

이 '솔' 음정은 다른 음정들보다 작게 경과음으로 처리할 것입니다.

때문에 다른 음정들은 100의 벨로시티입니다만 이것은 낮추어 '70'으로 놓겠습니다.

스페이스 바를 눌러 들어봅니다.

# 4) 2번째 마디 채우기

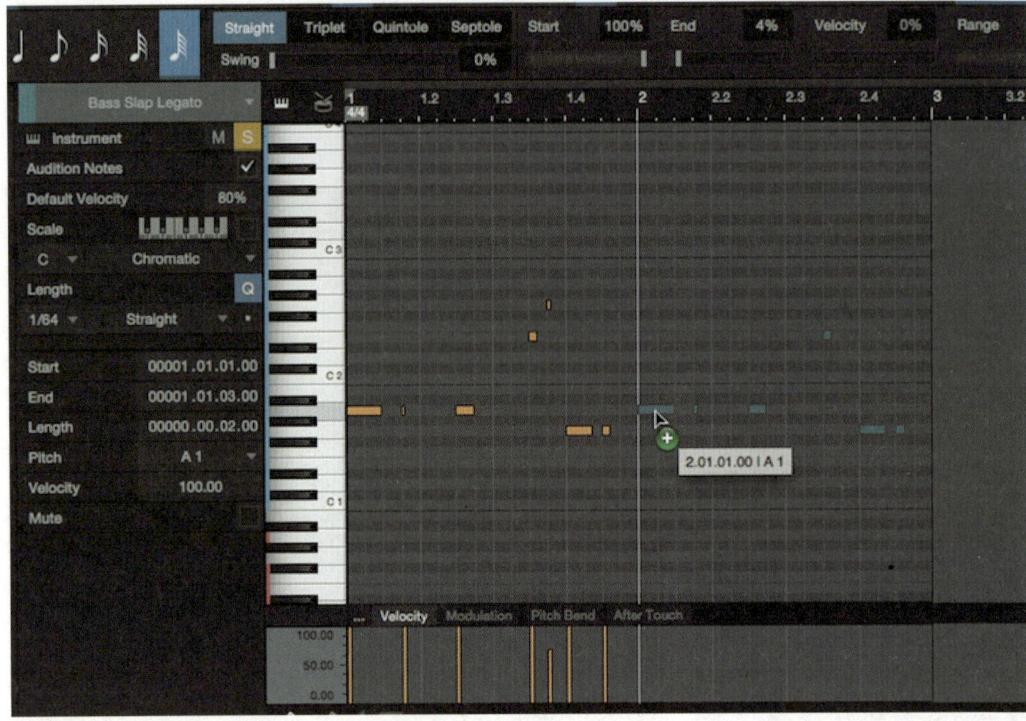



**그림 5 - 225** 복사로 2번째 마디 채우기

1마디 작업한 음정들을 모두 선택해서 매킨토시라면 'opt + 드래그', 윈도우즈라면 'alt + 드래그'라는 요령으로 다음 마디로 드래그 복사합니다.

피아노일 때는 레전을 움직여서 마디를 늘렸지만 이번엔 직접 복사를 해봅니다.

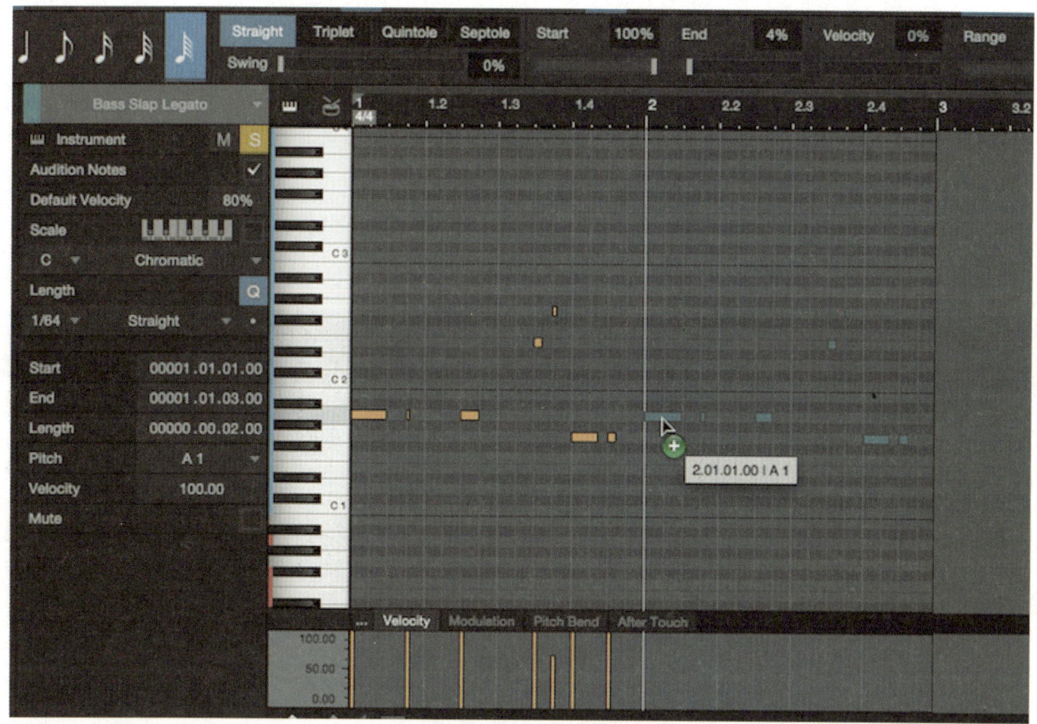

그림 5 - 226 채워진 베이스 기타 2마디

이렇게 베이스 기타 입력이 두 마디가 다 되었습니다. 베이스와 드럼만 솔로 버튼을 눌러 들어보시기 바랍니다.

드럼의 킥과 베이스의 조화도 신경 쓰고 킥과 베이스의 톤 그리고 베이스 기타의 리듬이 얼마나 생동감을 주는지도 신경 써서 들어보시면 됩니다.

## 5) 베이스 기타 4마디까지 늘리기

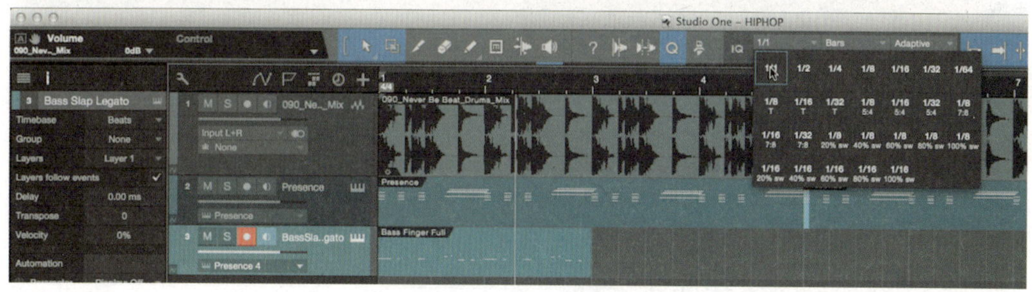

그림 5 - 227 퀀타이즈 기준음표 변경

두 마디가 된 베이스 기타의 레전을 4마디까지 늘려 보겠습니다. 이젠 매킨토시라면 'opt + 드래그',
윈도우즈라면 'alt + 드래그'라는 요령은 다 기억하실 겁니다.

메인 윈도우 창에선 주로 사용하게 될 기준음표는 1/1, 즉 온음표입니다. 기준음표를 온음표로 한다
면 마디 단위로 움직이게 될 겁니다.

메인 윈도우상에선 레전을 마디 단위로 움직이는 일이 빈번하게 일어나기 때문입니다.

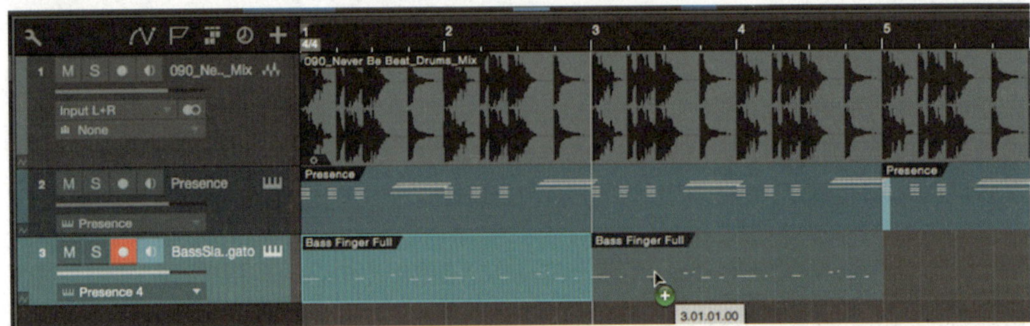

그림 5 - 228 레전 복사

기준음표를 1/1로 설정하고 드래그하면 마디에 딱딱 맞아떨어집니다.

그림 5 - 229 베이스 기타 레전들 전체 선택

이제 레전 두 개를 하나로 만들어보려 합니다.

**그림 5 - 230** 베이스 기타 레전 합치기

단축키 G를 누르면 위 그림처럼 하나의 레전으로 만들어집니다(프로툴스 숏컷으로 지정되었을 경우이며, 큐베이스 키는 W를 사용하면 됩니다).

## 3.4.4 다른 트랙 레전 정리

**그림 5 - 231** 피아노 레전 정리 1

피아노 레전 역시 정리해보겠습니다.

위 그림에서는 앞의 4마디 레전이 뒤의 레전을 침범해서 겹쳐지는 부분이 보입니다. 이는 4마디째의 음정들이 길어져서 4마디를 넘어서기 때문입니다. 따라서 이 두 레전은 그냥 합쳐도 문제가 없습니다. 음정을 길게 했던 것은 의도였으니까요.

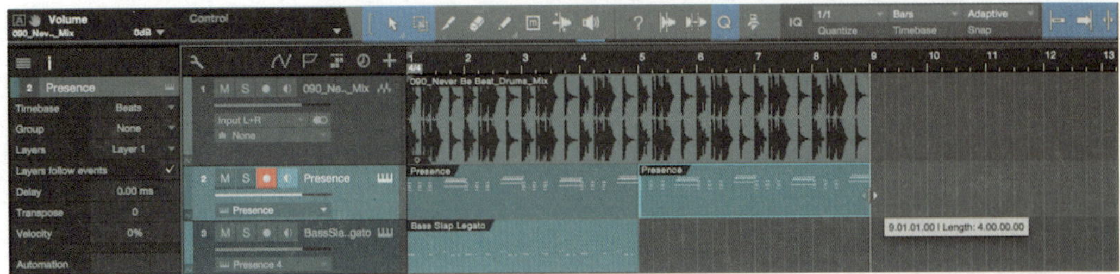

그림 5 - 232 피아노 레전 정리 2

하지만 8마디째의 삐져나온 부분은 정리하도록 합니다. 어떤 패턴의 레전이 생길지 모르니 짧게 정리해놓고 필요하면 그때 늘리면 되겠습니다.

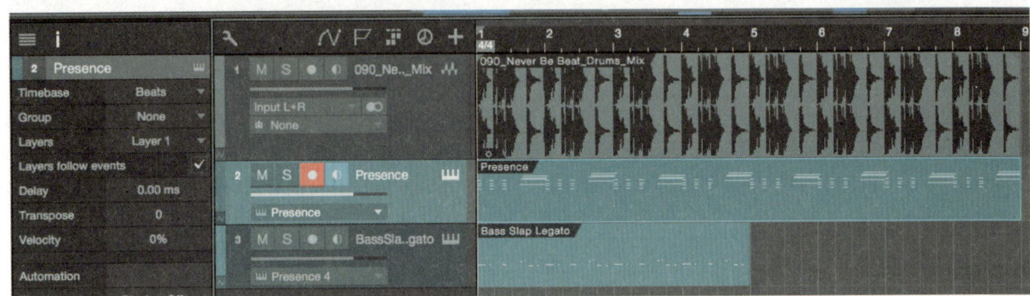

그림 5 - 233 피아노 레전 합치기

레전이 합쳐졌습니다. 이로써 피아노 8마디 레전이 만들어졌습니다. 베이스 라인도 8마디로 만드는게 좋을 것 같습니다.

### 3.4.5 베이스 기타 8마디로 늘리기

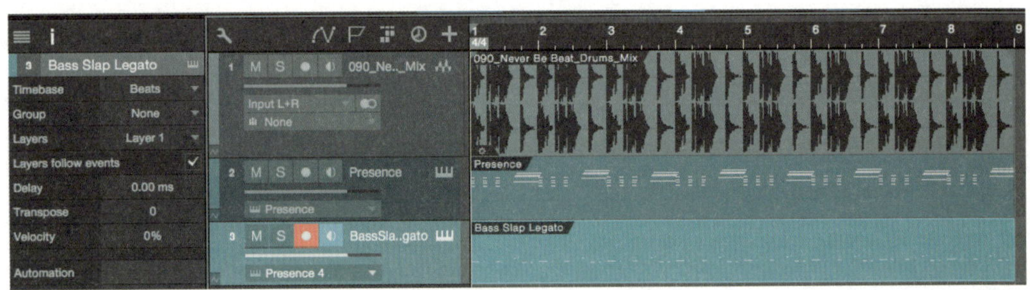

그림 5 - 234 베이스 기타 레전 합치기

베이스 기타도 8마디로 늘려보겠습니다. 물론 하나의 레전으로 만들어놓겠습니다.

# 3.5 트럼펫 입력

지금까지 작업한 8마디를 들어보셨다면 좀 더 흥겨운 느낌을 배가시켜 줄 악기가 있으면 좋겠다는 생각이 들 겁니다. 뭐 지금 만으로도 족해…라고 생각하신다면 할 수 없지만, 필자는 뭔가 더 넣고 싶어졌습니다.

피아노 라인과 어울리며 뭔가 더 신나게 그리고 펑키한 느낌을 내어 줄 수 있는 악기를 필자는 '브라스'라고 생각했습니다. 브라스는 '관악기'를 뜻하며, 트럼펫, 트롬본, 색소폰, 호른 등 입으로 불어서 소리를 내는 악기를 말합니다. '관악기'에는 금속으로 만든 금관악기와 나무로 만든 '목관악기'가 있는데, 현재는 금속으로 만들지만 과거엔 나무로 만들었던 플루트는 과거의 분류에 따라 '목관악기'에 속합니다.

## 3.5.1 프리센스 브라스 고르기

자 이번에도 팔방미인 악기인 프리센스 XT로 가봅니다.

Brass로 가보겠습니다.

Brass 〉 Trumpet 〉 Trumpet Full을 선택합니다.

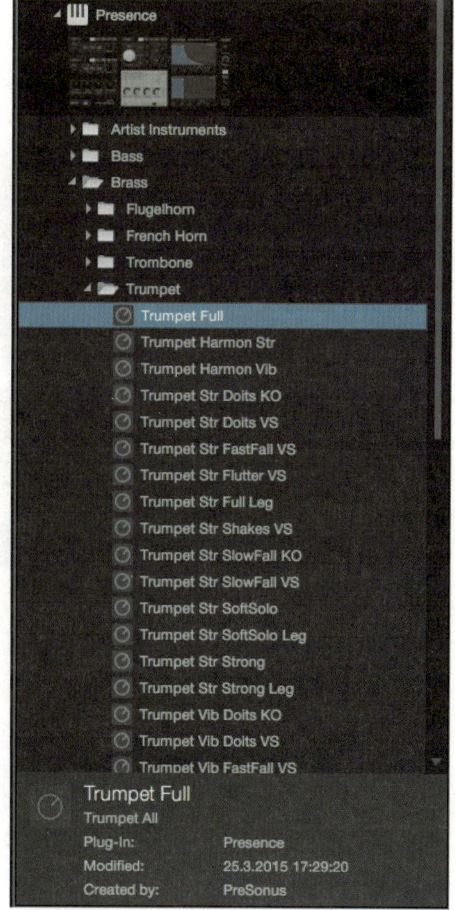

그림 5 - 235 브라스 악기 고르기

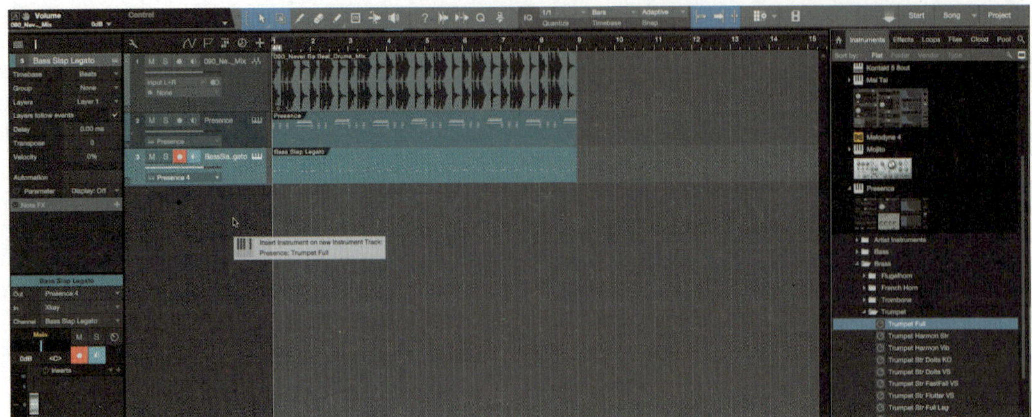

그림 5 - 236  드래그 앤드 드롭으로 트럼펫 트랙 추가

고른 악기를 메인 윈도우 위로 드래그 앤드 드롭시킵니다.

## 3.5.2 트럼펫 음정 입력

### 1) 레전 그리기 / 기준음표 설정

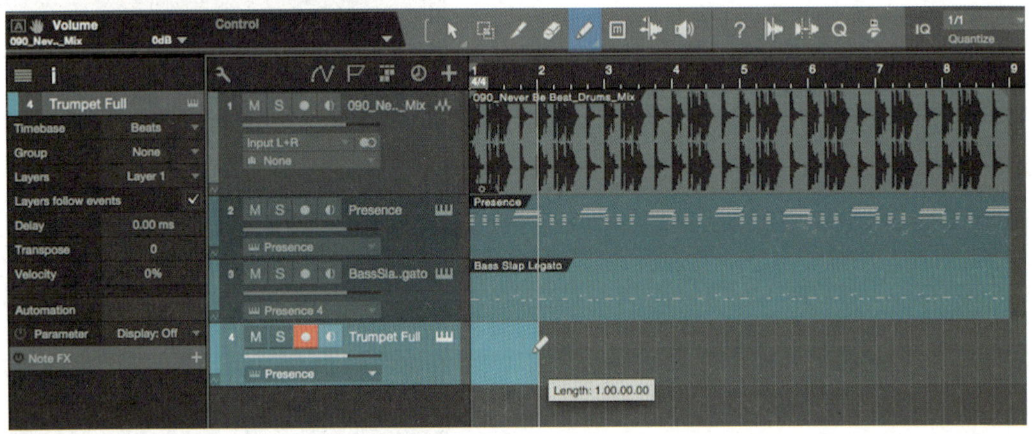

그림 5 - 237  1마디 레전 그리기

1마디 레전(region)을 그려봅니다.

1마디 레전을 그리는 것은 1마디 악보를 그리는 것이라 생각하면 됩니다.

좀 전에 설정했던 대로 퀀타이즈 기준음표가 1/1, 즉 온음표로 설정되어 있다면 마디마다 딱딱 떨어

지는 것을 볼 수 있습니다. 마디를 그릴 때도 마찬가지입니다. 마디를 넘겨 삐져나올 염려 없이 딱

맞아 떨어질 겁니다.

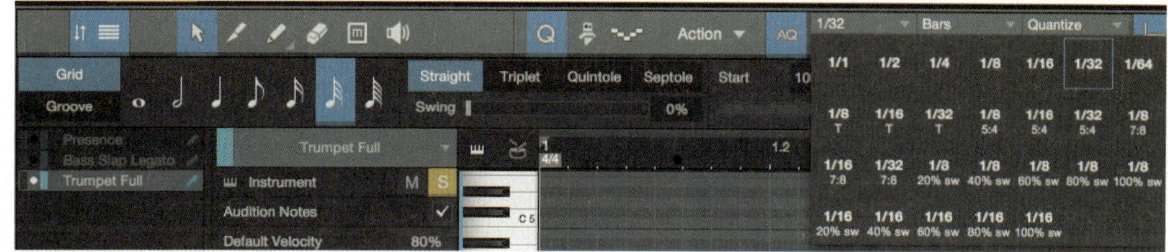

**그림 5 - 238** 32분음표 기준 음표 설정

작업을 위해 일단 32분음표를 퀀타이즈 기준음표로 설정합니다. 그리고 여전히 Grid로 놓습니다.

## 2) 음정 입력

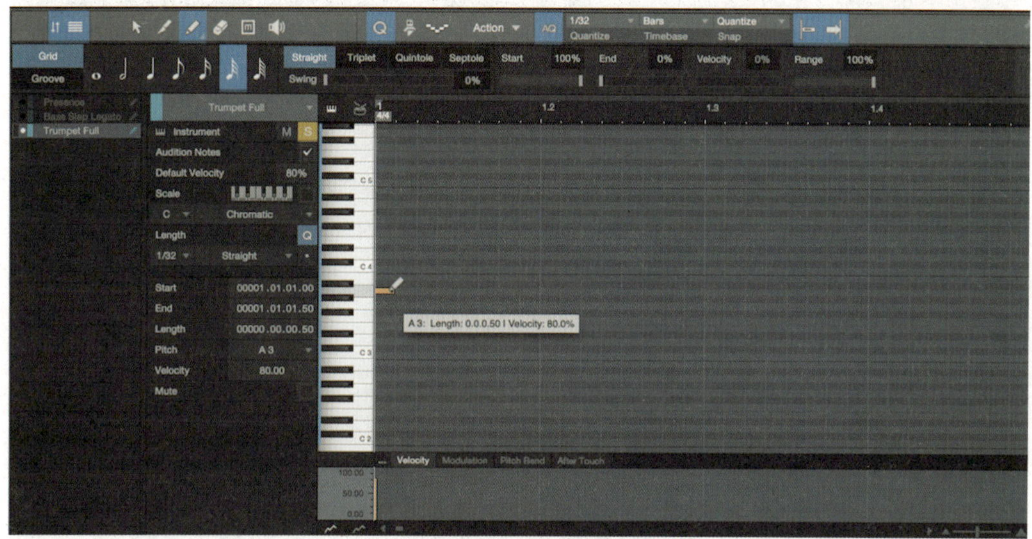

**그림 5 - 239** A 음 입력

연필 툴을 고르고 첫 음을 A(라)로 그려봅니다.

피아노와 유니즌되는 느낌으로 가려고 합니다. 유니즌은 옥타브 차이가 나는 음정들이 어울리게 같은 타이밍에 연주되는 것을 뜻합니다.

물론 같은 악기상에서도 얘기하지만 다른 악기들 사이에서 유니즌을 말하는 때가 좀 더 많은데, 악기별로 고유의 음정이 있으므로 옥타브 차이가 나는 경우가 흔하기도 하고 악기별 음색이 많이 차이가 나는 경우라면 그 자체로도 유니즌이 될 수 있습니다.

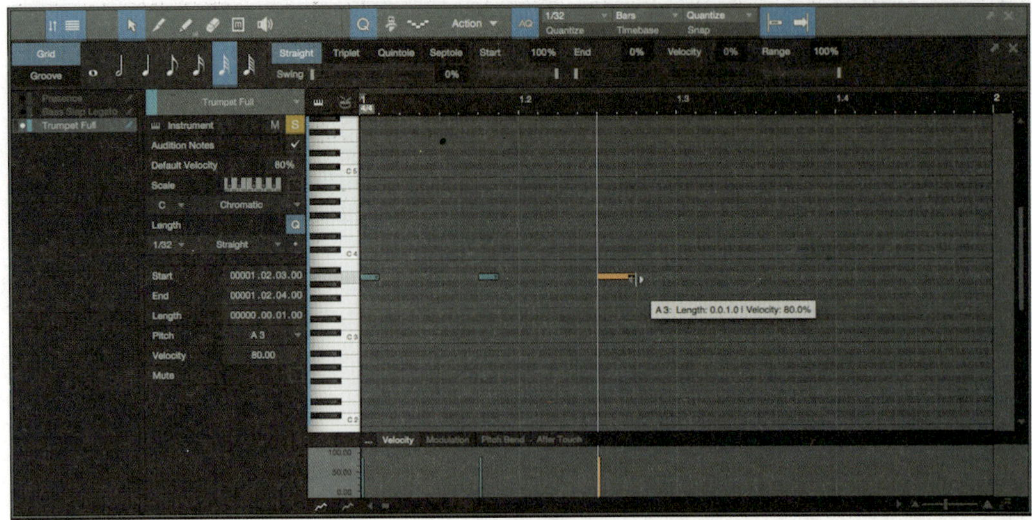

**그림 5 - 240** A 음 피아노와 같은 자리에 추가

'라' 음을 피아노와 같은 타이밍에 둡니다. 위 그림과 음정의 길이를 같게 놓습니다. 맨 앞의 '라'와 두 번째 '라'는 16분음표 길이, 세 번째의 '라'는 8분음표 길이입니다.

스페이스 바를 눌러 들어봅니다. 필자가 듣기엔 두 번째 '라'가 지금보다 짧아야 더 흥겹고 멋질 것 같습니다. 그게 더 펑키(FUNKY)할 것 같다는 얘깁니다.


## 3) 퀀타이즈와 벨로시티 조정

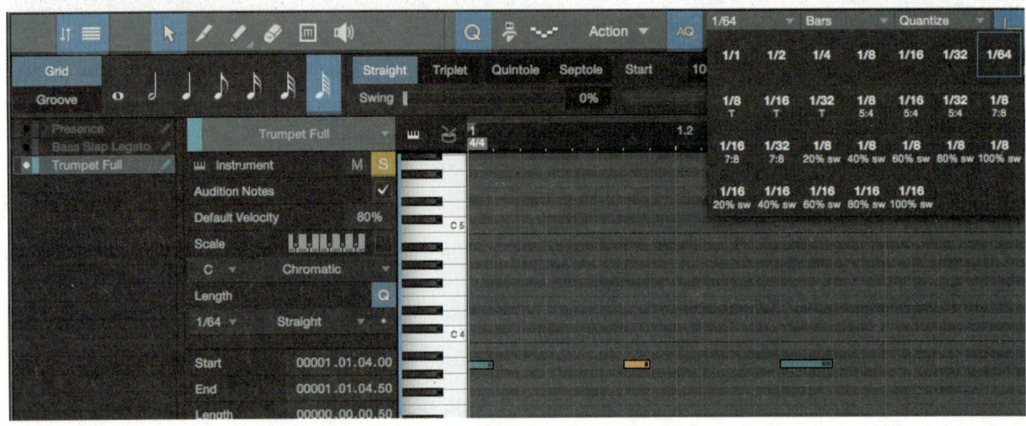

**그림 5 - 241** 퀀타이즈 기준음표 변경

퀀타이즈 기준음표를 64분음표로 변경합니다.

**그림 5 - 242** 음정 길이 조정

이제 음정의 길이를 줄여봅니다.

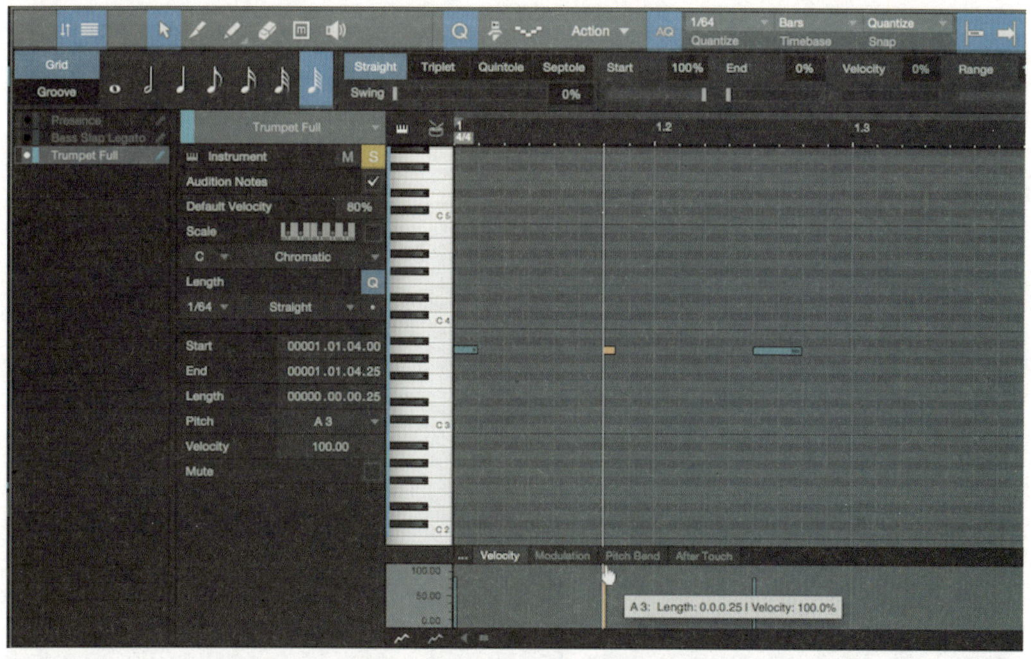



**그림 5 - 243** 2번째 A 음 벨로시티 조정

두 번째로 나오는 '라' 음의 벨로시티가 강하면 좋을 것 같습니다.

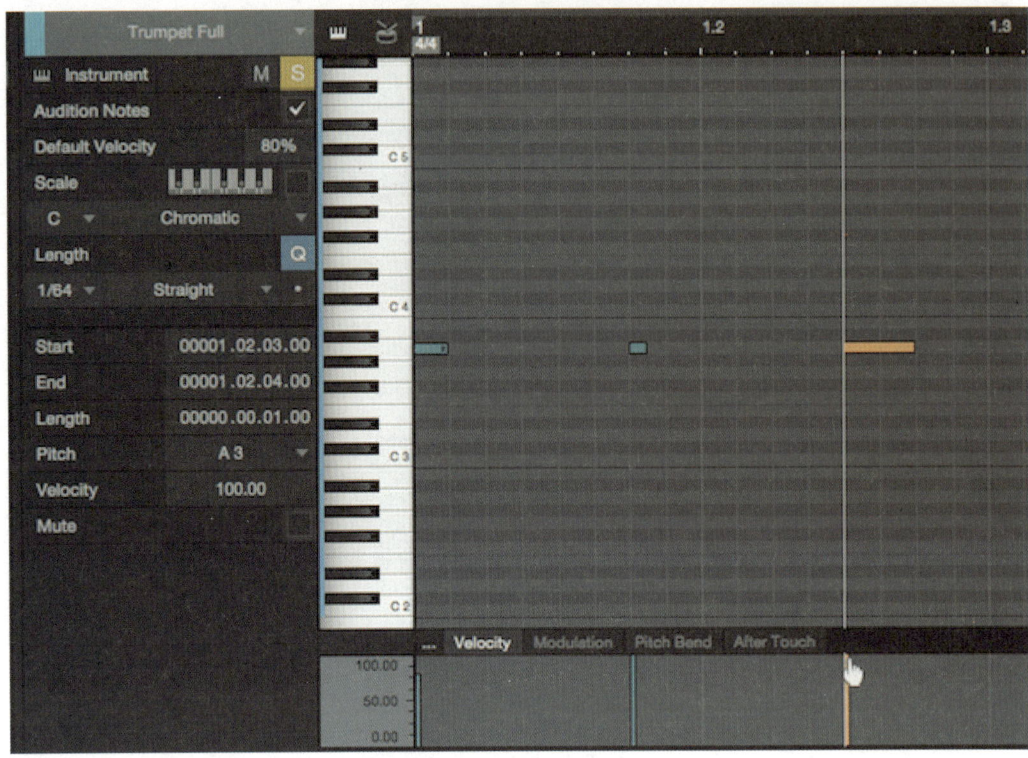

그림 5 - 244  3번째 A 음 벨로시티 조정

역시 세 번째 '라'의 벨로시티를 좀 더 강하게 만들어 봅시다. 100까지 올렸습니다.

그림 5 - 245  퀀타이즈 기준음표 재설정

다시 32분음표로 퀀타이즈 기준음표를 바꿔놓겠습니다.

필자의 경우 주로 32분음표 설정을 많이 사용합니다(마스터 건반을 이용할 때나 지금처럼 마우스로만 할 때나 둘 다 마찬가지입니다). 물론 가끔 64분음표 설정이 필요하면 그때그때 바꿔 쓰면 됩니다.

## 4) 추가 음정 입력

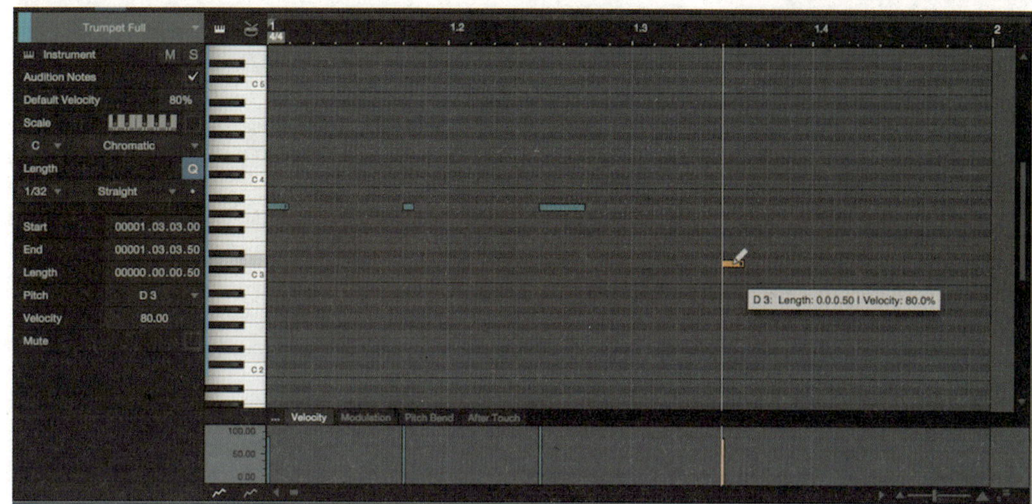

**그림 5 - 246** D 음 추가

위 그림과 같이 세 번째와 네 번째 박자 가운데에 D 음을 추가해줍니다.

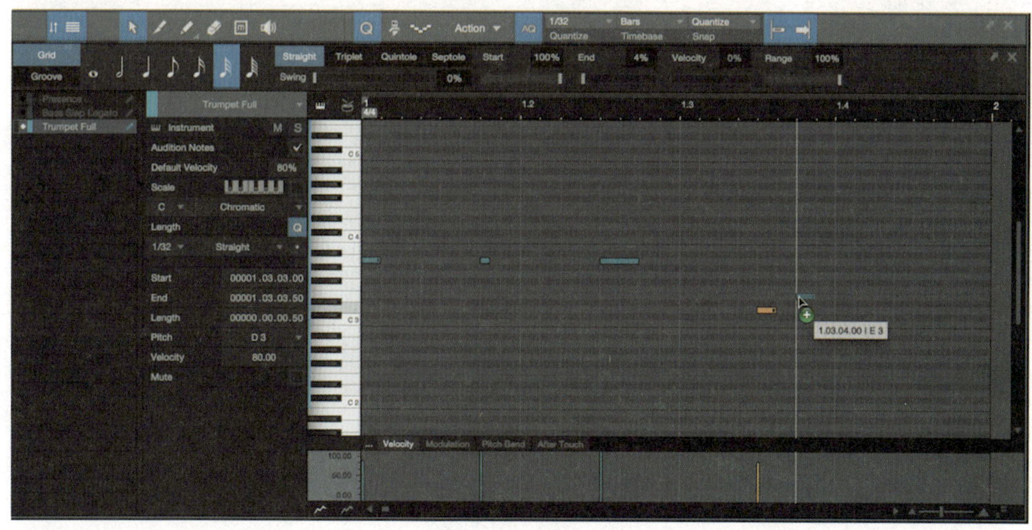

**그림 5 - 247** E 음 추가

D 음을 매킨토시라면 'opt + 드래그', 윈도우즈라면 'alt + 드래그'로 복사하여 그림과 같은 위치에 E 음을 추가해줍니다.

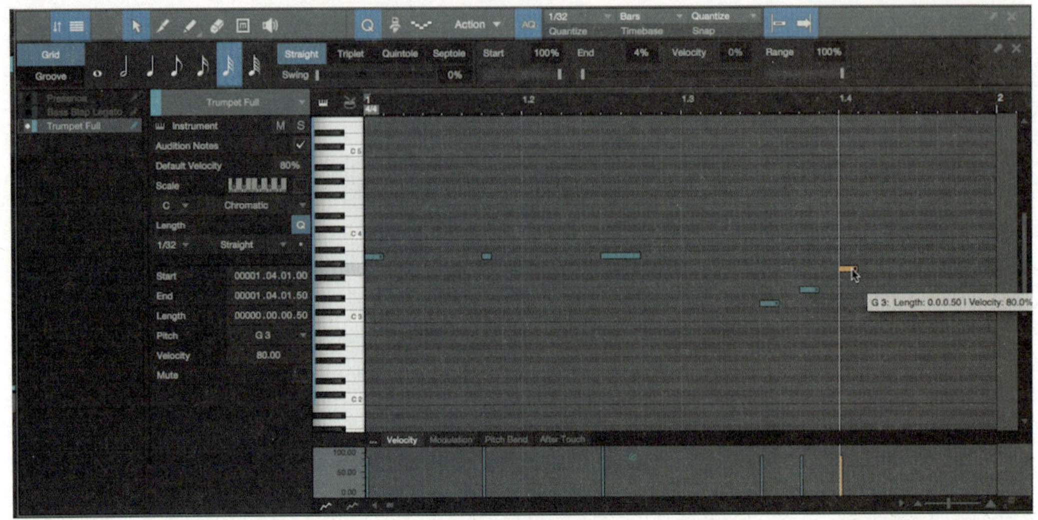

**그림 5 - 248** G 음 추가

다시 매킨토시라면 'opt + 드래그', 윈도우즈라면 'alt + 드래그'로 네 번째 박자 첫 번째에 G 음을 추가해줍니다.

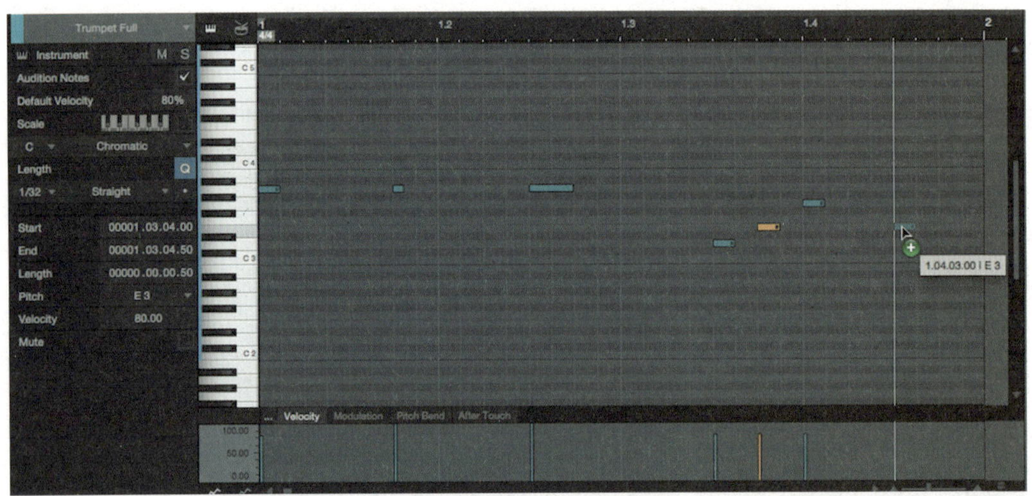

**그림 5 - 249** E 음 추가 2

마지막으로 E 음을 추가해줍니다.

여기까지 하셨다면 스페이스 바를 눌러 한번 들어보세요. 피아노와 트럼펫이 어떤 조화를 이루고 있고 어떻게 리듬감을 살려주고 있는지 느껴보시기 바랍니다.

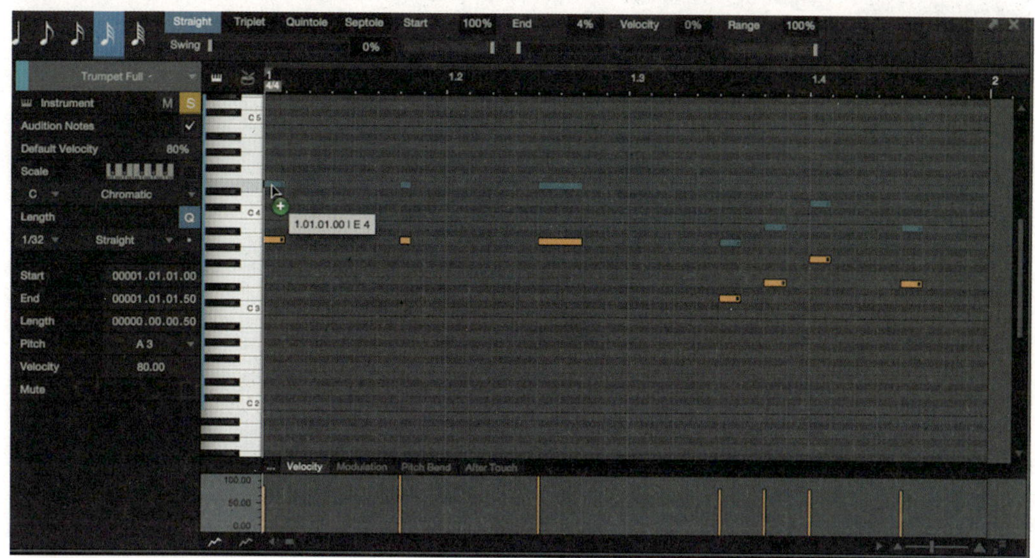

**그림 5 - 250** 5도 복사

트럼펫은 혼자 부는 경우도 있지만 한 명이 화음으로 더 불어 주면 좋겠습니다.

지금까지 만든 한 마디 통째로 5도 위로 올려봅니다. 맨 첫 음인 '라'를 기준으로 5도 위의 음인 '미'로 올려봅니다. 전체적으로 5도 위를 올린 셈이 되는데, 다른 음정들도 그렇게 되었는지 확인해보세요. 5도 차이가 나는 유니즌이 되는 셈입니다. 실제 브라스 팀들도 이렇게 화음을 만들어 연주합니다.

## 5) 추가 음정 벨로시티 조정

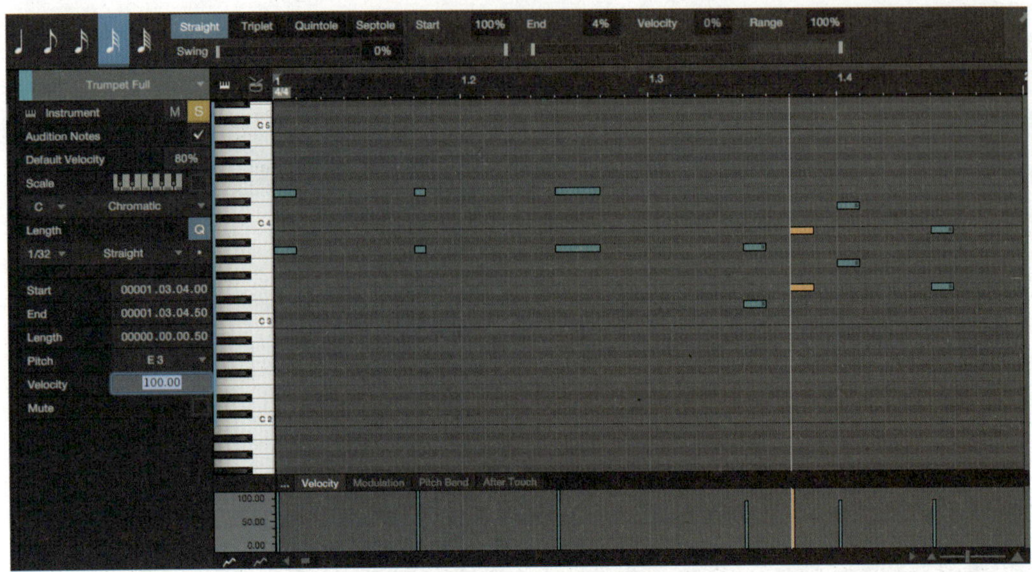

그림 5 - 251 강조하고 싶은 음 벨로시티 조정

강조하고 싶은 타이밍의 벨로시티를 올려 줍니다(벨로시티와 볼륨은 분명히 다릅니다).

## 3.5.3 트럼펫 8마디로 늘리기

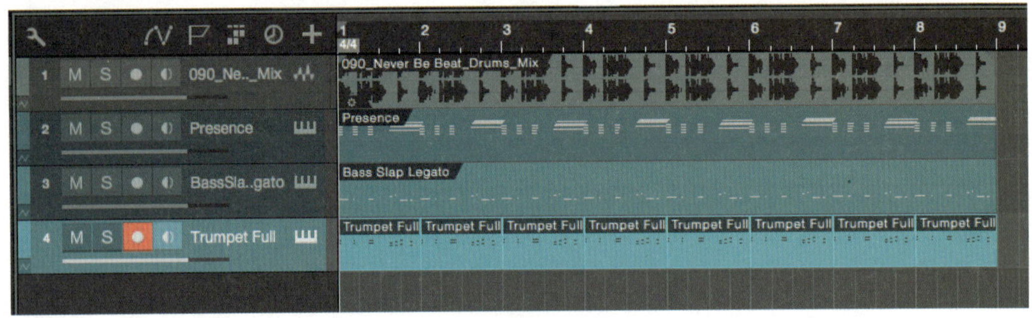

그림 5 - 252 레전 복사

브라스 레전들을 8마디만큼 복제(Duplicate)합니다.

그리고 앞서 했듯이 레전을 하나로 합칩니다.

### 3.5.4 트럼펫 트랙 정리

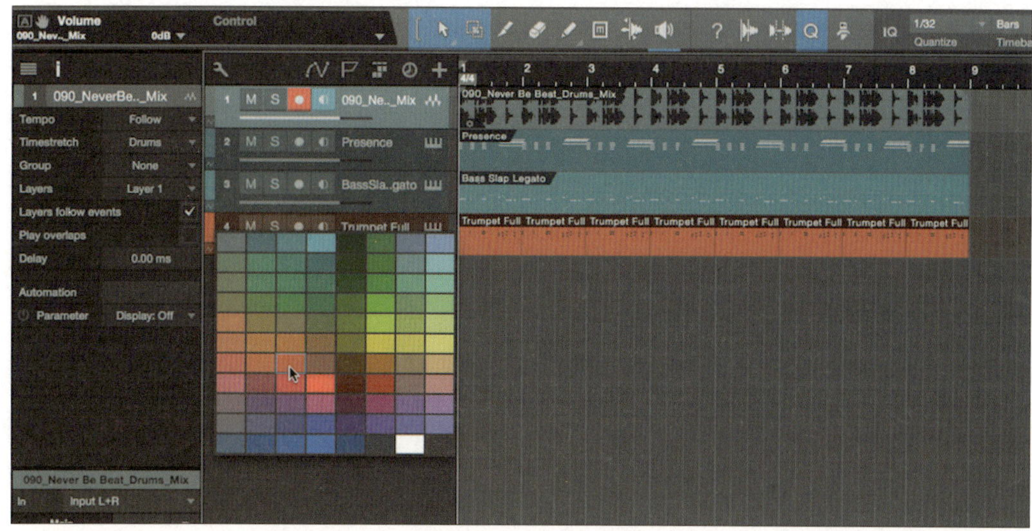

그림 5 - 253  트랙 색상 변경

위에 만든 트랙들이 모두 푸른색 계열이니 이 브라스만큼은 붉은 계열로 정해봤습니다.

트랙의 좌측 색상 바를 눌러보시면 위 그림처럼 컬러를 지정할 수가 있습니다.

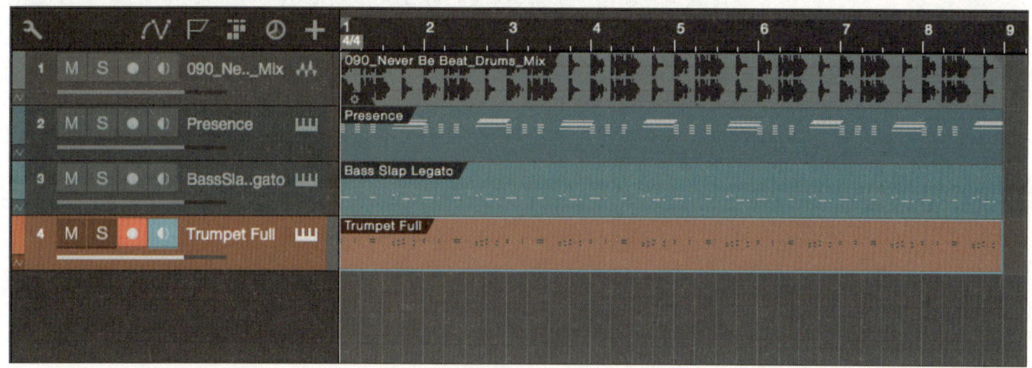

그림 5 - 254  트럼펫 레전 합치기

편의상 레전을 다시 하나(8마디)로 합쳤습니다.

# 3.6 진행 추가하기

## 3.6.1 드럼 루프 복제 및 정리

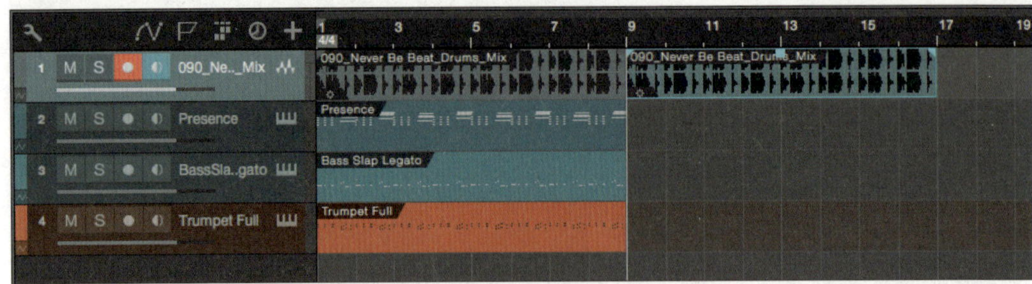

그림 5 - 255 드럼 루프 복사

8마디만 가지고 곡을 구성하기에는 너무 단순해서 다른 진행을 만들어 넣어보겠습니다.

드럼 루프를 복제합니다. 이로써 총 16마디가 됩니다.

그림 5 - 256 드럼 루프 레전 줄이기

하지만 8마디는 좀 긴 듯 해서 4마디로 줄여봅니다. 레전 끝의 중간을 잡아서 줄입니다.

기준음표는 1/1로 되어 있는 게 보이실 겁니다. 마디 단위로 레전이 줄어듭니다.

## 3.6.2 피아노 레전 복제 및 정리

그림 5 - 257  피아노 레전 복제

이번엔 피아노 레전도 복제 후 4마디로 줄여봅니다.

그림 5 - 258  피아노 트랙 이름 변경 1

하지만 피아노 트랙은 브라우저에서 악기를 고른 후 트랙을 생성한 게 아니라 프리센스를 올린 후 피아노를 골랐던 것을 기억하실 겁니다. 그래서 트랙 이름이 프리센스로 되어있습니다.

나중에 믹싱을 할 때 불편할 수 있으니 악기 이름으로 트랙 이름을 바꿔보겠습니다.

그림 5 - 259  피아노 트랙 이름 변경 2

프리센스가 아니라 이젠 Pno라고 씁니다. Piano를 줄여서 Pno라고 쓰기도 합니다.

여담으로 Vocal을 줄여서 Vox, Guitar를 줄여서 Gt, Bass를 줄여서 Bs, Drums를 줄여서 Dr로도 많이 씁니다.

### 3.6.3 베이스 기타 추가 입력
#### 1) 핑거 베이스 기타 고르기

브라우저 창에서 베이스를 골라봅니다.

아까 골랐던 베이스는 slap 베이스이지만 이번엔 Finger Bass입니다.

Finger Bass는 손가락으로 연주하는 주법의 베이스 기타입니다. 가장 일반적인 연주법이라고 할 수 있겠습니다.

Presence 〉 Bass 〉 Contemporary Bass Finger 〉 Bass Finger Full을 선택합니다.

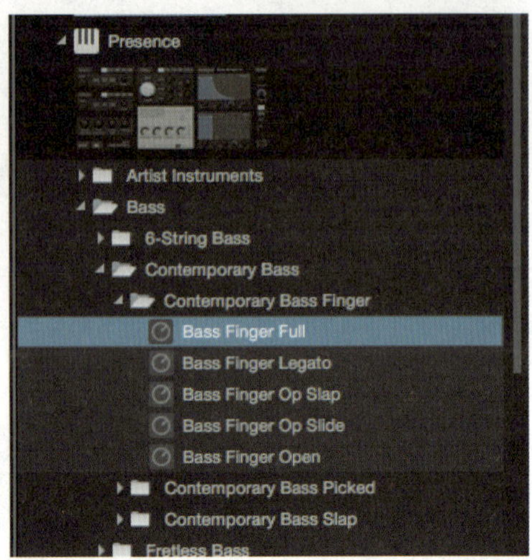

그림 5 - 260 베이스 고르기

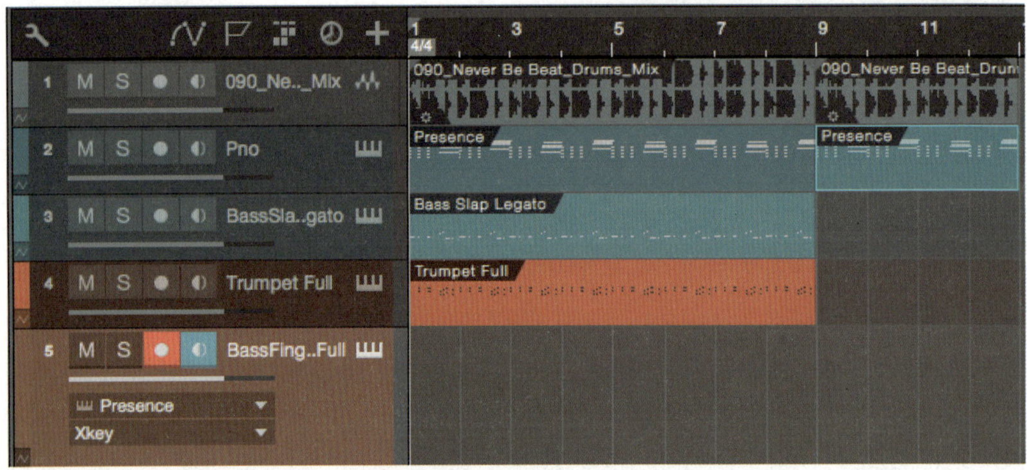

그림 5 - 261 핑거 베이스 기타 트랙

브라우저에서 악기를 고른 후 드래그 앤드 드롭을 하면 위 그림에서 보듯 트랙 이름까지도 자동 생성됩니다.

## 2) 핑거 베이스 기타 4마디 입력

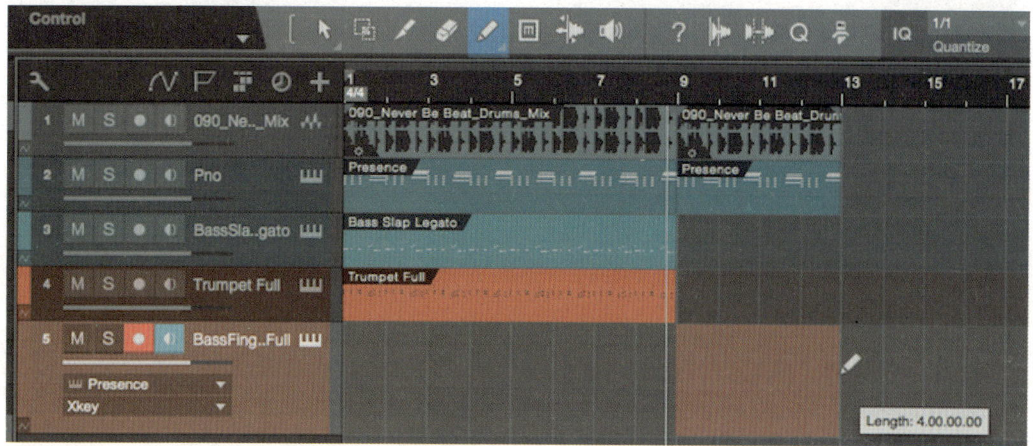

그림 5 - 262  4마디 레전 그리기

피아노와 드럼 루프가 4마디이니 베이스 레전도 4마디 그립니다.

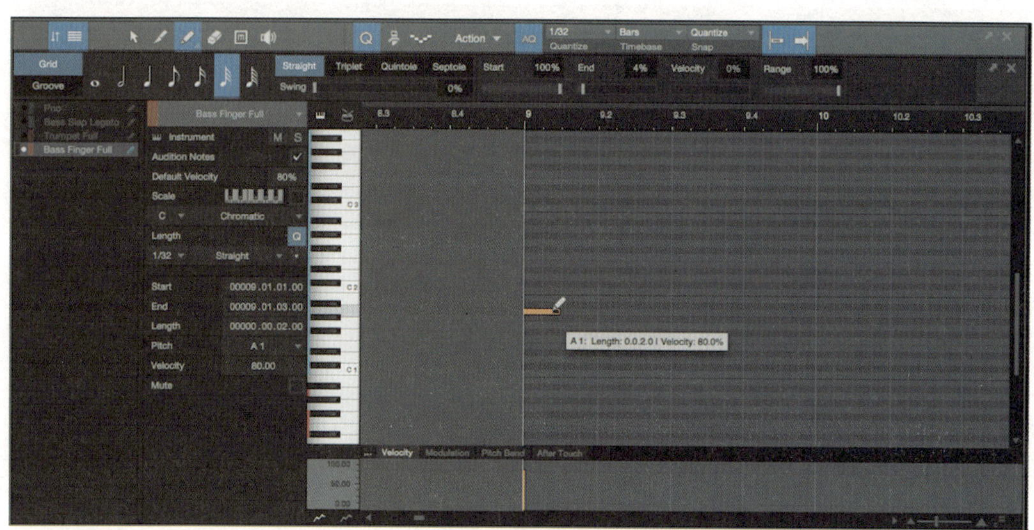

그림 5 - 263  A 음 입력

이번엔 핑거 베이스이니 다른 주법과 다른 멜로디 라인으로 가야 하겠습니다.

일단 첫 음은 역시 '라'로 시작합니다.

모든 악기가 다 그렇지만 그중에서도 베이스 기타는 특히 한 음 한 음의 길이가 곡의 인상을 아주 많이 바꿉니다.

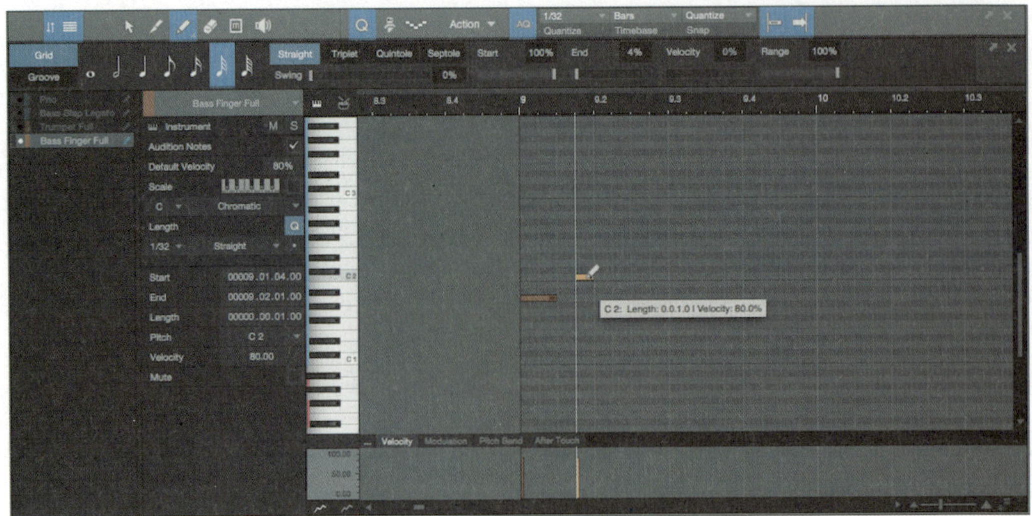

그림 5 - 264  C 음 입력

그 다음 음정으로 '도'를 그려 넣습니다. 길이는 16분음표만큼 그려넣었습니다.

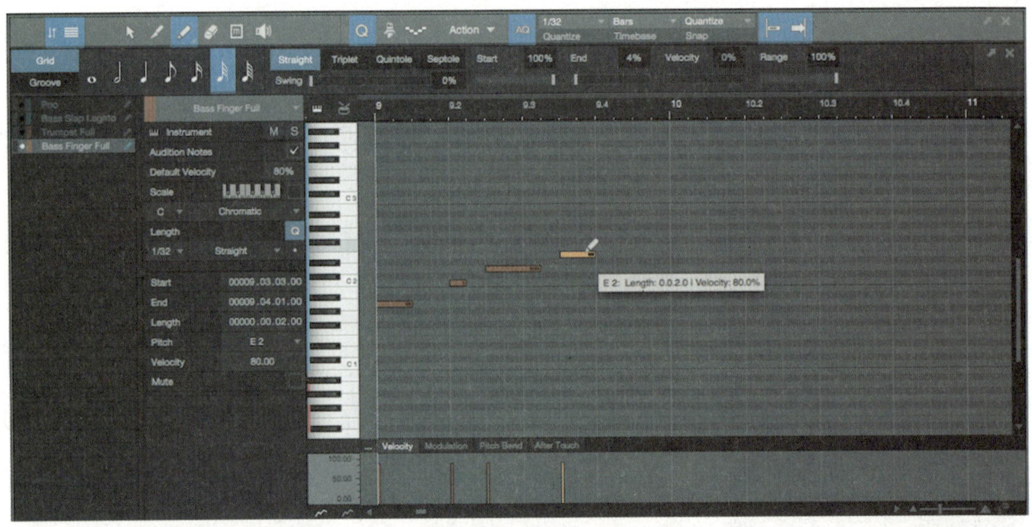

그림 5 - 265  D, E 음 입력

9번째 마디 첫 박자부터 C1에서 C2 옥타브를 확인합니다. 너무 높은 음은 베이스 기타가 아니겠지요.

음정은 '라 도 레 미' 순서입니다. 모든 음정들의 길이를 주의해서 그려줍니다.

현재 퀀타이즈 기준음표는 32분음표로 설정이 되어 있음을 볼 수 있습니다.

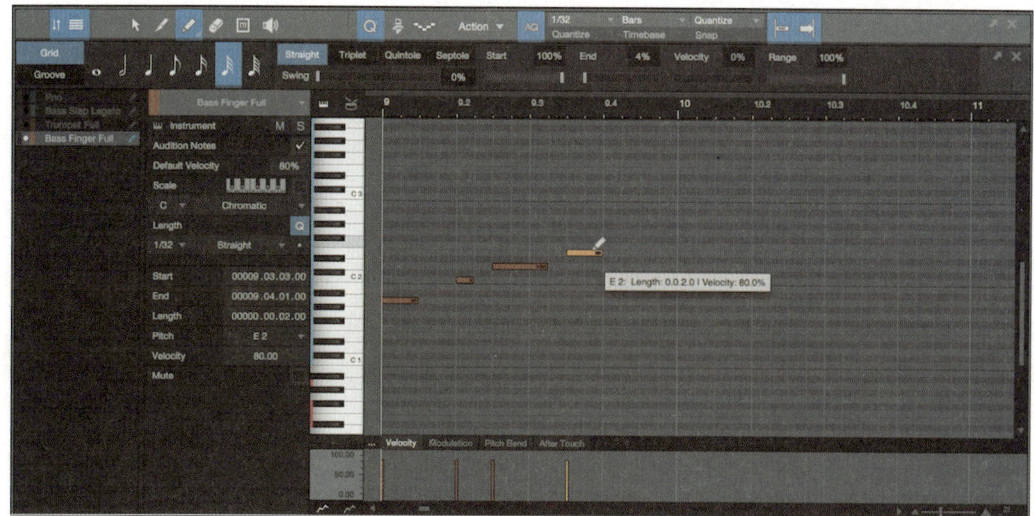

그림 5 - 266  D 음 입력

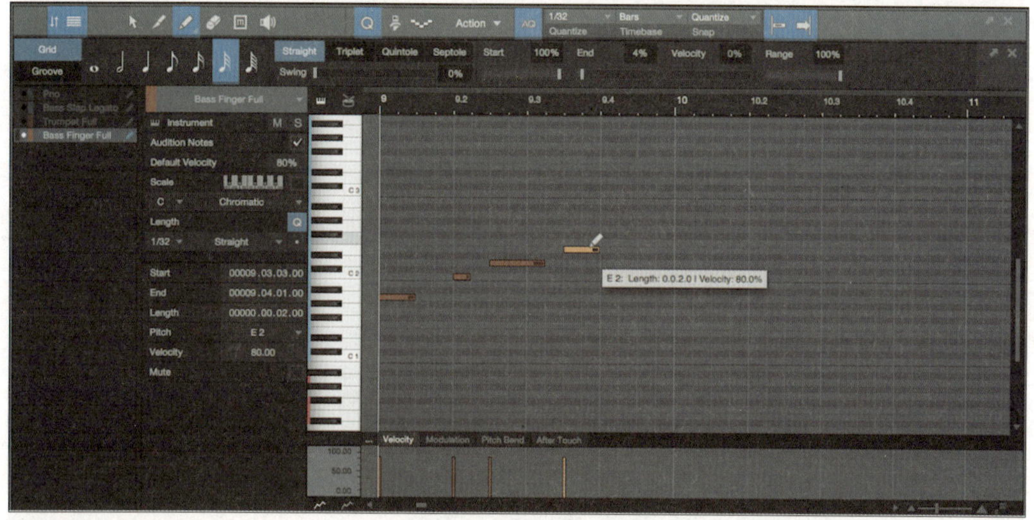

그림 5 - 267  마지막 C 음 입력

9마디째 4번째 박자 중간 즉, 4.5마째에 8분음표 길이로 '도'를 그려줍니다.

스페이스 바를 눌러 들어봅니다.

## 3) 음정 길이와 벨로시티 조정

**그림 5 - 268** 음정 길이 조정

지금까지 작업한 베이스 음정들의 듀레이션(Duration, 길이) 조정이 필요할 것 같습니다.

너무 뚝뚝 끊어지는 느낌이 들어서 위 그림처럼 고쳐봅니다.

다시 스페이스 바를 눌러 들어봅니다.

**그림 5 - 269** 벨로시티 조정

음 길이를 조정하고 나니 베이스 기타의 인상이 너무 무난한 것 같아서 캐릭터를 주기 위해 벨로시티를 조정해봅니다. 베이스 기타가 정말 예민하구나 하는 생각이 들면 좋겠습니다.

## 4) 나머지 마디 채우기

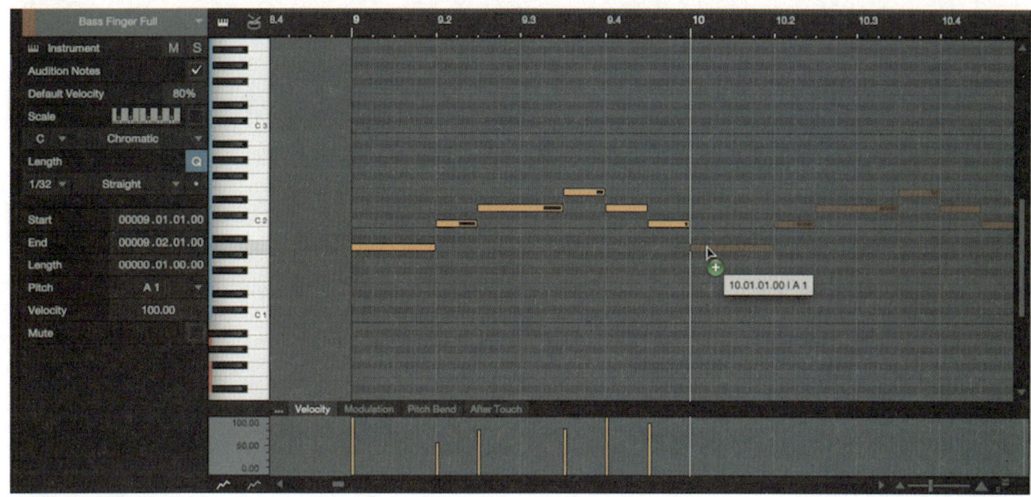

**그림 5 - 270** 음정들 복사 1

9번째 마디를 이제 10번째 마디로 복사합니다.

매킨토시라면 'opt + 드래그', 윈도우즈라면 'alt + 드래그'입니다.

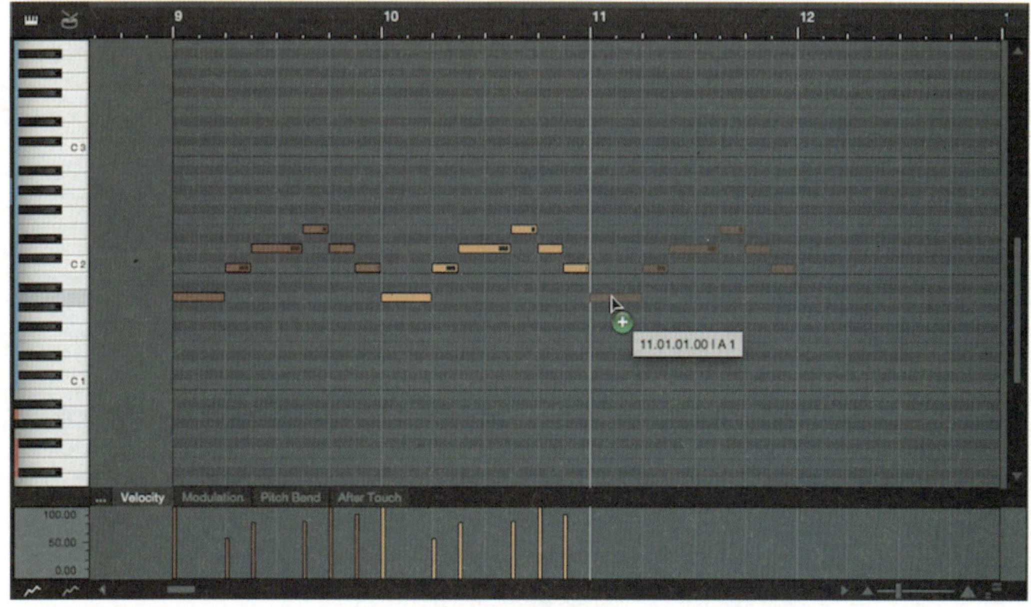

**그림 5 - 271** 음정들 복사 2

10번째 마디를 이제 11번째 마디로 복사합니다.

매킨토시라면 'opt + 드래그', 윈도우즈라면 'alt + 드래그'입니다.

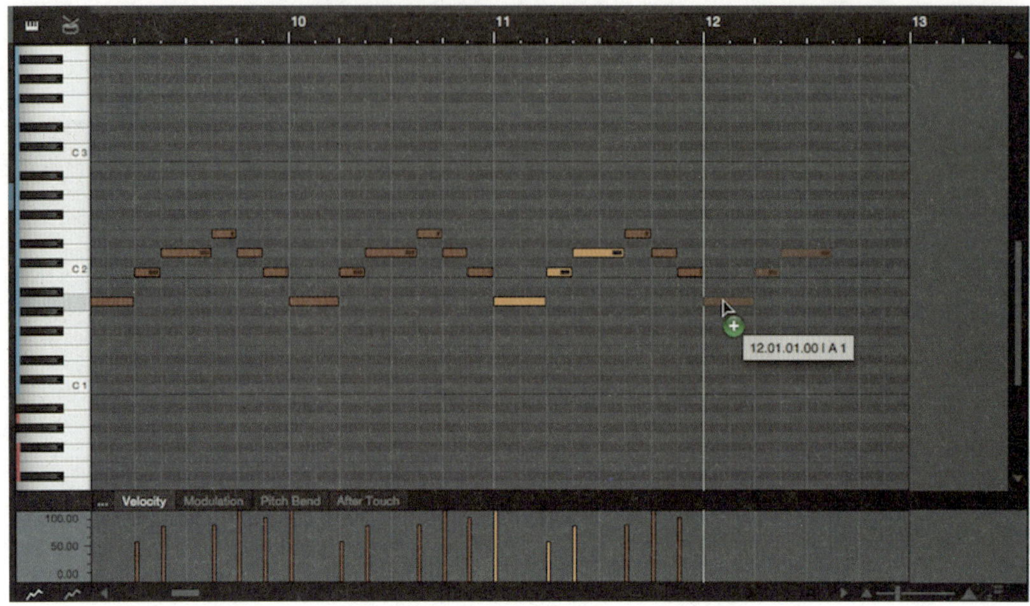

그림 5 - 272  음정들 복사 3

11번째 마디의 앞의 3개 음정을 12번째 마디로 복사합니다.

매킨토시라면 'opt + 드래그', 윈도우즈라면 'alt + 드래그'입니다.

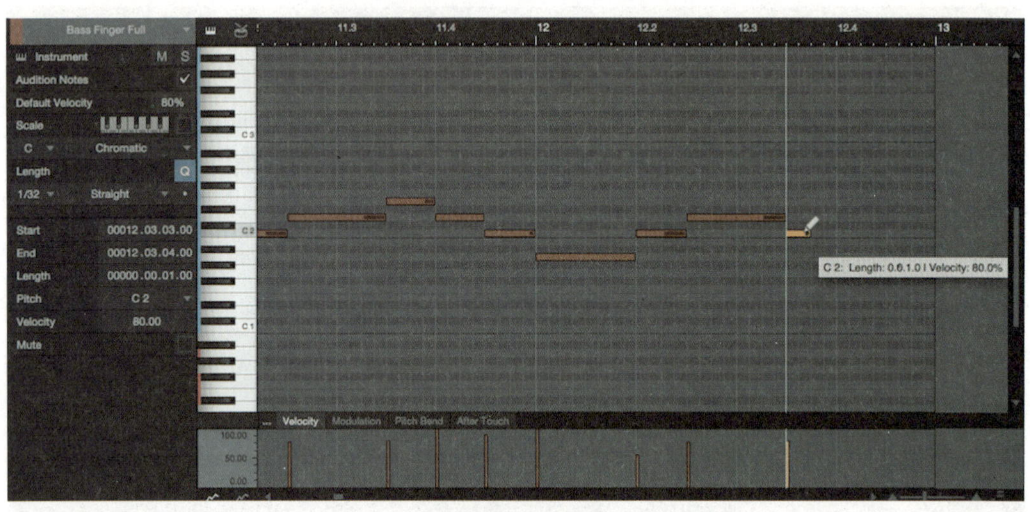

그림 5 - 273  C 음 추가

이번엔 12번째 마디 3.5박에 '도'를 그려 넣습니다.

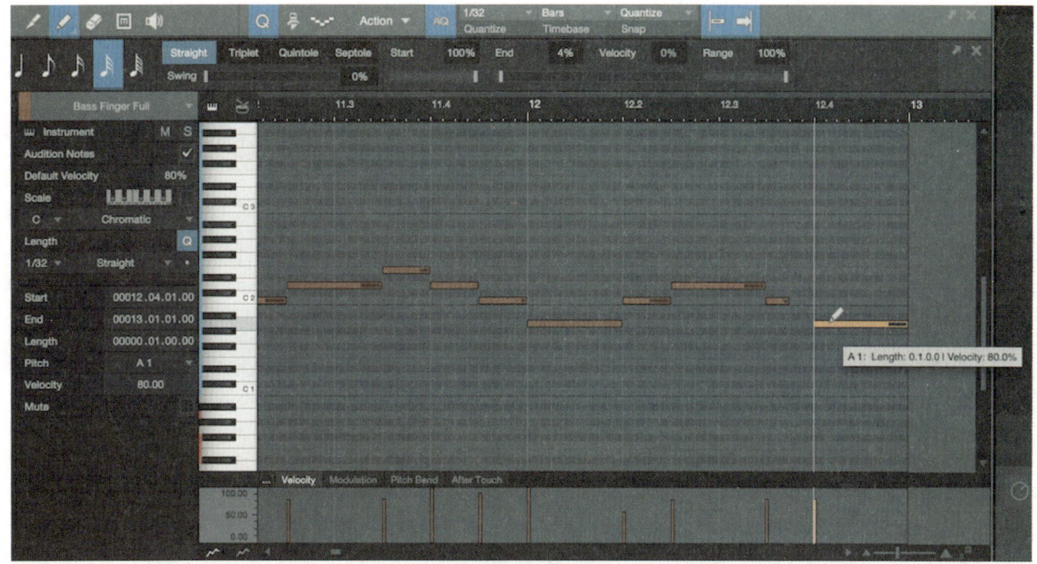

그림 5 - 274  A 음 추가

마지막으로 12번째 마디 4번째 박에 '라'를 그립니다.

음 길이는 4분음표 길이입니다.

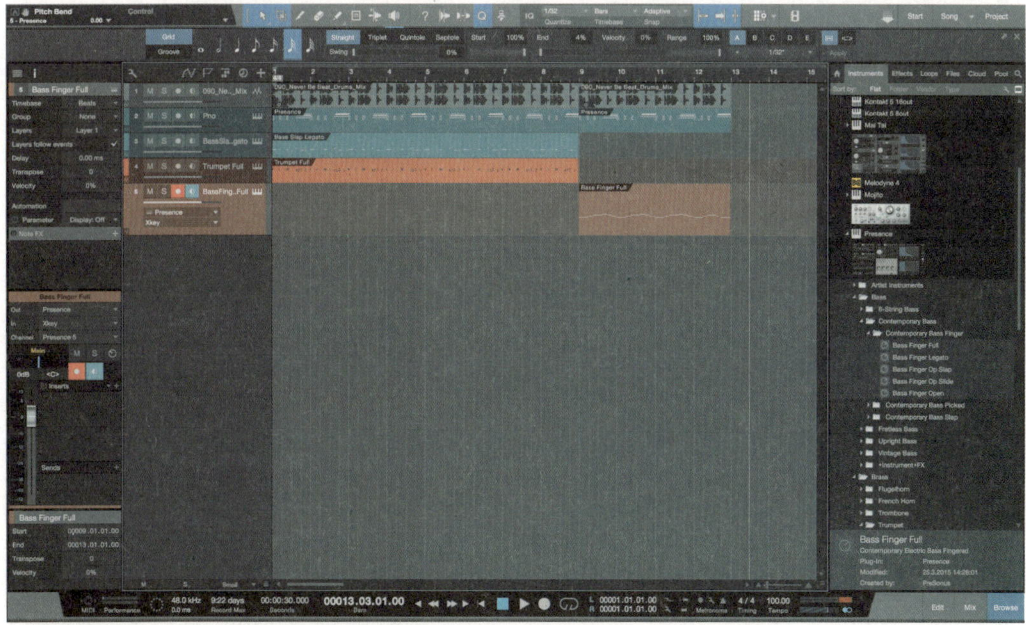

그림 5 - 275  핑거 베이스 기타까지의 작업 화면

베이스 기타 핑거링 파트 레전 4마디가 다 그려졌습니다.

### 3.6.4 어레인저 트랙

**그림 5 - 276** 어레인저 트랙 오픈

곡에 조금 더 살이 붙으면 쓸 테지만 미리 arranger 트랙을 열어 놓겠습니다.

아이콘을 클릭하면 생성됩니다. 스튜디오 원 3의 arranger 트랙은 곡 정리에 정말 편리합니다.


## 3.7 루프 추가

필자가 듣기엔 이 곡의 리듬에 뭔가 캐릭터가 더 붙으
면 좋겠다는 생각이 듭니다.

그래서 이번에도 loop를 찾아서 넣어보겠습니다.

Loops 〉 HipHop 〉 loop 순서로 들어갑니다.

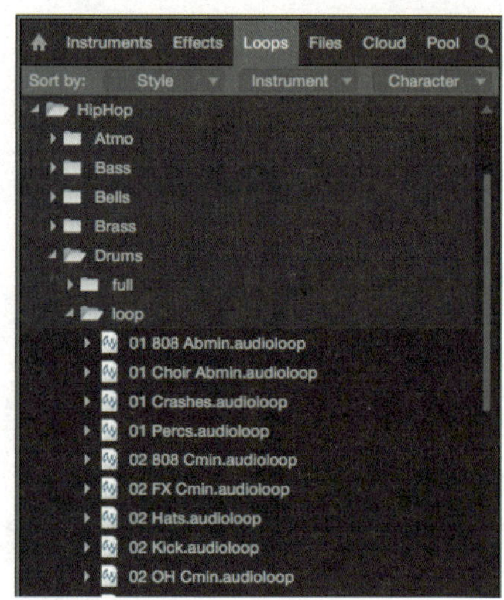

**그림 5 - 277** 추가 루프 고르기 1

### 3.7.1 루프 소스 고르기

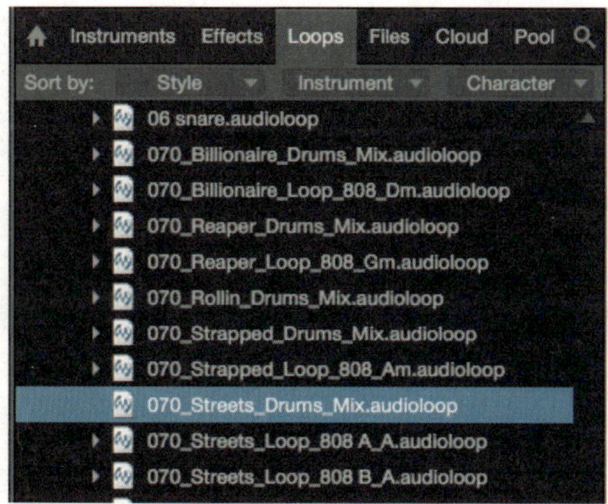

**그림 5 - 278** 추가 루프 고르기 2

그중에서 070_Streets_Drums_Mix.audioloop를 골라봅니다.
저는 이게 쓸만하다고 느꼈습니다.

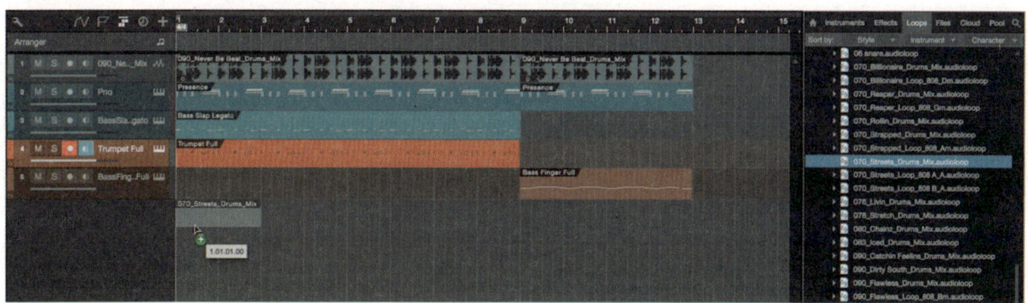

**그림 5 - 279** 루프 소스를 드래그 앤드 드롭

선택한 루프 소스를 메인 윈도우로 끌어옵니다.

## 3.7.2 루프 길이 조정

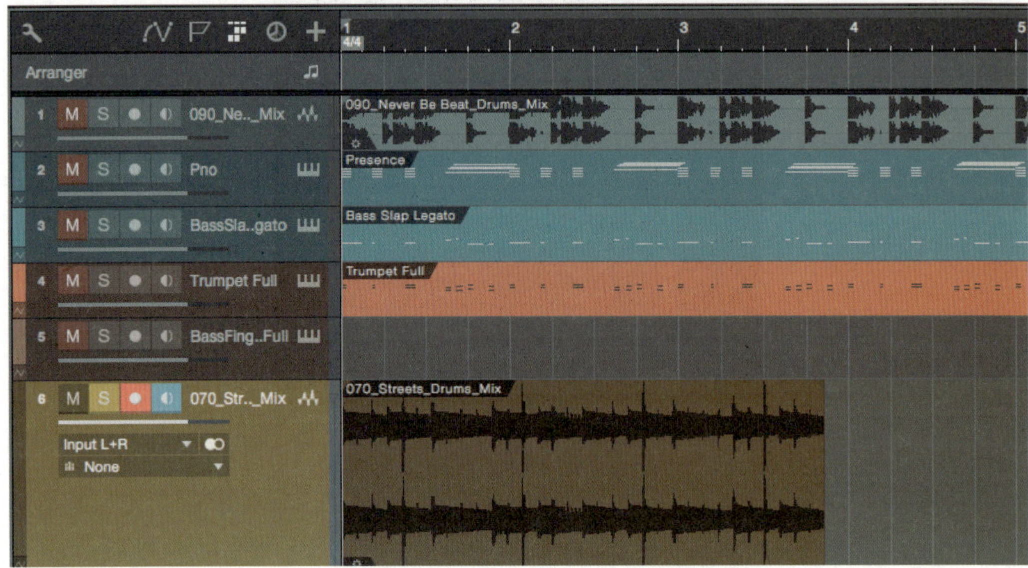

**그림 5 - 280** 추가된 루프

70템포였던 루프 소스이니 100템포인 이 곡에는 길이가 맞지 않는 게 당연합니다.

원래는 템포가 느렸으니 이 루프 소스는 그림에서 보는 것보다 짧은 2마디가 맞습니다.

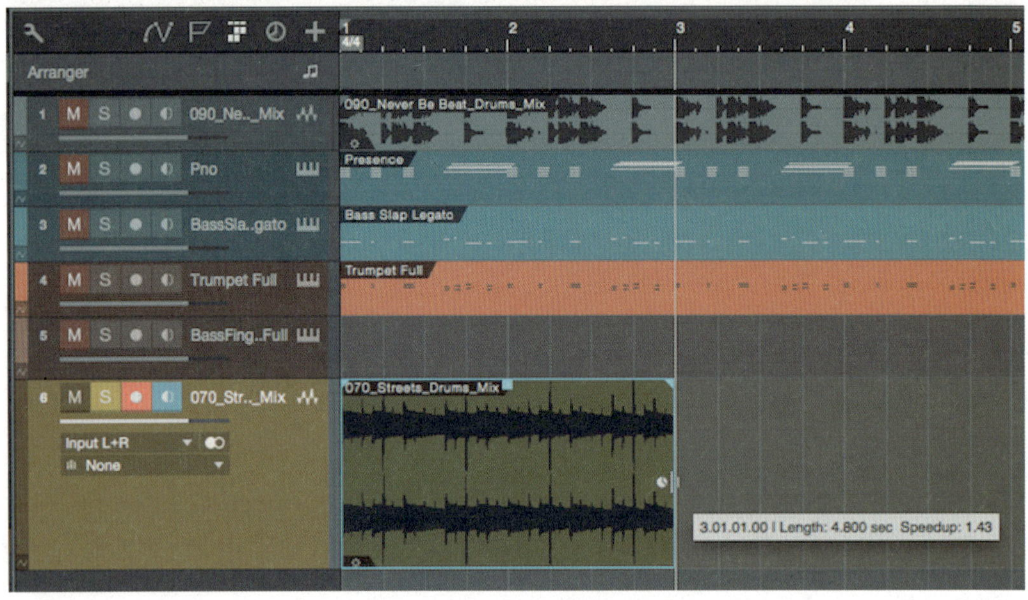


**그림 5 - 281** 추가된 루프 박자 조정

루프 소스를 2마디로 줄입니다.

레전을 그냥 줄이면 레전만 줄어들게 되는 것이니 반드시 매킨토시라면 'option + 드래그', 윈도우즈라면 'alt + 드래그'로 길이를 줄입니다. 그래야 템포가 맞게 loop 전체가 들어갑니다.

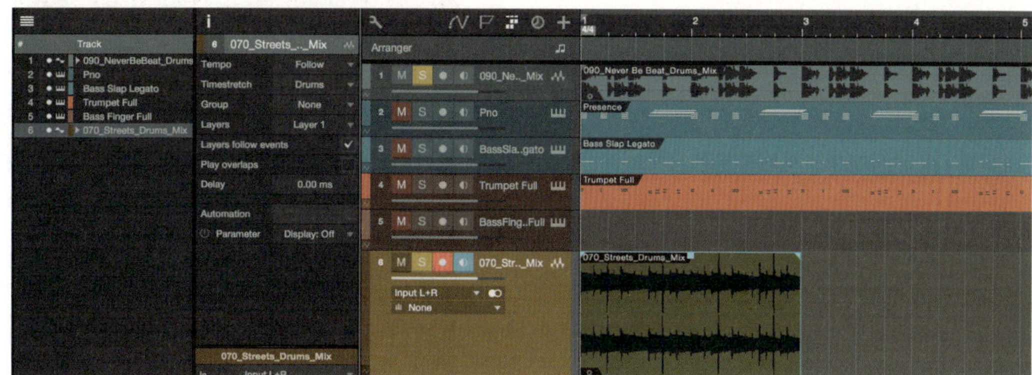

**그림 5 - 282** 조정된 루프 소스

기존에 먼저 넣었던 루프 소스와 새로 추가한 루프 소스만 'solo'로 들어 봅니다.

### 3.7.3 레전 복제

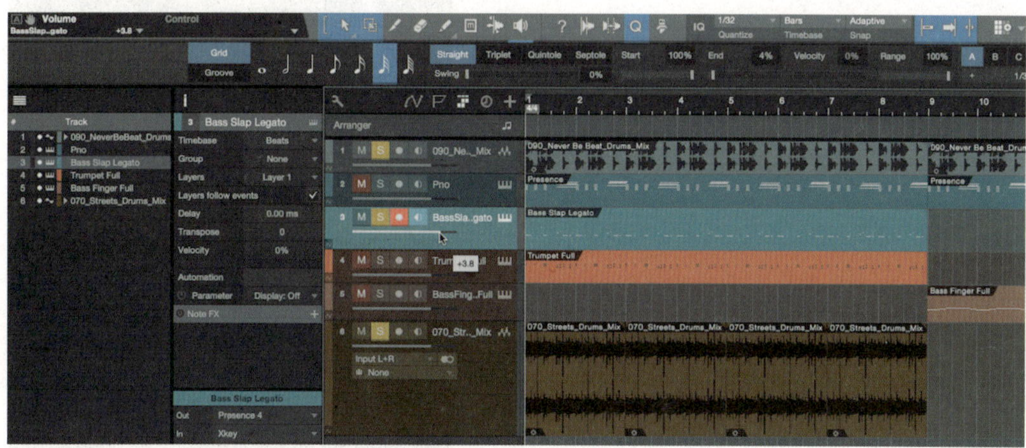

**그림 5 - 283** 루프 레전 복제

복제해서 8마디를 채웁니다.

이번엔 먼저 넣었던 loop와 새로운 loop 그리고 베이스 기타만 solo로 해놓고 들어 봅니다. 필자가 듣기엔 조금 더 힙합스러운 캐릭터가 붙었습니다.

하지만 이것만으로는 부족한 듯한 것 같습니다.

그루브감을 주기 좋은 드럼의 파트는 아무래도 하이햇입니다. 하이햇 loop를 추가해보겠습니다.

### 3.7.4 하이햇 루프 추가

이번에도 브라우저 윈도우상에서 고릅니다.

HipHop 〉 other 〉 loop에서 찾아봅니다.

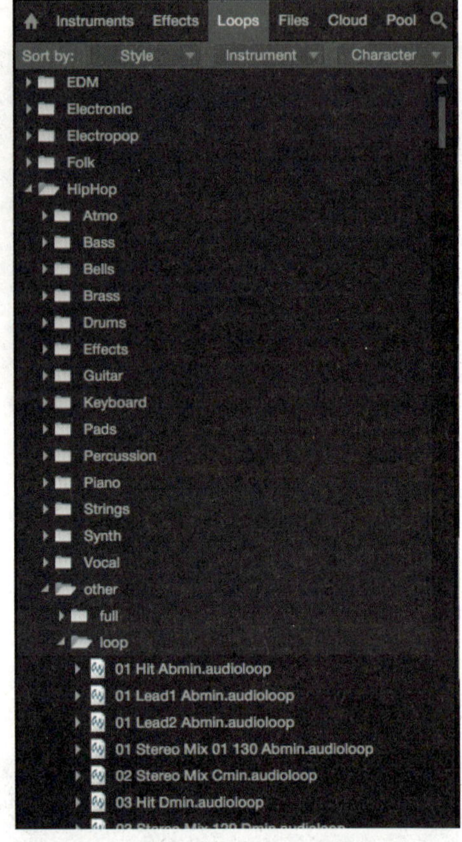

그림 5 - 284 하이햇 루프 고르기 1

그중에서 MVP HL 08 070 hat L.audioloop를 고릅니다.

이름을 보아하니 8마디 패턴에 템포가 70인 것 같습니다.

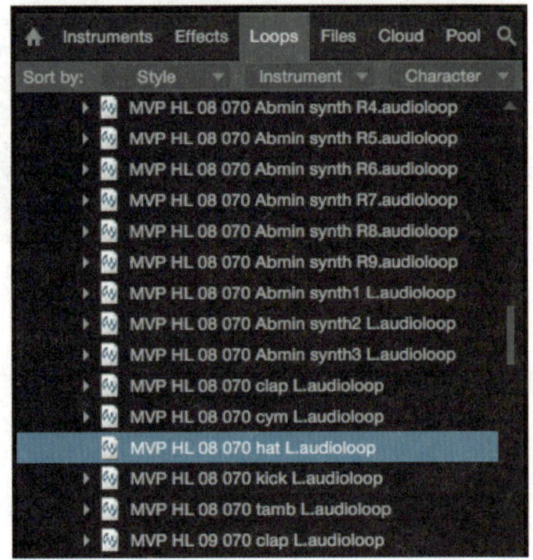

그림 5 - 285 하이햇 루프 고르기 2

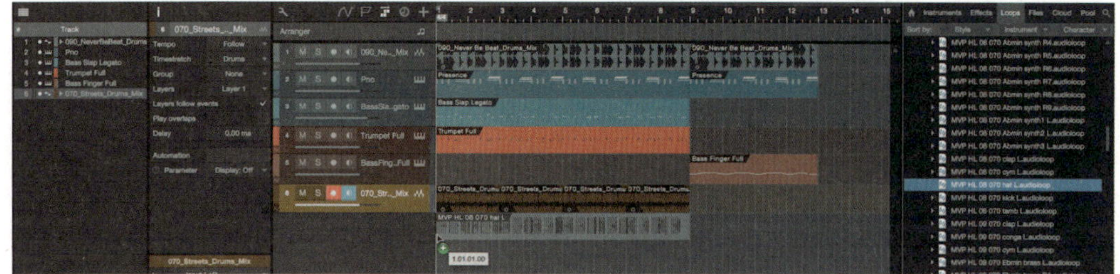

**그림 5 - 286** 드래그 앤드 드롭으로 루프 추가

역시 메인 윈도우상으로 드래그 앤드 드롭합니다.

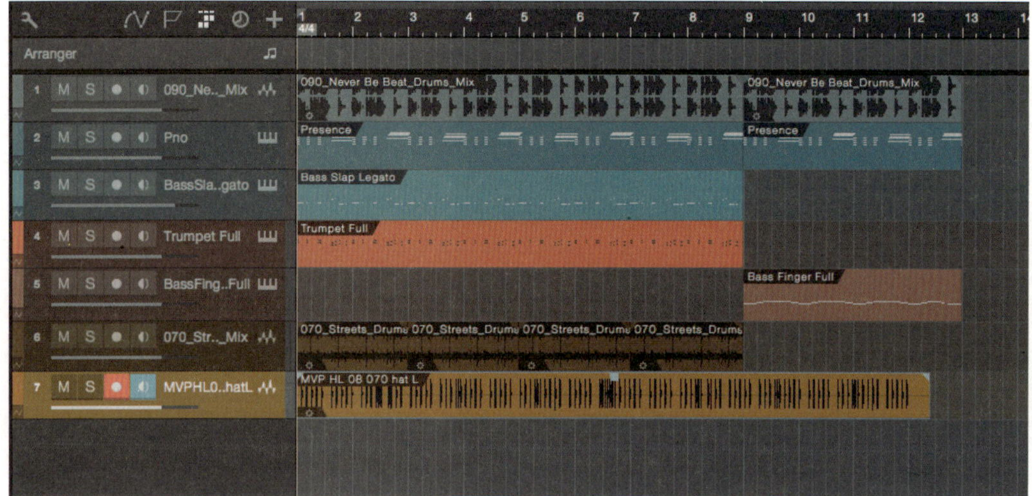

**그림 5 - 287** 추가된 루프

그림에서 보듯 8마디를 훨씬 넘습니다. 이 loop는 원래 8마디이니 곡에 맞게 줄여야 합니다.

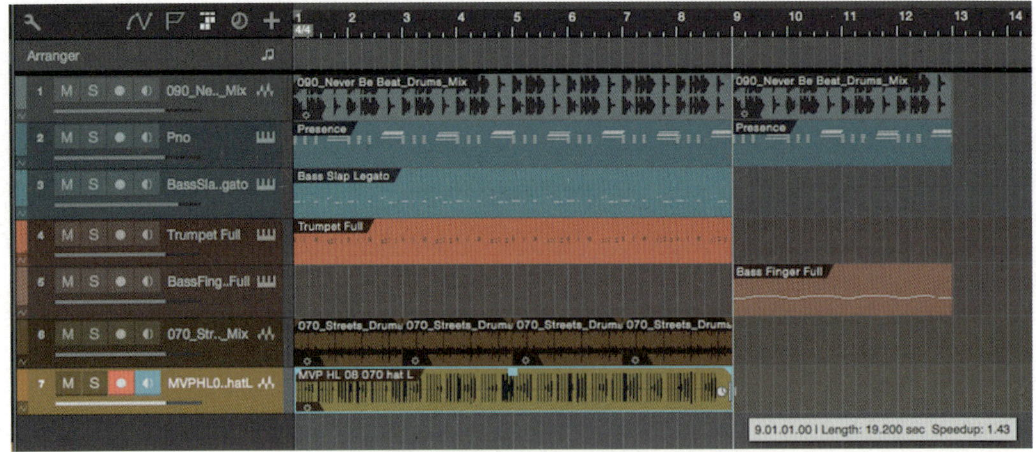

그림 5 - 288 루프 길이 조정

매킨토시라면 opt 키 윈도우즈라면 alt 키를 누른 채 레전의 끝을 잡고 왼쪽으로 당겨 8마디로 만들어 봅니다. 그래야 템포에 맞게 loop가 변합니다.

스페이스 바를 눌러 들어봅니다. 필자가 듣기엔 확실히 그루비(Groovy)한 느낌이 사는 것 같습니다.

# 3.8 곡의 구성(Arrangement)

### 3.8.1 인트로를 위한 레전 이동

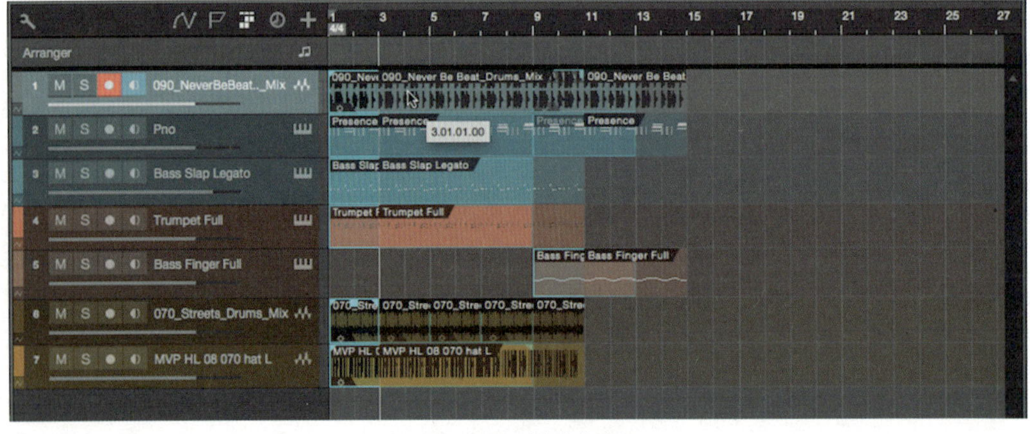

그림 5 - 289 전체 레전 이동

모든 레전을 잡아 우측으로 2마디만 이동합니다. 앞서 만든 곡처럼 3마디째를 곡의 첫 마디로 해도 됩니다.

이는 전주를 만들기 위함인데, 필자는 특별히 전주라기보단 드럼 loop를 2마디 선행시켜볼까 합니다.

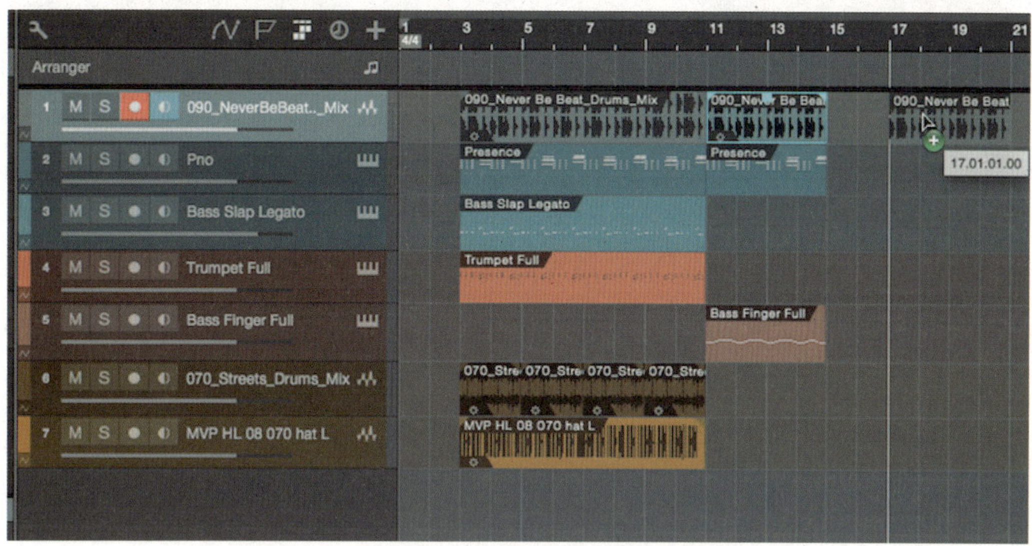

그림 5 - 290  드럼 루프 레전 복사

드럼 루프 레전 하나를 매킨토시라면 opt 키 윈도우즈라면 alt 키를 누른 채 우측으로 이동해서 복사를 합니다. 편집을 위하여 잠시 옆으로 빼놓는 겁니다.

4마디짜리 레전이니 맨 앞에 갖다 놓으려면 2마디로 줄여야 합니다.

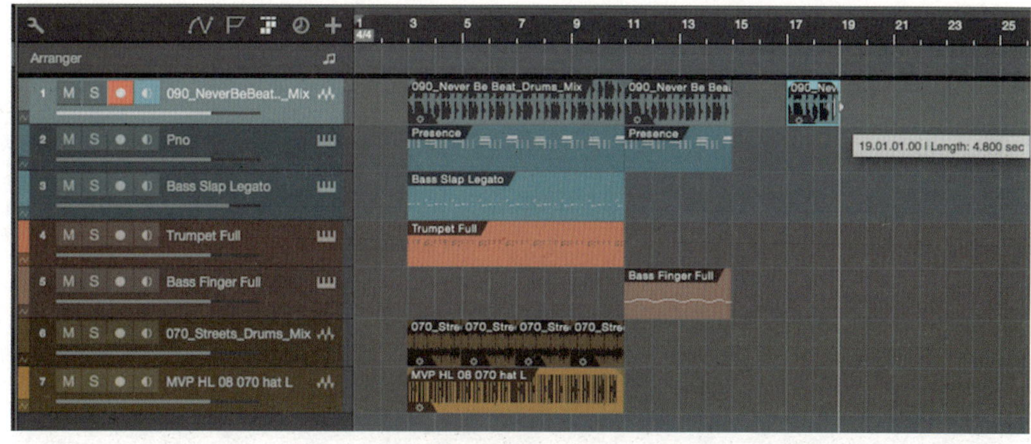

그림 5 - 291  드럼 루프 레전 길이 줄이기

매킨토시라면 opt 키 윈도우즈라면 alt 키를 누른 채 좌측으로 밀어 2마디짜리 루프 레전으로 만듭니다.

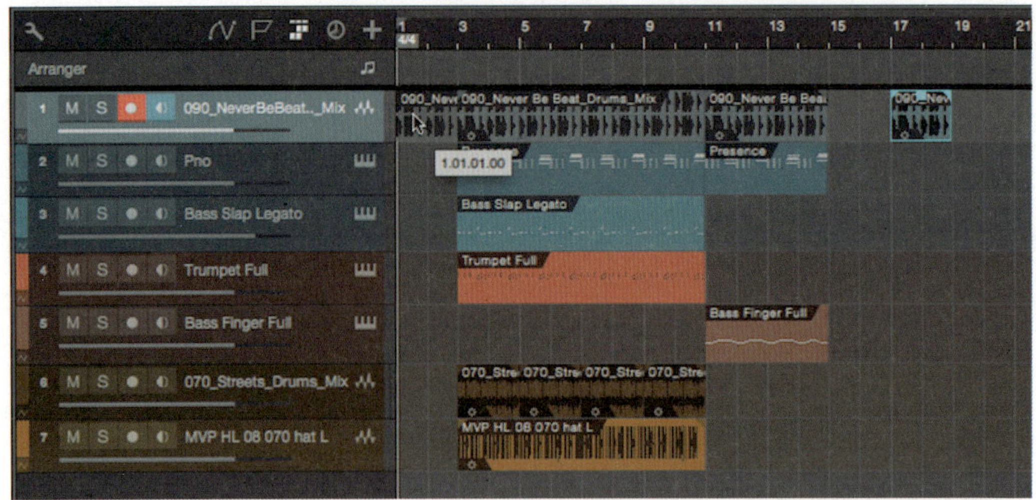

그림 5 - 292 레전 이동

2마디로 줄어든 레전을 맨 앞으로 옮깁니다.

지금 필자가 하는 것은 곡의 구성을 만드는 작업이며, 이것을 어레인지라고 합니다. 곡의 패턴이 대강 만들어지면 고민되는 부분이 바로 어레인지입니다. 전주는 어떻게 할지, 곡의 브릿지는 어떻게 할지 코러스 부분은 어떻게 할지 등 곡의 활용 용도와 가수, 장르에 따라 모든 것을 고려합니다. 예를 들어 가요와 광고 음악은 길이도 다르지만 어레인지의 접근도 아예 다른 경우가 많습니다.

### 3.8.2 어레인저 트랙(Arranger Track)

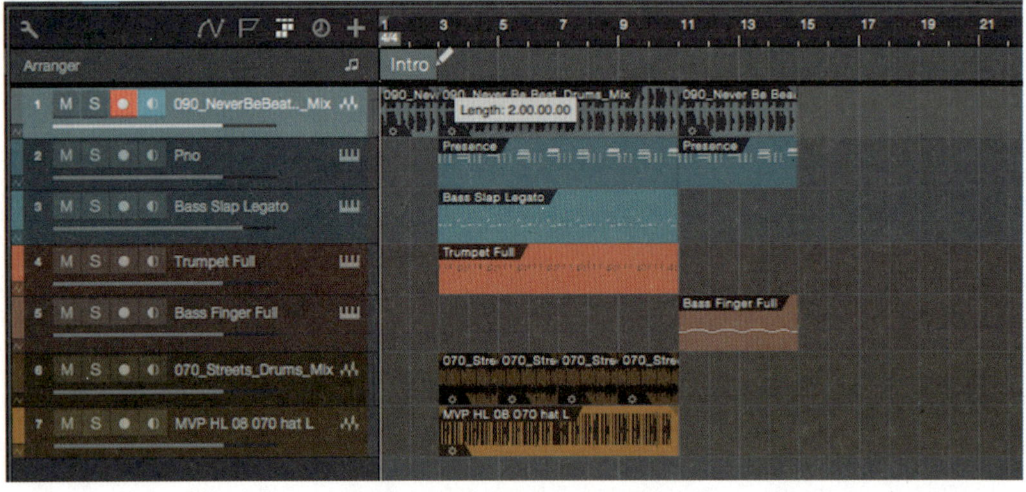

그림 5 - 293 어레인저 트랙에 인트로 입력

아까 열어두었던 어레인저 트랙에 연필 툴로 바를 그립니다.

이름을 따로 쓸 필요도 없이 알아서 Intro라고 쓰여서 나옵니다. 위치가 맨 앞이기 때문입니다.

방금 옮겨서 만들어 넣어둔 2마디 레전을 인트로로 하겠습니다.

그림 5 - 294  Verse 입력

이번에는 8마디 패턴을 만든 부분 위의 어레인저 트랙 바를 그립니다.

저절로 Verse라고 쓰여져서 그려집니다.

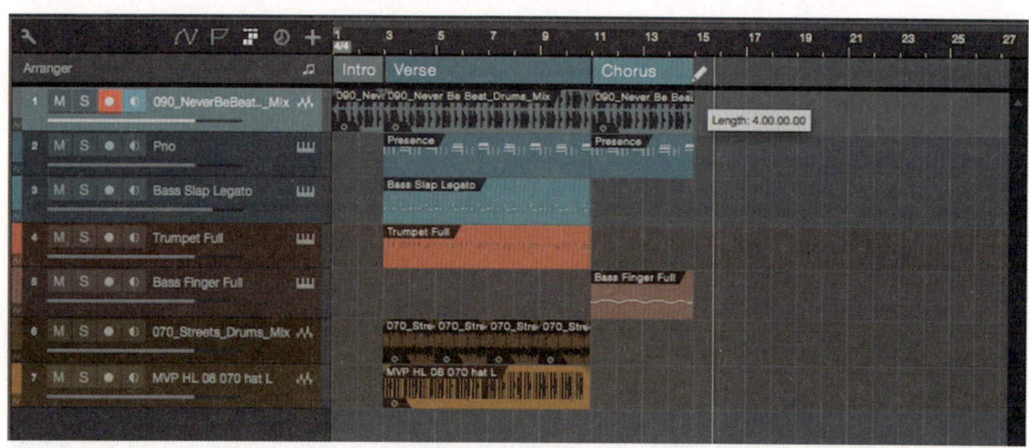

그림 5 - 295  Chorus 입력

같은 요령으로 뒷부분 4마디를 그려줍니다.

저절로 Chorus라고 쓰여져서 나옵니다.

### 3.8.3 어레인저 바를 활용한 어레인지먼트

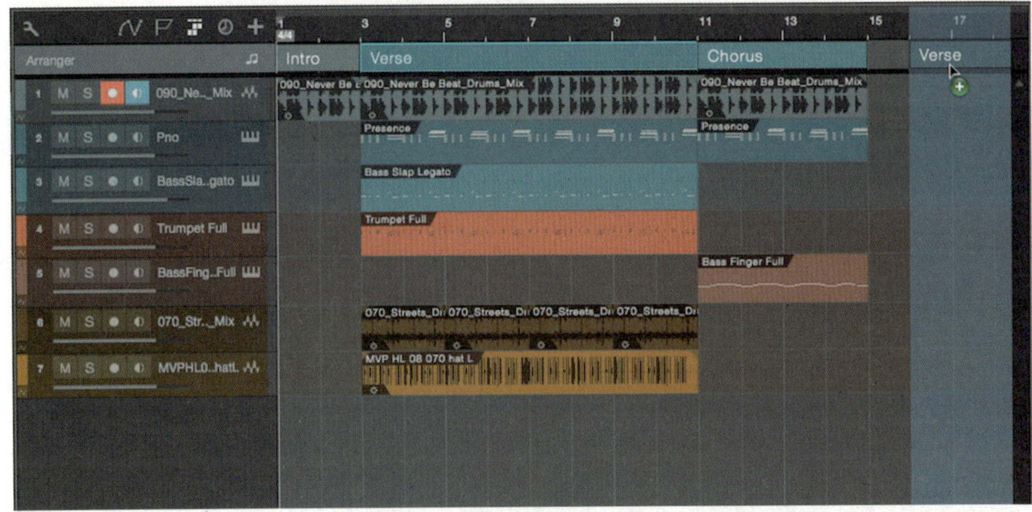

**그림 5 - 296** Verse 어레인저 바 선택

이번엔 Verse 부분의 어레인저 트랙의 바를 잡고 매킨토시면 'opt + 드래그', 윈도우즈면 'alt + 드래그'해서 복사합니다. 이렇게 어레인저 바만 움직여서 패턴 복사 등을 하는 것은 스튜디오 원 3의 편리한 장점이라 할 수 있습니다.

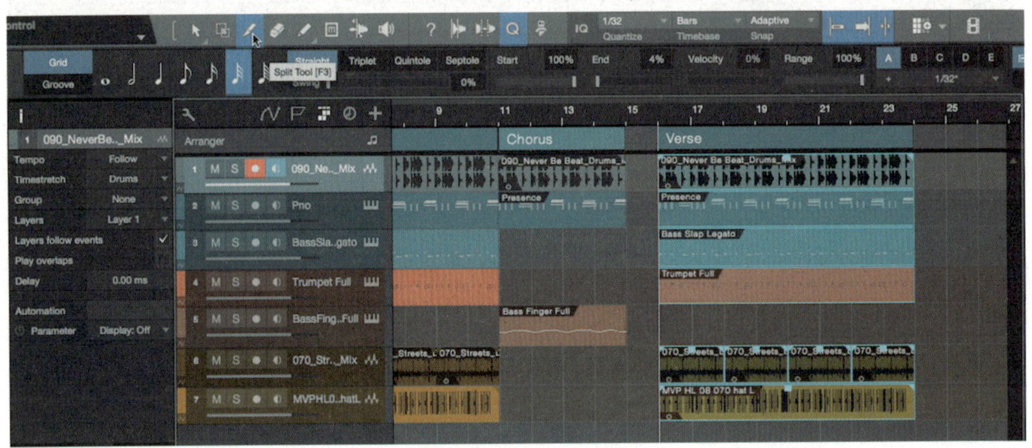

**그림 5 - 297** 어레인저 바 이동

옮겨진 Verse 바도 필자가 필요로 하는 길이보다 깁니다. 이번에는 저 레전대로 8마디가 아니라 필요한 건 4마디면 충분할 것 같습니다.

### 3.8.4 2번째 Verse 길이 조정

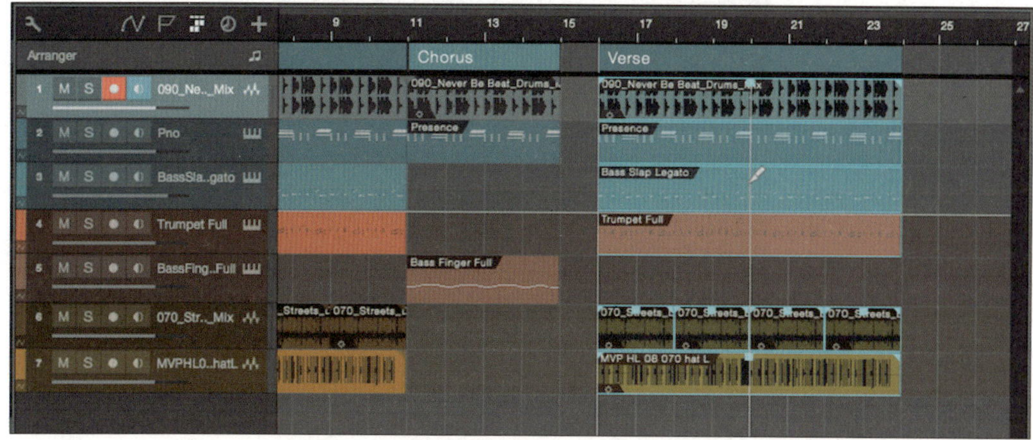

**그림 5 - 298** 레전 자르기 1

이번엔 razer(칼) 툴을 이용해 잘라보겠습니다. 레전들을 모두 선택하고 4마디 부분에 칼 툴을 선택해서 클릭하면 선택된 레전들이 모두 4마디째에서 잘립니다.

레전들만 잘리며 어레인저 바는 잘리지 않습니다.

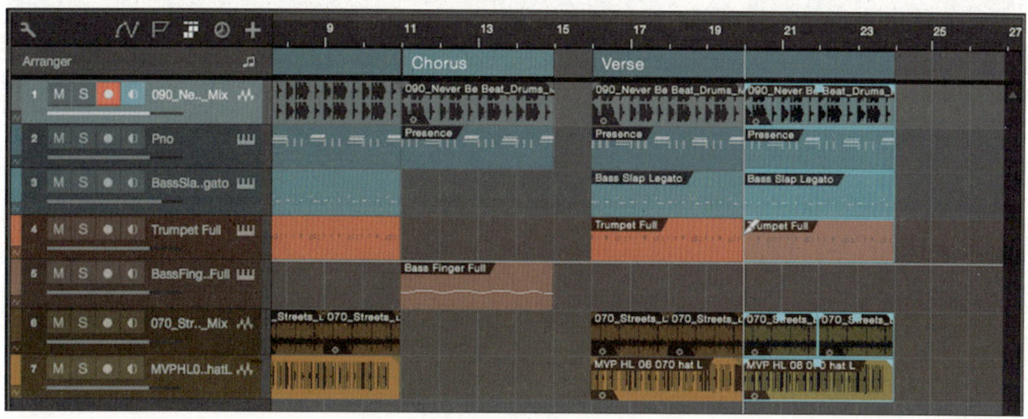

**그림 5 - 299** 레전 자르기 2

레전이 반으로 잘린 것을 볼 수 있습니다.

키보드 자판의 delete 키를 눌러 나머지는 지워버립니다.

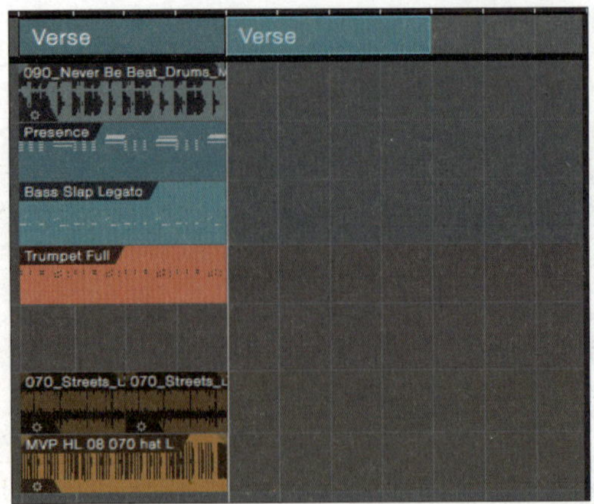

그림 5 - 300  잘려진 레전 치우기

어레인저 바도 따로 반으로 줄여줍니다.

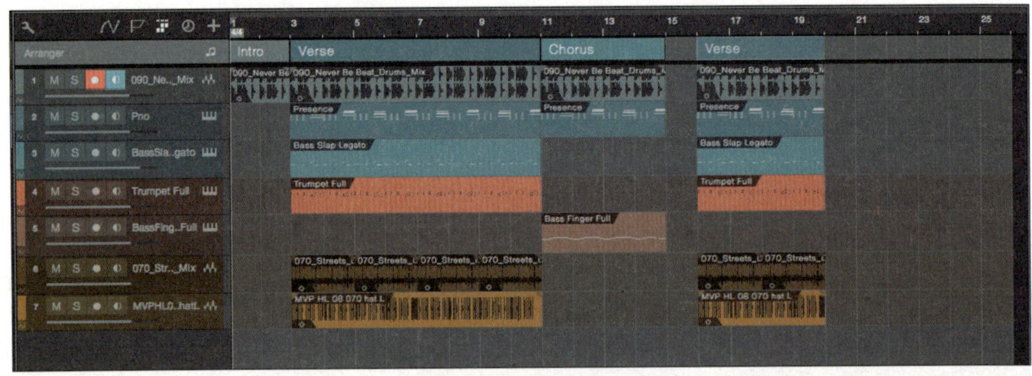

그림 5 - 301  편집된 레전들

편집된 레전들의 모습입니다. 일부러 15번째 마디에 1마디 띄워놓았습니다.

다른 생각이 더 있다는 의미입니다.

## 3.8.5 어레인저 바 복사로 간편하게 곡 구성하기

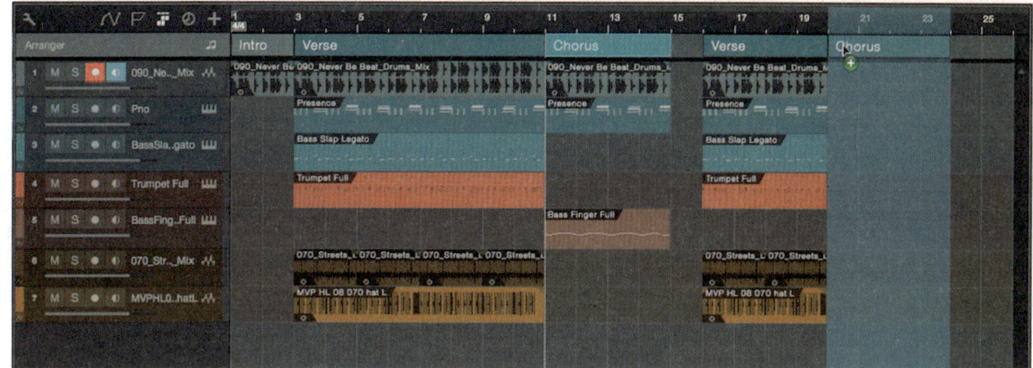

그림 5 - 302  Chrous 바 복사

어레인저 트랙의 코러스 바를 매킨토시면 'opt + 드래그', 윈도우즈면 'alt + 드래그'해서 복사합니다.
짧아진 2번째 Verse 뒤에 붙입니다.

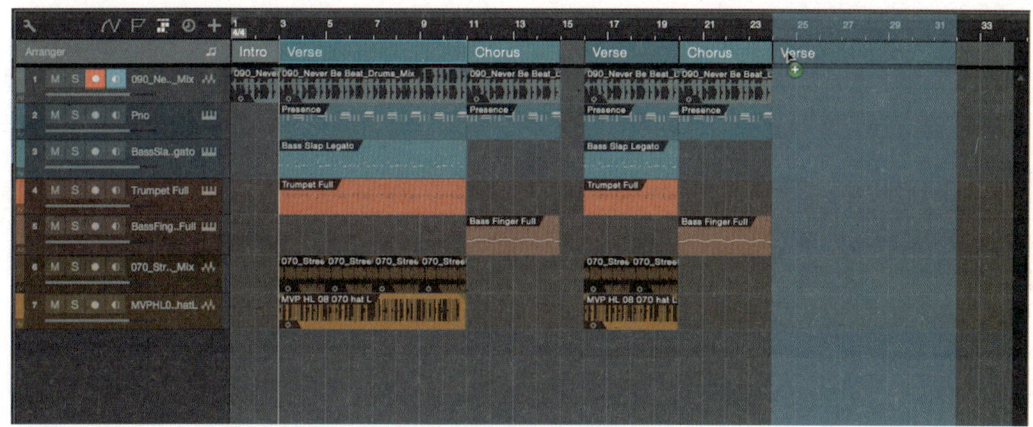

그림 5 - 303  Verse 바 복사

이번엔 첫 번째 Verse 바 부분을 잡아서 매킨토시면 'opt + 드래그', 윈도우즈면 'alt + 드래그'해서
복사해서 코러스 바 바로 뒤에 붙입니다.

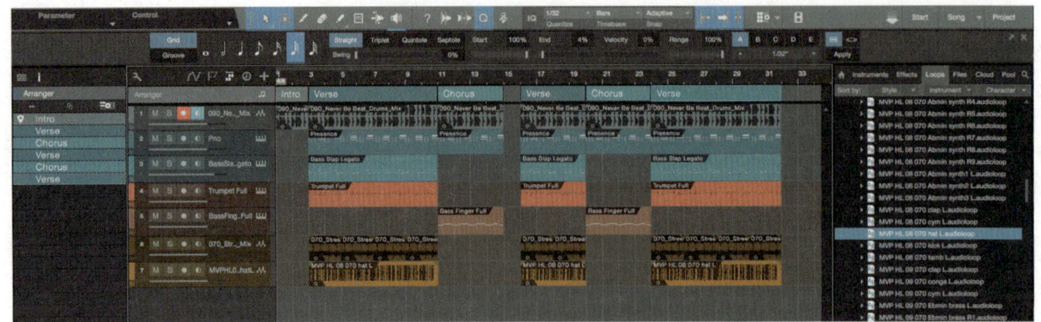

그림 5 - 304 현재까지 전체 화면

이제 이 곡의 전체적인 어레인지 밑그림이 그려졌습니다. 이 그림을 보시고 똑같이 만들어졌나 확인해보시길 바랍니다.

그런데 두 번째 Verse의 길이가 4마디로 짧아졌으니 8마디 Verse와 이름에서도 차이를 두고 싶습니다. 나중에 쓸지 안 쓸지 모르지만 4마디 Verse가 필요할 때 어레인저 트랙만 보고 한 번에 알아볼 수 있도록 말입니다.

### 3.8.6 어레인저 바 이름 변경

그림 5 - 305 어레인저 바 인스펙터 윈도우

어레인저 트랙을 선택하면 좌측 인스펙터 윈도우에 바들의 이름이 표시됩니다.

그림 5 - 306 어레인저 바 이름 변경

4마디로 구성된 Verse를 Verse 2로 이름을 바꿉니다.

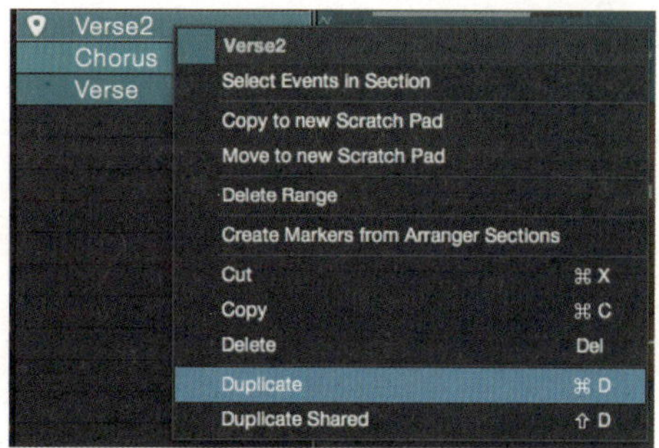
그림 5 - 307 어레인저 바 인스펙터 윈도우의 메뉴 창

이름도 바꿨으니 색깔도 바꿔보겠습니다.

인스펙터 윈도우 상에 Verse 2라고 쓰인 곳을 마우스 우클릭을 해보면 부메뉴가 뜹니다.

부메뉴 상단에 색깔이 표시된 곳을 누르면 색상표가 뜹니다.

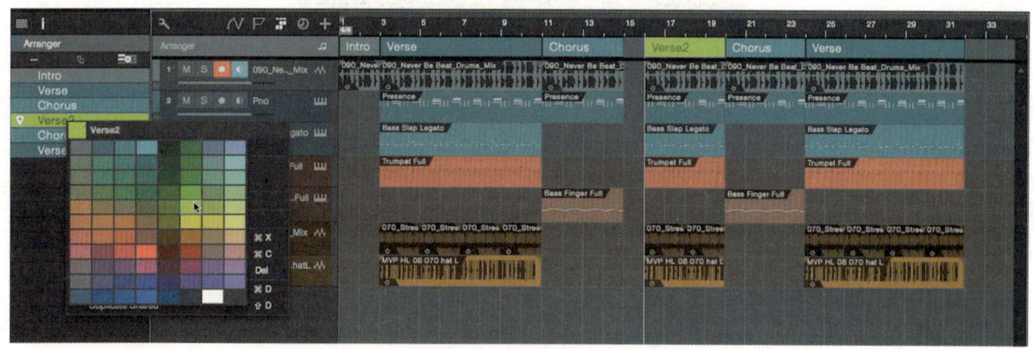
그림 5 - 308 어레인저 바 색상 변경

마음에 드는 색깔로 고릅니다. 이젠 Verse 2 부분의 이름과 색깔이 새로 지정되었습니다.

자 이제 다시 스페이스 바를 눌러 곡을 들어봅니다. 이쯤 되면 여러분의 입에 랩이 흥얼거려지면 좋겠습니다.

그런데 이렇게 대강의 어레인지를 해놓고 들으니 코러스 부분에 악기가 조금 더 있으면 좋겠습니다. Verse 부분과 분위기를 확 다르게 만들어주면 좋겠습니다. 그러니 이번엔 일렉트릭 기타를 추가해볼까 합니다.

# 3.9 일렉트릭 기타 입력

## 3.9.1 일렉트릭 기타 고르기

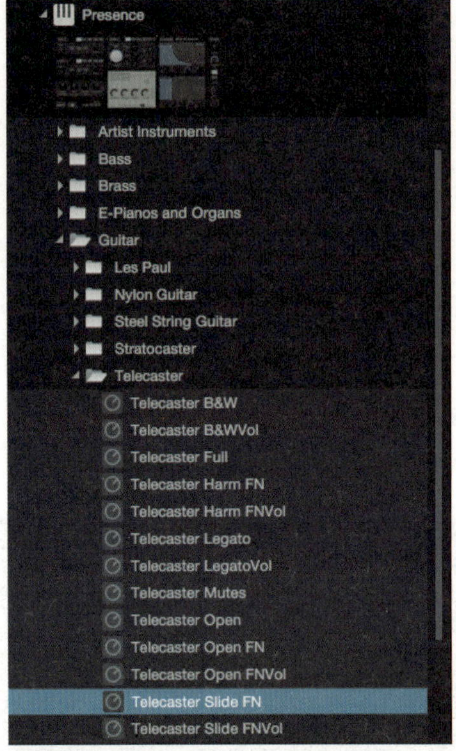

**그림 5 - 309** 일렉기타 고르기

이번에도 브라우저 윈도우상에서 악기를 고르겠습니다.

프리센스 XT 중 Guitar 〉 Telecaster 〉 Telecaster Slide FN으로 하겠습니다.

Telecaster는 세계적으로 유명한 기타 제조사인 Fender사의 모델 이름입니다.

그리고 slide란 기타를 연주할 때 왼손으로 지판을 미끄러지듯 연주하는 주법을 뜻합니다.

slide 소리는 그래서 '띠용' 하는 소리가 필연적으로 나고 그 뉘앙스를 살리는 연주를 합니다.

## 2.9.2 Chorus에 일렉트릭 기타 입력

### 1) 기타 트랙 생성

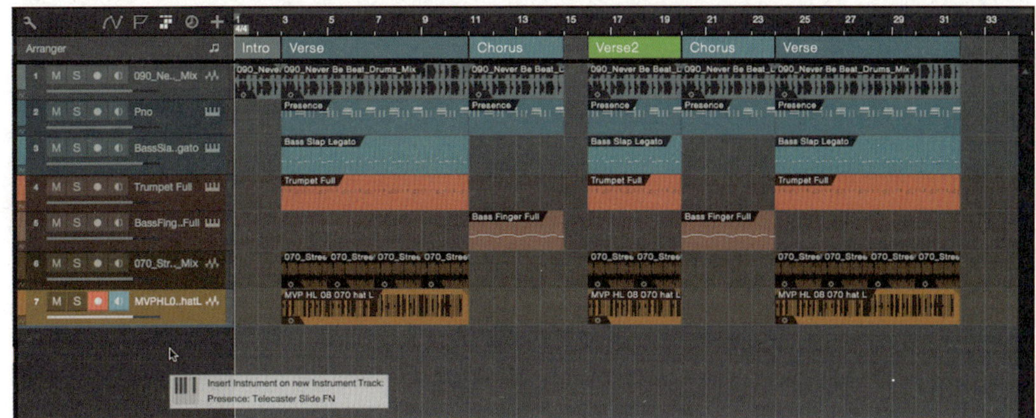

**그림 5 - 310** 드래그 앤드 드롭으로 악기 트랙 생성

브라우저 윈도우에서 고른 기타를 드래그 앤드 드롭으로 메인 윈도우로 끌어다 놓습니다.

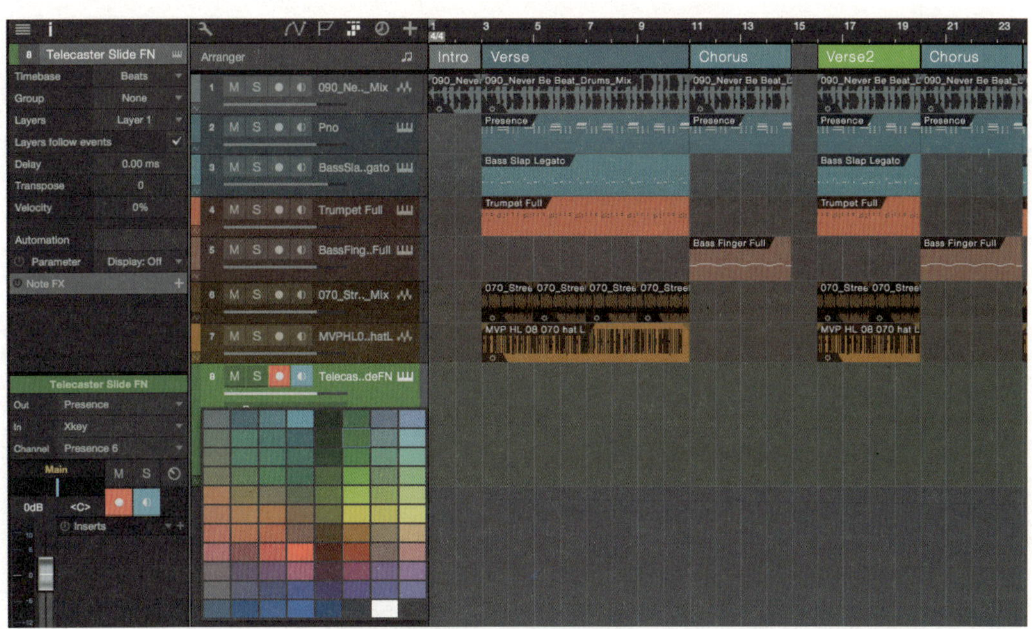

**그림 5 - 311** 트랙 색상 변경

이번엔 기타 트랙의 색깔을 바꿔보겠습니다.

해당 트랙의 좌측 끝 세로로 된 바를 클릭하면  색상표가 떠서 색을 바꿀 수 있습니다.

## 2) 레전 그리기

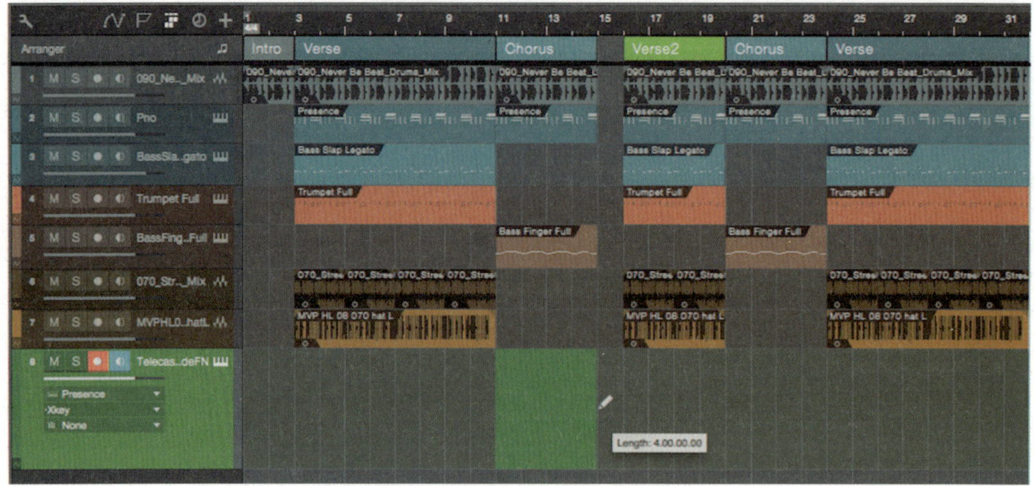

그림 5 - 312  Chorus에 4마디 레전 그리기

코러스 파트가 4마디이므로 연필 툴을 이용해서 4마디만큼 레전을 그려줍니다.

## 3) 음정 입력

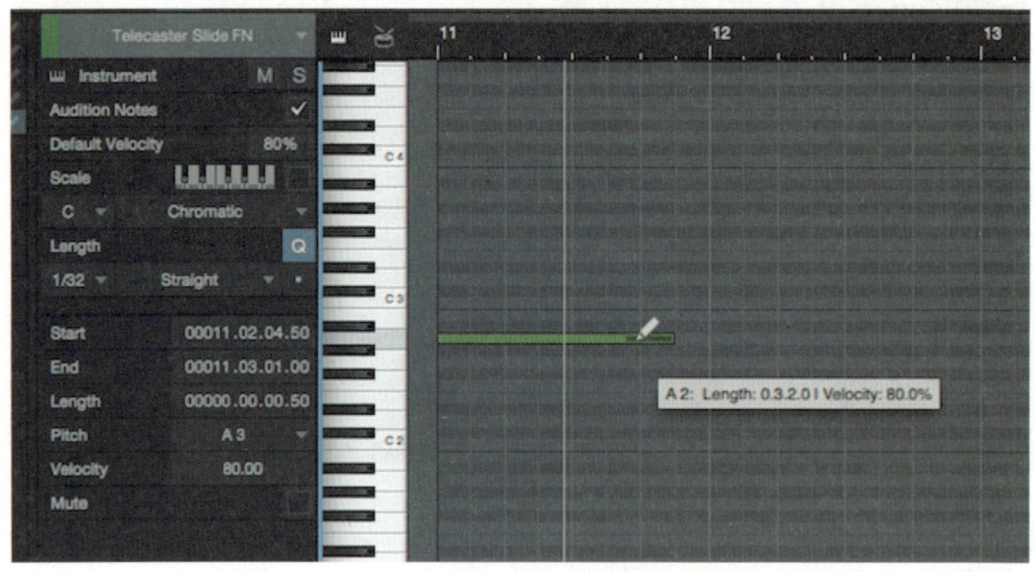


그림 5 - 313  첫 음 A 음 입력

기타의 첫 음은 역시 '라'로 하겠습니다. 길이는 11번째 마디 4.5박까지 그려줍니다. 현재 벨로시티는 80%로 되어 있군요.

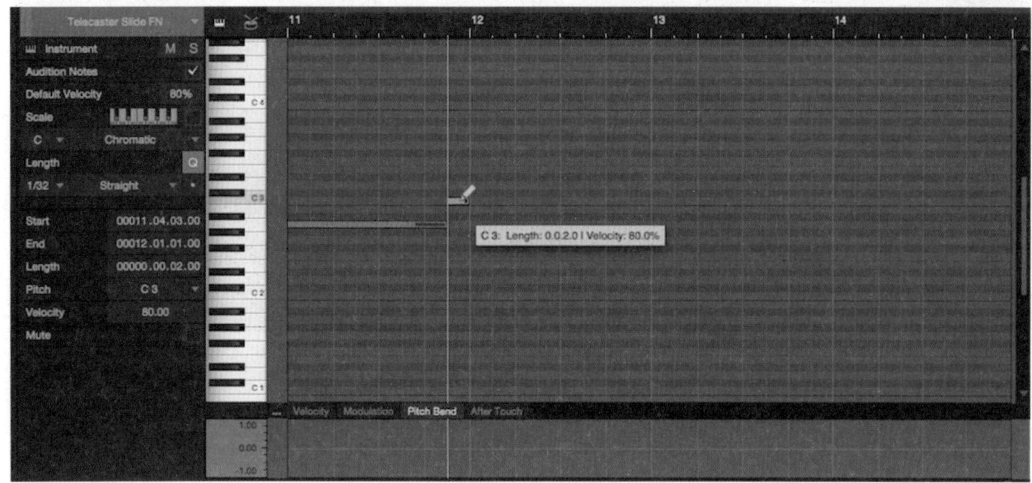

**그림 5 - 314** C 음 입력 1

두 번째 음은 11번째 마디 4.5박에서 시작되는 '도' 음 16분음표 길이입니다.

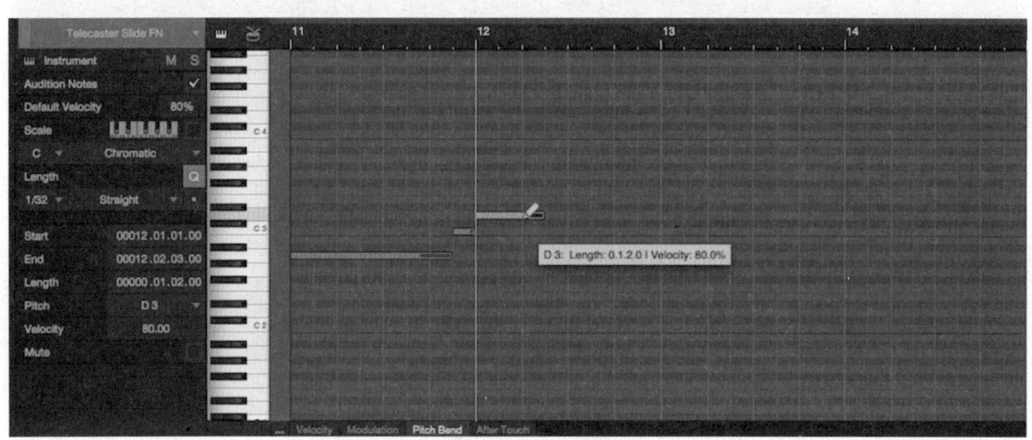

**그림 5 - 315** D 음 입력

세 번째 음은 '레'입니다. 길이는 12번째 마디 2.5박까지 그려줍니다.

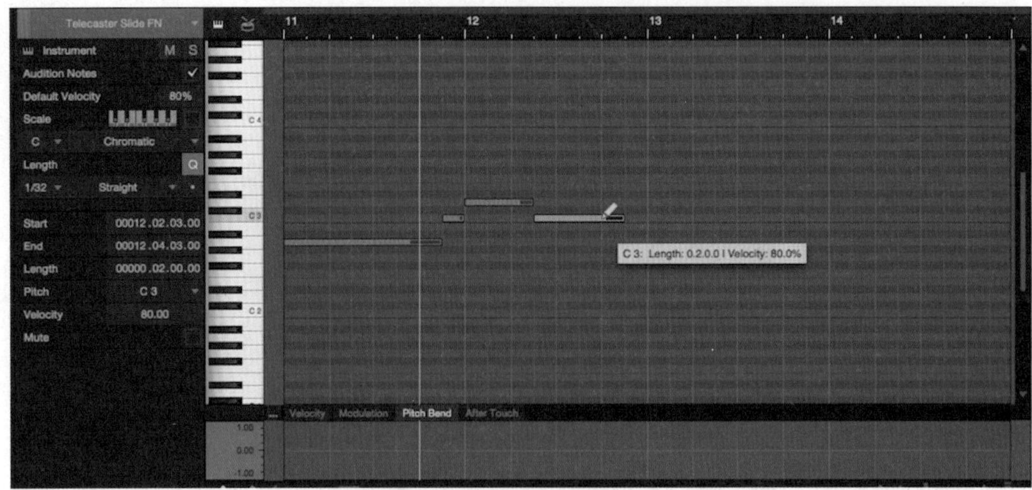

**그림 5 - 316** C 음 입력 2

네 번째 음은 다시 '도'입니다. 12번째 마디 2.5박에서 시작해서 4.5박까지 그려줍니다. 4분음표 길이가 되겠네요.

여기까지 그려보고 일단 스페이스 바를 눌러 들어봅니다.

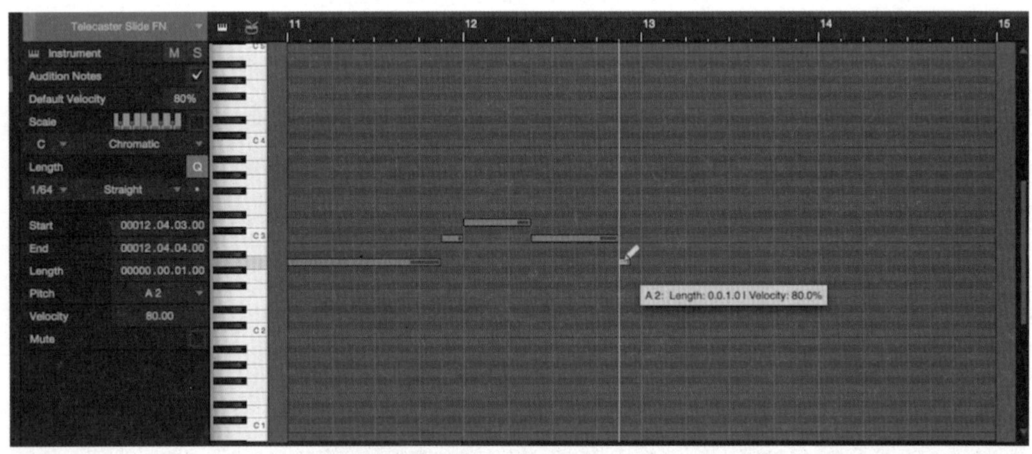

**그림 5 - 317** A 음 입력 1

다섯 번째 음은 '라'입니다. 음의 길이는 대략 16분음표 길이로 그려봅니다.

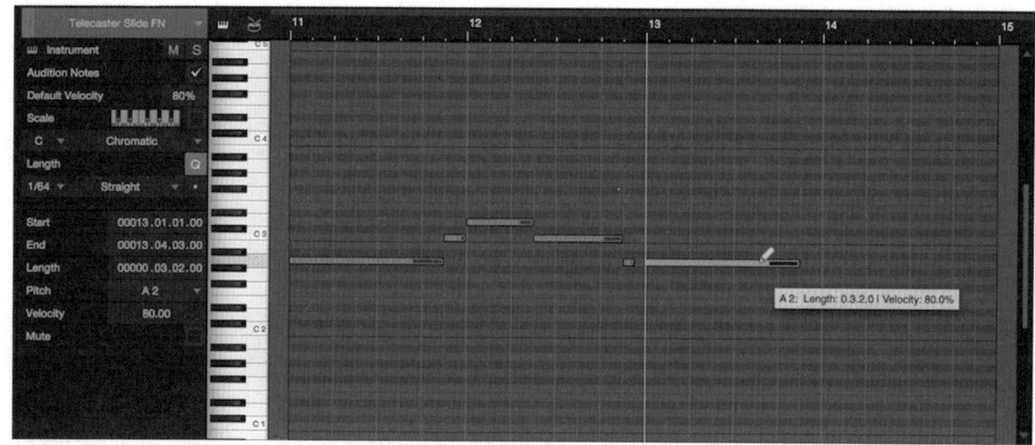

**그림 5 - 318** A 음 입력 2

여섯 번째 음은 '라'입니다. 13번째 마디 4.5박까지 길게 그려줍니다.

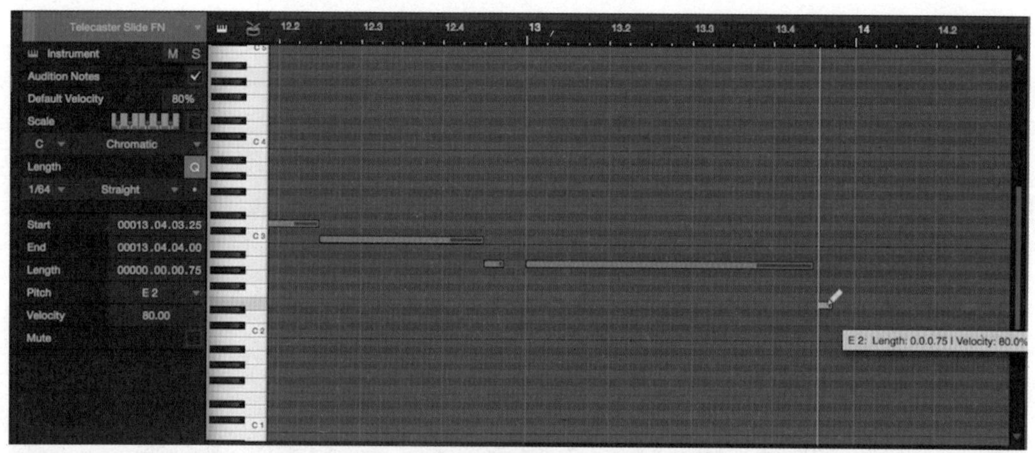

**그림 5 - 319** E 음 입력

일곱 번째 음은 '미'입니다. 13번째 마디 4.5박째에 32분음표길이로 그려 줍니다.

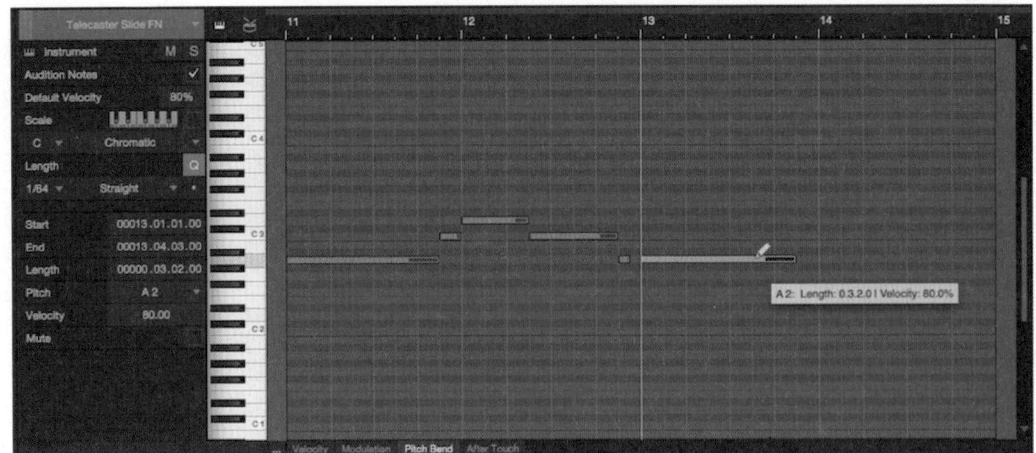

그림 5 - 320  F 음 입력

8번째 음은 '파'입니다. 14번째 마디 1박부터 2.5박까지 그려줍니다. 점 4분음표가 됩니다.

다시 스페이스 바를 눌러 들어봅니다.

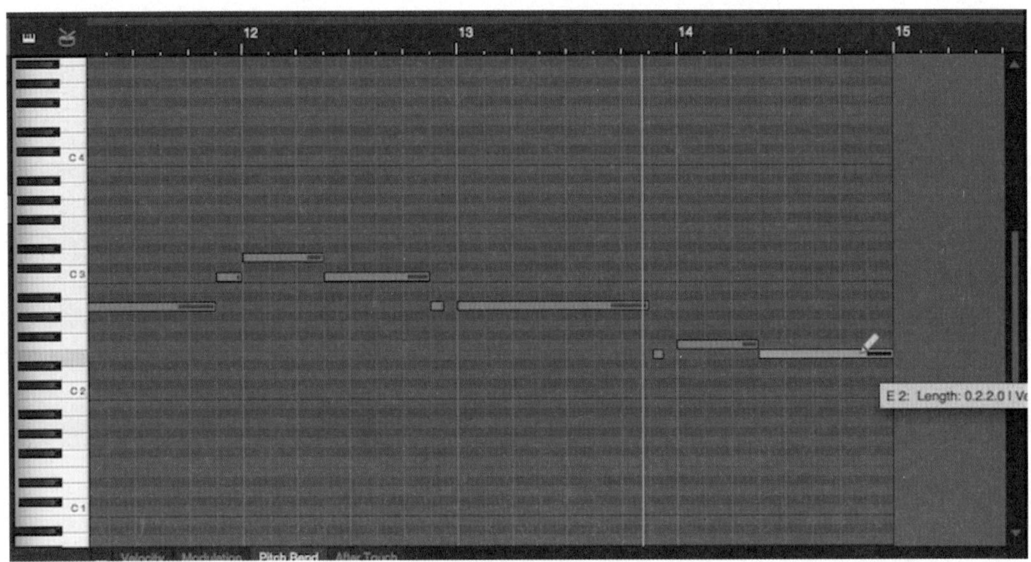

그림 5 - 321  마지막 E 음 입력

마지막 음은 '미'입니다.

14번째 마디 2.5박에서 시작해서 14번째 마디 끝까지 그려줍니다.

스페이스 바를 눌러 들어봅니다.

일렉트릭 기타의 느낌이 뭔가 모자랍니다. 슬라이드 기타의 특징이라 말했던 '띠용' 하는 소리가 덜 나는 것 같기도 합니다. 프리센스 XT의 슬라이드 기타는 벨로시티에 따라 '띠용'하는 소리가 나고 안 나고 합니다. 현재 그려진 음표들은 80%인데 이걸 100%로 바꿔 보겠습니다.

그리고 기타 줄을 위나 아래로 밀어서 '~~'한 느낌을 내는 기법('벤딩' 혹은 '초킹')도 추가해 보겠습니다. 소리를 글로 표현하기란 참 어렵습니다. 그래도 '~~'의 느낌이 무언지 전달되었으면 좋겠습니다.

## 4) 기타 벤딩 느낌주기

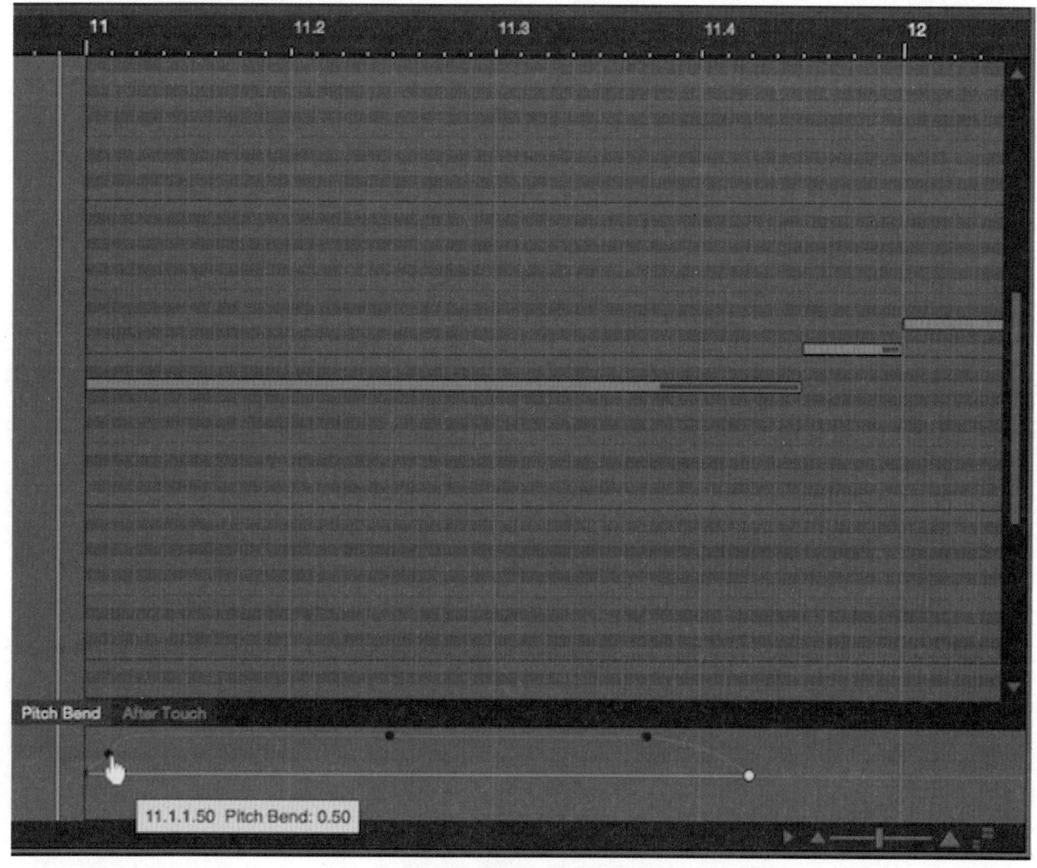



그림 5 - 322 Pitch Bend 탭 1

'벤딩'이 정확한 표현이라고 합니다만 보통 기타리스트들은 '초킹'을 더 많이 사용합니다.

먼저 미디 편집 툴 아랫부분의 'Pitch Bend' 탭을 눌러 봅니다.

그러면 'Pitch Bend' 편집 창으로 바뀝니다.

편집 창 가운데를 관통하는 하얀색 실선은 지금 발생하는 '음정'이 맞는지, 즉 정확한 튠(tune)인지를 보여줍니다. 저 하얀 실선 위로 새로운 라인을 그리면 음정이 올라가고 내려서 그리면 음정이 내려 가는 형식으로, 기타의 '벤딩'을 표현하는 데 사용합니다. 그렇다면 'Pitch Bend'는 올바른 튠을 일부러 틀린 튠으로 바꾼다는 소리이기도 합니다.

일부러 잘못된 튠으로 소리를 바꾸는 기능이 있는 이유는 그것이 일렉트릭 기타 연주의 백미이기 때문이며, 기타 교본에 나온 대로 '초킹'만 따로 열심히 연습하는 초보 기타리스트들도 많습니다.

위의 그림에 보듯이 마우스를 가져가면 커서(cursor)는 손 모양 그림으로 바뀌며 몇몇 점을 만들어서 벤딩의 모양을 보여줍니다. 11번째 마디 첫 번째 음 '라'음이 끝나기 바로 직전쯤 끝내서 11.4부터 하 강하여 다시 정 튜닝이 되도록 그려줍니다.

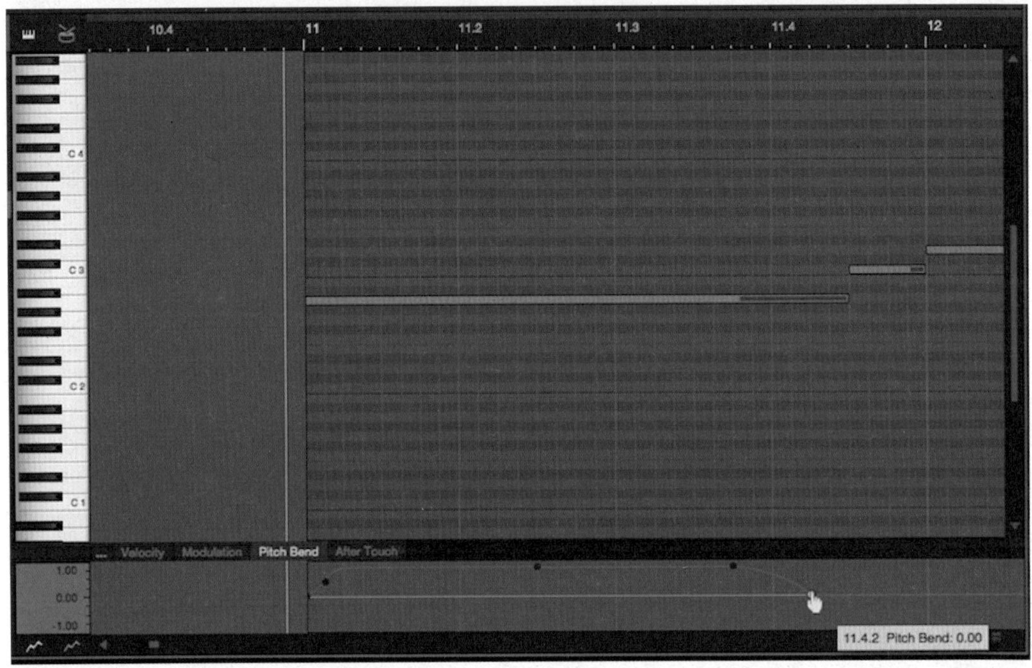

그림 5 - 323 Pitch Bend 탭 2

기타는 미디라는 영역에서 아직도 따라가기 힘든 악기입니다.

첫 번째로는 기타리스트가 사용하는 앰프를 포함한 각종 이펙터 액세서리들의 표현 영역이 있기 때문이고 두 번째로는 사람의 손가락 피부와 직접 닿는 현악기의 특성이 있기 때문입니다. 연주자의 기타가 만드는 미세한 느낌은 정말 표현하기 쉽지 않습니다. 중요한 건 벤딩한 해당 음정이 끝나기 직전에 다시 맞는 음정으로 돌아와야 한다는 것입니다.

이제 스페이스 바를 눌러 들어봅니다.

## 5) 음정 길이와 벨로시티 조정

벤딩을 하고 들어보니 두 번째 음인 '도'가 길다는 생각이 듭니다. 두 번째 '도'음은 어찌 보면 경과음처럼 처리되길 원하는 음이기도 하기 때문입니다.

일단 첫 번째 음인 '라'가 거의 온음표에 가까운 길이로 그려져 있는데 만일 기타가 아니라 다른 악기였다면 그냥 한마디를 다 차지하는 온음표 길이로 끝났을지도 모르겠습니다. 벤딩을 하고나니 세 번째 음인 '레'로 가기 위한 경과음처럼 빠르고 짧게 거쳐 가는 편이 더 일렉트릭 기타다울 듯 싶습니다. 32분음표 길이로 줄여줍니다.

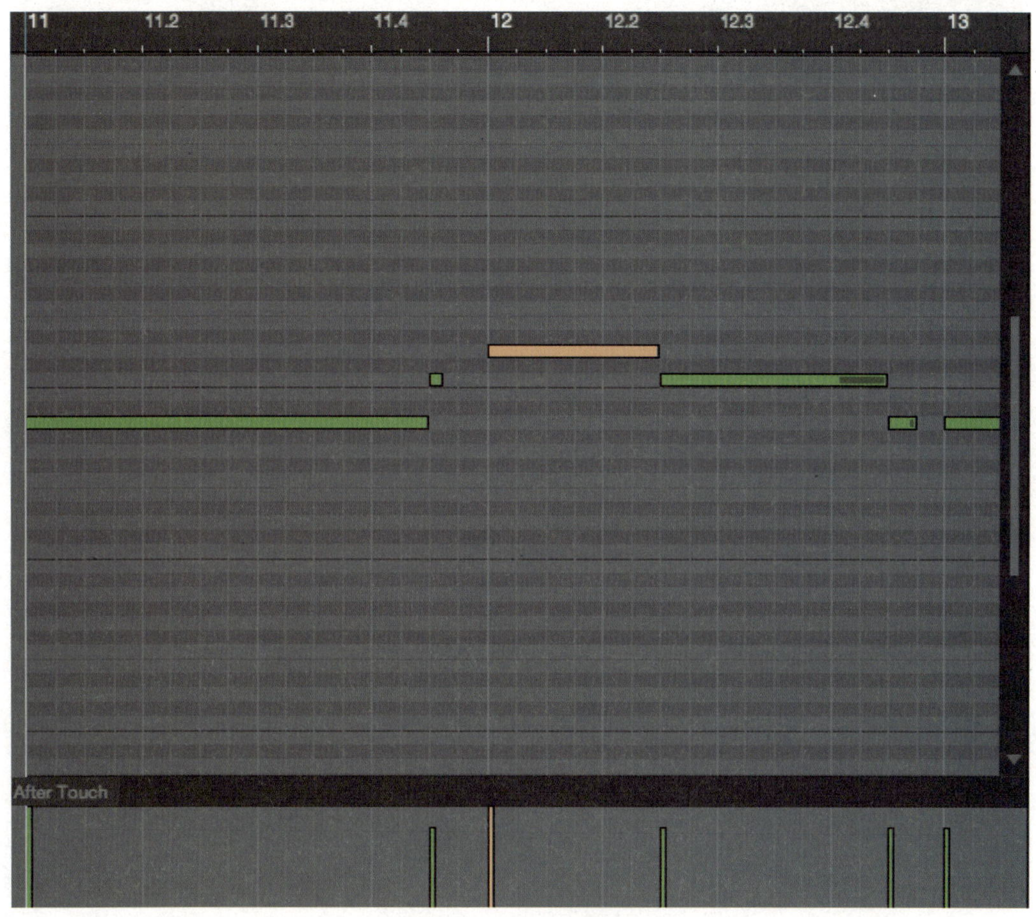

그림 5 - 324  C 음정 길이 조정

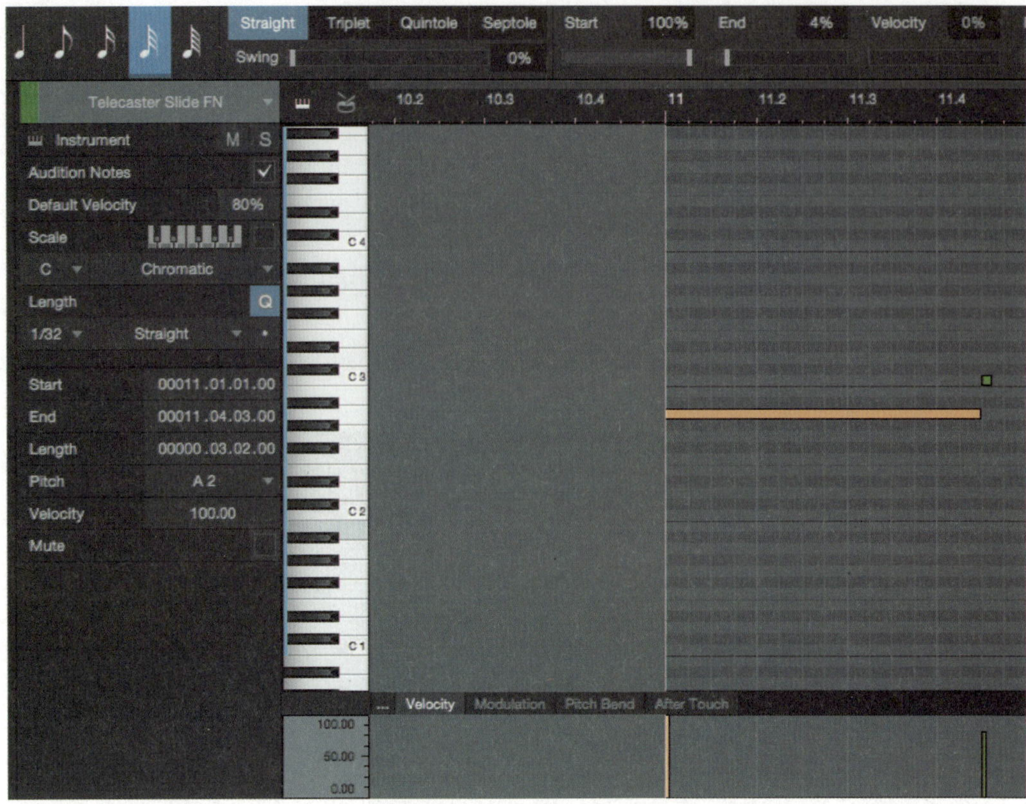



**그림 5 - 325** 첫 음정 벨로시티 조정

그리고 첫 번째 음의 벨로시티를 100%로 올려봅니다. '띠용'하는 느낌이 벤딩의 '~~'한 느낌과 어울려 나옵니다.

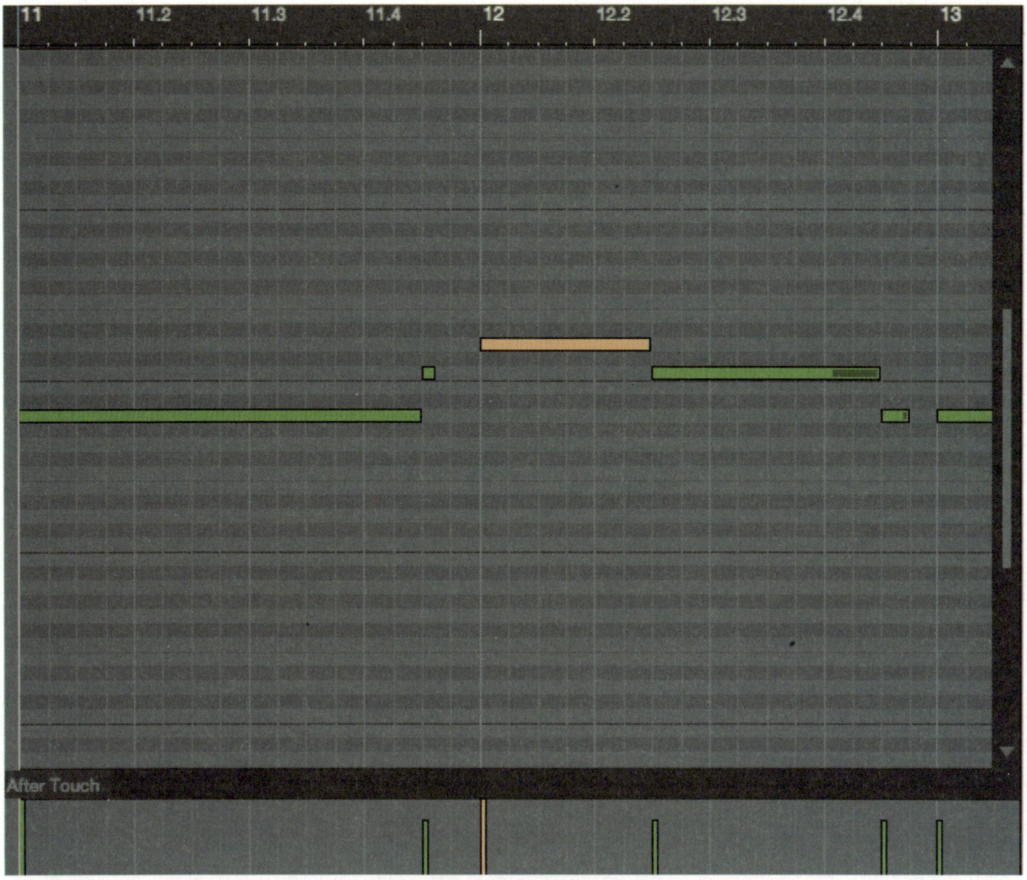

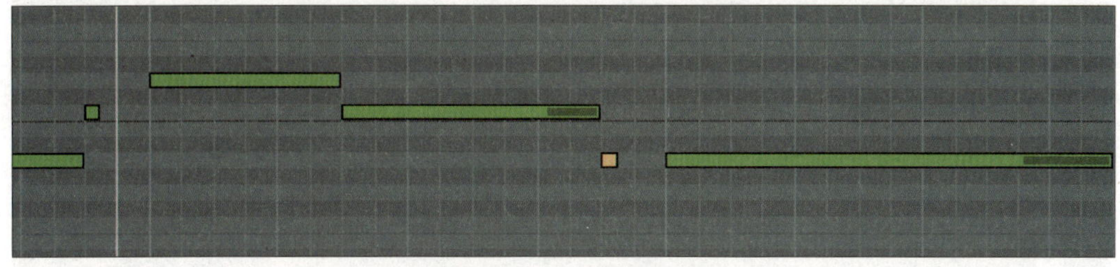

**그림 5 - 326** 3번째 음정 벨로시티 조정

세 번째 음인 '레'음의 벨로시티도 100%로 올려줍니다. 필자가 슬라이드 기타를 고른 이유가 소리로 느껴집니다.

**그림 5 - 327** 5번째 음정 길이 조정

5번째 음인 '라' 도 32분음표로 줄여봅니다. 아무래도 13번째 마디 긴 '라'로 가기 위한 경과음처럼 처리하는 것이 더 나을 것 같습니다.

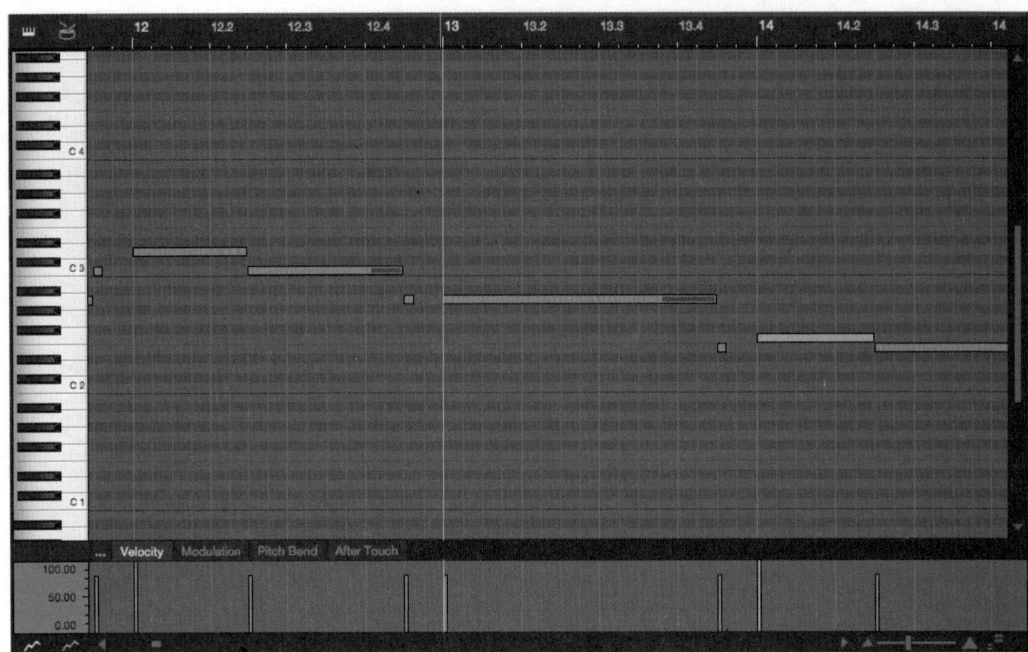

그림 5 - 328  14번째 마디 첫 음정 벨로시티 조정

다음은 14번째 마디 첫 음 '파'의 벨로시티를 100%로 해보겠습니다.

길이가 한 박자 반을 끄는 긴 음인데 다음에 나올 '미'도 긴 음이라 둘 다 벨로시티를 올려봅니다.

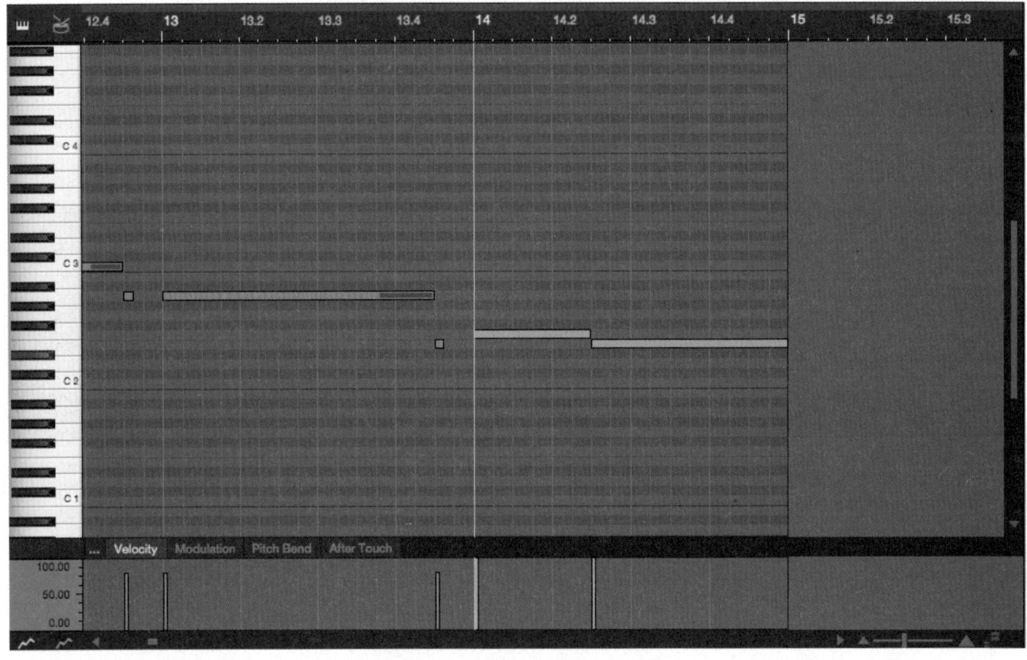

그림 5 - 329  마지막 음 벨로시티 조정

마지막 음인 '미'도 벨로시티 100%로 올려봅니다.

스페이스 바를 눌러 들어봅니다.

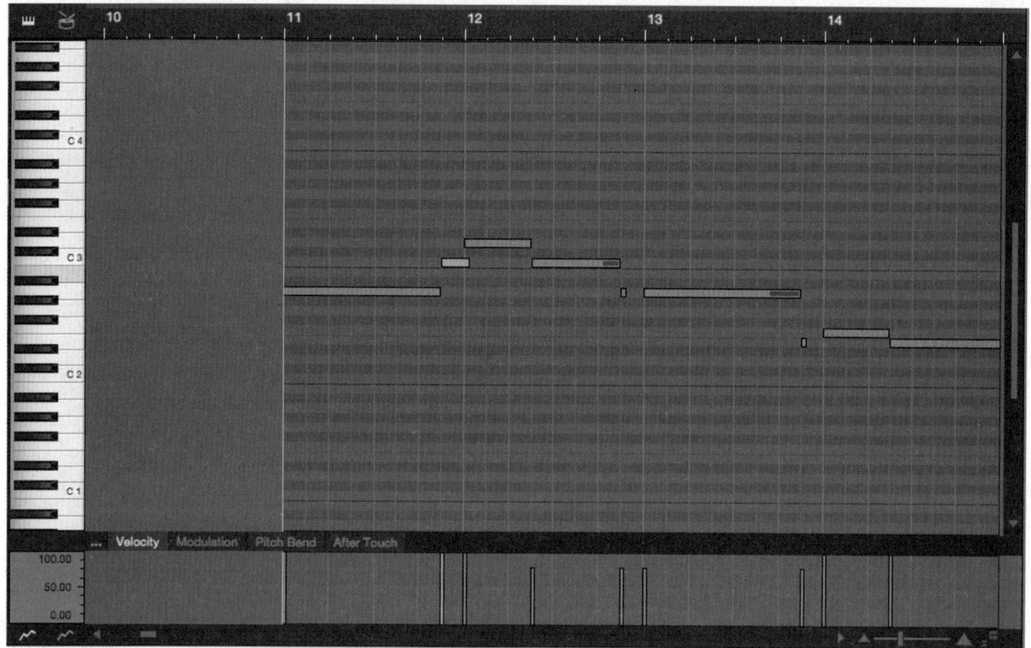

**그림 5 - 330** 두 번째 음 길이 수정

들어보니 다시 고치고 싶은 부분이 생겼습니다.

11.5마디째의 '도'를 다시 늘려봅니다. 기타나 베이스 기타 등의 현악기는 64분음표 정도의 길이만 차이가 나도 그 뉘앙스에 차이가 큽니다.

음정의 길이가 약간 마디를 넘어갔습니다. 지금까지 설명을 위해 '몇 분 음표의 길이입니다' 라고 말해왔지만 사실은 들어서 좋은 길이라면 그 음정의 길이는 음표로 표시되지 못할 길이여도 상관 없습니다. 예를 들어 8분음표보다 길고 점 '8분음표보다 짧은 음정' 이런 것도 미디로는 가능합니다.

실제로 그런 연주가 자주 있습니다. 그게 연주자의 해석입니다.

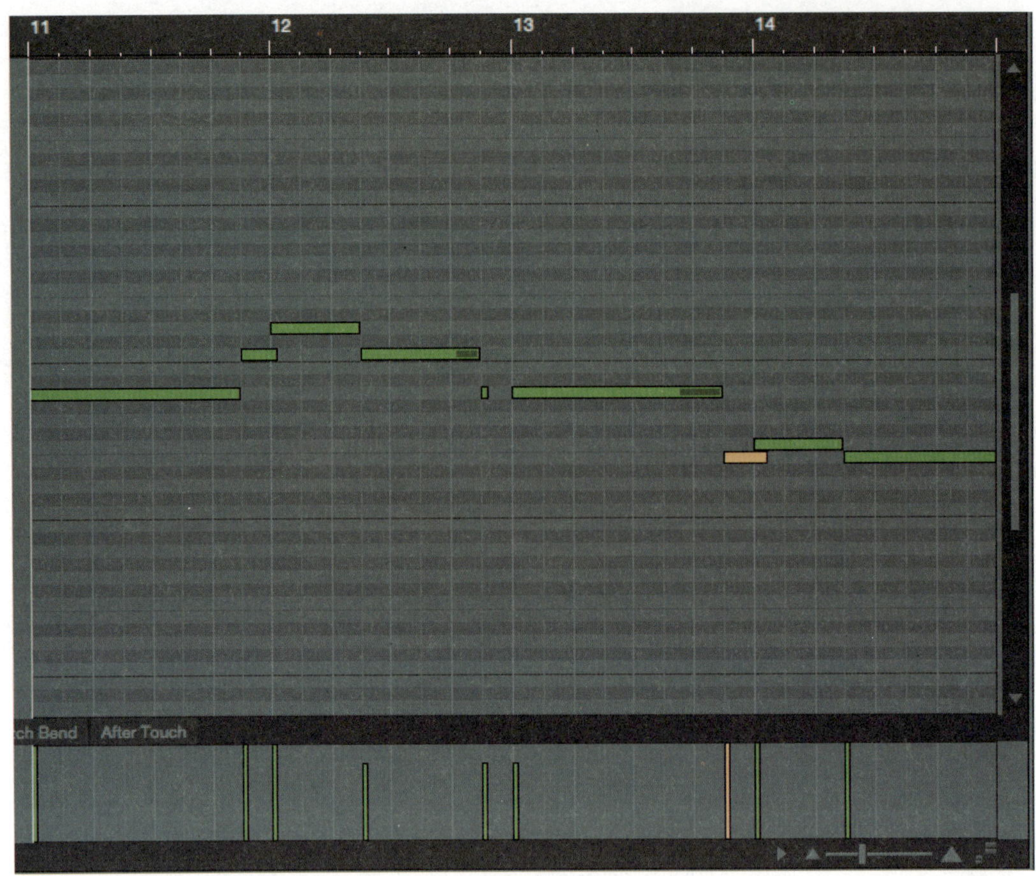


**그림 5 - 331** 7번째 음 길이 조정

13마디 4.5박자의 '미'도 길게 만듭니다. 이번에도 음의 길이가 마디를 조금 넘는 게 듣기에 더 낫습니다. 이로써 첫 번째 코러스 부분의 기타 입력을 끝내겠습니다.

앞서 말했듯 기타 입력이 어려운 이유 중 기타의 앰프나 액세서리들의 사용에 의한 뉘앙스 표현이 어려운 점도 있다고 말했는데 이것은 차후 기타 앰프 시뮬레이션 플러그인을 통해 더 해결해보도록 합시다.

### 3.9.3 2번째 Chorus에 기타 입력

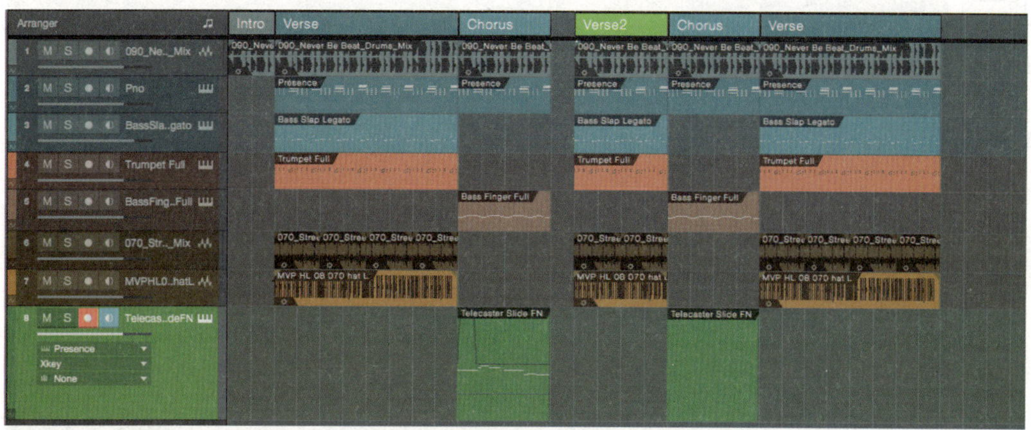

**그림 5 - 332** 2번째 Chorus에 기타 레전 그리기

이번엔 두 번째 코러스 부분에 기타 입력을 해보겠습니다.

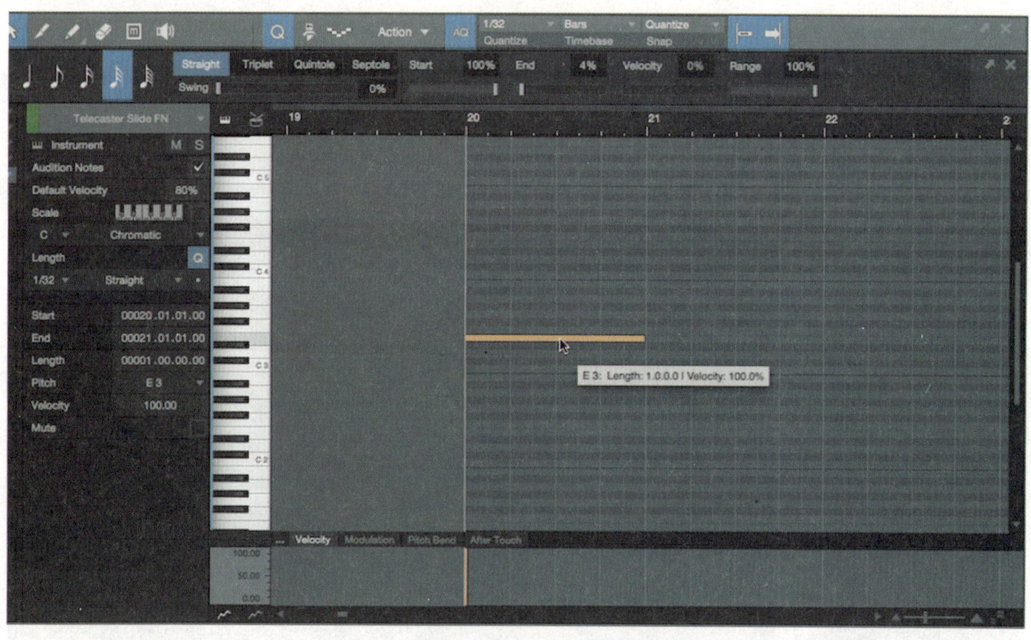

**그림 5 - 333** 첫 번째 음 입력

위 그림을 보고 두 번째 코러스 부분에 역시 4마디를 그려 줍니다.

첫 음은 '미'로 시작합니다. 길이는 4박자를 다 채운 온음표입니다. 벨로시티는 100%로 되어 있습니다.

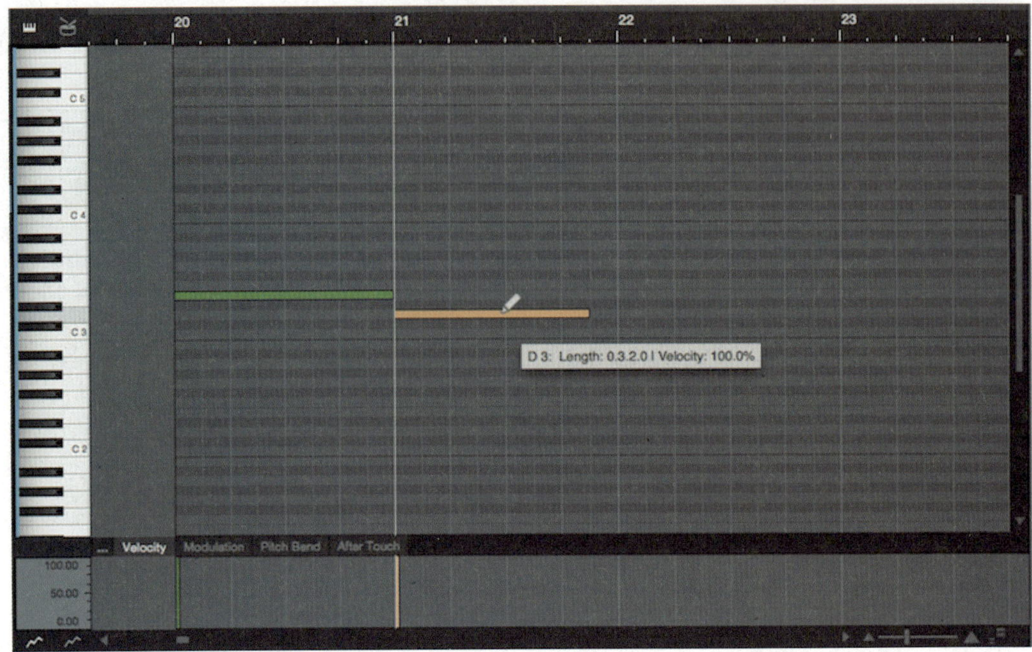

**그림 5 - 334** 2번째 음 입력

21마디에 그릴 두 번째 음은 '레'입니다. 길이는 21마디 4.5박까지입니다.

앞서 기타를 입력했으니 눈치채셨겠지만 반 박자 만큼 남겨 놓은 것은 경과음이 있다는 뜻입니다.

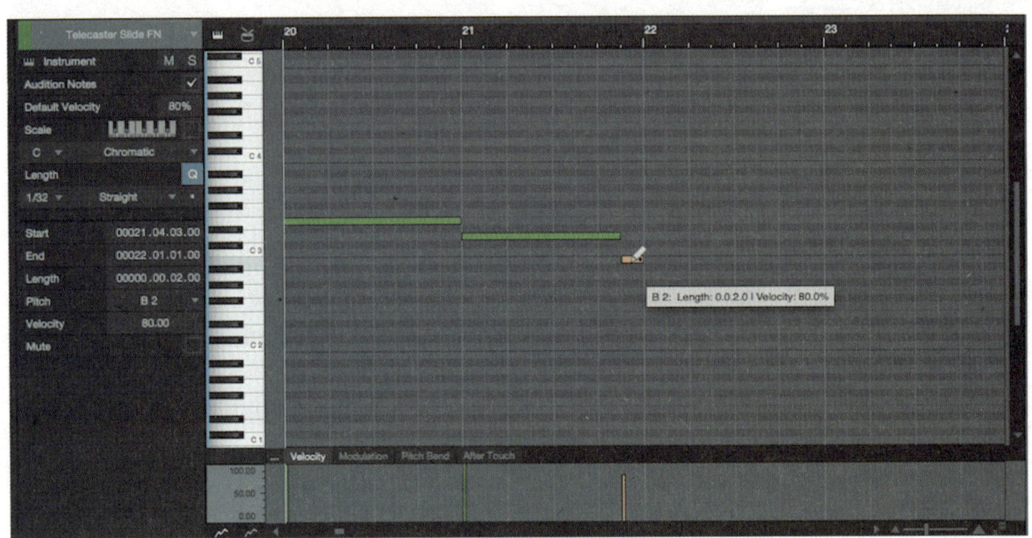

**그림 5 - 335** 3번째 음정

21마디 4.5박째에는 '시'음을 그립니다. 일단은 8분음표 길이만큼 그려 넣습니다.
벨로시티는 80%로 하였습니다.

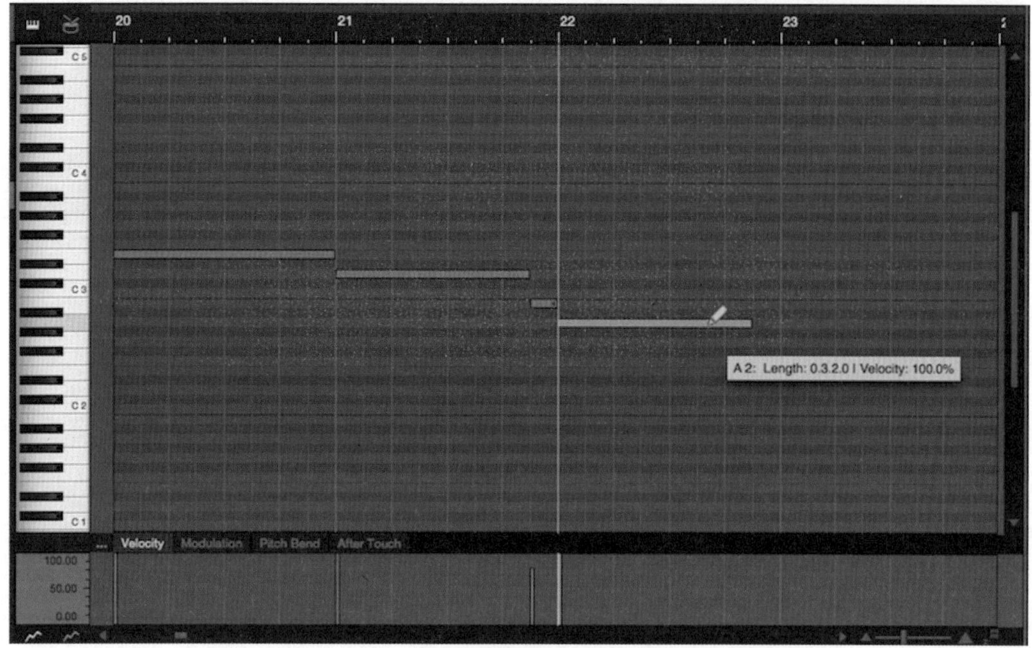



**그림 5 - 336** 4번째 음정

22마디째엔 '라'를 그려 넣습니다. 역시 길이는 22마디 4.5박까지입니다.

이제 이쯤에서 스페이스 바를 눌러 한 번 들어봅니다. 멜로디가 긴장이 완화되는 분위기로 음정들이
계속 하강하고 있습니다. 두 번째 코러스 부분이기에 곡의 끝맺음으로 연결되기 위해서였습니다.

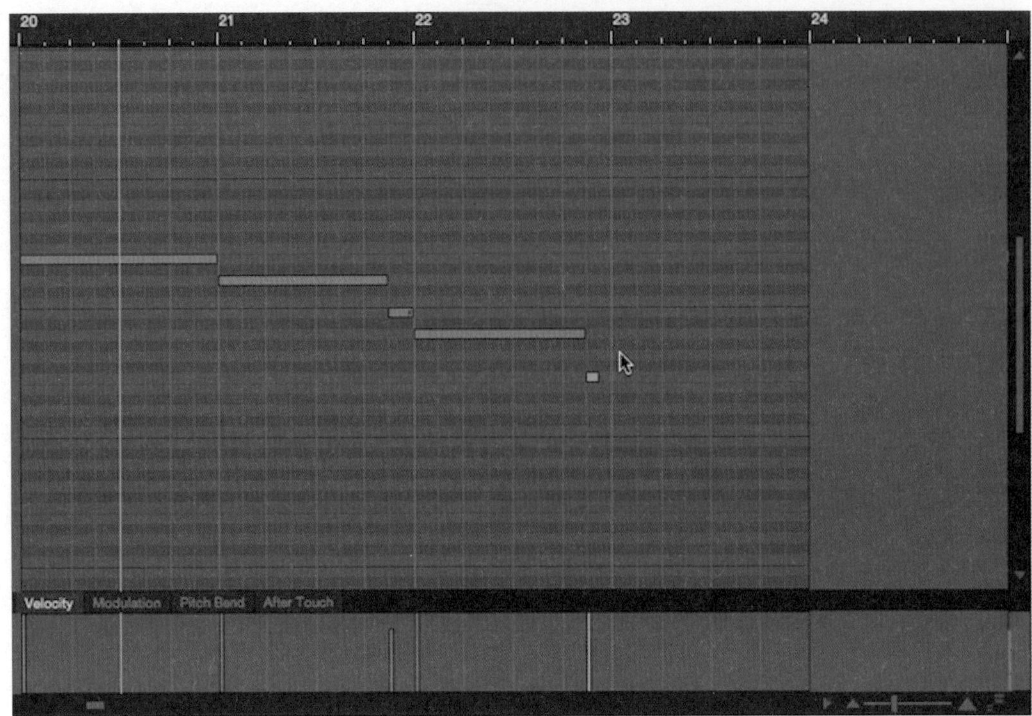

**그림 5 - 337** 5번째 음정

22마디 4.5박째엔 파를 넣습니다. 23마디에도 '파'음을 넣을 것인데 이번에도 경과음처럼 짧게 처리할까 합니다.

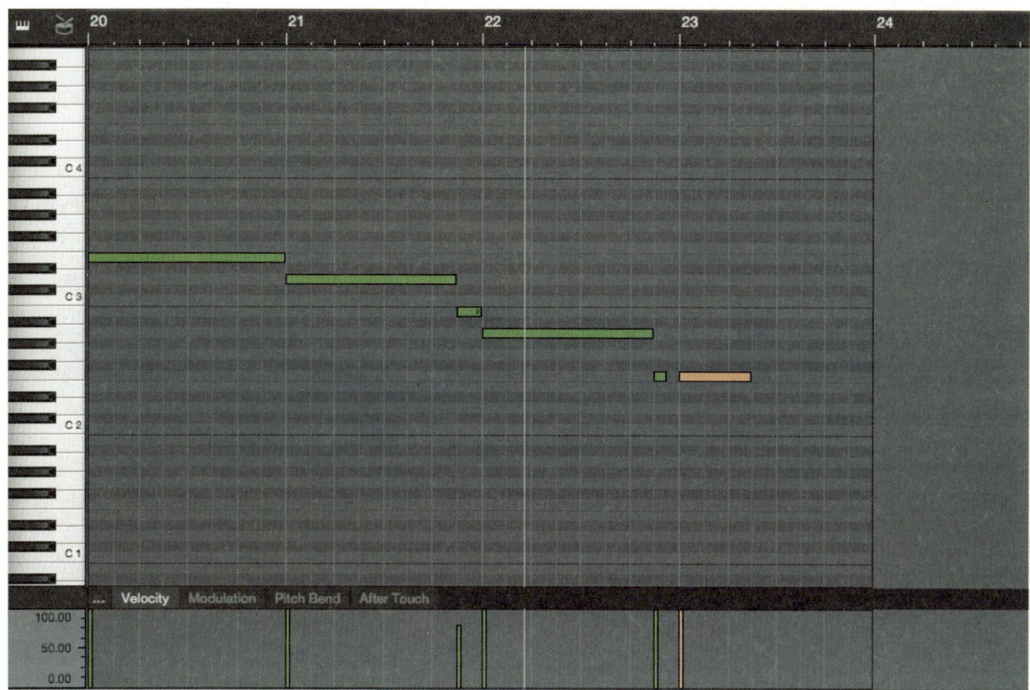

**그림 5 - 338** 6번째 음정

23번째 마디 첫 음도 '파'입니다. 길이는 점 4분음표 길이입니다. 즉, 23번째 마디 2.5박째까지 길이입니다. 벨로시티는 100%로 했습니다.

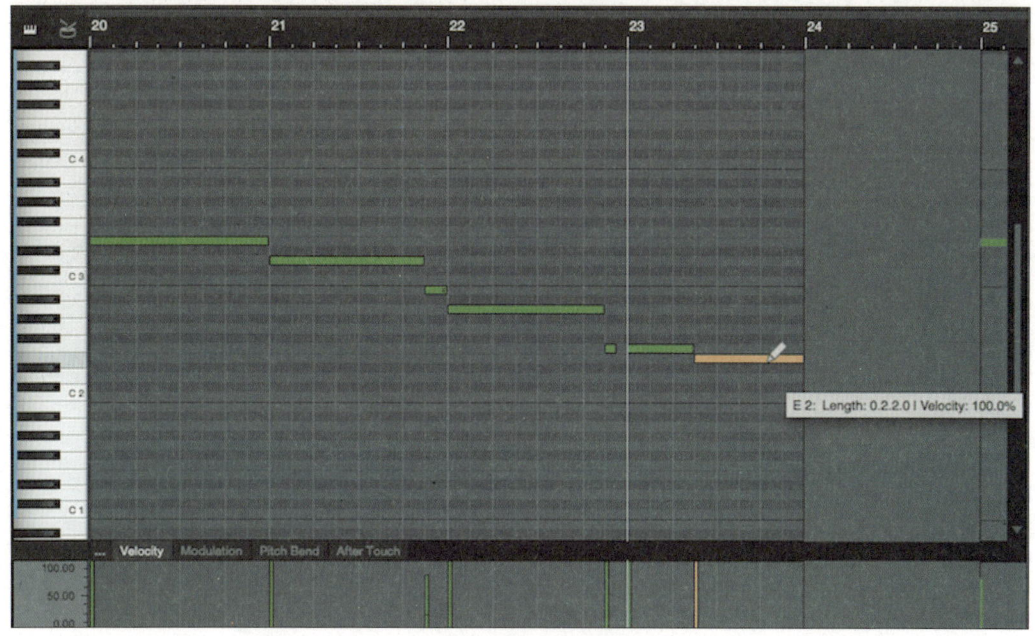


**그림 5 - 339** 마지막 음정

23마디 마지막 음은 '미'로 그려 넣습니다. 음의 길이는 두 박자 반이고, 벨로시티는 100%입니다.

이제 스페이스 바를 눌러 한번 들어봅니다.

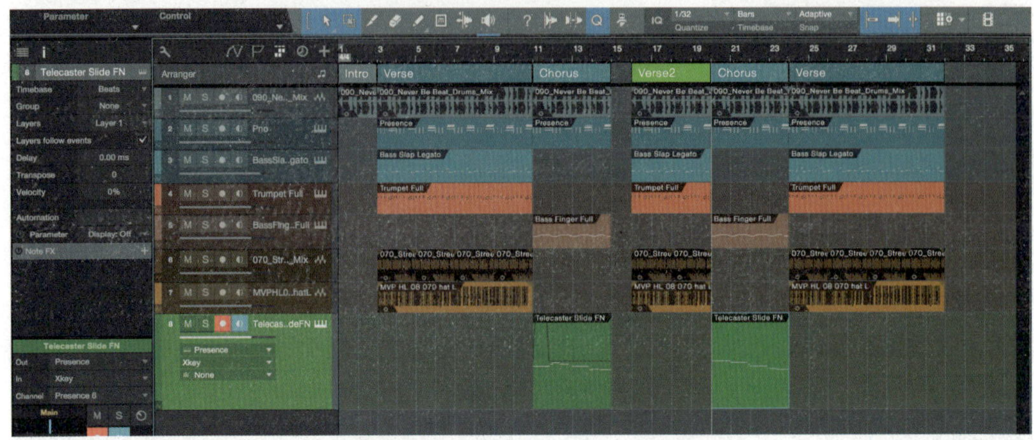

그림 5 - 340  일렉트릭 기타까지의 작업 화면

기타 파트를 입력하고 나니 이렇게 곡이 구성되었습니다.

이제 디테일한 부분이 모자랄 뿐 이 짧은 곡을 구성하기 위한 골격은 다 나온 것 같습니다.

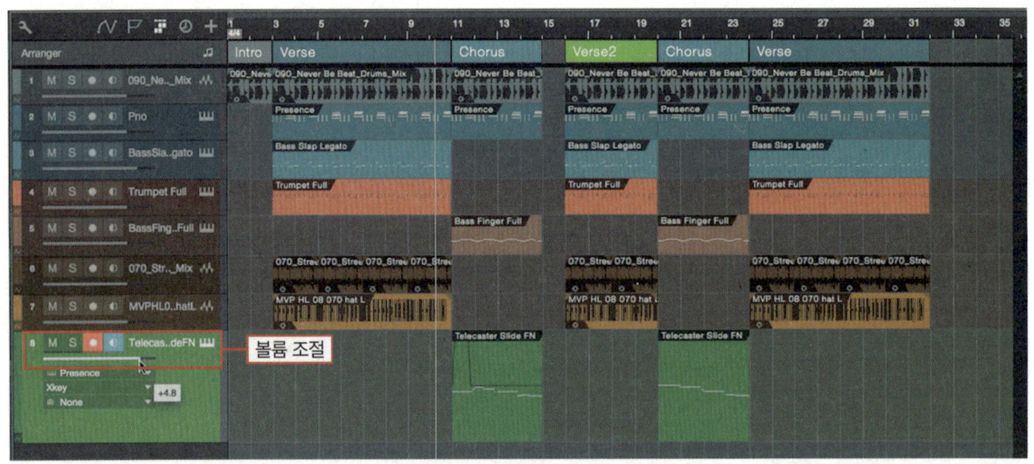


그림 5 - 341  기타 트랙 볼륨 조정

들어보니 기타 소리가 조금 작은 것 같아 트랙의 볼륨을 가로로 +4.8 드래그해서 듣습니다.

상단 그림에는 안 나왔지만 좌측 인스펙터 윈도우에서 볼륨 페이더를 올려도 되고 믹서 윈도우를 꺼내어서 볼륨을 올려도 됩니다.

## 3.9.4 Bridge 기타 필 인 추가

이제는 계속 비어있던 15번째 마디를 채워보겠습니다. 새로운 Verse 2로 가는 전환점이 되는 마디로 사용하기 위해서 비워두었습니다. 이런 곳에는 일반적으로 드럼 필 인(fill in)이나 다른 악기 파트의 리드미컬한 연주로 채우는 경우가 많습니다.

### 1) 기타 루프 고르기

필자는 그냥 기타 loop 중에서 골라보기로 마음먹었습니다.

코러스 파트에서 일렉트릭 기타가 나오기에 짧게 일렉트릭 기타 필 인이 나오는 것이 어색하지 않을 것 같습니다.

House 〉 Guitar 〉 animated 〉 fh_gtr120_jetfunk_ Am.audioloop를 골라봅니다.

우리가 만든 곡은 A 키이고 이 루프는 Am입니다만 들어보니 다 쓰지 않고 잘라서 쓰면 괜찮을 것 같습니다.

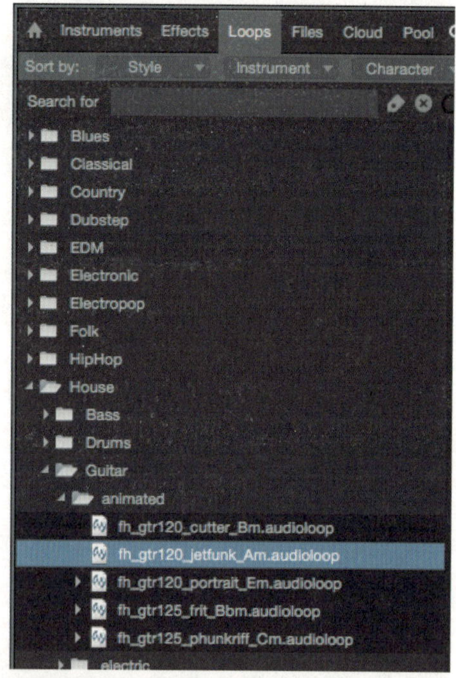

그림 5 - 342  기타 필 인 루프

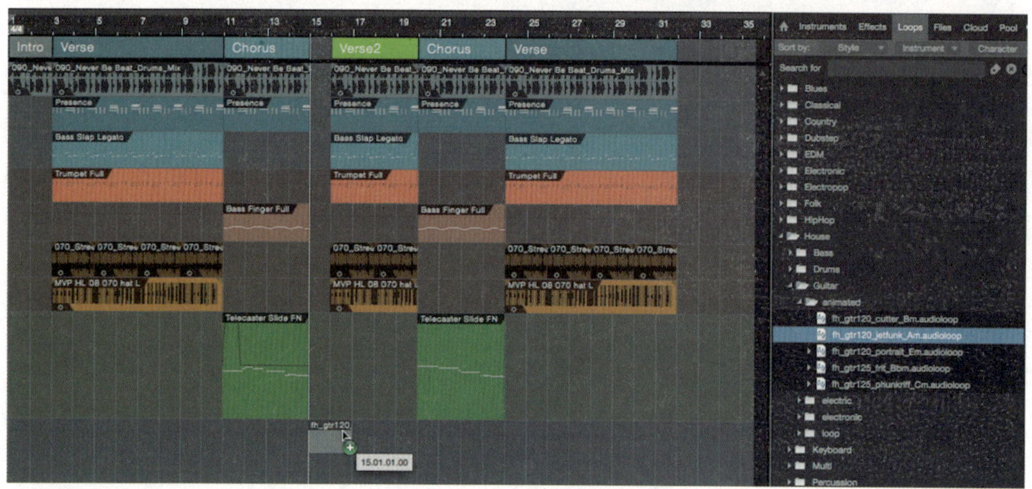

그림 5 - 343  드래그 앤드 드롭으로 루프 추가

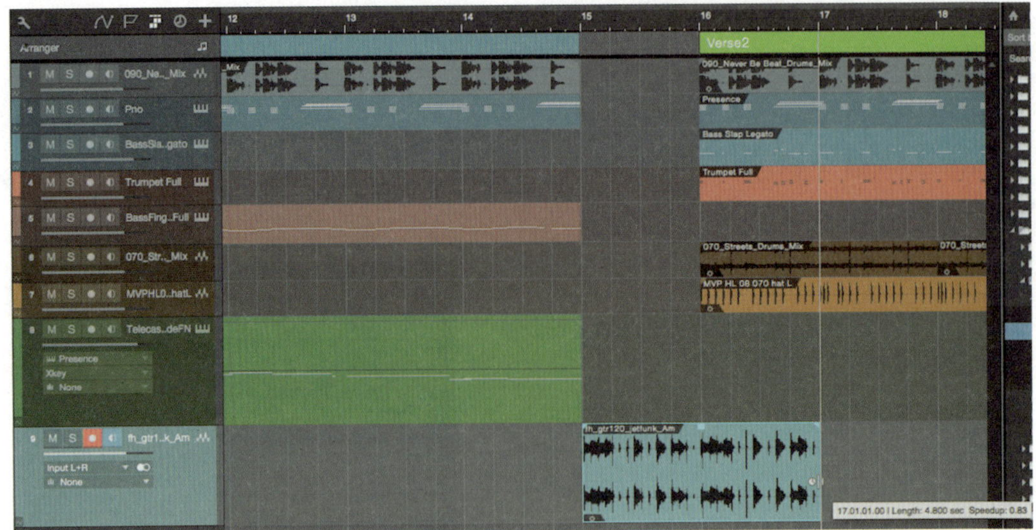

**그림 5 - 344** 추가된 루프

드래그 앤드 드롭으로 메인 윈도우에 끌어다 놓습니다.

## 2) 루프 편집

곡의 템포와 루프의 템포가 안 맞으니 레전의 끝을 매킨토시라면 'opt + 드래그', 윈도우즈라면 'alt + 드래그'해서 2마디 루프로 맞춰 줍니다.

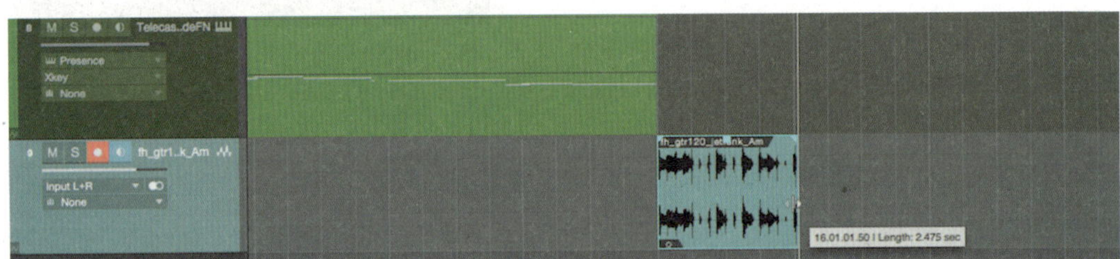

**그림 5 - 345** 루프 길이 조정

# 3.10 곡의 끝 부분 정리

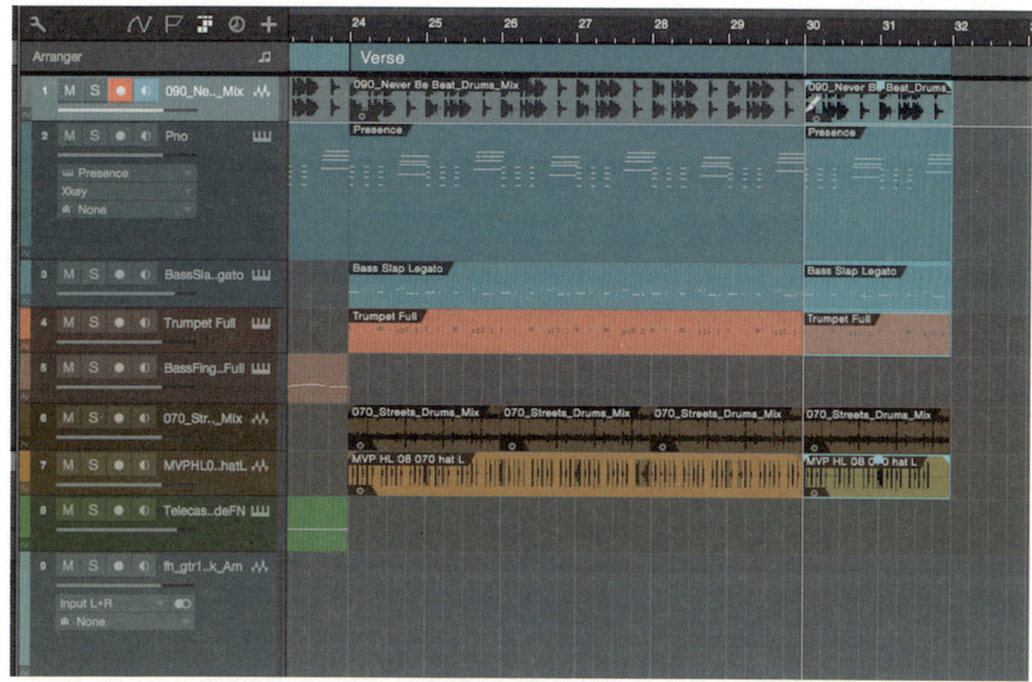

**그림 5 - 346** 곡의 끝 부분

이번엔 곡의 끝부분을 다듬어 보겠습니다.

Verse 부분을 카피해서 놓았기에 8마디입니다만 필자가 흥얼거리고 있는 멜로디 라인에는 8마디보다는 6마디로 끝나는 게 나아 보입니다. 이젠 뒤의 2마디를 줄여봅니다.

곡의 30마디에 걸쳐 있는 모든 레전을 칼로 자릅니다(물론 모든 레전을 뒤에서부터 잡고 줄여도 됩니다).

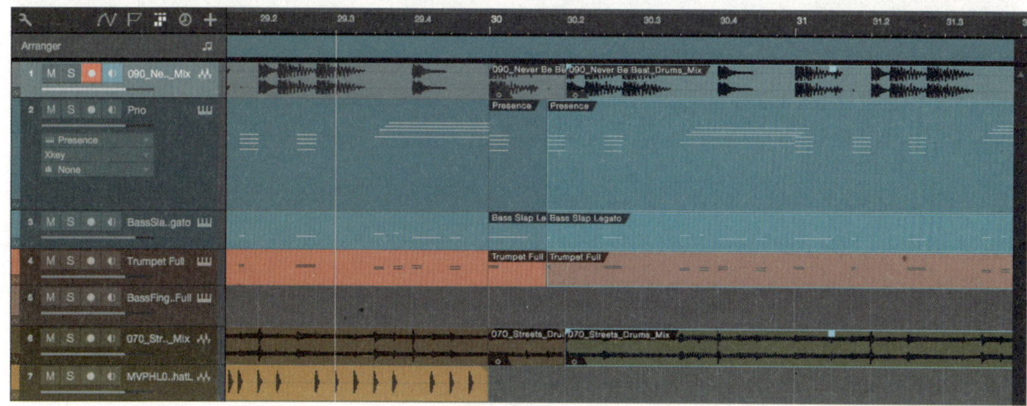

**그림 5 - 347** 마디 편집

6마디만 쓴다고 해서 6마디에서 딱 끝나는 것이 아닙니다. 곡이 그렇게 끝날 수는 없습니다. 7번째 마디 첫 번째 박자까지는 살려놓아야 합니다.

따라서 7번째 마디가 되는 30마디의 첫 박자. loop의 kick 드럼 소리, 피아노의 첫 코드, 베이스의 첫 음 등을 남겨 놓습니다.

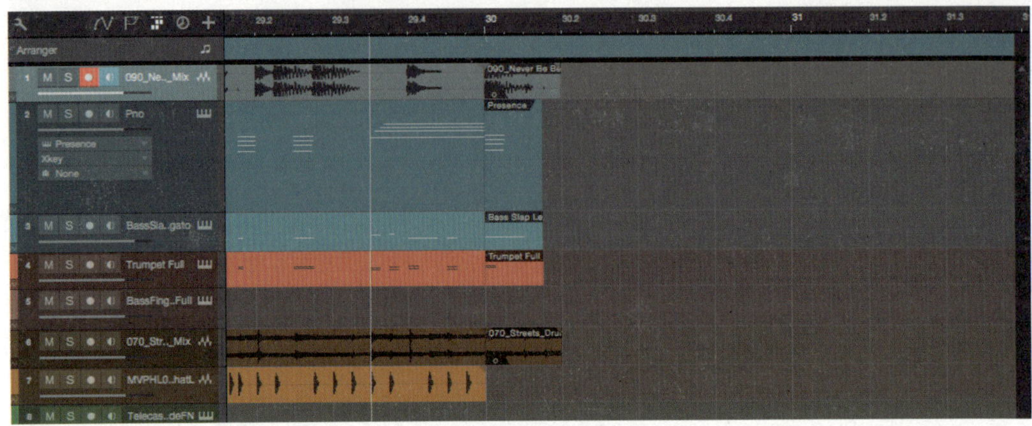

**그림 5 - 348** 잘려진 마디

레전들이 정리되고 남은 모습입니다. 파트별 악기들의 첫 박자들만 남은 셈이네요.

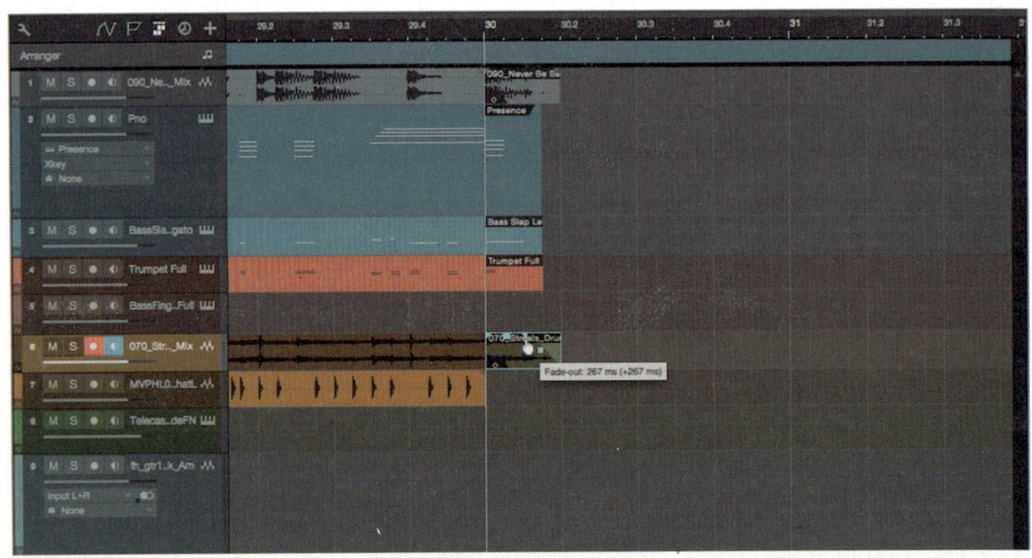

**그림 5 - 349** 두번째 드럼 루프 Fade Out

드럼 두 번째 loop의 끝부분이 첫 마디만 남겨 놓아도 소리가 좀 남기에 Fade Out 처리를 하겠습니다.
레전의 우측 끝부분 중 윗부분을 잡고 좌측으로 밉니다.
위 그림처럼 페이드 아웃 라인이 그려집니다.

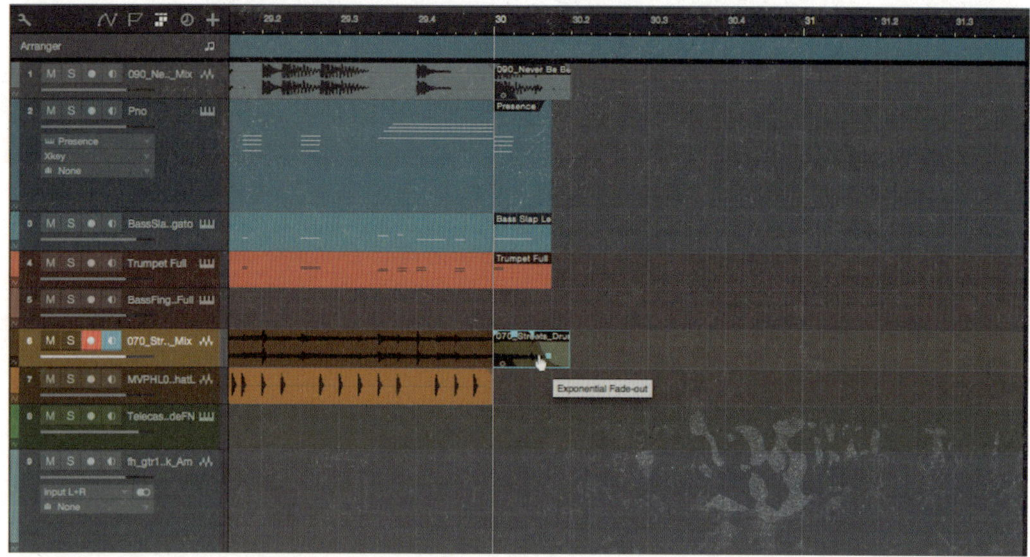

그림 5 - 350  Fade Out 곡선 조정

그 라인 중에서도 사선의 중간에 있는 점을 잡으면 fade 곡선의 커브 모양을 그릴 수 있습니다.
급하게 꺾일 것인지 천천히 꺾일 것인지 완만하게 꺾일 것인지 필자가 마음대로 커브 모양을 정할
수가 있습니다.
이 'fade(페이드)' 기능은 실제로 오디오 편집을 하는 중에 정말 많이 사용하는 기능이기도 합니다.
스페이스 바를 눌러 들어봅니다.
이제와서 보니 필자가 듣기에 마지막 Verse 6마디 부분의 베이스 기타 라인이 바뀌면 좋겠다는 생각
이 듭니다. 곡이 끝나기 직전이라 베이스 기타에서 좀 더 흥겨운 느낌이 난다면 좋을 것 같습니다.
그 부분 베이스를 더 발전시켜 보겠습니다.

# 3.11 베이스 기타 추가 편집

## 3.11.1 슬랩 베이스 기타 라인 바꾸기

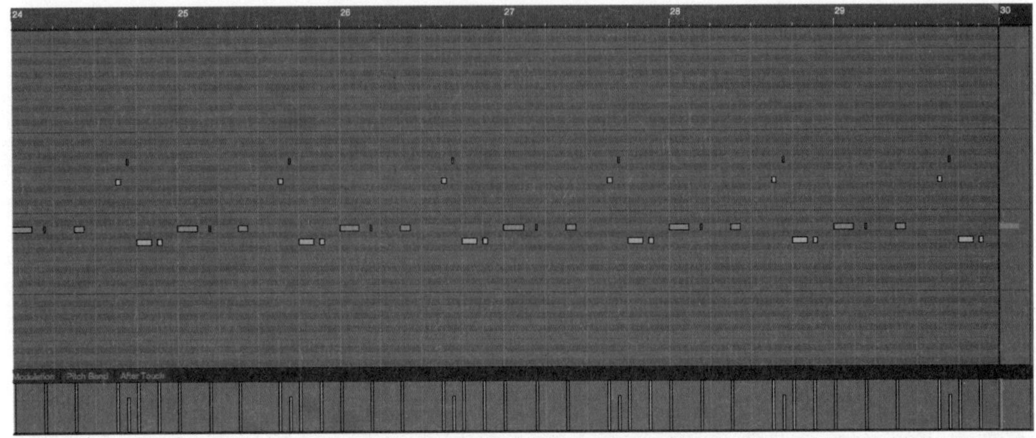

**그림 5 - 351** 베이스 기타 3, 4번째 박자 선택

슬랩 베이스 트랙에서 마지막 verse 부분의 각 마디마다 3번째, 4번째 박자 부분을 다 선택합니다. 3번째 박자 이후의 라인을 바꿔보려는 생각입니다.

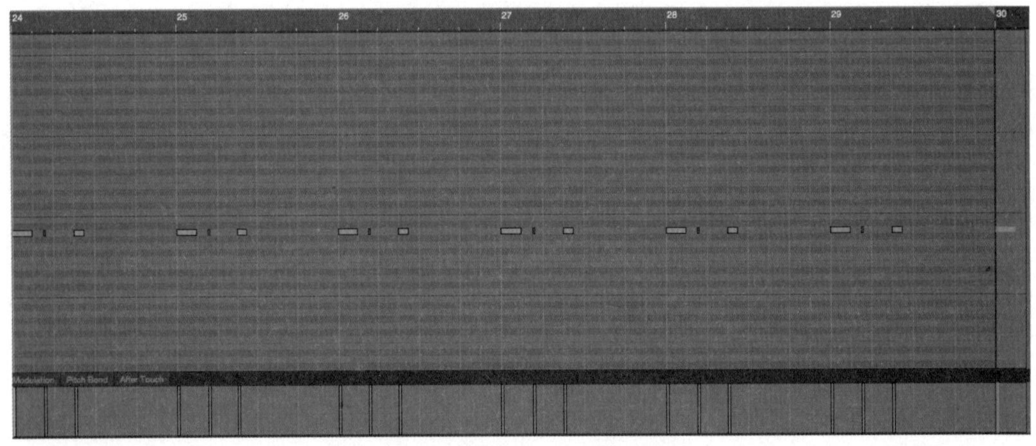

**그림 5 - 352** 선택한 베이스 기타 삭제

선택한 후에 delete 키를 누릅니다. 그림과 같이 다 지웠습니다.

## 3.11.2 핑거 베이스 기타 라인 추가

**그림 5 - 353** 핑거 베이스 트랙 레전 늘리기

이번엔 슬랩 베이스 트랙이 아닌 핑거 베이스 트랙입니다.

위 그림처럼 핑거 베이스 트랙에 6마디 레전을 그려줍니다.

1, 2박은 슬랩 베이스, 3, 4박은 핑거 베이스가 나오는 베이스 라인을 만들려고 합니다.

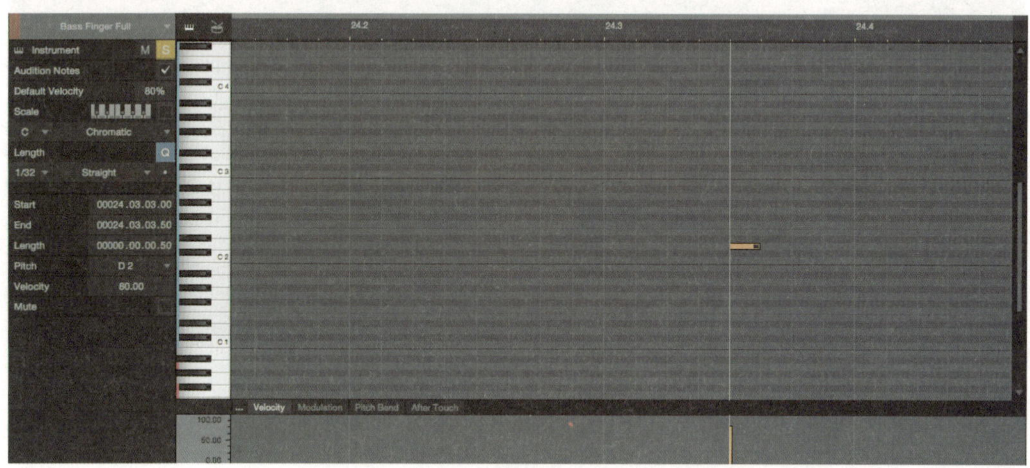

**그림 5 - 354** D 음 추가

수정할 핑거 베이스의 첫 마디인 24마디째의 3.5박부터 그립니다. 첫 음정은 '레'이며 음의 길이는
32분음표입니다.

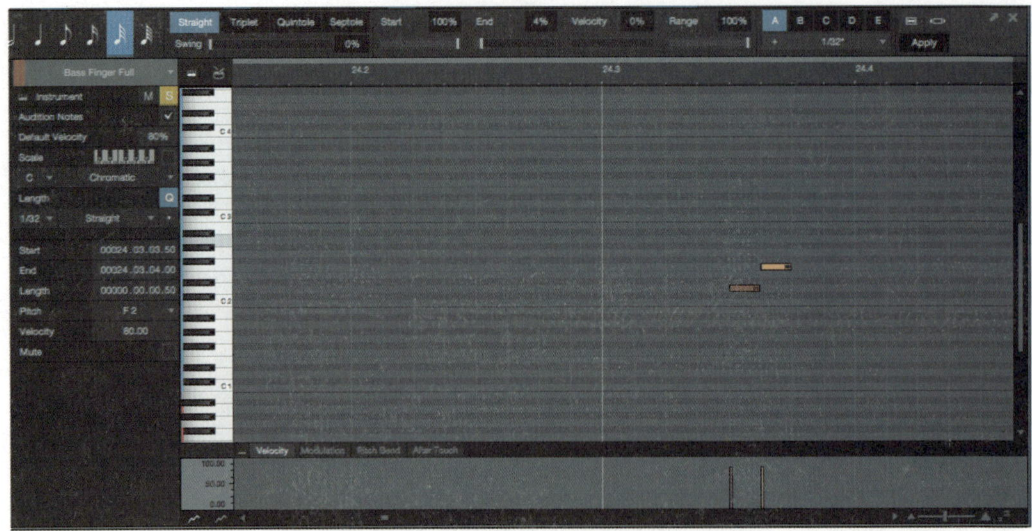

**그림 5 - 355** F 음 추가

두 번째 음정은 '파'입니다. 길이는 32분음표입니다.

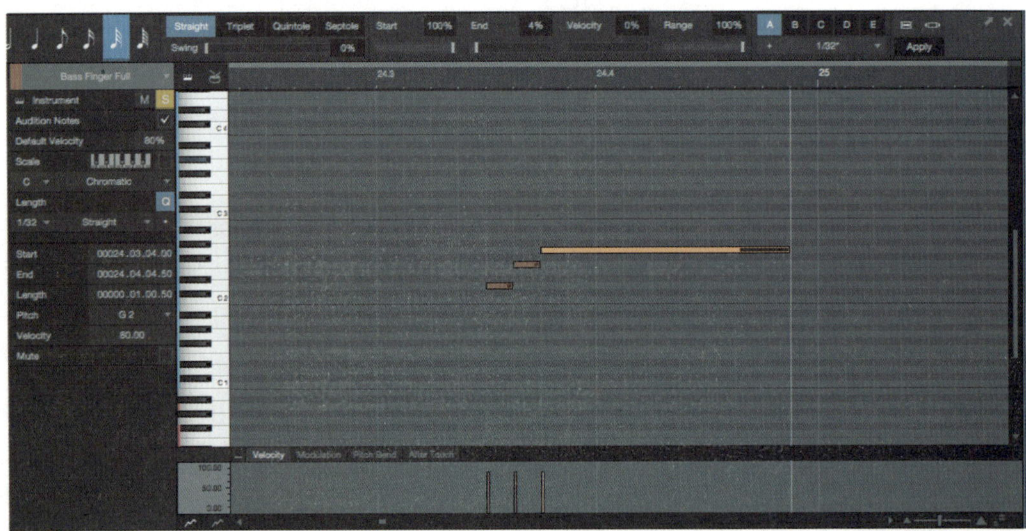

**그림 5 - 356** G 음 추가

이번엔 '솔'입니다.

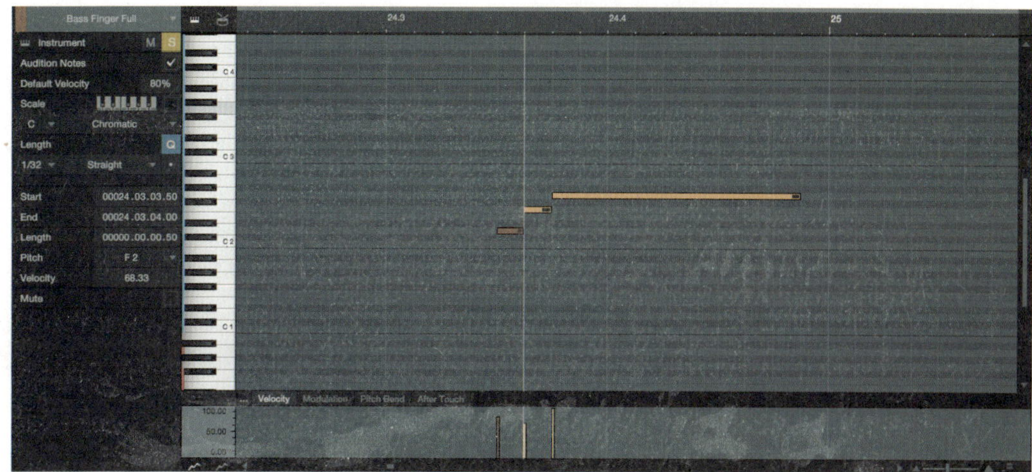

**그림 5 - 357** 벨로시티 조정

벨로시티를 조정합니다.

3개 중 가운데 음은 약간 작게 표현합니다. 그리고 끝 음인 '솔'을 가장 세게 연주합니다.

이로써 24번째 마디의 3, 4박은 다 채웠습니다.

이제 스페이스 바를 눌러 들어봅니다.

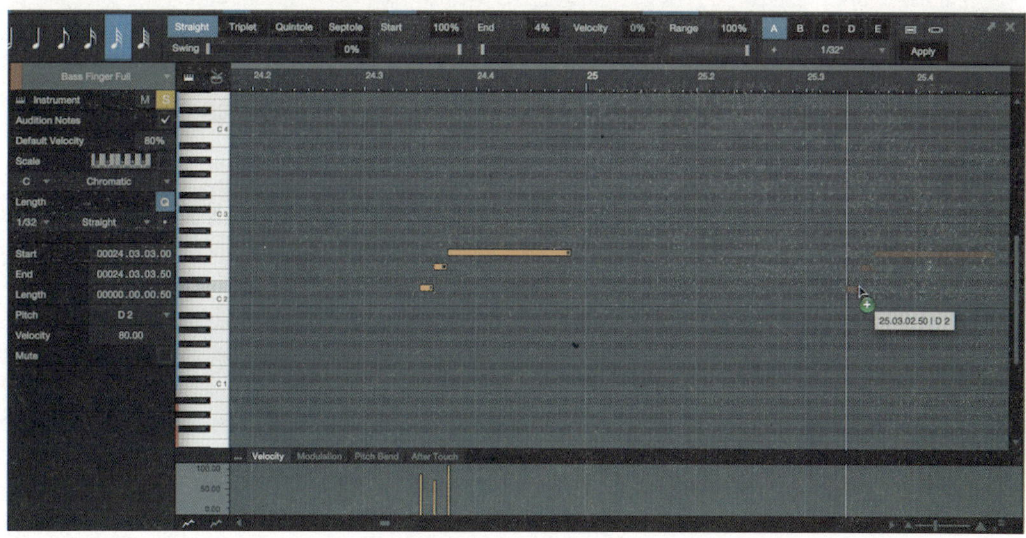

**그림 5 - 358** 음정 복사 1

이제 나머지 마디들에도 같은 위치에 복사합니다.

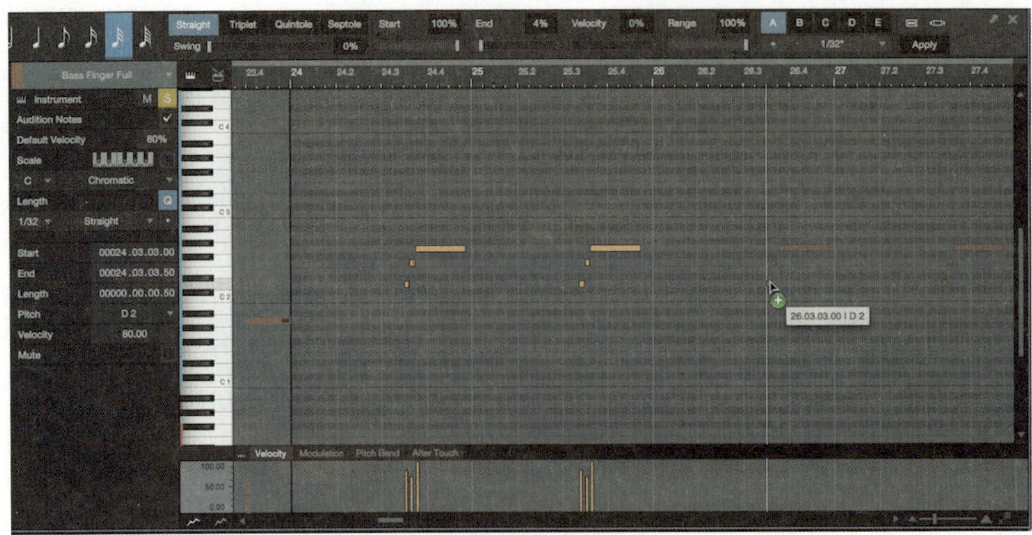

**그림 5 - 359** 음정 복사 2

음정 복사는 매킨토시라면 'opt + 드래그', 윈도우즈라면 'alt + 드래그'입니다.

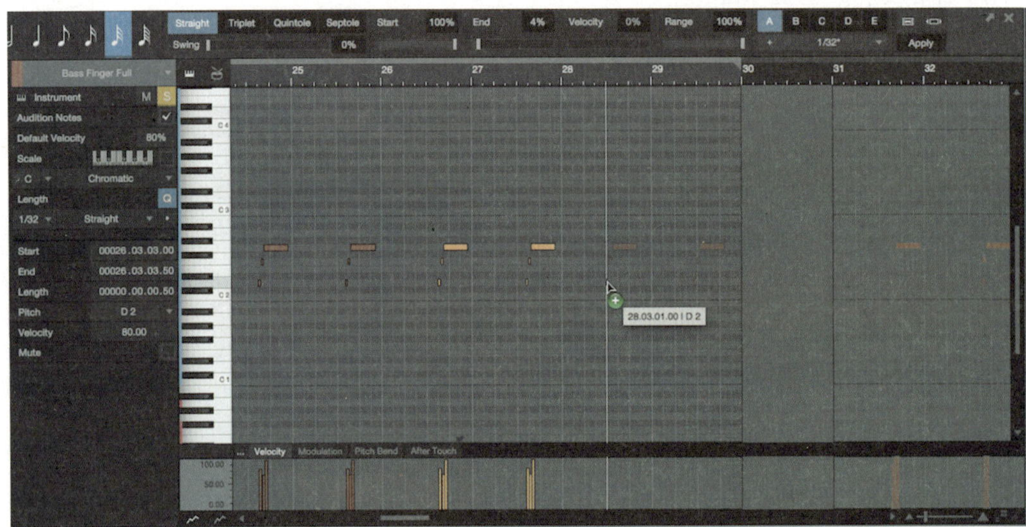

**그림 5 - 360** 음정 복사 3

**그림 5 - 361** 음정 복사 4

이제 6마디 패턴이 완성되었습니다. 스페이스 바를 눌러 들어봅니다.

듣고 보니 코러스 시작이나 브릿지 전환 등의 첫 박에 심벌(cymbal)이 필요할 거 같습니다.

심벌 소리의 웨이프 파일은 거꾸로 뒤짚어 재생을 하면 '츠우우욱~' 하는 소리가 나서 곡의 패턴 변환 맨 앞에 놓으면 효과적이기도 합니다.

## 3.12 심벌 추가

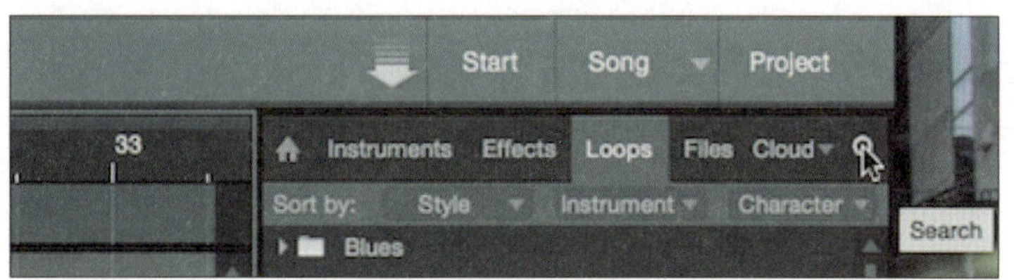

**그림 5 - 362** 브라우저 윈도우 Search 버튼

이번엔 브라우저 찾기 기능을 이용해보도록 하겠습니다.

브라우저 탭 중 Loops를 선택한 후 가장 우측의 돋보기를 누릅니다.

### 3.12.1 브라우저의 찾기 기능

Search for 박스 안에 Reverse cym을 입력합
니다.

그 이름에 해당하는 wav 소스들이 검색되어서
나타납니다.

그중 필자의 마음에 제일 들었던 VEC3
Cymbals Reverse 19.wav를 고릅니다.

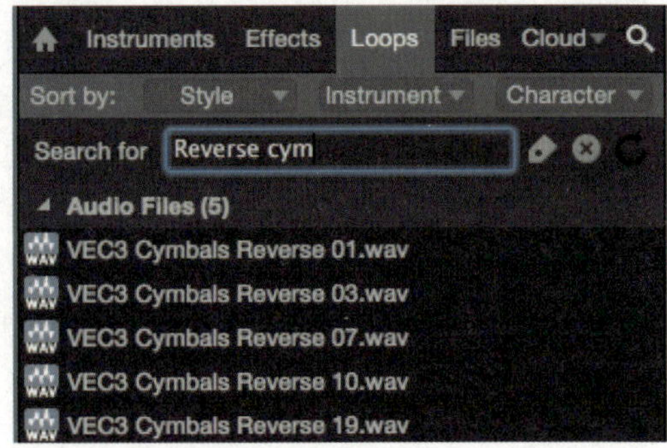

그림 5 - 363 Reverse cym 검색

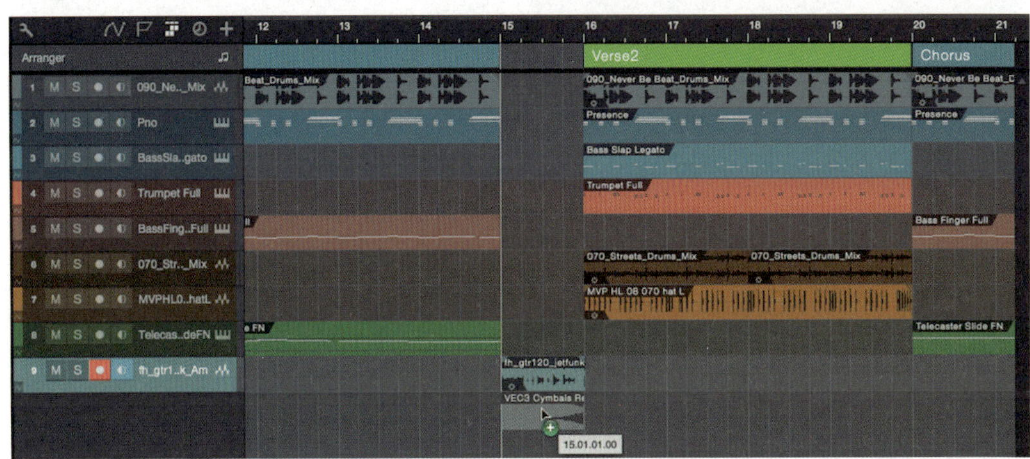

그림 5 - 364 드래그 앤드 드롭으로 설명 추가

그리고 메인 윈도우로 드래그 앤드 드롭합니다.

우선 그 자리는 15번째 마디 브릿지 파트에 넣으면 됩니다(아직 어레인저 트랙에는 빈 공간으로 되
어 있습니다).

이렇게 들어간 리버스 심벌은 16번째 마디 직전에 '츠~~~확' 하는 느낌으로 펼쳐집니다.

어떤 느낌인지 스페이스 바를 눌러 들어봅니다.

## 3.12.2 다른 구간에도 심벌 추가

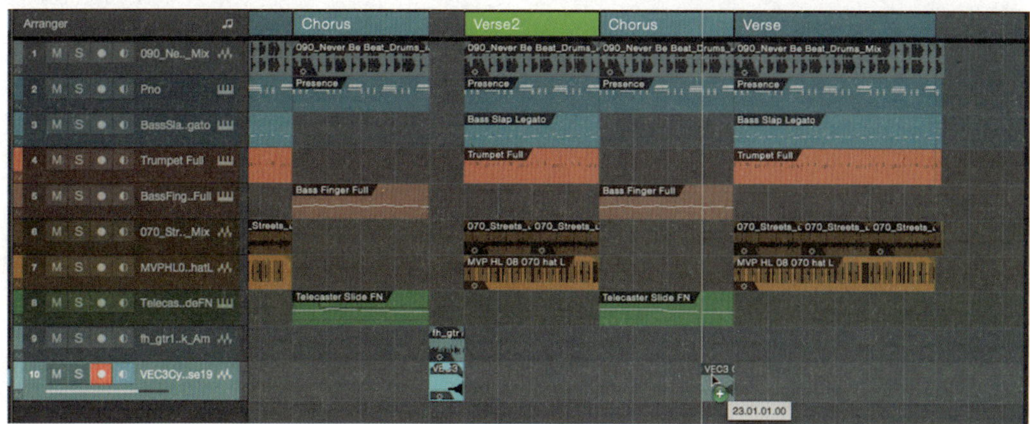

그림 5 - 365  심벌 복사

브릿지 레전을 복사 드래그합니다. 매킨토시라면 'opt + 드래그', 윈도우즈라면 'alt +드래그'입니다. 위치는 23번째 마디이며, 24번째 마디를 부각시키고 베이스 라인까지 약간 달라진 곡의 마지막 부분을 강조하기 위함입니다.

## 3.12.3 다른 소리의 심벌 새로 추가

이번엔 뒤집어진 소리인 리버스 심벌 말고 원래의 제대로 된 심벌을 넣겠습니다.

앞선 이론 파트에서 설명했던 대로 드럼의 첫 박엔 일반적으로 킥과 심벌을 함께 연주합니다.

발로 비터(킥을 밟는 페달의 솜방망이 부분)를 밟고 동시에 손으로는 심벌을 칩니다.

이번엔 검색 창에 그냥 cymbal이라고 검색해봅니다. 여러 심벌들이 나열되는데, 그중에서 VEC3 Cymbal Crash 11.wav를 골라봅니다.

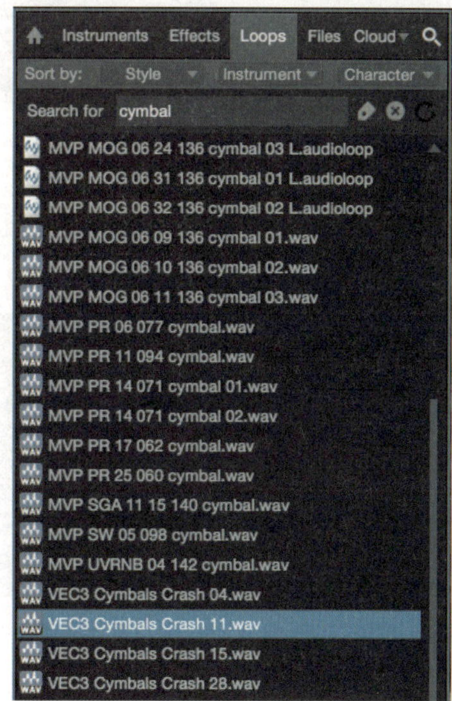

그림 5 - 366  cymbal 검색

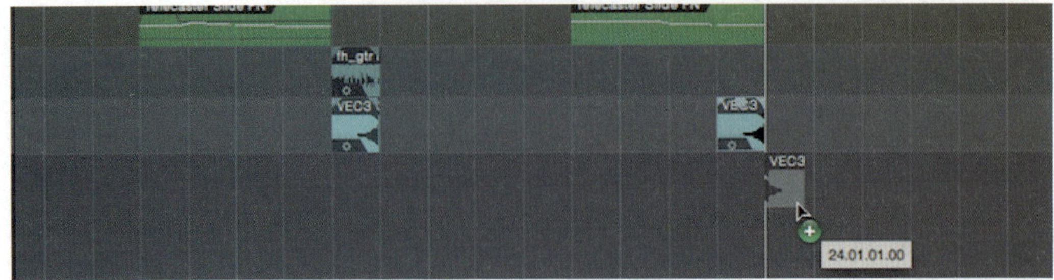

그림 5 - 367  새로운 심벌 추가

역시 드래그 앤드 드롭을 해서 24마디 첫 박에 가져다 놓습니다. 당연히 그 자리엔 loop의 킥이 있습니다.

### 3.12.4 곡의 구성마다 심벌 추가

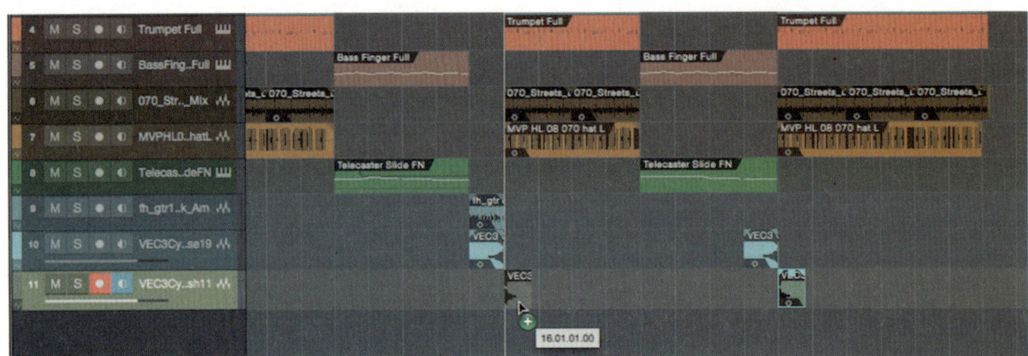

그림 5 - 368  복사로 심벌 추가 1

드래그 앤 카피를 이용해서 이번엔 16마디에 하나 더 가져다 놓습니다.

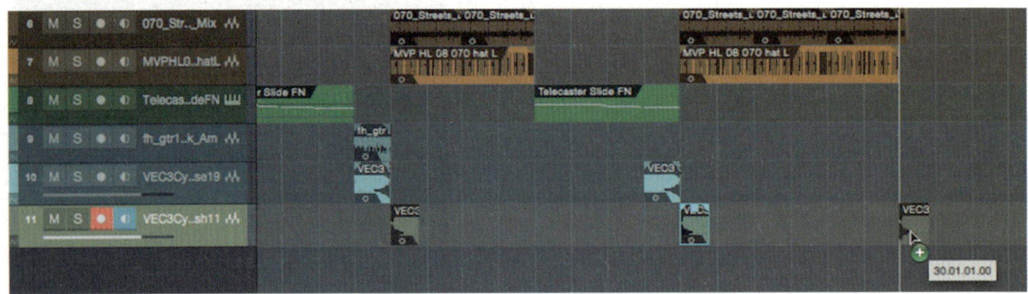

그림 5 - 369  복사로 심벌 추가 2

드래그 앤 카피를 이용해서 이번엔 30마디에 하나 더 가져다 놓습니다.

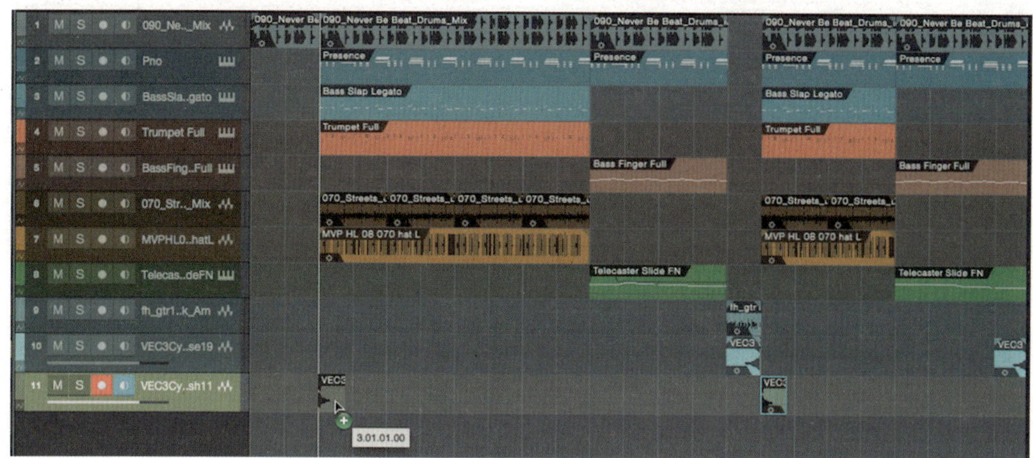

**그림 5 - 370** 복사로 심벌 추가 3

드래그 앤 카피를 이용해서 이번엔 3마디째에 하나 더 가져다 놓습니다.

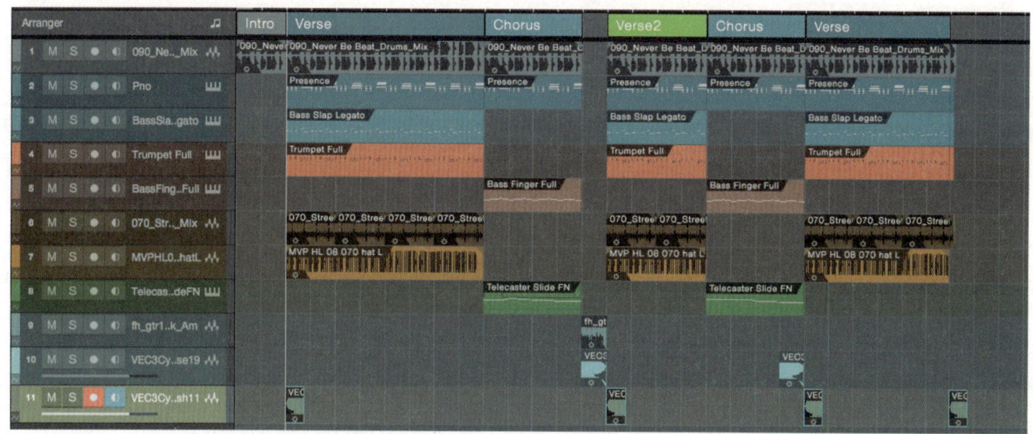

**그림 5 - 371** 심벌까지 추가된 작업 화면

심벌들이 다 배치되어 완성된 모습입니다. 총 네 군데 들어갔군요.

코러스 부분 앞에 넣어도 상관없고 사실 넣어야 맞을 수도 있지만, 일부러 넣지 않았습니다.

코러스 부분에 들어갈 랩 혹은 노래를 위해 비워 놓았습니다.

## 3.12.5 심벌 레전 볼륨 조정

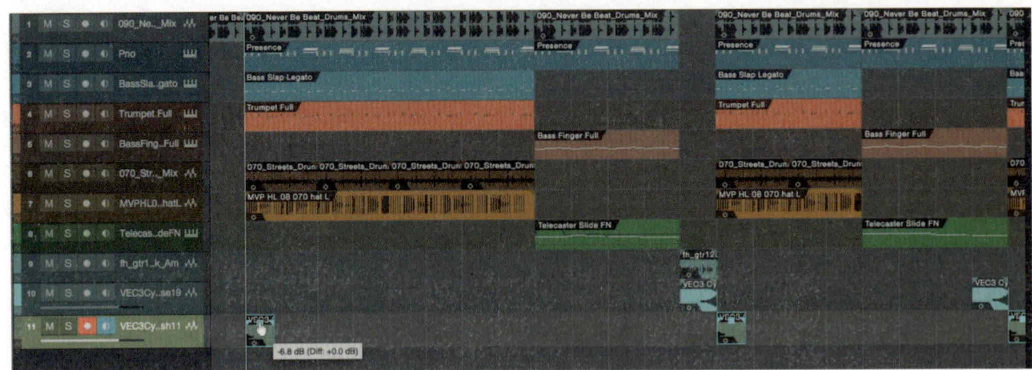

**그림 5 - 372** 레전에서 볼륨 조정

아무래도 심벌 소리가 좀 큰 것 같습니다. 이번엔 fader를 이용해 소리를 줄이지 않고 레전에서 직접 줄여보도록 하겠습니다. 사실 이 방법은 소리를 줄이거나 늘리는 데에 직관적이며 간단하지만 최종 믹싱 시를 고려해 사용에 주의해야 할 점이 있습니다.

예를 들어 라이브러리에서 골라온 혹은 녹음 시 적정 레벨로 녹음한 시그널 그 자체로 아웃풋에 나가기 위해 이미 충분히 혹은 최소로 확보된 다이내믹을 줄이는 것이기에 작업 시 곡 전체의 밸런스 조절은 편하게 가능할지 몰라도 악기별 소스를 받아 녹음실 등에서 최종 믹싱을 할 때 이렇게 잃어버린 다이내믹 레인지가 손해가 될 수 있습니다.

물론 최후 믹싱 때 소리를 키우면 되지만 경우에 따라선 노이즈도 함께 커져버리는 SNR(Signal To Noise Ratio : 신호 대비 잡음 비율)의 문제가 생깁니다.

# 3.13 곡의 구성(Arrangement)과 스크래치 패드

## 3.13.1 어레인저 바에 bridge 추가

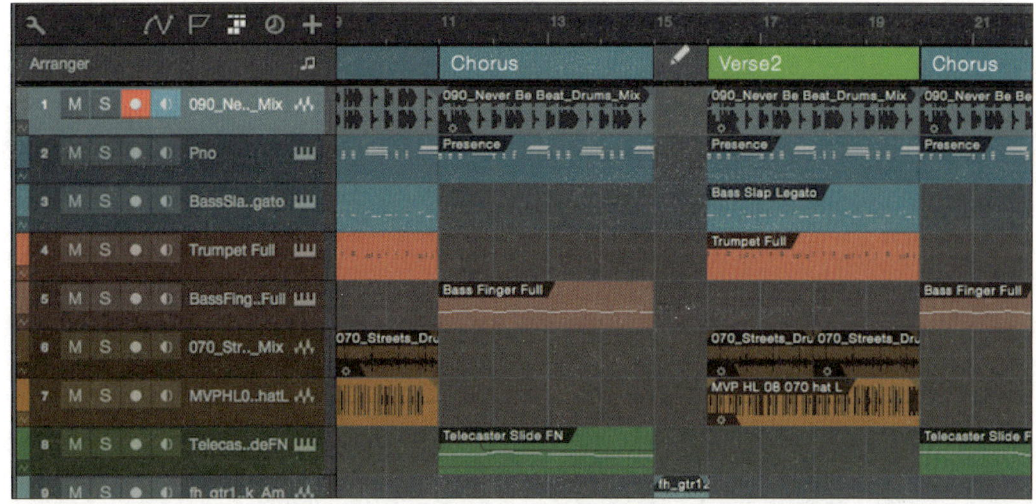

그림 5 - 373 어레인저 바에 연필 툴

15번째 마디 비어 있는 곳의 어레인저 바에 이름을 넣어 보겠습니다. 연필 툴을 이용해 빈 곳에 바를 그려 넣습니다.

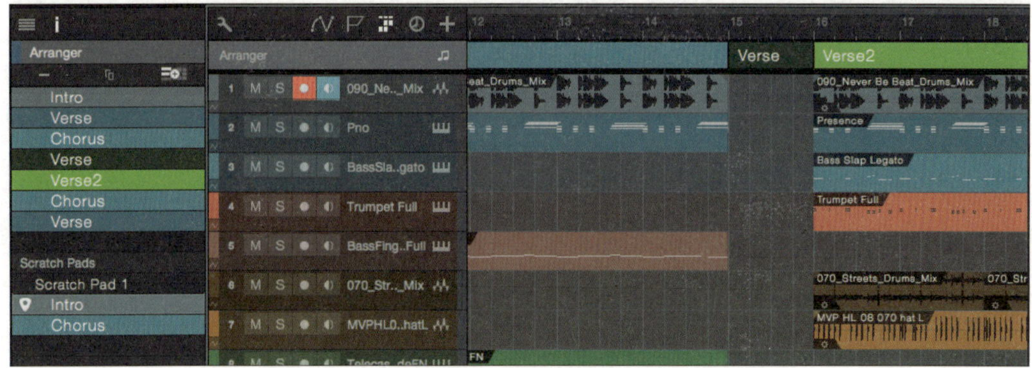

그림 5 - 374 어레인저 바 채우기

어레인저 바의 특성상 바를 그려 넣으면 자동으로 이름이 생성됩니다. Verse라고 저절로 생긴 이름을 Bridge로 바꿉니다.

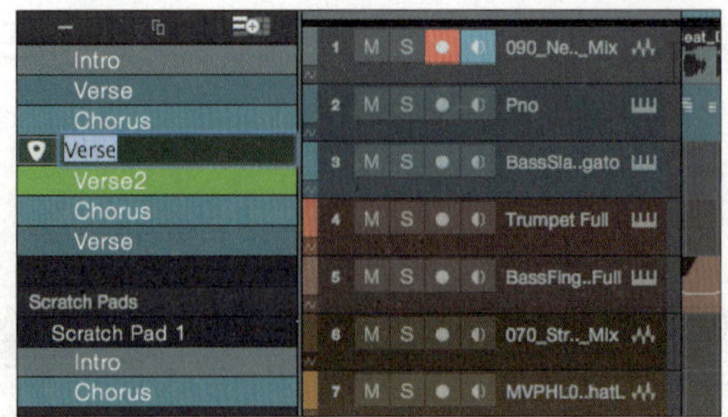

**그림 5 - 375** 인스펙터 윈도우에서 이름 변경

어레인저 바를 클릭하면 인스펙터 윈도우에 바 이름들이 나타납니다. 그 중 지금 생성된 Verse를 Bridge로 바꿔줍니다.

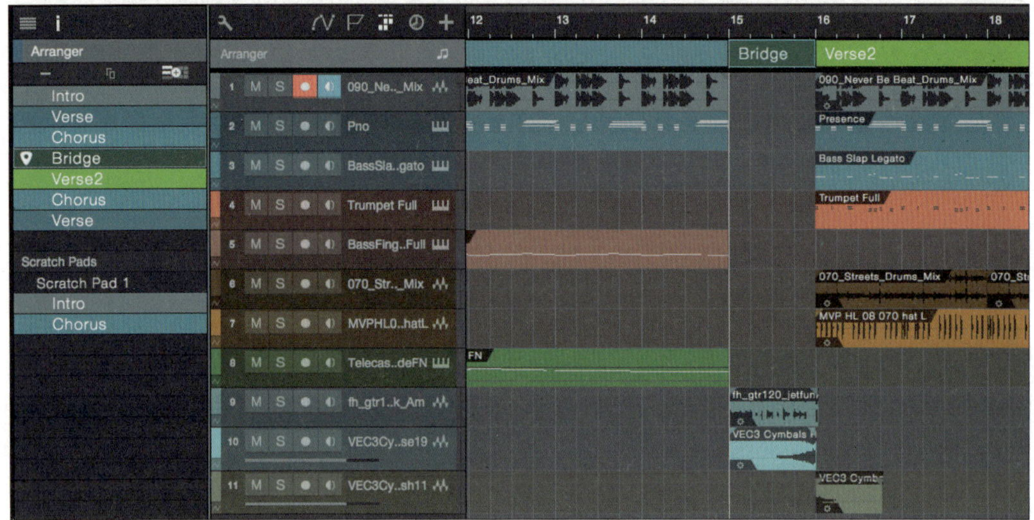

**그림 5 - 376** 변경된 화면

어레인저 바 이름이 Bridge로 바뀌었습니다.

### 3.13.2 스크래치 패드

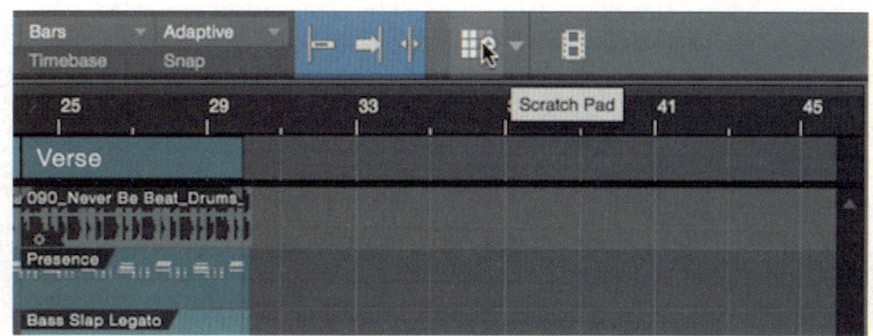

**그림 5 - 377** 스크래치 패드 버튼

이제 스크래치 패드 기능을 살펴보겠습니다.

스튜디오 원 3의 가장 마음에 드는 기능 중 하나입니다.

상단의 스크래치 패드 아이콘 버튼을 클릭합니다.

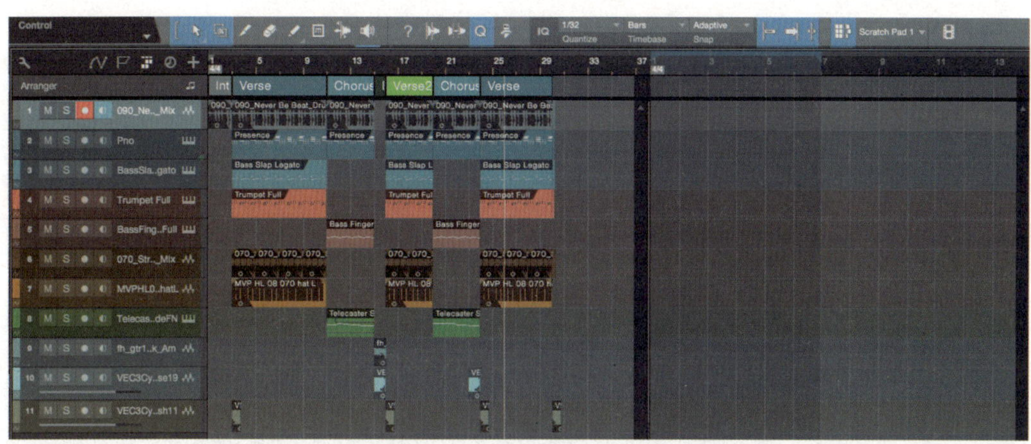

**그림 5 - 378** 스크래치 패드 윈도우

스크래치 패드 아이콘을 클릭하면 우측에 창이 하나 열립니다.

스크래치 패드는 일종의 메모지, 낙서장 혹은 시안서 같은 것으로 생각하시면 됩니다.

지금까지 곡을 만드는 과정에서 곡을 어레인지한다는 것이 쉬운 일은 아니라는 느낌을 받으셨을 겁니다.

어떤 부분을 곡의 어느 위치에 놓은 것인가? 혹은 어떤 부분이 이 곡에서 더 필요한가 등을 고려해야 합니다. 그럴 때 이 스크래치 패드를 이용하면 그것을 쉽게 구현해 볼 수 있습니다.

어레인저 바를 잡아서 '스크래치 패드'로 드래그 앤드 드롭을 하면 순서대로 배열이 편하게 됩니다.

### 3.13.3 스크래치 패드로 간편히 곡의 구성 바꾸기

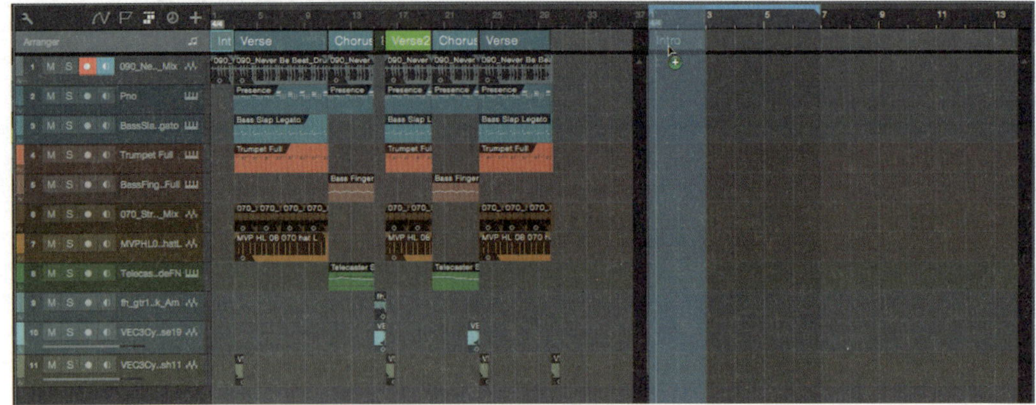

**그림 5 - 379** 스크래치 패드로 intro 바 옮기기

곡의 인트로 부분을 잡아서 끌어다 놓습니다. 인트로 부분 range(범위)에 있는 레전들은 모두 놓이게
됩니다.

**그림 5 - 380** 다른 어레인지 바 옮겨 놓기

이번엔 코러스 바와 벌스 바를 끌어다 놓아봅니다.

이렇게 시험 삼아 편하게 시도해볼 수가 있습니다. 필자의 경우엔 광고 음악을 제작할 때 30초짜리,
15초짜리 2가지를 만들어야 하는데, 그럴 때 이 기능을 아주 유용하게 사용하고 있습니다.

그림 5 - 381  Add Scratch Pad

스크래치 패드는 필요하면 얼마든지 Add Scratch Pad해서 무수히 사용이 가능합니다.


# 3.14 신시사이저 추가

## 3.14.1 신시사이저 루프 고르기

필자가 듣기에 곡의 마지막에 베이스 라인을 약간
바꾸고 나니 엔딩으로 가는 느낌을 내주고 싶어졌
습니다.

여기에 PAD류의 신시사이저를 추가하면 좋을 것
같다는 생각이 듭니다.

이번에도 Loops 소스를 찾아보겠습니다.

Loops 〉 Synth 〉 loop에서 골라봅니다.

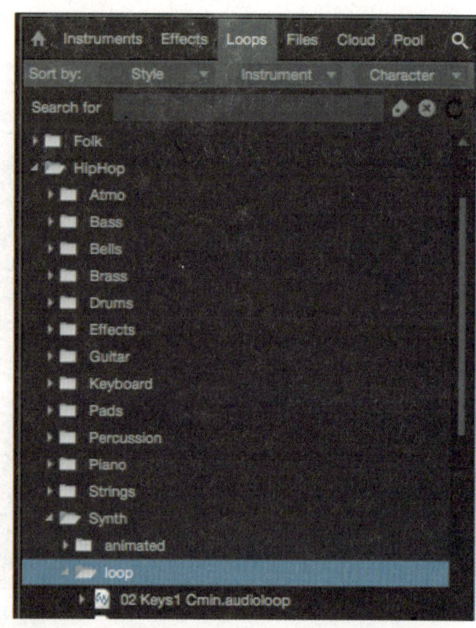

그림 5 - 382  루프 고르기

그중에서 080_Chainz_Loop_Synth_
Am.audioloop를 선택했습니다.

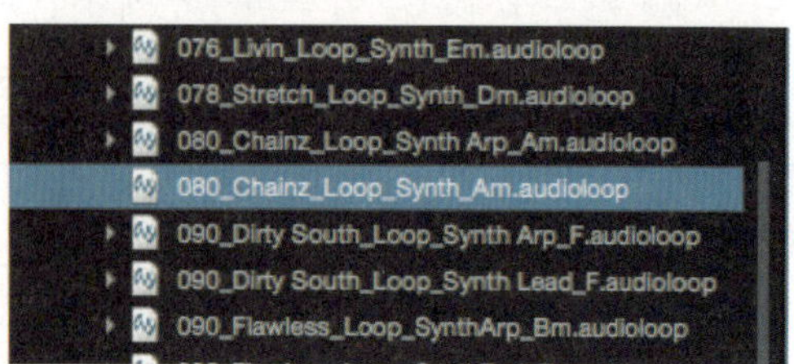

그림 5 - 383  080_Chainz_Loop_Synth_Am.audioloop 선택

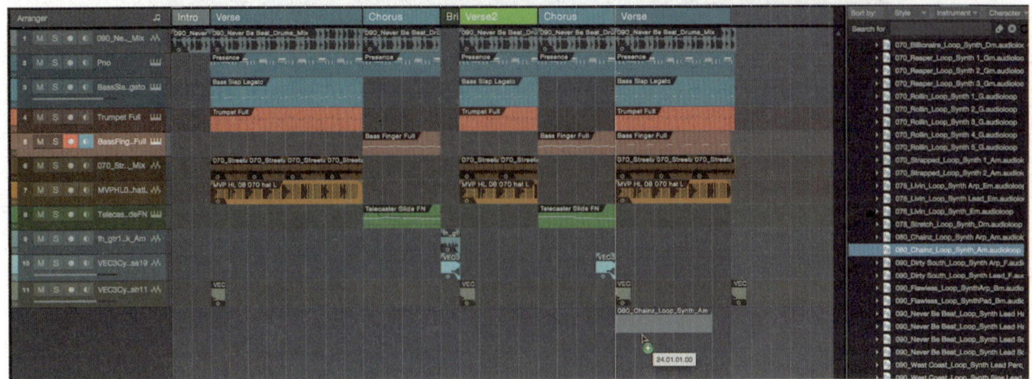

**그림 5 - 384** 드래그 앤드 드롭으로 루프 추가

드래그 앤드 드롭으로 메인 윈도우의 24마디에 가져다 놓습니다.

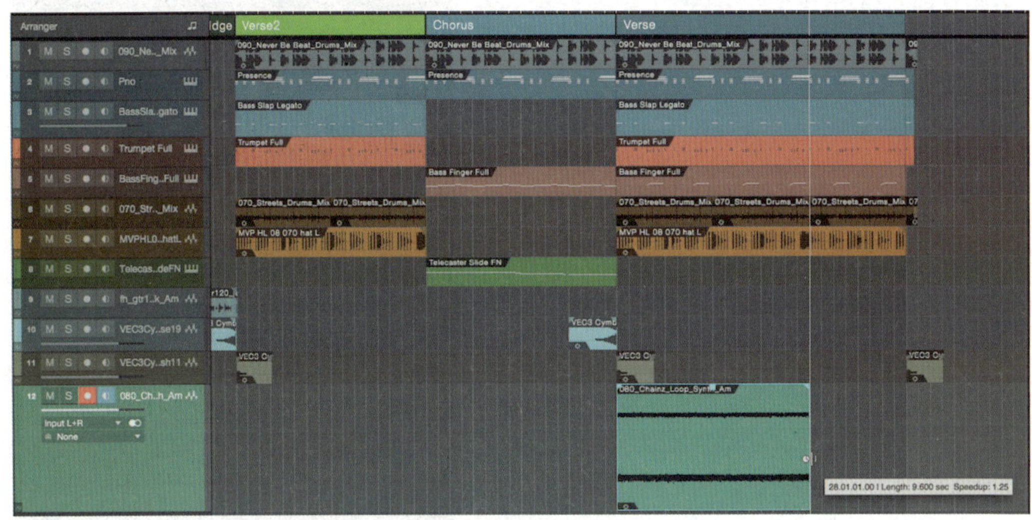

**그림 5 - 385** 추가된 루프

이번에 고른 루프 소스는 이 곡의 설정에 저절로 템포가 맞아 들어가는 루프입니다.

브라우저 윈도우에서 기존에 골랐던 루프 라이브러리와 아이콘이 다른 것을 살펴보시기 바랍니다.

4마디 루프가 딱 맞아 들어갑니다. 하지만 2마디가 부족하군요.

## 3.14.3 길이에 맞게 루프 편집

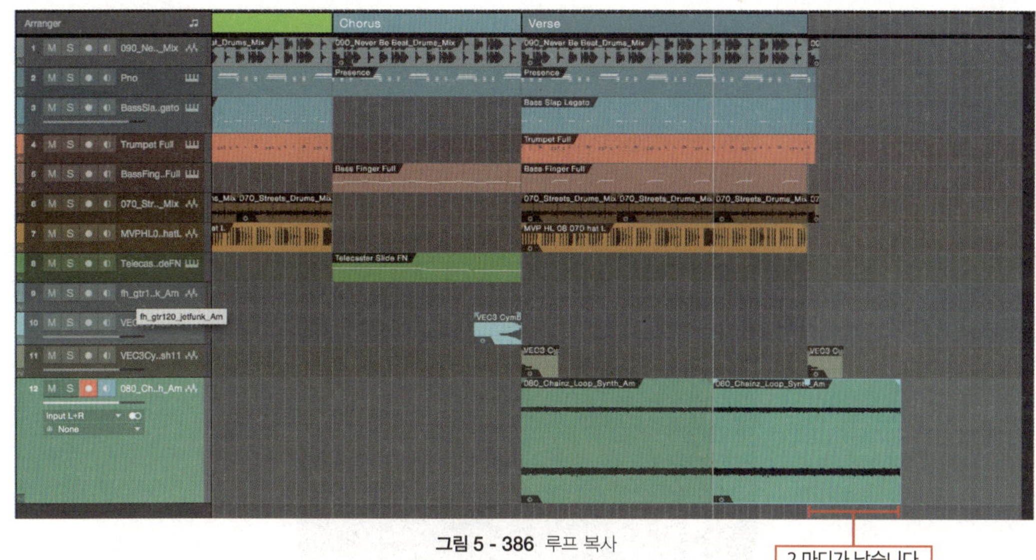

그림 5 - 386  루프 복사



매킨토시라면 'cmd + D', 윈도우즈라면 'ctrl + D'해서 레전을 복제합니다.

두 마디가 남아서 삐져 나갑니다. 그것을 줄입니다.

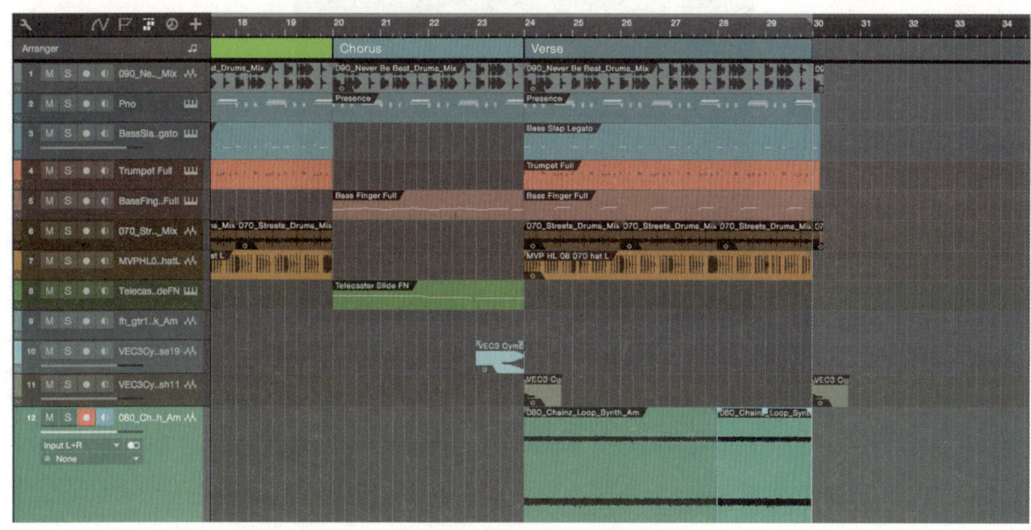

그림 5 - 387  루프 잘라내기

레전을 줄였습니다. 이제 스페이스 바를 눌러 들어봅니다.

자칫 단조로울 수 있는 반복 구절에 다른 진행이 첨가된 것 같아서 이전보다 마음에 듭니다.

그러니 이번엔 한발 더 나아가 기타도 추가해보겠습니다.

# 3.15 기타 루프 추가

## 3.15.1 기타 루프 고르기

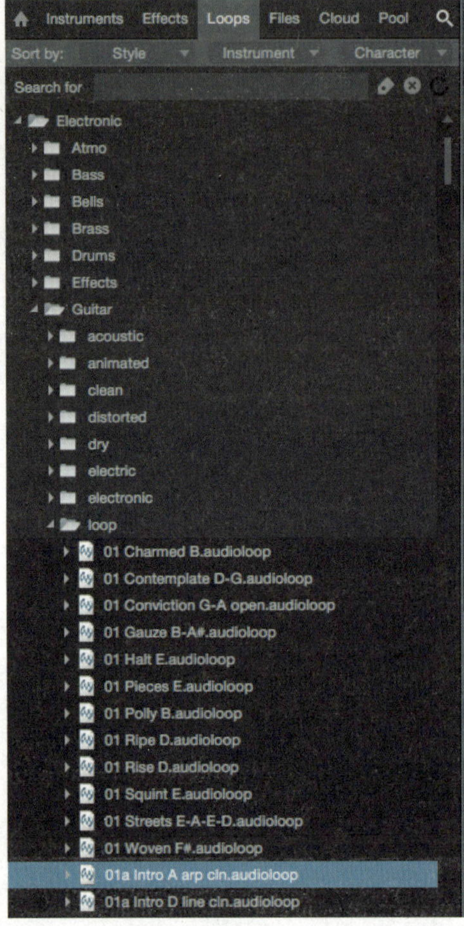

**그림 5 - 388** 루프 고르기

먼저 입력했던 일렉트릭 기타도 있으니 기타 라인을 하나 정도 더 추가해도 좋을 것 같습니다.

이번엔 Loops 〉 Electronic 〉 Guitar 〉 01aIntro A arp cln.audioloop을 골라보겠습니다.

## 3.15.2 기타 루프 추가

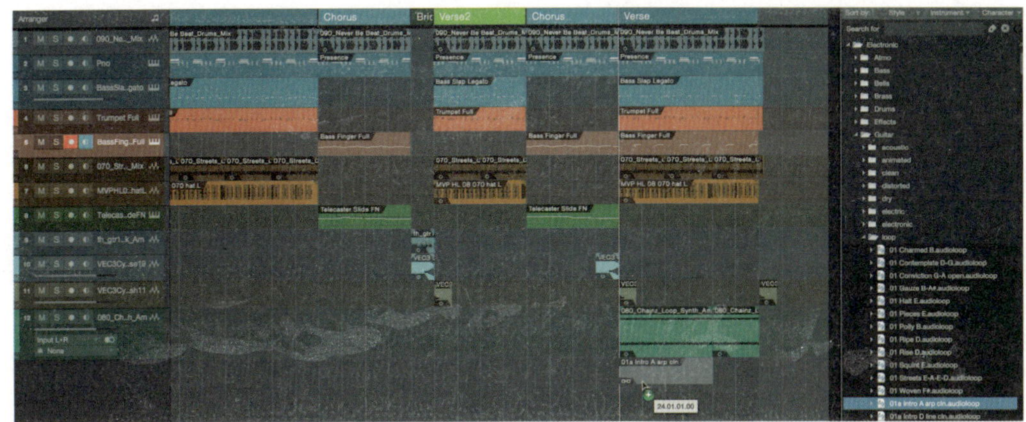

**그림 5 - 389** 루프 추가

선택한 소스를 메인 윈도우로 드래그 앤드 드롭해서 끌어다 놓습니다.

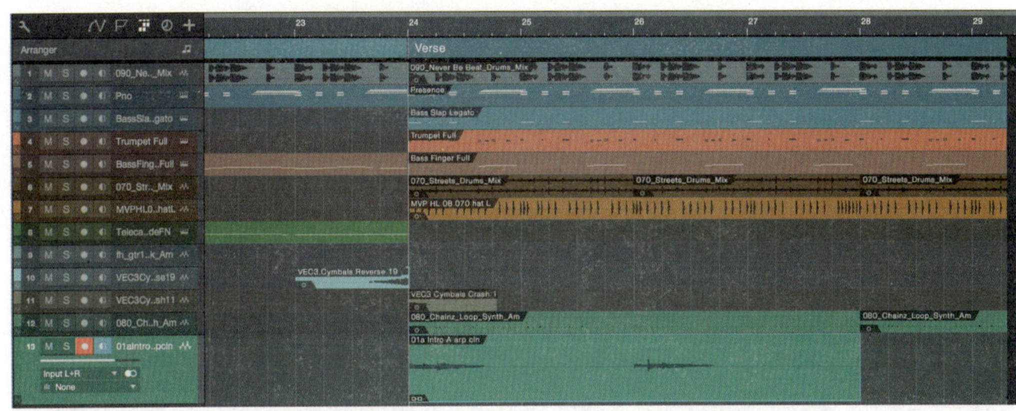

**그림 5 - 390** 추가된 루프

이 레전도 4마디에 딱 맞아 들어갑니다.

### 3.15.3 기타 루프 레전 편집

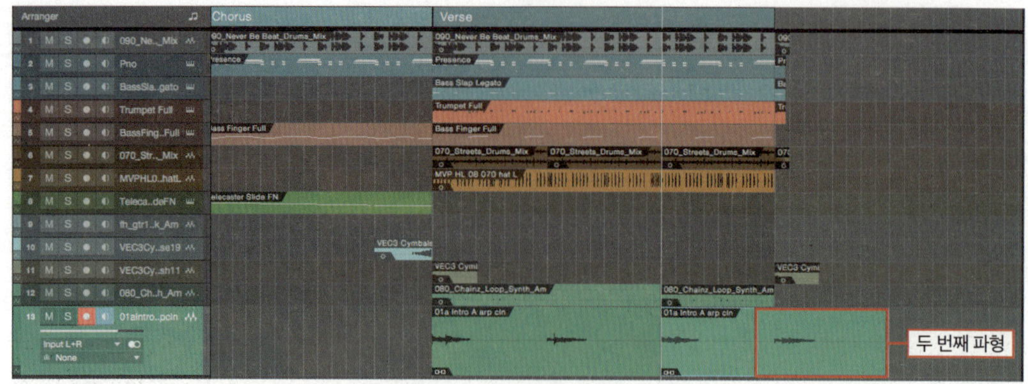

**그림 5 - 391** 레전 복사로 늘리기

우선 2마디가 부족하니 맥이라면 'cmd + D', 윈도우라면 'ctrl + D'로 레전을 복제합니다. 그러고 나니 이번에도 마디가 넘칩니다.

레전을 줄여 두 번째에 있는 웨이브 파형을 쓰지 않겠습니다.

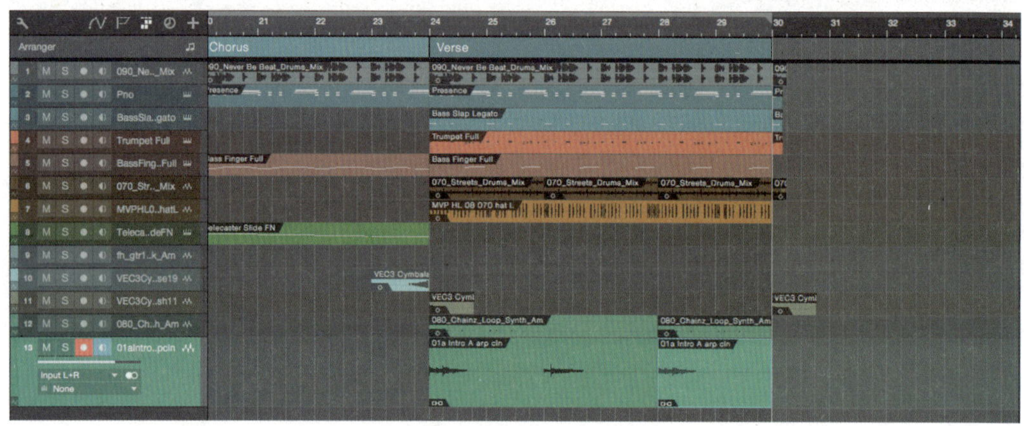

**그림 5 - 392** 레전 잘라내기

두 마디를 줄이니 이제 6마디에 딱 맞아 들어갑니다.

써보니 괜찮아서 이것을 다른 부분에 더 사용해 보겠습니다.

## 3.15.4 레전 복사와 이동

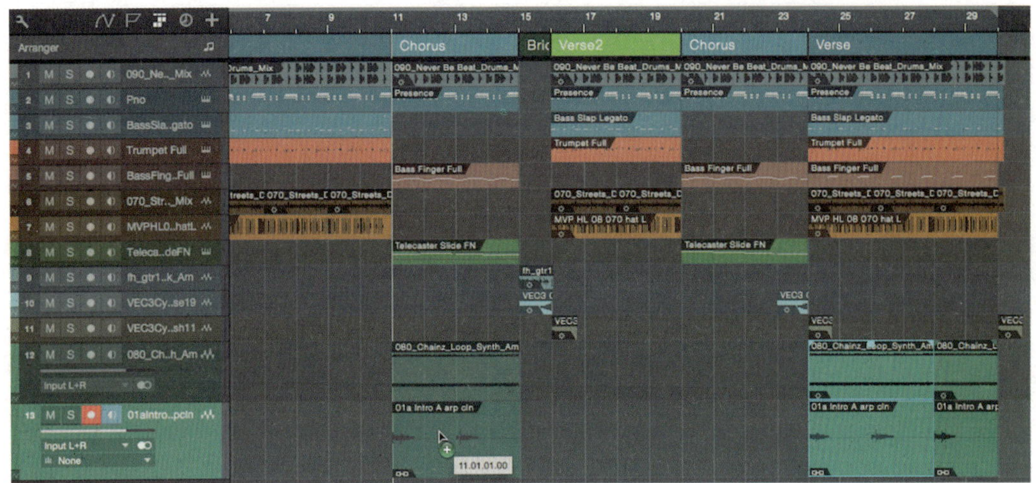

**그림 5 - 393** 레전 복사

레전을 복사해서 이번엔 코러스 부분에 가져다 놓습니다.

코러스 부분은 4마디이니 이 레전이 딱 맞아 들어갑니다.

이제 스페이스 바를 눌러 들어봅니다.


## 3.15.5 기타 루프 트랙 볼륨 조절

**그림 5 - 394** 기타 루프 트랙 볼륨 조정

들어보니 기타 볼륨이 상대적으로 작은 것 같아 +4.1dB 올려봤습니다.

그림 속의 저곳에서 볼륨을 쉽게 조절하지만 아직은 믹싱 전이라는 것을 잊지 않습니다.

# 3.16 전체 화면 보기

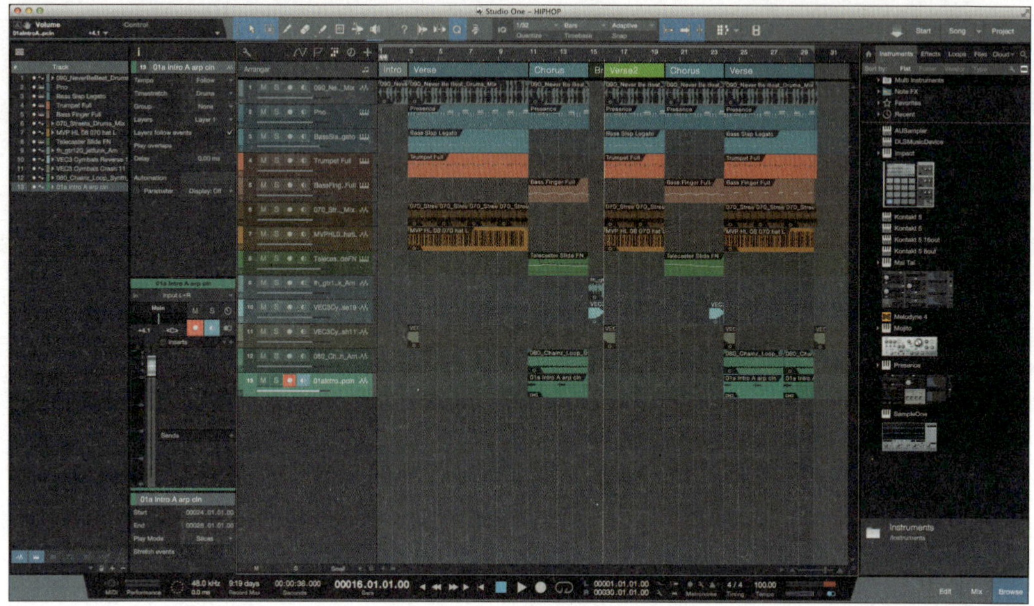

**그림 5 - 395** 작곡이 완성된 전체 화면

자 여기까지 작업이 끝난 후에 필자의 스튜디오 원 3의 전체 보기입니다.

이제 더 넣고 싶은 소스는 없고 노래만 녹음하면 좋겠다는 생각이 듭니다. 그리고 전체적인 믹싱을 해야겠다는 생각도 듭니다. 여기서 만족하면 안 됩니다. 여기에 있는 모든 미디파일까지도 WAV 파형으로 컨버팅해서 믹싱을 할 수 있도록 합니다.

본래 믹싱은 모든 파일이 오디오 상태여야 합니다. 만일 미디 파일이 섞여 있는 상태라면 그것은 작업 때 수정을 언제든지 할 수 있을 거라 가정하는 '가믹싱' 정도라고 생각합니다. 전문 믹싱을 하는 녹음실로 가서 '가믹싱'이 아닌 '믹싱'을 하기 위해선 미디 파일 없이 모두 오디오 파일로 가져가야 합니다.

이때 스튜디오 원3의 편리한 기능이 있습니다. 바로 스템(STEM) 파일 익스포트입니다. 스템은 우리말로 '줄기'라는 뜻인데, 여기서는 멀티 트랙에서의 각각의 개별 악기를 뜻합니다.

녹음실로 가기 전에 작곡가는 본인의 곡에 사용한 악기별 스템 파일을 출력하여 엔지니어의 손에 맡겨야 합니다. 스튜디오 원 3는 이 스템파일을 한 번에 출력하게 해줍니다.

예전엔 각 트랙들을 'solo'로 놓고 구간 지정을 하고 export하고 또 그 다음 트랙을 그렇게 하고 또 그 다음 트랙을 그렇게 … 32트랙이면 32트랙을 반복해야 했습니다. 단순 계산으로 곡이 3분이면 32 x 3 = 96분이 걸립니다.

하지만 스튜디오 원 3는 그렇지 않습니다. 이제 믹싱실로 가기 직전의 작업인 스템파일 출력을 해보 겠습니다.

# 4 스템 파일 출력

스템 파일은 작업 중인 프로젝트의 개별 트랙을 각각 오디오 트랙으로 변환시킨 파일을 말합니다. 스템 파일은 믹싱 전 미리 모든 파일을 오디오 파일로 변환하고, 믹싱 전 다른 DAW를 사용하는 녹음실에 호환을 위해 파일을 보내는 용도입니다.

## 4.1 Song 메뉴

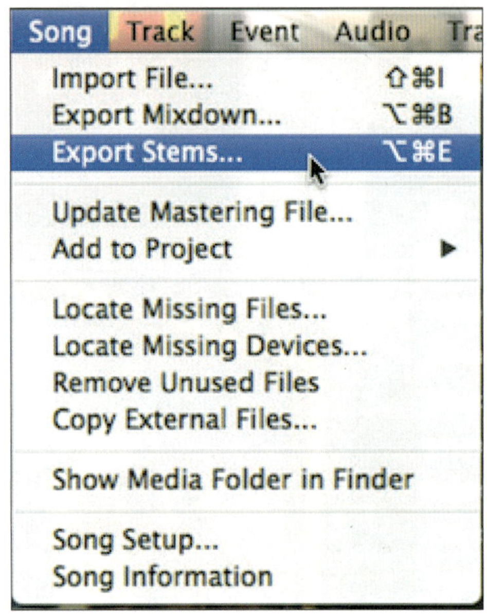

그림 5 - 396 Export Stems

스튜디오 원 3의 메뉴 중에 Song 메뉴를 클릭해봅니다.

그중 위에서 3번째에 있는 Export Stems라는 메뉴를 클릭합니다.

# 4.2 옵션 윈도우

## 4.2.1 Sources 설정

## 1) Channels

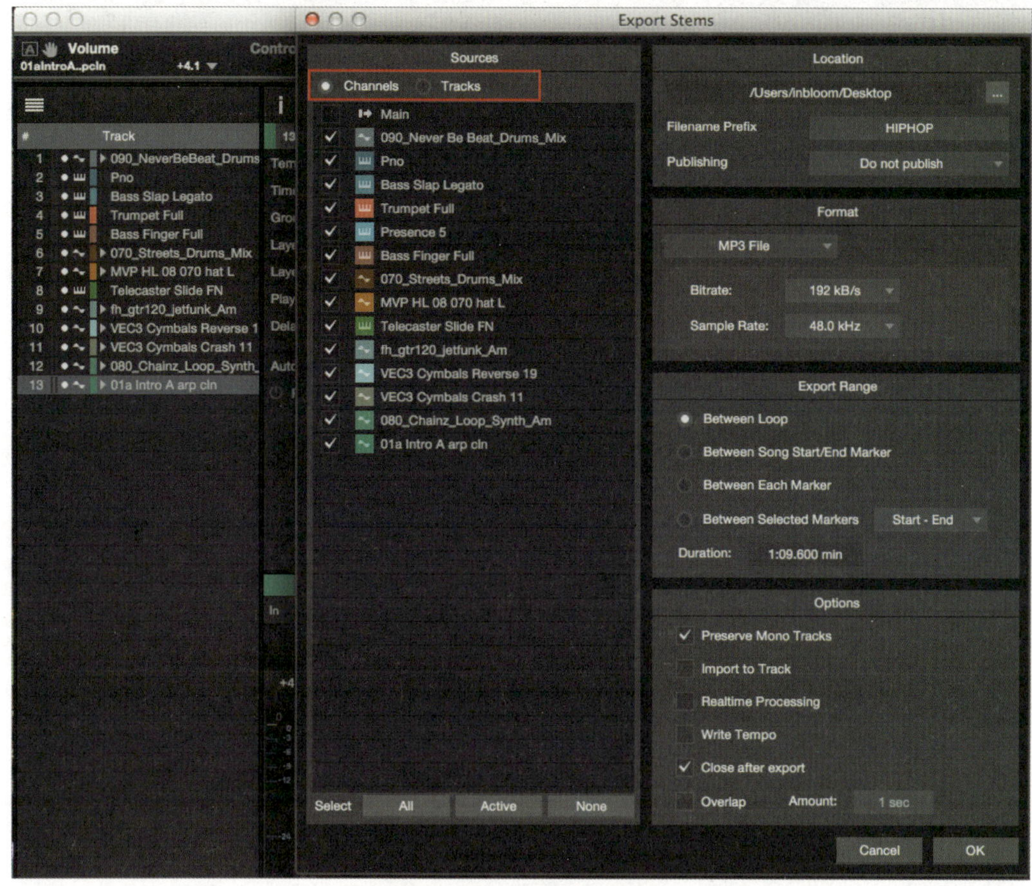

그림 5 - 397 옵션 윈도우(channels)

Export Stems를 클릭하면 나타나는 그림입니다. 일부러 메인 윈도우의 트랙 리스트 옆에 놓고 캡처했습니다. 비교해 보면 리스트 목록이 같습니다. 현재는 리스트에 있는 시그널을 모두 오디오로 출력할 때의 옵션입니다.

Export Stems 창의 Sources 탭의 Channels와 Tracks를 보면 Channels로 선택된 것을 볼 수 있습니다. 그리고 모든 목록이 다 체크가 되어 있는데, Main 부분만 체크가 안 되어 있습니다. 사실 메인은 트랙 목록에 없는 부분입니다. 만일 Main이 체크가 되어 있다면 Export Mixdown과 같은 기능으로 사용됩니다. 전체 트랙들이 하나의 메인 채널로 합쳐져서 출력된다는 의미입니다.

## 2) Tracks

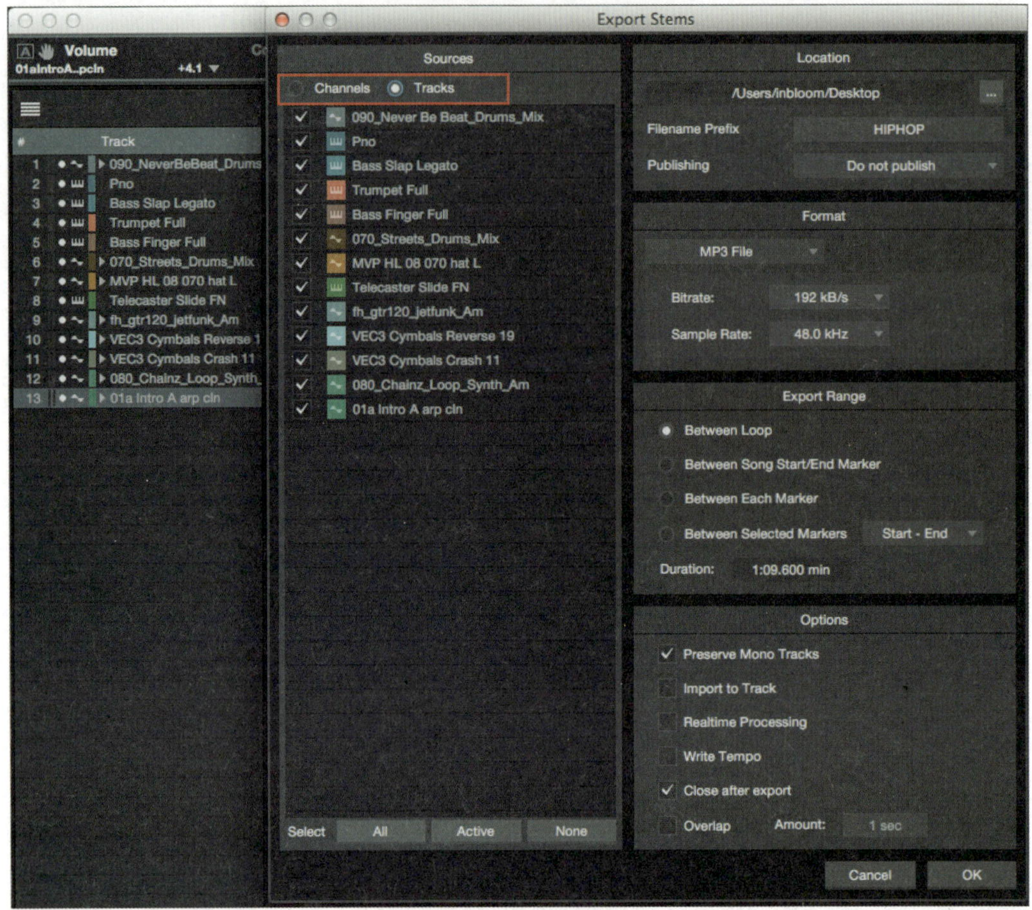

**그림 5 - 398** 옵션 윈도우(tracks)

이번에는 Export Stems 창의 Sources 탭이 Tracks로 선택된 것을 볼 수 있습니다.

사진으로는 Channels 선택에 Main이 있는데 채널은 여러분이 가진 오디오 인터페이스의 채널 수를 말하고 그것을 개별 출력이 가능하게 해준다는 의미가 됩니다. 즉 8채널 아웃풋이 가능한 오디오 인터페이스를 가졌다면 스테레오로 두 개씩 묶어서 총 4개의 스테레오 채널로 개별 출력이 가능하다는 뜻입니다. 하지만 여러 개의 아웃풋을 쓸 수 있는 오디오 인터페이스일지라도 메인 채널 하나만 쓴다면 Channels와 Tracks는 출력에 차이가 없는 것이 당연합니다.

## 4.2.2 Location 설정

Export Stems 창 우측에 있는 Location 설정을
봅니다.

현재 설정은 데스크탑, 즉 바탕화면에 스템 파
일들이 출력된다는 뜻입니다.

하지만 이것은 필자가 바꾼 것이고 아무 설정
을 하지 않았을 때는 여러분이 작업하는 프로

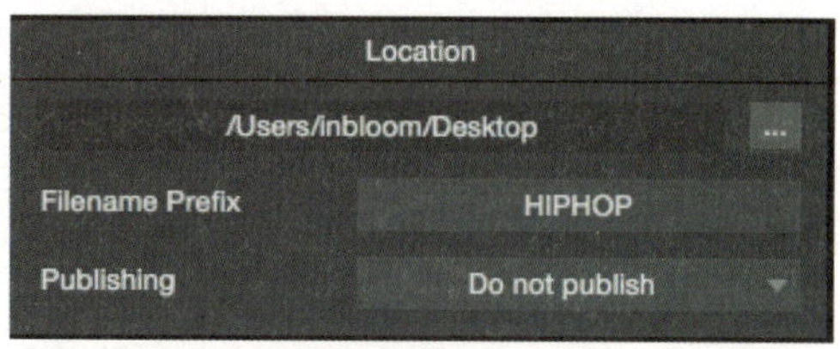

그림 5 - 399  옵션 윈도우 Location 메뉴

젝트가 있는 폴더 안에 'Stems'라는 폴더가 자동으로 생성되고 그 안에 저장이 됩니다.

독자 여러분들은 다음에 배울 내용을 위해 'Stems' 폴더로 저장하시길 바랍니다.

## 4.2.3 Format 설정

Export Stems 창 우측에 있는 Format 설정을
봅니다.

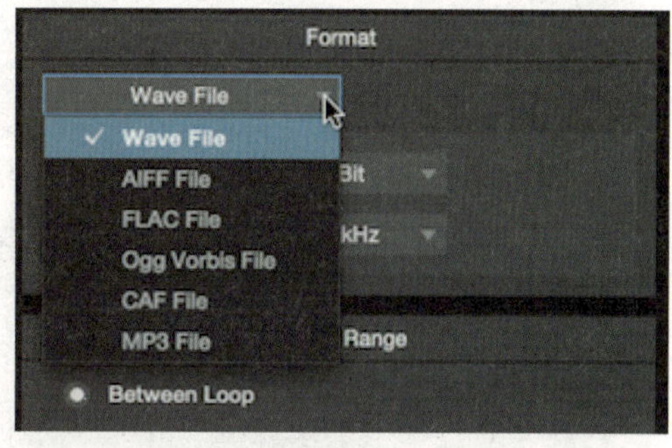

그림 5 - 400  옵션 윈도우 포맷 옵션

필자는 wav 파일에 16bit에 48kHz로 출력하겠
습니다.

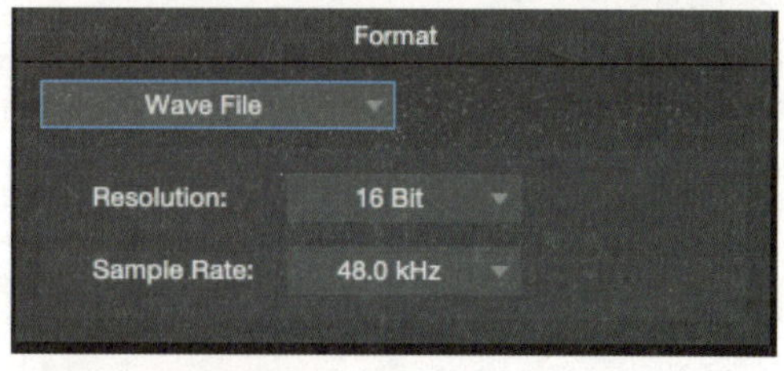

그림 5 - 401  포맷 설정 값

## 4.2.4 Export Range 설정

Export Stems 창 우측의 Export Range 설정을
봅니다.

특별한 경우를 제외하곤 곡이 만들어진 영역만
큼 출력하는 설정을 합니다. 곡 작업이 끝나고
어레인저의 모든 구간을 마우스로 선택한 후

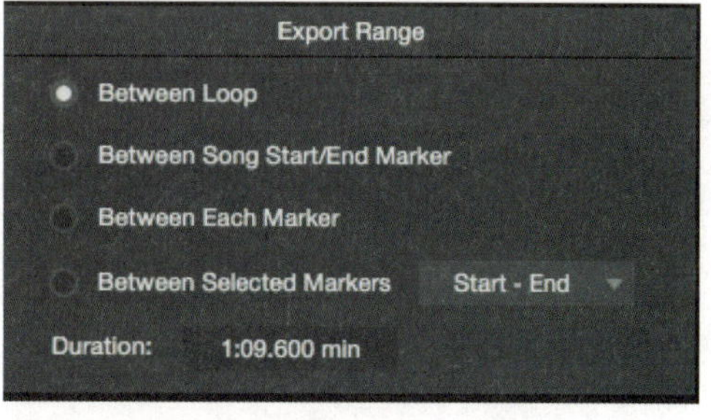

그림 5 - 402  Export Range 설정

키보드의 P를 누르면 구간이 쉽게 지정됩니다. 그리고 그 구간은 Loop 구간이 됩니다. 구간 반복을 시키는 루프를 만들 수 있기 때문입니다. 일반적으로는 Between Loop를 설정하면 됩니다.

그 아래 메뉴들은 마커(Marker)의 자리만큼 사용하겠다는 설정 옵션입니다.

어레인저 메뉴처럼 마커 메뉴를 사용해서 구간을 정하시면 됩니다.

**그림 5 - 403** 구간 설정

필자의 작업 화면입니다.

어레인저 트랙에서 전체 구간을 선택한 후 p를 눌렀습니다.

마디를 보여주는 숫자 위에 구간이 설정된 '바'가 보이실 겁니다.

### 4.2.5 Options 설정

Options에서 기본으로 나오는 설정입니다.

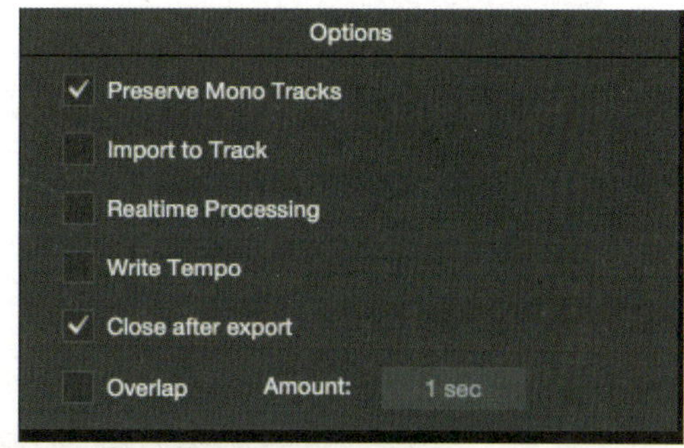

그림 5 - 404  Options 설정

① Preserve Mono Tracks : 원래 모노 트랙이었
던 트랙을 모노 트랙 그대로 출력해줍니다.

② Close after export : 출력 후 창을 닫아줍니다.

③ Overlap : export 한 후 그 구간 끝에 약간의
여유를 둡니다(Amount는 그 여유 시간의 설
정인데, 너무 딱 맞게 곡이 끝나면 어떤 악기
는 잔향이 남아야 하는데 그것까지 잘릴 수 있으니 여유 있게 두길 권장합니다).

④ Import to Track : 출력된 오디오 파일들을 다시 이 프로젝트 메인 윈도우로 올려놓아줍니다.

⑤ Realtime Processing : 실시간 처리를 말합니다, 예를 들어 3분짜리 곡이면 3분에 걸쳐서 출력해준다
는 뜻입니다.

⑥ Write Tempo : 출력된 오디오 파일에 템포를 기록해둡니다.


# 4.3 스템 출력

## 4.3.1 Track별 출력

스템 파일을 Track별로 출력 중입니다.

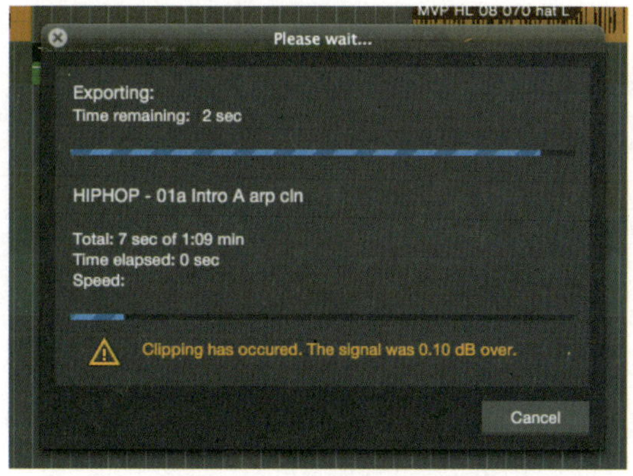


그림 5 - 405  Track별로 Export할 때

그림 5-405 중 윗줄은 현재 출력 중인 트랙의 남은 시간, 아랫줄은 전체 남은 시간을 나타냅니다.

그리고 아래 문구는 현재 출력 중인 트랙에서 클리핑(cliping)이 발생했다는 경고입니다. Cliping은 출력되는 시그널이 0dB을 넘어갔다는 의미인데, 청취상 디스토션(찌그러짐)이 들리지 않으셨다면 그냥 출력해도 무방합니다.

## 4.3.2 클리핑 경고창

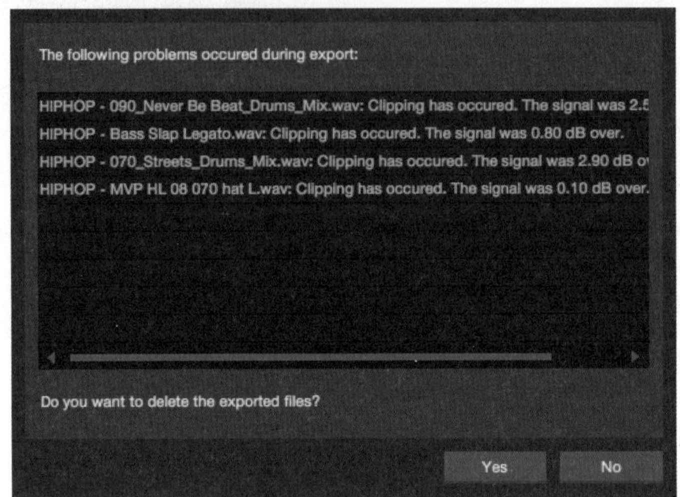


**그림 5 - 406** 클리핑 경고창

출력이 끝나고 나면 출력했던 트랙 중에 클리핑이 발생했던 트랙들을 나타내어 보여 주는 정리도 해 줍니다.

총 4개의 트랙이 오버 클리핑 되었습니다.

앞에서 말했듯 오버 클리핑 되었다는 개별 소스를 들어보고 디스토션이 발생하지 않았다면 넘어가 도 좋습니다(물론 발생하지 않는 편이 낫습니다).

## 4.3.3 Channel별 출력

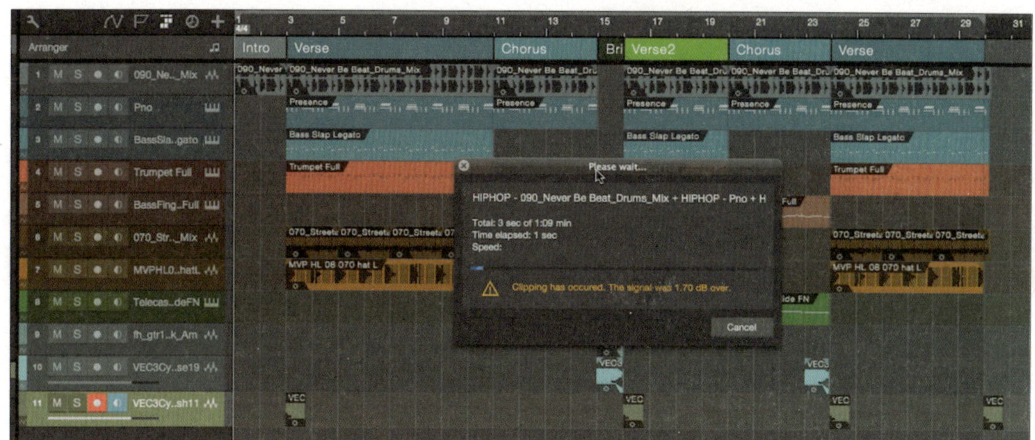

**그림 5 - 407** Channel별로 Export할 때

이제 스템 파일 출력을 해봅니다.

현재 진행 중인 상황의 캡처입니다. 다만 이때는 Channels 상태로 놓고 출력을 할 때입니다.

Please wait 창을 보면 트랙별 이름들이 모두 + 로 연결되어 하나로 출력되고 있습니다.


이제 믹스를 위한 믹스 프로젝트를 생성합니다.

# 〰 5  스템 파일에서 Mix 프로젝트로

그림 5 - 408  믹스 프로젝트 생성

다시 스튜디오 원 3의 첫 프로젝트 생성을 해봅니다.


## 5.1 믹스 프로젝트 생성

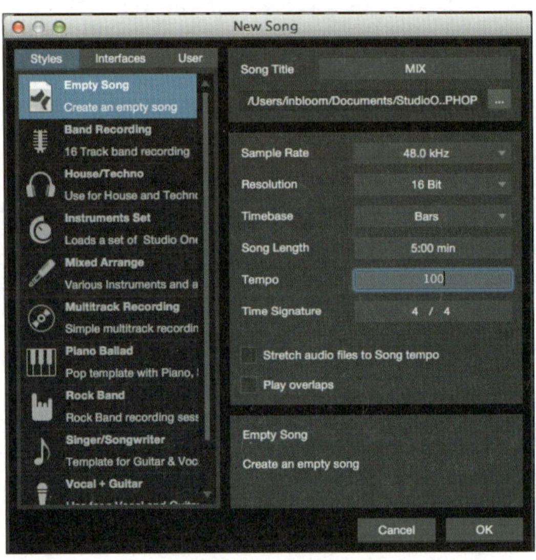

그림 5 - 409  프로젝트 기본 설정

새로운 프로젝트의 템포는 방금 만든 'HIPHOP'이라는 곡의 템포인 100으로 바꿔놓습니다.

이제 이 프로젝트가 생성될 위치입니다.

사실 필자가 기억력이 아주 좋다면 필자의 컴퓨터 아무 곳에나 저장한들 상관없겠습니다만 그렇지 않은 관계로 방금 곡을 만들었던 HIPHOP이란 작업 폴더 안에 믹싱 폴더도 저장해 놓겠습니다.
이 곡을 다시 꺼내 보고 싶을 때 '아 그 곡 믹싱파일…?' 하고 어렵게 찾을 수 있기 때문입니다.

## 5.2 저장위치

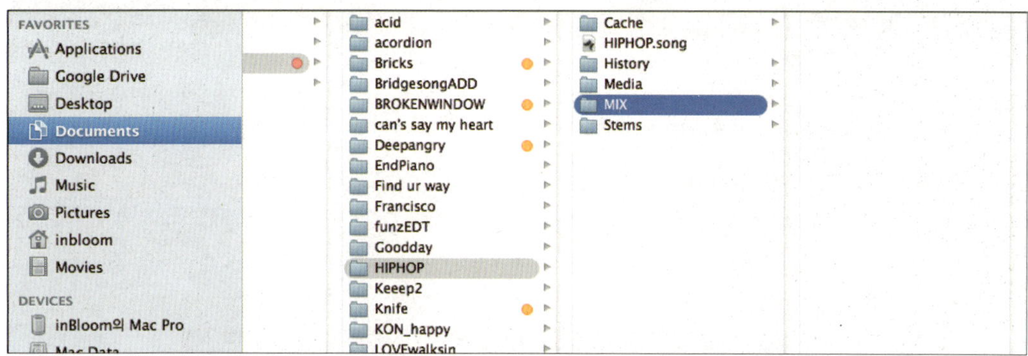

그림 5 - 410 저장 폴더 위치

필자의 매킨토시 폴더 계층 보기입니다.

Documents 〉 Studio One3 〉 songs 〉 HIPHOP 〉 MIX가 됩니다.

윈도우즈도 내 문서에서 시작될 뿐 다르지 않습니다.

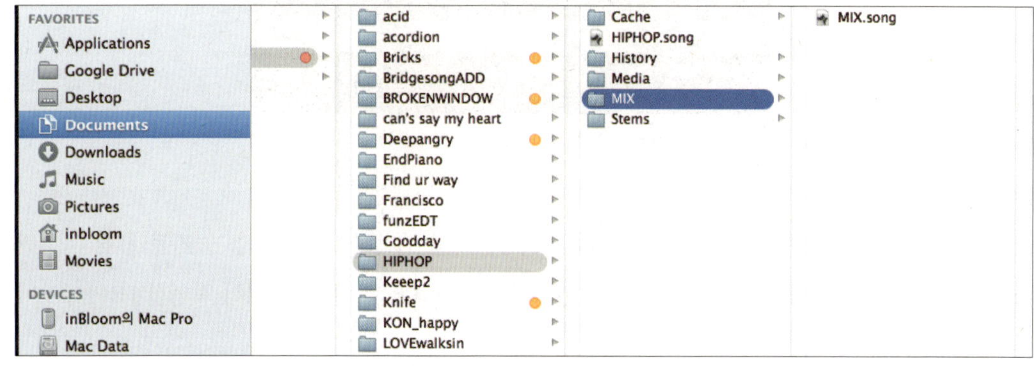

그림 5 - 411 폴더에 프로젝트 생성

MIX라는 폴더 안에 MIX.song 프로젝트가 생성되어 있습니다.

# 5.3 Export된 파일 불러오기

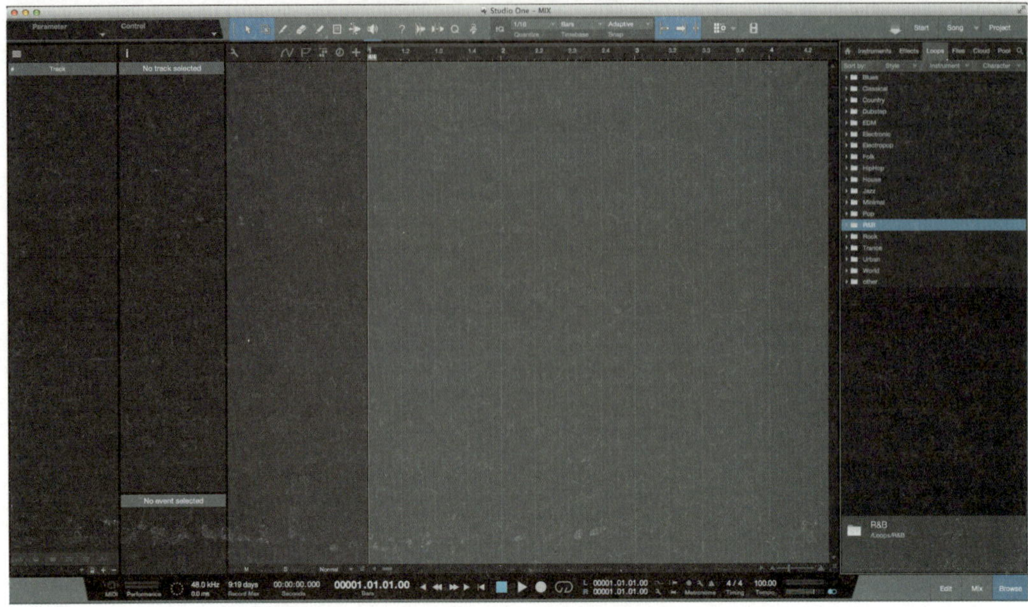

**그림 5 - 412** 믹스 프로젝트 첫 화면

믹싱을 위한 빈 프로젝트 윈도우가 생성되었습니다. 이제 출력된 스템 파일을 이 프로젝트에 올려 작업합니다.

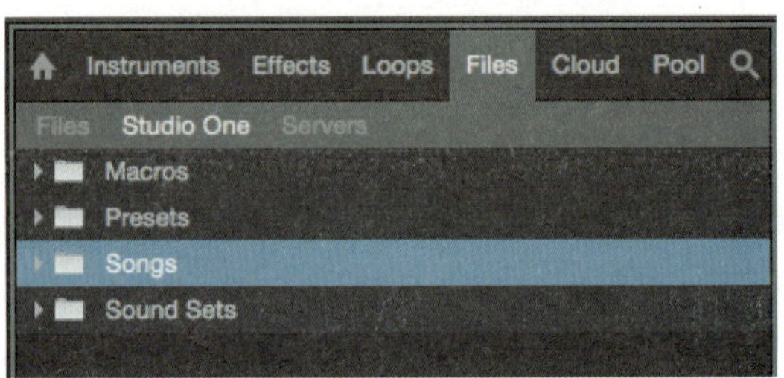

**그림 5 - 413** 브라우저 윈도우 Files 탭

스템 파일 역시 브라우저 윈도우로 가봅니다. 이번엔 여러 탭 중에 Files 탭을 눌러봅니다. 그러면 Documents 〉 Studio One3 〉 Songs의 Songs가 바로 보입니다. 이 폴더 안에서 작업할 HIPHOP이란 폴더를 찾습니다.

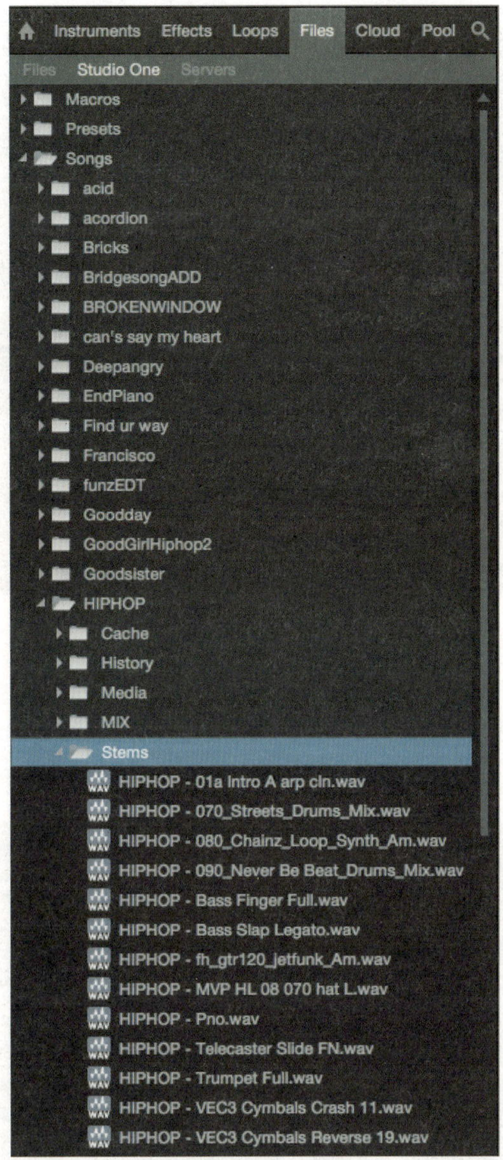

**그림 5 - 414** Stems 폴더

HIPHOP 폴더 안에 Stems 폴더를 클릭해보면 출력되었던 파일들이 보입니다.

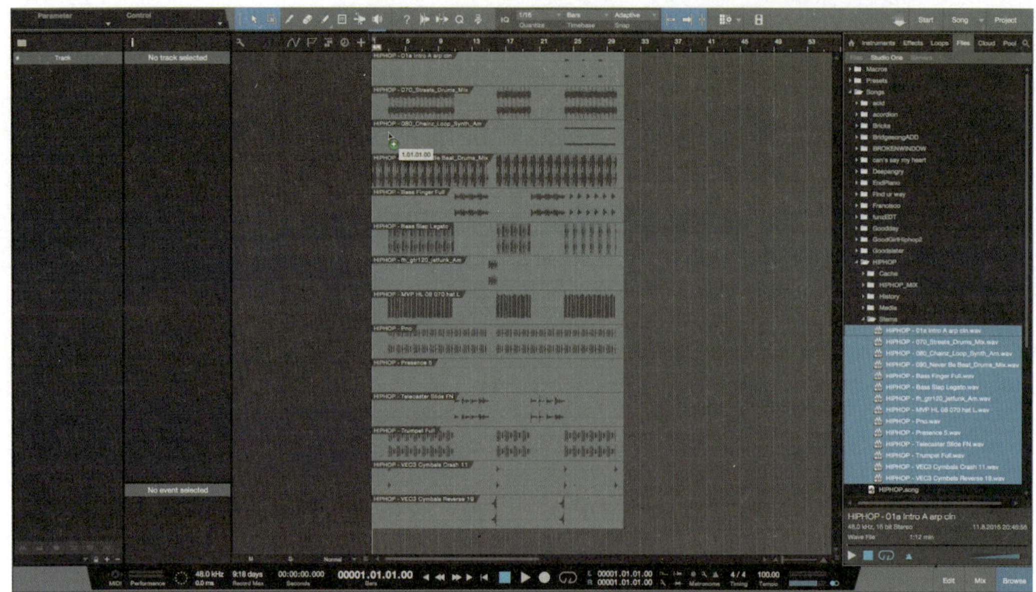

**그림 5 - 415** 드래그 앤드 드롭으로 스템 파일 불러오기

이 파일들을 모두 선택하여 드래그 앤드 드롭으로 메인 윈도우에 끌어다 놓습니다.

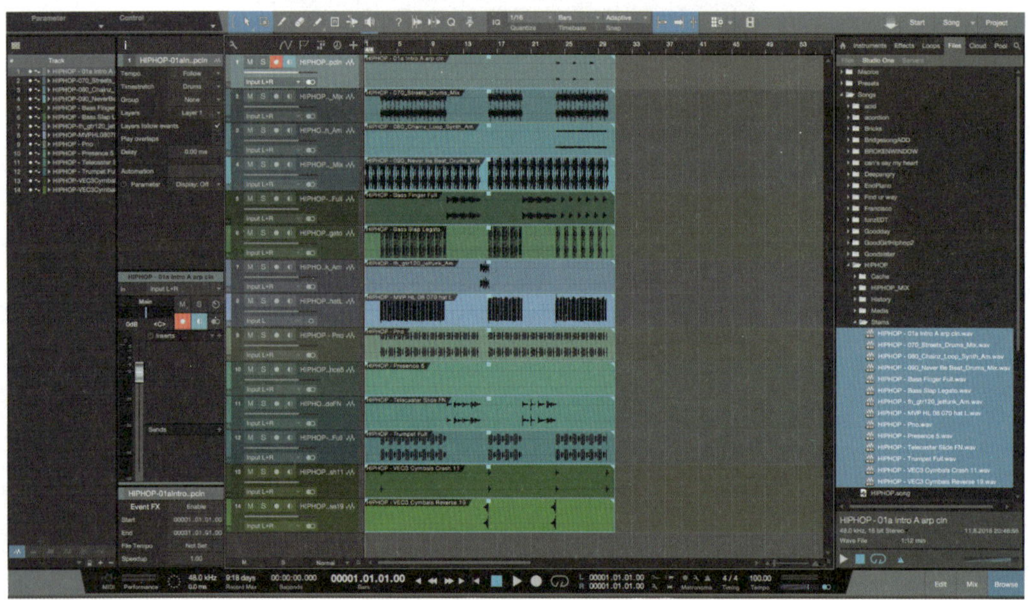

**그림 5 - 416** 파일이 올려진 프로젝트 화면

파일을 올려놓은 후의 모습입니다. 트랙별 색상 지정까지 자동으로 완성됩니다.

# 5.4 프로젝트 이름 변경

MIX라는 이름은 별로인 것 같아서 이름을 바꿉니다. 이럴 땐 파일에서 직접 바꾸지 말고 File 메뉴 상의 Rename 메뉴를 이용합니다.

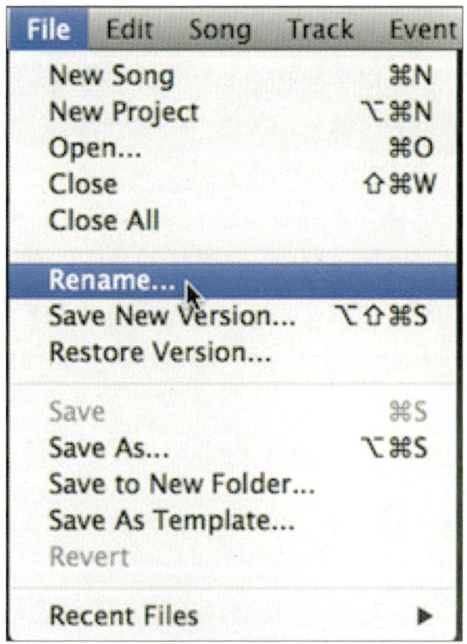



그림 5 - 417  Rename

Rename 메뉴를 클릭하면 이런 메뉴가 화면 가운데에 뜹니다. 이곳에서 새로운 이름을 넣습니다. 필자는 HIPHOP_MIX라고 곡 제목까지 포함해서 어떤 곡의 MIX파일인지 알게 했습니다.

그림 5 - 418  프로젝트 이름 바꾸기

디테일이 조금 남았지만 이제 필자가 예제로 만드는 곡의 모습이 나온 것 같습니다.

하나하나 차분히 따라 하신 독자라면 따라오시는 데 어렵지 않았으리라 생각합니다.

'스튜디오 원 3'의 기능을 익히기 바라는 마음에 여러 예제와 일부러 거치는 수정을 통하여 약간 돌아가는 방법을 쓰기도 했습니다. 또한, 마스터 키보드를 사용하지 않았기에 마스터 키보드가 있으신 분들은 답답했을 수도 있지만, 건반을 아무리 잘 치는 연주자라도 결국엔 마우스로 일일이 다듬는 최종 편집은 필수입니다.

이제 믹싱의 전 단계까지 해놓았으니 다음은 PART 7 믹스에서 이 곡을 믹싱해보겠습니다.

PART

# 6

# 오디오 파일 만들기

# 1 오디오 파일의 포맷 종류

오디오 파일에는 wav, aiff, mp3, ogg, flac 등 여러 가지 포맷이 있습니다. 이런 포맷들은 여러분 컴퓨터의 모든 플레이어에서 재생 가능합니다. 다만 모든 DAW에선 wav 파일을 오디오 기본 확장자로 사용합니다. '스튜디오 원' 도 wav 파일만 사용 가능하며 mp3는 임포트는 가능하지만 wav 파일로 자동 변환됩니다. wav 파일은 Digital에서 사운드의 저장방식, 오디오 포맷의 규격을 말합니다. 그림의 확장자(.jpg, .png 등)와 비슷한 개념이며, 좀 더 정확히 비교하자면 그림 파일로는 더 화질이 좋은 .tiff라 할 수 있습니다.

Digital이 되었단 말은 수치(Digit)화가 되어 숫자로 규격을 나타내는 게 가능해졌단 말입니다. 16bit, 441kHz(CD음질) 24bit 48kHz(요즘 녹음실에서 표준처럼 사용되는 음질) 등이 바로 숫자로 표현된 규격입니다. 좀 더 세분화해서 보자면 Bit Per Sample, Frequency, Codec, Channel 등이 그 의미 안에 녹아 있습니다. 숫자가 클수록 좋은 음질을 나타냅니다. Bit(16bit, 24bit, 32bit)는 그래프로 그리면 Y축으로 표시 가능하며 Frequency(44.1kHz, 48kHz, 96kHz, 192kHz) 등을 X축으로 표시할 수 있습니다.

자세히 설명하자면 '책 한 권'이 따로 나와야 할 정도니 그냥 간단히 '더 촘촘하게 표시할 수록 고음질'이라고만 기억하세요. 10cm를 1cm로 끊어 보면 10단위입니다만, 1mm 단위로 끊어보면 100단계가 되어 더 정밀하게 길이를 잴 수 있는 것과 마찬가지이며, 이것은 음악, 사운드 만이 아니라 Digital화된 모든 것들에 해당됩니다.

mp3는 좀 다른 면이 있습니다. mp3는 MPEG 1 Layer3의 약자로 wav는 비압축 방식인데 반해 mp3는 압축(mpeg이라는 코덱을 썼습니다) 방식입니다. 효율적으로 압축하기 위해서 '손실'은 피할 수 없지만 손실을 '최소화'해야 했습니다. 때문에 초당 얼마의 디지털 데이터 양을 흘려 보낼 수 있는가를 볼 수 있습니다. 가령 mp3 파일 중에 256kbps는 '1초당 256kb 데이터를 흘려 보내준다'는 의미입니다.

압축되어 있는 파일을 풀어서 흘려 보내려면 코덱(Codec)이 필요합니다. 코덱은 Encoder(압축기)와 Decoder(압축 해제기)의 합성어입니다. 정확히 말하면 코덱이 아니라 '디코더'가 필요한 것이고 여러분이 mp3를 듣는 모든 Player들은 그 디코더가 내장되어 있는 것입니다. 모든 DAW는 mp3를 불러들일 때 wav로 '변환'합니다. Decoding을 하면서 작업을 할 수는 없기 때문입니다.

# ⌇⌇ 2 바운스

## 2.1 미디어를 오디오로 변환

가상 악기를 사용하게 되었다는 건 컴퓨터에 편곡에 사용한 악기를 다시 컴퓨터로 녹음할 일이 없어 졌다는 뜻이기도 합니다. 여러분이 앞서 작업할 때 사용한 드럼이니 피아노니 하는 모든 소리들은 겉보기엔 미디 데이터로 보이지만 실제론 오디오 파일들로 보아도 상관없습니다. 물론 우리는 그 소리 하나하나를 음정을 가진 미디 에디터에서 편곡했습니다. 그러니 이 미디 시퀀싱의 결과물은 당연히 렌더링을 거쳐 오디오 파일로 변환할 수 있는데, 이를 바운스(Bounce)라고 합니다('렌더링'이 디지털에서는 더 정확한 의미입니다). 예를 들어 프로툴스(Pro Tools)의 경우 모든 작업이 끝나고 한 개 혹은 여러 개의 트랙을 하나의 오디오 파일로 마무리 짓는 메뉴의 이름이 'Bounce to Disk'입니다. 그리고 믹싱을 위해 미디 작업한 것을 트랙별로 각각 오디오로 변환하는 것을 'STEM' 파일이라고 합니다. 스튜디오 원 3는 편리하게도 '스템 파일'을 위한 트랙별, 채널별 자동 출력을 지원합니다. 하나 하나 일일이 해야 해서 STEM 출력에 비해 좀 더 번거롭지만 이번엔 스템 파일 출력이 아닌 바운스 메뉴를 통해 작업하겠습니다. 믹싱을 위해 오디오 파일을 만들 때는 몇 가지 이유가 있지만, 필자의 경우 작업 중 특정 트랙에서 미디 파일이기에 주지 못했던 특별한 이펙트를 오디오 파일로 변환하여 전용 플러그인들을 이용해 좀 더 자유롭게 시도하기 위해 주로 사용합니다. 그리고 스튜디오 원의 '바운스'는 작업한 미디 트랙 밑에 바로 생기기 때문에 편리합니다. 미디트랙은 자동으로 '뮤트' 됩니다.

## 2.2 바운스

앞서 작업한 곡의 악기들을 오디오 파일로 변환해보겠습니다.

우선 드럼 트랙부터 변환합니다. 바운스하고자 하는 레전을 기준으로 좌우 구간 설정을 해야 합니다. 구간 설정 단축키는 P입니다(마우스로도 구간설정이 가능하지만, 단축키가 훨씬 편합니다).

만일 첫마디부터 곡의 끝마디까지 연주된 트랙이 있다면 그걸 마우스로 한번 클릭하여 선택하여 'P' 를 누르면 곡 전체가 구간 설정됩니다.

## 2.2.1 바운스 메뉴

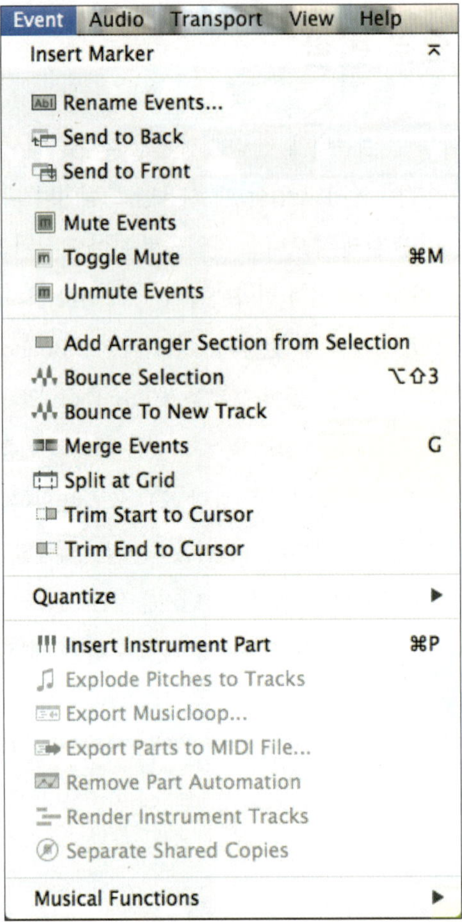



그림 6 - 1 Event 메뉴

미디 작업을 했던 레전을 마우스로 선택한 후 스튜디오 원 메뉴 중 Event에 있는 Bounce Selection 혹은 Bounce To New Track을 클릭하면 됩니다. 프로툴스 '숏컷'을 사용할 경우 단축 키는 Option + Shift + 3 키(윈도우즈는 Alt + Shift + 3 키)입니다.

각 트랙의 잘려진 레전별로도 바운스가 되고 각 트랙을 통채로 바운스하는 것도 가능합니다.

드럼 트랙 중 레전 하나만 바운스해보겠습니다.

## 2.2.2 레전 바운스

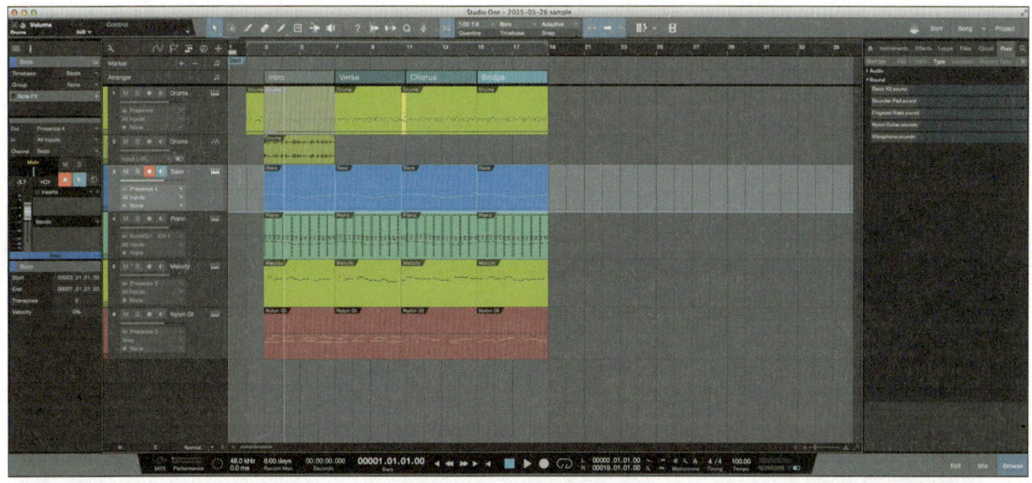

**그림 6 - 2** 레전 하나를 바운스

드럼 트랙 중에 레전 하나만 바운스했습니다. 바운스 후 저절로 미디 레전은 뮤트되면서 오디오 트랙 혹은 레전이 대신 활성화된 것을 볼 수 있습니다. 자동으로 되기 때문에 편리한 기능입니다.

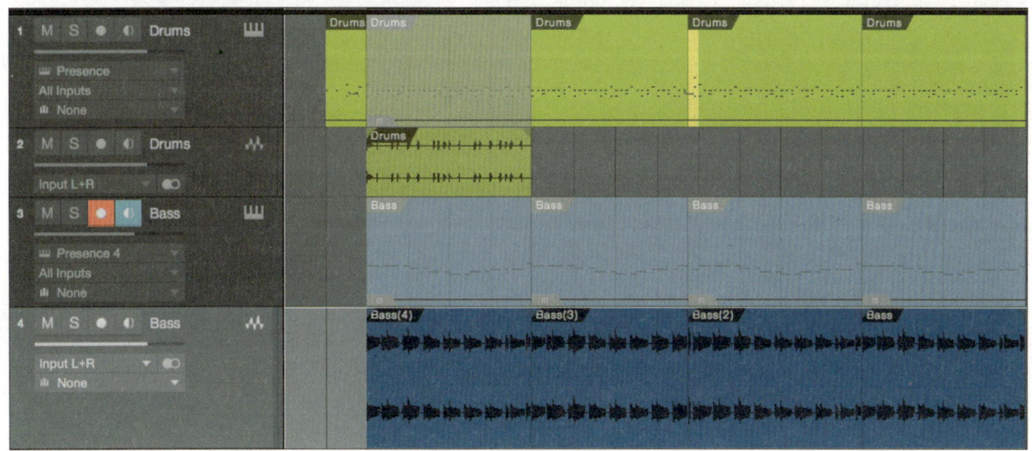

**그림 6 - 3** 미디 트랙 및 바운스 된 오디오

### 2.2.3 전체 선택 바운스

스튜디오 원의 가장 편한 기능 중 하나가 구간지정 단축키인 P를 누르고 바운스하면 전체 트랙이 미디 트랙들 바로 아래에 저절로 생성된다는 것입니다. 물론 미디 트랙, 레전들은 모두 저절로 뮤트됩니다.

이렇게 하면 음정을 수정하고 싶거나 악기 피치를 바꾸고 싶거나 등의 미디 파일에서만 작업 가능한 수정이 생겼을 때 미디 파일에서 수정하고 돌아오기 간편해서 작업 진행이 번거롭다는 느낌이 들지 않습니다.

2016년 버전의 다른 시퀀서들은 트랙별로 솔로를 지정하고 바운스한 후 생성된 오디오 파일들을 다시 작업 화면에 새 트랙을 생성한 후 새로 임포트 해와야 했습니다.

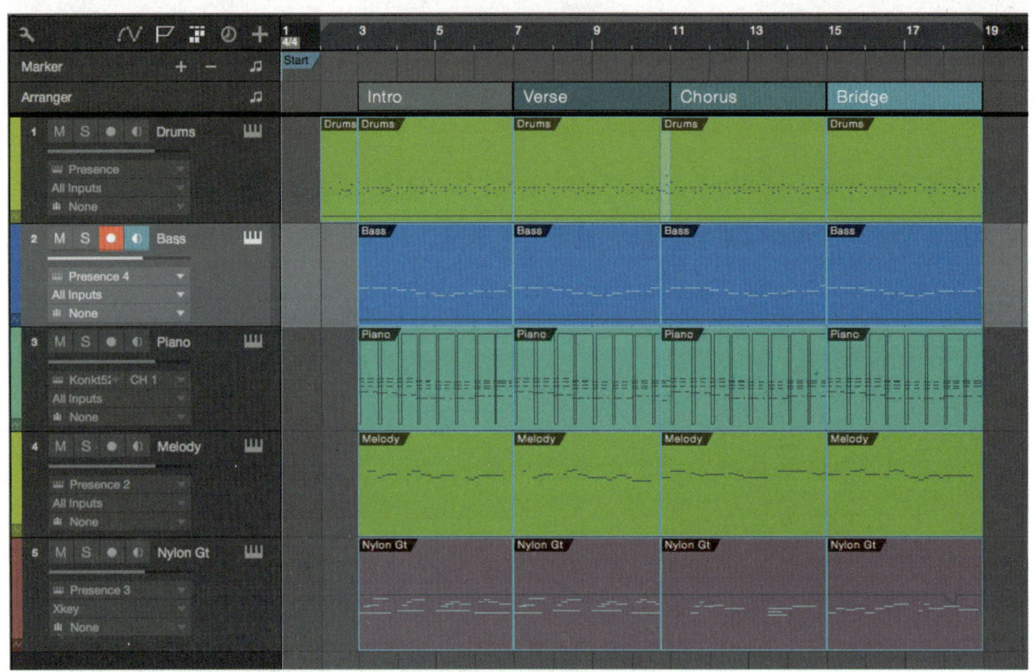


**그림 6 - 4** 전체 선택

레전을 나누어 놓은 채로 바운스를 하면 레전마다 오디오 트랙으로 바운스되며 역시 브라우저 풀에도 각각의 레전별 오디오들이 정리되어 자동생성됩니다.

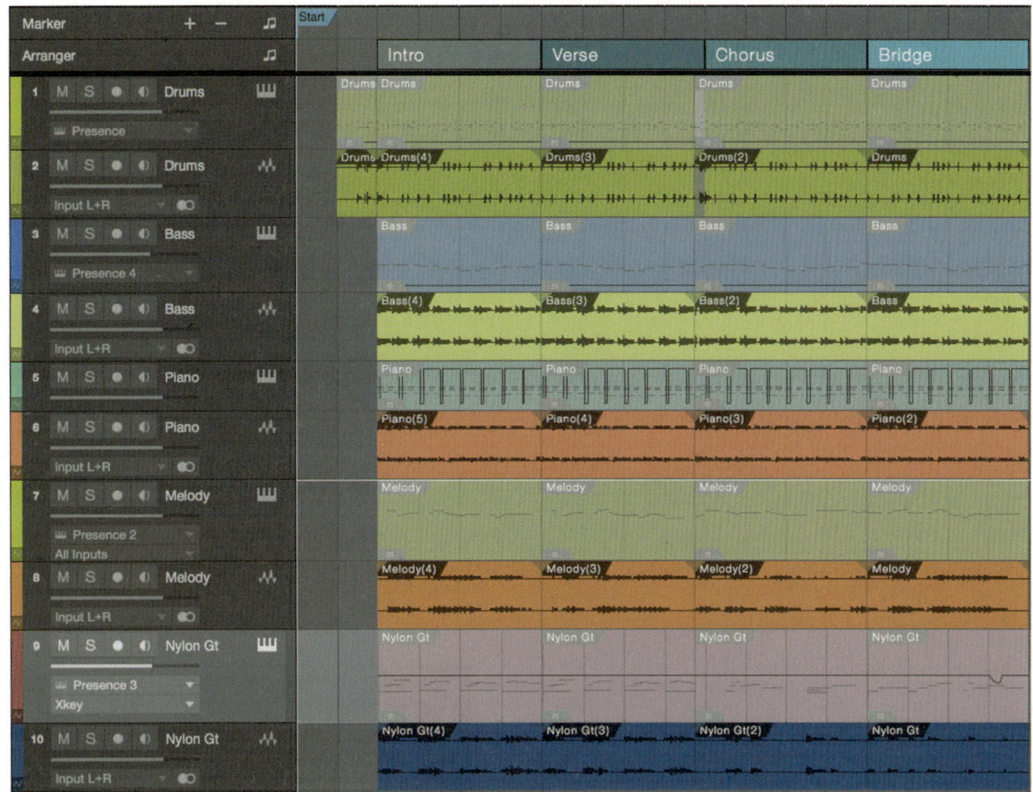

**그림 6 - 5** 전체 바운스

전체 선택 후 바운스를 한다면 이렇듯 미디 트랙 바로 아래에 오디오 트랙들이 생성됩니다.

심지어 레전별로 잘린 모양 그대로 바운스됩니다.

그리고 미디 작업을 했던 기존 트랙들은 모두 자동으로 뮤트됩니다.

---

◦─────◦ **참고 | 스템 파일 출력의 사용처** ◦─────◦

스템 파일 출력을 사용해서 작업하는 것은 다른 DAW로 가져가서 믹싱을 하려 할 때나 스튜디오 원의 새로운 프로젝트를 만들어서 믹싱을 할 때 유용합니다. 지금처럼 '바운스'를 해서 작업하는 건 작업 중인 미디 트랙이 있는 그 프로젝트에 이어서 작업을 하겠다란 의미가 됩니다.

만일 미디 작업 수정이 앞으로도 있을 것 같으면 '바운스'를 사용해서 작업하는 게 수월하고 미디 파일 수정이 더 이상 없다면 '스템 출력'을 해서 새 프로젝트에 믹싱을 하는 게 낫습니다.

# ◦||╷|┃|⊷ 3 브라우저 풀(Pool)

오디오 트랙이 생기면 자주 보게 될 화면은 스튜디오 원 3의 우측 '브라우저 윈도우'입니다. 미디 작업할 때는 악기를 고르느라 많이 보았지만, 오디오 작업으로 넘어가게 되면 'Pool' 탭을 자주 보게 됩니다. 그 안에는 스튜디오 원의 메인 윈도우에 있는 모든 오디오 트랙들이 모여있습니다.

필자는 그 창을 편의상 "족보" 윈도우라고 부릅니다. 거기에(족보에) 등재가 되어야 메인 편집 창에서 편집이 가능하기 때문입니다. 족보 윈도우에는 올랐으나 사용할 일이 없어 메인 윈도우에는 없을 수 있는 오디오 파일이 있을 순 있어도 메인 윈도우 상에는 있는 오디오 파일이 족보(Pool) 윈도우에 없을 수는 없습니다.

족보에 없는 파일이 메인 윈도우에 오를 수 없으며, 메인 윈도우에 있다는 건 족보에 반드시 있다는 뜻입니다.

미디 트랙들을 바운스하기 이전엔 그림처럼 브라우저 창에 그간의 미디 작업에 사용한 '가상 악기' 사운드 파일들만 나와 있습니다.

이곳 Pool 탭 중 Type을 보게 되면 Sound 카테고리에서 현재까지 사용했던 악기들의 이름을 빠르게 확인해 볼 수 있습니다. 여기가 아니라면 트랙마다 일일이 확인해야 해서 불편합니다(사실 악기 이름을 확인할 일이 많지는 않습니다).

바운스를 하거나 혹은 외부 오디오 샘플을 사용하는 순간 Audio라는 카테고리가 Sound 카테고리 하단에 생기며 사용한 오디오 트랙들이 생기게 됩니다.

Sort by 옆의 탭 버튼들을 하나씩 눌러보시면 다양한 보기 메뉴로 정리가 되어 나타납니다.

그림 6 - 6 미디 악기 sound만 있는 브라우저 풀

스튜디오 원의 메인 윈도우에 오디오 파일이 있다면
반드시 이 브라우저 윈도우에 그 파일이 보입니다.

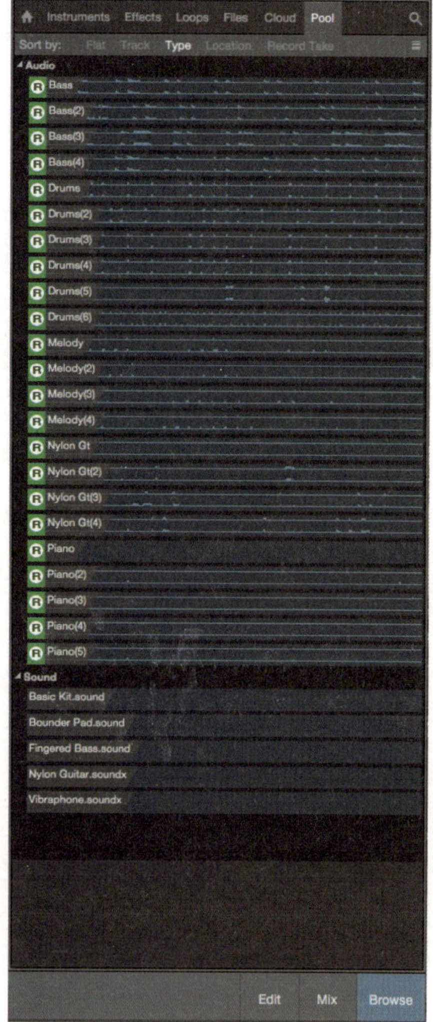

**그림 6 - 7** 오디오(Audio)가 생긴 브라우저 풀

---

### 참고 | 왜 오디오 바운스를 하는가?

1. 여러분이 작업 했던 미디파일들은 그대로 들을 수가 없습니다.
   물론 여러분처럼 미디 시퀀서를 사용한다면 시퀀서에서 열어서 들을 수 있겠지만 그렇지 않은 일반 사람들은 들을 수가
   없습니다. 그리고 미디 시퀀서를 사용한다고 해도 '같은 시퀀서'와 '같은 악기'가 아니라면 호환이 거의 불가능하다고 보아도 됩
   니다. 마치 HWP 파일을 열어 보려면 한글 프로그램이 꼭 설치되어야 하는 것처럼 말입니다.

2. 믹싱 작업을 해야 할 때 미디 트랙인 상태로는 믹싱을 위해 오디오 전용으로 나온 수많은 플러그인을 시도해 볼 수가 없고
   외부의 믹싱 스튜디오로 가져갔을 때도 마찬가지 문제가 생깁니다. 미디 상태가 아니라 오디오로 바꾼 상태이기에 할 수
   있는 작업들이 있습니다.

# ᛞᚾᚾᛁ **4 스테레오와 모노**

스테레오와 모노의 차이점을 알아야 믹싱을 시작할 수 있다고 생각합니다. 어떤 분들은 이 둘의 차이를 음질로 알고 있는데, 음질하고는 연관이 없습니다.

사람의 눈과 귀는 두 개입니다. 그리고 눈과 귀는 인간에게 아주 비슷한 역할 수행을 합니다. 우리는 양쪽 눈으로 사물을 보고 머리 양쪽에 달린 귀로 '소리'를 듣습니다. '보이는 것'과 '들리는 것'은 정보입니다.

예를 들어 어떤 가방을 본다고 했을 때 그 물건이 '가방'이구나까지는 1차적인 정보이지만 색깔, 브랜드, 그리고 낡은 정도 등을 보면서 가방이란 것 외에 다양한 2차적인 정보를 파악할 수 있습니다.

마찬가지로 소리도 어떤 소리를 들으면 그 소리의 의미를 파악할 수 있습니다. 누군가의 목소리라고 하면 그 말의 내용은 1차적인 정보이지만 그 외에 남자인지 여자인지 혹은 사투리인지 아닌지, 다급한지 느긋한지 등도 알 수 있습니다. 또한, 목소리가 나오는 곳이 화장실인지, 공원인지 심지어 멀리서 말하는지 가까운 데서 말하는지 까지도 미루어 짐작할 수 있습니다.

그 중 '소리'로 위치, 거리감의 정보들을 느낄 수 있는 사람의 인지 능력을 '바이노럴 이펙트(Binaural Effect)'라고 하며, 위치와 거리감을 합쳐서 우리는 '공간감'이라고도 말합니다. 때문에 믹싱을 할 때 사용할 각종 음향 이펙터들 중에는 스테레오 오디오 파일용과 모노 오디오 파일용이 각각 존재하기도 합니다.

## 4.1 바이노럴 이펙트

'바이노럴 이펙트'는 우리 말로 '양이 효과' 혹은 '양귀 효과'라고 부릅니다.

말 그대로 두 개의 귀가 있어야 위에 말한 정보들을 가져올 수 있습니다. 하나의 음원은 얼굴 크기만큼을 사이에 두고 떨어져 있는 두 개의 귀에 서로 다른 시간과 크기로 도달하고, 우리 뇌는 그 차이를 통해 원근감과 정위감이라는 정보를 계산합니다. 이렇기 때

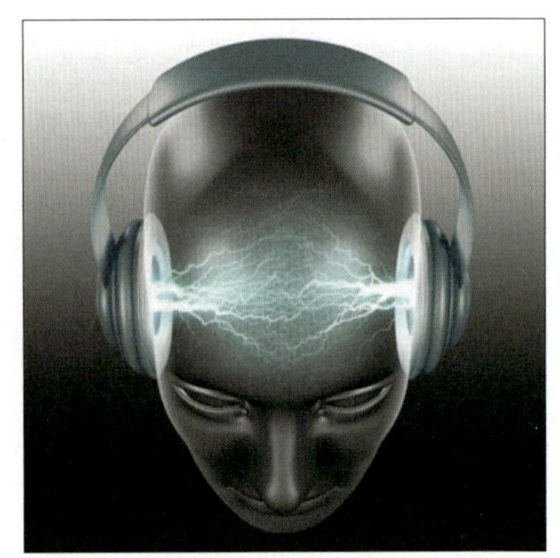

**그림 6 - 8** 사람의 양쪽 귀

문에 우리는 길을 가다가 차가 오는 소리에서 방향과 거리를 느껴서 피할 수도 있고 누군가가 나를 부를 때 어느 정도 거리에서 부르는지 보지 않고도 대략 느낄 수 있습니다.

즉, 스테레오는 원근감, 정위감이라는 정보가 있는 소리이고 모노는 그렇지 못한 소리이며, 그래서 스테레오 트랙의 위아래 오디오 파형을 잘 살펴보시면 언뜻 보기엔 비슷할지 몰라도 분명히 차이가 있습니다.

그러므로 모노 파일 두 개를 스테레오처럼 두 줄짜리 파형으로 만들어도 그냥 소리가 커질 뿐 원근감, 정위감은 느끼지 못합니다.


## 4.2 스테레오 파일과 모노 파일

### 4.2.1 첫 번째 곡 베이스 기타 파일

여러분들이 작업한 곡들의 바운스된 결과물들은 모두 파형이 2줄짜리인 스테레오 파일이므로 바이노럴 이펙트에 의거해 모두 원근감과 정위감이 표현되어야 정상입니다.

하지만 '베이스 기타' 소리를 잘 들어 보시면 그렇지 못합니다. 이 베이스 기타 소리를 들어보면 한 음 한 음의 음정이라는 1차적인 정보는 가지고 있지만, 이 베이스 기타가 연주되는 장소의 크기나 앰프의 크기 혹은 앰프가 놓여있는 위치 등등의 2차적인 정보는 없습니다.

파형은 두 줄이긴 한데 자세히 들어보면 그냥 베이스의 음정이 표현된 모노 소스일 뿐입니다. 그렇다면 베이스 기타의 소리는 기타에 직접 케이블을 꼽아서 베이스 프리앰프를 거쳐 바로 녹음을 한 소리란 걸 짐작할 수 있습니다.

만약에 베이스 기타 케이블이 앰프로 들어간 후 베이스 기타 앰프 앞에 마이크를 두고 녹음했다면 '공간감'이 최소한으로라도 표현됩니다. 마이크의 위치, 마이크의 개수, 앰프가 놓인 공간의 크기 등이 공간감을 표현할 수 있게 합니다. 그럼에도 베이스 기타의 오디오 파일이 2줄짜리 스테레오 파일인 것은 의도된 것일 테니 그것은 스테레오 파일의 의미가 있습니다.

이 말은 지금 바운스 친 베이스 기타의 오디오 파일은 모노 파일로 보아도 괜찮다는 말이기도 합니다(그러므로 한 줄짜리 모노로 바운스해도 괜찮았습니다). 공간감은 믹싱 시 엔지니어가 이펙터를 이용해서 만들면 됩니다.

**그림 6 - 9** 베이스 기타 앰프 녹음

앞의 베이스 엠프 마이킹 사진에서 보듯 마이크의 개수, 앰프의 크기, 앰프의 종류, 마이크를 댄 방향, 앰프의 톤 조절 상태, 마이크의 종류, 앰프가 있는 공간의 특성, 베이스 기타의 종류와 톤 조절 등 이루 헤아릴 수 없이 많은 변수가 레코딩에 존재합니다. 그 많은 변수를 제어하고 계획하는 것은 레코딩하고 믹싱할 때는 엔지니어의 몫이지만 그 전 곡 작업을 하는 동안은 당연히 편곡자의 몫입니다. 믹스 지식이 많은 편곡자가 당연히 유리합니다.

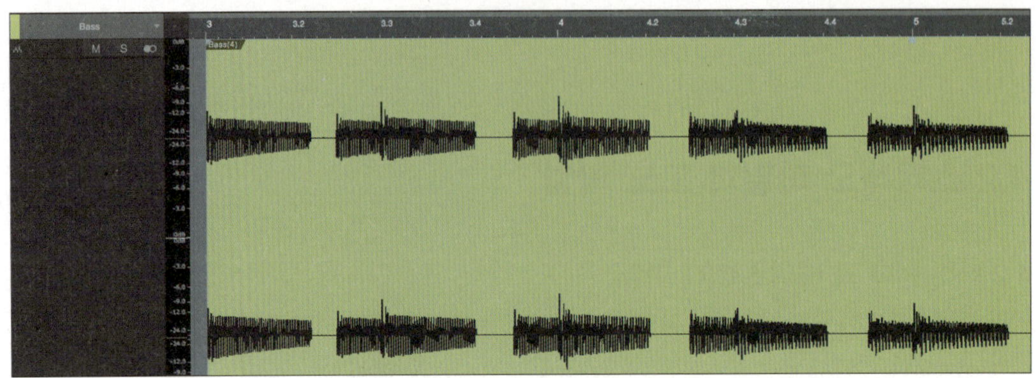

**그림 6 - 10** 첫 번째 곡 베이스 기타 파형

두 줄짜리 스테레오 파형이기는 하지만 잘 보시면 위아래 줄의 모양이 같으므로 모노 트랙으로 보아도 무방합니다.

이 밖의 다른 오디오 트랙 몇 가지도 역시 윗줄과 아랫줄의 파형이 같은 그림들일 겁니다.

## 4.2.2 첫 번째 곡 드럼 파일

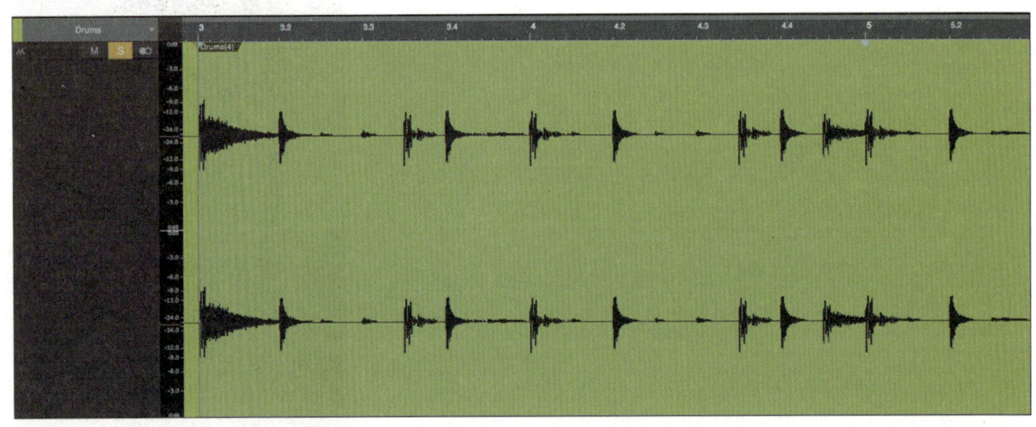

**그림 6 - 11** 드럼 파형

이 드럼 트랙을 바운스한 오디오 파형 역시 위아래가 동일한 파형을 가집니다.

## 4.3 믹스에 모노 파일을 사용하는 이유

정리해 보면 믹싱을 위한 파일들은 기본적으론 대부분 모노 파일들입니다. 바이노럴 이펙트에 의거하여 생각해보면 이 파일들은 '원근감'과 '정위감', 즉 '공간감'이 없는 오디오 파일인 셈입니다.

스테레오 파일인 경우엔 이미 그 악기를 스테레오 파일로 만든 편곡자나 엔지니어의 어떤 의도가 존재한다고 봐도 됩니다. 가령 어떤 악기에 공간이 울리는 효과가 들어가 있다면 그것은 엔지니어(혹은 편곡자)가 필요하다고 여겼기 때문에 의도적으로 포함한 것입니다.

필자는 믹싱이라는 것을 이사 간 빈집에 이삿짐을 놓듯 소리의 입체적인 배치를 하는 것이라고 봅니다. 배치라 함은 왼쪽 오른쪽만을 뜻하는 것이 아니라 위쪽이나 아래쪽, 멀게 혹은 가깝게 여러 소리들을 가로축과 세로축으로 어울리는 자리에 차곡차곡 놓아두는 작업을 말합니다.

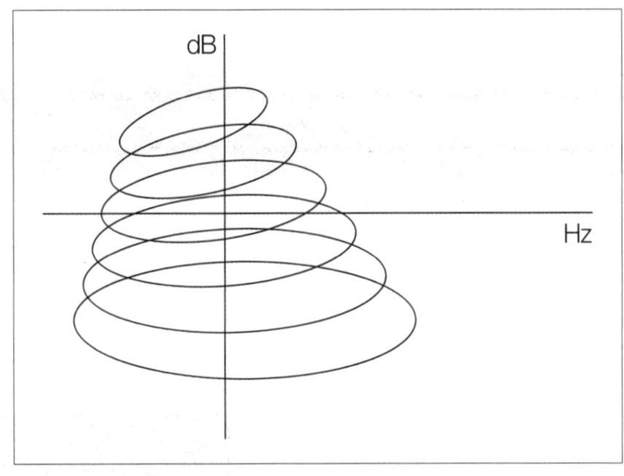


**그림 6 - 12** 가로축과 세로축

가로와 세로의 음악적인 배치는 바이노럴 이펙트를 낳습니다. 그 곡만의 공간감이 생긴다는 것입니다. 이렇게 배치된 소리들이 스테레오로 최종 믹스 다운되어 두 줄짜리 파형을 가질 때 과연 아랫줄과 윗줄의 파형이 동일할까요? 반드시 다릅니다.

이렇게 만드는 데에는 소리의 좌우 정위를 주는 Pan과 소리의 원근이나 음색의 존재감을 만들게 될 EQ, 음악적인 인상을 주거나 무게감을 주는 컴프레서, 공간감과 입체감을 줄 공간계와 시간계 이펙터들까지 믹싱을 위한 모든 음향적인 효과들이 엔지니어가 가진 음악적인 해석의 이미지 안에서 동원되어야 합니다.

그렇다면 원칙적으로는 위의 악기 중에 드럼은 각각 드럼의 소리를 따로 받아야 한다는 결론을 얻게 됩니다. 우리말로 드럼은 그냥 드럼이지만, 영어로는 Drums라는 걸 잊지 마세요(S가 붙어 복수형입니다).

여러 개의 드럼에 달린 타악기들을 드러머는 연주합니다.

이 드럼s 안에 있는 여러 타악기의 각각의 모노 파일들을 여러분이 직접 공간감 있게 배치를 해보면 정말 많은 생각이 들 겁니다.

하지만 결국 그 타악기들이 뭉쳐서 '드럼'이라는 소리는 내게 해준다는 것을 잊으면 안 됩니다.


## 4.4 스테레오를 모노로 변환

바운스할 때 스테레오로 바운스된 오디오 레전들을 모노로 바꿉니다(현재 스테레오로 받아진 오디오 트랙들을 그냥 모노처럼 대해서 작업을 해도 상관은 없습니다).

먼저 베이스 트랙 섹션을 봅니다.

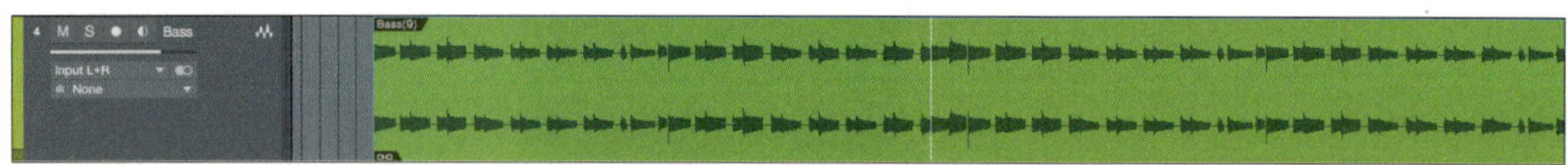

그림 6 - 13 스테레오 베이스 트랙

현재는 스테레오 트랙이지만 좌측 섹션에 스테레오/모노 인버트 버튼이 보입니다.

원형 두 개가 겹쳐 있는 아이콘 버튼은 이 트랙이 스테레오임을 나타냅니다. 이 버튼을 스테레오/모노 인버트(Invert) 버튼이라고 합니다. 인버트 버튼을 한 번 더 누르면 모노 트랙으로 변합니다. 그 상태에서 이 트랙에 두 줄짜리 스테레오 파일이 올라와도 재생은 모노로 됩니다.

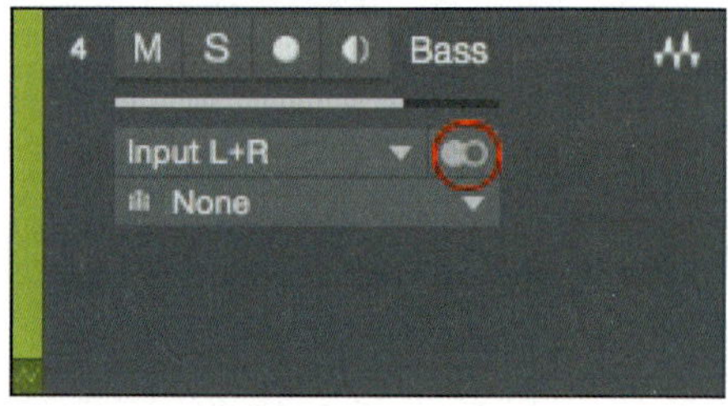

그림 6 - 14 스테레오일 때

모노로 인버트하면 원형이 하나로 변합니다. 이렇게 되면 '스테레오 트랙'은 '모노 트랙'으로 재생됩니다. 하지만 실제로 편집을 하면서 믹싱을 하다 보면 그냥 한 줄짜리 모노 파형으로 바꾸어야 편한 게 사실입니다.

이럴 땐 모노 인버트 버튼을 누른 채로 바운스를 한 번 더 하면 됩니다.

**그림 6 - 15** 모노일 때

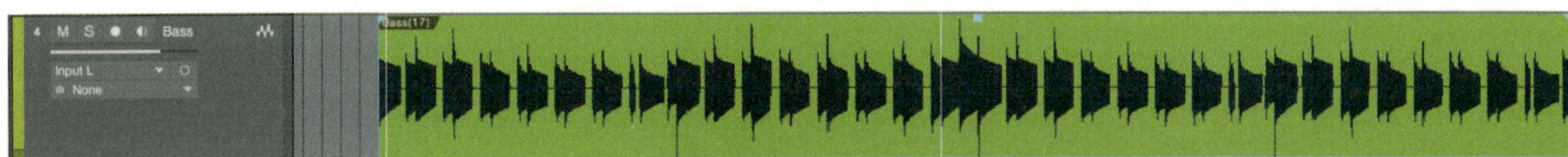

**그림 6 - 16** 바운스 후 모노 트랙

바운스 하는 단축키는 매킨토시의 경우 Shift + Opt + 3 키, 윈도우는 Alt + Shift + 3 키입니다. 이렇게 모노 오디오일 경우 엔지니어가 원하는 곳에 오디오를 '배치'하는 것이 더 편리합니다.

만일 스테레오 오디오 파일이라면 이미 원근감/정위감이 표시되어 있기에 그것을 재배치하려면 이미지를 깨기가 더 어렵기 때문입니다.

만약 여러분의 머릿속에서 '드럼 소리가 지하 연습실에서 나는 소리 같았으면 좋겠다' 혹은 '하이햇 심벌이 왼편에서 소리를 내야겠다'라는 생각이 든다면 이미 믹싱이 시작된 것입니다.

# 5 이펙팅

이제 우리가 작업했던 곡에 이펙트를 넣습니다. 곡의 성격마다 다르고 또 엔지니어의 성향마다 다르지만 필자의 경우엔 리듬 악기들을 먼저 작업합니다. 이유는 두 가지입니다.

- 박자와 빠르기는 모든 악기가 반드시 지켜야 한다.
- 대부분의 리듬 악기들은 저음역을 가지고 있는데, 믹스 시 저음역부터 정리하는 편이 낫다.

우선 바운스된 드럼 트랙을 보겠습니다.


## 5.1 이펙트 걸어보기

### 5.1.1 바운스 된 드럼 트랙

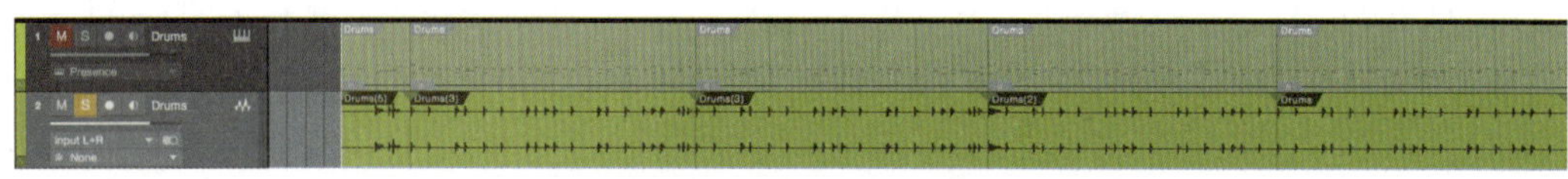

**그림 6 - 17** 바운스 된 드럼 트랙

미디 트랙일 때 레전 별로 잘려 있던 드럼 트랙은 바운스 후에도 오디오 레전들이 동일하게 슬라이스되어 있습니다. 이 잘린 레전들을 하나의 레전으로 합쳐 보겠습니다. 단축키는 프로툴스 단축키일 때 키보드의 'G' 키입니다(큐베이스 단축키는 'W' 키입니다).

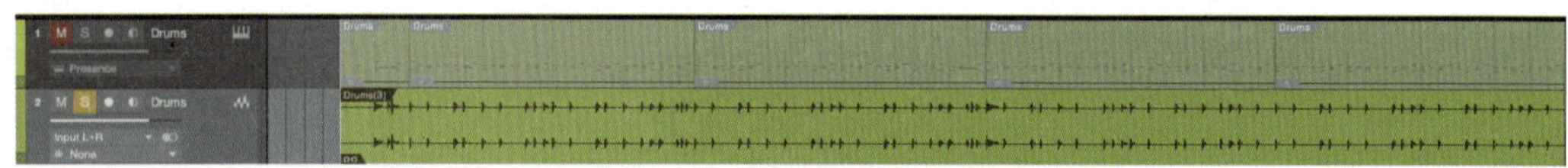

**그림 6 - 18** 멀지(Merge)된 드럼 트랙

이펙팅을 할 때 레전이 잘려져 있든 합쳐져 있든 이펙팅에는 영향이 없습니다. 이펙팅은 해당 트랙에 작용하는 것이지 레전별 작동은 하지 않기 때문입니다. 만일 레전별로 적용시키고 싶다면 Bypass 오

토메이션기능을 사용하거나 Audio Processing을 사용하면 됩니다.

### 5.1.2 컴프레서 이펙팅

이 드럼 트랙에 우선은 다이내믹 계열의 이펙터인 '컴프레서(compressor)'를 걸어 보겠습니다.
컴프레서는 우리 말로 번역하자면 '자동 음량조절기'입니다(국내에서 발간된 모 음향 서적의 유명한
저자분이 이렇게 쓰셨는데, 처음엔 어색했지만 가만히 생각해보면 이보다 좋은 번역은 없는 것 같습
니다).

컴프레서 등 이펙터들은 PART 7 믹싱에서 다루기로 합니다. 컴프레서의 청감상 느낌은 소리가 매
우 fat해집니다. 이곳에서 7장으로 넘기시고 보셔도 좋습니다.
드럼 트랙 위로 우측창의 'Conpressor'를 드래그 앤드 드롭합니다.

스튜디오 원에서 플러그 인을 거는 방법, 즉 이펙트를 거는 방법은 3가지 형식입니다.
① 인스펙터 윈도우를 이용한다.
② 콘솔창을 이용한다.
③ 트랙 위로 바로 드래그한다.

물론 어떻게 해도 모두 똑같은 일이긴 합니다.
자세한 내용은 PART 7 믹스에서 배우겠습니다.

# 5.2 오디오 프로세싱(Audio Processing)

우리가 작업하는 오디오 트랙들에 걸고 있는 이펙터들은 모두 컴퓨터 RAM에 저장되는 휘발성 데이
터입니다.
RAM은 Random Access Memory의 약자로 데이터를 임의의 주소에 저장하는 장치입니다. 여러분
이 데이터를 보관하는 저장장치(HDD, SSD)는 실제로 작업을 수행하는 CPU에 비해 속도가 너무
느리므로 컴퓨터는 필요한 데이터들을 비교적 속도가 빠른 RAM에 저장한 뒤에 작업하는데, 가령
미디작업을 할 경우 곡에 들어간 플러그인과 미디 악기들이 전부 RAM에 저장된 상태에서 진행됩니
다. 만약 RAM의 용량이 부족하다면 악기나 플러그인이 전부 RAM에 저장되지 못하고, 그런 상황

에서 RAM에 저장되지 않은 악기나 플러그인을 사용하려 하면 속도가 느린 저장장치(HDD, SDD)에서 데이터를 읽어와서 RAM에 저장을 한 뒤에 사용해야 하므로 시간이 오래 걸립니다. 이때 스튜디오 원이 잠깐 멈춘 것처럼 보일 수도 있게 됩니다.

그러므로 오디오 프로세싱 작업 환경에서는 RAM의 용량이 매우 중요합니다.

또한 RAM은 휘발성 메모리로, 전원이 꺼질 경우 저장된 데이터가 전부 사라집니다. 여러분이 작업 중에 수행한 내용은 모두 RAM에만 저장되며, 실제 저장장치(HDD, SDD)에는 반영되지 않으므로 주기적으로 저장 버튼을 눌러서 내용을 저장하는 것이 좋습니다.

하지만 오디오 프로세싱 메뉴에서 작업하는 편집들은 성능 저하에 별반 영향을 주지 않습니다. 그럼 Audioprocess가 참 좋을 것 같지만 꼭 그렇진 않습니다. 저장이 되버리는 형식이라 '수정'이 안 됩니다(물론 바로 직전에 한 명령은 'Undo'가 됩니다).

## 5.2.1 Audio 메뉴

레전을 선택한 후 Audio 메뉴를 누르면 오른쪽 그림과 같은 부메뉴들이 나옵니다. 이 편집들은 작업 메인 윈도우상에서 레전 위에 마우스를 우클릭해서 나오는 부메뉴에서 접근할 수도 있습니다. 여기 있는 메뉴들은 0dB까지 소리를 키우는 **Normalize**(노멀라이즈)와 오디오 파형의 전후를 거꾸로 뒤집어 버리는 **Reverse Audio**(리버스 오디오), 앞에서 설명했던 **Strip Silence**(스트립 사일런스), 편집부터 음정 조정까지 하는 전문 플러그인 **Melodyne**(멜로다인) 등 주로 오디오 편집에 관련된 이펙팅들이 배치되어 있습니다.

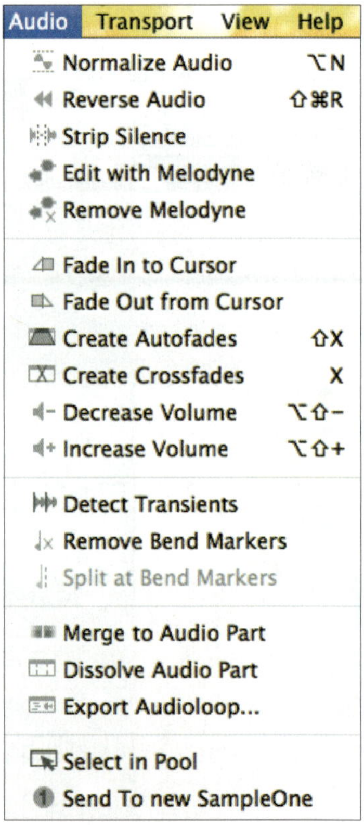

① **Nomalize Audio** : 오디오 시그널의 가장 큰 부분을 0dB까지 키워 놓습니다(주의할 점으로 그 오디오 시그널의 가장 큰 부분이 0dB에 닿으면 더 이상 커지지 않습니다).

② **Reverse Audio** : 시그널의 앞뒤를 바꿉니다. 쉽게 말해 오디오 레전이 좌우가 뒤집힙니다.

③ **Strip Silence** : PART 5의 스트립 사일런스(268페이지 참고) 편에서 다뤘습니다.

그림 6 - 19 Audio 메뉴

④ **Edit with Melodyne** : 멜로다인은 음정을 보정하는 강력한 툴입니다. 원래 유료이지만 스튜디오 원에는 에센셜 버전이 번들로 제공되고 있습니다. 가수들의 녹음 후 오토튠과 더불어 엔지니어들에게 가장 사랑 받는 음정 보정 툴입니다.

⑤ **Remove Melodyne** : 멜로다인 적용을 제거합니다.



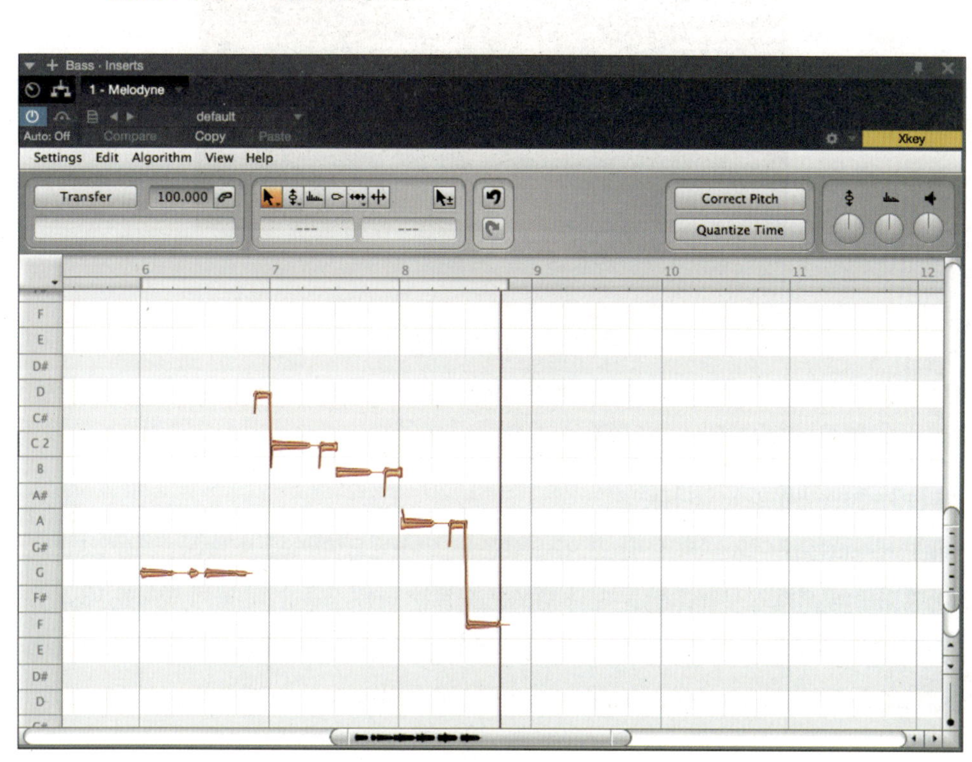

그림 6 - 20  멜로다인

우리가 작업했던 베이스 기타 오디오 트랙에 적용해본 멜로다인입니다.
사람 목소리가 아니라 정확한 음정을 연주한 미디 베이스이기에 파형 분석 후 아주 정확한 계이름이 나오는 걸 볼 수 있습니다. 만약 사람이 부른 노래라면 약간씩 음정이 불안한 부분이 나오기 마련일 겁니다.
이곳에서 음정과 박자 보정은 물론 각 음정마다 다이내믹과 듀레이션의 조정으로 가수의 호흡까지 세밀한 조정이 가능합니다. 멜로다인의 사용법은 유튜브를 찾아보시기 바랍니다.

## 5.2.2 볼륨 엔벨롭(Volume Envelope)

이번엔 메뉴가 아니라 레전 위에서 우클릭해서 이 메뉴에 접근해보겠습니다.
메뉴에서 보던 메뉴와 동일합니다.

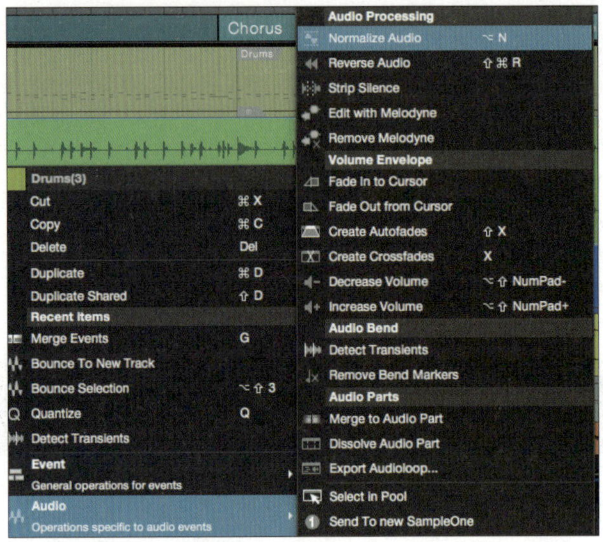

그림 6 - 21  오디오 레전 위 우클릭

Remove Melodyne 아래 메뉴로 Volume Envelope이 있습니다. Volume Envelope 메뉴에는 레전별 시작과 끝부분의 오디오 볼륨을 자연스럽게 늘리거나 줄일 때 사용하는 Fade in / Fade out, 두 개의 레전이 겹쳐질 때 자연스러운 전환을 위해 적용하는 Cross Fade 등이 있습니다.

그 밑의 메뉴는 Audio Bend입니다.

Detect Transient는 오디오 파형의 맨 앞 어택 부분을 찾아 벤드 마커를 새겨주는 기능입니다. 이를 적용하면 나만의 오디오 루프를 만들 때나 템포를 모르는 리듬 샘플을 내 곡에 맞춰볼 때 유용합니다. 그리고 진짜 드러머가 연주한 후의 드럼 녹음 파일 중 조금씩 박자가 흔들린 부분을 가볍게 수정하기에도 좋습니다. Remove Bend Markers는 새겨진 벤드 마커를 없애 주는 기능입니다.

## 5.2.3 오디오 벤드(Audio Bend)

그림 6 - 21 - 1  오디오 레전 위 우클릭

오디오 벤드는 리듬악기 등의 박자 수정, 새로운 루프 만들기 등에 사용할 수 있습니다.

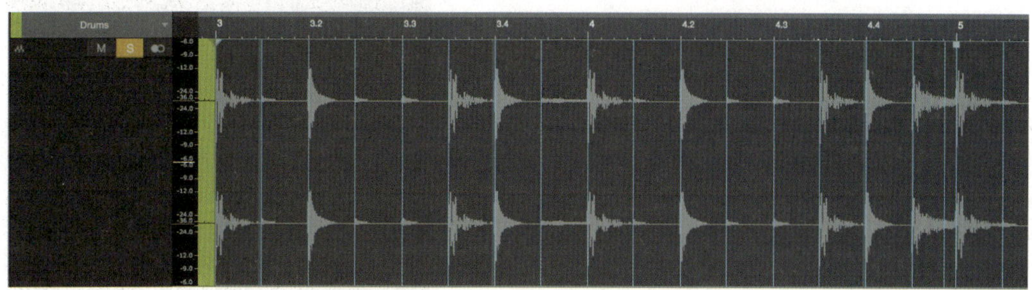

**그림 6 - 22** 디텍트 트랜지언트(Detect Transients)

오디오 파형 중 맨 앞의 어택 부분에 자동으로 세로 선이 그려져 마킹 처리되었음을 볼 수 있습니다.
이 기능은 메인 윈도우 상단의 오디오 벤드 패널에서도 똑같이 적용할 수 있습니다.

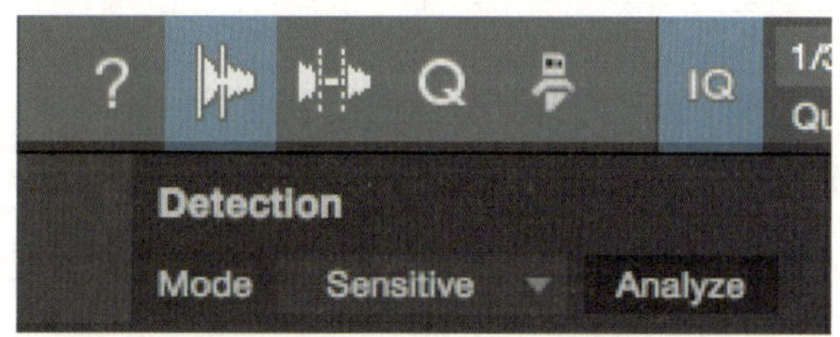

**그림 6 - 23** 오디오 벤드 트랜지언트 버튼

그림에 보이는 오디오 파형에 세로로 선이 그려진 아이콘 버튼이 상단에 숨겨져 있던 트랜지언트 패널을 꺼내 오는 버튼입니다.
트랜지언트를 실행할 레전을 선택한 후 파형을 Analyze(분석) 하면 '트랜지언트 명령'이 적용됩니다.

그림에 보이는 어택은 3번째 마디 2번째 박자에 정확히 맞습니다만
이것을 벤드툴을 이용해서 이동해보겠습니다(단축키는 7입니다).

상단 메뉴 패널에 위치한 벤드 툴 아이콘은 이런 모양입니다.

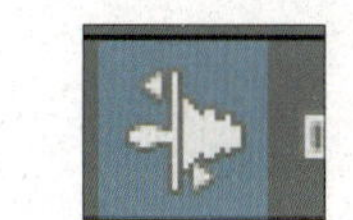

**그림 6 - 25** 벤드 툴 버튼

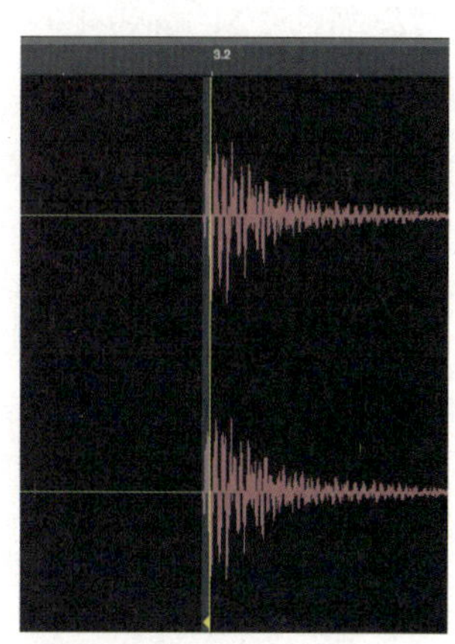

**그림 6 - 24** 정박 리듬

그냥 파형을 잘라서 이동하는 것과는 원래의 오디오 파형을 그대로 살리면서 스트레칭을 함으로써 그 악기가 가진 어택이나 릴리즈 값들을 거의 건드리지 않는다는 차이점이 있습니다. 쉽게 말해 원본의 성질은 거의 건드리지 않으면서 박자를 수정하기 편리합니다.

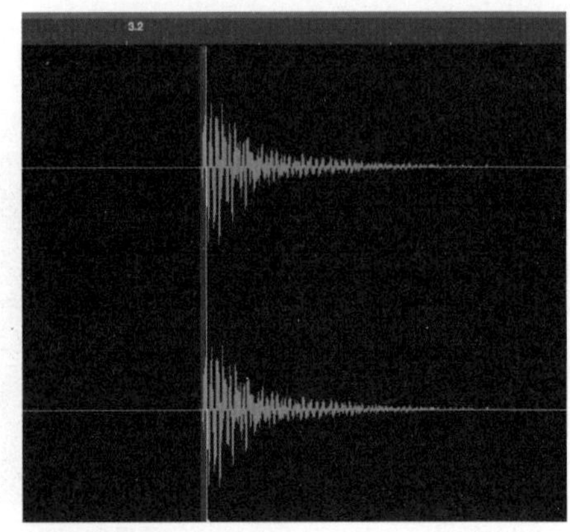

그림 6 - 26 벤드 툴을 이용해 이동된 웨이브 파형

## 5.2.4 오디오 파트(Audio Part)

메뉴의 더 아래쪽 Audio Part 메뉴 중 Merge to Audio Part는 나눠진 레전들을 합치는 기능입니다. 앞에서도 많이 사용한 대로 단축키는 프로툴스는 'G', 큐베이스 'W'입니다.

## 5.2.5 셀렉트 인 풀(Select in Pool)

Select in Pool을 선택하면 해당 레전의 여러 정보와 위치가 Pool에 나타납니다.

작업하다 이 레전의 원본을 찾아서 들어보고 싶거나 원본이 필요할 때 유용하게 사용할 수 있는 메뉴입니다.

드럼 레전에서 적용해보면 우측의 Pool 메뉴가 나타나면서 해당 레전들의 원본 레전들이 모두 활성화된 모습이 나타납니다.

우리는 조금 전 여러 개로 나누어져 있던 드럼 레전을 하나로 Merge했지만, 이곳에서 보면 Merge하기 전 원본의 레전들이 모두 선택되는 것을 볼 수 있습니다.

이제 맨 마지막 줄의 메뉴인 Send to new Sample one 메뉴를 보겠습니다.

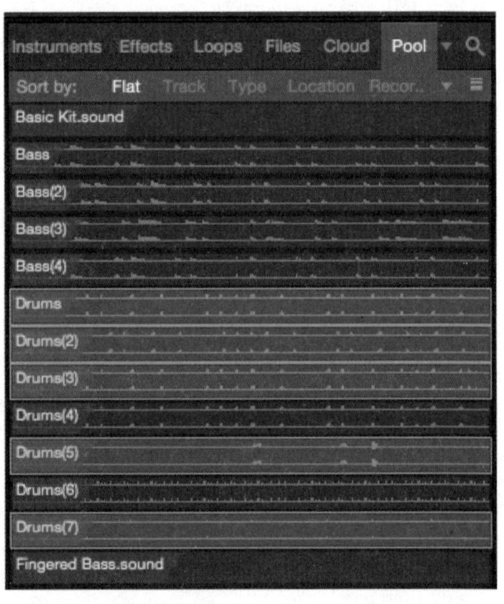

그림 6 - 27 셀렉트 인 풀

## 5.2.6 센드 투 뉴 샘플원(Send To new SampleOne)

**그림 6 - 28** 센드 투 뉴 샘플원 메뉴

SampleOne은 스튜디오 원 3의 샘플러입니다. 작업 중인 레전을 SampleOne(샘플원)으로 불러서 이어서 작업을 하겠다라는 의미가 됩니다. 샘플러는 자기 스스로 어떤 음색을 가지고 있지 않고 거기에 어떤 오디오 라이브러리를 얹어서 샘플러에서 변조·가공하여 새로운 음악 작업을 한다는 의미로 생각하면 됩니다.

### 1) 샘플원(SampleOne)

우리는 SampleOne(샘플원)을 Audio processing 메뉴에서 불러왔지만 우측 instrument 윈도우에서도 불러올 수 있습니다.

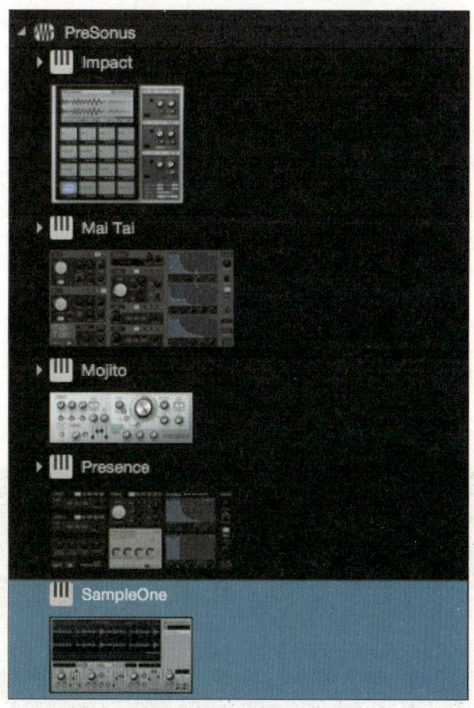

**그림 6 - 29** 우측 샘플원

## 2) 샘플원 트랙 생성

스튜디오 원 3에 내장된 기본 악기들의 목록들 중에 가장 밑에 위치합니다. 앞서 몇 번을 언급했지만 스튜디오 원의 모든 작업은 일단은 '드래그 앤드 드롭'입니다. 우측 윈도우에서 샘플 원을 가운데 메인 창으로 던져 놓습니다.

**그림 6 - 30** 생성된 샘플원 트랙

그러면 좌측 나일론 기타 트랙 밑에 샘플원 트랙이 생깁니다.


## 3) 샘플링(Sampling)

그리고 샘플링을 원하는 레전을 잡아서 샘플원의 디스플레이 창으로 던져 넣으면 됩니다. 우리는 작업했던 파일 중에 베이스 기타의 레전을 선택하여 넣어보겠습니다. 지금까지 모두 '드래그 앤드 드롭'입니다.

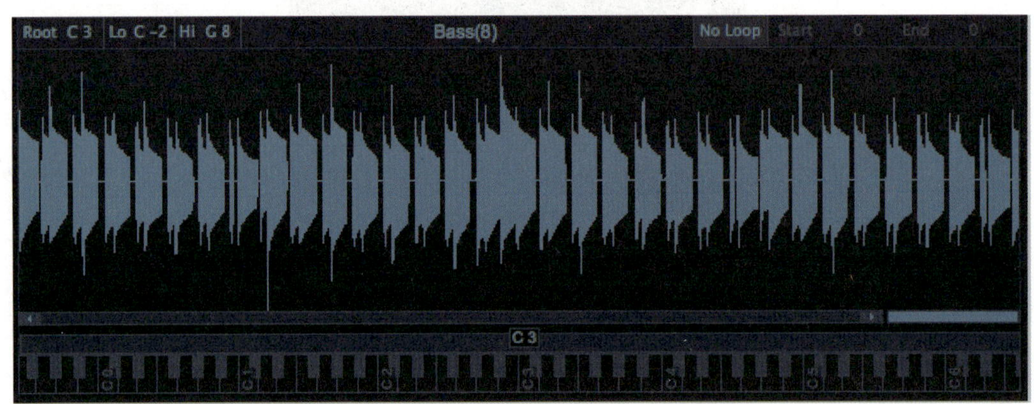

**그림 6 - 31** 샘플원 디스플레이

우리는 분명 아무 오디오 레전을 가지고 '샘플원'에 심어 놓았으나 '샘플원'은 샘플러이므로 이젠 이 오디오 파일을 음정을 지닌 악기처럼 그 오디오의 음정을 내 마음대로 조정할 수 있습니다(이것이 샘플러를 쓰는 가장 큰 목적이기도 합니다).

그림 6–31의 파형은 모두 디스플레이 하단의 건반 그림 위의 루트 음 C3에 있는 음정입니다. 이는 상단 맨 좌측의 **Root C3**로도 표시됩니다. 만약 여러분이 마스터 건반이 있다면 이 파형은 C3 '도' 음을 누르면 나옵니다.

건반에 음정이 심어지는 이것을 맵핑이 되었다고 말합니다. **Root C3** 우측의 **Lo**와 **Hi** 는 '샘플원'에 맵핑된 이 소리의 피치구간을 의미합니다. 현재는 저 긴 파형 하나가 이 음의 길이기도 합니다.
(우리는 지금 아무 소리나 임의로 넣었으니까요) 우리는 한 레전을 다 끌어다 놓았으니 당연히 이렇게 되었지만 만일 베이스 음들 중에 한 음정만 짧게 선택해서 쓰면 그 음정을 기준으로 베이스 기타 소리로 맵핑이 되겠습니다.


우측의 리스트에서 앞서 merge했던 베이스 트랙 전체가 샘플원에 로딩되어 있는 것을 볼 수 있습니다.

**그림 6 - 32** 샘플원 리스트

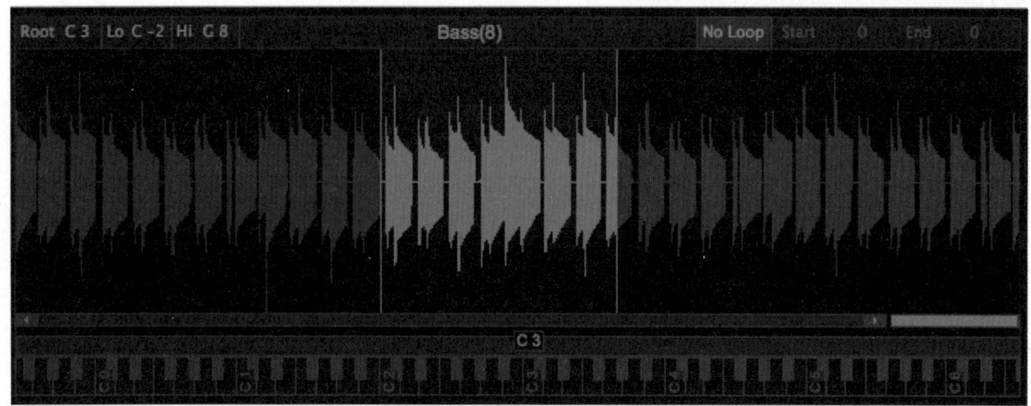


**그림 6 - 33** 샘플원 구간 설정

디스플레이 창 양쪽 끝을 잡아서 끌어다 놓으면 구간 설정이 가능하도록 선택을 할 수 있습니다.

그림 6-33에서는 6개 정도의 파형을 선택했지만, 그 중 단 하나의 파형(음정)만 선택해서 맵핑을 하면 그 소리 하나를 가지고 여러 음정을 만들어 작곡에 활용할 수가 있습니다.

건반에 소리를 심는 과정을 '맵핑'이라고 하며 이 맵핑하는 과정을 '샘플링'이라 합니다.


### 4) 샘플원 필터

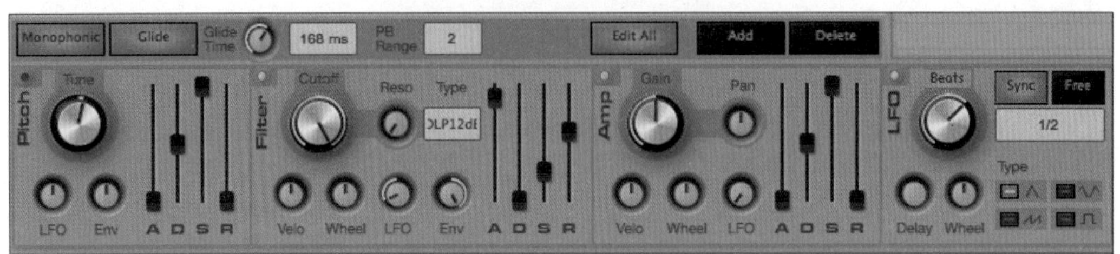

**그림 6 - 34** 샘플원 하단 필터


샘플링을 한 소리를 그냥 원래대로 쓸 수도 있겠지만 그런 유저는 많지 않을 것입니다. 그래서 하단에 샘플원의 여러 필터들이 자리합니다.

이는 PART 4에서 프리센스의 필터들을 설명할 때 했던 것이랑 유사하기에 이를 참조하시면 좋겠습니다.

필터 부 상단 우측 버튼들의 의미는 다음과 같습니다.


① **Edit All** : 샘플링 할 오디오의 전체를 편집

② **Add** : 새로운 오디오 샘플을 추가

③ **Delete** : 선택한 샘플을 삭제


# 5.3 인서트 이펙팅

오디오에 어떤 느낌의 효과(Effect)를 주는 과정을 '이펙팅'이라고 합니다. 효과를 준다고 하는 것은 목적이 있는 행위이므로 그 결과를 미리 어느 정도 예측도 해야 합니다. 그리고 어느 정도라도 예측하려면 여러 이펙터들의 사용법을 알아야 하겠지요.

하지만 그보다 먼저 이펙트를 주기 위한 방법을 알아야 합니다.

## 5.3.1 인스펙터 윈도우에서 이펙팅

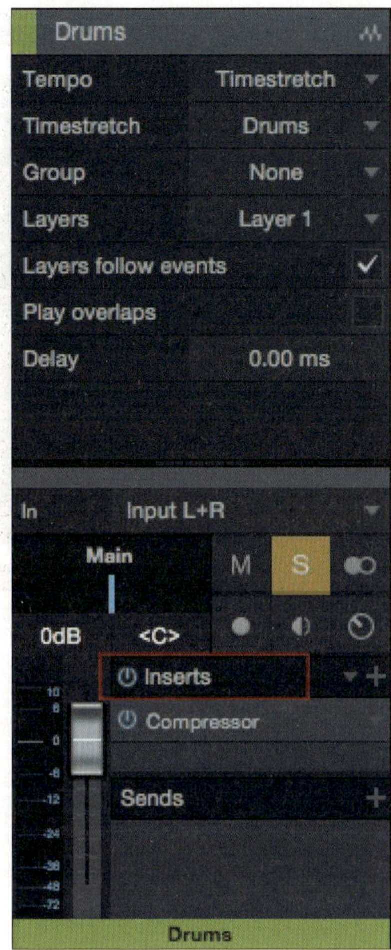

**그림 6 - 35** 인스펙터 윈도우 인서트 단

메인 편집 창 좌측의 '인스펙터 윈도우' 중간(빨간 테두리 부분)에 보면 Inserts라는 곳이 보입니다.

Inserts는 플러그인을 직렬로 거는 곳입니다(스튜디오 원 3 는 특이하게도 병렬로 거는 Extension FX Chain이라는 기능이 있습니다. 188 페이지 참고).

Inserts에서는 '다이내믹 계열의 이펙터'와 '공간계/시간계 이펙터' 등 이펙터의 종류에 상관없이 이펙팅이 가능합니다.

현재 이 Drums 트랙에는 '다이내믹 계열의 이펙터'인 컴프레서가 걸려 있는 것이 보입니다.

이 인스펙터 윈도우는 트랙에서 편집 작업을 하다가 플러그인을 걸어야 할 때 빨리 접근할 수 있는 장점이 있습니다. 우측 브라우저에서 드래그 앤드 드롭으로 걸 수 있습니다.

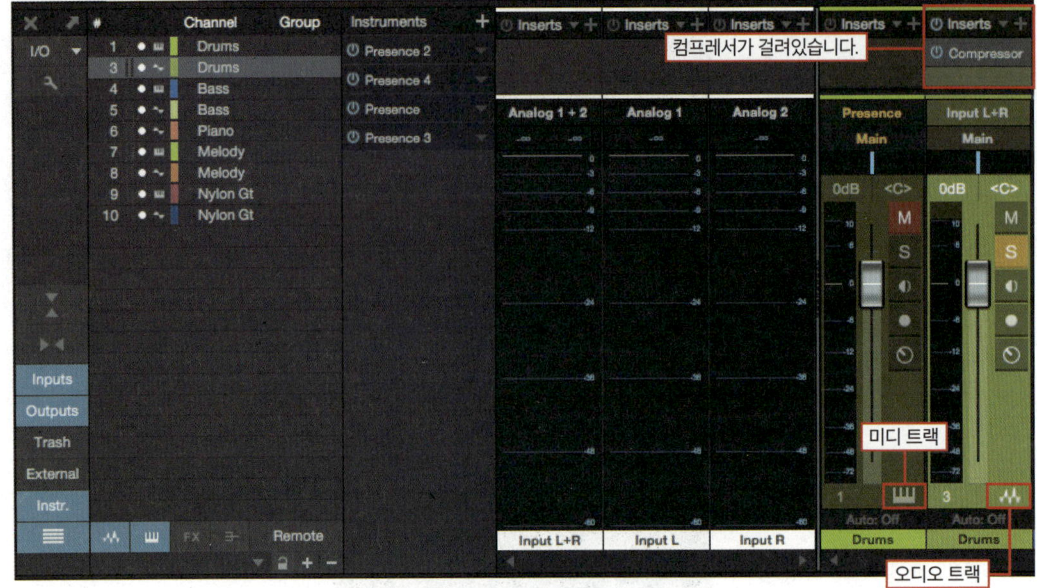



**그림 6 - 36** 콘솔 인서트 단

콘솔에는 플러그인을 거는 Inserts라는 메뉴가 더 잘 보이실 겁니다.

실제 콘솔이 있는 녹음실 현장이라면 이렇게 실제 콘솔에서 이펙터를 거는 것과 가장 비슷합니다.

위에 그림에서 보듯이 맨 우측 두 개의 연둣빛 콘솔 채널은 '드럼 채널'들입니다. 맨 우측이 앞선 챕터에서 바운스한 '드럼의 오디오 채널'이며 그 바로 옆이 '미디일 때의 드럼 채널'입니다. Drums의 '오디오 트랙'에 보시면 '컴프레서' 이펙터가 걸려 있는 것이 보이실 겁니다.

콘솔에서 플러그인 이펙팅을 하는 것은 믹싱할 때 전체적인 상태를 파악할 수 있기에 편리합니다.

콘솔에서도 '드래그 앤드 드롭'으로 이펙터를 걸 수 있습니다.

# 5.4 히스토리 메뉴

작업을 하다 보면 뭔가 풀리지 않거나 실수를 했을 때
다시 원위치로 돌리고 싶은 경우가 있습니다.

그럴 땐 히스토리 메뉴를 사용하면 됩니다. 이 메뉴는
아주 자주 쓰는 명령은 아니어서 '메인 윈도우'에 버튼으
로 나와 있지 않고 위의 메뉴 중 Edit 안에 있습니다.

History 메뉴를 클릭하면 본인이 '스튜디오 원'에서 작
업하면서 진행했던 모든 액션들이 시간별로 저장되어
있는 창이 하나 뜹니다.

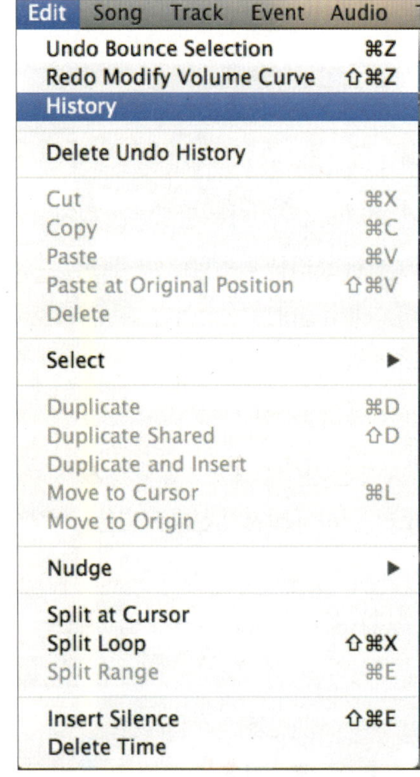

그림 6 - 37 Edit 메뉴 – History

이 리스트에 나와 있는 것이 필자가 작업 중에 스
튜디오 원에서 했던 액션들입니다.

이 리스트 목록을 하나씩 클릭해보면 메인 윈도우
에서 본인이 했던 액션이 그대로 나타납니다.

그리고 모든 것이 클릭된 그때의 상태로 돌아갑니다.
마치 자동차에 장착된 블랙박스 같습니다.

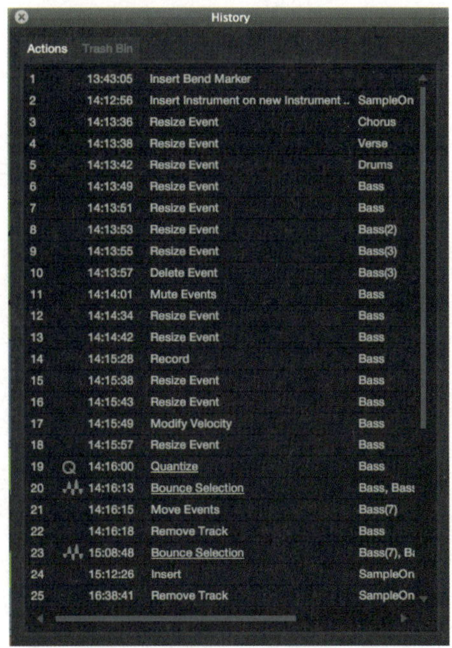

그림 6 - 38 히스토리

# ⌇ 6 오디오 녹음

본래 녹음(錄音)은 한자어로 소리를 기록한다는 의미이지만, 디지털 시대에 들어서 현재의 녹음(錄音)은 소리를 기록한다는 말보다는 '디지털화된 소리를 저장(SAVE)'한다는 표현이 더 맞을 겁니다.

그 말은 소리를 디지털로 바꾸어주는 장치 즉 '오디오 인터페이스' 혹은 '컨버터', 'IO'라고 불리는 장비가 필요하다는 의미입니다. 물론 '오디오 인터페이스' 장비 전 단계에는 소리를 '전기신호'로 바꾸어 주는 장치인 '마이크'가 필요합니다.

이 순서대로라면,

**소리 → 마이크(전기 신호로 변환) → 컨버터(디지털 신호로 변환) → 저장 (SAVE)**

현재의 녹음은 이런 단계가 됩니다.

## 6.1 녹음 과정

마이크를 이용한다면 보컬 녹음도 있을 수 있겠고 악기라면 가령 '어쿠스틱 기타' 녹음도 떠오르실 겁니다.

소리가 전기 신호로 나가는 전자 악기들(신시사이저 등)을 제외한 나머지 모든 어쿠스틱 악기들은 모두 마이크를 통해야 녹음이 됩니다. 그만큼 마이크와 마이크를 쓰는 데 필요한 기타 장비들의 중요성이 부각될 수밖에 없습니다. 왜냐하면 소리가 처음 거치는 장비 즉 '마이크'에서 만들어진 소스의 캐릭터는 그 퀄리티가 끝까지 변할 수 없기 때문입니다. 처음에 좋지 않게 받아진 소스는 나중에 어떤 이펙팅과 편집을 하여도 좋아질 수가 없습니다.

사실 녹음이라는 작업은 현재 오디오 인터페이스가 없는 분들에게는 해당사항이 없습니다. 우선은 마이크 인풋 단자가 컴퓨터 내장 오디오 카드에는 없기 때문입니다. 물론 그 이전에 아예 마이크가 없으면 시작도 못 하겠지만 말입니다(노트북이 있다면 노트북에 내장된 마이크를 사용하셔도 됩니다만 음질은 아주 좋지 않습니다).

### 6.1.1 사람의 소리 인식과정

음파 → 공기 중에 파장 → 외이 도달 → 고막 도달(중이) → 뼈의 진동(내이) → 달팽이관 (청신경) →
뇌에 전기신호 전달 → 언어나 특정 음색으로 인식

소리는 이 과정에서 보듯이 외이, 중이, 내이, 청신경, 뇌 이렇게 5단계를 거쳐 우리 귀에 들어옵니다.
우리들의 귀에 끊임없이 들려오는 소리는 공기 속을 전해오는 공기의 파장입니다. 청신경은 그중에서
도 공기의 파동을 뇌가 인지할 수 있는 신호로 바꾸는 컨버터 역할을 합니다.
이렇듯 소리는 공기 중에 파장을 일으켜 우리 귀로 전해지고 곧 뇌로 전달되어 '언어', '음악' 등의 특정
한 신호로 인식이 됩니다. 소리가 뇌까지 전달되기 위한 5단계 과정이 필요하듯 소리가 컴퓨터로 전달
되기 위한 과정에도 단계가 필요합니다.

### 6.1.2 DAW에서 녹음 과정

음파 → 공기 중에 파장 → 마이크(파장을 전기신호로 변환) → 마이크 프리앰프(전기 신호 증폭) → 컨
버터(전기 신호를 디지털 신호로 변환) → 컴퓨터에 디지털 신호로 전달 → Daw에서 녹음

위의 과정을 보듯이 DAW상의 녹음은 사람이 소리를 인식하는 단계처럼 각각의 단계가 있습니다.
예를 들면 사람의 달팽이관의 역할을 컨버터가 합니다.
그럼 각각의 단계에서 일어나는 일과 사용되는 장비들에 대해서 자세히 알아보도록 합시다.

# 6.2 녹음을 위한 장비

### 6.2.1 마이크

마이크는 음성 신호(공기의 파장)를 전기 신호로 변환하는 역할을 합니다. 마이크에는 크게 '다이내
믹 마이크'와 '콘덴서 마이크'가 있습니다. 조금 더 세밀하게 나눌 수도 있지만 크게 이렇게 두 가지
로 나누는 게 일반적입니다.

그림 6 - 39  다이내믹 마이크(SM58)

그림 6 - 40  콘덴서 마이크(U87Ai)

대표적인 다이내믹 마이크인 슈어 SM58과 대표적인 콘덴서 마이크인 노이만 U87Ai의 사진입니다. 세상엔 수백 가지 마이크가 있지만 저 두 마이크의 이름 정도는 외워두시는 게 좋습니다.

## 1) 다이내믹 마이크

다이내믹 마이크는 보통 노래방에 가면 한 번쯤은 보셨을 겁니다. 이 마이크는 원통 모양의 전자석의 둘레에 코일을 감아 소리의 파장에 의해 진동판이 움직일 때 코일에 발생하는 전류를 이용하는 마이크입니다(이런 작동 방식 덕분에 '무빙코일 마이크'라고도 불립니다).

다이내믹 마이크는 바람이나 각종 충격 등에 강하고 별도의 전원이 없이 작동합니다. 그리고 내구성이 좋기에 공연 현장에서도 많이 사용되며 더불어 큰 소리를 내는 악기에도 비교적 둔하게 반응하여 마이크에 아주 큰 소리가 갑자기 들어와도 어지간한 정도가 아니라면 마이크가 상하지 않습니다.

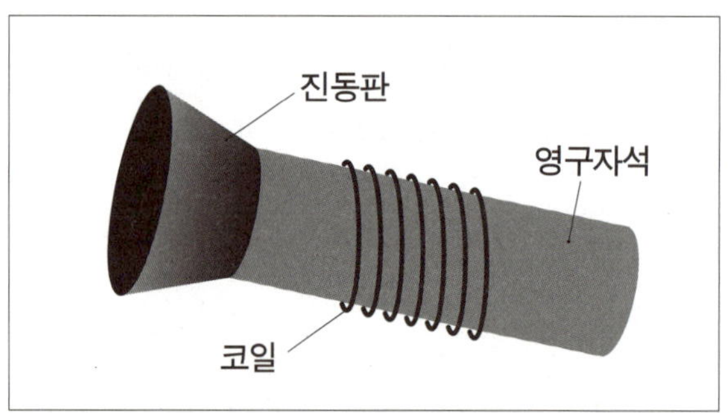


그림 6 - 41  다이내믹 마이크의 구조

## 2) 콘덴서 마이크

콘덴서 마이크는 아마도 티비 예능 프로그램 등에서 녹음실 화면이 나올 때 한 번쯤은 보셨을 마이크인데요. 주로 녹음실에서 사용하며 다이내믹 마이크에 비하여 비교적 고가입니다.

콘덴서 마이크는 얇은 금속박으로 만든 진동판이 미세한 틈새를 두고 고정 전극을 마주한 채 고정됩니다. 이 상태를 콘덴서를 형성했다고 하는데 이 콘덴서에는 대단히 높은 저항을 통해서 직류 전압이 흐릅니다. 어떤 소리에 의하여 얇은 진동판이 움직이면 콘덴서의 용량 변화에 따라 전압도 변하게 됩니다. 콘덴서 마이크는 다이내믹 마이크에 비하여 섬세한 소리를 받아낼 수 있으며 제품에 따라선 마이크의 지향을 임의로 설정할 수 있지만 내구성이 많이 떨어집니다. 또한 전극 간 전압이 높고 임피던스도 높으며 이 전극 가까이에 앰프를 설치해야 하므로 마이크에 별도의 전원이 필요한데 이를 팬텀 파워라고 부르며 전기는 마이크 프리앰프에서 공급됩니다.

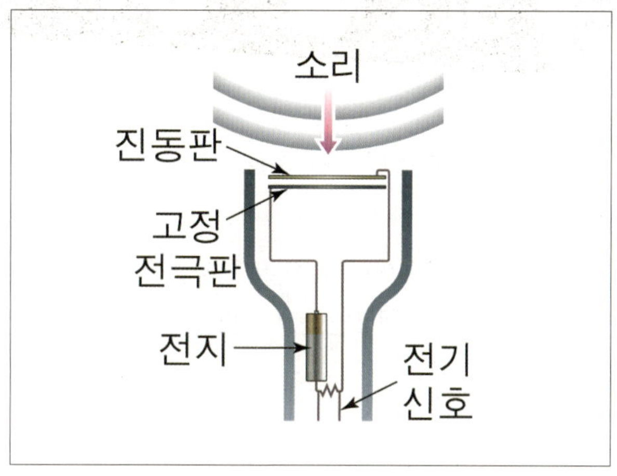


**그림 6 - 42** 콘덴서 마이크의 구조

## 6.2.2 마이크 프리앰프

마이크에서 전기신호로 변환된 신호는 상당히 작고 미약합니다. 그 작은 신호를 크게 증폭해주어야 하는데, 그 역할을 담당하는 기기를 '마이크 프리앰프'라고 부릅니다. 신호의 증폭 역할을 담당하는 기기이니 기기의 특성상 개별적 특징과 소리의 캐릭터가 다르며, 물론 그에 따른 가격도 참 다양합니다. 그리고 그렇게 증폭된 전기 신호를 컴퓨터가 인지할 수 있는 디지털 신호로 변경시켜 주는 '컨버터(오디오 인터페이스)'는 마치 사람 귀의 '청신경(달팽이관)'과 같은 역할을 한다고 보아도 되겠습니다.

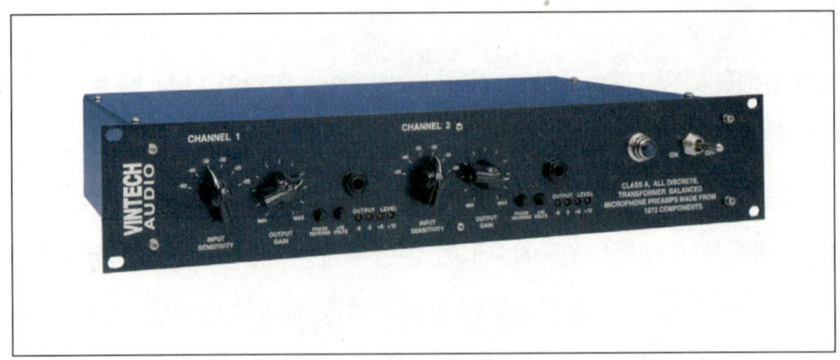

**그림 6 - 43** 빈텍의 1272 마이크 프리앰프

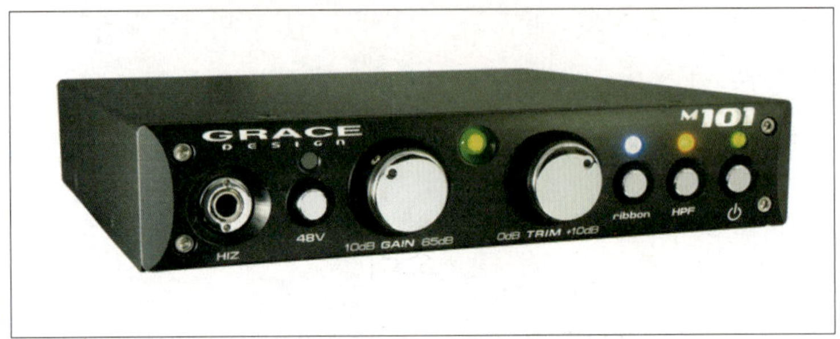

**그림 6 - 44** 그레이스 디자인 M101 마이크 프리앰프

마이크 프리앰프는 본래 위의 제품들처럼 마이크 프리앰프 단독으로 사용하던 장비입니다만 근래의 오디오 인터페이스는 마이크 프리앰프가 내장된 경우가 많습니다. 아마도 홈 스튜디오의 급증이 가장 큰 원인이 아닐까 싶습니다.

### 6.2.3 모니터 스피커

컨버터(오디오 인터페이스)와 마이크 외에 스피커도 필요합니다.

스피커에는 액티브 스피커(active speaker)와 패시브 스피커(passive speaker)가 있습니다. 액티브 스피커는 파워 앰프가 내장되어 있기에 각각의 스피커 통마다 전원을 연결하는 단자가 있습니다. 즉 스피커를 사용하기 위해선 각각의 스피커에 달린 전원을 켜거나 꺼야 합니다.

패시브 스피커(passive speaker)는 파워 앰프를 별도로 구매해야 합니다. 물론 패시브 스피커에는 오디오 선만 연결하면 되고 전원은 별도의 파워앰프에 연결하면 됩니다. 즉 파워 앰프의 스위치가 스피커를 껐다 켰다 하는 셈이 됩니다.

스피커에 따라 가격의 차이가 크지만, 일반적으로 패시브 타입의 구성이 고가의 스피커와 파워앰프도 많고 전체 비용은 더 소요됩니다만 유저가 원하는 조합을 끌어내 원하는 소리를 찾을 수 있는 장점이 있습니다.

물론 스피커 없이 여러분의 헤드폰, 이어폰 같은 '오디오 인터페이스'가 있다면 거기에 연결해서 듣는 방법도 있겠고, 없다면 여러분의 컴퓨터 이어폰 단자에 연결해도 됩니다. 하지만 궁극적으론 스피커를 이용하시는 걸 추천해드립니다. 인터넷 검색과 각종 자료를 통해 음악, 음향 작업자들이 많이 사용하는 수백 가지의 '모니터 스피커'를 살펴보시기 바랍니다.

그림 6 - 45 제네릭 Genelec 8040 모니터 스피커

그림 6 - 46 야마하 HS50M 모니터 스피커

# ∿ 7 녹음

녹음 챕터는 오디오 인터페이스가 있는 분들에게 해당하는 이야기입니다.

오디오 인터페이스를 가져야 하는 이유는 이렇듯 소리의 녹음을 위해서이기도 하지만 또 하나의 중요한 이유는 DAW에서 사용하는 전용 오디오 드라이버들을 지원하기 때문입니다. 오디오 인터페이스가 아직 없기에 녹음을 못하는 아쉬움보다 우선은 전용 드라이버를 통한 레이턴시의 해결을 위해서라도 갖추시길 권해드립니다. VST나 AU 등의 DAW용 오디오 드라이버를 사용해야 컴퓨터의 시그널 입·출력제어가 가능하기도 하고 시그널 흐름도 빨라져서 적은 레이턴시(Latency)로 쾌적하게 작업이 가능합니다.

대표적인 오디오 인터페이스 전용 드라이버인 ASIO, AU를 지원하는 오디오 인터페이스는 시중에 나온 거의 모두입니다.

## 7.1 녹음 과정

### 7.1.1 I/O 설정

녹음이란 말을 미디(MIDI) 작업을 할 때 미디 악기(피아노 등)를 입력할 때도 쓰기는 합니다만 정확히 MIDI 악기 레코딩은 음정의 '입력'이라는 표현이 맞습니다.

DAW에서 '녹음(recording)'은 신시사이저 등의 소리를 받을 때나 마이크를 이용해 전기 신호로 변환된 오디오 시그널을 컨버터를 통해 디지털로 변화해 컴퓨터로 저장할 때 사용하는 게 바르다고 생각합니다.

그리고 항상 녹음을 하기 위해선 'I/O 설정과 시그널의 흐름 확인이 제일 먼저'라는 것을 잊지 말기 바랍니다. 마치 차를 운전하기 전에 내비게이션을 켜서 본인이 가야 할 길을 미리 확인하는 것과 같습니다. '소리가 어디로 들어와서 어디로 나가는가'를 먼저 파악하는 것이 중요합니다.

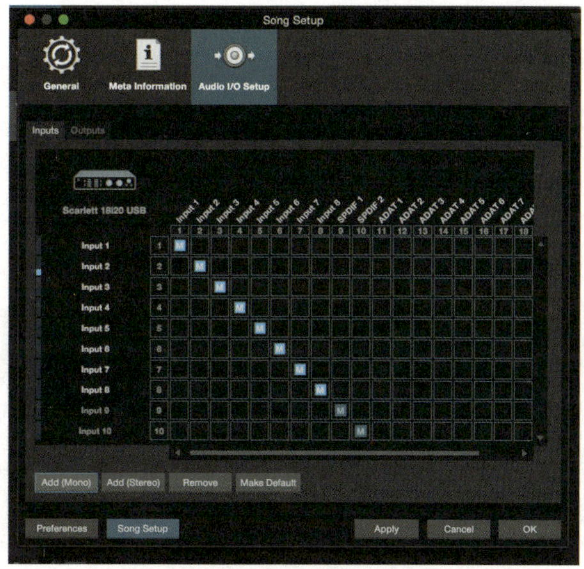

**그림 6 - 47** 스튜디오 원 I/O 설정

이 인풋(INPUT), 아웃풋(OUTPUT)은 여러분이 가지고 있는 오디오 인터페이스의 입·출력 단자와 그 시그널의 흐름을 의미합니다. 그렇다면 인풋 설정은 여러분이 가지고 있는 오디오 인터페이스의 몇 번째 입력(INPUT) 단자를 이용할 것인가를 지정하라는 의미입니다. 여러분이 가지고 계신 오디오 인터페이스의 인풋 설정을 하십시오. 위 그림은 포커스라이트(Focusrite)사의 '스칼렛'이라는 오디오 인터페이스를 사용하는 유저의 INPUT 설정입니다. 이 유저는 SPDIF라는 디지털 인풋 단자까지 사용하고 있는 것도 알 수 있습니다.

그리고 소리를 들을 수 있는 출력 설정도 하셔야 합니다(소리가 나올 곳을 설정한다고 이해해도 됩니다). 출력은 어느 오디오 인터페이스나 보통은 메인 아웃(MAIN OUT)으로 설정합니다. 그 후 스튜디오 원의 각 트랙의 '인스펙터 윈도우'에서 인풋 설정을 할 수 있습니다

## 7.1.2 모노 트랙 생성

마이크 하나로 한 명의 목소리를 녹음하는 것이니 당연히 '모노 트랙'을 생성합니다. 트랙이 생성되면 언제나 I/O 세팅을 먼저 확인합니다. 지정된 인풋 설정으로 소리가 들어 오고 지정된 아웃풋으로 나가야 시작을 할 수 있기 때문입니다.

**그림 6 - 48** 트랙 인풋 지정

### 7.1.3 레코딩, 모니터 지정

레코딩 활성화 버튼과 모니터 가능 버튼을 체크합니다. 빨간 버튼인 레코딩 활성화 버튼은 '내가 이제 이 트랙에 녹음을 할 것'이라는 지정이고, 파란 버튼인 모니터 체크 버튼은 '내가 녹음되는 소리를 들으면서 녹음을 하겠다'는 의미입니다. 즉, 레코딩 중인 가수의 경우 본인의 목소리가 다시 헤드폰으로 나오고 있다는 뜻입니다.

**그림 6 - 49** 레코딩, 모니터 지정

스튜디오 원의 녹음 버튼은 필자의 경우 '프로툴스' 숏컷이기에 숫자 키패드의 3입니다. 큐베이스 단축키를 사용하는 경우엔 숫자 키패드 중 '*'입니다. 물론 마우스를 이용해 트랜스포트 창의 빨간 버튼을 눌러도 됩니다.

### 7.1.4 보컬 트랙 녹음

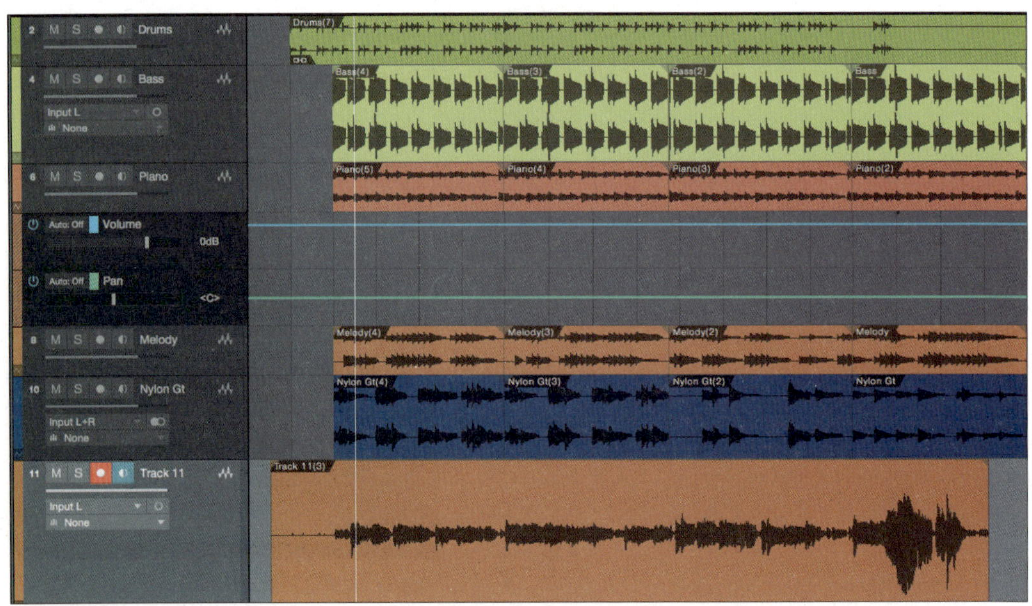

**그림 6 - 50** 녹음된 트랙 화면

그림 6-50의 파형은 앞서 만든 피아노 곡에 필자가 마이크에 대고 흥얼거린 파일의 녹음입니다.

음악 작업의 막바지에 이르러서는 퀄리티를 높이는 작업의 핵심은 '좋은 레코딩'이라고 생각합니다. 그렇기에 믹싱도 이미 녹음 단계에서 이루어지고 있는 것과 다름이 없습니다.

## 7.2 레이어 트랙(Layer Track)

녹음을 한 후 한 번에 마음에 드는 경우는 흔하지 않습니다. 따라서 필연적으로 여러 개의 테이크 (takes)가 생기기 마련입니다. 레이어 트랙은 이렇게 작업 중에 만들어진 여러 개의 테이크(takes)를 메인 트랙에 기생하는 '서브(sub) 트랙' 개념으로 생성해서 보관해놓는 것을 말합니다(여기서 말하는 테이크(takes)를 우리말로 굳이 번역한다면 '시도'가 될 것 같습니다).

가령 기타 연주자가 와서 기타를 녹음했는데 단 한 번 연주에 만족하고 넘어가는 경우를 저는 본 적이 없습니다. 당연히 연주자는 여러 차례 녹음 시도를 하게 됩니다. 그런 상황에서 전에 녹음한 테이크를 지우지 않고 여러 번 같은 프레이즈를 녹음하며 계속 새로운 트랙을 만드는 것은 트랙만 많아지고 보기엔 불편하고 번거로워서 매우 비효율적입니다.

이럴 때 레이어 트랙을 사용합니다. 녹음한 테이크 중 더 마음에 드는 것을 당장 고르기 어려울 때, 그렇다고 지우자니 나중에 후회할까 봐 망설여질 때 쓰는 트랙이 바로 레이어 트랙(Layer Track)입니다. 아래에 이어지는 설명은 레이어 트랙을 테이크 별로 일부러 생성하는 것이지만 PART 4에서 언급했듯 매 녹음 시 저절로 레이어 트랙이 만들어져 쌓이도록 하는 설정도 트랜스포트 윈도우에 있습니다. 필자는 저절로 레이어 트랙이 계속 쌓이는 게 편해서 해당 설정을 사용 중입니다.

## 7.2.1 확장 트랜스포트

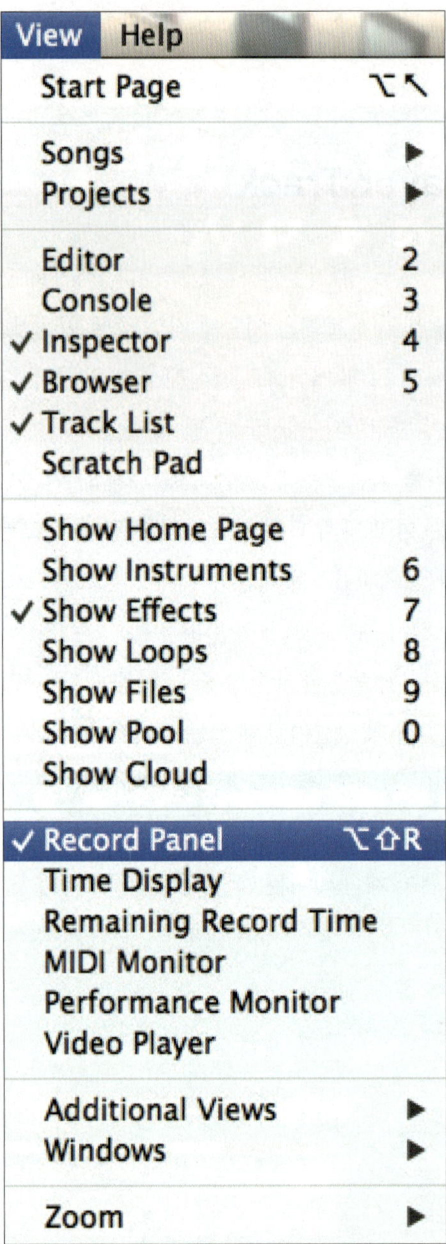



**그림 6 - 51** View 메뉴 - Record Panel

상단 메뉴 중 View 메뉴를 열고 하단의 Record Panel을 클릭해서 엽니다.

그림 6 - 52 확장된 트랜스포트 바

트랜스포트 바가 커지면서 위로 메뉴가 더 생깁니다. 좌측의 레코드 모드에서 Take to Layer의 설정을 활성화합니다.

## 7.2.2 레이어 트랙 생성

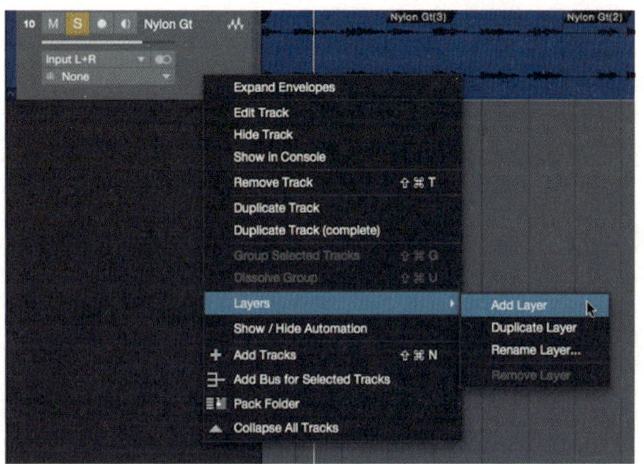

그림 6 - 53 Layers 트랙 생성 메뉴

임의로 우리가 작업한 곡 중에 Nylon Guitar 트랙에 레이어 트랙을 생성해보겠습니다. 레이어를 만들 Nylon Guitar 트랙에 우클릭으로 Add Layer를 합니다. 레이어 트랙 생성은 좌측 Tracks의 트랙뷰에서 볼 수 있습니다.

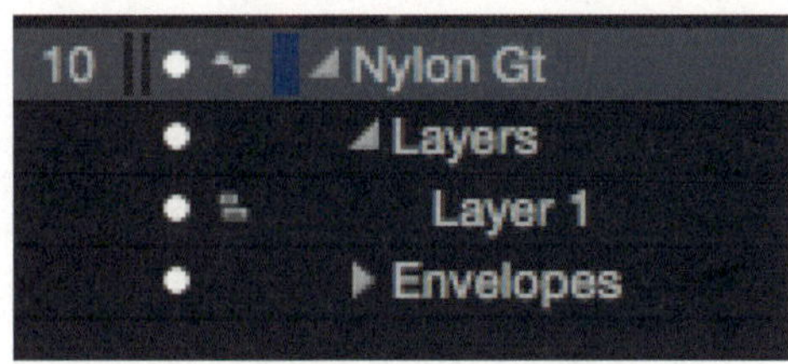

그림 6 - 54 생성된 레이어 트랙

Tracks의 Track View에서 Layer 보기 버튼을 눌러 활성화시켜야 합니다.

그림 6 - 55 트랙 밑에 생성된 레이어 트랙

메인 윈도우에서 작업하던 트랙의 바로 아래에 레이어 트랙이 보일 겁니다.

가령 저렇게 기타를 녹음받았지만 한 번 더 기타리스트에게 녹음을 요청했을 때 먼저 녹음한 테이크를 지우기엔 아깝기도 해서 보관해둘 필요가 있습니다. 더구나 새로 녹음한 기타가 앞부분은 먼저 녹음한 테이크가, 뒷부분은 뒤에 녹음한 레이어의 테이크가 마음에 들었다면 더더욱 이 레이어 트랙 기능을 사용하는 편이 좋습니다.

## 7.2.3 레이어 트랙 메뉴

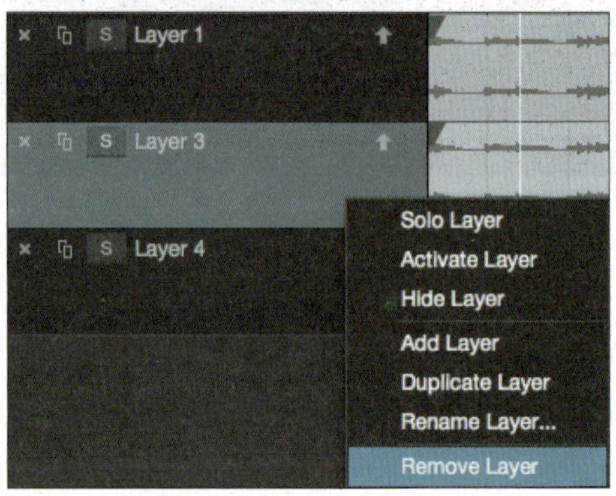


그림 6 - 56 레이어 트랙 우클릭

레이어 트랙에 우클릭을 하면 위 그림 같은 부메뉴들이 나타나는데, 모두 이름 그대로 적용되는 트랙들입니다. 저 메뉴들을 하나씩 적용해보시면 좋겠습니다.

## 7.2.4 자동 레이어 트랙 추가 생성

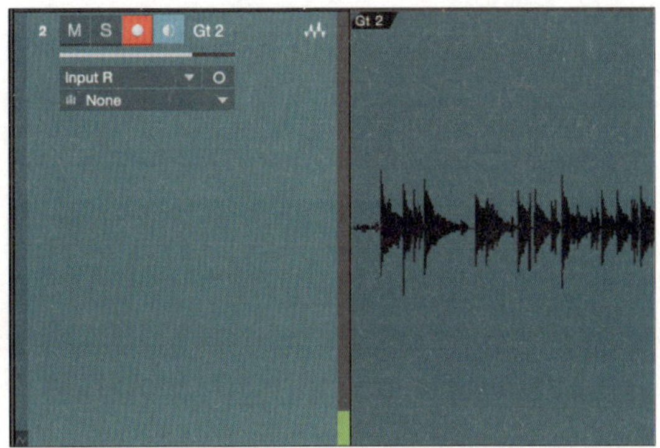

**그림 6 - 57** Gt2 트랙에 놓음

이번엔 작업했던 힙합 곡의 Gt2라는 트랙에 연습 삼아 레이어 트랙으로 녹음을 해보겠습니다.
먼저 RECORD MODE의 Take to Layers가 활성화되어야 합니다. Take to Layers가 활성화되어 있다면 녹음하는 트랙 밑에 자동으로 레이어 트랙이 생성됩니다. 위 그림을 보면 트랙에 레코딩 트랙을 의미하는 빨간 버튼이 눌러져 있으며 바로 옆의 녹음 시 '들으면서 모니터'를 하겠다는 모니터 버튼도 활성화되어 있습니다. 특정한 걸 녹음할 건 아니니 일단 아무 소리도 없는 일단 '무음'을 녹음해 봅니다.

## 7.2.5 익스팬드 트랙(Expand Track)

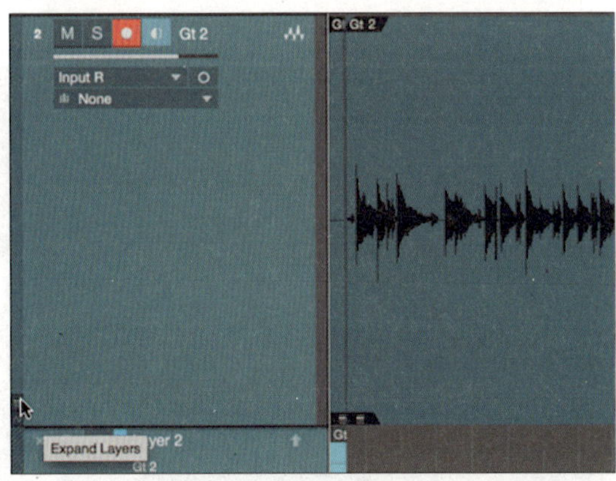


**그림 6 - 58** 녹음 후 Expand 트랙 보기

녹음이 끝나면 트랙 왼쪽 아래의 가로줄 모양 버튼을 누릅니다. 이 버튼의 이름은 Expand Layers로, 레이어 트랙을 볼 수 있게 해달라는 버튼입니다.

아래 그림에서 필자는 이미 두 번을 시도했기에 Layer 2입니다만 처음 녹음을 한 분들은 Layer 1일 것입니다.

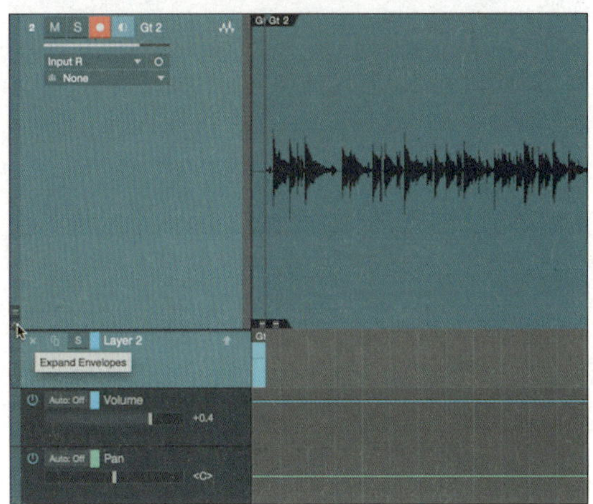

그림 6 - 59 익스팬드 엔벨롭(Expand Envelopes) 커브 버튼

Expand Layers 버튼 바로 아래는 Expand Envelopes입니다.

여기는 볼륨(크기)과 PAN(정위)의 오토메이션(자동 조절)값을 입력할 수 있습니다.

## 7.2.6 익스팬드 레이어(Expand Layers) 메뉴

그림 6 - 60 무음이 녹음된 익스팬드 레이어 메뉴

작업 중인 해당 트랙에 우클릭하면 나오는 부메뉴에서도 Expand Layers를 꺼낼 수 있습니다.
그 외에도 많은 기능이 부메뉴에 나타납니다.

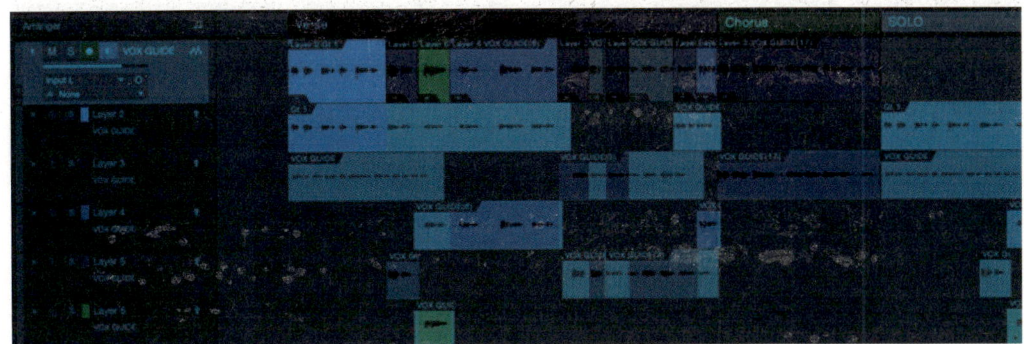

**그림 6 - 61** 레이어 선택 1

밑에 생성된 여러 레이어 트랙들을 드래그해서 선택하면 선택된 레이어 트랙들이 저절로 메인 트랙
으로 올라갑니다.

**그림 6 - 62** 레이어 선택 2

그림 6-62에서 레이어 트랙인 VOX GUIDE(3)에서 선택된 구간만큼 상단 메인 트랙에 올라가 있음을 볼 수 있습니다. 그 올라간 트랙을 임의로 바꿔보겠습니다.

**그림 6 - 63** 레이어 선택 3

위 그림 중 하단의 VOX GUIDE(7)을 선택하면 그 구간만큼 상단의 메인 트랙에 올라간 것을 확인할 수 있습니다. 단지 구간 선택만으로 상단의 메인 트랙으로 올라가고 재생된다는 점은 편리한 기능입니다.


## 7.3 폴더 트랙(Folder Track)

폴더 트랙은 여러 개의 트랙 중 관련 있는 트랙들만 한군데 모아놓고 보기에 편한 기능입니다. 트랙이 늘어나다 보면 어느 순간 트랙들을 좀 정리하고 싶어지는데, 이때 패드 악기류, 건반 악기류, 타악기류 등으로 분류해서 폴더로 넣어 놓는 것이 가능합니다.

### 7.3.1 폴더 트랙 만들기

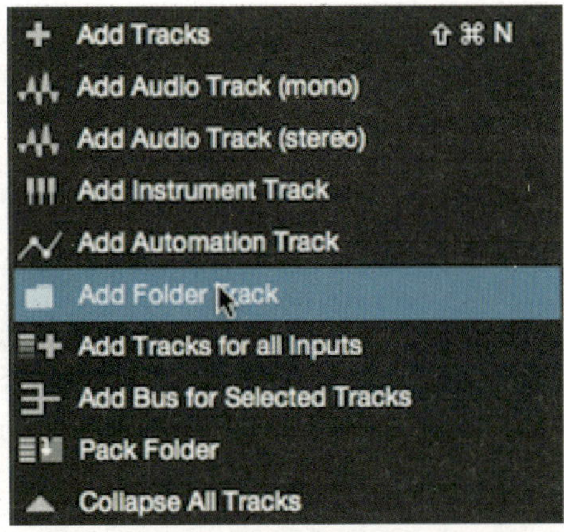



그림 6 - 64 폴더 트랙 생성

마우스 우클릭을 해서 나타나는 메뉴 중에 폴더 트랙을 선택합니다. 혹은 프로툴스 숏컷을 사용하는 분들은 shift + cmd(Alt) + n을 하셔도 됩니다.

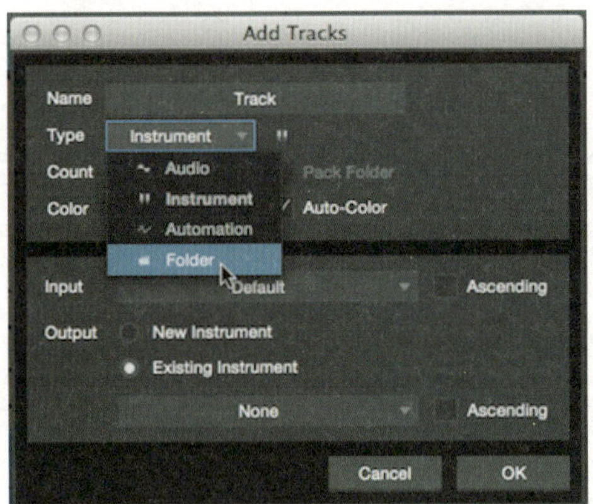



그림 6 - 65 폴더 트랙 메뉴

폴더 트랙이 생성된 후 여러분들이 모아두기 원하는 트랙들을 폴더 트랙 쪽으로 드래그하면 됩니다. 그 후에 폴더 트랙을 닫아놓으면 작업화면이 아주 깔끔해집니다.

때로는 자주 편집하는 트랙들이 폴더 트랙에 들어가 있어서 다시 열고 확인하기가 번거롭기도 하지만 트랙이 많이 늘어나다 보면 폴더 트랙 기능이 없으면 또 아쉬울 것 같은 생각도 듭니다.

## 7.3.2 폴더 트랙 적용

그림 6 - 66 폴더 트랙 적용

위 그림은 폴더 트랙 안에 우리가 작업했던 모든 트랙을 임의로 다 집어넣은 상태입니다.

가령 드럼 녹음 후 킥, 스네어, 하이햇, 심벌, 탐탐 등을 드럼 폴더 트랙으로 정리해놓으면 깔끔합니다.


# 7.4 힙합 곡 보컬 녹음

지금까지 녹음에 관한 설정과 레이어와 폴더 트랙 기능을 이용해 필자는 우리가 만든 힙합 곡에 보컬 녹음을 받아 보았습니다. 이러한 진행 과정을 글로써 쓸 수가 없다는 게 아쉽습니다. 음악을 글로 배우기란 쉽지 않은 일입니다. 녹음 과정을 잠시 끊어 가며 글과 사진을 동원해보려 해도 녹음을 하는 과정의 여러 변수와 생각들을 다 담을 수가 없었습니다. 사실 과정은 '녹음을 다시 다시 또 다시 한번 더 하는 반복'이었고, 그 사이 사이의 생각과 변수들은 글로 담기가 어려웠다는 말 정도로 이해해 주시면 좋겠습니다.

간단히 글로 정리하자면 가수는 마이크 앞에 있고 필자는 스튜디오 원의 레코딩 버튼을 눌렀을 뿐입니다. 여러 트랙의 랩 녹음을 받으며 쌓이는 테이크(take)들은 여러 개의 레이어를 통해 받고 그중에 가장 쓸만한 레이어를 골라 트랙 On 했습니다(레이어는 트랜스포트 윈도우에서 저절로 쌓이도록 지정하는 편이 편합니다). 그리고 보컬 코러스 녹음에는 더블링을 통하여 음향적인 입체감을 더 주려고 시도했습니다.

왼쪽 그림에서 보듯 맨 아래의 주황색 계열의 트랙들이 보컬 녹음 트랙으로, 총 5개의 보컬 트랙이 메인 윈도우에 올라가 있습니다.

그리고 이 곡의 랩 녹음을 위해 가사를 만들고 녹음에 참여해 준 필자의 제자 'Taksoo'군에게 감사를 전합니다.

*Good Girl*

작사 Taksoo
작곡 양정원

괜찮아 이리저리 치여도 끝 없는 레이스에
거침없이 파고들어 이건 기회
남들의 눈 시선이 어때 뭐 비전?
계속하다보면 생길 거야 가져 ambition
Nonfiction 각본 없는 드라마
깨버려봐 trauma 쌓여가는 profile 자신과
싸워봐 매일은 아니더라도 가끔은 필요하지 자신감과 터프함
노력은 절대로 배신하지 않아 배신이란 말도 우린 친하지도 않아
성공의 보장 없지만 가까워진 건 맞아
한 번뿐인 인생 날 누구도 막지 못해
I believe this is the only way to go.
날 무시했던 놈들 두고봐 두 눈 뜨고
특출 나게 개인기 따윈 없이
멋보다 노력에 의해 골인이 취미 이젠하지 올인
아주 잘하고 있어 Good sister
Good Girl 가시밭길은 환영
Good girl 미모가 다는 아녀
Good girl 걍 너 자신을 믿어
굳건하게 지조를 지켜
달려가 뒤돌아 보지 말고
달려가 니 하고 싶은 대로
그래 너가 마음 가는 대로 대로
그래 너가 마음 가는 대로 대로
달려가 뒤돌아보지 말고
달려가 니 하고 싶은 대로

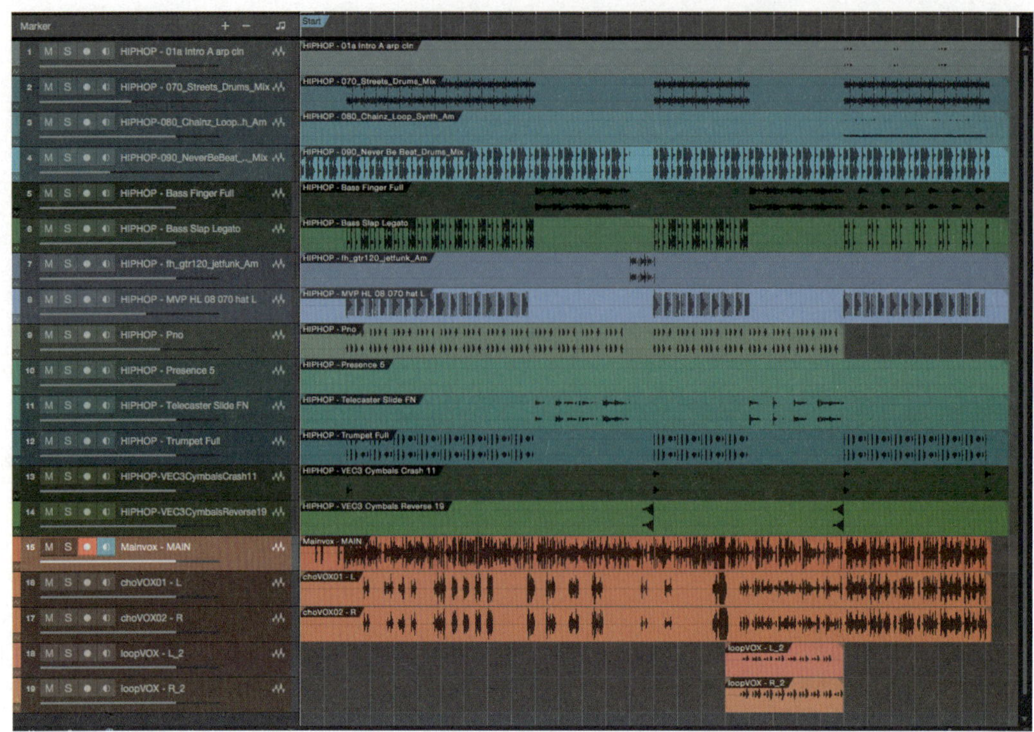

**그림 6 - 67** 보컬 녹음까지 끝낸 힙합 곡 작업 화면

아래 주황색 트랙의 맨 윗줄은 메인 보컬이 올라간 트랙이며 그 다음의 두 트랙은 더블링한 트랙이며, 그 아래의 짧은 레전 두 트랙은 이 곡의 메인이 되는 부분에 코러스를 추가한 부분입니다.

위 그림은 모든 작업을 마치고 믹싱을 앞둔 메인 윈도우의 화면입니다.

# 믹싱
# (Mixing)

외국의 유명한 믹스 포럼에서 본 글입니다.

이 글을 보는 이에 따라 견해가 다를 수 있지만, 필자는 이 말에 상당히 공감합니다. 작·편곡이 끝난 곡에서 받은 인상을 어떻게 표현하고 싶어지는지 그리고 그 방향을 결정하기 위해서 시도해보려는 음향 효과들이 30분 내로 머릿속에서 어느 정도 그려지기 때문입니다.

물론 그렇게 작업을 시작하더라도 막상 하다 보면 믹싱에서 여러 시행착오라는 건 어쩔 수 없이 겪게 되겠지만 레퍼런스가 될 음악들을 평소에 많이 듣고 믹스해볼수록 그 시행착오는 점점 줄어들게 됩니다. 단순한 결론이지만 많이 듣고 많이 분석하고 많이 느끼다 보면 어디로 가야 하는지 더 확실하게 이미지를 만들 수 있습니다.

작·편곡에 이어 음악 작업의 프로세스 중 하나인 믹싱이 어떻게 컴퓨터와 각종 장비를 다루는 공학적이면서도 예술적인 파트가 되는지 알아가는 재미도 있는 것 같습니다.

또 여러 작·편곡가들의 의뢰를 받아서 진행하는 프로 엔지니어들의 작업 노하우도 궁금해지기도 합니다.

작·편곡가가 곡을 만드는 데에 생각이 자유롭듯이 엔지니어가 믹싱을 하는 데에도 생각이 자유롭습니다.

정해진 어떠한 것이 있는 것이 아니니 여러분들은 그저 여러분들이 원하는 어떤 이미지를 만들어가는 게 가장 중요합니다.

사실 정해진 어떠한 것이 없다는 말은 언뜻 쉬워 보이는 느낌으로 들리실 수도 있겠지만 반대로 매우 어렵다는 뜻으로 생각하는 편이 맞습니다. 어떤 이미지가 있다는 것은 그만큼 많은 음악을 들었고 이미 알고 있고 믹스를 시행해 본 적이 있다는 뜻이기 때문입니다.

정해진 것이 있다면 그걸 외우고 그렇게 실행하기만 하면 되지만, 그렇게 되면 믹싱은 창작 예술로 인정받기는 어려워질 것입니다.

일단 여러 생각보다는 지금까지 작업했던 힙합 곡을 믹싱해보도록 합니다. 믹싱의 목적도 이루면서 기능의 습득도 함께 되길 바랍니다.

# ᴑᴧᴨᴧ 1 사운드

믹싱(Mixing)을 하기 위해선 우선 가지고 있는 소스들이 몇 가지(몇 트랙)이며 그 가지고 있는 악기들의 종류별, 음색별 구분을 확실히 가지는 것이 우선입니다.

가령 종류별이라면 타악기, 관악기, 현악기 등 악기의 연주법에 따른 구별을 의미하는 것이고, 음색별이라면 그 악기가 '고음역이 주인지' '저음역이 주인지' 등 어떤 것이 주가 되는 음역인지 파악해야 합니다.

음악을 '스테레오'나 '5.1 채널' 등 멀티(다중)채널로 믹스한다는 것을 필자의 경우엔 '가로축과 세로축'의 조합으로 설계하는 일종의 '입체감'의 음악적 표현이라고 정의했었습니다. 이것을 '정위감', '원근감'으로 부를 수도 있고 '소리의 크기'나 '주파수'의 조합으로 부를 수도 있습니다. 실제로도 디지털 오디오에서 사운드는 '가로축'과 '세로축'으로 이루어진 그래프로 표현됩니다.

물리적으로 표현 가능한 아날로그 사운드의 표현은 가령 소리의 경우 물리적인 크기(dBspl 등으로) 표현되지만, 디지털로 표현해야 할 때는 당연히 디지털 수치의 크기(dBfs)로 환산해서 표현해야 합니다.

때문에 소리가 존재하는 공기 중의 주파수(Frequency) 대역과 소리의 크기·압력(Bit Depth)을 나타내는(dB) 대역을 X, Y의 그래프로 표현합니다.

소리가 가진 주파수(Frequency) 대역은 Hz, 소리의 크기·압력(Bit Depth)은 dB로 표기합니다.

## 1.1 사운드 그래프

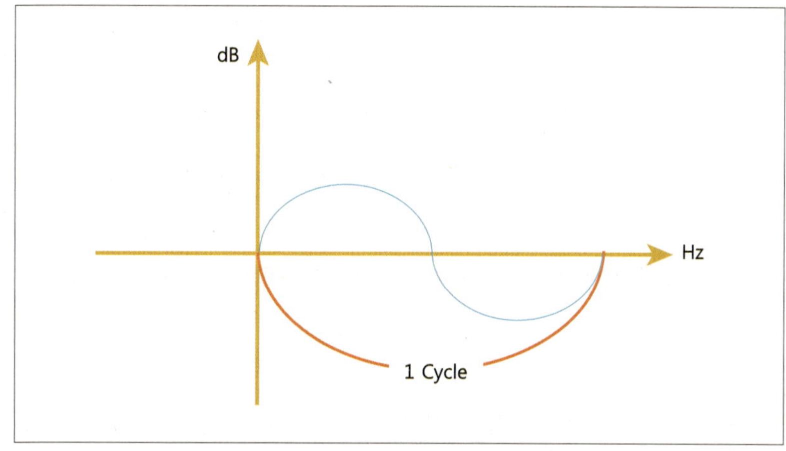


**그림 7 - 1** Sine 곡선

'단위'가 있으려면 먼저 '기준'이 있어야 합니다.

이것은 마치 체육 시간에 체육 선생님이 맨 앞의 가운데 학생에게 '기준!!'을 외치게 하면 그 학생을 기준으로 오와 열을 맞추는 것과 같습니다. '기준'이 없다면 그런 대열을 만드는 것은 있을 수 없습니다.

사운드의 단위를 나타내는 Hz(X)와 dB(Y)의 기준을 알아보겠습니다.

# 1.2 dB과 Hz

## 1.2.1 dBA

dB(데시벨)은 소리의 크기를 나타냅니다.

자연음향계에서 소리의 크기는 '양수'로 나타내며 dBspl이라는 '단위'로 표기합니다.

이는 '일정 면적에 대한 소리의 압력($W/m^2$)'을 '기준'으로 크기를 나타내는 것이며 그 기준은 사람이 청취 가능한 소리 중 가장 작은 소리로, 기준에 비해 얼마나 큰 소리인지를 나타낸다고 보면 됩니다.

이 dB이 10씩 커질 때마다 소리의 에너지는 10배가 커지며 사람이 느끼는 소리의 커짐은 2배가 됩니다.

이는 뒤에 설명할 간단한 상용로그 함수로 정리가 됩니다.

바람 불 때 낙엽이 바람이 흩날리는 소리가 10dBspl 정도이며, 집집마다 있는 냉장고의 기본 소음은 40dBspl입니다. 제트기 엔진의 소리는 최대 144dBspl입니다.

이 역시 기준을 잡을 때 '사람'의 기준이 있어야 하는데, 어린 아기를 기준으로 했다고 합니다.

사람도 나이를 먹으면 눈에 노안이 오듯 귀도 점점 정밀도가 떨어지기에 모든 것이 처음인 아기가 '기준'이 되는 것이 초기 공학자들이 보기엔 바르다고 여겼나 봅니다.

여러분들이 DAW에서 보게 될 dB는 모두 '음수'로 나타내며 dBfs라는 단위를 씁니다.

## 1.2.2 Hz

Hz로 표현하는 주파수는 1초 동안에 공기가 진동하는 수를 말합니다.

음파는 눈에 보이지는 않지만, 파도와 같은 모양으로 진동하면서 진행합니다. 그 진동하는 횟수가 1초 동안에 1번 진동하면 1Hz(헤르츠), 2번 진동하면 2Hz(헤르츠), 200번 진동하면 200Hz(헤르츠)라고 합니다. 소리는 공기의 진동입니다. 그 진동 수(주파수)가 적으면 소리가 낮고, 진동 수가 많으면 소리가 높습니다. 즉, 남자의 목소리가 여자의 목소리에 비해 저음이라는 말은 남자의 목소리가 여자의 목소리에 비해 공기 중의 진동 수가 적다는 뜻이기도 합니다. 그리고 사람이 들을 수 있는 주파수의 범위를 '가청 주파수 대역'이라고 하는데, 그 범위는 20Hz~20kHz까지입니다.

X축은 Hz, Y축은 dB로 하여 이를 3D로 표현한다고 보면 '소리의 입체감을 표현한다'는 말의 의미가 조금 더 이해가 되실 겁니다.

# ◦⊸Ⅲ⊸ 2 인트로 볼륨 오토메이션

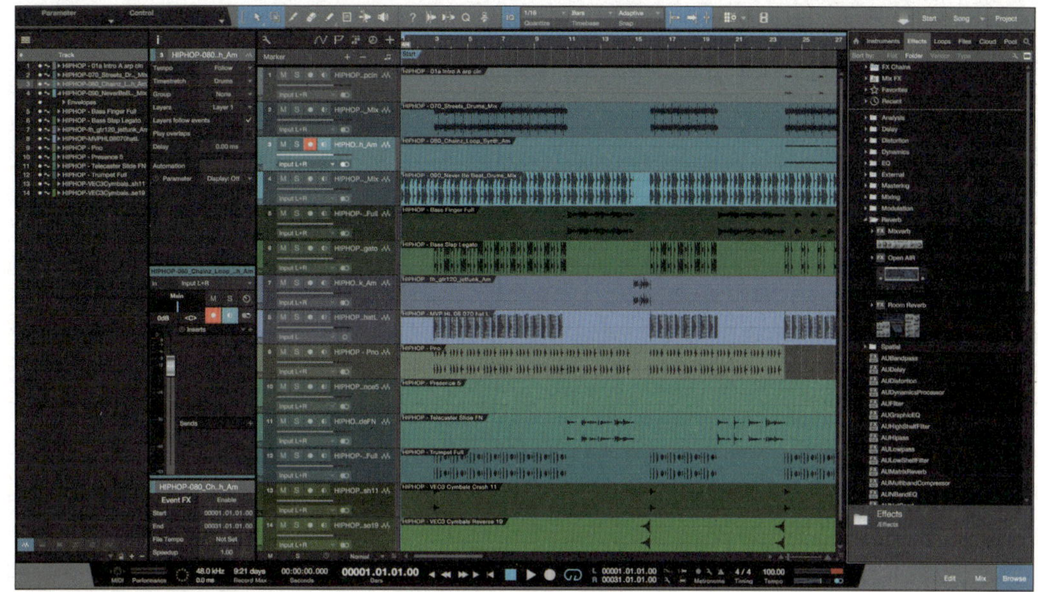

**그림 7 - 2** 힙합 곡 믹스 프로젝트

앞서 만들었던 힙합 곡을 시퀀싱 후 바운스하고 난 뒤에 오디오 트랙만 가지고 새로 만든 믹싱 프로젝트입니다.

따라서 메인 윈도우에는 더 이상 미디 트랙은 존재하지 않으며, 우측 브라우저 윈도우는 악기가 아닌 오디오 트랙마다 적용할 이펙트 탭으로 바꾸어 놓았습니다.

일단 이 상태에서 한번 들어봅니다. 필자의 판단에는 인트로 부분의 드럼이 처음 곡이 시작하는 부분부터 강하게 나오는 것보다는 점차적으로 커지는 느낌이 되면 좋을 것 같습니다.

# 2.1 확장 엔벨롭

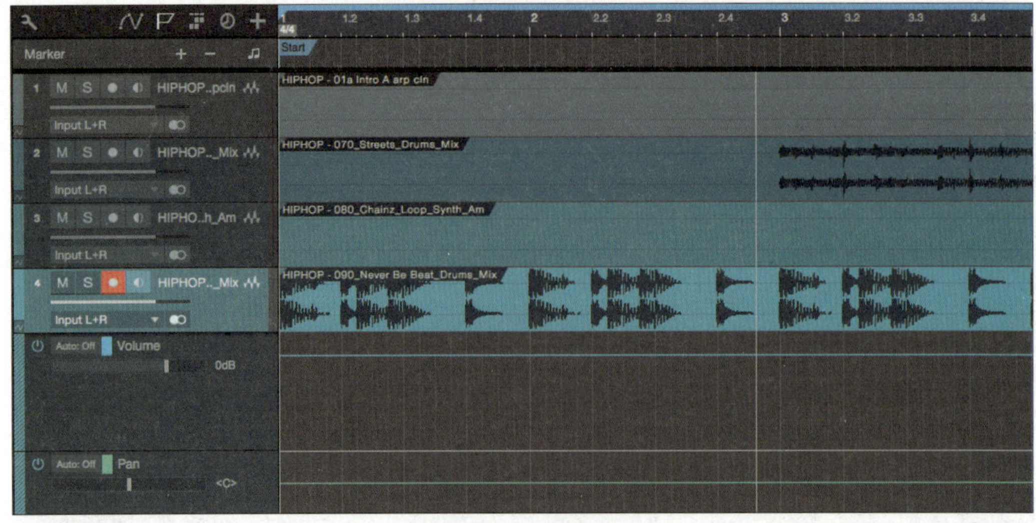

그림 7 - 3  확장 엔벨롭

4번째 트랙에 있는 090_Never Be Beat_Drums_Mix 트랙의 Expand Envelop 버튼을 눌러 엽니다.

볼륨 오토메이션과 Pan 오토메이션 편집 창이 밑에 열립니다.

# 2.2 Read 버튼

그림 7 - 4  Read 버튼 활성화

그림 7-4처럼 노란색 Read 버튼은 활성화되어 있어야 합니다. 그래야 오토메이션 커브를 읽어들입니다. 비활성 상태라면 커브를 그려도 읽지 않습니다(적용되지 않습니다).

아무것도 적용되지 않았을 때 기본 볼륨값은 0dB입니다.

## 2.3 커브 그리기

그림 7 - 5 볼륨 커브 그리기 1

마우스를 엔벨롭 커브에 갖다 대면 손가락 모양으로 바뀝니다. 처음에는 작다가 3번째 마디부터 0dB이 되도록 처음엔 −20dB에서 시작해서 3번째 마디에서 0dB로 올라가는 커브를 그립니다.

그림 7 - 6 볼륨 커브 그리기 2

엔벨롭 라인의 중간을 잡아서 처음엔 조금 작다가 자연스럽게 서서히 커지는 방향으로 조절해 봅니다.

**그림 7 - 7** 볼륨 커브 그리기 3

대략 이런 모양이 나오면 필자가 원하는 스타일로 소리가 커진 것입니다.


물론 Expand Envelope 하지 않고 그저 레전의 왼편 상단 끝을 잡아서 직접 저런 볼륨 커브를 만들 수도 있습니다.

하지만 기능의 습득도 있고, 저렇게 그려놓으면 믹서 윈도우에서 볼륨 페이더가 자동으로 움직이는 걸 볼 수 있습니다. 컨트롤러가 있다면 레전에서 그리는 것보다 이렇게 만들어진 것이 훨씬 흔할 것입니다.

밑의 Pan은 지금은 만지지 않습니다. 현재 드럼의 파일은 웨이브 파형이 2줄인 스테레오 파일입니다(2줄이라고 해서 반드시 스테레오는 아닙니다). 스테레오 파일은 엔벨롭 라인이 〈C〉 즉 센터(Center)에 있어야 좌우 양쪽 볼륨이 1:1 상태로 출력이 됩니다. 의도적으로 좌우 볼륨 밸런스가 다른 오디오 파일을 제외하고는 말입니다.

# 3 이펙팅 드럼

## 3.1 콘솔

그림 7 - 8  작은 콘솔의 Expand 버튼

위의 조정으로 인해 현재 1마디에서 볼륨 페이더 포지션은 −20dB 정도로 내려가 있습니다.

DAW에 따라선 작게 보기 상태에서 생략되는 기능들이 있기도 한데, 스튜디오 원은 다른 DAW와 다르게 작은 사이즈로 보는 콘솔에서 구현되는 기능이 크게 보기 콘솔과 동일합니다. 그래서 스튜디오 원에서는 작은 콘솔 상태에서도 Expand를 하면 페이더 옆으로 인서트(Insert) 단이 생성됩니다.

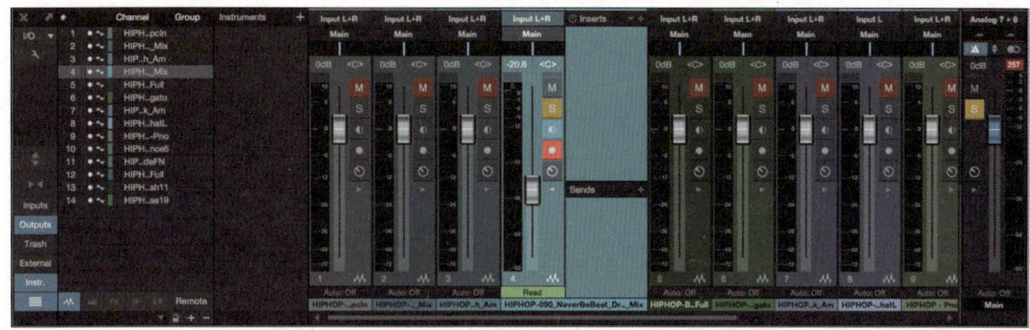

그림 7 - 9  작은 콘솔의 Inserts 단

앞서 콘솔 설명에서 배웠지만, 오디오에 플러그인을 거는 방법은 인서트(Insert)와 센드·리턴 방식이 있습니다. 사실 플러그인을 거는 방법이라고 했지만 플러그인이 존재하기 전부터 하드웨어 장비를 사용해서 하드웨어 콘솔에 이펙팅을 할 때도 이 방식은 똑같았습니다. 현재의 플러그인으로 하는 방식이 그걸 따라 한 셈입니다.

DAW에서는 인스펙터 윈도우상에서 플러그인을 걸 수도 있습니다. 하지만 필자는 인스펙터 윈도우상에서 플러그인을 거는 것을 그다지 좋아하지 않습니다. 간혹 사용은 합니다만 기본적으로 믹싱은 믹서에서 하는 편입니다. 믹서를 자꾸 보다 보면 여러 볼륨 페이더들이 눈에 들어오기 시작하면서 현재 믹싱 중인 곡의 볼륨 컨디션이 쉽게 파악되기 때문입니다.

## 3.2 인서트 플러그인

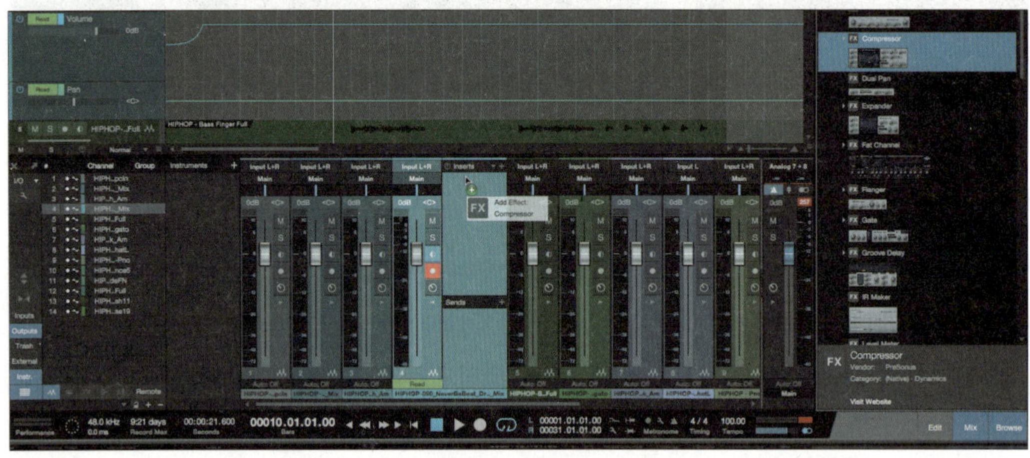

**그림 7 - 10** 플러그인 드래그 앤드 드롭

우측의 브라우저 윈도우에서 '컴프레서'를 드래그 앤드 드롭해서 Expand 단에 떨구어 놓습니다.

우리는 악기도 스튜디오 원 인스톨 시 있는 기본 악기를 사용했듯 믹싱도 스튜디오 원 3의 기본 플러그인을 이용해 작업해봅니다.

'컴프레서'를 건 오디오의 느낌은 '밀도감이 높아진다'이며 과도하게 사용될 경우 '답답한 소리'가 납니다. 소리의 느낌을 글로 표현하기란 정말 쉽지 않습니다.

# 3.3 컴프레서 프리셋 적용

**그림 7 - 11** 컴프레서 Breakbeat 프리셋

인서트된 컴프레서의 창에서 이미 만들어져 있는 프리셋(Preset)을 이용해 봅니다.

프리셋은 유저가 노브(Knob)를 돌려가며 원하는 대로 만든 설정 상태가 아니라 공장 출하 시 제조사가 여러 상황에 맞추어 만들어 놓은 세팅을 말합니다. 프리셋 중에 Breakbeat를 골라보겠습니다.

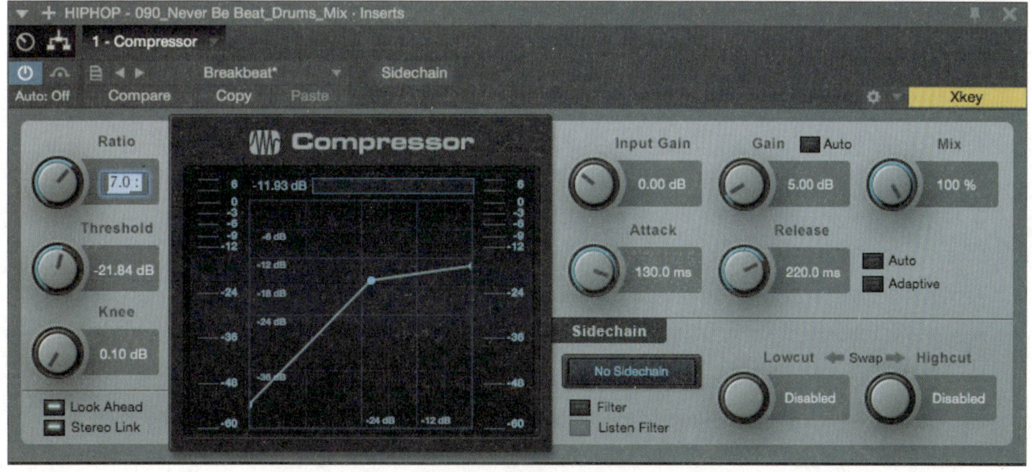

**그림 7 - 12** 프리셋 적용값

스튜디오 원3의 기본 플러그인 Compressor를 '인서트(Insert)' 후 들어 봅니다.

컴프레서를 적용하는 이유는 몇 가지가 있습니다. 그래도 가장 큰 이유는 '존재감' 혹은 '입체감'이라고 말할 수 있습니다.

모든 악기는 단독으로 플레이해서 들으면 당연히 존재감이 있습니다. 그러나 여러 악기가 저마다의 개성으로 자신의 음역대 소리를 내어주고 있을 때 컴프레서는 해당 악기가 가진 특정 대역에 존재감을 부여합니다. 가령 드럼을 예를 들면 볼륨 페이더를 올리지 않아도 충분한 펀치감을 내어줍니다. 그게 앞서 말한 '소리의 밀도감'으로 인해 생기는 효과입니다.

<hr>

알아보기 | 컴프레서

### 1. 컴프레서란?

앞서 설명한 가로, 세로축의 입체감 표현이라는 필자의 의견에서 컴프레서는 세로축(dB)에 접근할 때 가장 많이 찾게 되는 이펙터입니다. 90년대 이후 대중음악에서 가장 빈도 높게 사용되는 이펙터를 한 가지만 고르라고 한다면 단연코 컴프레서입니다. 오히려 과도한 컴프레서 사용이 문제가 될 정도입니다(근래의 세계적인 추세를 보면 다시 리버브의 사용이 중요해지는 것 같습니다. 마치 80년대 사운드처럼 말입니다).

### 2. 컴프레서 작동 원리

컴프레서의 작동 방식은 '밥그릇에 밥을 담는 것'으로 비유할 수 있습니다.

2개의 밥그릇에 각각 밥을 퍼서 담을 때 밥그릇의 높이보다 약간 밥이 올라올 정도로 담는다면 2그릇의 밥의 양은 다를 수 있습니다. 짐작하시는 대로 밥을 퍼서 담을 때 눌러서 담느냐 아니냐의 차이입니다. 물론 우린 둘 다 같은 한 그릇으로 말합니다. 하지만 눌러 담은 쪽 밥그릇의 밥이 다른 밥그릇보다 훨씬 많을 수 있습니다. 다만 눌러 담은 밥의 쌀이 으깨져서 마치 떡처럼 되면 안 됩니다.

컴프레서의 작동방식과 사용 목적도 이와 같습니다. 어떨 때는 원래의 소리가 더 좋기도 하고 어떨 때는 컴프레서를 걸어 많은 양을 담아 펀치감을 내주는 것이 더 좋을 수도 있습니다. 소리에 어떤 이펙트(효과)를 준다는 것은 '자연스러움' 하고는 한 걸음씩 멀어지는 일이기도 합니다. 그런데 우리가 어떤 음반을 듣고 '아주 자연스러운 소리'들이 들리는 음반이구나 라고 생각되는 음반도 사실은 그 자연스러움을 위해 아주 많은 '메이크업'을 했을 수도 있습니다(소위 말하는 '쌩얼' 같은 화장이랄까요. 아이러니한 일입니다).

여러 개의 소리가 섞여서 나올 때 컴프레서를 사용함은 입체감을 내세워 존재감을 나타내기 위해서라고 말할 수 있습니다. 이것은 특히 리듬악기, 그중에서도 저음역을 담당하는 악기일수록 포만감 없이 입체감을 나타내는 효과적인 방법입니다.

또한, 리듬 트랙 외에 보컬 트랙의 컴프레싱 역시 거의 필수로 사용되고 있습니다. 자칫 목소리를 납작하게 떡처럼 만들어버릴 수도 있다는 단점도 있지만 리듬 악기의 편곡이 화려할수록 보컬 트랙에 걸리게 되는 컴프레서의 효과는 심지어 입을 다물고 있다가 입술이 벌어질 때 나는 미세한 소리까지도 들려주는, 존재감을 만들기엔 아주 적절한 이펙터입니다.

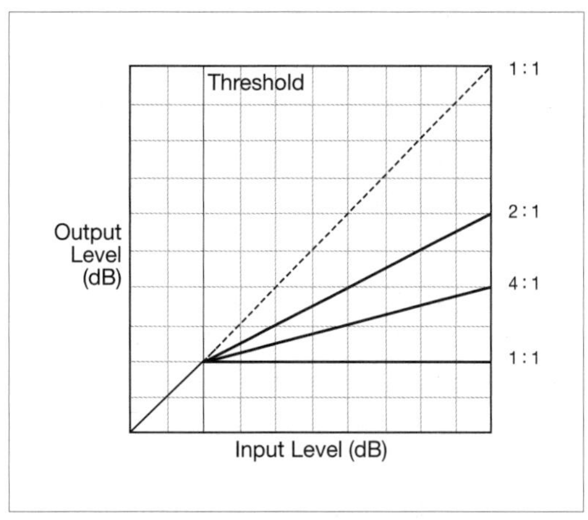


그림 7 - 13 컴프레서의 작동 원리

컴프레서의 작동을 한 문장으로 정리하자면 '정해 놓은 기준점을 넘는 큰 소리가 들어오면 설정한 비율에 맞춰 줄인다'입니다. 이 문장을 풀어서 단어별로 해석해보겠습니다.

• 정해 놓은 기준점 : Threshold(스레숄드)
• 넘는 큰 소리 : Input Level의 넘치는 양
• 설정한 비율 : Ratio(레이시오)
• 줄인다 : Output Level이 줄어서 출력

가령 150cm 높이의 문이 있다고 가정을 하고 키가 180cm인 사람이 그곳을 통과한다고 생각해봅니다. 문의 높이인 150cm는 스레숄드이고 사람의 키인 180cm는 입력 소스의 크기입니다. 30cm만큼 통과 못한 부분은 Ratio 비율에 따라 2:1, 3:1, 4:1 등으로 줄어듭니다. Ratio가 3:1이라면 통과한 사람의 키는 문의 높이 150cm에 넘친 30cm가 3:1 비율로 줄어든 10cm가 더해져서 160cm가 될 겁니다.


### 3. 컴프레서 용어 정리
• 레이시오(Ratio) : 스레숄드를 넘어서 올라오는 신호를 몇 대 몇으로 줄여줄 것인가 하는 값입니다.
  비율로 지정을 하는데, 예를 들어 4:1로 지정한다면 스레숄드를 넘어 올라오는 소리를 4분의 1로 줄여서 내보내라는 뜻입니다. 예를 들어 4:1로 지정된 레이시오 비율이 있고 스레숄드가 -10dB인데 -2dB의 신호가 들어오면 어떻게 될까요? 넘쳐서 들어온 신호가 8dB이니까 8/4인 2dB로 줄어들어서 나오게 됩니다.

- **스레숄드(Threshold)** : 이 값은 데시벨 단위로 지정하는데, 지정한 값에서부터 컴프레서가 작동합니다. 즉 '몇 dB부터 이 컴프레서가 작동하기를 바라는가?'가 설정되는 곳입니다.

  이 값이 작으면 작을수록 시그널이 컴프레서에 걸리는 양은 당연히 늘어날 것입니다. 또 시그널이 매우 아서 이 스레숄드 값보다 밑이라면 컴프레서가 작동하지 않겠지요.

- **니(Knee)** : 말 그대로 '무릎'이라는 의미입니다. 스레숄드 값에서 먹히는 시그널이 급격하게 꺾이면 뾰족할 것이고 서서히 꺾이면 부드러울 것입니다. 컴프레서가 작동하는 바로 그 찰나의 지점, 즉 '어택 타임'에 따라 별도 옵션이 있는 컴프레서의 경우도 있는데, 그 꺾이는 모양이 무릎 모양 같다고 해서 'Knee'라고 부릅니다. 음향 용어로 뾰족하게 꺾였을 때를 '하드 니', 부드럽게 꺾였을 때를 '소프트 니' 라고 부릅니다. Knee 값이 클수록 완만하게 꺾인 소프트 니로 변하게 됩니다.

- **입력 양(Input Gain)** : 들어 오는 시그널의 양입니다. 만일 들어오는 시그널의 양이 많다면 스레숄드 값이 높더라도 그 시그널은 컴프레서에 걸리기 쉬울 것입니다. 시그널이 크니 통과해야 하는 관문이 높더라도 문이 작으면 걸리기 마련이지요. 그렇기 때문에 '입력 양을 크게 하고 스레숄드를 낮추느냐' 혹은 '입력 양은 적게 하고 스레숄드를 높이느냐'에 따라 컴프레싱된 소리의 뉘앙스가 많이 다릅니다.

  이것은 상당히 음악적인 요소이므로 그때그때 좋은 것을 선택해야 합니다. 이 컴프레서에는 오토 게인 설정 체크란이 있는데, 여기에 체크하면 넘치지 않는 적정 레벨로 게인이 설정됩니다.

- **어택(Attack)과 릴리즈(Release)** - 어택은 스레숄드를 넘긴 시그널이 레이시오의 비율대로 줄어드는 데 걸리는 시간을 뜻하며 단위는 밀리세컨드, 즉 천분의 1초입니다.

  릴리즈는 스레숄드를 넘긴 시그널이 줄어들어 원상 복구(Recovery)되는 시간을 뜻합니다.

  릴리즈의 단위는 Seconds(세컨즈), 즉 초입니다. 쉽게 '문이 열렸다가 닫히는 것'을 상상하면 되는데,  어택은 '문이 열리는 시간', 릴리즈는 '시그널이 문 안으로 들어오면 문이 닫히는 시간'의 설정을 의미합니다.

  빨리 열고 빨리 닫으면 해당 소리의 뉘앙스는 어떻게 될까요? 아마도 그 파형은 시그널의 양쪽 모두 '총알 모양'에 가까울 것입니다.


### 4. 컴프레서 작동

DAW에서의 음량의 단위인 dBfs는 모두 음수입니다(자연음의 소리 크기를 말하는 dBspl은 양수입니다). 그리고 가장 큰 소리의 기준은 0dBfs입니다. 그러므로 스레숄드의 값도 당연히 음수입니다.

스레숄드의 음수의 값이 커질수록 컴프레서는 더 깊게 작용합니다. 가령 -12dB을 스레숄드(기준점)로 지정했는데 -12dB을 넘치는 양의 소리가 지나가면 Ratio의 비율(설정한 비율)에 따라 꺾입니다. Ratio가 3:1이면 그 소리는 원래 나와야 할 소리의 3분의 1 크기로 줄어듭니다.

그런데 만일 다 작은 소리뿐이라 -12dB(스레숄드)을 지나는 소리가 아예 없을 수도 있습니다. 이런 상황에서 컴프레서를 거는 방법은 두 가지가 있습니다.


1. 스레숄드(기준점)를 더 낮춥니다 (더 큰 음수로 만듭니다).
2. 컴프레서로 들어오는 소리를 인위적으로 키워줍니다. 이것을 메이크 업 게인(Make up Gain)이라고 합니다.

예를 들어 문의 높이가 150cm인데 키가 140cm이면 그냥 통과할 겁니다. 그때 문 높이를 더 낮추거나, 140cm인 사람에게 굽이 10cm나 되는 신발을 신게 하는 겁니다.

### 5. 스튜디오 원 3의 컴프레서

현재 스튜디오 원 3의 기본 Compressor는 Input Gain을 올리면 Make up Gain 조정이 됩니다.

작은 시그널에 컴프레서가 걸리게 되는 두 가지 방법을 제시했지만 기억하셔야 할 것은 이 두 가지 방법은 분명 다른 결과물이 나온다는 점입니다. 그러니 본인이 원하는 소리가 만들어지도록 적절히 골라 써야 합니다.

또 하나 추가하면 스레숄드를 지나 ratio의 비율에 따라 걸리게 되는 컴프레서의 효과가 급격하게 걸리면 Hard Knee 약간 서서히 걸리면 Soft Knee라고 합니다. 앞에서 예를 든 그래프의 꺾이는 각은 급하게 꺾인 것이니 Hard Knee입니다.

현재 스튜디오 원 3의 기본 Compressor는 그 Knee 의 조정을 하드와 소프트 2개로 단순히 나누지 않고 좀 더 세밀하게 조정하도록 되어 있습니다. 왼쪽 하단 아래의 Knee 노브가 그 설정입니다.

# 3.4 드럼과 베이스

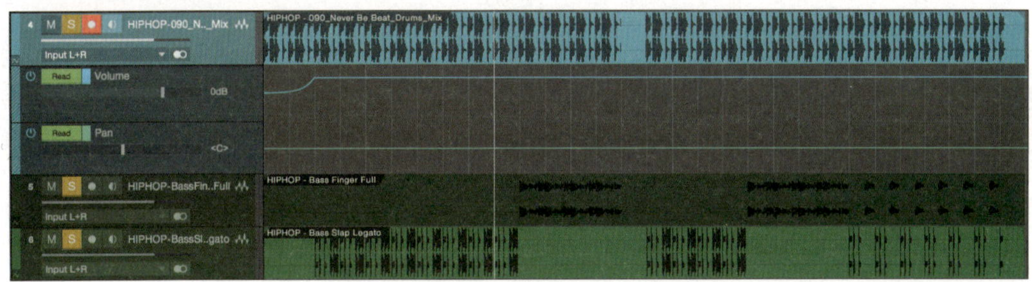

**그림 7 - 14** 드럼과 베이스 기타만 솔로로 듣기

이제 드럼에 건 컴프레서를 잘 듣기 위해서, 그리고 같은 리듬 악기인 베이스 기타와의 조화를 들어보기 위해 드럼과 베이스 해당 트랙들을 그림처럼 'Solo'로 만듭니다.

베이스 기타는 리프를 다르게 해서 두 트랙에 나누어 시퀀싱했던 걸 기억하기 바랍니다.

드럼에 걸린 컴프레서의 프리셋이 나쁘지 않은 것 같습니다. 물론 믹스를 더 진행하다 보면 다시 수정할 수도 있겠지만, 드럼은 여기까지 하고 이번엔 베이스 기타에도 컴프레서를 걸어봅니다.

# 4 이펙팅 베이스 기타

## 4.1 콘솔

그림 7 - 15 드래그 앤드 드롭을 한 인서트 컴프레서

위 그림처럼 만드는 건 앞서 드럼 인서트 때 해보았으니 넘어가겠습니다.

우측 브라우저 윈도우에서 컴프레서를 끌어다 드래그 앤드 드롭을 합니다. 이번에도 일단은 스튜디오 원의 기본 컴프레서의 기본 프리셋을 이용해 보겠습니다.

## 4.2 베이스 기타 컴프레서

그림 7 - 16 Bass – Guitar 프리셋

프리셋의 이름 자체가 친절하게도 아예 'Bass– Guitar'입니다. 이걸 골라서 적용해 봅니다.

들어보니 일단은 나쁘지 않습니다.

소리에 힘이 생겼다고 느끼신다면 필자와 같은 걸 느끼신 겁니다.

# ᜑᜒᜈ 5 하이햇 익스펜드 엔벨롭

이제는 리듬 트랙 중에 하이햇 소리의 정위를 정해보겠습니다.

하이햇 트랙(MVP HL 08 070hat L)은 1줄짜리 웨이브 파형을 지닌 레전이니 모노임을 알 수 있습니다. 모노 파일은 여러분이 가진 양쪽 스피커에 1:1로 소리를 내어 줍니다.

양쪽 스피커에서 1:1로 소리를 내어 준다는 것은 우리가 듣기에는 마치 그 소리가 스피커의 한 가운데 빈 공간에서 나오는 것처럼 들린다는 뜻입니다(여러분의 컴퓨터 모니터 뒤로 소리가 난다고 느껴져야 합니다).

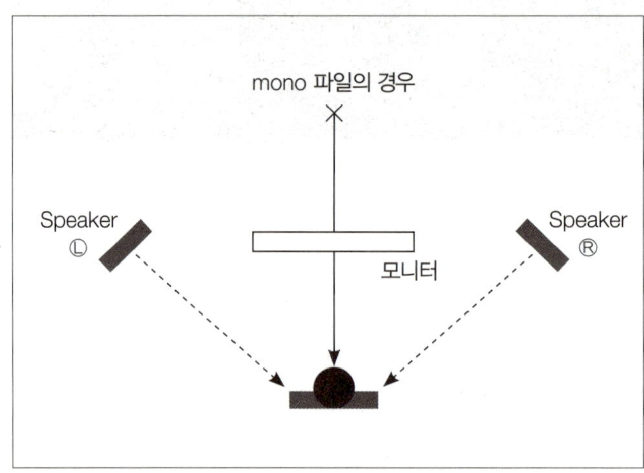


**그림 7 - 17** 소리가 같은 레벨로 나올 때

## 5.1 정위

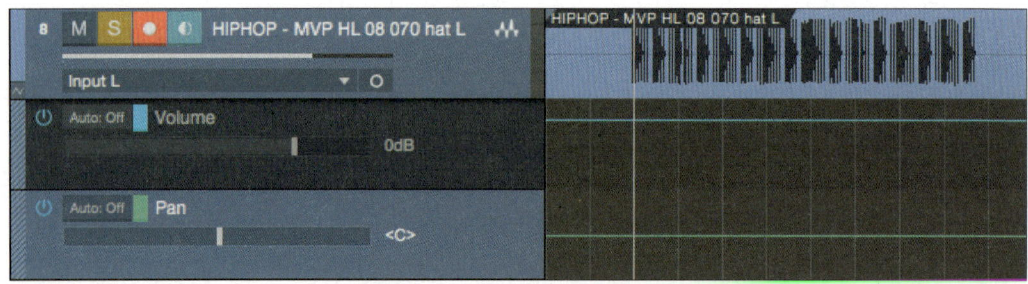


**그림 7 - 18** 하이햇 트랙의 Expand Envelope

양쪽 스피커에 같은 레벨로 나오는 하이햇에 정위를 둡니다.

정위를 지정하는 목적은 크게 2가지입니다.

1. 원래 그 악기가 가진 음원의 위치에 따라 알맞게 정해 주기 위해서
   (하이햇은 드럼에서 한쪽으로 쏠려 있고 킥과 스네어는 드럼의 가운데입니다)
2. 모노 트랙이기에 양쪽 스피커의 한 가운데서 소리가 나오는데, 가운데 몰린 다른 트랙의 악기들과
   섞이면 점점 이미지가 탁해집니다. 때문에 정위를 주게 되면 볼륨을 올리지 않고도 해당 악기의
   존재감을 드러내기 쉽습니다.

정위는 지금처럼 '스테레오'일 땐 좌우입니다. 그래서 '좌우 정위'라고 말하기도 합니다.
극장에서처럼 5.1 혹은 7.1 사운드는 정위의 기본은 같지만, 또 다른 경우입니다. Pan은 Panorama
의 약어입니다.

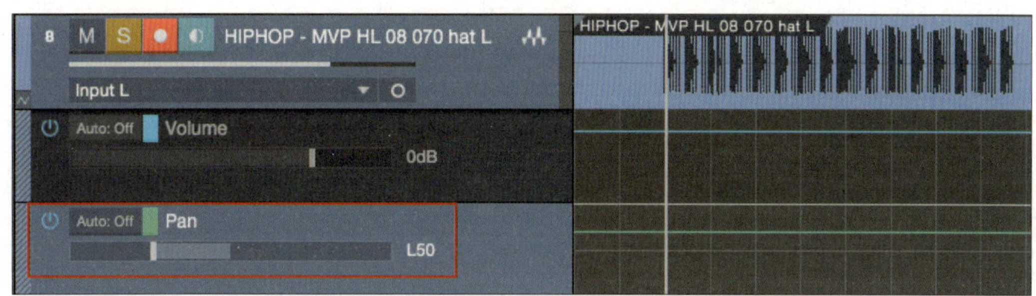

**그림 7 - 19** 하이햇 Pan 조정

## 5.2 하이햇 Pan 조정

하이햇은 오른손잡이 드러머의 경우 드러머의 입장에선 왼편에, 듣는 이들 입장에선 오른편에 위치
합니다.

하이햇이 오른편이든 왼편이든 일단 위치를 정해주면 그에 맞게 다른 악기의 위치를 정해줘야 합니
다(가령 플로어 탐의 경우 하이햇의 반대편에 위치시킵니다).

필자는 하이햇을 드러머 기준으로 왼편에 위치시켰습니다. 하지만 루프(loop) 드럼이라 미리 정해진
탐은 나오지 않고 있습니다.

Pan은 좌측으로 50만큼 옮겼습니다. 센터 기준에서 한쪽으로 움직일 수 있는 폭은 100입니다.

## 5.3 하이햇 볼륨 조정

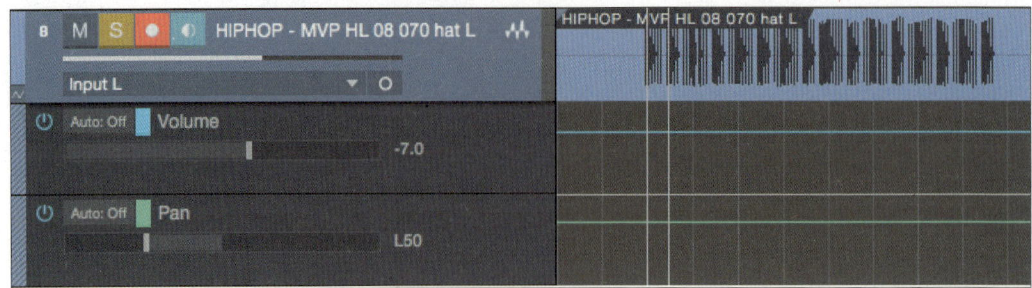



그림 7 - 20 하이햇 볼륨 조정

하이햇의 소리도 좀 큰 것 같기에 볼륨을 줄여봅니다. 일단 −7.0dB로 했습니다. 이런 조정을 Expand Envelope에서 하지 않고 콘솔 창에서 해도 상관은 없습니다. 다만 두 곳 모두 값의 조정은 가능하지만, Expand Envelope에서 한다면 오토메이션(자동조정) 기능이 붙습니다. 때문에 Expand Envelope에서의 조정은 콘솔에서 조정하는 것보다 명령이 상위에 있습니다. 즉, 지금처럼 Expand Envelope에서 조정한 값이 마음에 들지 않아 차후에 콘솔에서 변경해도 듣지 않습니다. 오토메이션 (자동조정) 명령이 우선이기 때문입니다.

## 5.4 드럼 루프 볼륨 밸런스

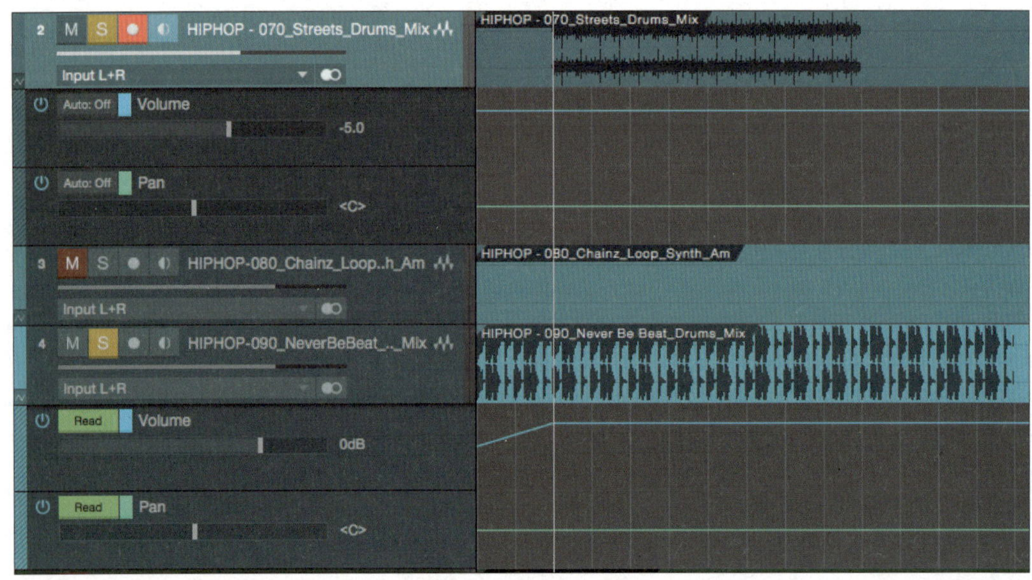



그림 7 - 21 하이햇 볼륨 조정

드럼 루프의 또 다른 트랙인 070_Streets_Drums_Mix도 볼륨을 −5.0으로 해봅니다. 그래야 두 루프의 음량이 적절할 것 같습니다. 두 개의 루프 트랙만 Solo로 해놓고 들어봅니다.

― ◦ 알아보기 | 오토메이션 기능 ◦ ―

위에서 본 각 트랙별 밑에 기본으로 들어 있는 오토메이션 기능은 Pan과 Volume 두 가지뿐입니다.
하지만 플러그인을 인서트했을 때 그 플러그인까지 오토메이션을 조정하고 싶을 때가 있습니다. 가장 많이 쓰는 건 플러그인을 적용하다가 특정 구간에는 Bypass(바이패스)시킨다거나 하는 기능입니다. 이 곡과는 상관없이 예를 들어 보겠습니다.

### 1. 이펙트 창에서 오토메이션 트랙 만들기

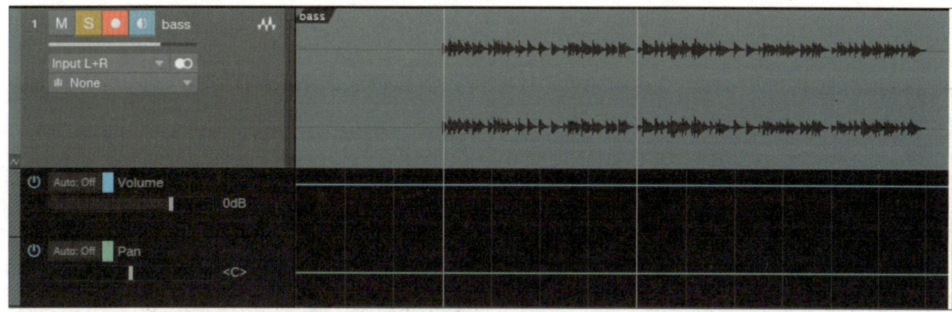

그림 7 - 22 베이스 트랙

일단 임의의 베이스 트랙을 가지고 해보겠습니다. 트랙 칼럼 밑을 오픈해 보면 볼륨과 Pan뿐입니다.
여기에 다른 오토메이션 기능들을 추가합니다. 두 가지 방법이 있습니다.

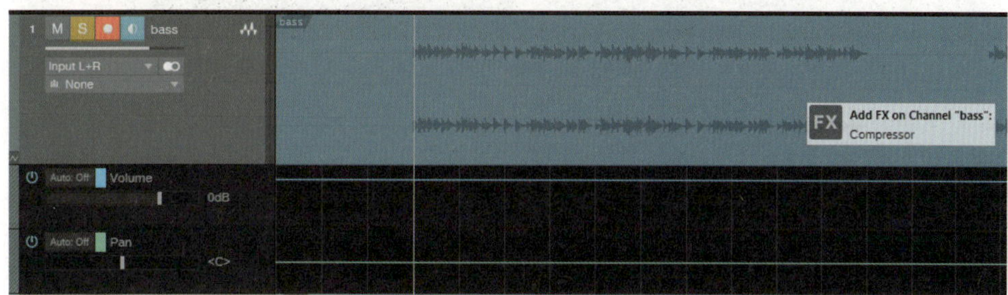


그림 7 - 23 인서트 컴프레서

구현을 위해 컴프레서를 한번 걸어 봅니다. 브라우저 윈도우에서 컴프레서를 끌어다 트랙 위로 던져 놓습니다.

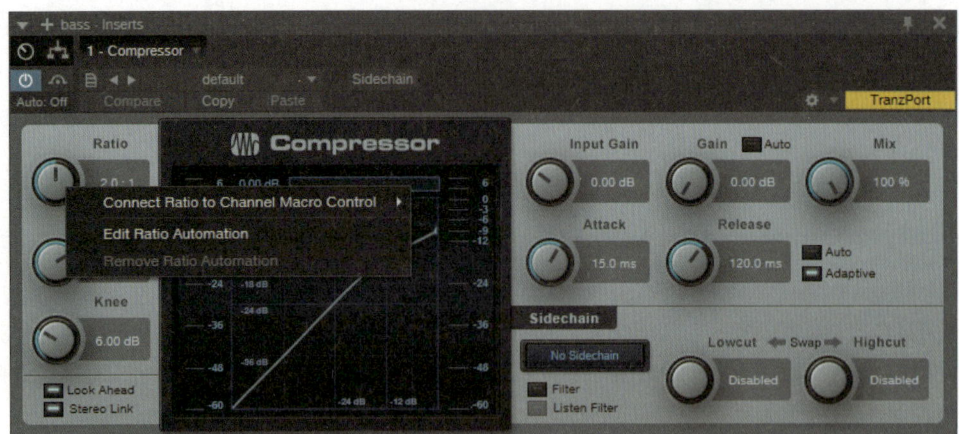

**그림 7 - 24** 컴프레서 Ratio 노브에 우클릭

인서트 된 스튜디오 원의 컴프레서의 레이시오 값을 오토메이션 해보고 싶을 땐 위 그림처럼 Ratio 노브 위에서 마우스를 우클릭합니다. 생성되는 부메뉴의 두 번째란인 Edit Ratio Automation을 선택합니다.

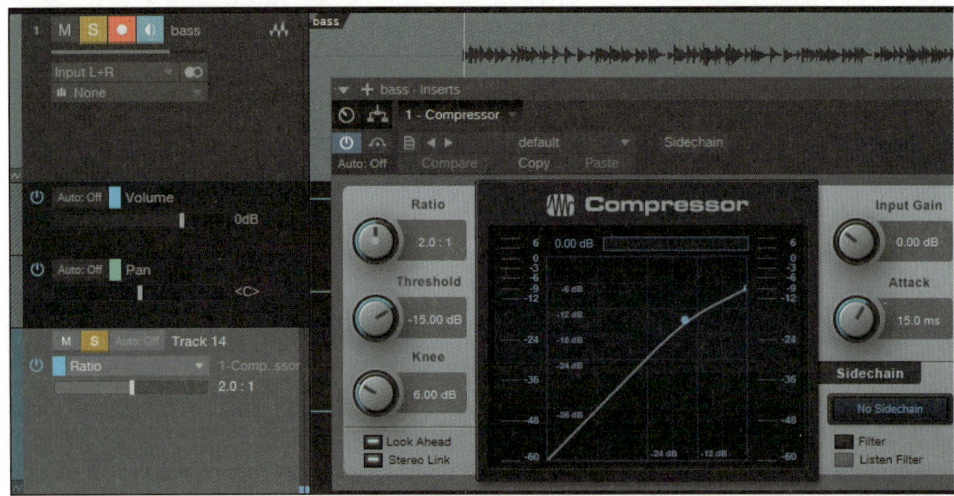

**그림 7 - 25** Ratio 오토메이션 트랙

트랙 칼럼 하단 Pan 조정칸 밑에 Raio 조정란이 생긴 것을 볼 수 있습니다. 그림처럼 노브도 2.0:1, 하단의 조정도 2.0:1입니다.
이것이 '첫 번째' 오토메이션 조정 방법입니다. 이 방법은 믹스 시 곡의 진행 상황에 따라 각 노브별로 변화하는 세세한 조정이 필요할 때 아주 유용한 기능입니다.

## 2) 쇼 오토메이션(Show Automation) 버튼

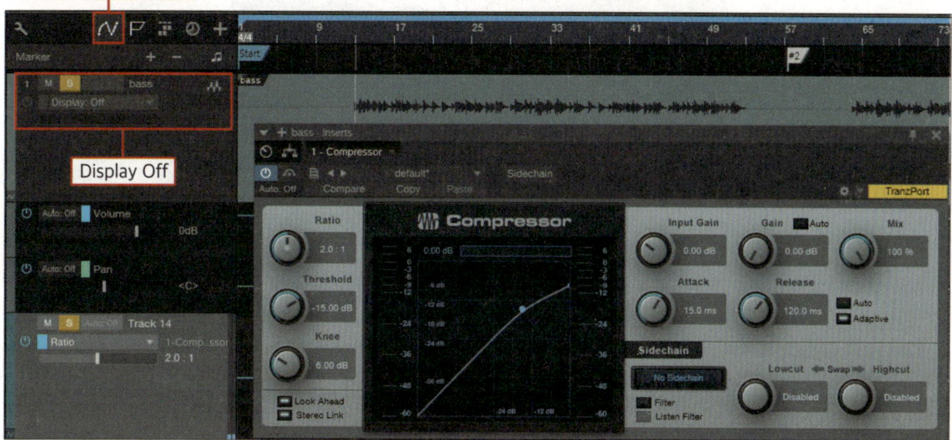


그림 7 - 26 Show Automation 버튼

두 번째로 이번엔 트랙 칼럼 좌측 상단을 봅니다. '깃발' 모양의 아이콘 좌측 옆의 구부러진 N 자 모양의 아이콘이 '오토메이션' 활성 아이콘입니다. 클릭하면 트랙 칼럼의 내용이 바뀝니다.

기존에는 IO 설정이었으나 지금은 Display Off라는 이름으로 바뀐 걸 볼 수 있습니다.

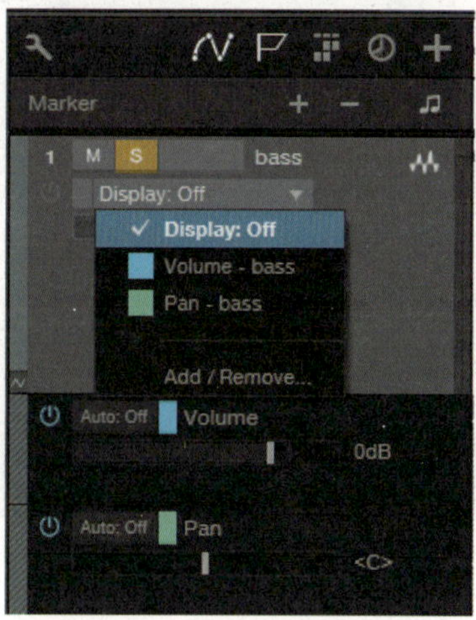


그림 7 - 27  Display Off

Display Off는 뜻 그대로 '표시를 끈다'라는 뜻인데, 거길 눌러 보면 밑에 나온 볼륨과 Pan을 끌 수있는 조정이 나타납니다. 둘 중의 하나를 선택하면 그 표시가 꺼집니다.

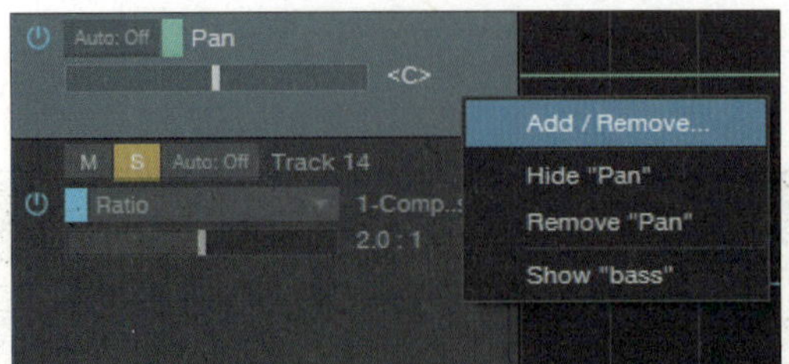

그림 7 - 28  Pan 오토메이션 트랙 우클릭

일단 Pan이든 Volume이든 트랙 칼럼의 하단에 우클릭하면 Add/Remove가 있습니다. 이 메뉴가 다른 볼륨과 팬(Pan) 이외의 오토메이션 조정란을 보태거나 뺀다는 메뉴입니다. 선택합니다.

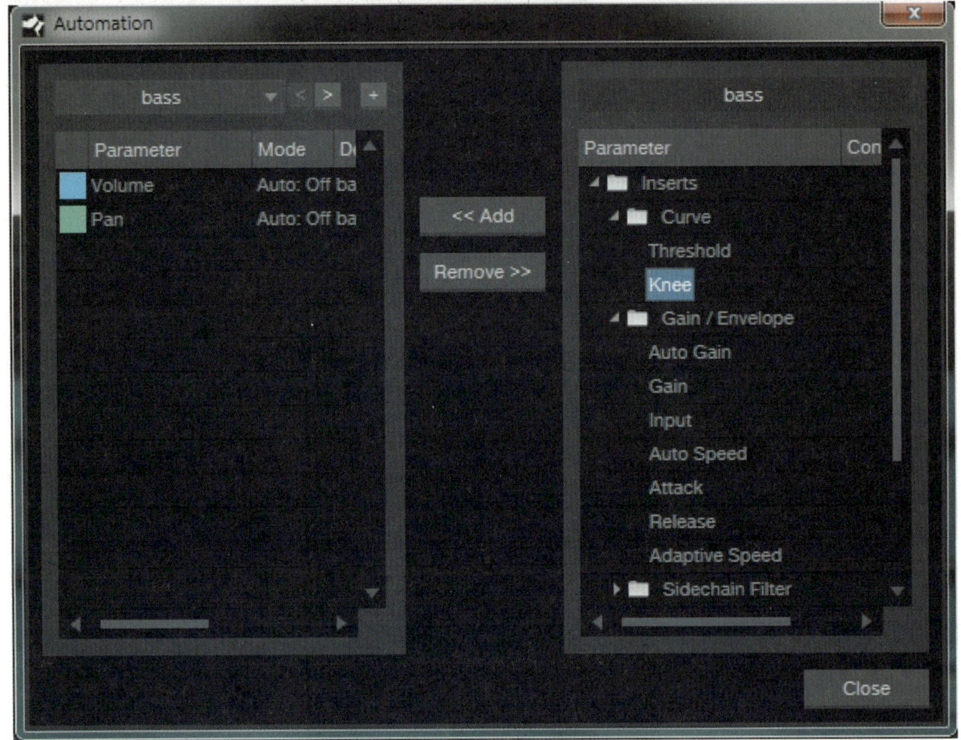

그림 7 - 29  오토메이션 Add/Remove

Add/Remove를 선택하면 이런 창이 나타납니다.

좌측은 이미 있는 오토메이션 종류이고 우측 칸의 내용이 지금 건 '컴프레서' 노브들의 이름입니다. 필요한 메뉴를 골라 Add 하면 좌측 칸의 목록으로 추가됩니다.

필자는 임의로 Knee를 골라보겠습니다.

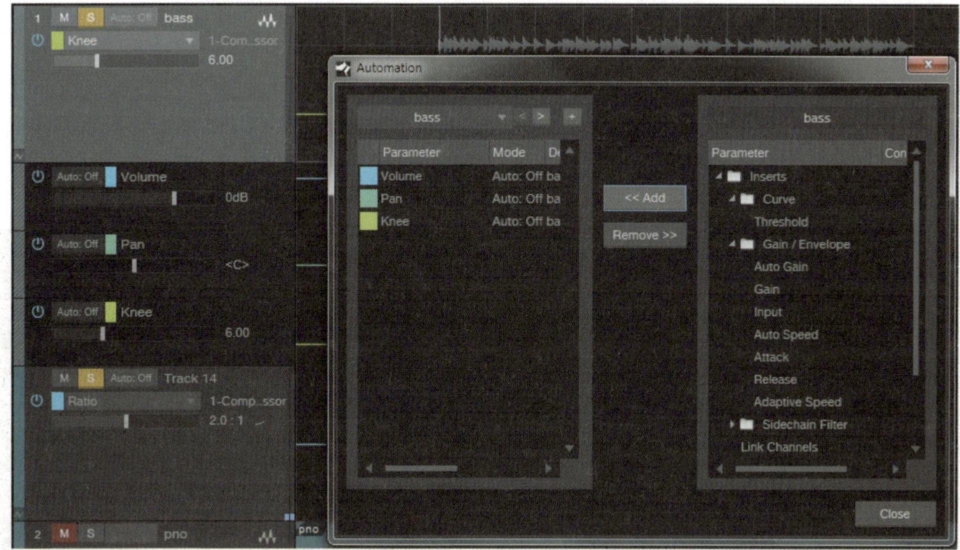

그림 7 - 30  오토메이션 트랙에 추가된 Knee

Knee를 선택한 다음 Add 했습니다. 좌측 트랙 칼럼에 Knee가 추가된 것을 확인할 수 있습니다. 이것이 두 번째 방법입니다.

비록 첫 번째 방법보다는 클릭이 많은 것이 흠이지만 오토메이션 트랙이 깔끔하게 미리 네이밍되며, 일단 생성하면 차후에 계속 이 조정이 필요할 때마다 구별해서 보며 사용하기 편리합니다.

그림 7 - 31  Knee값 조정

Knee 오토메이션 트랙에 나온 6.00dB이라는 값과 플러그인의 6.00dB이 같은 것을 확인할 수 있습니다. 가로 모양의 슬라이더 바를 움직여 조정 하면 됩니다.

모든 플러그인의 Bypass 버튼도 이렇게 조정해서 어느 구간은 켜고 어느 구간은 끄는 지정 역시 가능합니다.

위 그림의 플러그인의 푸른색 전원 아이콘 버튼 바로 우측이 바이패스(Bypass) 버튼입니다.

# 6 피아노(Piano)

## 6.1 EQ 인서트

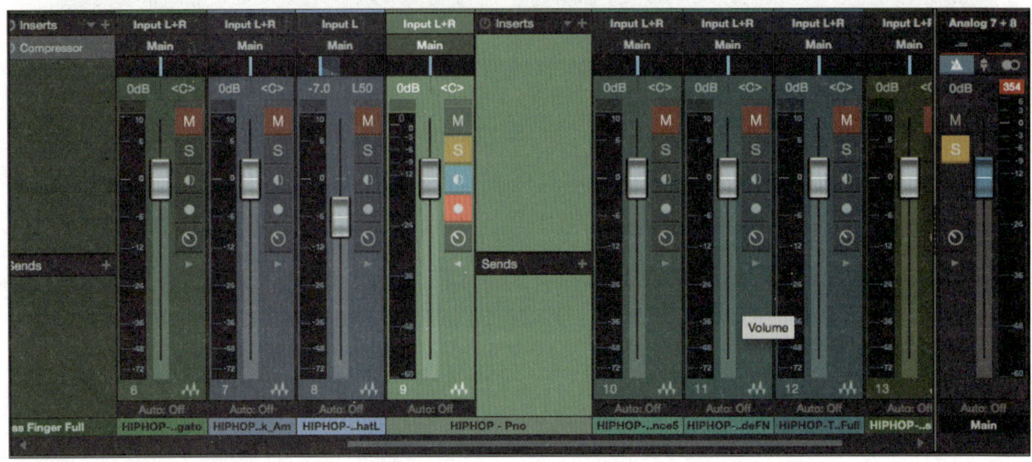

그림 7 - 32 피아노 트랙 인서트 확장

이번에는 피아노 소리의 조정을 해보겠습니다.

믹서 창에서 'Insert'창을 엽니다.

그림 7 - 33 피아노 트랙 인서트 확장

역시 우측의 브라우저 윈도우에서 '스튜디오 원 3'의 기본 이퀄라이저(Pro EQ)를 드래그 앤드 드롭
으로 불러옵니다. 피아노는 여러 악기 중에서 배음이 많고 다이내믹 레인지도 넓으며 음색도 화려한
악기입니다. 또한 미디 음색 말고 진짜 피아노의 소리를 녹음하는 엔지니어들에겐 녹음하기 까다로
운 악기이기도 합니다.

때문에 피아노 솔로 곡이 아닌 경우 볼륨 밸런스 조정을 신중히 해야 합니다. 배음이 많고 다이내믹
레인지가 넓기 때문에 피아노는 대부분의 경우 다른 악기와 겹치는 대역이 발생합니다.

이 곡은 '피아노 솔로 연주곡'이 아니니 '조화'와 '밸런스'를
위해서 EQ를 사용해 이 곡에서 피아노가 가질 수 있는 악
기의 특징 대역만 부각시켜보겠습니다.

다시 한 번 말하지만 여러분의 이해를 돕기 위해 믹서 창을
작게 해놓고 작업 중입니다. 큰 믹서 창에서도 인서트가 가
능하고 인스펙터 창에서도 인서트 가능합니다.

만일 작은 해상도의 노트북 사용자라면 앞 그림처럼 사용
하는 것을 추천합니다.

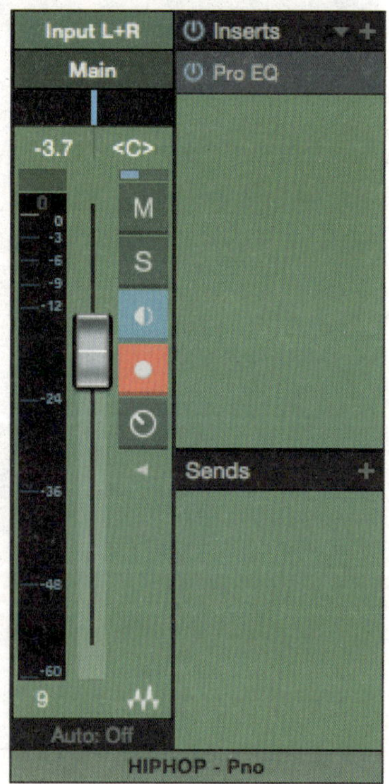



그림 7 - 34 인서트 된 Pro EQ

## 6.2 Pro EQ 프리셋

**그림 7 - 35** Keys-Clear Piano 프리셋

이번에도 Pro EQ의 프리셋을 엽니다. 그중에서 Keys − Clear Piano 프리셋을 골라봅니다.

마침 피아노용(?) 이퀄라이저가 있으니 다행입니다만 반드시 피아노에만 걸 필요는 없습니다.

이퀄라이저의 사용에서 주의할 점은 소리를 변형시키는 것이 아니라 약점을 보정한다는 점입니다.

따라서 이퀄라이저는 특정 '주파수 대역'을 '강조하거나 줄여서' 특정한 이미지를 만드는 중요한 이펙터라고 말할 수 있습니다.

앞서 필자가 생각하는 믹싱의 기준에서 본다면 EQ는 입체감을 담당하는 X, Y축에 모두 연관이 되는 중요한 이펙터입니다. 특정한 주파수라 함은 가로축(X)에 해당하며 그 대역을 부각하거나 깎는 것은 세로축(Y)에 해당합니다. 또한 이 주파수가 사람의 '가청주파수 대역', 즉 사람이 들을 수 있는 주파수대역(20~20,000Hz) 안에 있습니다.

이퀄라이저는 크게 그래픽 타입, 파라메트릭 타입의 2가지로 나뉩니다(하나 더하자면 필터 타입도 있습니다).

## 1. EQ의 종류

1) 그래픽 타입은 그래프의 가로축(사람의 가청 주파수 대역)을 촘촘히 나누는 모양입니다(가청 주파수 대역을 기억만 한다면 훨씬 시각적이라고 말할 수 있겠습니다).

2) 파라메트릭 타입은 F, Q, G 세 가지의 파라미터로 구성되어 있기에 파라매트릭 타입이라 부릅니다.

　F는 프리퀀시(Frequency), 즉 주파수이며, Q는 해당 주파수의 대역폭, G(Gain)는 해당 주파수 대역에서 인풋 되어 증폭된 양을 말합니다.

현재 '스튜디오 원 3'의 Pro EQ는 파라메트릭 타입입니다.

위의 설명대로 각 노브(KNOB)들(F, Q, G)의 의미를 기억하시길 바랍니다.

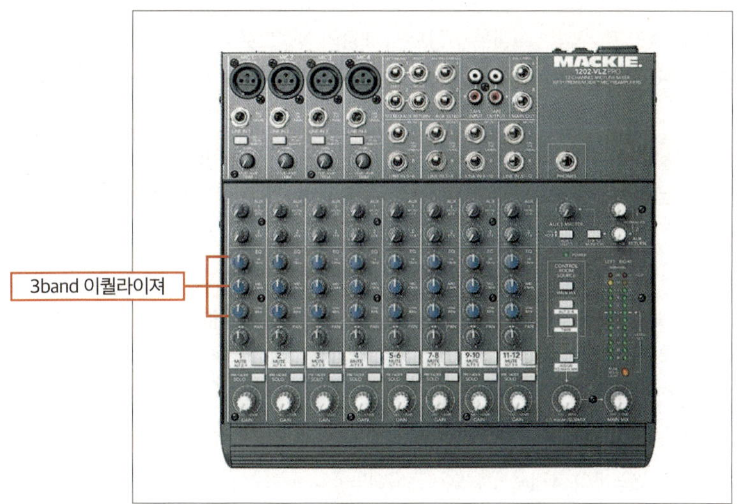


그림 7 - 36　Mackie-1202-VLZ

실제 하드 웨어로 있는 콘솔인 매키 1202VLZ입니다.

매키 1202 VLZ 콘솔은 그림에서 보듯 파라매트릭 타입이며 3개의 파란색 노브가 3 밴드 이퀄라이저입니다.

1202 VLZ 콘솔은 임의로 가청 주파수 구간을 각각 80Hz, 2.5kHz, 12kHz의 3구간으로 나누어 놓았습니다.

'파라매트릭 타입'의 Q값을 기준으로 '주파수 대역의 변화'가 생길 때 그 생성되는 곡선 모양에 따라 '쉘빙 타입'과 '피킹 타입'으로 다시 한번 더 나눕니다.

3) 피킹 타입은 원하는 지점의 Q값을 뾰족하게 만들어 원하는 소리를 찾고 다소 급격한 곡선을 그립니다.

4) 쉘빙 타입은 설정한 주파수의 Q값을 기준으로 마치 선반 모양의 완만한 곡선이 생깁니다.

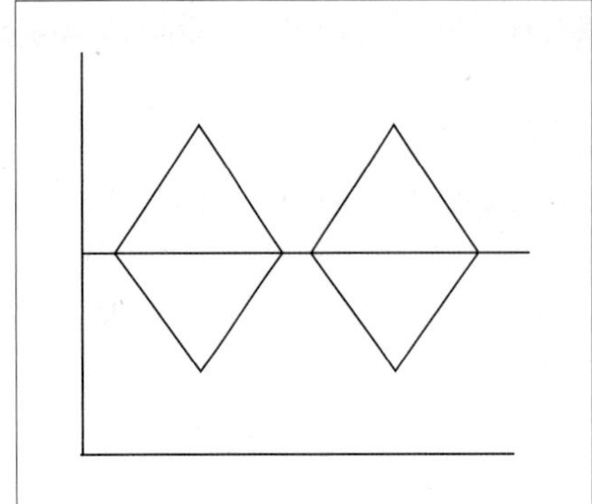

그림 7 - 37 피킹 타입

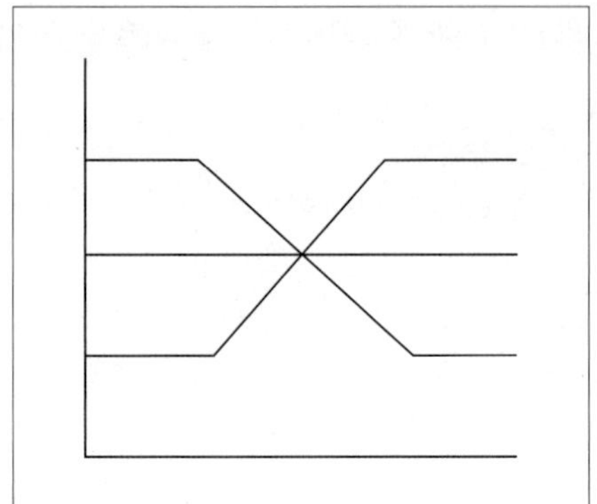

그림 7 - 38 쉘빙 타입

우측의 쉘빙 타입은 SHELF(선반) 모양으로 생겼다고 해서 지어진 이름입니다.

쉘빙 타입은 그 모양에서 알 수 있듯 세밀한 설정은 어렵지만, 대강의 설정으로 빠른 효과를 볼 수가 있습니다.

따라서 고음역과 저음역에만 위치하여 양쪽 끝의 우리가 신경 쓰지 않아도 될 가청 주파수 대역 밖으로까지 적용해버립니다.

피킹타입은 특정 주파수 값을 기점으로 하여 시그널을 증감시키는 방식을 뜻합니다.

뾰족하게 솟아오른 모양을 피크라고 하여 지어진 이름입니다. 이런 모양 덕분에 특정 대역을 지정하여 부스트하거나 커트하기 쉽습니다. 하이와 로우에 있기보단 미들 영역에 위치하는 것이 일반적입니다.

비교적 섬세한 이큐잉이 가능합니다. 예를 들자면 자동차 등에 있는 노브로 만들어진 3밴드 EQ인 High, Low 등은 쉘빙 타입이라고 보면 되고, 그 중 Mid는 피킹타입이라고 말할 수 있을 거 같습니다.

'스튜디오 원 3'의 Pro EQ는 5밴드 EQ에 필터 2개가 첨가된 형태입니다. LC와 HC는 로우 컷과 하이 컷 필터입니다. 이것을 한 밴드로 본다면 7밴드 이퀄라이저라고도 할 수 있습니다.

밴드는 가청주파수 대역 즉 20~20,000Hz를 임의로 나누었다는 뜻입니다. 즉 '가청 주파수' 대역을 용도별로 7개의 구간으로 나누었다면 7밴드 EQ, 3개로 구별했다면 3밴드 EQ, 4개로 구별했다면 4밴드 EQ입니다.

## 2. 스튜디오 원 3의 Pro EQ

그림 7 - 39  Pro EQ 적용값

Pro EQ의 Clear Piano 적용 후 노브 모양입니다.
MF의 Gain 값에 숫자를 직접 쳐서 5.00dB로 올려 변화를 주면 Gain Knob가 같이 변하는 것을 볼 수 있습니다.

그림 7 - 40  변화된 노브

## 3. 노브 명칭에 따른 역할

LF는 로우 프리퀀시, LMF는 로우 미들 프리퀀시, MF는 미들 프리퀀시, HMF는 하이 미들 프리퀀시, HF는
하이 프리퀀시입니다. LC는 로우 컷 필터, HC는 하이 컷 필터로 LC는 지정한 대역 이하의 저역을 잘라내버
리고 HC는 지정한 대역 이상의 고역을 잘라내버립니다. 기종에 따르면 LC를 다른 말로 하이패스 필터(HPF)
라고도 하고 HC를 로우패스 필터(LPF)라고도 합니다.
이 명칭들까지도 반드시 기억하셔야 합니다.

## 4. EQ가 적용된 피아노

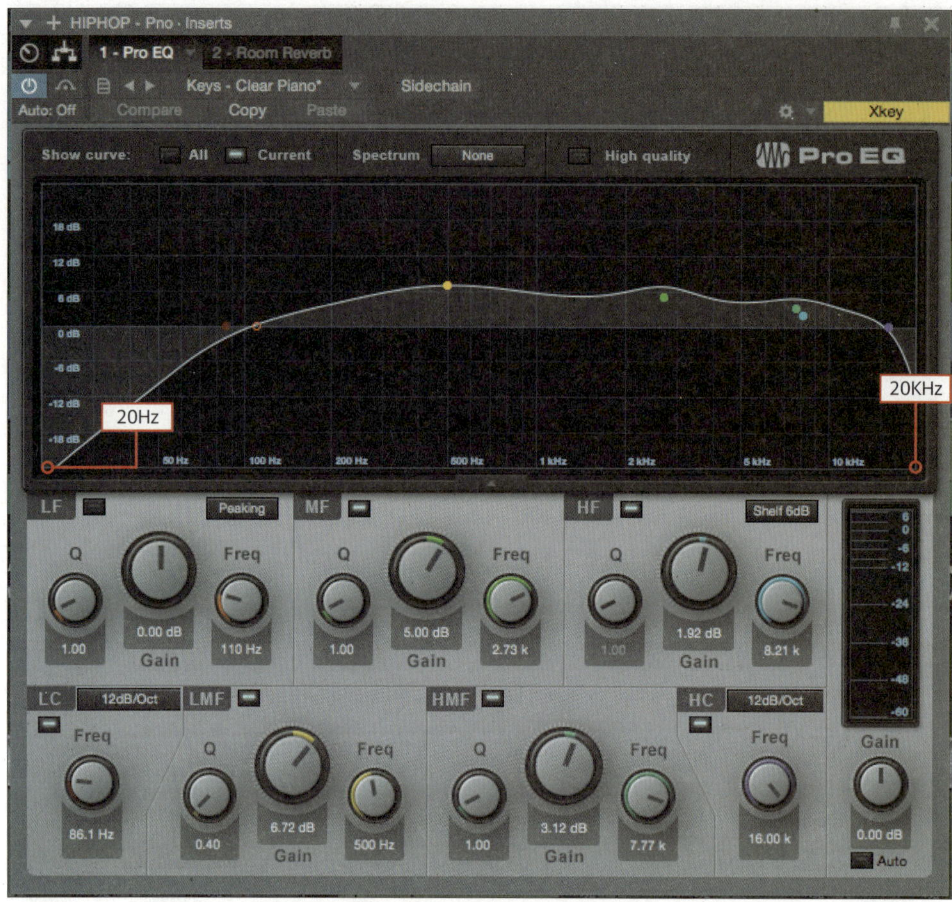

**그림 7 - 41** 프리셋이 적용된 Pro EQ

스튜디오 원 3의 이퀄라이저 프리셋의 클리어 피아노 적용 후의 파라메트릭 이퀄라이저의 모습입니다.

위의 이퀄라이저 그림을 보면 사람의 가청 주파수 대역인 20~20,000Hz 구간이 폭으로 나타나 있습니다. 그림에서 보듯 100Hz 이하는 0dB 이하(LF)로 커트 되어 있고 500Hz 부근에서 6.72dB로 부스트(LMF) 되어 있습니다. 아래 노브들에 해당하는 위치가 각각 노브의 색에 맞는 점으로 그래프에 나타나 있습니다.

MF는 2.73K 대역으로 5.00dB로 부스트 되었습니다. Q값을 조정해보면 부스트 된 부근의 그래프 모양이 변화합니다.

이런 식으로 부스트 된 부근과 로우커트된 부근을 보면 이 이퀄라이저는 명확한 느낌의 피아노 소리를 목적으로 만들어진 이퀄라이저 프리셋이라는 걸 알 수 있습니다. 물론 프리셋은 프리셋이기에 어떤 상황에나 다 맞지는 않으니 믹싱 중에 더 변화할 여지는 있습니다.

피아노는 모든 악기 중에 거의 전 대역에 걸쳐 고르게 음들이 펼쳐져 있는 악기입니다. 그 때문에 녹음받기도 믹싱하기도 어려운 악기입니다. 하지만 우리가 만든 장르의 편곡에서는 전 대역에 걸쳐 포함되는 피아노의 소리가 필요 없을 것 같습니다. 지금 연주 중인 '땐땐'한 피아노 소리면 필자의 생각엔 1kHz 이상의 소리 위주로 구성되어도 좋을 것 같습니다.

# 6.3 룸 리버브(Room Reverb)

그림 7 - 42  Room Reverb 프리셋

지금까지와 같은 요령(드래그 앤드 드롭)으로 리버브를 불러옵니다. 스튜디오 원 3의 기본 리버브 이름은 Room Reverb입니다. 이번에도 Room Reverb의 프리셋 중에서 골라보겠습니다. 여러 프리셋 중에 Large Club을 선택합니다.

공간이 큰 리버브 성향 탓인지 필자가 듣기엔 피아노 소리에 힘이 빠진 것 같습니다. 다른 리버브를 또 찾아봅니다. 믹싱을 위한 이런 시행착오는 필수입니다.

**그림 7 - 43** 프리셋 적용

이번에는 스튜디오 원 3의 기본 리버브 Room Reverb 중 Small Studio입니다.

1. Room 섹션의 노브들은 Size, Width, Height입니다. 이 노브들은 울리는 소리가 만들어지는 공간의 디지털 시뮬레이션으로 방의 크기와 폭, 높이에 관한 조정입니다.
   Size의 2.75ms는 소리가 음원의 진원지로 돌아올 때 걸리는 시간입니다. 방이 작을수록 돌아오는 소리의 시간은 짧아지며 방이 클수록 커집니다.

2. Geometry(기하) 섹션의 노브들은 Dist, Asy, Plane입니다. Dist는 Distortion으로 리버브가 걸리는 왜곡의 정도를 조정한다고 보시면 됩니다. 즉 공간감의 중요한 포인트 중 하나인 입체감의 부각이 디테일하게 가능해집니다. Asy는 Asymmetric의 약자로 좌우의 비대칭 즉 대각선으로 마주 본 모서리에서 반사되어서 오는 양을 말합니다. 이때 모서리에 꺾여 시간차가 더 발생할 때를 회절한다고도 표현합니다. Plane은 Distortion, Asy와 반대의 개념입니다. 마주 본 벽체끼리의 평평하고 볼륨감 적은 플랫한 리버브가 만들어집니다.

3. Character 섹션에는 Dampness, Population, Reflexivity 노브들이 있습니다. Dampness는 축축함이란 뜻인데 이 노브 숫자가 높을수록 지하실에서 나는 리버브 느낌이 강합니다. Population은 리버브의 '밀도감' 즉, 이 노브를 통해 리버브에 걸린 소리가 더워지거나 차가워질 수 있습니다(역시 소리를 글로 표현하는 건 어려운 일입니다). Reflexivity는 반사율을 말합니다. 반사율이 높을수록 리버브감이 더 살아납니다.

4. Pre와 Length 노브 중 Pre는 리버브가 걸리는 순간의 타이밍을 정해주며, Length는 그 리버브의 테일(Tail), 즉 소리를 얼마나 끌 것인지를 말합니다. Pre가 짧을수록 명확하지 않은 소리의 느낌이 날 것이며 Length가 길어도 마찬가지일 겁니다. '안녕! 반가워' 두 단어를 말한다고 가정할 경우 '녕'이 길어지면 '반'에서 소리가 중첩되어 혼탁해집니다.

예를 들어 탁 트인 공간에선 리버브가 나올 리 없습니다. 사막 한가운데선 소리를 질러봐야 혼잣말 같을 겁니다. 반면에 산속에 들어가 '야~~호'를 외치면 건너편 산등성이에 부딪혀 소리는 반드시 돌아옵니다.
그 건너편 산등성이의 거리가 멀면 돌아오는 소리는 늦을 테고 가까우면 빨리 돌아올 겁니다.
가까울수록 야호 > 야호 > 야호 > 야호 …하면서 소리가 점점 돌다가 작아지며 사라질 겁니다.
이걸 뜻하는 우리말로 '메아리'가 있는데, 이 말을 음향용어로 바꾸면 딜레이(Delay)입니다.
리버브에는 반드시 이런 딜레이 성분이 들어가 있습니다.
이 성분들은 직접음, 초기반사음, 잔향으로 나눌 수 있습니다.

- **직접음** : 음원에서 곧바로 귀로 들어오는, 즉 장애물 없이 직접 들어온 소리를 말합니다.
- **초기 반사음** : 장애물로부터 부딪혀 돌아오는 최초의 소리를 말합니다.
- **잔향** : 초기 반사음이 일어난 이후 몇 번씩 반사를 되풀이하는 소리를 말합니다.

# 6.4 룸 리버브 적용

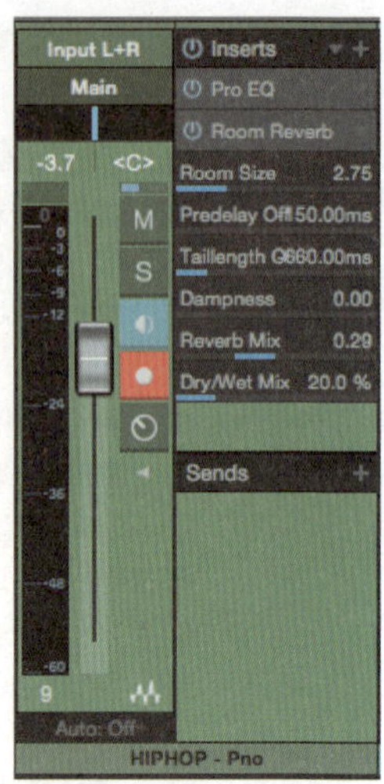

적용된 리버브의 세세한 수치는 작은 믹서의 인서트 화면에서도 간략한
정도로 확인이 됩니다.

이건 주로 빠른 이미지 만들기를 위한 러프한 초벌 믹싱을 할 때 아주
유용합니다. 숫자만 보인다고 어렵게 생각 말고 익숙해져야 합니다.

**그림 7 - 44** 믹서창에서 리버브 수치 보기

**그림 7 - 45** 믹서 창과 리버브 창 비교

두 개의 화면을 비교해 보면 어떤 수치가 작은 콘솔의 인서트 창에 올라왔는지 확인할 수 있습니다.

그리고 이 리버브의 캐릭터에 가장 많은 변화를 줄 수 있는 요소를 인서트된 게이지 값에 나타난 수치들로 확인할 수 있습니다.

이렇게 피아노에 이퀄라이저와 리버브를 걸어 나름의 캐릭터를 만들어 보았습니다.

## 7 슬랩 베이스 기타

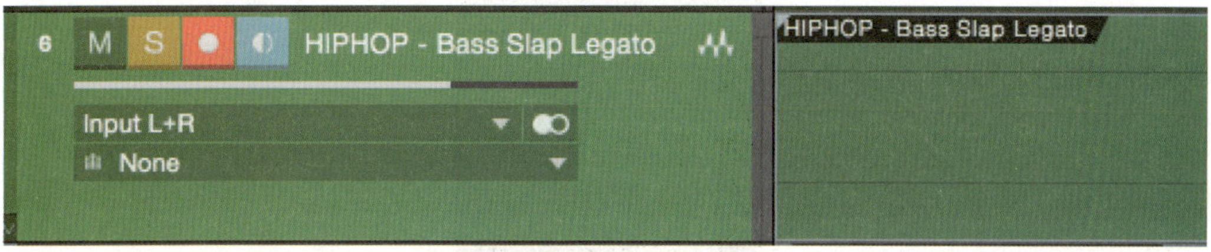


그림 7 - 46 슬랩 베이스 기타 트랙

이번에는 베이스 기타에 캐릭터를 주겠습니다.

베이스 기타는 현재 두 개의 연주법에 따른 트랙이 각각 따로 되어 있는데 그 중 Slap이라는 주법으로 연주한 소리를 골라서 시퀀싱에 사용했습니다.

슬랩은 손바닥과 손가락을 사용해 기타를 두드리듯 연주하거나 집게손가락으로 줄을 뜯듯이 연주하는 기법입니다. 리듬감 있는 연주에 적합한 주법이며 이 연주의 대가인 베이시스트들도 많습니다.

지금 시퀀싱된 소리는 그런 슬랩 베이스의 성향이 잘 드러나 있는 소리 같지만 아무래도 진짜 베이스 기타의 앰프에서 나오는 굵직한 느낌의 중후한 맛은 나오지 않기에 아쉽습니다. 특히 이런 슬랩류의 연주를 하는 경우는 저음이 더 부족한 느낌입니다. 이퀄라이저로 저음 부분 컨트롤을 생각해볼 수도 있으나 '일렉트릭 베이스 기타 소리는 앰프를 통과해야 제대로 된 소리'라는 생각을 가지고 앰프 시뮬레이터로 해결해보도록 하겠습니다.

### 7.1 인서트 앰프 시뮬레이터

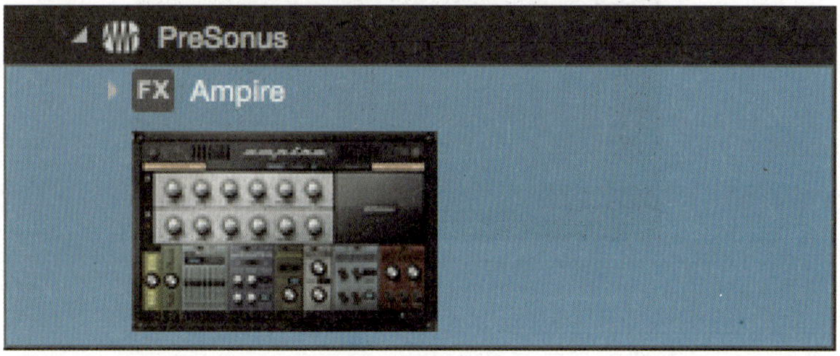


그림 7 - 47 Ampire

우측 브라우저 윈도우에 있는 스튜디오 원 3의 내장 앰프 시뮬레이터 Ampire를 사용해 봅시다.

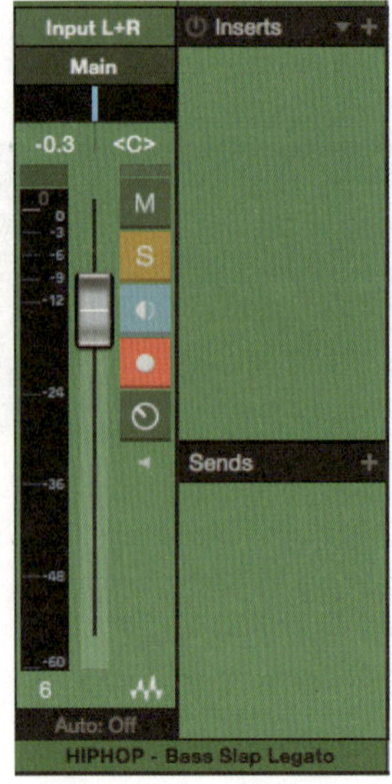

**그림 7 - 48** 콘솔의 확장 인서트

앞서 여러 번 했듯 콘솔의 페이더 옆 버튼들 중 맨 아래의 삼각형 버튼을 눌러 확장된 인서트 공간을
페이더 옆자리에 만듭니다.

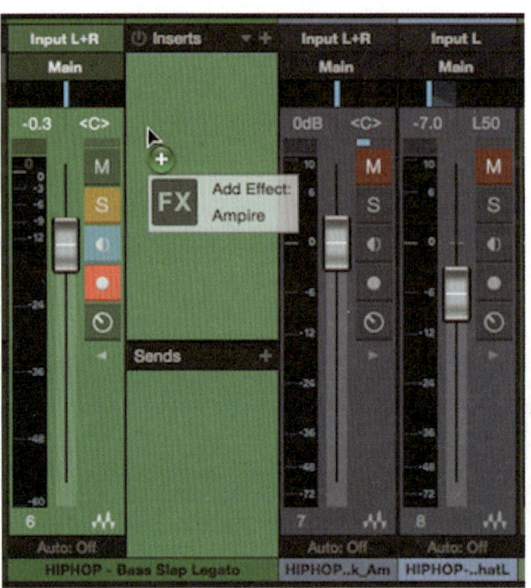


**그림 7 - 49** 드래그 앤드 드롭으로 Ampire 인서트

인서트 공간에 Ampire를 드래그 앤드 드롭합니다.

# 7.2 앰파이어(Ampire)

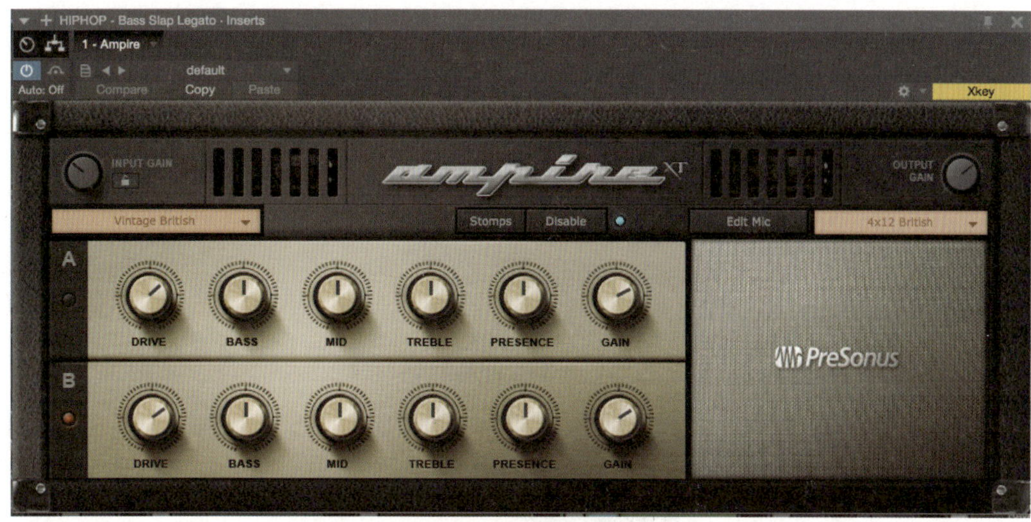

그림 7 - 50 앰파이어 창

앰프 시뮬레이터 앰파이어의 모습입니다. 일반적인 전기 기타 앰프의 모습과 별반 다르지 않습니다. INPUT GAIN은 기타로부터 앰프로 들어오는 소리의 양을 증폭시켜주는 기타 프리 앰프 (PRE AMP)의 역할입니다. 그 반대쪽 끝의 OUTPUT GAIN은 출력의 양, 즉 볼륨(VOLUME)입니다. OUTPUT GAIN 아래쪽의 PreSonus라고 쓰인 곳은 기타 캐비닛의 모습입니다.

캐비닛은 기타 앰프의 출력부 중 스피커 부분을 말하며 스피커는 그 앞을 막고 있는 여러 망사로 만든 커버 재질과 로고로 가려져 있습니다. 중요한 건 안쪽 스피커의 크기(구경)와 그 스피커의 개수 등인데, 현재는 '4x12 British'라고 쓰여 있습니다.

이 말은 저 안에 '지름이 12인치인 영국제 스피커 4개가 들어가 있다'는 말입니다(마치 영국제 스피커 Marshall 같습니다).

영국제 스피커라면 '중, 고음역의 카랑카랑한 캐릭터가 강하겠구나'라고 연상이 됩니다. 또 스피커가 4개가 있다는 말은 이 기타 앰프가 스택(Stack) 앰프라는 뜻입니다. 스택 앰프라면 헤드와 스피커가 분리된 스타일을 말하는데, 일체형은 콤보(Combo) 앰프라고 부릅니다. 우측의 삼각형 버튼을 누르면 다양한 성향의 캐비닛 설정이 가능합니다.


## 7.2.1 앰프의 종류

스택 앰프는 헤드와 스피커 인클로저 부분이 분리되어 다른 목재를 쓰기 때문에 저음역의 울림이 더 풍부합니다. 또한 박혀 있는 스피커도 2개 이상이기에 사운드 출력도 더 강합니다.

톤을 만지기에는 콤보 앰프에 비해 톤 조절이 섬세한 편입니다(팍팍 소리가 변하는 맛은 없습니다).
콤보 앰프는 120와트 정도가 가장 큰 출력 사이즈로 스피커는 대게 하나짜리입니다.

이 콤보 앰프는 스택 앰프에 비해 중, 저음역은 약하지만 가진 캐릭터가 확실한 솔로 톤을 만들어준다고 여기는 기타리스트도 많습니다. 때문에 솔로 파트의 기타 소리는 콤보 앰프를 더 선호하는 기타리스트도 있습니다.

**그림 7 - 51** VOX 콤보 기타 앰프

**그림 7 - 52** 마샬 스택 기타 앰프

캐비닛의 종류는 세계 유명 기타 앰프 제조사들의 대표적인 앰프들을 시뮬레이션해 놓은 프리셋입니다.
앞의 Ampire 그림에 나타난 저 캐비닛 디자인도 펜더(Fender)사의 앰프나 우리나라의 진공관 기타 앰프 제조사인 BRONX사의 기타 앰프 모양과 유사합니다. 각 제조사의 브랜드별 특징이 되는 소리의 성향이 있기에 일부러 기존의 앰프 모양이 연상되도록 만든 것 같습니다.

## 7.2.2 노브의 역할

헤드에 달린 금색 노브들은 Drive, Bass, Mid, Treble, Presence, Gain입니다.

드라이브는 앰프에 달린 페달을 밟으면 On/Off 할 수 있습니다. 이걸 오버드라이브라고 하며, 초창기 로큰롤 사운드를 만든 디스토션 사운드의 전신이라 볼 수 있습니다.

Bass, Mid, Treble은 우리가 배운 이퀄라이저의 로우, 미들, 하이 정도로 이해하면 됩니다.

낯선 Presence가 문제인데, 이것은 회로와 연관이 있습니다. 앰프에서 출력되는 HF(하이프리퀀시)는 일반적으로 음압이 세게 나가면 필연적으로 '삐−'하는 소음의 피드백(Feedback)을 발생시킵니다. 때문에 이 하이프리퀀시의 일부를 역상으로 다시 회로로 보내 피드백을 감소시킵니다. 이 피드백이 감소하면 기타 앰프 출력 본연의 고음역을 더 사용해도 무리가 없습니다. 즉 기타 앰프의 고음역을 높은 볼륨으로 출력 시 피드백을 줄여주어 사용 가능한 고음역의 마진을 높여주는 노브라 생각하시면 됩니다.

Gain(게인)은 프리앰프의 게인과 마찬가지로 입력양을 조절합니다.

피드백(Feedback)은 기타 연주자가 기타의 픽업을 앰프를 향해 놓고 연주할 때 무한히 생기는 소리를 말합니다. 앰프와 기타의 픽업이 서로 계속 끊어지지 않는 소리를 내어줍니다. 이것은 같은 극의 자석이 가까운 거리에 있으면 무한히 밀어내는 것과 유사합니다. 앰프와 기타의 방향을 틀거나 거리를 멀게 하면 나오지 않게 됩니다. 노이즈의 일종인데, 이것을 연주의 기법으로 승화시킨 것입니다.

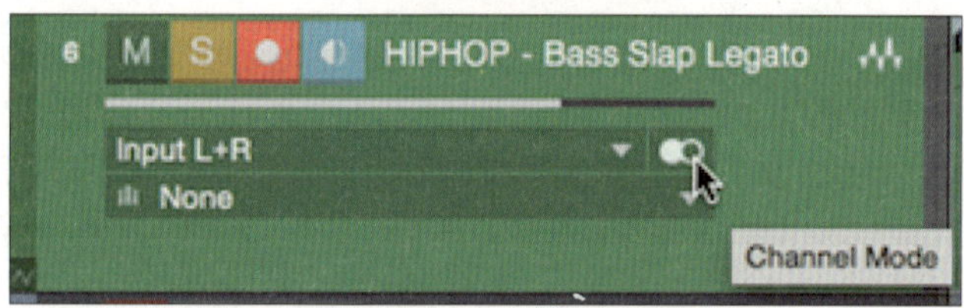

**그림 7 - 53** 베이스 트랙 Channel Mode

이제 본격적으로 베이스 기타에 앰프를 넣기 전에 앞에서 배운 것처럼 베이스 기타를 스테레오 파일에서 모노 파일로 바꿔줍니다.

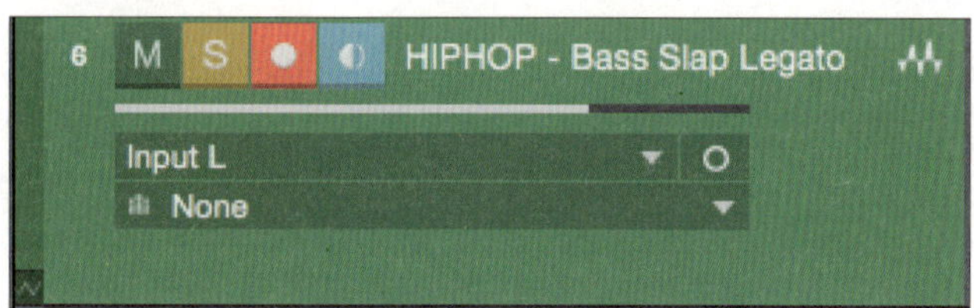

**그림 7 - 54** Channel Mode 모노

### 7.2.3 베이스 앰프(Bass Amp)

**그림 7 - 55** Bass Amp

앰프를 골라봅니다.

위쪽에 열거된 앰프들은 기타입니다. 우리가 작업한 베이스 트랙에 적용할 베이스 기타 앰프는 맨아

래 Bass Amp밖에 없으니 그걸 선택합니다.

## 7.2.4 스톰프(Stomps)

**그림 7 - 56** Stomps 버튼

스톰프 버튼을 누르면 페달이 나타납니다.

발로 밟는 스타일의 여러 조절 이펙터들이 모인 박스를 스톰프 박스라고 합니다.

대부분 기타용 이펙터들이 나타나며 현재는 이퀄라이저, 모듈레이션, 딜레이, 리버브가 걸려있는 상
태입니다. Sync 등에 불이 켜진 걸 보면 알 수 있습니다.

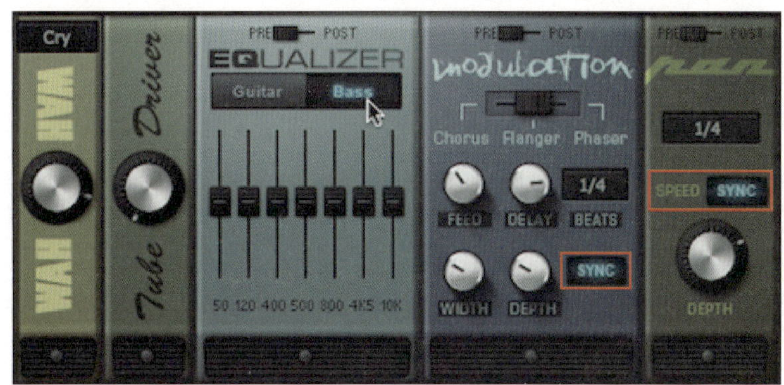

**그림 7 - 57** 이퀄라이저 Bass

스톰프 박스 안의 좌측에서 3번째 이퀄라이저 세팅이 Guitar로 되어 있기에 Bass로 바꾸어 줍니다.

## 7.2.5 캐비닛 선택

**그림 7 - 58** 캐비닛의 종류

2x10 Bass 앰프를 골라봅니다.

10인치 스피커 2개가 들어 있는 앰프라고 생각하시면 됩니다. 필자의 귀에는 이 소리가 가장 좋게 들렸습니다.

## 7.2.6 노브 조정

**그림 7 - 59** 베이스 앰프 노브

이 프리셋을 쓸 때 노브 세팅은 A 부분의 노브들이 필자가 듣기에는 더 마음에 드는 소리를 내었으
므로 선택하도록 합니다.

하단의 노브들에 대한 설명은 앞서 했으므로 생략합니다.

# 8 기타 톤 조정

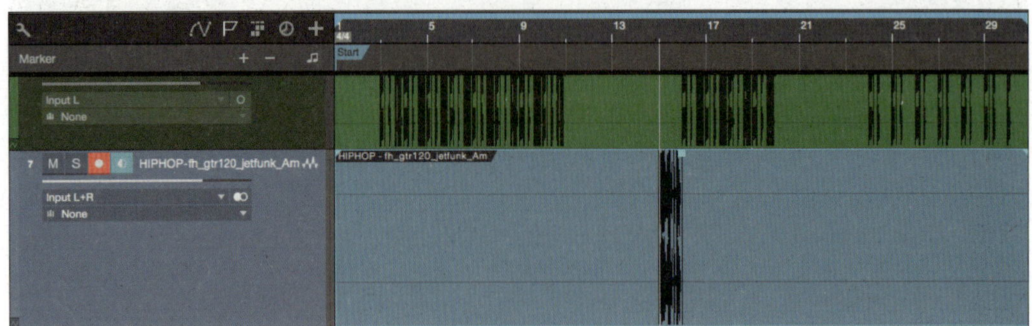

**그림 7 - 60** 기타 루프 트랙

이번엔 기타 간주 부분의 연주에 효과를 넣어 보겠습니다. 트랙은 gtr120_jetfunk_Am입니다.

이 부분의 연주 자체는 마음에 들지만, 필자가 듣기엔 기타 소리가 다른 악기에 비해 힘이 하나도 없게 들립니다. 이 파트를 좀 더 단단하게 만들고 다른 악기와 구별되도록 톤으로 개성을 주어 보겠습니다.

## 8.1 이펙팅 기타

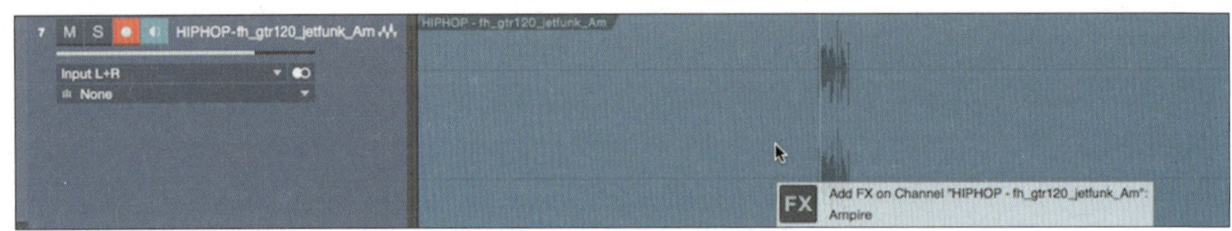

**그림 7 - 61** 드래그 앤드 드롭으로 이펙팅

이번에는 트랙 위로 플러그인을 '드래그 앤드 드롭'해서 적용해 봅니다. 이로써 콘솔 위로 드래그 앤드 드롭, 인스펙터 윈도우의 콘솔 위로 드래그 앤드 드롭, 그리고 트랙 바로 위로 드래그 앤드 드롭 3가지 타입을 다 적용해 보았습니다.

다른 DAW에서는 드래그 앤드 드롭이 안 되는 경우도 많습니다. 보통은 콘솔을 띄우고 인서트 창에서 부메뉴를 띄운 뒤 그곳에서 플러그인을 고릅니다. 물론 이 방식도 스튜디오 원에서는 됩니다.

PART 1에서 언급했지만 이제는 시퀀서마다 뭐는 되고 뭐는 안되는 기능은 거의 없습니다. 그래서 얼마나 좋은 접근성을 지녔는지가 더욱 중요해졌습니다. 한 번 혹은 두 번의 클릭으로 쉽고 빠르게 원하는 것에 엑세스할 수 있고 또 좋은 퀄리티를 제시할 수 있는지가 시퀀서를 고르는 기준이 되고 있습니다.

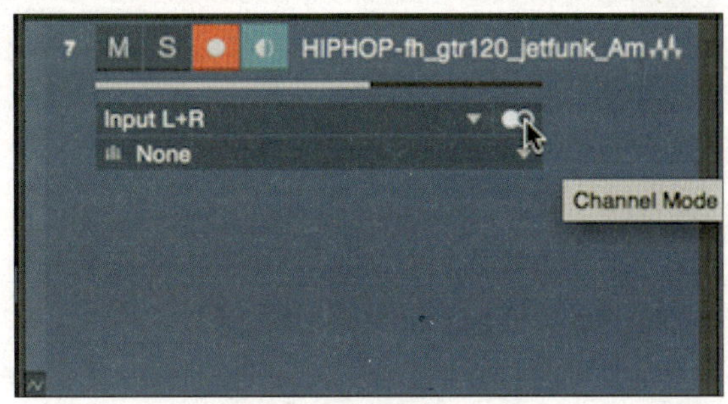

**그림 7 - 62** 트랙 채널모드 변경

기타 앰프는 하나이고 기타에서 앰프로 연결할 기타 잭(라인)도 하나뿐입니다. 그러므로 여기에 적용할 앰프 톤을 위해서 이 트랙을 모노로 바꾸어 앰프로 보내겠습니다. 모노톤이 되면 입체감은 덜 할지 모르지만 존재감은 더 살아날 겁니다.

트랙 칼럼의 원 모양으로 생긴 Channel Mode를 클릭해서 모노로 바꾸어 봅니다.

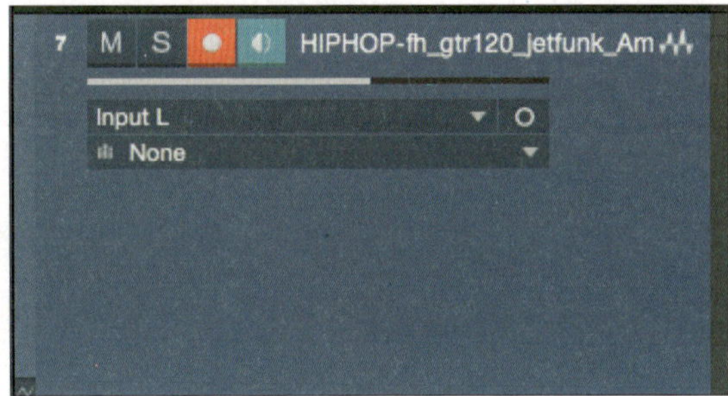

**그림 7 - 63** 트랙 채널모드 모노

원이 하나로 바뀌면 모노 트랙이 된 것입니다. 트랙의 두 줄 웨이브 파형은 그대로지만 이젠 모노 트랙이 맞습니다.

## 8.2 앰파이어 Trem Fun 프리셋 적용

**그림 7 - 64** 앰파이어 프리셋

여러 프리셋 중 Trem Fun이라는 프리셋을 골라봅니다.

프리셋의 이름에서 예상하자면 Tremolo가 걸린, 즉 '떨리는 느낌의 재밌는 소리'라는 뜻 같습니다.

이런 기타 소리는 Nirvana라는 미국 록밴드의 〈Come As You Are〉라는 곡의 인트로 기타 소리에서

들을 수 있습니다. 그 곡의 인트로 기타는 트레몰로에 코러스까지 걸려있습니다.

이런 소리를 걸면 비록 이 곡에서 짧게 지나는 기타 소리지만 강한 캐릭터가 부여되어 인상이 만들

어지고 앰프 톤을 거치는 질감을 가지게 되기에 원래의 미디 음원일 때보다 좀 더 입자가 굵은 소리

를 얻을 수 있습니다.

앰프 우측 상단에 OUTPUT GAIN 노브가 있습니다.

이것은 소리가 프리앰프에서 입력되서 게인이 생성되고, 게인이 밑의 스톰프 박스를 통해 변형되는

것들에 대한 출력양을 조절하는 노브입니다. 그런데 현재 이 프리셋을 적용하면 앰프의 소리가 커서

이 파트의 기타 소리가 좀 크다는 생각이 듭니다. 문제는 저 노브(KNOB)를 줄이게 되면 소리는 줄

어들지만 만들어진 굵은 입자감의 뉘앙스도 함께 줄어듭니다. 1시 방향의 노브를 유지하면서 볼륨

을 줄이기 위해 콘솔에 달린 페이더를 이용하도록 하겠습니다.

## 8.3 기타 트랙 페이더 조정

필자가 듣는 모니터 환경에서는 −6dB로 하는 것이 다른 악기
들과의 밸런스가 맞으면서 기타에 캐릭터가 확실히 부여된 느
낌입니다.

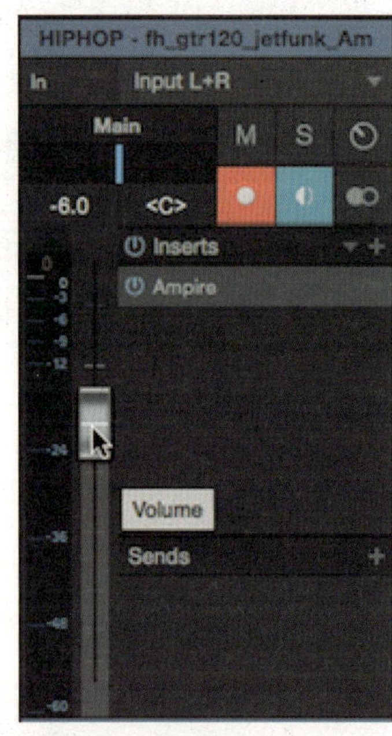

**그림 7 - 65** 기타 트랙 페이더

## 8.4 스톰프 박스 리버브 온

볼륨 조정까지 했는데도 뭔가 아쉬운 느낌이 드니 아래쪽의 스
톰프 박스에서 맨 우측의 리버브를 On시켜 봅니다. 케릭터가 더
생겨서 마음에 듭니다.

필자는 이런 예를 참 싫어하지만 리버브는 '목욕탕' 효과입니다.
소리가 울리는 느낌입니다.

왜 싫어하냐면 소리가 울리는 것에는 여러 가지 효과들이 복합적
으로 작용하기 때문인데, 반드시 리버브 하나만 설명하기엔 무
리가 따르는 예이기 때문입니다. 하지만 가만히 생각해보면 이
것보다 더 쉽게 초보자에게 설명하기란 쉽지 않을 것 같습니다
(앞선 '리버브' 설명을 참조하시기 바랍니다).

**그림 7 - 66** 스톰프 박스 리버브

# 8.5 볼륨 오토메이션

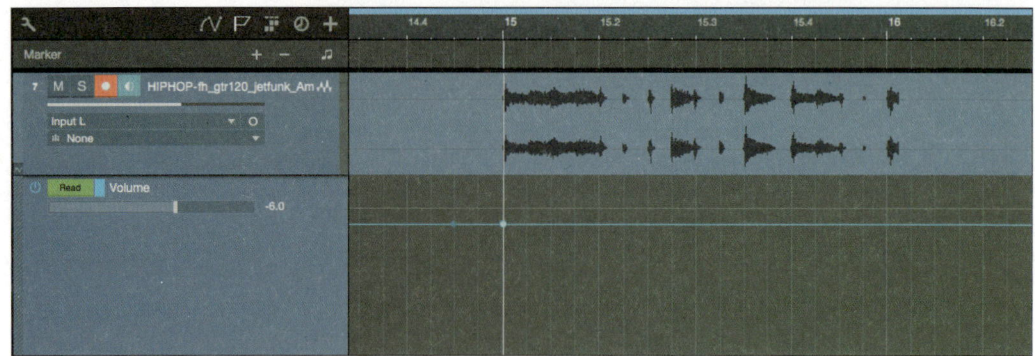

**그림 7 - 67** 기타 오토메이션 트랙

이번엔 볼륨 오토메이션을 해봅니다. 아무리 들어도 뭔가 부족한 느낌이 들기도 하고 짧은 구간이지만 이 기타 파트에 캐릭터를 더 주고 싶습니다.

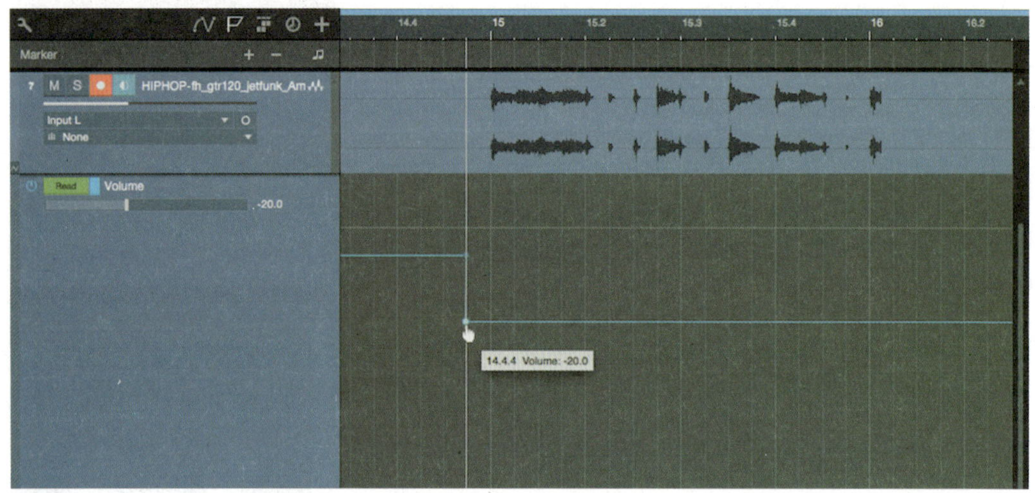

**그림 7 - 68** 볼륨 오토메이션 조정 1

오토메이션 시작을 15마디 바로 직전으로 해봅니다.

칸을 세어보니 14마디 4번째 박자 120틱 자리입니다(4/4일 때 1박자 즉 4분음표가 480틱일 때입니다).

원래는 −6dB였던 것을 −20dB까지 내립니다. 마우스가 손 모양으로 저절로 바뀝니다.

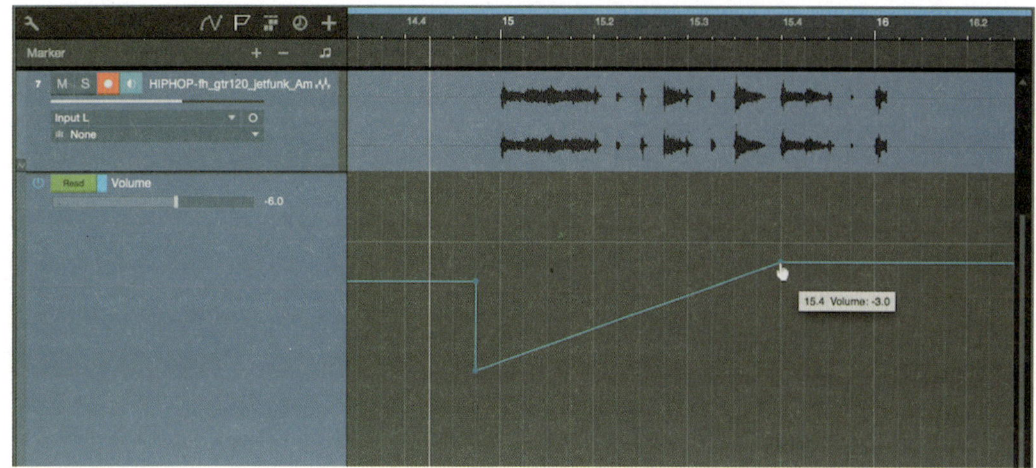


**그림 7 - 69** 볼륨 오토메이션 조정 2

다른 한쪽을 15.4(15번째 마디 4번째 박자)에서 잡아 +3.0dB로 올립니다. 대략 3박자 넘는 동안 −20~+3dB까지 급격하게 변화하니 좀 더 다이내믹한 효과를 기대할 수 있습니다. 들어보니 나쁘지 않습니다.

믹싱의 전체 영역이 다 그렇다고 볼 수 있지만 특히 지금 만진 오토메이션 부분의 효과는 음향적인 작업이 아니라 음악적인 작업입니다.

믹싱을 한다는 영역에서는 분명 음향적인 기술이 반드시 필요하지만 중요한 건 그래도 엔지니어링 역시 음악을 한다는 점입니다. 이런 부분의 이런 효과는 음향적으로 오토메이션이 필요하지 않을 수도 있겠지만 그래도 이 음악의 효과에는 음악적으로 더 좋게 들립니다.

# 9 Chorus 기타

이번엔 또 다른 기타 트랙(Telecaster Slide FN)으로 가봅니다. FN은 아마도 플랫 노이즈의 약자 같습니다. 플랫 노이즈는 기타를 운지할 때 기타 플랫을 이동하는 중에 발생하는 쓱쓱~ 하는 노이즈를 말하는데, 거슬릴 때도 있지만 생동감이 있어서 좋을 때도 있습니다(피아노 녹음 시 생기는, 연주자가 페달 밟는 소리와 같은 경우입니다).

이 기타 소리는 스튜디오 원 3의 프리센스 XT의 텔레캐스터 소리를 이용해 시퀀싱한 소리이기 때문에 입자가 너무 얄팍합니다. 역시 앰프 톤을 거쳐야겠다는 생각이 듭니다.

## 9.1 인서트 앰파이어

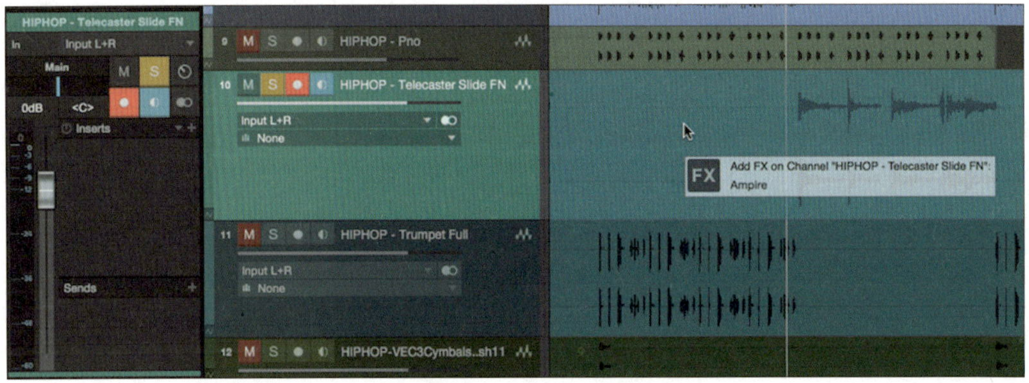



**그림 7 - 70** 드래그 앤드 드롭으로 이펙팅

이 기타 트랙에도 앰파이어 '앰프 시뮬레이터' 플러그인을 겁니다. 트랙 위로 드래그 앤드 드롭합니다.

## 9.2 앰파이어 Blues Man 프리셋 적용

**그림 7 - 71** 앰파이어 프리셋

시퀀싱 때 사용한 기타 소리가 슬라이드 주법을 사용하고, 만들어 놓은 기타 라인 역시 블루지한 느낌이 있으니 Blues Man이라는 프리셋을 골라봅니다.

잘 어울리는 듯합니다. 우측 상단을 보면 12인치 스피커가 2개가 들어 있는 미국 앰프로 바뀌었습니다. 아마도 블루스 연주자들이 많이 사용하는 미국제 메사 부기(Mesa Boogie) 스택 앰프 같습니다.

## 9.3 기타 트랙 볼륨 조정

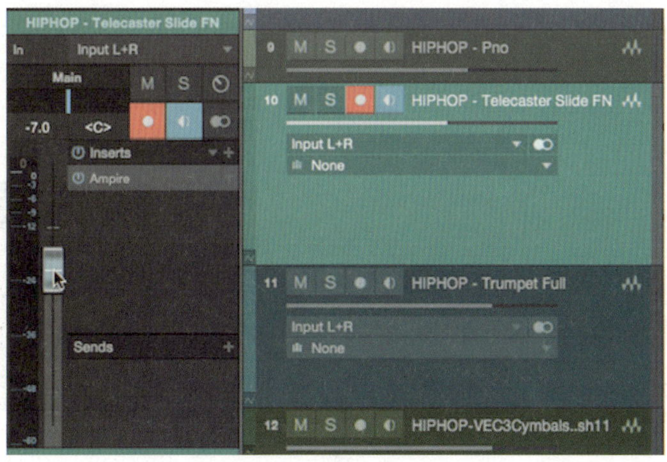

**그림 7 - 72** 기타 트랙 페이더

앰프 톤을 거치니 최종 아웃풋 레벨이 앰프 출력 소리에 힘을 받아 볼륨이 올라간 것 같습니다. 모노 트랙으로 만들어도 됩니다만 이번에는 하지 않았습니다. 만일 기타에서 나가는 기타 케이블을 바로 다이렉트 아웃으로 녹음을 받는다면 모노가 맞겠지만 앰프 앞에 마이크를 두고 녹음을 하나 더 받는 다고 생각하여 두 톤을 블렌딩한다고 보면 스테레오 이미지도 가능합니다. 앰파이어 앞의 Edit Mic 를 열어봅니다.

Edit Mic는 앰파이어라는 가상의 기타 앰프에 마이크를 어떻게 대었는가에 대한 설정을 하는 곳입니다. 물론 실제의 앰프에 마이크를 대는 것과 같은 설정입니다(앰프에 마이크를 의미 있게 대는 것을 마이킹이라고 합니다). 지금 예시로 든 앰프는 12인치 스피커가 2개 내장된 미국 스타일의 소리를 내는 앰프입니다. 모양을 보면 '메사부기(mesa boogie)'라는 미국 앰프를 흉내낸 것 같습니다.

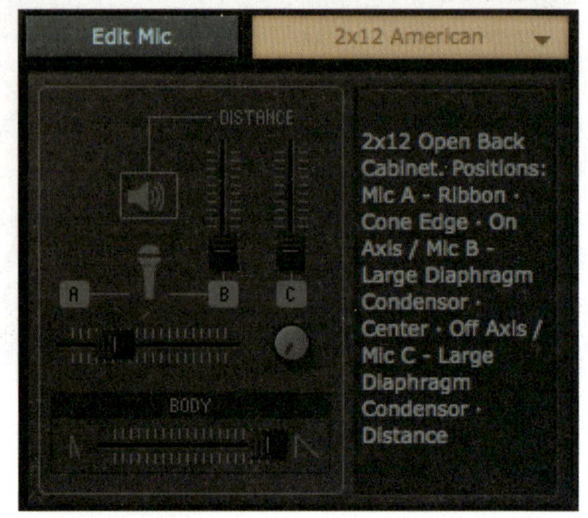

그림 7 - 73  Edit Mic 1

위 우측의 설명을 보면 앰프 후면이 뚫려있는 모델(Open Back Cabinet)입니다(후면이 막혀 있는 앰 프도 있습니다). 후면이 뚫려 있는 앰프의 경우 뒷면에 마이크를 더 넣어서 녹음을 받기도 합니다. 마이크 A는 리본 마이크이고 마이크B, C는 큰 다이어 프레임이 달린 컨덴서 마이크입니다. 또, 앰 프의 스피커 중앙(CENTER)에 대는 마이크는 Off Axis입니다. 리본 마이크는 컨덴서 마이크만큼 혹은 더 섬세한 녹음을 하는 마이크인데, 내부는 오히려 다이내믹 마이크에 가깝습니다. 그리고 마 이크 부피가 큰 편입니다.

Off Axis는 '축(Center)에서 벗어난'이란 뜻입니다. 문자 그대로 앰프 스피커의 정중앙에서 약간 벗 어난 곳에 큰 다이어 프레임의 마이크 C를 댄 것입니다. 이렇게 마이킹을 하면 고음역이 깎여서 소 리가 녹음됩니다

위 그림처럼 중앙에 위치하면 On axis이고, 점점 우측으로 가면서 Off axis가 됩니다. 즉 앰프의 한 가운데(con이라 합 니다)와 마이크가 일직선으로 놓이면 On axis입니다. 직선 으로 놓이면입니다.

그림 7 - 74  On axis to Off axis

슬라이드 바를 조절하여 A 마이크 소리를 얼마나 섞을지 지정하게 됩니다.
오른쪽 그림은 A마이크가 71.4%가 섞인 상태입니다.

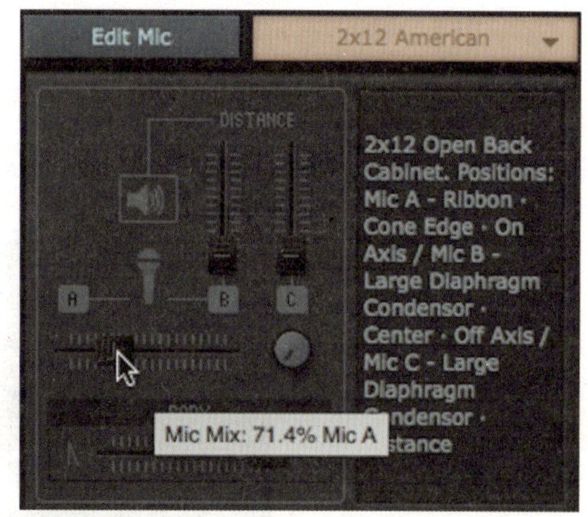

그림 7 - 75  Edit Mic 2

B 마이크는 오른쪽 그림에서 보듯 Additional Mic이며, 그 거리를 조절할 수 있습니다.
A 마이크가 주가 되는 마이크이며, B 마이크는 추가된 마이크입니다. B 마이크와 앰프 간의 거리를 조정합니다. 거리가 가까울수록 더 많은 소리가 들어올 겁니다.

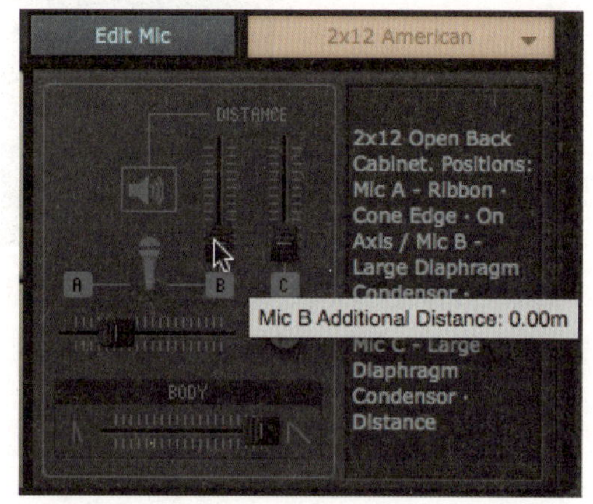

그림 7 - 76  Edit Mic 3

C 마이크의 소리를 얼마나 섞을지 조정합니다.
만일 C 마이크를 사용하지 않으면 노브를 좌측으로 다 꺾어 놓으면 되겠습니다.
선택한 이 앰프는 12인치 스피커가 2개가 있는 경우니 마이크 3개가 나쁘지 않을 것 같기는 합니다.

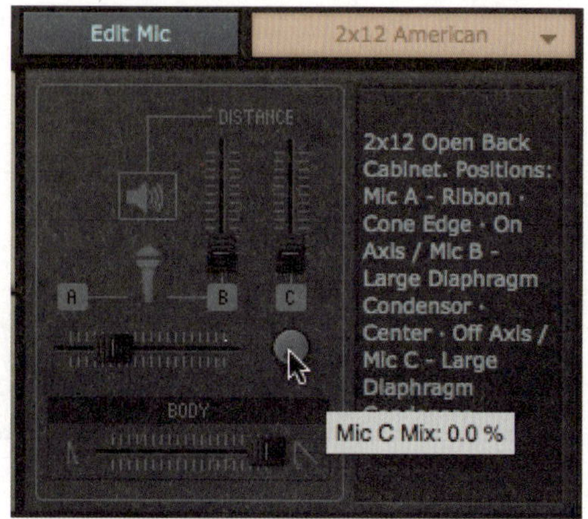

그림 7 - 77  Edit Mic 4

# 〰️ 10 트럼펫

## 10.1 트럼펫 소리의 기본 캐릭터

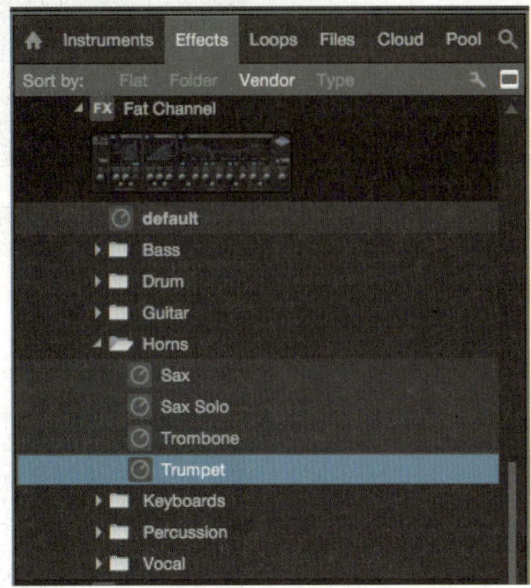

**그림 7 - 78** 브라우저 윈도우의 Effects 탭

트럼펫 트랙에도 캐릭터를 주어보겠습니다.

현재 시퀀싱돼 있는 트럼펫의 라인은 주로 고음역에 치우쳐 이미 자신만의 독자적인 주파수 대역을 가지고 있기에 믹싱 시 볼륨 경쟁 없이 섞이는 데 큰 무리는 없을 듯합니다만, 미디 트랙에서 바로 나온 톤들은 아무래도 힘이 없습니다. 진짜 악기들을 접해보면 미디 악기로 만든 악기 소리가 아무리 그럴듯해도 힘이 없다는 생각이 들 겁니다. Fat channel을 골라보겠습니다.

## 10.2 인서트 Fat Channel

**그림 7 - 79** 드래그 앤드 드롭으로 Fat Channel 인서트

이번에도 트랙 위로 드래그 앤드 드롭합니다. 매우 편리합니다.

그리고 프리셋은 'Trumpet'을 골라보겠습니다.

**그림 7 - 80** Fat Channel

Fat Channel 같은 EQ, Compressor, Gate, Expander가 하나의 기기에 담긴 올인원 장비를 '채널 스트립(Channel Strip)'이라고 부릅니다. 채널 스트립은 Mackie 1604 믹서의 한 줄(한 모듈 혹은 한 채널)에 컴프레서가 인서트(Insert)된 상태로 만든 것으로 생각하면 됩니다.

삭제 하드웨어 채널 스트립은 마이크를 이용한 녹음, 착색(Coloring), 편집 등으로 사용할 수 있습니다. 마이크의 녹음이 가능하다는 것은 팬텀파워와 마이크 프리앰프의 역할이 있다는 것이며, 동시에 컴프레서가 있으니 '인풋 게인(Input Gain)'양의 넉넉한 조절은 물론 필요한 만큼의 착색(Coloring)도 가능합니다. 물론 착색에 이퀄라이저를 이용할 수도 있고, 게이트와 익스팬더를 이용해 일종의 편집도 가능합니다. 조금 과장해서 공간계 이펙터를 제외한 대부분의 다이내믹 계열 이펙터는 이 하나로 충분하기도 합니다.

Gate, Expander의 '편집'이라는 표현은 뒤에 나올 Gate, Expander 설명에서 이어가도록 하겠습니다.

### 1. 게이트(Gate)

게이트(Gate)는 단어 그대로 문(Gate)의 역할을 합니다. 하지만 아무나 그 문을 통과할 순 없고 입장하려면 일종의 '통행증'이 필요한데, 그 통행증이 바로 스레숄드(Threshold)입니다(520페이지 '컴프레서' 설명을 다시 보세요. 그곳의 스레숄드와 반대로 기준이 됩니다.)

스레숄드(Threshold)는 게이트를 통과하기 위한 자격으로, 그 값보다 작은 소리는 게이트에 들어갈 수 없습니다. 가령 보컬 녹음 트랙을 들어보면 가수가 노래할 때 마디 사이 자연스럽게 나오는 호흡들, 즉 '슉~' '흡~' 하는 가파른 숨소리는 좋은 감도의 마이크에 가깝게 부를수록 심하게 들어갑니다. 이것을 일일이 편집해서 웨이브 파일을 잘라내주어도 됩니다만 노래하는 동안 숨을 한 번만 쉬는 것도 아니므로 그렇게 하는 것은 고된 일입니다(물론 일일이 그렇게 해야 할 필요가 있을 때도 분명 있습니다).

그럴 때 게이트를 적절히 걸면 스레숄드보다 작은 레벨의 소리들은 게이트에 걸려 문(게이트)을 통과하지 못하므로 일일이 잘라서 편집해야 하는 부분을 한 번에 처리할 수 있습니다. 또한 Attack(어택)과 Release(릴리스) 수치를 조정하여 더 세밀하고 효과적인 조정도 가능합니다.

어택은 문(Gate)이 얼마만큼 빨리 열리는가, 릴리스는 얼마만큼 문(Gate)이 빨리 닫히는가를 뜻하며, 게이트 이펙트가 누가 듣기에도 분명한 효력이 드러나려면 '어택'은 짧게, '릴리스'도 짧게일 겁니다. 하지만 '릴리스'를 너무 짧게 하면 아주 부자연스러운 소리가 만들어지기도 합니다. 때문에 자연스러워질 만큼 '릴리스' 값을 늘려놓을 필요도 있습니다.

참고로 어택과 릴리스에 사용하는 단위인 ms는 밀리세컨드의 약자로 1000ms(밀리세컨드)가 1초입니다. 가령 릴리스가 500ms라면 0.5초 만에 문을 닫는다는 의미입니다. 0.5초 만에 문을 닫으니 1초 다 채우고 닫는 것보다 소리의 뒤 끝 '꼬리'가 잘려 짧게 끊어지는 느낌이 들 겁니다.

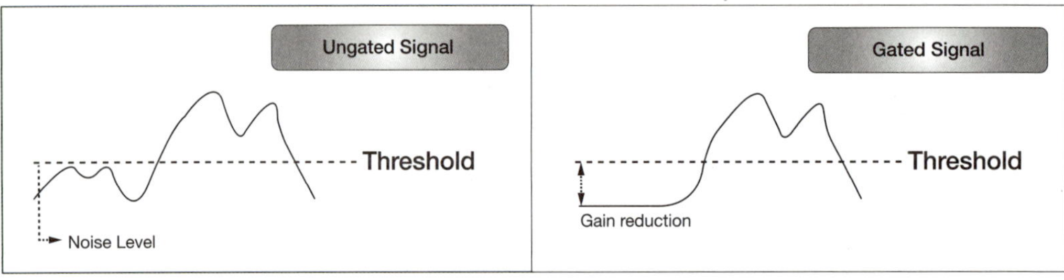


그림 7 - 81  게이트의 유무

위 그림처럼 스레숄드를 통과하지 못한 작은 소리는 리덕션(Reduction, 감쇠)됩니다.

Noise를 없애기 위해서 게이트를 쓰는 경우도 있기에 때에 따라선 Noise Gate라고도 부르기도 합니다.

### 2. 익스팬더(Expander)

익스팬더(Expander)는 컴프레서의 반대 개념으로 이해하면 됩니다.

컴프레서는 임의의 웨이브 파형에서 작은 소리와 큰 소리 파형이 있을 때 스레숄드보다 큰 소리 파형에 적용되어 소리를 레이시오(Ratio) 비율에 맞게 꺾어서 줄여버립니다(즉 다이내믹 레인지가 좁아집니다).

큰 소리가 줄어 피크를 치지 않는 대신 파형의 폭이 줄어버린 다이내믹 레인지 덕분에 메이크업 게인 (Make up Gain) 등을 하여 전체 음압을 올려 파형을 키울 수 있습니다(이것을 업워드 컴프레션(Upward Compression)이라고 합니다. 앞서 컴프레서 설명에서 '키를 키우든지, 눈높이를 낮추든지'를 기억하세요). 이것은 마치 압력밥솥의 원리와 같습니다. 끓어서 넘치려는 밥솥 뚜껑을 힘차게 눌러서 절대 끓는 물이 넘치지 않게 함으로써 솥 안의 압력(Compression)을 높입니다.

> 다이내믹 레인지(Dynamic Range)는 [노이즈 플로어 레벨(Noise Floor Level)에서 피크 레벨(Peak Level)까지의 폭]을 말합니다. 쉽게 말해 가장 작은 소리에서부터 가장 큰 소리까지의 폭을 말합니다.

이런 원리의 컴프레서와 반대로 익스팬더는 다이내믹 레인지를 넓히려고 합니다. 그렇게 되려면 작은 소리와 큰 소리의 파형이 가지는 높이가 훨씬 차이가 나야 합니다. 때문에 작은 볼륨은 더 작게, 큰 볼륨은 더 크게 해서 다이내믹 레인지를 넓혀줍니다.

즉 컴프레서와 반대로 스레숄드(Threshold) 기준보다 위에 있는 볼륨을 더 키워버립니다(이것을 업워드 익스팬션(Upward Expansion)이라고 합니다).

작은 소리를 더 작게 만드는 것이 곧 다이내믹 레인지를 넓힌다는 개념과 일치하므로 플러그인 상에서 Gate / Expander는 함께 자리하는 경우가 있습니다 .


## 3. 다이내믹 계열 이펙터

이제까지 배운 다이내믹 계열 이펙터를 정리하면

- **리미터** : 스레숄드(Threshold)를 넘는 소리를 과하게(Ratio 20:1 이상) 줄인다. 그래서 대개의 리미터는 Ratio 조정이 없습니다.
- **컴프레서** : 스레숄드(Threshold)를 넘는 소리를 유저가 조정하는 Ratio 비율대로 줄인다.
- **익스팬더** : 스레숄드(Threshold)에 못 미치는 소리를 줄이며 스레숄드를 넘는 소리는 더 키운다.
- **게이트** : 스레숄드(Threshold)에 못 미치는 소리를 과하게(심지어 노이즈 플로어 레벨까지) 줄여버린다.
- **이퀄라이저** : 가청주파수(20Hz~20kHz) 대역 안에서 균형(Equal) 있게 또는 불균형(Unequal)하게 만든다.

요약하면 '빡센' 컴프레서는 리미터', '빡센' 익스팬더는 게이트'라고 볼 수 있습니다.

채널 스트립이 걸리는 순서는 그림 7-81의 Fat Channel 좌측부터 게이트, 컴프레서, 이퀄라이저입니다. 만일 저 중 하나라도 시그널 통과 시 필요 없으면 Gate, Compressor, Equalizer 옆의 전원 버튼을 끄거나 켜면 됩니다. 현재는 Trumpet이라는 프리셋을 걸어보았습니다.

Gate 부분의 Key Filter는 작동이 되는 주파수 대역을 의미하며 현재는 2.33kHz입니다. 그리고 앞의 Fat Channel(채널 스트립) 그림에서 'Expand' 버튼이 켜진 걸 보면 익스팬더도 사용되고 있습니다.

맨 우측 4밴드 이퀄라이저는 하위 2밴드는 꺼져 있고 상위 HM, H의 2개 밴드만 적용되고 있습니다. F, Q, G 노브들의 상태를 살펴보면 2.93kHz가 3dB로 부스트 되어 있고 그 위 대역은 길게 2dB 이상 올라가 있습니다. 이 프리셋은 'Trunper' 이름 그대로 금관 악기인 트럼펫의 고음역을 더 강조하는 것을 알 수 있습니다.

# ᭼ᜧᜈ 11 FX 체인 저장 기능

채널 스트립은 프리앰프, 이퀄라이저, 컴프레서, 게이
트 등이 한군데 모여 있는 이펙터라고 말했습니다. Fat
Channel 같은 올인원 타입의 플러그인도 있지만 앞서 말
한 대로 믹서의 '한 줄(트랙) 한 줄(트랙)'을 그대로 옮겨다
놓은 것이 채널 스트립이므로 스튜디오 원의 콘솔에 따로
있는 걸 모아서 적용할 수도 있습니다.

물론 이 기능을 반드시 '채널 스트립'으로만 사용하라는
법은 없으니 앞으로 마음에 들어서 자주 사용할 만한 본
인만의 플러그인 조합이 있을 경우 거기에 사용해도 좋
습니다.

예를 들어 보겠습니다.

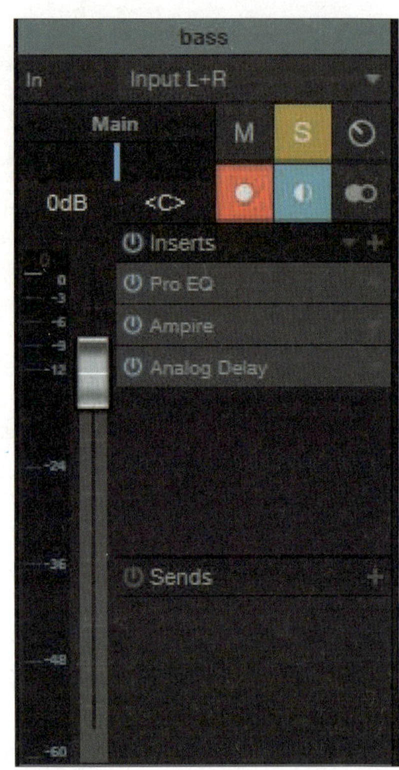

**그림 7 - 82** 베이스 기타 트랙

베이스라는 트랙 칼럼의 이름대로 위 트랙은 베이스 기
타의 오디오 트랙이며 여기에 필자가 임의로 3가지의 플
러그인을 직렬로 걸어 보았습니다.

이펙터를 걸 때 대개 다이내믹 계열 이펙터 후에 공간계
이펙터를 겁니다. 필자는 EQ → 앰프시뮬레이터 → 딜
레이 순으로 걸었습니다. 만일 이 조합이 마음에 들고 앞으로도 베이스 기타 믹싱 시 이 톤을 사용할
것 같다면 이대로 저장하면 됩니다.

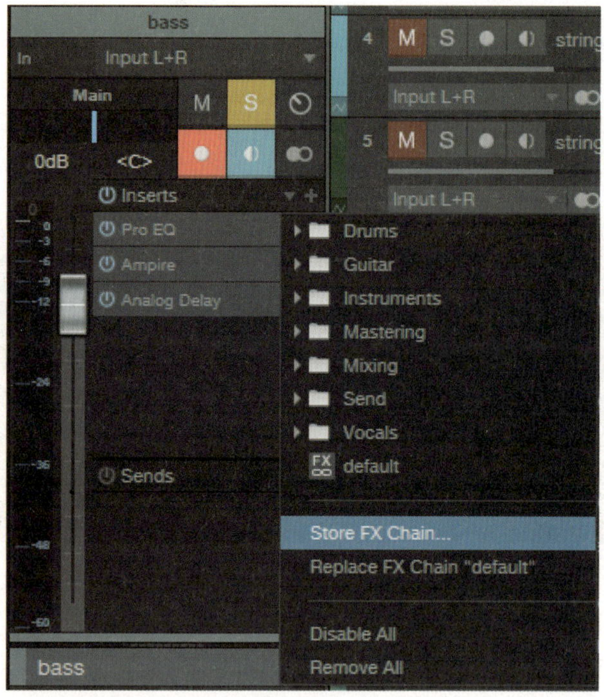


**그림 7 - 83** Store FX Chain

플러그인 직렬 단의 첫 칸 Inserts의 옆 삼각형 메뉴를 눌러 봅니다. 하단에 Store FX Chain… 메뉴를 골라 적용합니다. 이 플러그인 세트(일종의 본인만의 채널 스트립)의 이름을 저장한 후 앞으로 계속 불러서 사용하면 됩니다.

필자는 이런 것을 보컬 트랙용으로 하나 만들어 놓는 것이 가장 좋다고 생각합니다. 본인만의 조합이 생기는 셈입니다.

# 12 보컬 트랙

## 12.1 보컬 더블링 트랙

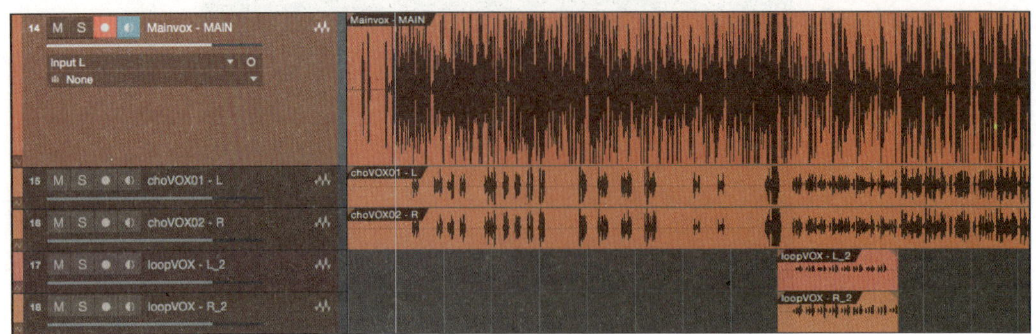

**그림 7 - 84** 보컬 트랙들

현재 보컬 트랙은 녹음 후 받아놓은 메인 보컬 트랙 하나와 코러스 트랙 2개, 그 외 2개 총 5개의 트랙이 있습니다. 코러스 트랙의 경우는 같은 멜로디를 2번 부른 '더블링' 트랙입니다. 그 외의 밑의 트랙들 역시 더블링을 한 경우입니다.

더블링으로 녹음하고 효과를 보려면 반드시 Pan을 좌우로 일정 이상 벌려 놓아야 합니다. 그렇지 않고 가운데 모노로만 나온다면 그저 지저분하게 소리가 커지는 효과만 일어날 뿐입니다.

콘솔을 열어 보겠습니다.

## 12.2  보컬 트랙들의 콘솔

메인 보컬 트랙과 코러스, 더블링, 루프 보컬(가칭), 더블링 트랙으로 총 5개의 트랙입니다. 현재는 모든 설정이 변경 없는 디폴트 상태입니다.

**그림 7 - 85** 콘솔로 보는 보컬 트랙

## 12.3 보컬 트랙들의 Pan

**그림 7 - 86** Pan이 적용된 보컬 트랙

코러스 트랙 L의 Pan을 좌측 끝으로 옮기고 더블링한 코러스 트랙 R의 Pan을 맨 우측으로 옮깁니다.
그 옆의 loopVOX라는 트랙들도 위의 그림처럼 좌우 트랙을 끝까지 벌려놓습니다.

'더블링'은 앞에서 말했듯이 같은 멜로디를 두 번 부른 겁니다. 사람인 이상 같은 멜로디를 두 번 부
른다고 해도 분명 몇 밀리세컨드의 타이밍 차이, 음정 차이 등이 생길 수밖에 없습니다(물론 그 차이
들이 반드시 미세해야 합니다). 이것이 Pan을 벌려 놓는다면 코러스나 콤필터(Comb Filter) 효과가
걸린 것처럼 매우 풍성해집니다.

물론 목적에 따라 Pan을 벌리지 않는 경우도 있습니다. 하지만 필자가 들어보면 현재 대중가요의 많
은 보컬 트랙들은 Pan을 벌리는 방법을 많이 사용합니다. 또한 이 방법은 보컬 트랙 외에 악기 트랙
에도 사용됩니다(대표적으로 기타 녹음에 사용합니다).

Pan을 벌려놓은 상태에서 곡을 들어보시기 바랍니다. 풍성한 느낌이 듭니다. 다만 loopVOX 트랙은
너무 많이 벌려 놓은 듯 하니 나중에 고치겠습니다.

## 12.4 메인 보컬 트랙

메인 보컬에 들어갈 이펙터를 어떻게 할지 고민하다가 리듬이 강조되는 힙합 음악의 장르 특성상 이
곡의 드럼 킥이 튀어나오는 소리만큼 보컬의 입체감을 만들어야겠다는 생각이 들었습니다.

그러면 컴프레서를 사용해야 하는데, 단독으로 된 컴프레서를 사용할 것인지 멀티채널 컴프레서를
쓸 것인지 채널 스트립을 쓸 것인지 선택하여야 합니다.

필자는 방금 트럼펫에 사용했던 Fat Channel이라는 채널 스트립을 사용하겠습니다.

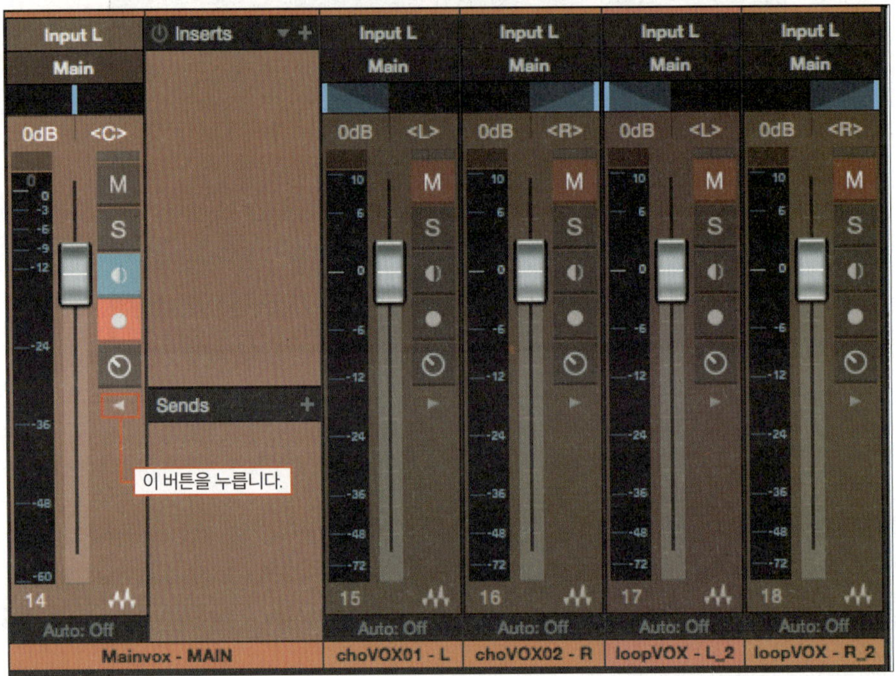


**그림 7 - 87** 인서트 확장

◀ 버튼을 눌러 인서트 창을 열어봅니다.

## 12.4.1 인서트 Fat Channel

그림 7 - 88 콘솔에 드래그 앤드 드롭으로 Fat Channel 인서트

이렇게 콘솔 트랙 위로 드래그 앤드 드롭합니다.

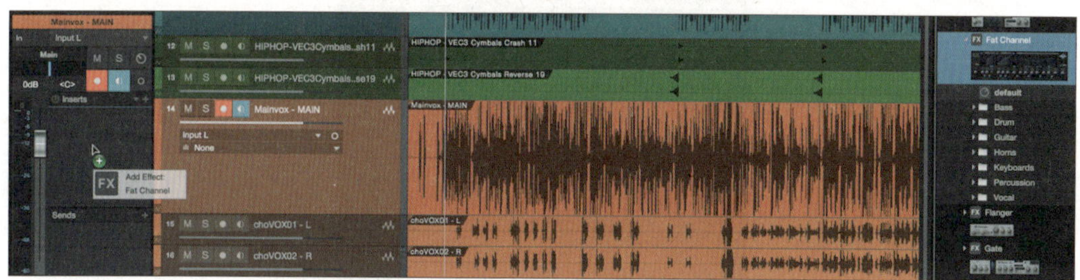

그림 7 - 89 인스펙터 윈도우에 드래그 앤드 드롭으로 Fat Channel 인서트

하지만 이번엔 인스펙터 윈도우로 플러그인을 던져(드래그 앤드 드롭) 보겠습니다. 플러그인이 던져진 트랙은 메인 보컬 트랙의 인스펙터 윈도우입니다. 드래그 앤드 드롭이 가능한 지점은 웨이브가 그려진 트랙 위, 콘솔 위, 인스펙터 윈도우 3군데입니다.

그림 7 - 90  Fat Channel

앞서 트럼펫에서 걸었던 플러그인입니다. 앞선 설명을 떠올려 보시면 이 플러그인은 '채널 스트립'이라고 하며 마이크로 인풋된 소리들에 공간계 이펙팅(리버브, 딜레이 등)을 제외한 모든 것을 한 곳에서 해결할 수 있는 다이내믹 계열 플러그인의 '종합 선물 세트'입니다.

위그림은 아직 default 상태입니다.

## 1) Fat Channel Speech 2 프리셋 적용

그림 7 - 91  Fat Channel 프리셋

Fat Channel의 보컬 프리셋 중에 골라보겠습니다. 지금은 이렇게 프리셋 중에서 고르지만 언젠가는 여러분이 원하는 소리를 직접 컨트롤 해보시길 바랍니다.

프리셋을 하나씩 다 적용해보도록 합니다.

그림 7 - 92  Speech 2 프리셋 고르기

default로 된 메뉴를 클릭하면 풀다운 메뉴가 더 나옵니다. 그중에 Speech 2라는 프리셋을 골라봅시다.

그림 7 - 93  Fat Channel Speech 2 프리셋 적용

이 프리셋을 살펴봅니다. 현재 이 Speech 2 프리셋은 컴프레서와 리미터만 켜져 있습니다. 그렇다면 전체 채널 스트립 중에서 두 가지만 사용하고 있다는 것인데 컴프레서의 상황부터 보겠습니다.

## 2) 컴프레서 조정

현재 컴프레서는 −20.42dB을 기준으로 작용하도록 스레숄드 값이 설정되어 있습니다. 이 정도의 깊이라면 장르와 보컬성향에 따른 차이가 있지만 일반적으로 보컬 트랙에 거는 기준보다 약간 더 깊게 잡혀 있는 수준입니다.

이 상태가 확실한 컴프레서 감을 느끼기 좋고 랩의 특성상 파형의 진폭이 일반적인 노래보다 크지 않아서 전체적인 음압을 올리기에 용이합니다.

랩은 노래보다 다이내믹 레인지가 좁기 때문에 보컬에 컴프레서를 사용해서 펀치감을 내기가 좀 더 편한데, 이를 뒤집어 말하면 음원의 다이내믹 레인지가 넓을수록 컴프레서의 사용이 어렵다는 뜻이 됩니다. 쉽게 말하면 노래를 가장 작게 부르고 가장 크게 부르는 구간이 차이가 클수록 컴프레서 사용에 주의를 기울여야 한다는 뜻입니다.


현재 Ratio는 3.5:1로 평범한 수준입니다. 중요한 건 Gain을 5.93dB로 올렸다는 점입니다. Ratio가 3.5:1인 건 비교적 평범한 수준이지만 Gain이 5.93dB인 상태라면 매우 깊게 걸리는 셈입니다.

이 말은 스레숄드라는 기준에 걸리는 음원의 레벨 기준이 내 '눈높이'였다가 Gain을 5.93dB로 올림으로써 내 키가 자라서 '허리 높이'로 내려왔다는 뜻이기도 합니다. 즉 기준은 그대로이나 내 키가 자라면서 상대적으로 기준이 낮아져 늘어난 키의 길이만큼 많이 걸리게 된 셈이라는 뜻입니다.

이는 중요한 차이인데 기준을 낮추어 컴프레서를 많이 걸리게 하는 것과 기준은 평범한 수준이나 소리를 키워 컴프레서를 많이 걸리게 하는 것은 분명히 소리가 다릅니다(앞선 컴프레서 설명을 다시 보시면 좋습니다).

필자가 느끼기엔 후자의 소리가 훨씬 더 빡빡하게 들립니다(이걸 Fat하다고 표현하기도 하는데, 이 채널 스트립의 이름(Fat Channel)과 일맥상통합니다).


그러므로 프리셋에 변화를 주어봅니다. 먼저 스레숄드의 기준을 −17dB로 높여서 좀 완화합니다. 여전히 게인과 레이시오는 같은 값으로, 그리고 어택과 릴리스는 Auto(자동) 모드로 해놓은 채 한 번 들어봅니다.

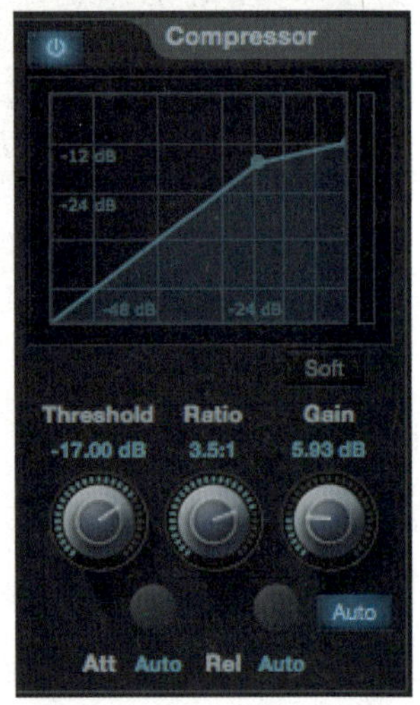

그림 7 - 94 변화된 스레숄드 값

Soft 버튼을 눌러봅니다. 이 버튼은 소프트 니(Soft Knee), 하드 니
(Hard Knee)라고 하는 버튼입니다. 앞서 설명했지만 생긴 모양이 마치
꺾인 무릎 같다고 하여 'Knee'라는 재미있는 이름을 가졌습니다. 무릎
같이 생긴 부분은 바로 저 그래프의 꺾인 부분을 말합니다.

저 부분이 둥글고 유연하게 생긴 것과 뾰족하고 급격하게 꺾인 것은 컴
프레서가 작동할 때 소리가 다릅니다. 현재는 소프트 니 상태입니다.
그리고 필자의 귀엔 소프트니 상태가 더 좋게 들립니다. 악기가 아닌
사람 목소리(보컬)이기 때문인 것 같습니다. 가사가 많아 연결되는 음이
많은 랩이라는 장르의 특징이기도 합니다.

**그림 7 - 95** Soft 버튼

## 3) 이퀄라이저 조정

**그림 7 - 96** 활성화 상태인 이퀄라이저

현재는 꺼져 있는 상태인데 이곳에도 손을 한번 대보겠습니다.

좌측 위의 전원 버튼을 눌러서 이 이퀄라이저를 켭니다.

그림 7 - 97  이큐잉을 위한 밴드 활성화

상단의 전원을 켠 후엔 4밴드 이퀄라이저 각 섹션 마다의 전원도 켜줍니다.

그림 7 - 98  이큐잉

500Hz를 기준으로 저런 커브를 그려보았습니다.

보컬의 음색이 가장 민감하게 영향을 받는 대역은 4dB 가깝게 올린 5kHz 부근입니다. 1kHz 대역부터는 목소리가 좀 더 서서히 밝게 변합니다.

F, G, Q 값을 적절히 바꾸어 가며 그림과 비슷하게 그려보기 바랍니다.

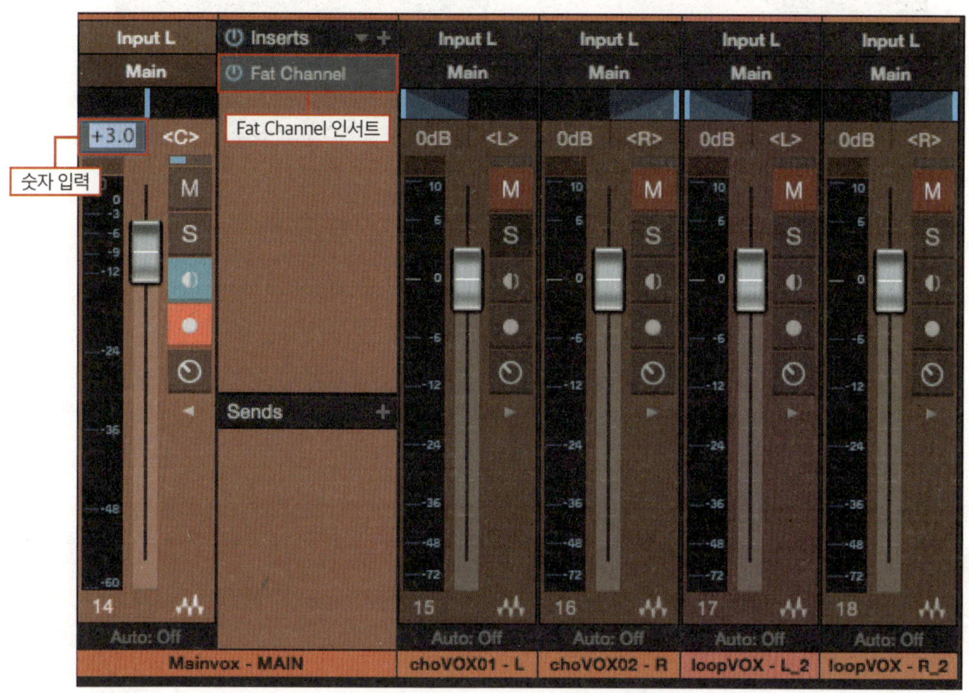


그림 7 - 99 메인 보컬 트랙 페이더 조정

믹서에서 인서트 부분을 확장해서 늘려봅니다. 확장 인서트 부분에 방금 작업한 Fat Channel이 인서트 된 것이 보일 겁니다. 그리고 0dB로 돼 있던 볼륨 부분을 더블클릭하면 볼륨 변경을 위해서 직접 숫자로 입력할 수 있습니다.

보컬 부분의 레벨이 좀 작은 듯하니 +3.0으로 올려 봅니다. 그냥 간단히 더블 클릭 후 키보드에서 숫자 '3'을 치면 됩니다. Fader를 올리는 것보다 가끔은 수치를 입력하는 게 편할 때가 있습니다.

## 12.4.2 인서트 Room Reverb

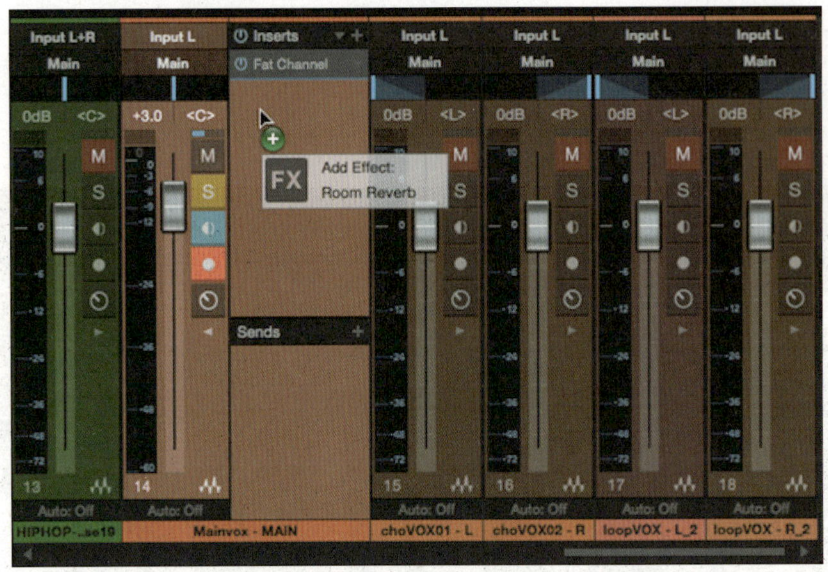


**그림 7 - 100** 드래그 앤드 드롭으로 Room Reverb 인서트

이번엔 콘솔로 바로 드래그 앤드 드롭을 해서 다른 이펙터를 더 걸어 봅니다.

리버브를 추가해서 공간감을 만들어 보겠습니다.

## 1) 리버브 Same Room 프리셋

**그림 7 - 101** Room Reverb 프리셋

VOX − Same Room이라는 프리셋을 걸어 봅니다.

그림 7 - 102 Room Reverb Same Room 프리셋 적용

VOX – Same Room 프리셋의 모습입니다.

각 노브들에 대한 자세한 설명은 542페이지 리버브를 확인하면 됩니다.

적당한 정도의 리버브가 걸린 것 같습니다.


## 12.5 loopVOX 트랙 Pan

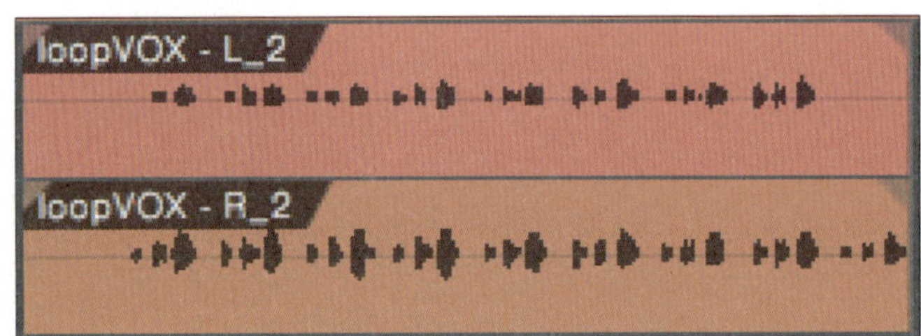

그림 7 - 103 loopVOX 트랙

이번에는 곡의 후렴구에 더블링해서 녹음한 loopVOX 트랙을 보겠습니다.

이 부분은 짧지만 후렴구의 상승하는 느낌을 더 살리기 위해 녹음한 트랙이니 매우 중요합니다.

앞서서 이 두 트랙은 Pan을 양쪽으로 쫙 벌려놓았습니다만 이 부분은 코러스 트랙과 구별해 그 차이를 좀 더 좁혀서 Pan을 좌우로 50씩만 벌려줍시다.

## 12.6 믹서로 보는 보컬 트랙들

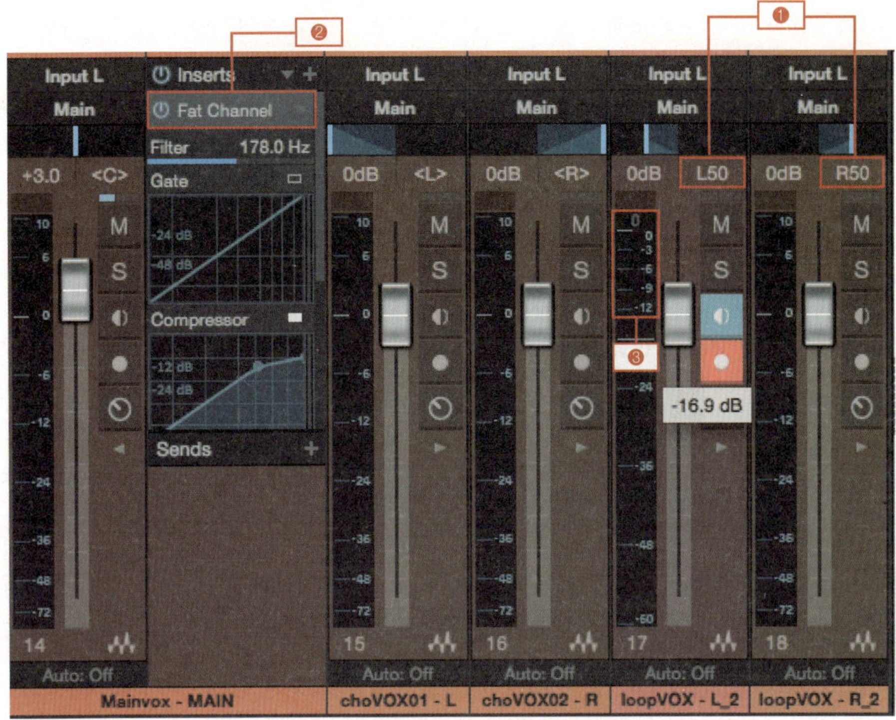


그림 7 - 104 콘솔로 보는 보컬 트랙들

위 그림에서 보아야 할 3 가지 포인트는 다음과 같습니다.

❶ loopVOX 트랙의 Pan 상태입니다. 이 곡의 코러스 밸런스를 위해 좌우로 50 만큼씩 벌려놓았습니다.

❷ Fat_Channel 플러그인의 상태가 인서트 창 안에서 요약되어서 보입니다.

❸ loopVOX_L_2 트랙에 보면 조금 낯선 미터의 레벨 수치가 보입니다.

이 중 ❸에 관해 살펴보겠습니다.

### 1. Peak 미터

일반적인 콘솔의 Led로 표시되는 불빛의 미터는 대부분 피크 미터입니다. 이 불빛의 점멸은 사실 3/1000초 (3ms) 정도로 아주 빨라서 시그널의 종류에 따라 다르기는 하지만 주로 빨간색으로 변하는 지점까지 미터가 올라갔느냐 정도만 확인하는 경우가 많습니다.

말 그대로 어떤 시그널의 피크치만을 확인해서 클리핑이 생기는지 여부를 확인하는 데 요긴하게 사용됩니다. 눈으로 인지를 못할 정도로 빠르다는 것은 귀로도 인지하기에 놓칠 수 있다는 뜻이기도 합니다.

이 미터를 PPM 미터라고도 하는데 이는 '피크 프로그램 미터(Peak Program Meter)'의 약자이고, dBu로 표시합니다.

사람의 귀는 밑에서 공부할 평균 레벨로 표시하게 되는데 갑자기 오르고 내려가는 빠른 피크 레벨을 약간 늦게 인지하거나 놓치기도 합니다(이것은 평균 레벨로 설계된 VU 미터도 마찬가지입니다).

### 2. VU(Voltage Unit) 미터

**그림 7 - 105** VU미터

VU 미터는 음향기기에서 거의 표준으로 사용한다 해도 될 레벨 미터입니다. 이 미터는 오래전 방송용 오디오를 제작함에 있어서 '평균' 레벨이 필요했기에 만들어졌습니다(VU 미터는 RMS미터입니다).

소리의 크기 변화를 인지하는 것은 사람마다 차이가 있지만 보통 실제 크기의 변화가 일어난 후 300ms 정도 후이며, 그 시간을 'Integration Time'이라고 합니다. VU 미터의 바늘이 좌우로 움직이는 그 짧고 빠른 시간은 Integration Time에 맞춰져 있기 때문에 바늘의 움직임이 청각의 변화와 같이 반응하는 것으로 보이게 됩니다.

위의 그림에서 보면 평균적으로 VU 미터의 바늘이 빨간색 0~3dBVU에 와 있어도 그 위로 약 +24dB 정도 더 많은 헤드룸(녹음이 가능한 여분)이 있기에 디지털처럼 바로 Clipping이 발생하지는 않습니다. 미터에는 표현되지 않지만 분명히 빨간색 부분에 바늘이 가 있음에도 어느 정도 더 커지기 전까지 소리에 디스토션이 생기지 않습니다. 이는 VU 미터에 맞춰 믹싱을 하다보면 헤드룸을 충분히 확보하는(디스토션까지 여분이 많이 남는) 믹싱이 가능하다는 말도 되겠습니다.

때문에 기기들이 디지털로 변한 현재에도 VU 미터가 아닌 다른 형식의 미터기를 사용하는 기기에서 동일하게 적절한 출력을 내도록 1kHz의 시그널(1kHz Tone을 Test Tone으로 사용합니다. 카메라로 치면 화이트 밸런스에 해당합니다)을 콘솔로 보내 레퍼런스 레벨로 조정을 합니다. 이를 기기 간의 캘리브레이션 혹은 얼라이먼트를 한다고 합니다.

가령 우리가 지금 사용하는 스튜디오 원 3 DAW의 상에서 0VU는 -16~-20dBfs 사이로 정의됩니다. 녹음실에서 많이 사용하는 프로툴스의 경우 -18dBfs를 권장하는데, 그것은 AES(미국엔지니어협회)의 권장사항이기도 합니다. 직접 재어 보지는 않았습니다만 스튜디오 원 3도 AES 권장사항과 프로툴스에 맞춰서 -18dBfs를 사용할 것이라 생각됩니다.

만약에 -18dBfs를 사용한다면 이런 공식이 성립합니다.

• -18dBfs = 0VU = +4dBu = +4dBm

이 VU 미터의 정의는 '0VU는 +4dBm의 값을 갖는다'입니다.

피크 미터와 VU 미터는 나타내는 숫자에 차이가 있고, 사람의 지각능력에 더 맞는 방식은 VU이지만 세밀한 부분의 피크를 체크하고 믹스하기엔 피크 미터가 유리한 점이 있다고 정리하면 되겠습니다.

믹스 작업 시 두 가지 미터 모두 필요한 레벨 체크의 방식이지만 표현되는 숫자에 차이가 있으니 그것들의 차이를 알아야 합니다. 즉, 녹음실에 있는 디지털 장비들과 아날로그 장비들은 나타내는 레벨 미터의 차이가 날 수밖에 없을 것이기에 그것들에 대한 조정이 필요합니다. 그 과정을 얼라이먼트라고 합니다.

• 미터 캘리브레이션

아날로그 체계의 데시벨과 dBfs의 디지털 데시벨의 체계는 당연히 다른 레벨의 체계를 갖습니다. 0VU 미터는 헤드룸이 24dB 정도 남았다고 앞서 말했으니 단순계산으로 디지털의 클리핑 단위가 0dBfs라고 한다면, 이것은 아날로그 레벨 24dBu와 같다고 볼 수도 있습니다. 그럼 -20dBu계산을 해보면 (24dBu - 20dBu) = +4dBu(=dBv)는 -20dBfs = 0VU이므로, 이는 0VU라고도 할 수 있습니다. 위의 미국엔지니어협회의 권고인 +4dBu = -18dBfs = 0VU에서 보듯 디지털에서의 규격은 절대적인 기준이 없고 권장되는 기준이 있을 뿐입니다. 때문에 아날로그 장비와 디지털 장비를 겸해서 쓰는 곳이라면 더더욱 엔지니어 각자의 기준이 필요합니다. 이 말은 스튜디오마다 '얼라이먼트 레벨'이 약간씩 다를 수 있다는 말이기도 합니다.

이 말이 무슨 말인지 더 알아보려면 일단 dB(데시벨)이 뭔지 알아야 합니다. 그리고 이 글이 당장 이해가 안 가는 분들은 일단 두 번만 읽고 넘기고 이어지는 dB에 관한 설명을 다 읽고 다시 이 부분을 읽기를 권합니다.

• **레퍼런스 레벨(Reference Level)** : 표준 라인 레벨이라고 부르기도 합니다. 이는 제조사가 권장하는 자사 기기의 가장 소리가 좋은 입·출력 권장 레벨을 뜻합니다. 때문에 프로페셔널 장비(+4dBm)와 일반 컨슈머용 장비(-10dBV)는 레퍼런스 레벨의 기준이 다릅니다.

• **얼라이먼트 레벨(Alignment Level)** : 고정된 레벨이 아닌 녹음실(즉 엔지니어)의 필요에 따라 조정을 하는 레벨입니다. 물론 그 범위가 레퍼런스 레벨(라인 레벨) 안에 있어야 합니다.

### 1. dB (데시벨)

소리의 크기를 나타내기 위해선 '데시벨'이라는 단위를 씁니다. 벨(Bell) 이라는 단위를 10분의 1로 나타낸 것이 데시벨입니다. 이는 '알렉산더 그래함 벨' 박사의 이름에서 따온 이름이기도 합니다. 벨 박사(1847~1922년)는 스코틀랜드에서 태어나 미국인으로 귀화한 발명가이자 과학자입니다.

데시벨은 두 출력의 비율 차이입니다. 두 출력이라는 뜻은 반드시 상대적인 것이 존재해야 한다는 뜻이기도 하겠지요. 두 개를 비교하는 상대적인 비율에는 로그함수를 씁니다.

이것을 A라는 출력과 B라는 출력의 식으로 나타내어 보면 다음과 같습니다.

- Bell = log ( A / B )이고,

  다시 이것을 데시벨 단위로 본다면
- dB = 10 × log ( A / B )이 되므로

  [ 1Bell = 10dB ]이 됩니다

  그럼 100W 출력 장비와 10W 출력 장비의 차이는 몇 데시벨일까요?
- dB = 10 × log (100 / 10) = 10

  네, 두 장비의 출력 차이는 10dB입니다.


### 2. dBfs / dBspl

dBfs는 디지털, 특히 DAW에서 많이 사용하는 단위로 dB per full scale의 약자입니다. 이름 그대로 전체 크기의 초당 데시벨이라는 말이 됩니다. 전체 크기라고 하는 것은 '아날로그 신호가 디지털로 변환(Convert)될 때의 샘플의 크기'를 말합니다.

오버 샘플링, 나이키스트 이론 등의 공학적인 디지털 이론은 일단 생략하고, 간단히 말하면 전체 라우드니스의 크기는 1bit당 샘플이 어느 정도 크기의 데시벨로 표시되느냐가 관건이며, 이론상 대략 1bit = 6dB의 값을 가집니다. 그렇다면 우리가 듣는 16bit / 44.1kHz CD 음반의 최대 '다이내믹 레인지'는 이론상 6 × 16 = 96dB이 됩니다.

여기서 '다이내믹 레인지'는 '노이즈 플로어 레벨에서 피크 레벨까지'라는 음향 용어로, '피아니시모에서 포르테시모까지'의 음악 용어로, '가장 작은 소리에서 가장 큰 소리까지'라는 일반적인 용어로 표현이 가능합니다.

근래의 녹음 방식에서 가장 많이 사용되는 24bit / 48kHz인 경우라면 다이내믹 레인지는 이론상 6 × 24 = 144dB이 됩니다. 이렇게 되면 더 넓은 헤드룸을 확보한 셈입니다.

dBfs는 디지털에서 발생하는 클리핑의 최대치를 0으로 놓습니다.

이것은 자연 음향계 소리의 크기 측정 단위인 dBspl의 최대치(144dBspl)와 같게 됩니다.

간혹 TV 뉴스 등에서 소음을 측정하는 기자의 손에 들린 숫자가 적힌 소음측정기의 데시벨은 dBspl입니다.

dBspl은 모두 양수로 표현됩니다. 마이너스 수치가 없으며 범위는 0~144dB입니다. 144 dBspl은 제트기 엔진 소리를 바로 옆에서 듣는 소리로 귀가 재생 불능의 손상을 입게 되는 정도이며, 우리가 일반적으로 대화할 때 나누는 소음의 크기는 대략 50~70dBspl 사이입니다.

dBspl 역시 기준이 있습니다. 이것은 일정 면적 대비 기압인데, 기압을 느끼는 사람이 중요합니다. 그래서 사람 중에서도 청력의 손상이 전혀 없고 예민한 아기를 기준으로 해서 만들어졌다고 합니다.

헤드룸이 자꾸 언급되는 이유는 그 부분의 마진만큼 소리의 힘을 갖기 때문입니다. 쉽게 말해 '소리를 담을 수 있는 그릇의 크기'라 이해하면 됩니다.


## 3. dBm(dBu) / dBV

우리가 공부하는 음향에서는 사람의 귀로 느껴지는 소리의 크기를 실제 소리의 에너지로 정확히 환산해 표현하기가 어렵기에 전기, 전력에 비교해서 나타내는데, 이에 관한 단위가 dBm(dBu) / dBV입니다.
오디오에선 '600Ω(옴)의 임피던스(저항)에 1mW(밀리 와트)의 소비전력의 출력을 0dBm'으로 정의합니다. 이렇게 '1mW를 데시벨로 표시한 값'을 dBm 이라 하며 '디비엠', 혹은 '데시벨 밀리 와트'라고 읽습니다.
위의 문장을 수식으로 만들어 보면 '1mW = 0dBm'입니다.

하지만 '600Ω(옴)의 임피던스(저항) 없이 0.775V 전압에서 생성된 출력은 0dBu'입니다. 이렇게 '0.775V를 데시벨로 표시한 값'을 dBu라 하며 '디비유' 혹은 'Decibel Unload(데시벨 언로드)'라고 읽습니다.
위의 문장을 수식으로 만들어 보면 '0.775V = 0dBu'가 됩니다.

dBm의 기준이 600Ω(옴)인 이유는 벨 (Bell)의 단위를 만들게 된 계기가 된 '알렉산더 벨' 박사의 생전 전화선의 저항이 600Ω(옴)이었기 때문입니다. 그래서 그 전화선을 쓰지 않는 현대에선 그게 의미 없다고 보고 dBu와 dBm를 혼용해서 사용하기도 합니다.
하지만 dBu와 dBm를 혼용해서 사용하는 가장 큰 이유는 '600Ω(옴)의 임피던스(저항)에 1mW(밀리 와트)에서 생성되는 전압이 0.775 V'이기 때문입니다.

그래서 dBu와 dBm을 혼용해서 사용한다는 전제라면 다음과 같은 수식이 가능해집니다.

- 1mW = 0dBm (0dBu) = 0.775V

확실히 구별하여 기억하려면 '600Ω(옴)이 걸린 dBu가 dBm이다'로 기억합니다.

W(와트)도 아니고 그 '1000분의 1'인 mW(밀리 와트)를 기준을 갖게 된 건 아주 작은 전력이 사용되는 정밀 기기가 오히려 더 많기 때문이라고 합니다. 여러분이 가진 스마트 폰도 그런 것 중의 하나입니다.
만일 우리에게 그나마 더 익숙한 단위인 1W(와트)를 기준으로 하면 1mW가 -30dBm이 되어 단위가 커집니다. 이렇게 복잡해지니 로그 함수를 이용해서 그 수치들을 작은 수치로 표기하는 게 더 편리합니다.
중, 고등학교 수학 시간에 로그 함수를 배울 때 정작 '왜 로그함수를 쓰는지 그리고 그게 왜 필요한지' 필자는 알지 못했습니다. 나중에 음향을 공부할 때 비로소 '로그함수는 숫자의 크기를 줄여 두 개념의 상대적인 비율을 나타내기에 좋기 때문에 사용한다'라는 것을 알게 되었습니다.
그럼 로그함수를 사용하면 이렇게 dB을 표현할 수 있습니다.
- 1mW = 0dBm(기준)
- 10mW = 10dBm = (10 × log10)
- 100mW = 20dBm = (10 × log10$^2$)
- 1000mW (1W) = 30dBm = 0dB(W) = (10 × log10$^3$)
그러므로 '1W(와트)는 30dBm'입니다. 그리고 이것을 0dB(W)라고 말합니다.

마지막으로 '**전압을 데시벨로 표시한 값**'은 dBV(디비브이 혹은 '데시벨 브이'로 읽습니다)로 표기합니다.

그럼 기준으로 삼고 싶은 단위인 1볼트(V)가 얼마의 데시벨이 되느냐가 궁금합니다.

그래서 1V = 0dBV으로 기준을 정했습니다.

이때는 20log 수식이 따라붙는 로그함수가 필요한데, 이건 '전력은 전압의 곱 또는 전류의 곱에 비례'한다는 회로이론 때문입니다. 이부분은 더 전문적인 음향 서적을 참고해 보세요.

- 1V = 0dBV
- 10V = 20 dBV(20 × log10)
- 100V = 40 dBV(20 × log10$^2$)
- 1000V (1KV) = 60dBV(20 × log10$^3$)입니다.

이제 이것들을 모두 정리하자면

- 전압을 이용하면 20 × log 전압(V) = dBm(600옴이라는 저항이 없다면 dBu)
- 전력을 이용하면 10 × log 전력(W) = dBm(600옴이라는 저항이 없다면 dBu)

위에서 배운 대로 '600Ω(옴)의 임피던스(저항)를 가진 1mW의 출력 회로를 0dBm으로 정의할 때 발생한 전압이 0.775V'이니 이 문장의 식보다 약간 더 높은 출력 값을 가지면 0VU가 된다는 말입니다.

또한 VU 미터는 인터그레이션 타임(Integration Time, 한정 시간)이 사람의 시각 인지능력과 맞추어져 있기에 청각의 변화가 시각으로 표현됨을 느끼기에 알맞습니다.

다소 복잡해 보일 수 있는 얘기들이지만 이 개념은 반드시 알아야 합니다. 음향을 더 공부해 볼 분들에게는 기

그렇다면 VU는 '600Ω(옴)의 임피던스(저항)를 가진 1mW(0dBm)의 출력 회로에서 평균 레벨이 +4dBm (1.228V)일 때 바늘의 눈금이 0이 되는 미터기'를 말합니다.

초가 되는 이야기이며, 그렇지 않은 분들이라도 데시벨(dB)이 측정 단위가 아니라 두 값의 차이를 상대적으로 비교해 나타낸다는 점을 반드시 기억하시기 바랍니다. 예를 들면 '너 공부 잘 해?'라는 질문에 '저 아이보단 잘해요'라는 대답이 데시벨의 개념입니다.

하지만 중요한 사실은 dB은 상대적인 수치로 그 단위가 절대적이지 않지만 dBm, dBu, dBfs, dBspl 등의 값은 단위가 절대적입니다. 위에서 배운 대로 예를 들어 '0dBm = 1mW'라는 기준이라는 것이 있는 단위이니 이것은 절대 수치가 맞습니다.

많이 어려울 수도 있습니다. 어쩌면 '처음엔 몰라도 된다'는 생각도 들고 실제 프로 뮤지션들 중에도 모르는 사람이 많더군요. 좋은 작곡 후 좋은 믹싱은 더 좋은 음악을 만드는 필수 요소입니다. 음악 만들기보다 음향 작업을 더 재밌게 느끼는 뮤지션도 있습니다.

자동차 계기판을 볼 수 있어야 운전을 할 수 있듯 스튜디오 원의 계기판을 알아야 믹싱이 수월해집니다.

문제) 가령 월 10만 원씩 휴대 전화 요금을 내던 사람이 어느 날 실수로 요금 폭탄을 맞게 되어 그 달은
200만 원의 요금을 내게 되었습니다. 그럼 두 요금은 몇 데시벨(dB) 차이가 날까요?

10만 원에서 200만 원이면 20배 차이가 납니다.

이 문제는 20배 차이의 배율을 데시벨로 바꾸어서 나타내면 되는 문제입니다.

위에서 배운 대로 log를 사용한다면 dB = 10 × log (200 / 10) = 10 × log20이 되며, 20을 10의 배수
로 쪼개서 10 × 2로 나타내면 편리합니다. 그럼 10 × log10 + 10 × log2라는 식을 가지게 됩니다.

이 계산에 따르면 10 + 3 = 13dB 차이가 납니다(log2 = 0.3입니다).

그래서 수치로는 20배 차이가 나는 두 요금은 데시벨로는 13dB 차이가 납니다.

# 12.7 프리소너스 VU 미터(Presonus VU Meter)

**그림 7 - 106** Presonus VU Meter

스튜디오 원에는 무료 VU 미터가 있습니다. 프리소너스 사이트에서 다운로드가 가능합니다.

RMS(Root Mean Squre)는 평균 레벨을 뜻합니다.

사람은 그 존재와 능력을 수치화할 수 없는 존재이기에 사람이 느끼는 음량의 변화를 수치가 나타내어 주고 있는 (수학적인) 음량의 변화와 동일 선상에서 놓고 볼 수가 없습니다.

VU 미터의 표시는 그 평균 레벨(RMS)을 나타내어 인간이 느끼는 음량의 변화를 수치화해줍니다.

이는 일정 인식 시간(Integration Time) 동안의 샘플들의 여러 레벨의 +, − 값을 제곱해서(Square) 평균을 구하고(Mean) 그 제곱해서 구한 값을 수치를 줄여서 보기 위해 루트를 씌워서(Root) 얻어진 값을 사용하는 방식입니다.

이렇듯 좀 복잡하게 평균을 구하는 이유는 각 소리 샘플의 볼륨 값은 +와 −값을 교대로 갖는 사인 파형의 교류 성분들이기 때문에 그냥 일반적인 평균을 구하는 방식처럼 수치를 다 더해서 평균을 구해보면 당연히 값이 0에 수렴해버립니다. 그럼 구해진 그 작은 수치는 평균으로서의 의미가 없습니다.

오디오 샘플의 시작과 끝(어디서부터 어디까지)을 정하게 될 '일정 시간(Integration Time)'이라는 기준이 길어지거나 짧아지면 구간의 성격에 따라 당연히 평균은 달라집니다.

지금까지의 VU 미터 설명을 정리해보면 다음과 같습니다.


1. 600Ω(옴)의 임피던스(저항)를 가진 1mW(0dBm)의 출력 회로에서 평균레벨이 +4dBm (1.228V) 일 때 바늘의 눈금이 0으로 작동하는 미터기이다.

2. 여기서 나타내는 수치는 RMS라는 일정시간 동안의 변화하는 음량의 평균레벨로 표시된다.


## 12.7.1 VU Hold

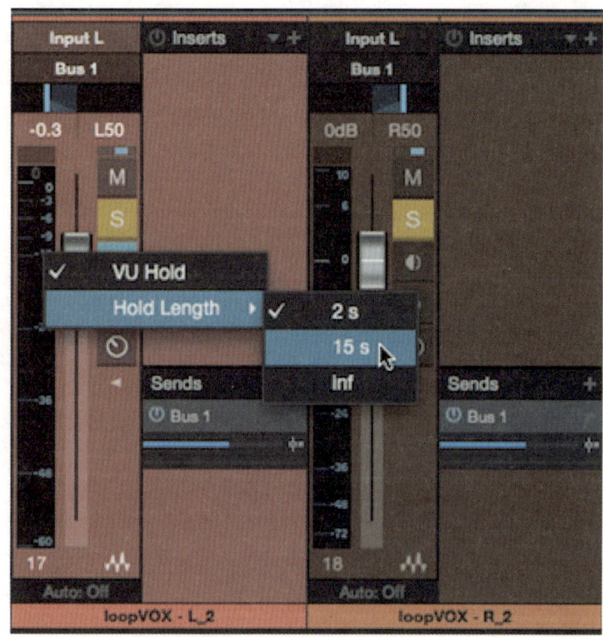

**그림 7 - 107** 스튜디오 원의 VU Hold

현재 스튜디오 원의 레벨 미터는 피크 미터입니다.

loopVOX - R_2트랙의 페이더 위의 10이라는 숫자는 헤드룸이 아니라 0dB Unity Gain 이상으로 올릴 수 있음을 나타냅니다. 그럼 Unity Gain은 무엇일까요?

유니티 게인(Unity Gain)은 간단히 설명하면 입력과 출력의 크기가 같은 레벨인 지점을 말합니다. 이는 들어온 소리를 왜곡 없이 그대로 내보낸다는 의미이기도 하고 어떤 변화를 주었을 때 달라진 레벨을 다시 보정해서 처음 그만큼의 양을 내보낸다는 의미이기도 합니다. 즉 스튜디오 원의 0dB은 입·출력의 양이 같고 왜곡 없이 소리가 가장 좋다고 하는 '유니티 게인'의 지점입니다. '유니티 게인'

은 다른 용어로 '디자인 센터'라고도 합니다.

해당 채널의 인풋 게이지를 우클릭하면 VU Hold가 나타납니다.

그리고 피크치를 얼마만큼 Hold(잡기)해서 보여 줄 것인지 2초, 15초, 무한대 3가지로 설정이 가능합니다. 무한대인 경우 레벨 미터가 사라져도 흔적이 계속 남습니다.

레벨 미터의 수치가 0이 맨 위로 올라가면서 달라짐을 볼 수 있습니다. 위에서 언급했던 조금 낮선 수치의 레벨 미터가 VU 미터로 변했기 때문입니다.

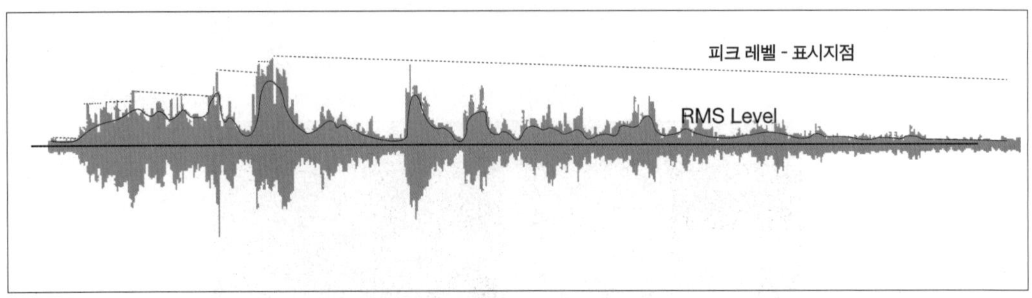


**그림 7 - 108** VU 미터와 peak Level

위 그림에서 보듯 피크 레벨과 RMS 레벨은 곡선에 차이가 납니다.

피크 레벨의 선은 최대치의 값의 연결이며 RMS 레벨은 피크치보다 약간 낮은 레벨입니다.

또 자세히 보면 레벨이 가장 큰 지점보다 약간 우측으로 그려집니다. 이는 사람이 인지하는 최대치의 값은 딱 맞아 떨어지지 않고 응답시간이 좀 걸린다는 것을 의미합니다.

| | 순간적인 변화감지 유무(300ms 이내) | 청감상의 변화와 동일성 |
|---|---|---|
| VU Meter | X | O |
| Peak Meter | O | X |

**그림 7 - 109** 두 미터의 비교

두 레벨 미터는 서로의 장단점이 뚜렷해서 상호보완적으로 사용합니다.

때문에 스튜디오 원에서 믹싱 시 마스터 페이더 단에 앞서 말한 VU 미터를 인서트해서 사용하기도 합니다.

# 12.8 보컬 트랙 Bus 채널 생성

코러스 보컬 계열들만 모두 솔로로 들어봅니다. 이 트랙들을 모두 Bus 채널을 만들어 모아놓습니다. 같은 계열의 플러그인 이펙트들을 걸거나 4트랙에 대한 제어를 Bus 채널 하나로 편하게 하기 위해서입니다.

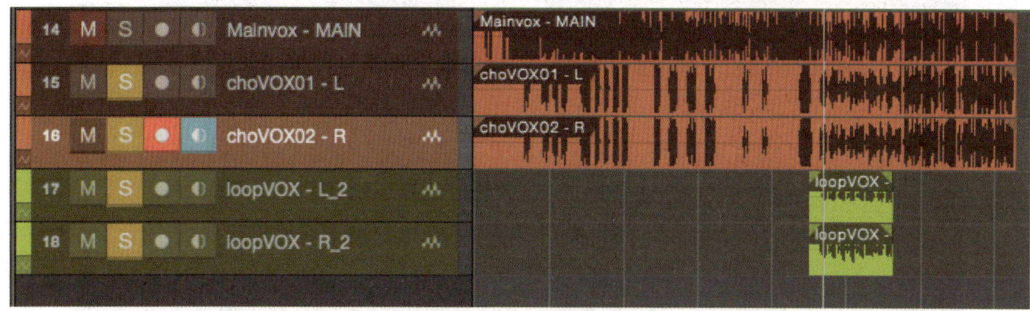

그림 7 - 110 코러스 보컬 계열만 모노

## 12.8.1 버스 채널 생성

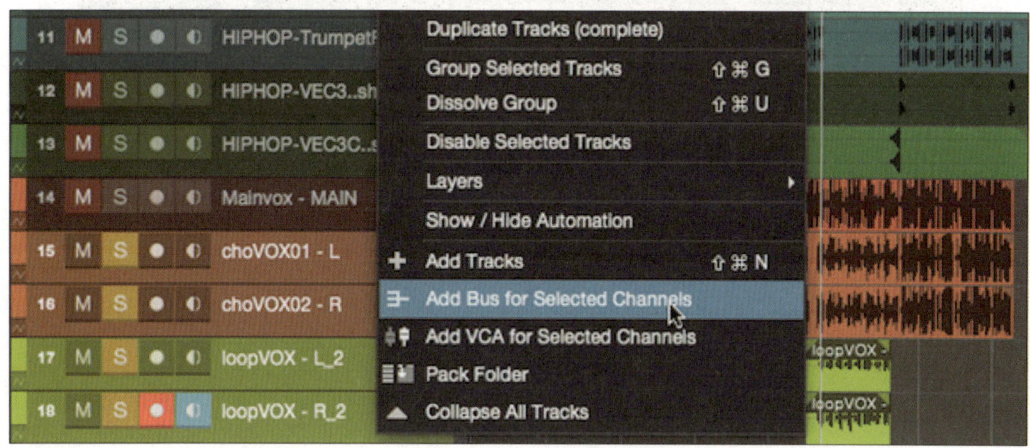

그림 7 - 111 트랙 선택 후 우클릭

4트랙을 모두 선택한 상태에서 우클릭을 해서 Add Bus for Selected Channels를 클릭합니다. 그러면 이 4트랙을 위한 버스 채널(버스 정류소)이 생성 됩니다. 이 4트랙을 모두 그 정류소로 보내겠습니다.

**그림 7 - 112** 버스 채널이 생성된 콘솔창

이제 믹서 창을 열어 보시면 Bus 채널이 생성된 것을 확인하실 수 있습니다. 필자는 프리퍼런스에서 Bus 채널이 생기면 선택했던 채널 바로 우측 옆으로 정렬되기를 선택했습니다.

이 Bus 채널은 메인 윈도우(중앙)에는 생기지 않습니다. 그래도 믹싱 작업하는 데 지장은 없는데, 만일 그 Bus 채널을 오토메이션을 해야 할 경우 문제가 될 수도 있습니다. 오토메이션 엔벨롭 에딧을 펜으로 그리려면 메인 윈도우에 생겨야 하기 때문입니다. 그럴 때 '스튜디오 원 3'의 프리퍼런스를 열어봅니다.

## 12.8.2 Bus 채널 오토메이션 트랙 생성

### 1) 오토메이션 트랙 설정

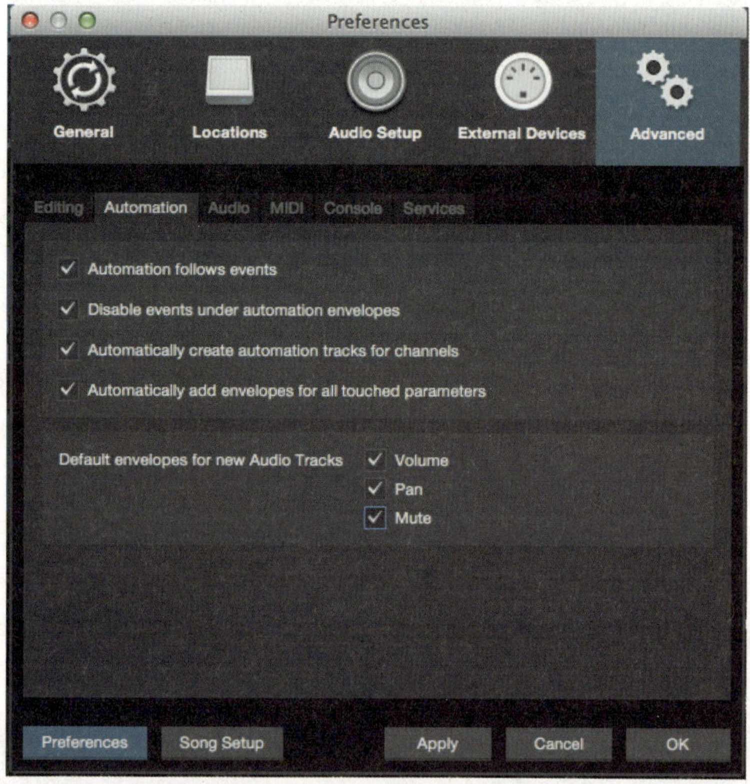

**그림 7 - 113** Preferences의 Advanced

아마 여러분들의 프리퍼런스창의 어드밴스드(Advanced) 〉 Automation 탭의 설정은 체크가 안 된 빈칸들이 있을 겁니다. 필자의 프리퍼런스는 위 상태처럼 모두 체크되어 있습니다. 하단의 볼륨, 팬, 뮤트도 모두 체크가 되어 있는 편을 추천합니다.

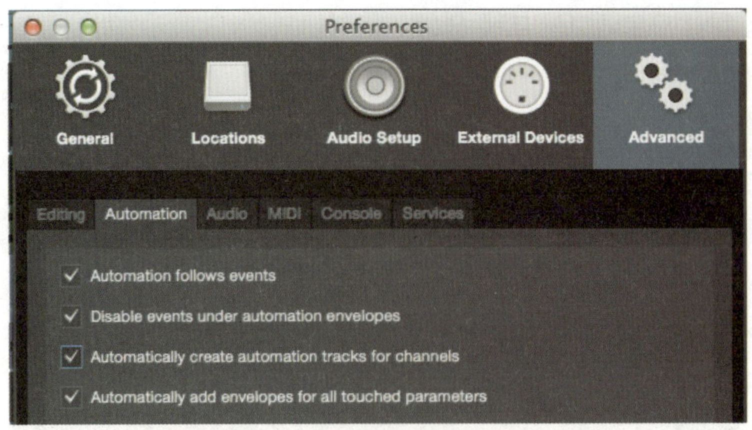

그림 7 - 114 Preferences의 Advanced

세 번째 체크란의 Automatically create automation tracks for channels가 메인 윈도우에 버스 채널의 오토메이션을 위한 트랙이 생성되게 하는 칸입니다. '채널을 위한 자동 오토메이션 트랙 생성'이라는 말인데, 이 옵션이 체크가 되면 버스 채널, VCA 채널 등이 모두 생성될 때마다 메인 윈도우에 오토메이션 트랙이 생성됩니다.

## 2) Bus 채널 오토메이션 트랙 생성

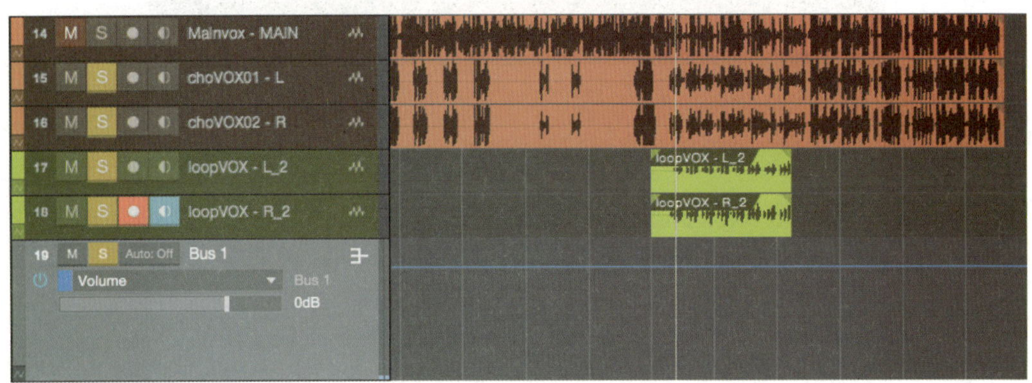

그림 7 - 115 Bus 채널 오토메이션 트랙 생성

하단에 Bus 채널을 위한 오토메이션 트랙이 생성되었음을 볼 수 있습니다. 파란 줄을 원하는 대로 그리면 Bus 채널에 관한 오토메이션이 됩니다. 이 Bus 채널은 모두 보컬 코러스 트랙 4개를 보낸 버스 정류소입니다.

그럼 좀 더 알아보기 쉽게 이 Bus 채널의 이름을 한번 변경해 봅니다.

## 12.8.3 Bus 채널 이름 변경

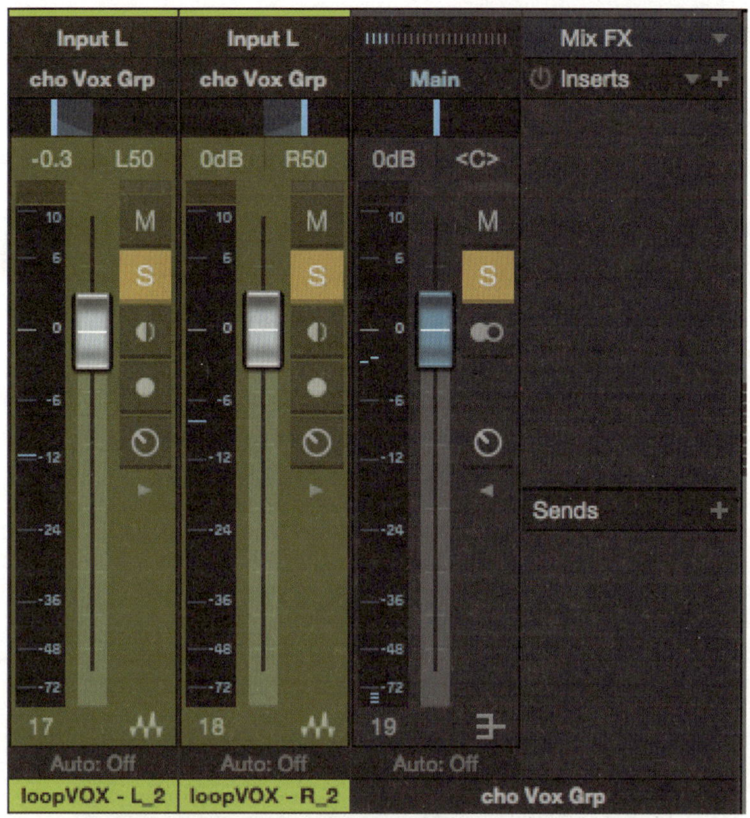

**그림 7 - 116** Bus 채널 오토메이션 트랙 생성

이 '버스 정류소'의 이름을 cho VOX Grp이라고 했습니다. '코러스 보컬들의 그룹'이란 의미입니다. 이곳의 페이더만 움직여도 4개 트랙의 볼륨은 한 번에 조절할 수 있습니다. 그러니 이곳에 이펙터를 건다면 한 번에 4개를 다 걸 수도 있습니다.

이제 '코러스 보컬 정류소'로 모인 이곳에 플러그인을 걸어 보겠습니다. 트랙이 4개이며 비록 혼자 불렀지만 혼자 여러 번 부른 목소리기도 하니 뭉친 저음역의 분리를 위해서, 그러면서 동시에 '로우 컷'되면서 노이즈를 같이 줄이기 위해 컴프레서를 걸어보겠습니다.

그냥 컴프레서보다는 위의 여러 이유를 한 번에 해결해줄 만한 이펙터로 '채널 스트립(Channel Strip)'을 사용합니다.

# 12.9 보컬 트랙 Bus 채널 이펙팅

## 12.9.1 인서트 채널 스트립(Channel Strip)

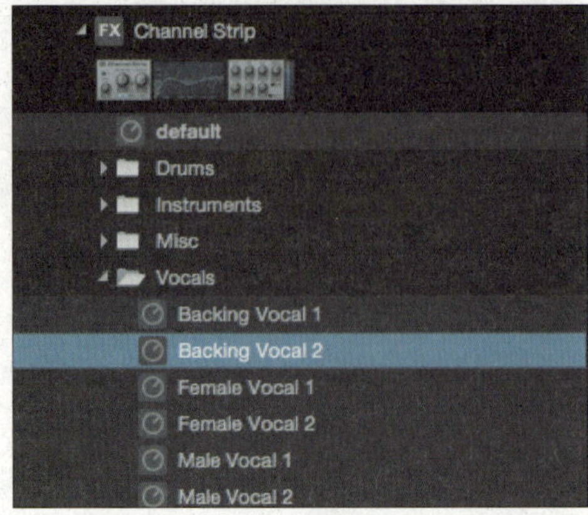

**그림 7 - 117** 브라우저 윈도우의 Channel Strip

프리셋의 Channel Strip 이펙트 중에 Vocals 폴더 안의 Backing Vocal 2라는 것을 골라봅니다.

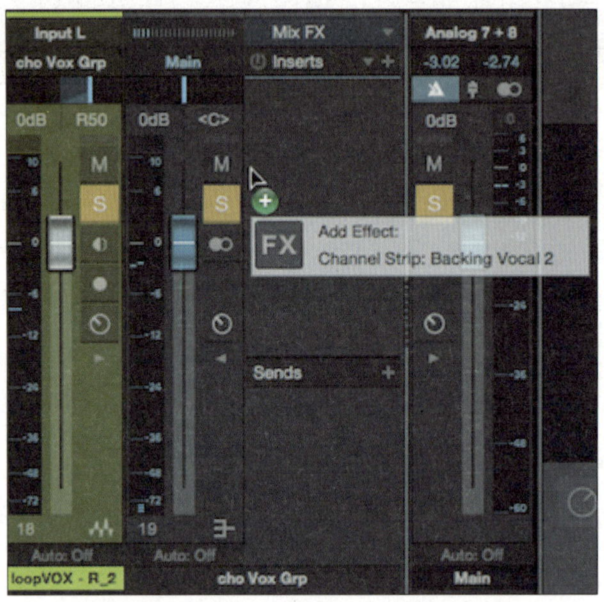

**그림 7 - 118** 드래그 앤드 드롭으로 Channel Strip 인서트

플러그인을 브라우저 윈도우에서 '코러스 보컬 정류소'로 드래그 앤드 드롭을 이용해 끌어다 놓습니다.

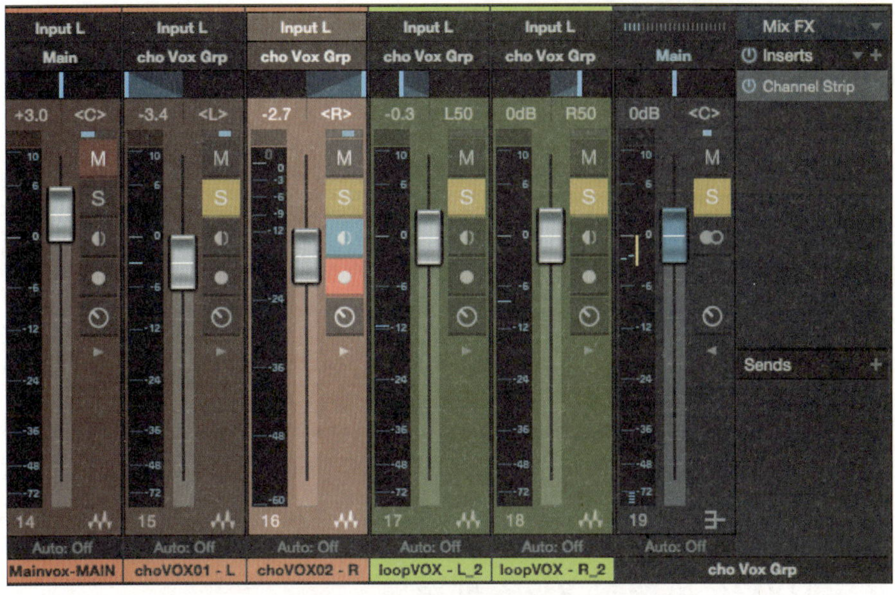

그림 7 - 119 코러스 보컬 계열 솔로로 듣기

이 트랙들을 솔로로 해놓고 들어보겠습니다. 모든 시그널은 Bus 채널인 cho VOX Grp으로 집중 되고 거기서 Channel Strip 플러그인이 걸리게 됩니다. 그리고 각 채널별 팬(Pan)도 걸려 나오고 있습니다.

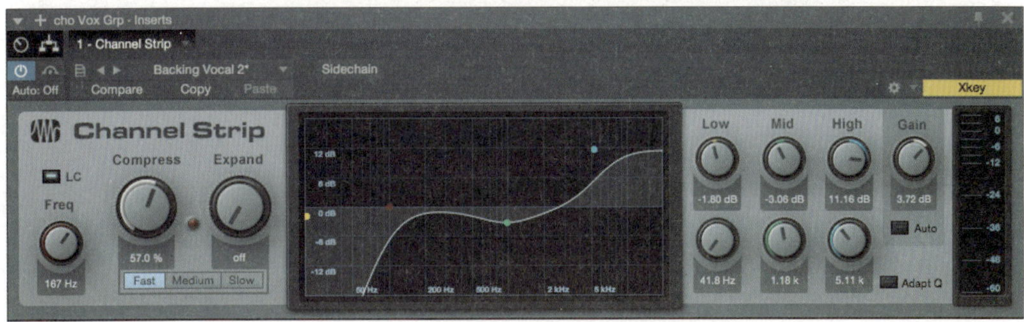

그림 7 - 120 Channel Strip의 Backing Vocal 2 프리셋

'Backing Vocal 2'라는 프리셋을 골랐지만, 살짝 아쉬워서 메인 보컬 트랙과의 분리를 위해 조금 더 까칠한 느낌이 나도록 Gain 노브와 이퀄라이저의 High 노브를 약간 조정해보았습니다. 그림 속의 수치를 참고하면서 독자분들도 조정해보길 바랍니다.

이퀄라이저의 커브 곡선을 보듯 저음역은 확실한 로우 컷(LC라고 불이 들어옴을 볼 수 있습니다)을
해서 고음역을 많이 부각시켰습니다.

이렇게 들어보니 loopVOX 2개의 트랙들이 소리가 조금 커서 메인 보컬을 침해합니다. 그렇다고 메
인 보컬을 키운다면 너무 헤드룸이 줄어들게 되어 문제가 될 듯하니 이 두 트랙의 볼륨을 줄여봅니
다.

이 2트랙을(혹은 아주 여러 개의 페이더도 마찬가집니다) Bus 채널 등을 만들지 않고 한 번에 움직
이려면 VCA(Voltage Control Amplifier) 채널을 만들어야 합니다.

Bus 채널은 앞서 공부했듯 여러 채널을 버스로 묶어서 메인 아웃으로 보낼 수도 혹은 독자적인 Bus
출력으로도 사용 가능한 다이어그램 구조를 가집니다. 즉 버스 채널은 '출력용'입니다만 이 'VCA 채
널'은 단지 '페이더(Fader) 컨트롤 용'입니다. 때문에 모노 트랙과 스테레오 트랙을 섞어 한꺼번에 제
어도 가능합니다.

## 12.10 choVOX 트랙의 VCA 채널

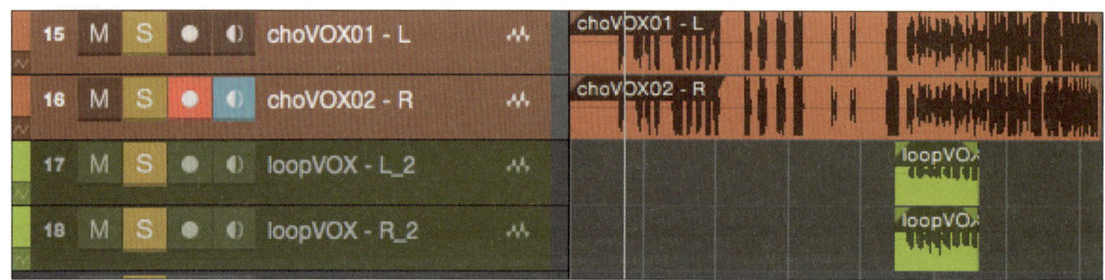


**그림 7 - 121** choVOX 트랙 생성

### 12.10.1 VCA 채널 생성

choVOX 트랙을 동시에 선택 후 우클릭을 합니다.

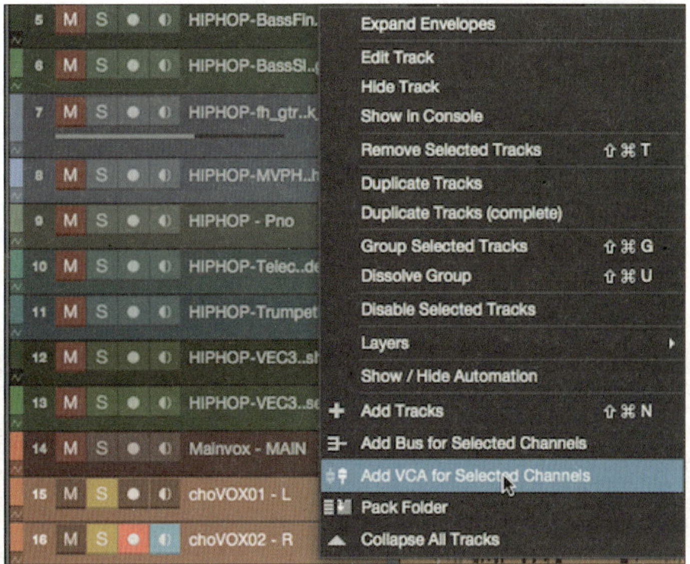

그림 7 - 122 선택된 트랙에 우클릭

Add VCA for Selected Channels를 선택합니다. '선택한 채널을 위한 VCA 채널을 추가한다'는 의미
입니다.

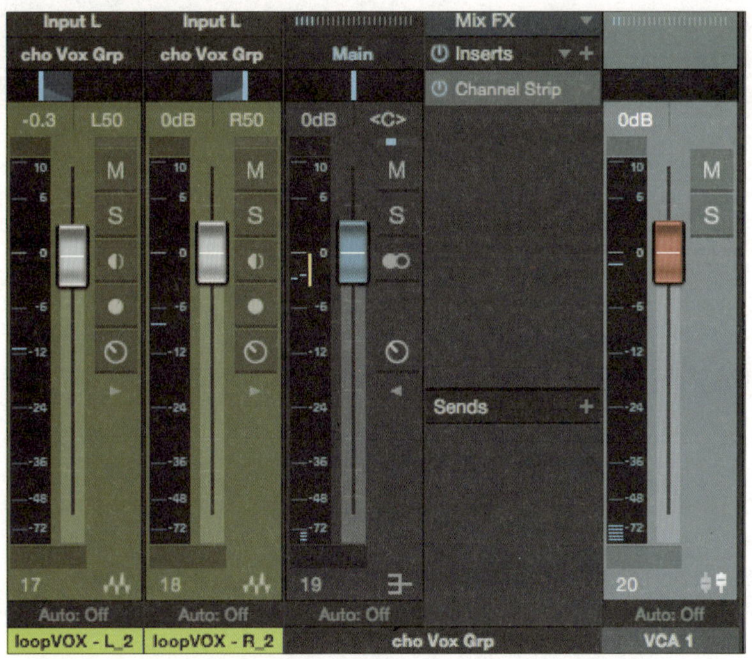

그림 7 - 123 생성된 VCA 채널

새로 생성된 VCA 채널도 기존 설정에 의해 맨 우측으로 자리합니다.

페이더를 움직여 보면 choVOX 트랙들이 따라 움직입니다.

## 12.10.2 VCA 채널 오토메이션 트랙

VCA는 Fader 컨트롤을 위한 것이라 앞서 말했습니다. 때문에 Fader를 컨트롤 하는 기능 중 '오토메이션' 기능은 정말 중요합니다.

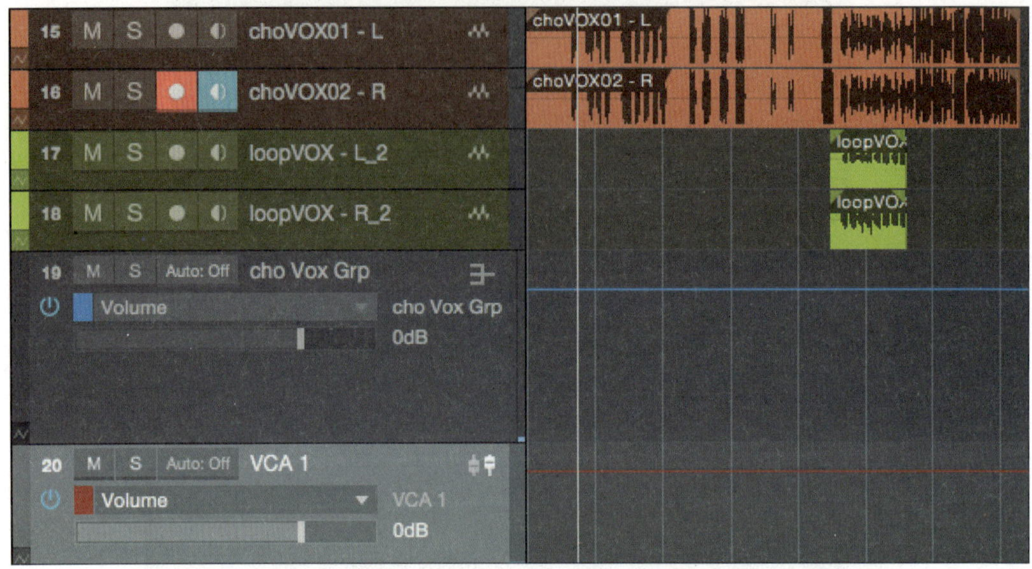

그림 7 - 124 VCA 채널의 오토메이션 트랙

역시 프리퍼런스의 기존 설정(Automatically create automation tracks for channels)대로 메인 윈도우에 오토메이션 엔벨롭 트랙이 생성되어 있습니다.

## 12.10.3 VCA 채널의 이름 변경

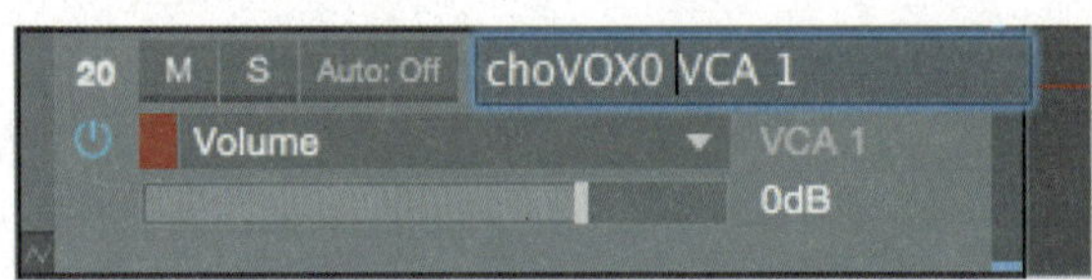

그림 7 - 125 VCA 채널의 이름 변경

편의상 VCA 채널의 이름도 choVOX0 VCA 1로 바꾸겠습니다.

### 12.10.4 VCA 채널의 페이더

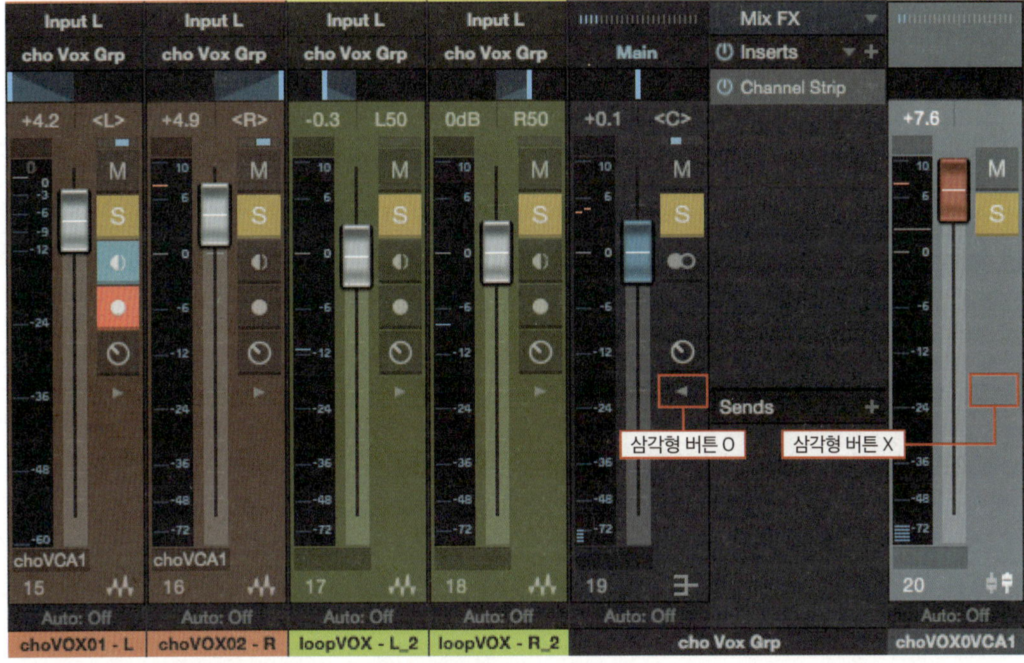



**그림 7 - 126** VCA 채널 페이더 조정

choVOX0 VCA 1의 페이더를 +7.6까지 올렸습니다.

버스 채널에서 걸린 '채널 스트립' 플러그인의 컴프레서 덕분에 레벨은 고르게 되었지만 전체 레벨은 조금 줄어들었기에 이곳에서 보정했습니다. VCA 채널의 그림을 보듯 인서트 확장 보기 기능은 빠져 있습니다. 삼각형 버튼이 없으니까요.

## 12.11 loopVOX 트랙의 그룹

### 12.11.1 그룹 지정

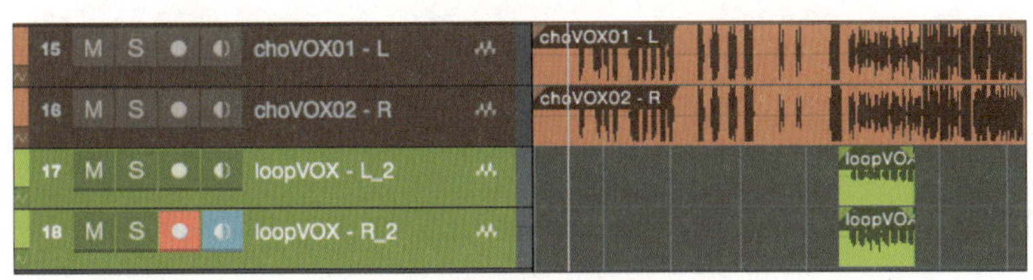

**그림 7 - 127** loopVOX 트랙 선택

이번엔 loopVOX 트랙을 다른 방식으로 한 번에 움직이도록 설정하겠습니다.

Bus 채널, VCA 채널 설정이 그 의미는 다르지만 Fader 컨트롤 용도의 사용이 겹치는 부분이 있듯 이번엔 어떤 채널을 새로 생성하지 않고 있는 트랙 그대로 'Group'으로 묶어 봅니다. 큐베이스 등의 다른 DAW에서는 '링크 채널'이라는 기능으로 불리기도 합니다.

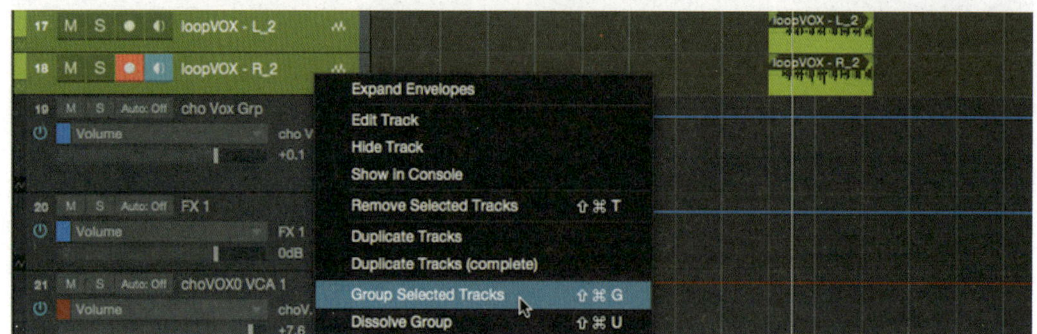


**그림 7 - 128** 선택된 트랙 위 우클릭

만들고자 하는 트랙인 loopVOX 트랙 두 개를 동시에 선택 후 우클릭해서 Group Selected Tracks를 선택합니다.

## 12.11.2 그룹이 된 트랙의 페이더

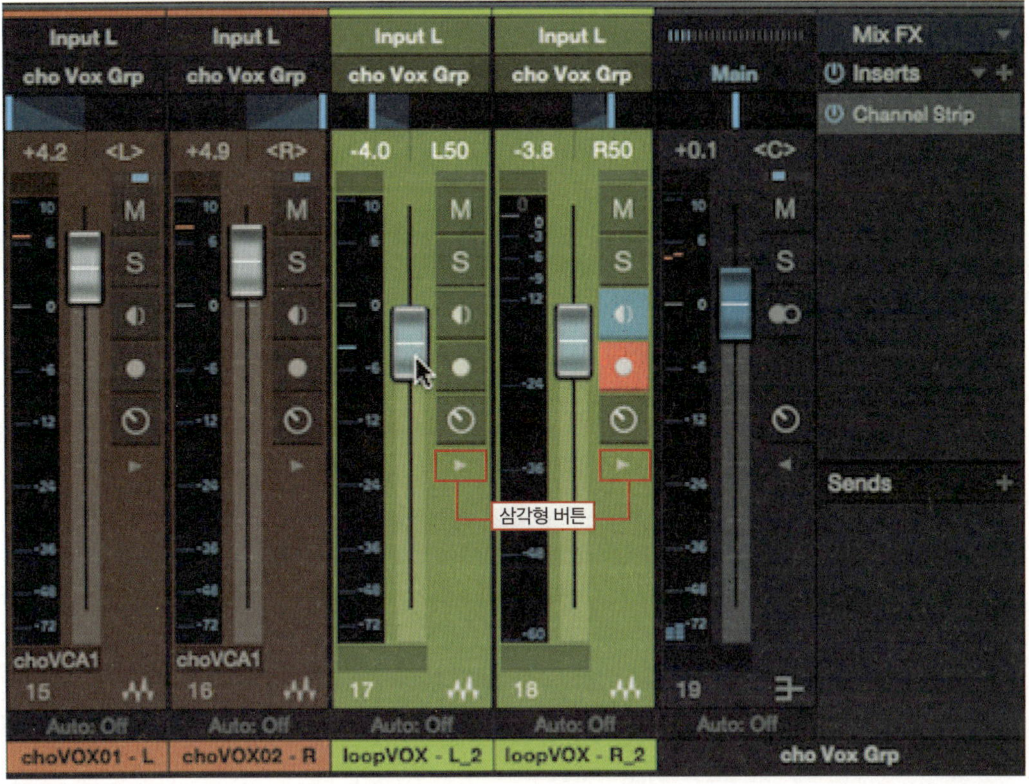



**그림 7 - 129** 그룹된 loopVOX 페이더

loopVOX 트랙에 마우스를 가져다 움직여 보면 두 개가 링크되어 함께 움직입니다.

이렇듯 여러 개의 트랙을 동시에 제어하고 싶을 때 위에 소개한 기능 중 각각의 용도를 잘 생각해서 사용하기를 바랍니다.

그룹으로 페이더를 묶는 것은 단지 제어만 가능하고 그 외 특별한 기능은 없습니다. 다만 링크로 묶은 두 개의 트랙을 가끔 잠시 따로 조정해야 할 때 다시 풀었다가 다시 링크를 거는 것이 번거롭습니다. 아마 그럴 땐 '그냥 VCA 채널을 쓸 걸…' 하는 후회가 들 수도 있습니다.

VCA와의 차이라면 '삼각형' 버튼이 있으니 활용 가능하다는 점입니다.

그림 7 - 130 그룹 채널 페이더 조정

그룹 링크된 두 채널을 −8dB까지 내립니다.

## 12.12 FX 채널

### 12.12.1 FX 채널 생성

그림 7 - 131 Bus 채널 'Sends' 단어 우클릭

이번에는 이 여러 개의 트랙이 Bus로 보내진 이 트랙들에 이펙터를 걸기 위해 FX 채널을 생성합니다. 물론 좀 전에 생성했던 Bus 채널에 인서트로 플러그인을 걸어도 되지만 그렇게 하면 플러그인 세팅을 고칠 때 4트랙이 동시에 영향을 받아 경우에 따라선 불편할 수도 있습니다.

그런 상황에선 FX 채널을 만들어 걸면 VCA로 묶인 choVOX2 트랙과 그룹으로 링크가 걸린 loopVOX2 트랙을 별개로 SEND 값을 조정해서 플러그인이 걸리는 농도를 조절할 수가 있습니다. 이러면 작업이 효율적이기도 하고 또한 여러분 컴퓨터의 CPU 성능도 절약할 수 있습니다.

**그림 7 - 132** 생성된 FX 채널

FX 채널 생성 후 인서트 창을 확장합니다. 앞서 여러 번 언급했지만 큰 믹서 창을 본다면 인서트 창을 이렇게 볼 이유가 없습니다. 인서트 창이 위로 올라가는 형태이니까요.

## 12.12.2 인서트 비트 딜레이(Beat Delay)

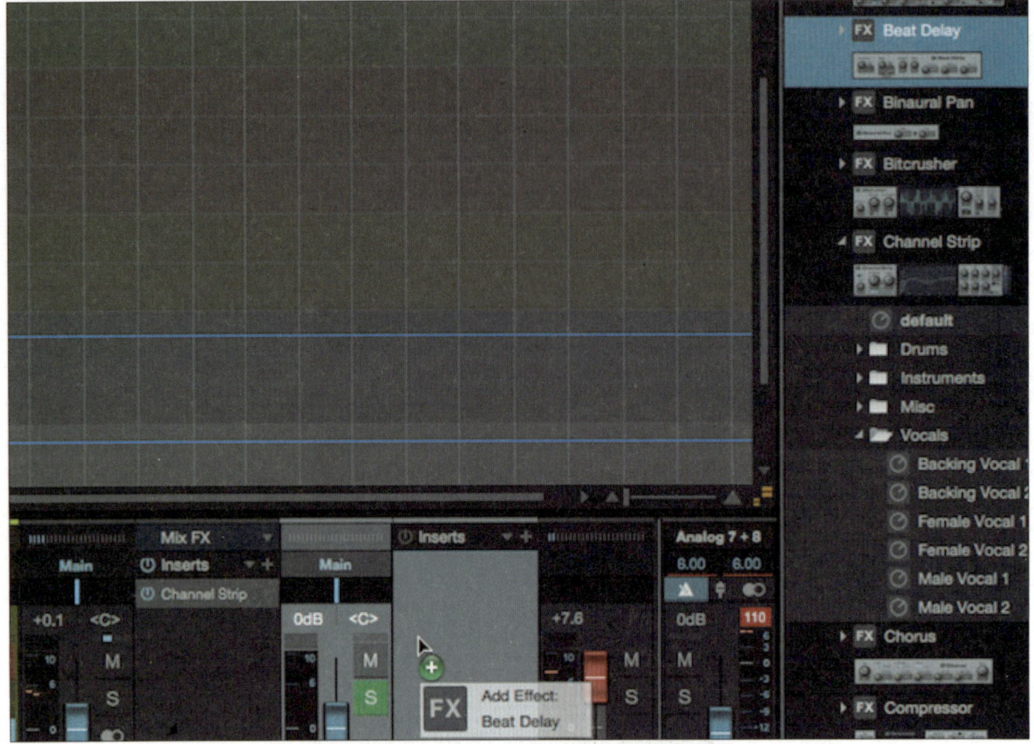

그림 7 - 133 Bus 채널 'Sends' 단어 우클릭

이 채널에는 딜레이를 걸어보려고 합니다. 딜레이는 공간계 이펙터의 한 종류로 내지른 소리가 다른
사물에 부딪혀 되돌아오는 효과입니다. 쉽게 떠올리려면 산에서 '야호~~' 했을 때 느낄 수 있는 메
아리가 딜레이입니다. 딜레이 효과가 나려면 소리를 전달할 매질인 공기와 그 소리가 부딪힐 장애물
이 필요합니다.

이펙터 브라우저 윈도우에서 Beat Delay를 골라서 FX 채널의 인서트 부분으로 드래그 앤드 드롭을
합니다. 이펙터 제목 그대로 '박자 딜레이(Beat Delay)'이니 곡의 템포와 박자를 맞추어 내어주는 기
능이 있으리라 생각됩니다.

## 12.12.3 Bus 채널 Send 설정

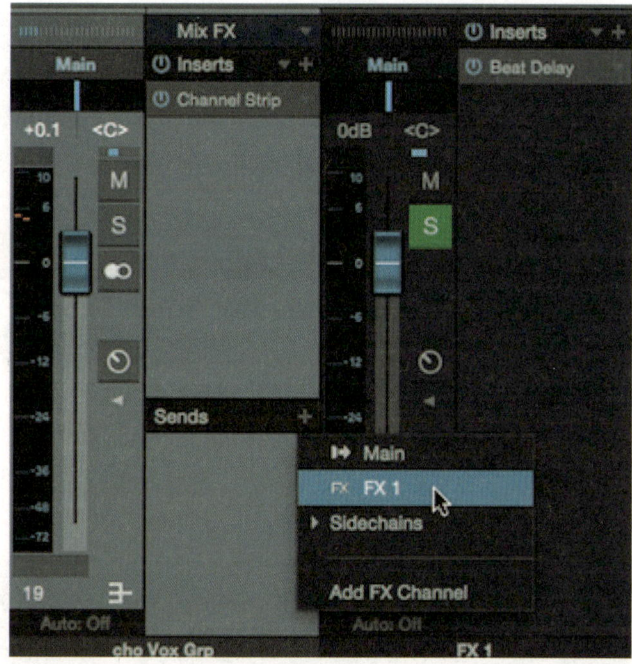

그림 7 - 134 Sends에서 FX 선택

아까 만들어 놓은 Bus 채널의 확장 단 하단을 보면 Sends라고 쓰여 있는데 그 옆에 + 버튼을 눌러봅니다. 이곳은 이 Bus 채널(cho VOX Grp)로 들어온 시그널을 어디로 Sends(보내야)할지를 정하는 곳입니다. 버스를 보낼 정류소를 정할 수 있습니다.

앞서 공부한 대로 Bus 채널은 정식 출력 채널로써 출력을 마스터 메인 아웃으로 보낼 수도 있지만, 메인으로 보내지 않고 Bus 아웃 스스로도 출력을 낼 수 있습니다(물론 이렇게 사용하려는 경우 여러분의 오디오 인터페이스가 4 OUT 이상은 되어야 합니다. 2 OUT인 경우라면 Bus 아웃을 만들어도 결국 출력은 메인 아웃입니다).

이 Bus 채널의 Sends를 FX 1채널로 설정합니다. 이로써 딜레이(Beat Delay)와 이 콘솔의 Bus 채널은 센드 리턴으로 연결이 되었습니다.

즉, 이 Bus 채널의 출력이 마스터로 나가는 것과 센드로 보내져서 딜레이가 걸린(이펙팅 된) 시그널이 버무려져 나온다는 말입니다(단 Pre / Post 중 Post일 경우입니다. 앞선 믹서 부분의 설명을 다시 읽어 보시기 바랍니다).

## 12.12.4 FX 채널 딜레이 고정

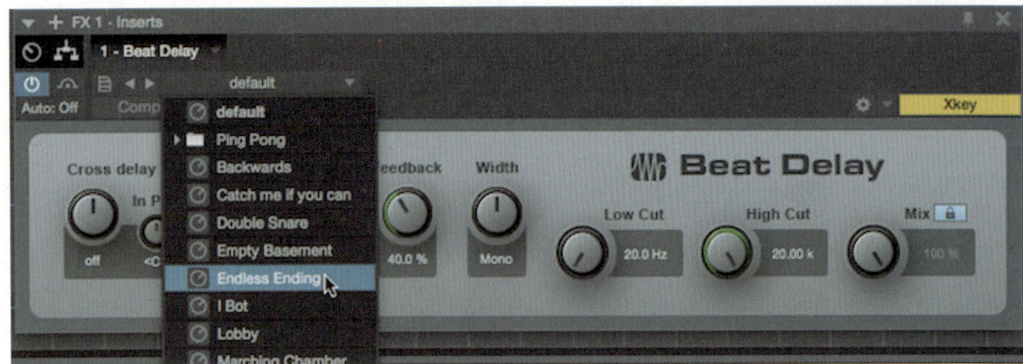

그림 7 - 135 Beat Delay 프리셋

딜레이(Beat Delay)의 프리셋을 열고 Endless Ending이라는 이름의 프리셋을 고릅니다.

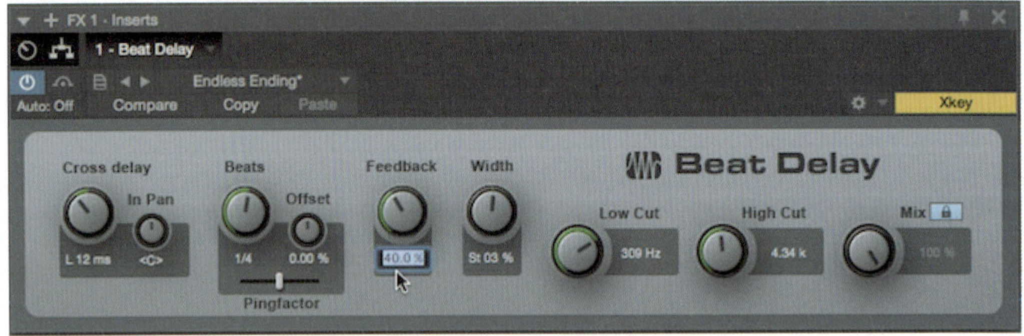

그림 7 - 136 Beat Delay 프리셋

Feedback 값을 조정했습니다. Feedback은 반사음의 양을 말합니다. 정확히는 반사되어 오는 소리의 빈도 수를 말합니다. 현재 설정에선 곡 템포의 40%만큼 반사되지만 다른 종류의 딜레이에 따라선 % 가 아니라 음표로 설정해두기도 합니다.

## 12.12.5 Bus 채널 Send 양 조정

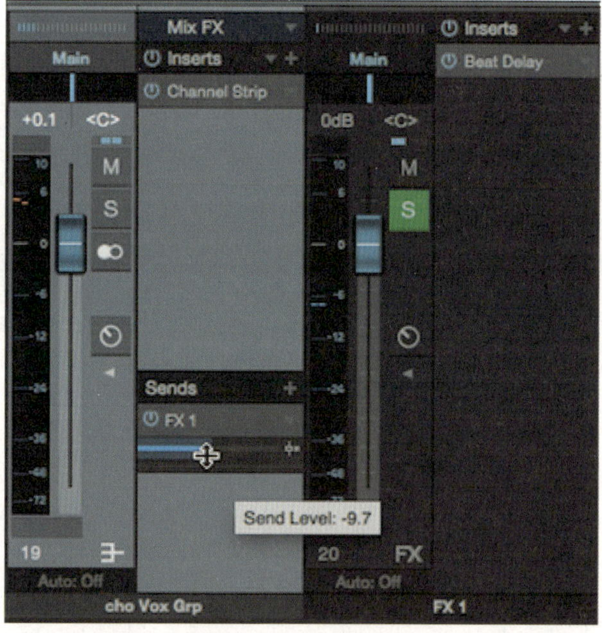

그림 7 - 137  Send Level 조정

딜레이가 있는 FX 채널로 보내지는 'Sends' 양을 조정합니다. 현재 −9.7로 처음보다 낮게 조정했습니다.

## 12.12.6 FX 채널 오토메이션

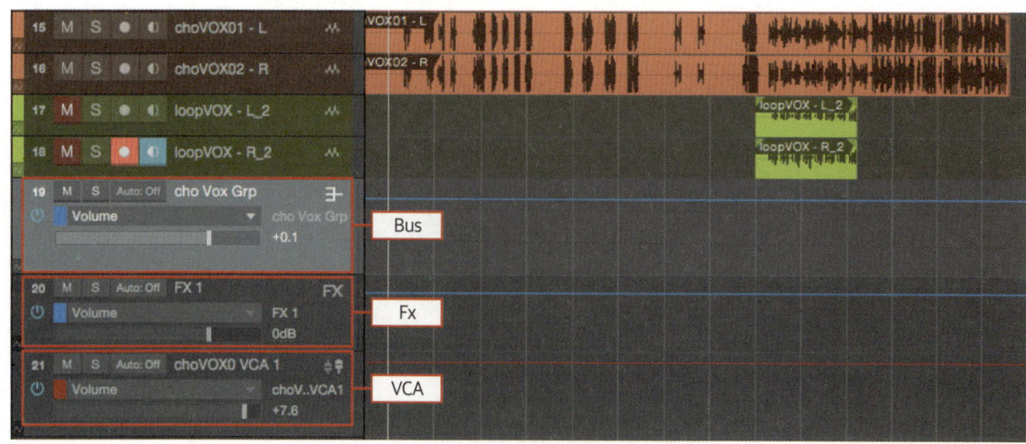


그림 7 - 138  Bus, VCA, FX 오토메이션 트랙들

Bus, VCA, FX 오토메이션 트랙들을 볼 수 있습니다. 각 트랙 별 우측 '트랙 칼럼'의 아이콘이 각각 다른 것도 확인할 수 있습니다.

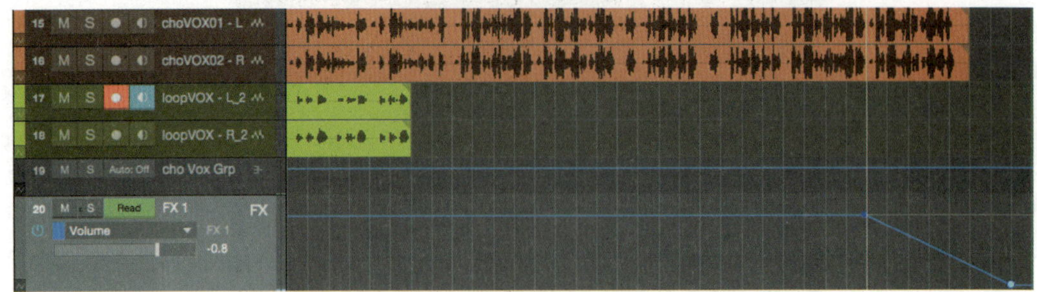

**그림 7 - 139** FX 채널 오토메이션

이 곡이 끝나는 부분의 딜레이 값을 줄입니다. 곡이 끝나도 잔향이 계속 남기 때문인데 가장 간단하게 그 영향을 없앨 수 있는 방법은 당연히 FX 채널의 볼륨을 줄이는 것입니다. 이렇게 되면 FX 채널로 나가는 소리는 소멸됩니다.

참고로 곡을 듣던 중에 스페이스 바를 눌러서 곡을 멈추면 곡은 멈추어도 딜레이가 걸린 트랙의 잔향은 계속 따라와서 들리게 됩니다.

# 13 믹싱이 끝난 프로젝트 화면

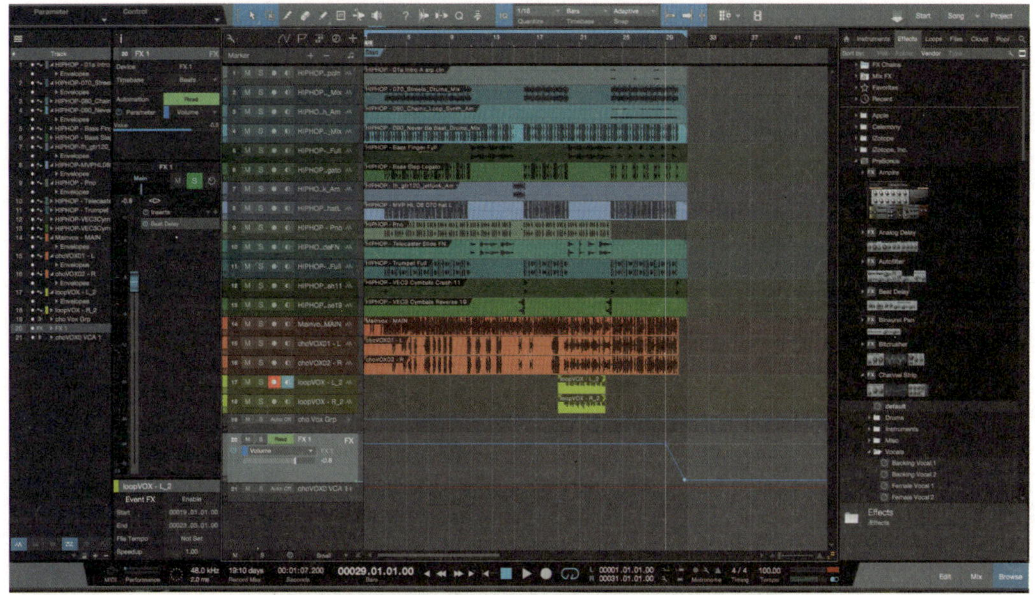

그림 7 - 140 전체 화면

이렇게 믹스 작업을 끝냈습니다. 이젠 멀티트랙들이 모두 합쳐진 파일로 만들어진 '믹스다운'을 해야 합니다.

지금까지 작업한 오디오 트랙들의 모습입니다. 상단의 '푸른 색 룰러 바'를 보시면 이 곡의 시작과 끝 구간이 선택된 것을 알 수 있습니다. 처음과 끝을 아우르는 레전을 클릭 후 P 를 누르면 구간 선택이 됩니다.

설정된 이 구간만큼 '믹스다운'합니다.

# 14 Export Mixdown

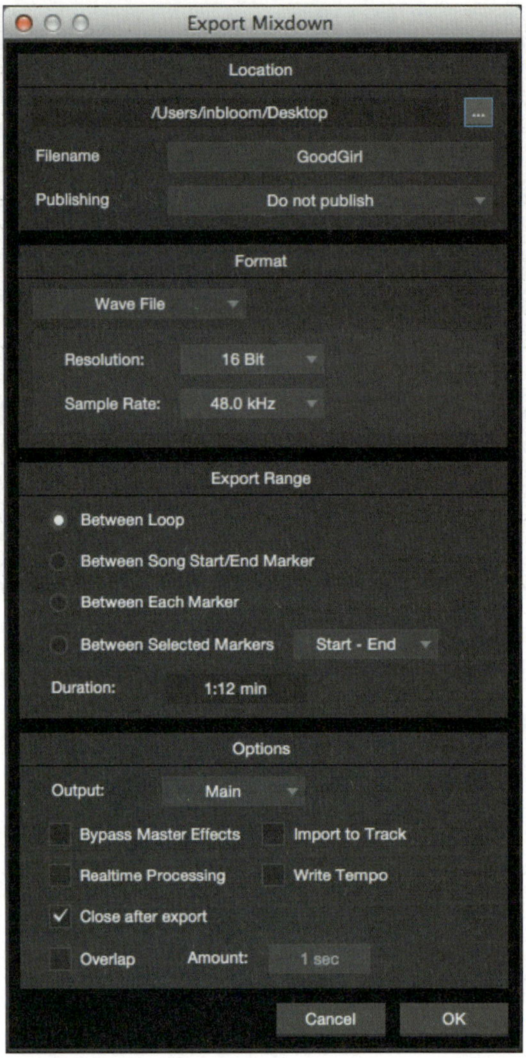

그림 7 - 141  믹스다운 설정

필자는 '믹스다운'(Mixdown)되는 장소를 '데스크탑(바탕화면)'으로 지정했습니다. 곡의 제목은 〈Good Girl〉로 했고 믹스다운 후 나올 wav 포맷은 16bit 48kHz Wave File로, 퍼블리싱(공개)은 안한다고 했습니다(Do not publish).

'GoodGirl.wav' 파일을 마스터링하기 전에 먼저 작업했던 다른 곡도 믹싱해보겠습니다.

# 15 First song 따라 해보기 믹스

힙합 곡 믹스 작업이 끝났습니다.

'First song 따라 해보기' 믹스 작업을 〈Good Girl〉 이후에 하는 이유는 앞선 힙합 곡은 모든 미디 트랙들을 스템(Stem) 파일로 출력한 후 별도의 믹스 프로젝트를 만들어 작업 했었으나, 이 곡은 작업하던 미디(MIDI) 프로젝트상에서 믹스를 해보려 하기 때문입니다. 원칙상 모두 웨이브 파일로 만들고 믹싱 프로젝트상에서 믹스를 하는 것이 맞습니다. 그래서 그 원칙에 맞는 힙합 곡 믹스(Mix)를 먼저 했던 것인데, 실제로는 작업을 하는 미디 파일상에서 '가믹싱' 상태로 곡을 만들고 '그 상태에서 Export Mix' 파일을 하는 경우가 훨씬 많습니다(하지만 이 상태로 작업을 하는 것에는 믹싱의 한계가 있습니다).

그 이유 중 하나는 본인이 만든 곡이 어떤 가수에게 실제 사용될 지 안 될지 불투명한 상태라서 언제나 변경, 수정이 가능한 상태여야 하기 때문이고, 또 하나는 작업이 컨펌 나면 실제 전문적인 믹싱은 믹스 엔지니어가 있는 스튜디오에서 벌어지기 때문입니다.

그러나 이 책을 읽는 독자 중엔 '믹스 엔지니어'가 되고 싶은 분도 있을지 모르고 자신의 작업실에서 믹스를 끝내는 경우도 요새는 흔하기에 작·편곡가도 일정 수준 이상의 믹싱 지식이 필요합니다. 실제로 근래의 작·편곡가들의 믹싱 실력은 전문 엔지니어만큼 좋은 분들이 많습니다.

지금부터 MIDI 프로젝트 상에서 가믹싱하는 것으로 진행해보겠습니다.


## 15.1 오디오 트랙만 활성화

앞서 힙합 곡을 작업한 것처럼 믹싱은 미디 작업이 끝난 후 바운스를 해서 새로 믹스용 프로젝트를 만든 뒤 오디오 파일들만 가지고 새 프로젝트에서 믹싱하는 것을 권하고 싶습니다.

하지만 '미디 파일(MIDI File)'과 그것을 바운스 한 '오디오 파일(Audio File)'이 한 곳에 공존하는 프로젝트 안에서 작업을 해야 할 때도 많습니다.

악기를 오디오로 바운스한 후에도 같은 악기이니 같은 소리를 내는 '미디 트랙'과 '오디오 트랙'이 공존하는 모습이 되어 겹치는 트랙들이 많아지게 됩니다. 이렇게 되면 보기에도 불편하고 어차피 믹싱은 '오디오 트랙'만을 가지고 하는 것이니 '미디 트랙'들을 '메인 윈도우'에서 안 보이는 상태로 두는 것이 작업하기에 편합니다. '오디오 트랙'만 남겨 두고 보기 위해선 좌측 'Tracks 윈도우'의 트랙 뷰에서 '오디오 트랙'만 남겨 둔 채 '미디 트랙'들을 모두 '안 보임' 상태로 설정하시면 됩니다.

'건반 모양' 버튼이 미디 트랙이며 '물결 모양' 버튼은 오디오 트랙들입니다. 혹은 트랙별로 각각 바운
스를 치면 자동으로 '미디 트랙'은 뮤트가 되고 '오디오 트랙'만 활성화 되기에 매우 편리합니다.

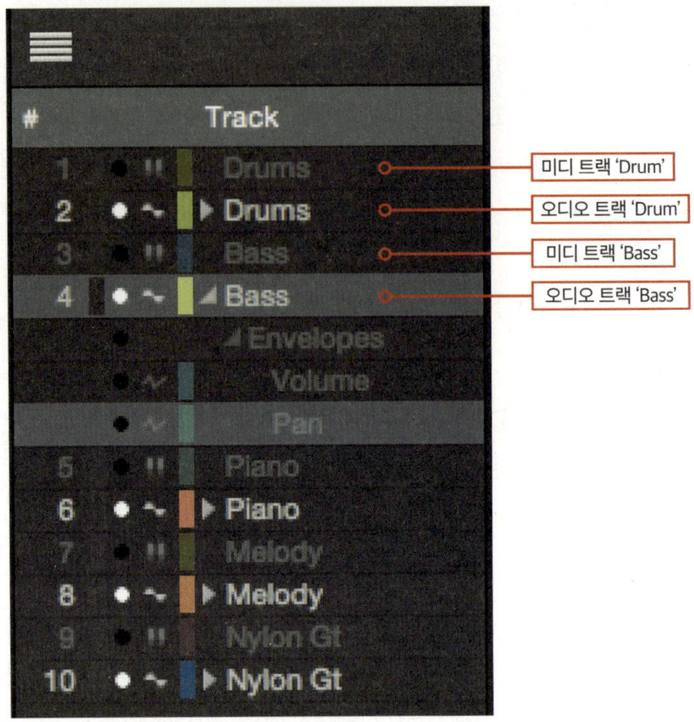


**그림 7 - 142** 오디오 트랙만 보기

악기별로 바운스를 치고 난 후 같은 트랙 이름들이 두 줄씩 나옵니다. 그 중 물결 무늬가 오디오 트
랙들입니다.


## 15.2 가믹싱

믹스의 시작은 우리가 소위 '가믹싱'이라고 부르는, 지금 상태의 오디오들을 가지고 아무 효과 없이
오로지 볼륨 페이더로만 듣기 좋게 만들어보는 것입니다. 이 원본 오디오들만 가지고 조정한 밸런스
만으로도 믹싱 후 나중에 이 음악이 어떻게 나올지 어느 정도는 예상할 수 있습니다.

각자 듣기에 적당하다고 느끼는 볼륨 페이더를 만듭니다

**그림 7 - 143** 가믹싱 상태

필자가 듣기에는 믹서상의 페이더 상태가 가장 좋습니다. 미터를 보며 이대로 따라해보시기 바랍니다.

이 상태로 들으면서 이제 어떻게 하면 더 많은 '다이내믹 레인지'를 가지게 할 것인가, 더 넓은 스테레오 이미지, 해상도 등을 갖게 할 것인가에 대한 고민을 시작해야 합니다.

무엇이 부족하다고 느끼는지, 무엇을 어떻게 하면 이를 극복할 수 있을지, 그동안 들었던 음악 중에서 듣기에 좋았던 믹스를 가진 음악은 무엇이 있었는지 등을 이 상태에서 떠올려야 합니다.

가로축과 세로축, 즉 '다이내믹 레인지'와 '음역별 스펙트럼'이 적절하게 합쳐져야 해당 음악은 '펀치감' 혹은 '입체감' 등 그 곡만의 특별한 이미지를 가지게 됩니다.

## 15.3 세로축

악기군 중 주로 저음역(낮은 주파수대역)에서 음악을 탄탄하게 만들어주며 곡의 펀치감을 주는 리듬 악기부터 손대봅니다. 이 악기군은 가로축과 세로축 중에 주로 '세로축(dB)'에 해당하는 펀치감과 그로 인한 리듬감이 상당히 중요합니다. 현재 리듬악기는 '베이스 기타'와 '드럼'이 있습니다.

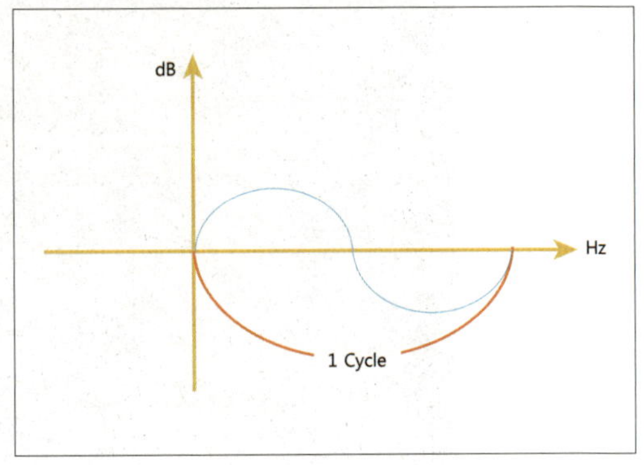


드럼 중에서 가장 저음역을 담당하는 악기는 '킥(베이스 드럼)'입니다. 그렇다면 '베이스 드럼'과 '베이스 기타' 중에서 더 낮은 음역을 가질 것을 결정해야 합니다. 실제로 이 두 악기는 연주상으로도 음색상으로도 '콤비네이션'이 매우 중요합니다. 거의 매 마디 정박에 드러머가 킥을 밟는 순간 베이스 기타도 연주가 되야 한다고 베이스 기타 입력 편에서 배웠습니다. 그렇다면 두 가지 악기 소리가 겹쳐서 나는 뉘앙스까지도 믹스 때 감안을 해야 합니다. 이 두 가지 악기가 겹쳐서 내는 소리야말로 그 곡의 펀치감과 리듬감을 만드는 데 가장 중요한 핵심입니다.

여러분들이 좋아하는 곡은 '베이스 기타'와 '베이스 드럼' 중에 어느 것이 더 낮은 음역을 담당하고 있는 것으로 들리십니까? 필자가 아는 상당수의 곡들은 '베이스 드럼'보다는 '베이스 기타'가 더 낮은 음역을 담당합니다.

이런 저음역 악기의 믹싱은 자칫 저음이라 뭉개져서 이미지가 흐려질 수 있기에 신경 써야 하는 존재감, 그리고 '베이스 기타'와 '베이스 드럼'의 구별되는 음색이지만 합쳐져서 펀치감이 배가되는 부분 등 모두 신경 써야 합니다.

위에 공부한 컴프레서 사용을 기준으로 여러분들이 만들어 보셨으면 합니다.

대신 이번에는 컴프레서를 편곡에 적극적으로 사용한 '사이드 체인'의 사용법을 공부해 보겠습니다 (이 부분은 건너뛰고 나중에 보셔도 됩니다. 하지만 꼭 이후에라도 보시기 바랍니다).

'사이드 체인'은 컴프레서의 효과 중 근래에 들어 가장 음악적으로 사용되는 효과입니다.

원래 '사이드 체인'은 어떤 시그널이 갑자기 커지게 되면 '키 인풋'이 되면서 그 커진 소리를 급격하게 잡아서 컴프레싱하는 게 목적입니다.

예를 들어 월드컵 중계를 하다가 골이 들어가서 해설자가 "골~~~" 이라고 외칠 때 이 사이드 체인이 작동하면서 시그널을 눌러 버립니다. 중계하던 아나운서가 갑자기 내지르는 소리에 모든 시청자가 놀랄 일도 마이크가 상할 일도 없습니다.

하지만 바로 적용이 되기까지 약간의 시간차가 생기기 때문에 'Fade in' 되는 느낌으로 컴프레서가 작동을 합니다.

이런 느낌의 소리를 글로 표현하자면 '펌핑'된다고 할 수 있습니다. psy의 '강남스타일' 인트로 부분의 신스 반주가 대표적인 사이드 체인 효과입니다. 오디오 이팩트를 음악 편곡에 활용한 케이스가 되겠습니다.

## 1. 사이드 체인 적용을 위한 새 프로젝트

그림 7 - 144 새 프로젝트

먼저 사이드 체인을 위해 '스튜디오 원 3'의 새 프로젝트를 만듭니다.

'사이드 체인' 적용을 위해 간단한 시퀀싱을 한 다음 EDM 계열 음악에서 많이 사용하는 스타일인 '베이스 드럼'을 '키 인풋'으로 하여 신시사이저에 사이드 체인이 걸리게 되는 과정을 봅니다.

우리에겐 현재 시험해볼 '드럼 소스'가 없으니 우선은 '스튜디오 원 3' 가상 악기 중 'IMPACT'를 사용합니다.

임팩트(IMPACT)는 힙합이나 댄스 음악 등에 사용하기 좋은 드럼 사운드가 들어 있는 악기입니다.

## 2. 임팩트 악기

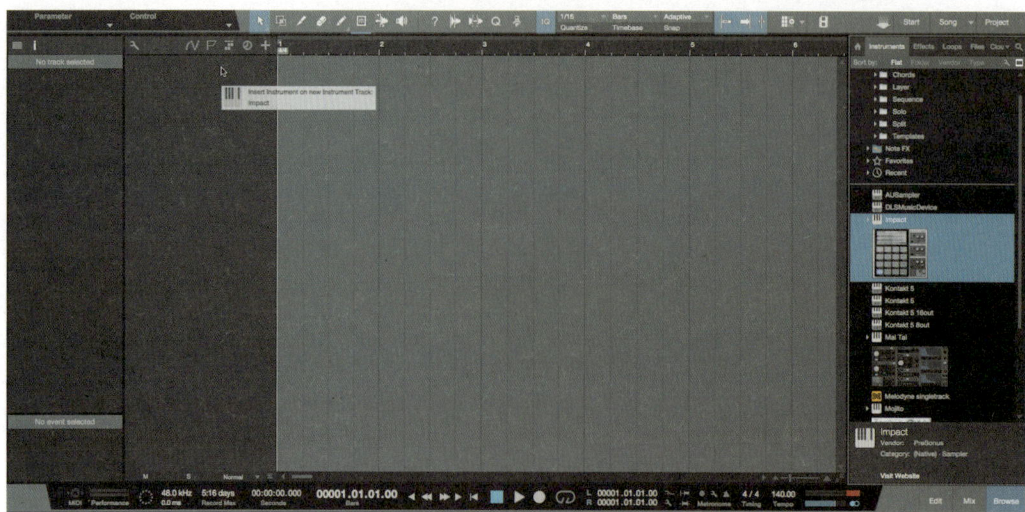

**그림 7 - 145** 드래그 앤드 드롭으로 악기 추가

임팩트 중 프리셋을 하나 고릅니다. 루프 드럼을 만들 만한 베이스 드럼 소리로 'Dancehall Madness'를 선택합니다.

## 3. 악기 프리셋 선택

**그림 7 - 146** 악기 프리셋 선택

지금 고른 Dancehall Madness를 가지고 한 마디 시퀀싱을 합니다.

그림 7-146에서 파란색 불이 켜진 곳이 베이스 드럼 소리입니다. 현재 우리가 고른 'Dancehall Madness'의 베이스 드럼은 음정상으론 B(시)에 '맵핑'되어 있습니다. 연필 툴을 이용해서 한 마디만 베이스 드럼을 넣습니다.

## 4. 베이스 드럼 한 마디

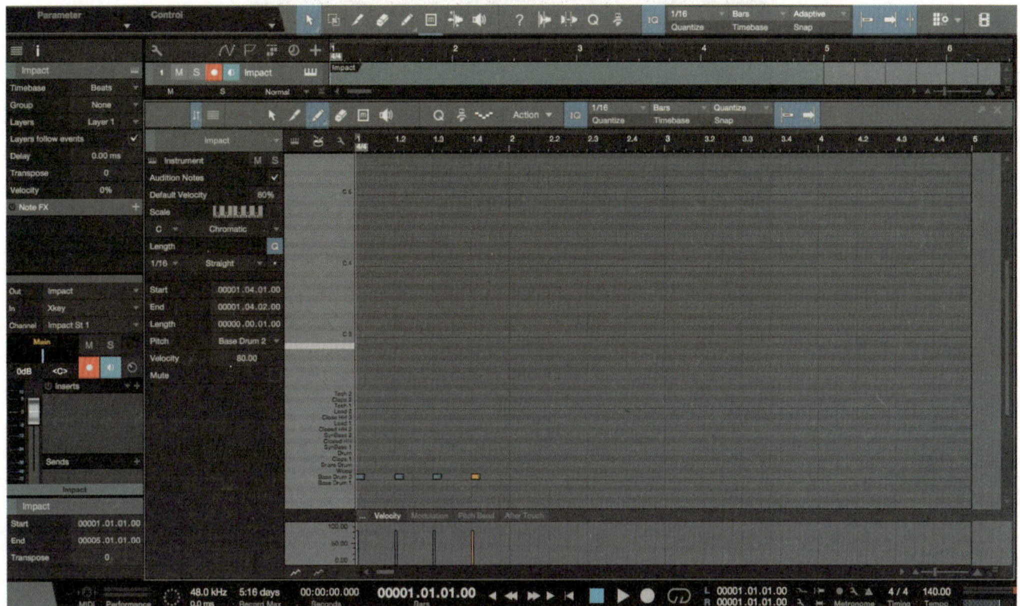

**그림 7 - 147** 시퀀싱된 화면

이런 모양으로 한 마디가 시퀀싱되었다면 시퀀싱 창을 닫고 '메인 윈도우' 상에서 4마디 루프(Loop)를 만듭니다. 곡의 BPM은 140입니다.

## 5. 듀플리케이트(Duplicate)

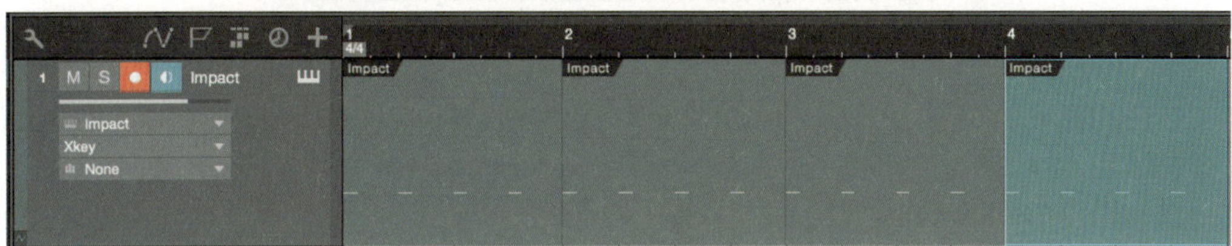

**그림 7 - 148** 레전 복사

이렇게 한 마디였던 드럼 레전을 Cmd + D 키(윈도우즈는 Ctrl + D 키)를 이용하여 4마디로 늘립니다.

이 드럼 소리가 신시사이저 소리에 'KEY 인풋'으로 작용하여 신시사이저에게 '사이드 체인' 효과를 주게 될 것입니다. 이번엔 신스 사운드 루프를 사용해보겠습니다.

우측 윈도우 중에 Loop 탭을 선택하여 쓸만한 소리를 골라 봅니다.

## 6. 신스 루프(Synth Loop)

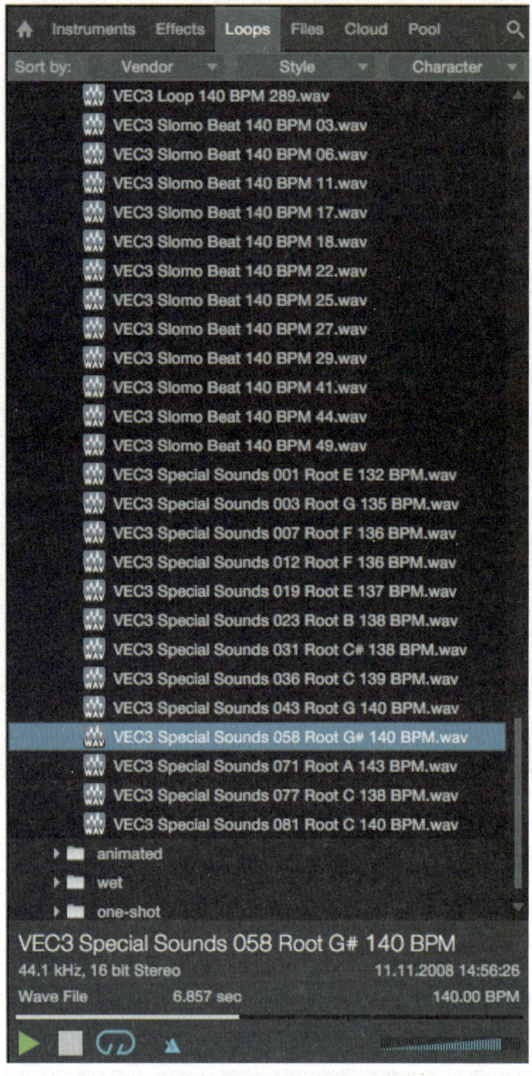

**그림 7 - 149** 신쓰루프 고르기

이 곡의 템포를 140으로 설정했으니 140BPM의 루프를 선택합니다. 지금 고른 소리는 Vengeance(벤기언스)라는 폴더 안에 있는 사운드 루프입니다. 이 악기는 'Vengeance > loop > VEC Special Sound 058 Root G# 140 BPM'에 있습니다.

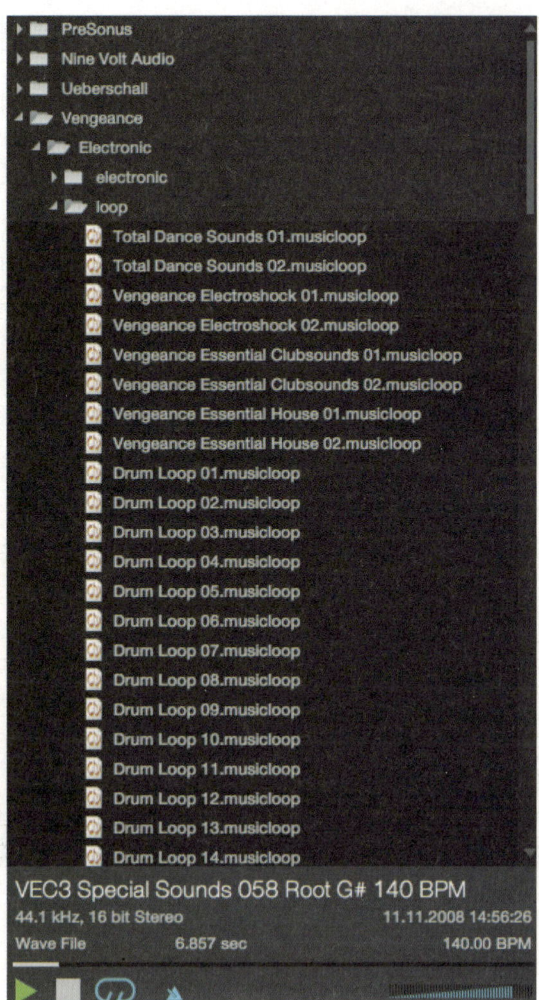



**그림 7 - 150** 벤기언스 루프

Vengeance(벤기언스) 루프를 골랐습니다. 미디 루프들도 있지만 우리는 오디오 루프를 사용하겠습니다. 고른 루프 샘플을 메인 윈도우 창으로 드래그 앤드 드롭합니다.

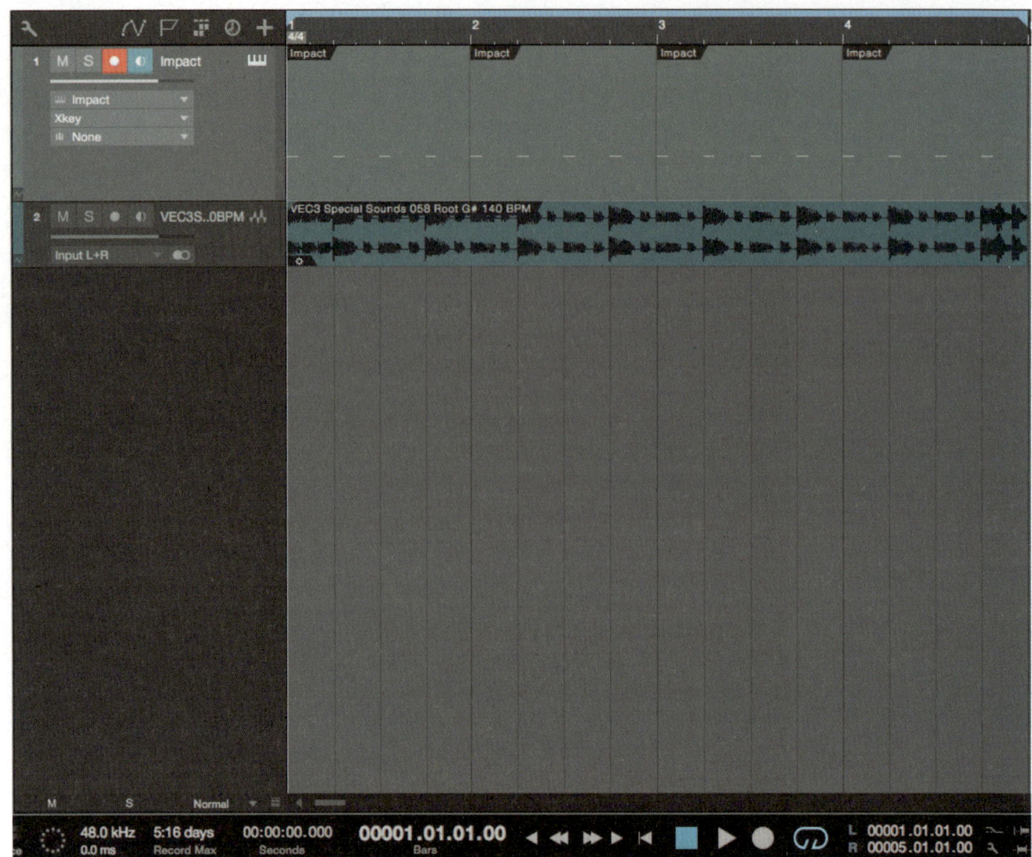

**그림 7 - 151** 루프가 추가된 화면

루프 트랙이 생성되었습니다. '140 템포'를 맞추어 골랐으니 '4마디 루프' 길이가 딱 맞아 떨어지는 것을 볼 수 있습니다.

여기까지 되었다면 이번엔 믹서 창을 열어봅니다.

## 7. 믹서 창

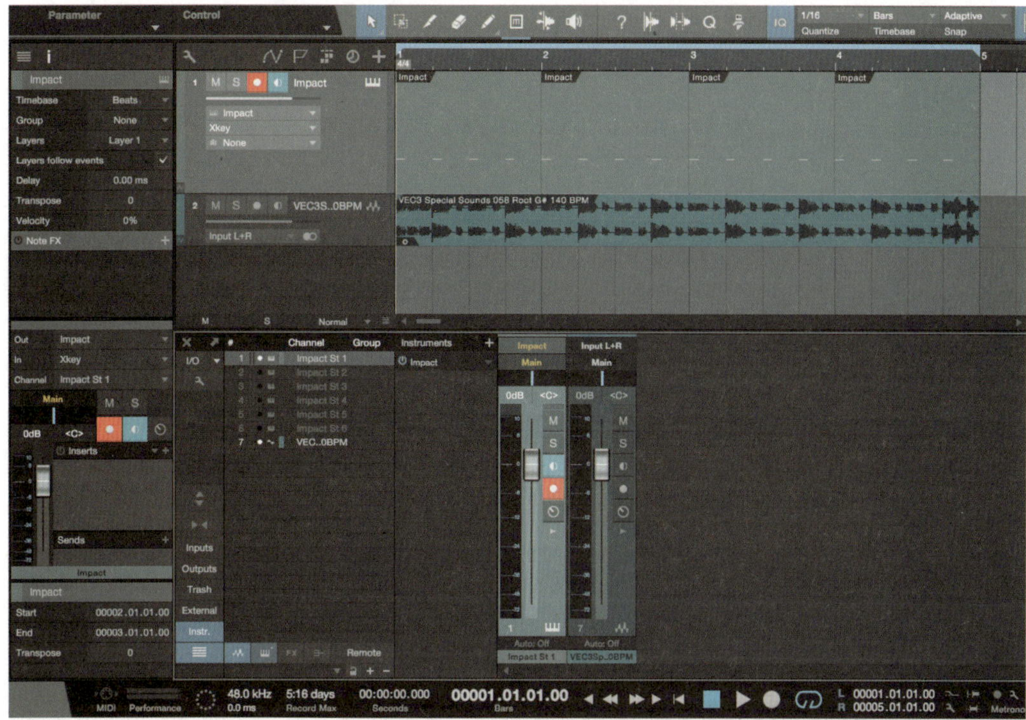

그림 7 - 152 작은 믹서 창

겨우 두 트랙짜리 곡이니 당연히 믹서 창에는 두 트랙만 생성돼야 하지만 '스튜디오 원 3'의 기본 가상 악기인 임팩트는 내부적으로 출력을 나누어 내보낼 수 있기에 그 출력의 개수만큼 아웃풋 채널이 생깁니다. 당황하지 마세요.

독자 여러분이 가지고 계신 '오디오 인터페이스'가 아웃풋이 여러 개라면 그 아웃풋을 모두 버스 아웃으로 지정하고 콘솔처럼 만들어 출력할 수 있다는 뜻이기도 합니다.

2채널 출력만을 사용할 것이므로 작업 시 볼 필요 없는 다른 멀티 출력 아웃 채널들은 좌측 Channel 윈도우를 이용해 Hide해서 위 그림처럼 단 2개의 트랙만 남깁니다.

이번엔 '루프(Loop)'로 고른 신스 사운드 트랙에 사이드 체인 효과를 넣기 위해 우측 브라우저 윈도우 상에서 이펙터 탭을 선택하고 '컴프레서'를 고릅니다. '컴프레서' 안의 여러 폴더들 중에 Misc라는 폴더가

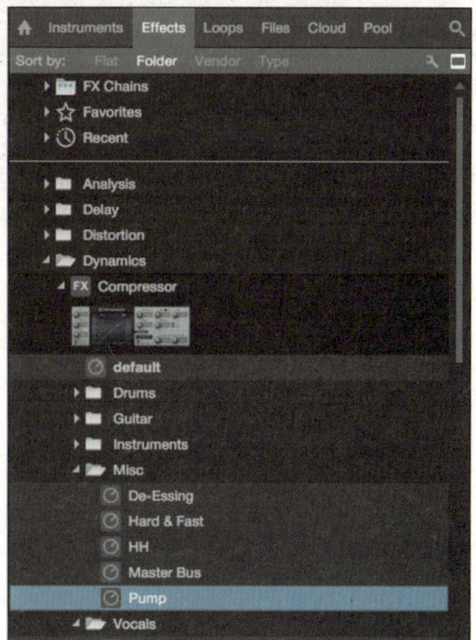

그림 7 - 153 컴프레서 선택

있습니다('이것저것'이란 뜻의 Miscellaneous의 약자입니다).

그 안에 있는 컴프레서 중 'Pump'라고 만들어진 프리셋을 고릅니다.

## 8. 인서트 컴프레서

선택한 컴프레서 프리셋 'Pump'를 신시사이저 트랙에 '드래그 앤드 드롭'합니다.

**그림 7 - 154** 신스 트랙에 드래그 앤드 드롭

Pump 프리셋의 세팅을 확인합니다.

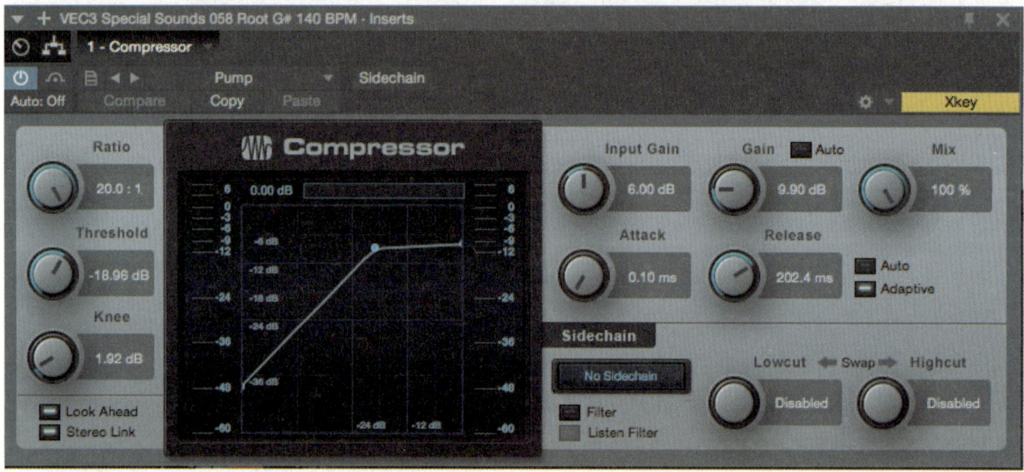

**그림 7 - 155** 컴프레서 Pump 프리셋

레이시오 값은 20:1로 거의 리미터 수준으로 빡빡하게 걸려 있습니다. 스레숄드는 대략 -19dB 근처로 책정되어 있습니다. 우측 위 노브(Knob)를 보시면 인풋 게인은 6.00dB입니다.

## 9. 컴프레서에 사이드 체인

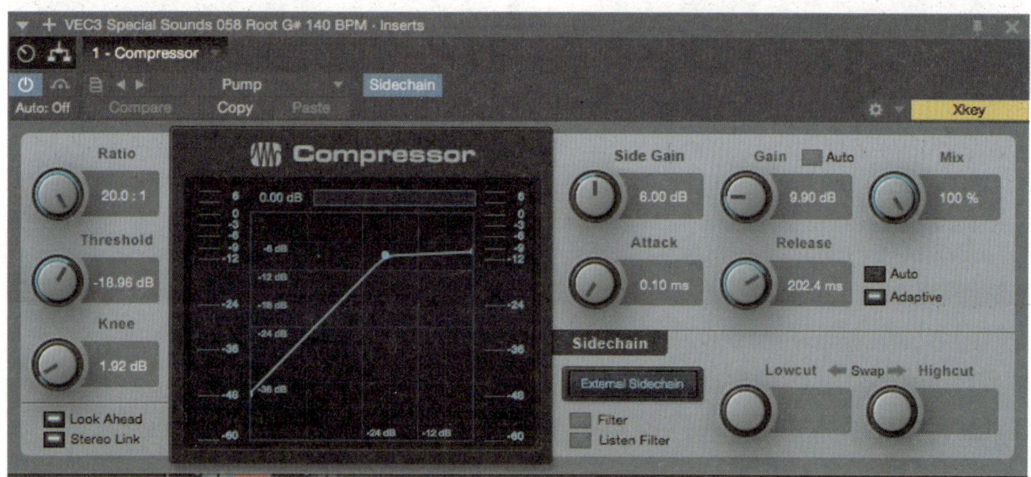

**그림 7 - 156** 사이드 체인 버튼

상단의 사이드 체인 버튼을 누르면 파란색으로 변하면서 사이드 체인을 위한 이 컴프레서의 세팅은 끝납니다.
그러면서 '인풋 게인(Input Gain)'이라 쓰여 있던 우측 상단 노브가 Side Gain(사이드 게인)으로 변한 것을
볼 수 있습니다. 이것은 "이 신시사이저 트랙의 인풋으로 들어오는 시그널이 아니라 '사이드 체인'으로 들어 오
는 시그널에 대해서 이 컴프레서(Compressor)가 작동한다"는 의미입니다. 그리고 이렇게 들어오는 시그널
을 '키 인풋(Key Input)'되었다고 말을 합니다.
사이드 체인으로 신호가 온다는 것은 FX 채널(AUX 채널) 사용의 연장선으로 보면 됩니다.

## 10. 센드 사이드 체인 설정

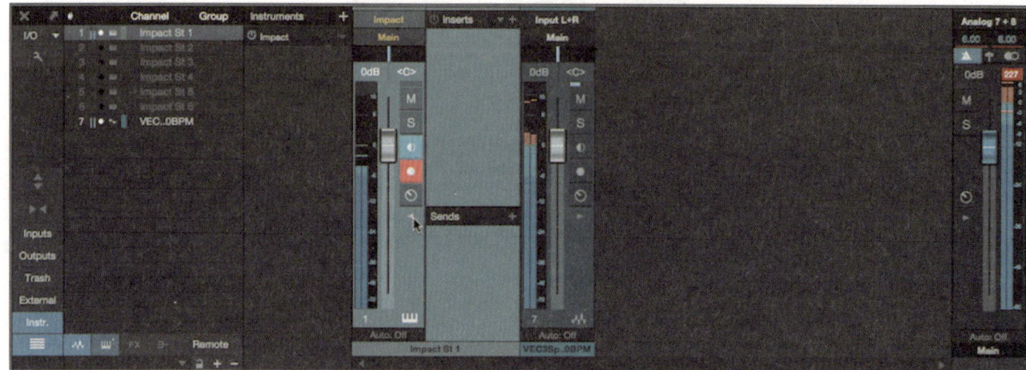

**그림 7 - 157** 인서트 확장

작은 콘솔 모양일 때 아래쪽 삼각형을 눌러서 믹서를 옆으로 확장합니다.
그러면 콘솔을 화면 가득 키우지 않고도 인서트와 Sends를 할 수 있도록 옆으로 확장됩니다.
이때 Sends의 +를 선택해서 드럼 소리를 신스 트랙의 Side Chain으로 보냅니다('키 인풋'시킵니다).

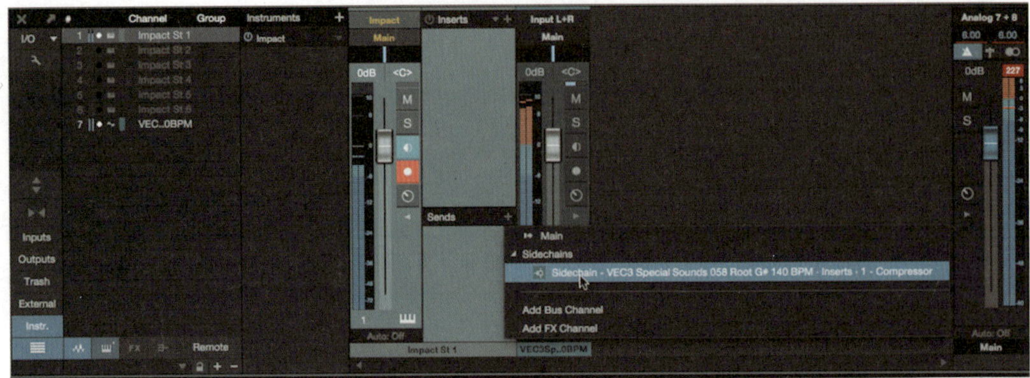

**그림 7 - 158** 인서트 확장

Sends 버튼 옆의 +를 눌러보면 'Side Chain'란이 있고 여기에 시그널을 보내려는 트랙의 이름이 나옵니다
(즉 신스 트랙 루프 소스 이름이었던 'VEC Special Sound 058 Root G# 140 BPM'이 보입니다).
선택한 뒤에 재생해서 들어 봅니다.
만일 더 급격한 '사이드 체인(Side Chain)' 효과를 듣고 싶다면 컴프레서 안의 '어택'과 '릴리즈' 노브를 돌려보
시기 바랍니다. 컴프레서의 문이 열리고 닫히는 속도가 얼마나 많은 음악적인 효과를 주는지 느낄 수 있습니다.


## 11. Pre / Post 페이더

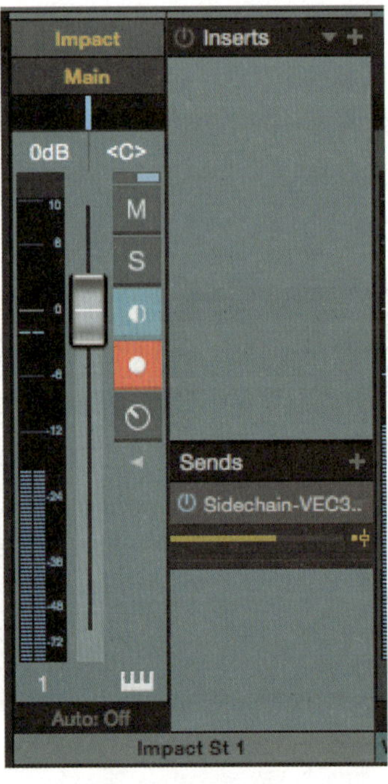

**그림 7 - 159** Pre 페이더

사이드 체인은 콘솔의 Sends로 보낸 소스이기에 FX 채널 사용 때처럼 콘솔의 Pre / Post 영향을 받습니다. 그림 7-159에서 '사이드 체인(Side Chain)' 밑의 노란 줄 옆 아이콘이 Pre / Post의 On / Off 버튼입니다. 현재처럼 노란색으로 켜져 있다면 Pre입니다. 앞에서 배웠듯이 Pre는 Fader의 앞단 / Post는 Fader의 뒷단을 의미하며, 이에 따라 페이더의 영향을 받는지 안 받는지가 나뉩니다. 정말 그런지 확인해보겠습니다.

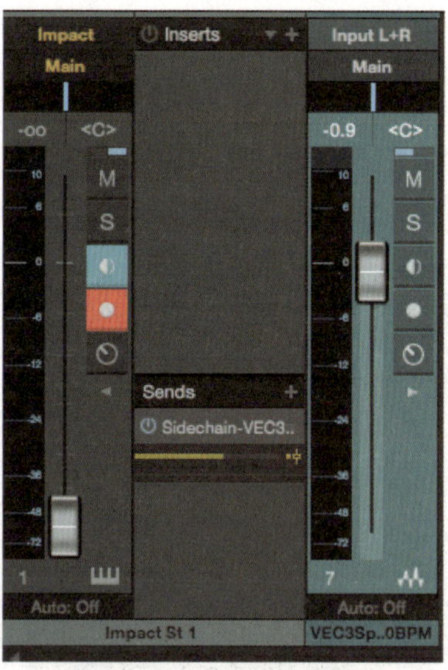

**그림 7 - 160** Pre Fader 상태의 임팩트 트랙 페이더 다운

드럼 트랙의 페이더를 밑으로 내려 0으로 만듭니다.

프리(Pre) 페이더일 때는 페이더(Fader)의 영향을 받지 않으니 페이더가 내려가 오프되었더라도 신스 트랙으로 드럼 소리가 여전히 납니다. 하지만 포스트(Post) 페이더일 때는 오프된 페이더의 영향을 받으니 당연히 드럼 소리가 나지 않습니다.

**그림 7 - 161** Post Fader 상태의 임팩트 트랙 페이더 다운

## 15.4 베이스 기타에 컴프레서

우리가 만든 첫 곡 따라 하기의 '베이스 기타'에 컴프레서를 걸어봅니다. 첫 시퀀싱에 사용했던 '베이스 기타'가 정말 무난한 연주만을 하고 있으니 프리셋으로 좀 깊게 컴프레션을 걸어서 색다른 느낌을 내보겠습니다.

### 15.4.1 컴프레서 Punching 프리셋

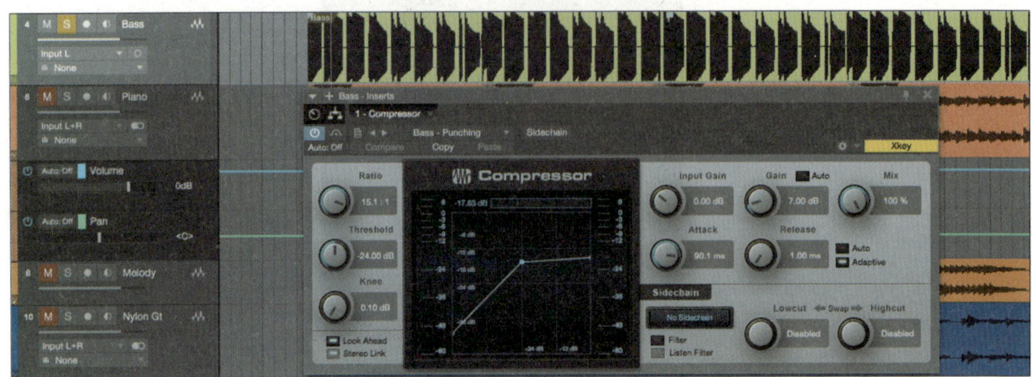

**그림 7 - 162** 베이스 기타 트랙과 컴프레서

베이스 기타는 이미 '모노 트랙'으로 바꾸어 놓은 상태입니다. 스테레오와 모노의 변환은 PART 6 오디오 파일 만들기(472페이지)를 살펴보시기 바랍니다. 이번에 고른 이 컴프레서 프리셋은 'Punching'으로 위치는 Compressor 〉 Guitar 〉 Bass - Punching입니다.

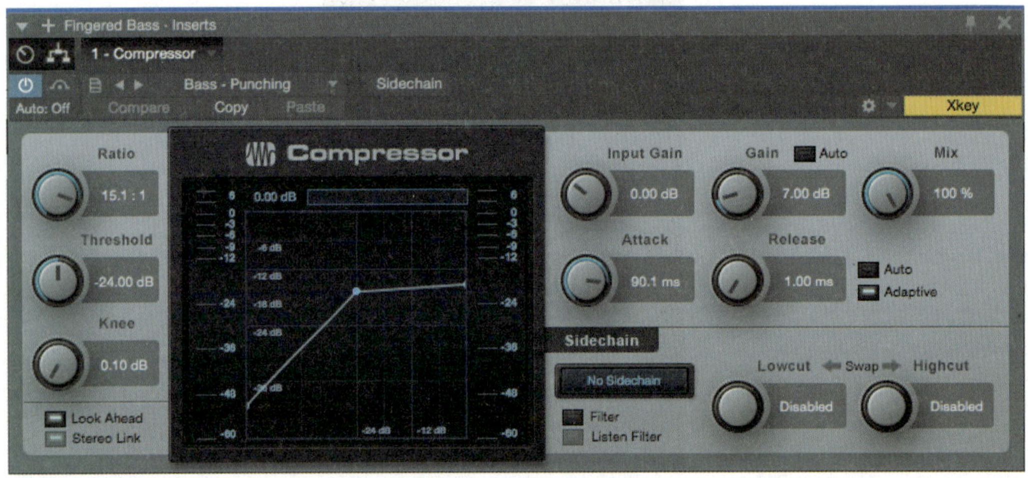

**그림 7 - 163** Punch 프리셋 적용

이 펀칭 프리셋은 컴프레서가 아주 깊게 걸린 편입니다. 레시오는 15:1이고 스레숄드는 −24dB에 급격하게 꺾이는 'Hard Knee'입니다.

들어보니 '베이스 기타' 소리가 좀 답답해지는 것 같지만 '어택음'이 단단하기에 다른 악기들과 믹스 후 함께 들어보면 존재감이 좋을 것 같은 예감이 듭니다. 믹싱을 할 때 어려운 점은 해당 악기를 단독(Solo)으로 들었을 때의 소리가 아니라 다른 악기들과 섞였을 때 얼마나 조화롭게 들리는지가 제일 중요한 사항이라는 점입니다. 숙달된 엔지니어는 밑그림을 그려 갈 때 이를 경험으로 예측합니다.


## 15.5 드럼에 컴프레서

이번엔 드럼 트랙에 이펙터를 겁니다. 사실 드럼은 여러 타악기의 집합이므로 모든 타악기들을 따로 따로 받아야 합니다. 킥, 스네어, 탐탐, 플로어 탐, 심벌즈 등을 말입니다. 그래야 제대로 원근감, 거리감을 주면서 입체감 있는 믹스를 할 수 있기 때문입니다.

그리고 드럼에 포함된 이런 개별의 '타악기'를 밸런스 있게 이펙팅하는 편이 본인만의 '믹싱'을 만들기 유리하며 프로의 현장에서는 일반적으로 그렇게 진행합니다. 그럼 드럼 사운드 개별 악기로 바운스를 다시 쳐보겠습니다. 드럼 '미디(MIDI) 트랙'을 다시 엽니다. 그리고 툴 바 메뉴들 중에 상단의 뮤트 툴을 이용하여 킥을 제외한 나머지 악기들을 모두 뮤트합니다. 뮤트 툴을 선택한 후 하나 씩 클릭하지 마시고 옆으로 선택하듯 클릭한 채로 드래그 하면 뮤트가 되거나 반대로 뮤트가 풀리게 됩니다. 이것은 '레전'별 편집 작업을 할 때도 동일하게 적용이 됩니다.

## 15.5.1 미디 드럼 킥 바운스

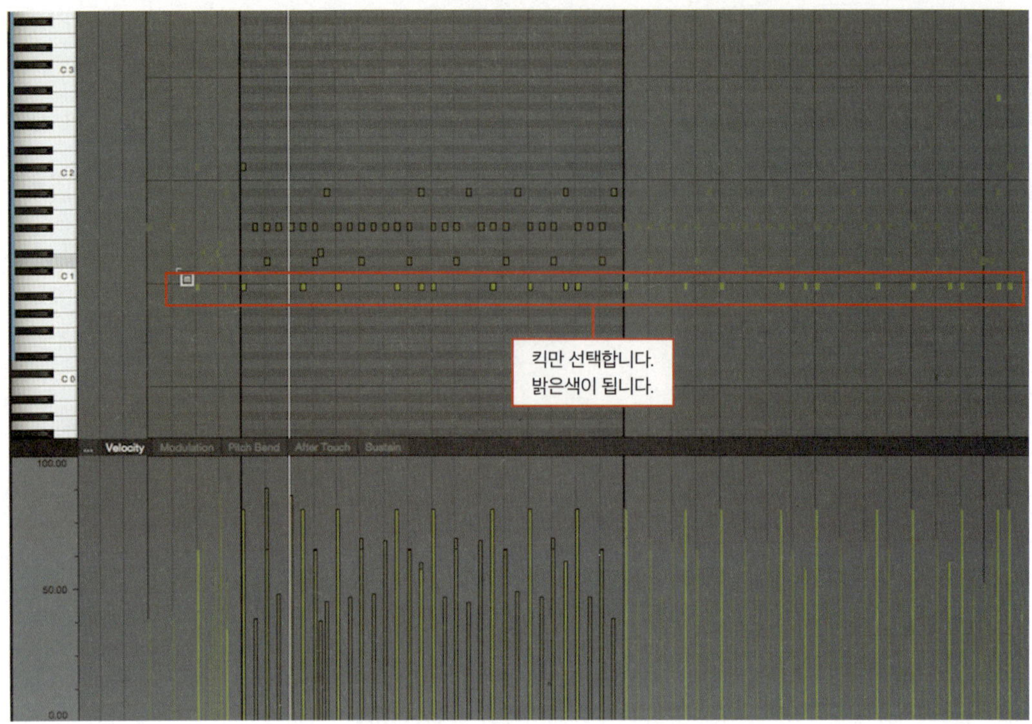



**그림 7 - 164** 드럼 미디 트랙에 킥만 선택

미디 음정들 중에서 킥(Kick)만 선택한 후 바운스를 칩니다.

바운스 치는 방법은 PART 6의 바운스(461페이지)를 참고하시기 바랍니다.

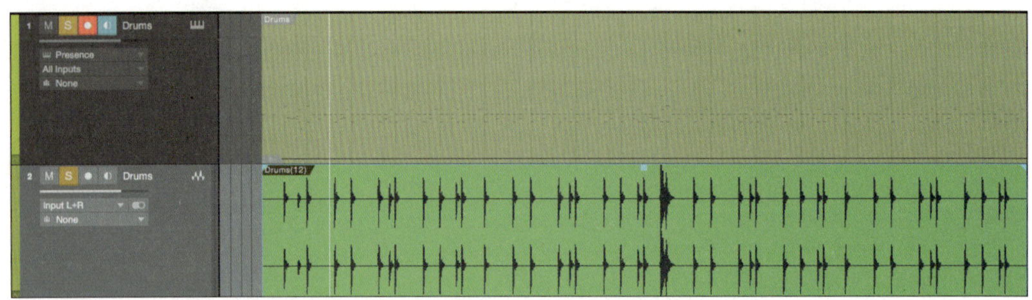

**그림 7 - 165** 드럼 미디 트랙에 킥만 선택

드럼 중에서 '킥'만 바운스를 했습니다.

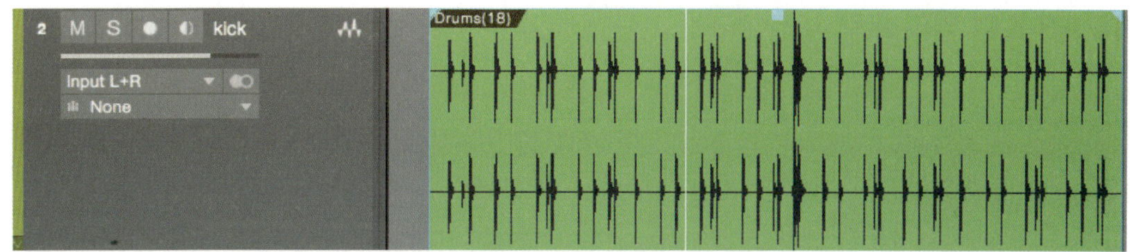

**그림 7 - 166** 드럼 미디 트랙에 킥만 선택

우린 '베이스 드럼' 즉 '킥'을 바운스했지만 미디 트랙에서 바운스했으므로 미디 트랙의 이름을 이어
받아 트랙 이름은 자동으로 Drum입니다. 그러니 킥에 맞게 트랙명을 'kick'으로 바꿉니다.

앞과 같은 요령으로 '스네어'와 '하이햇', '심벌'도 바운스해보겠습니다.
뮤트, 언 뮤트 툴을 이용해서 하이햇심벌만 선택합니다.

## 15.5.2 미디 드럼 하이햇

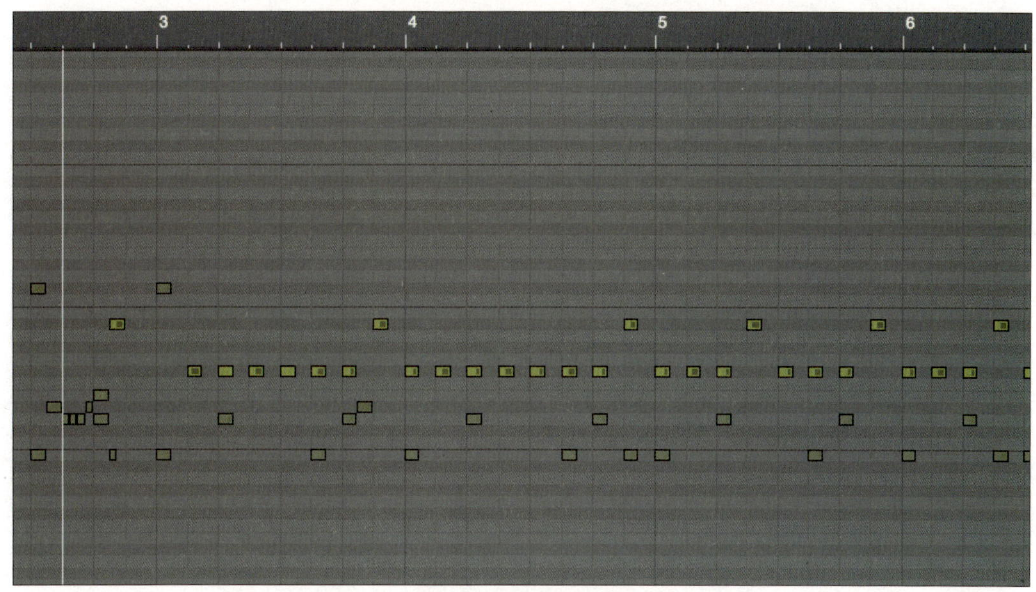

**그림 7 - 167** 하이햇만 선택

하이햇만 선택한 그림입니다. 오픈 하이햇과 클로스 하이햇 모두 선택하도록 합니다.
이런 식으로 '스네어(Snare)'와 '심벌(Cymbal)'까지 모두 바운스를 치고 변환된 오디오 파일을 메인
창에 올려서 드럼 멀티 트랙을 보면 다음과 같이 됩니다.

### 15.5.3 드럼 멀티 트랙

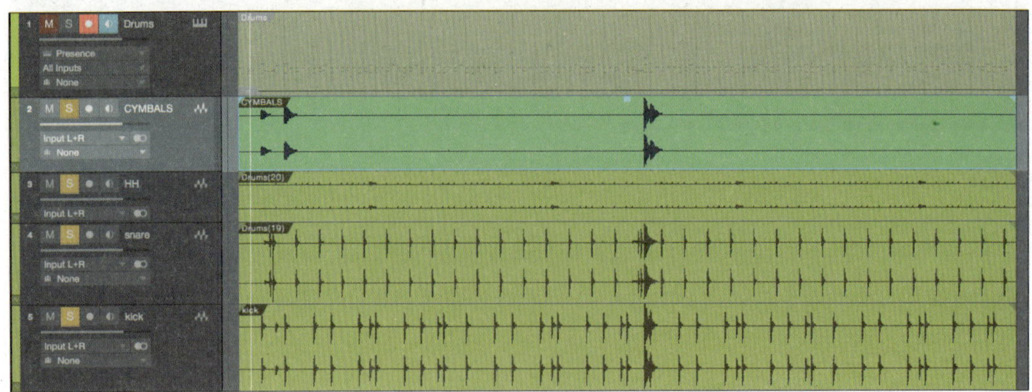

그림 7 - 168  드럼 멀티 트랙

총 4개의 '트랙'이 만들어졌습니다.

나중에 빨리 알아볼 수 있도록 각 '트랙'마다 이름을 정해주는 것도 잊지 마시기 바랍니다(심벌즈 트랙이면 Cymbals, 스네어 트랙이면 Snare 등).

그리고 모든 '트랙'들의 모노 '인버트(Invert)' 버튼을 클릭해서 모두 모노 트랙으로 만들기 바랍니다.

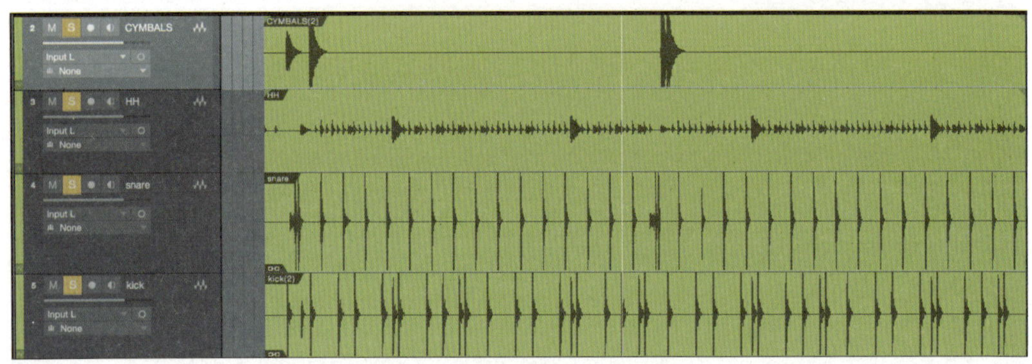

그림 7 - 169  트랙 모노로 정리

이렇게 받은 파일들은 '모노' 트랙입니다. 모노 파일은 모두 여러분의 양쪽 스피커 한 가운데로 소리가 납니다.

그러나 실제 '드럼'을 녹음받는다면 엔지니어가 '스테레오 마이킹'을 염두에 두고 마이킹을 했을 겁니다. 이 말은 왼쪽, 오른쪽 앞, 뒤라는 '정위'가 있다는 말이기도 합니다. 그러니 이 중 하이햇 트랙의 Pan을 조정해봅니다.

## 15.5.4 하이햇 Pan 조정

**그림 7 - 170** 하이햇 Pan 조정

하이햇 트랙의 Pan을 좌측 끝으로 놓습니다.

이로써 한가운데 모여 있던 '드럼 트랙'들의 소리 중에서 '하이햇'은 좌측으로 혼자 빠져 나오게 되었고 이로써 나름의 정위감을 갖게 되었습니다.

이번엔 오디오 파일이 된 크래시 심벌 트랙의 Pan을 조정합니다.

## 15.5.5 심벌 Pan 조정

**그림 7 - 171** 심벌 Pan 조정

크래시 심벌 역시 드러머의 좌측과 중간 사이로 위치하게 했습니다(L51). 실제 오른손 잡이 드러머
의 연주 모습을 보면 심벌 위치는 그곳에 있습니다. 이로써 '심벌'도 나름의 정위감을 갖게 되었습니다.

이젠 베이스 드럼과 베이스 기타의 톤을 조절해보겠습니다. 이 두 악기가 동시에 울렸을 때 좋은 콤
비네이션을 이루도록 하며 '작곡가와 엔지니어'가 의도하는 이 곡의 믹스 방향에 부합하도록 해야 하
는 중요한 작업입니다. 믹스가 끝날 때까지 이 두 소리의 '유니즌'은 이 곡의 리듬감과 입체감을 주는
데 결정적인 역할을 하고 있기 때문입니다. EDM, 힙합, 록 등 대부분의 음악은 이 부분이 매우 중
요합니다.

## 15.5.6 킥과 스네어

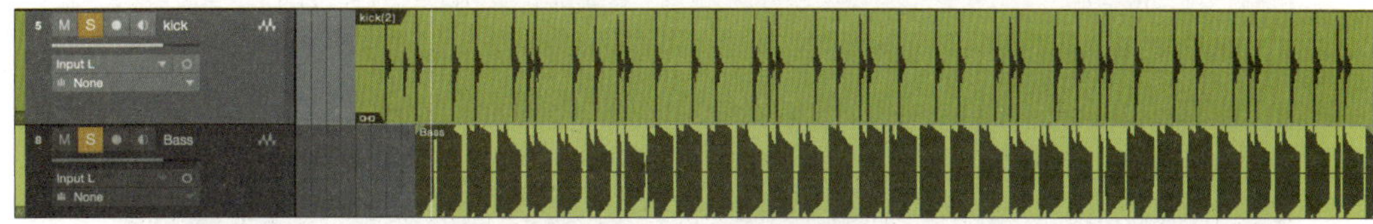

**그림 7 - 172** 킥과 스네어 트랙 솔로

위 그림처럼 이렇게 두 가지 트랙만 놓고 들어봅니다. '베이스 기타'와 '킥'의 조화를 생각하면서 들어야 합니다.

필자 생각엔 다소 펑퍼짐한 느낌의 소리인 '베이스 드럼'이 컴프레서가 걸려 땐땐해진 느낌의 베이스 기타와 만났을 때 '알맹이가 있는 소리'는 '컴프레서가 잔뜩 걸린 베이스 기타'에 양보하고 오히려 '펑퍼짐한 베이스 드럼'은 그걸 감싸는 느낌이 좋을 것 같습니다. 이제 '베이스 드럼'의 EQ 작업으로 넘어가겠습니다.

### 1) 베이스 드럼(킥)에 인서트 EQ

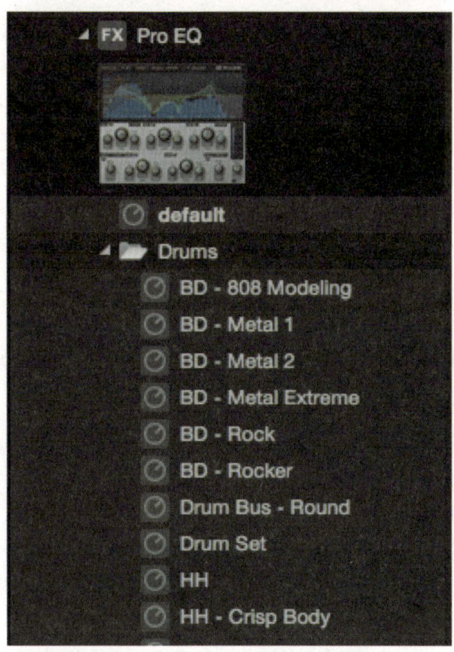



**그림 7 - 173** 이퀄라이저 고르기

우측 이펙트 탭 속의 MIXING 폴더 안의 Pro EQ에서 BD − Rocker라는 프리셋을 골라봅니다.

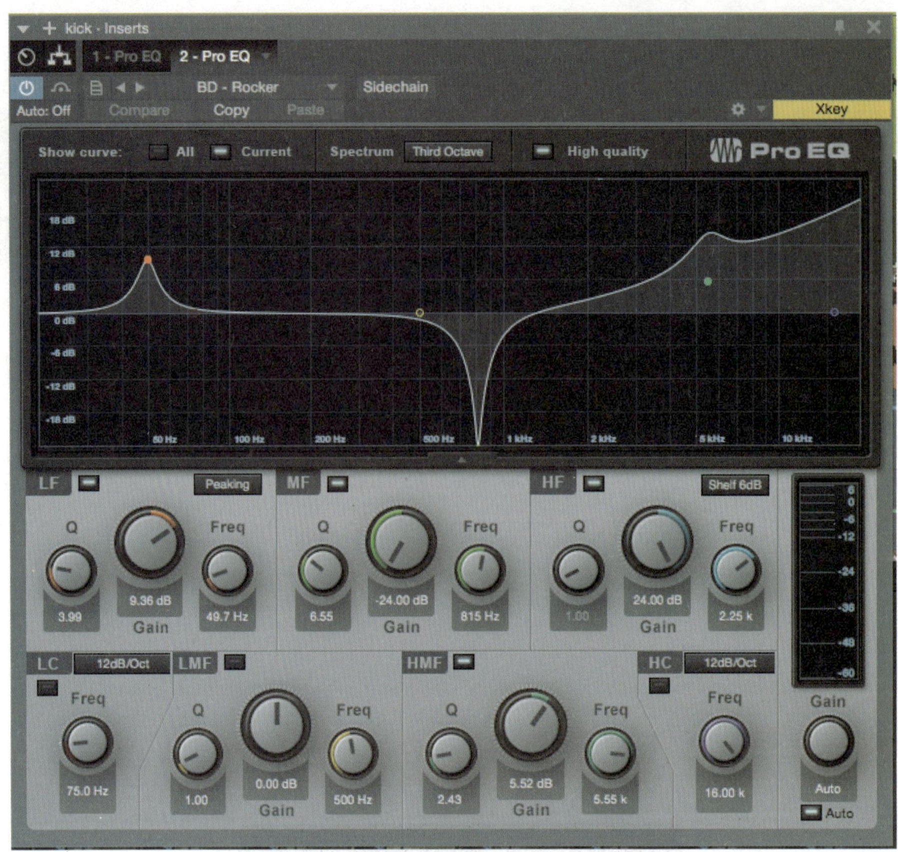

**그림 7 - 174** 베이스 드럼 BD–Rocker 프리셋

BD − Rocker의 이큐잉 세팅을 살펴 보겠습니다.

5kHz이상은 12dB 이상 부스트하여 20kHz 이상의 가청 주파수 너머까지 열었습니다(쉘빙 타입). 그러면서 MF에서 보듯 815Hz 대역은 커트시켰습니다(피킹 타입). 동시에 50Hz 밑은 역시 '피킹 타입'으로 49.7Hz 대역을 12dB 가량 부스트시켰습니다.

이제 베이스 드럼(킥)에 이 프리셋을 적용한 후 전체 드럼 소리를 들어봅니다.

다른 프리셋들도 하나씩 적용하면서 그 차이점을 느껴보기 바랍니다.

## 2) 스네어 드럼에 인서트 EQ

이번에도 역시 스네어 드럼 트랙에 EQ를 걸어
보겠습니다.

역시 '스튜디오 원 3'의 기본 EQ인 Pro EQ의 '프
리셋'을 이용합니다.

Pro EQ 프리셋 중에 SD – Rock을 골라보겠습
니다. SD는 '스네어 드럼'을 의미합니다.

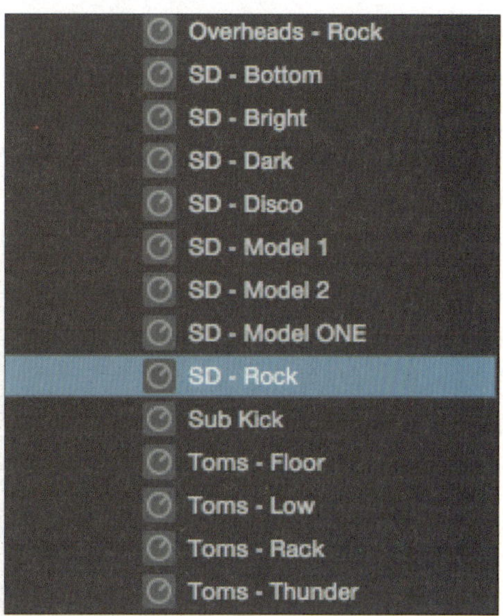

그림 7 - 175 이퀄라이저 고르기

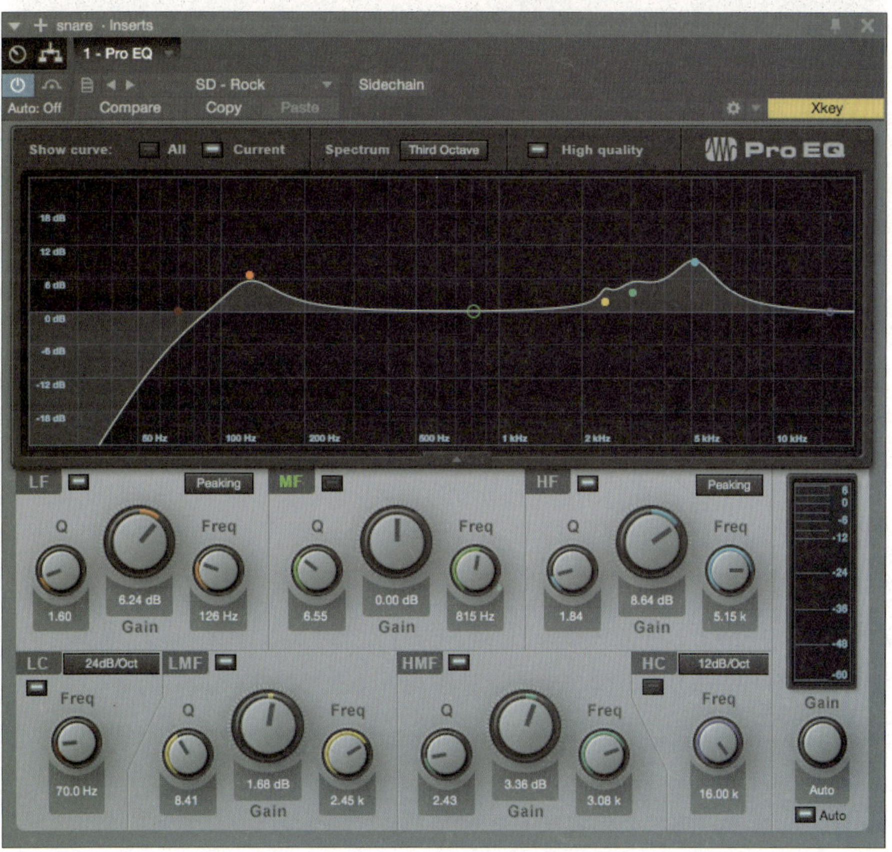

그림 7 - 176 스네어 드럼 EQ SD–Rock 프리셋

아주 낮은 대역은 로우컷이 된 상태이고 5kHz 부근이 부스트되어 상당히 밝고 경쾌한 느낌이 많이 납니다. 이 곡에선 너무 경쾌한 이미지는 안 어울리는 듯해서 오히려 더 위쪽인 10kHz 대역을 부스트하는 것으로 이동해봅니다.

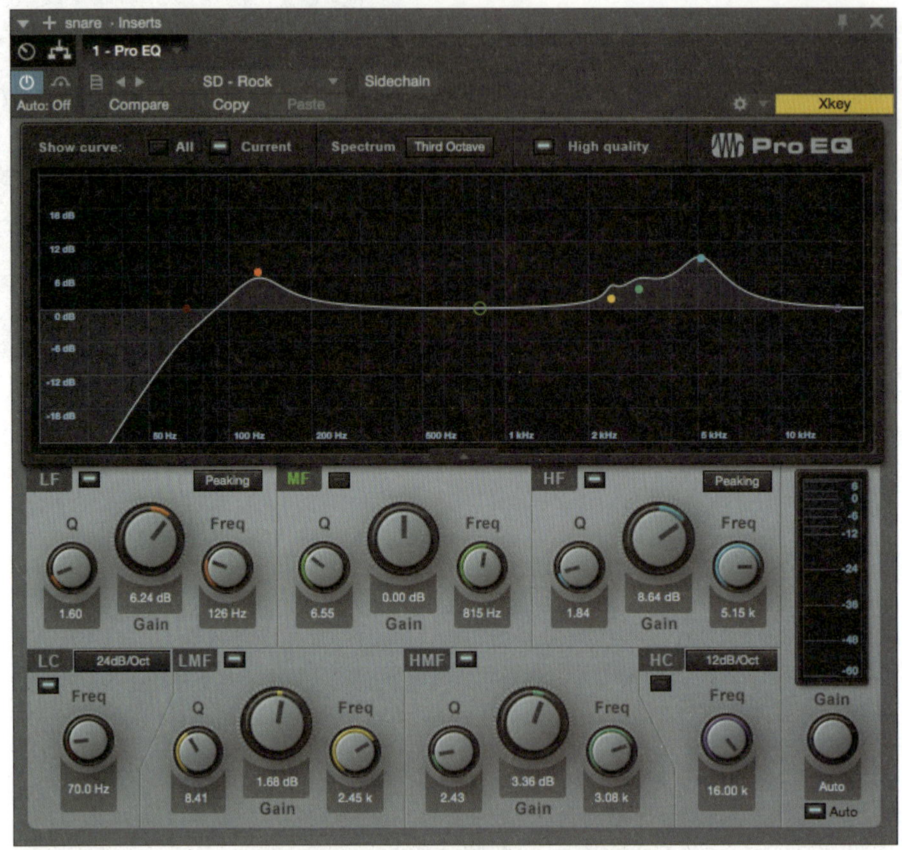

**그림 7 - 177** 스네어 드럼 이퀄라이저 조정

역시 밝은 느낌은 있지만 5kHz 대역 부스트보다는 스네어 드럼의 릴리즈가 길어 서스테인이 살아나는 느낌입니다. 이런 EQ만으로 음색이 많이 달라짐을 느낄 수 있습니다.

여러 음색이 특정 대역에 몰려 뭉쳐 있을 때 '그 악기가 가지고 있는 가장 특징이 몰린 주파수 대역'을 찾아 적극적인 이큐(EQ)잉을 한다면 초반 볼륨 페이더만으로 '가믹싱'을 할 때와 비교해 전체의 소리가 커지지 않으면서도 각 악기별로 밸런스를 맞추는 방법을 찾을 수 있게 됩니다.

## 3) 스네어에 인서트 리버브

이번엔 스네어 드럼에 리버브를 걸어 봅니다. 리버브라는 이펙터는 공간감을 만들어준다고 설명했습니다. 그래서 공간계 이펙터로 분류됩니다. '스튜디오 원 3'의 리버브 중에 'Room Reverb'를 선택합니다. 적용할 리버브는 그 프리셋에 있는 SD-Bright입니다.

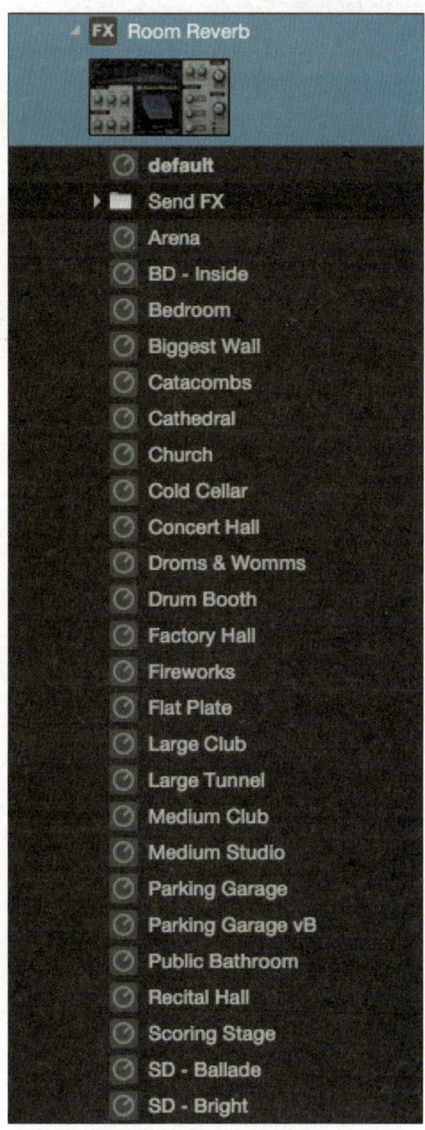


**그림 7 - 178** 리버브 고르기

그림에서 맨 아래쪽에 보이는 'SD-Bright'를 선택하여 스네어 드럼 트랙에 드래그 앤드 드롭합니다.

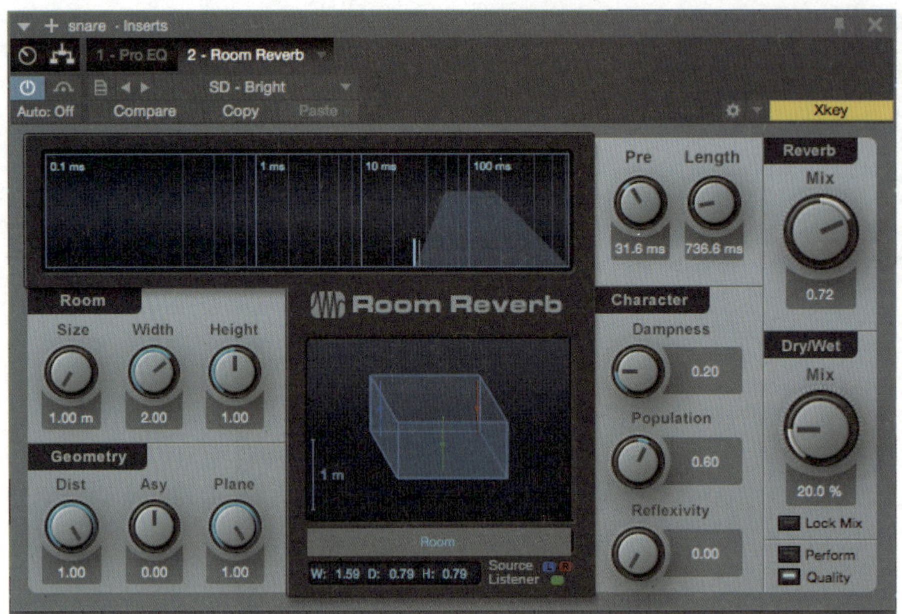

**그림 7 - 179** SD–Bright 프리셋

비록 '스네어'에만 리버브를 걸었지만 공간감이 생기기에 더 입체감을 갖게 되는 것 같습니다. 좌측 Size 노브를 이용해 방의 크기를 조절합니다.

방의 사이즈를 우리가 고른 프리셋 사이즈보다 더 크게 조절합니다. 그리고 Pre 노브를 돌려 리버브가 걸리는 타이밍이 시그널의 어느 부분부터 시작될지를 조정합니다(초기반사 조절입니다). Length는 리버브가 걸려 있는 상태로 문을 닫는다고 가정할 때 문을 닫는 시간을 의미합니다. 이 값이 클수록 문을 천천히 닫는 셈입니다. 여기서는 Length(길이)라고 표현되었지만 리버브가 줄어드는 이 시간의 흐름을 Decay라고도 부릅니다. 리버브 타임이 길다는 의미는 곧 방의 크기가 크다는 것을 의미할 것이며 Pre값이 크다면 천장이 높고 공간이 넓다고 생각하시면 됩니다.

## 15.5.7 FX 채널을 이용한 리버브

이번엔 리버브 FX 채널을 만들어보겠습니다. 단지 스네어 뿐만이 아닌 전체 드럼에 한꺼번에 Sends / Return으로 적용할 리버브를 만들기 위함입니다.

그림 7 - 180 믹서로 보는 드럼 트랙

이 드럼 전체에 걸어본 리버브는 Mixverb입니다. Drum Bus Big이라는 프리셋을 걸어보겠습니다. 믹서 창을 보면서 각 트랙들의 상태를 확인하고 직접 해보시기 바랍니다.

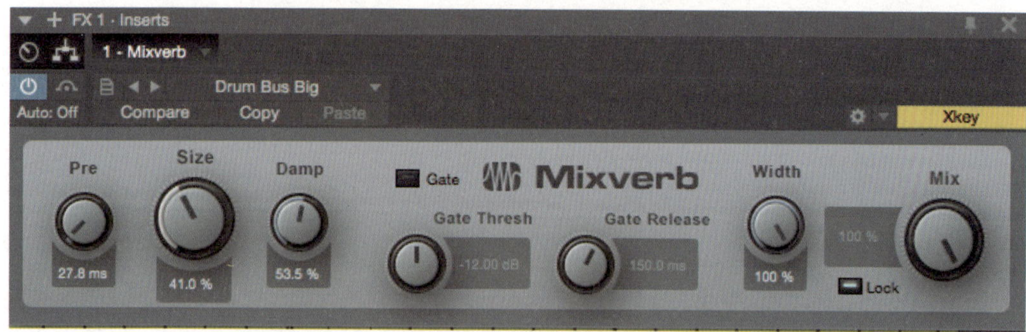

그림 7 - 181 믹스버브(Mixverb)

이 믹스 버브의 특징은 한가운데에 위치한 'Gate Threshold' 노브가 달려있는 점입니다. 오디오 시그널에 '게이트'를 건다는 건 일종의 '장애물'을 만드는 것입니다. 앞선 '노이즈 플로어 레벨'과 '게이트(Gate)', '익스팬더(Expander)' 설명을 다시 읽어 보시기 바랍니다.

현재 위 그림에는 'Gate Threshold'가 꺼져 있는 상황입니다. 만일 '리버브 효과'가 걸리는 데 시그널이 장애물이며 'Gate Threshold'가 켜져 있다고 가정하면 '−12dB 이하의 소리만 리버브가 걸리고 그 외에는 걸리지 않는다'는 의미가 됩니다. 'Gate Threshold'를 켜려면 위쪽의 Gate 버튼을 눌러서 활성화(ON)시켜야 합니다.

이를 바탕으로 생각해보면 'Gate Threshold' 값이 줄어들수록 스네어나 하이햇 등 비교적 고음역이며, 소리가 큰 악기들은 이 'Gate Threshold'를 통과하지만 저음역 악기인 '베이스 드럼'의 경우 이 스레숄드 값에 걸리게 됩니다. 그러면 다른 드럼 악기들은 별 변화 없이 리버브가 걸리는데, '베이스 드럼'만의 리버브 잔향이 감소하는 재미있는 느낌이 만들어집니다. 일단 여기까지 믹싱을 위한 이펙팅을 해보았습니다.

# 15.6 믹싱이 끝난 화면

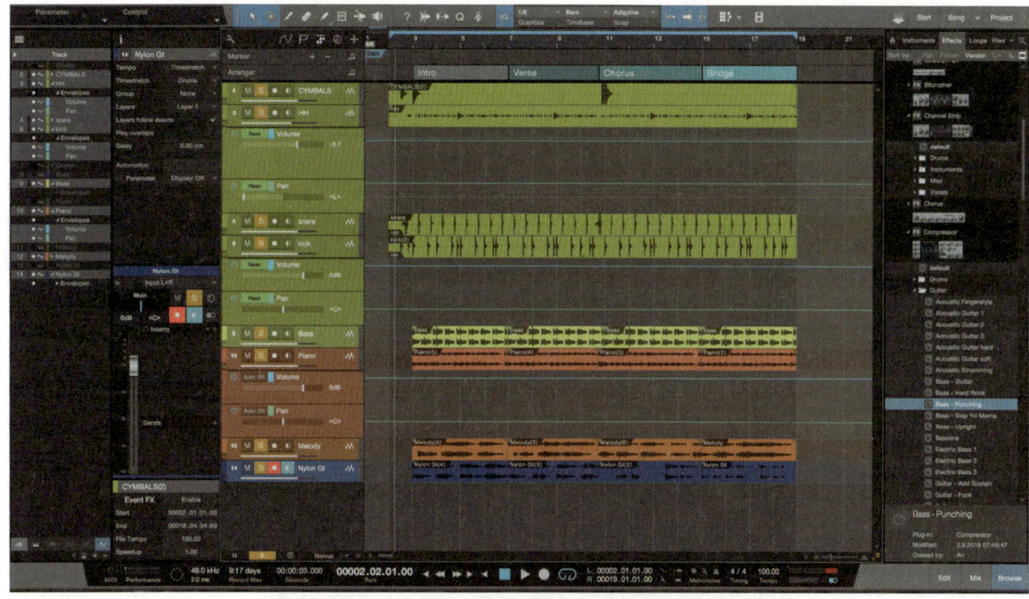

그림 7 - 182  믹스버브(Mixverb)

남은 악기들 역시 앞서 배운 내용을 바탕으로 여러 가지 연습을 해보시기 바랍니다. 연습해보면 '여러 음악들을 더 많이 다양하게 들어야겠구나'라는 생각이 드실 겁니다.

이제 이 곡을 마스터링 하기 위해 '믹스다운(Mixdown)'하겠습니다.

## 15.7 믹스다운(Mixdown)

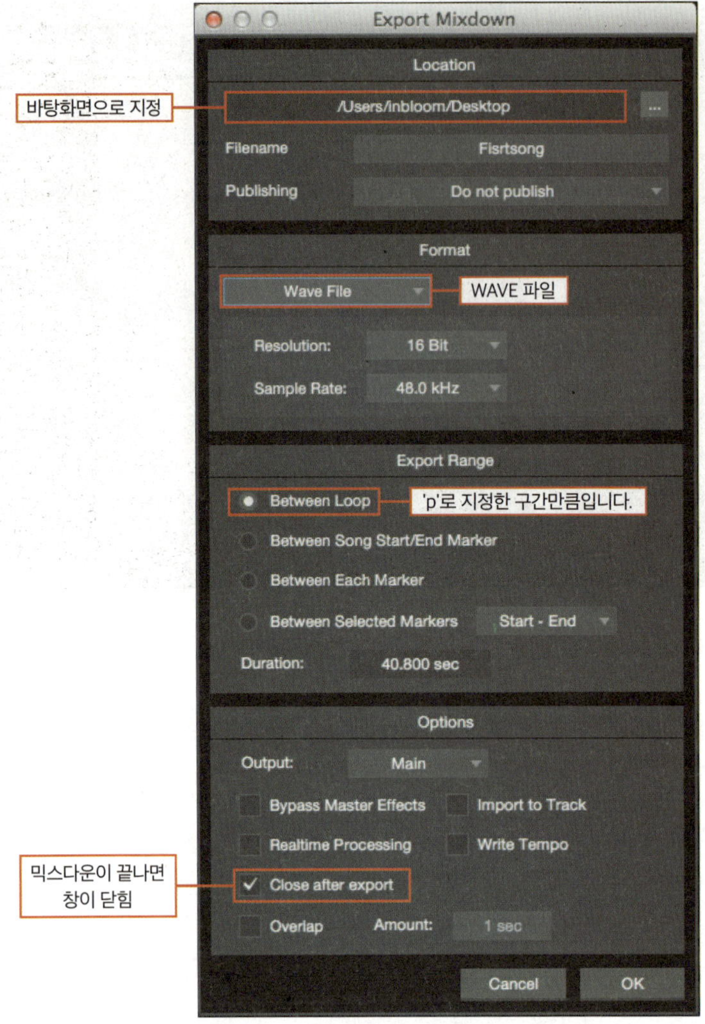


**그림 7 - 183** 믹스버브(Mixverb)

임의로 정한 제목은 〈First song〉입니다.

위 그림에서 보듯 '믹스다운' 파일이 생성되는 곳은 데스크탑으로 지정했습니다.

영상에 있어서 mov나 wmv, mp4 등의 다양한 포맷들을 보셨을 겁니다. 마찬가지로 오디오도 여러가지 포맷들이 존재합니다.

모든 DAW는 다양한 포맷의 오디오 파일을 바운스할 수 있는데 아래 사진은 스튜디오 원 3에서 추출 가능한 오디오 포맷의 종류입니다. 누엔도(NUENDO)에 있는 Broadcast wav(브로드캐스트 웨이브) 말고는 대부분의 DAW에서 바운스 가능한 옵션의 종류는 거의 비슷합니다.

## 1. WAV / AIFF

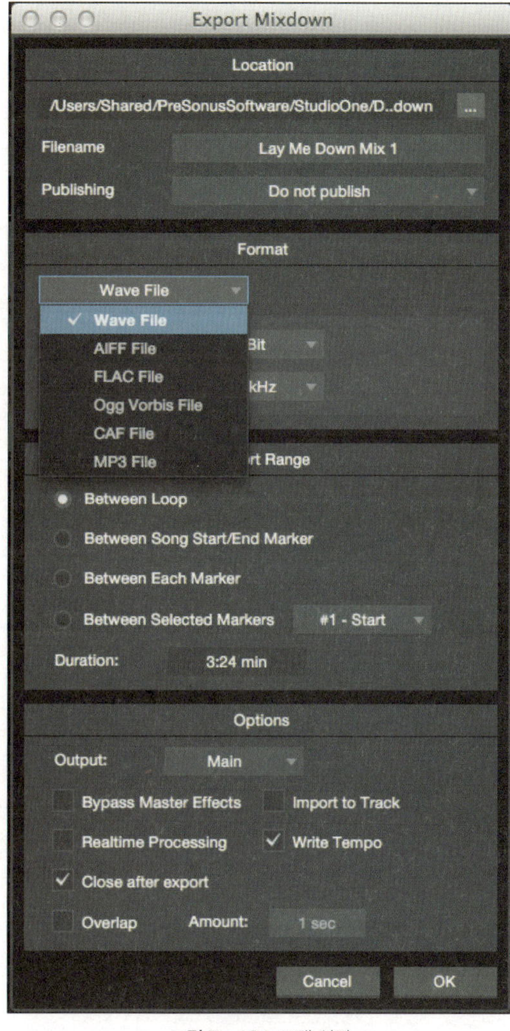


그림 7 - 184 포맷 설정

wav나 aiff 파일은 무손실 비압축 포맷이라 합니다(사실 자세히 들여다 보면 그렇진 않습니다). 현재 사용되는 오디오 포맷에서 가장 추천되는 포맷이며 용량 대비 고음질을 구축할 수 있다는 점이 장점입니다.
그 중 aiff는 1988년 애플컴퓨터가 개발하여 매킨토시 OS9까지 무손실 오디오 포맷으로 주로 사용되던 파일이었습니다만 OS X이 되면서 현재 매킨토시도 wav 파일로 바뀌었습니다.
과거 프로툴스5에서는 SD(Sound Designer) 파일과 함께 유일하게 호환되던 오디오 포맷이 aiff 파일이었습니다. 필자의 경우 wav나 aiff나 큰 차이는 없다고 생각하며 사용합니다.
aiff가 매킨토시에서 사용되던 포맷이라고 해서 윈도우즈에서 재생이 안 되는 것은 아닙니다. 윈도우 미디어 플레이어에서도 잘 플레이됩니다.

## 2. FLAC, OGG, CAF
FLAC(Free Lossless Audio Codec) 파일도 무손실 압축 포맷입니다. FLAC는 tag를 넣을 수 있으며, 앨범 아트워크 등을 넣을 수 있기 때문에 고음질 음악용 포맷으로 적당합니다. FLAC은 오픈 소스 소프트웨어이며, 로열티 없는 소프트웨어이기 때문에 많은 응용 소프트웨어가 FLAC을 지원하고 있습니다. 요 근래에 나오는 상당수의 무료 오디오 플레이어들은 이 FLAC 포맷을 지원합니다.

OGG 파일은 주로 게임 등에서 작동하는 사운드 포맷을 만들 때 사용합니다. 오그 파일이라고 읽으며 이 파일도 특허 없이 누구나 사용 가능한 오픈 소스 포맷입니다. 그리고 오디오 파일 저장이 컨테이너 형식이라 그 컨테이너 안에 다양한 형식의 포맷을 담을 수 있습니다.
그래서 .oga는 오디오만 담고 있는 파일, .ogv는 소리를 포함하지 않는 비디오 등으로 따로 말합니다.

CAF(Core Audio Format) 파일은 주로 아이폰, 아이패드 등 iOS에서 효과음 등이 만들어져야 하는 경우 사용되는 애플에서 개발한 사운드 파일 포맷입니다.
예를 들어 아이폰용 카카오톡 메신저의 효과음 등에 사용할 수 있습니다.

## 3. MP3
mpeg3가 아니라 mpeg1의 layer3인 mp3는 본래 동영상 포맷으로 개발되었다가 오디오에 더 많이 사용하게 된 케이스입니다. 이 포맷은 손실 압축 포맷이지만 태그(tag) 삽입, 가사에 앨범 아트워크까지 음악을 듣고 정리하기 위한 가장 좋은 포맷으로 카테고리 분류에도 이점이 있습니다.
무엇보다 손실 압축임에도 압축대비 음질 손상이 감상용으로 사용할 때 크지 않아 각광받고 있습니다.

# 8

# 마스터링
## (Mastering)

'마스터링'은 마스터링 전문 스튜디오가 따로 있을 만큼 작곡과는 또 다른 영역입니다.

작곡도, 믹싱도 음악적이면서 공학적인 분야이지만 둘 중 음악 쪽에 더 가까운 반면, 마스터링은 공학 쪽에 더 가까운 느낌입니다. '믹싱'이 여러 악기들의 트랙들을 섞는 과정이라면 '마스터링'은 이미 섞인(믹스된) 스테레오 트랙을 가지고 주로 '보정'을 하는 작업입니다. 주파수별로 음악을 결 따라 분리해내어 '보정'을 하고 특정 노이즈를 지워서 어떤 음색을 더 선명하게 만들기도 합니다. 그리고 스테레오 이미지를 넓게 혹은 좁게 손볼 수도 있으며 CD 등의 배포 음원을 만들기 전에 최종 라우드니스 레벨을 규격화하고 여러 트랙들의 앨범일 경우 트랙별로 곡 사이의 간격을 정하기도 합니다. 가끔 예전 CD 중엔 모든 트랙이 열 곡 정도에서 다 끝났는데 일부러 99트랙째에 보너스 트랙이 들어 있거나 하는 경우가 있었습니다. 이런 설정도 '마스터링 스튜디오'에서 합니다. 심지어 CD를 넣으면 나오는 트랙 이름, 앨범 이름, 트랙 넘버 등의 기록도 마스터링 스튜디오의 몫입니다.

마스터링은 아주 섬세하고 예민한 작업입니다. 이를 위해선 좋은 스피커와 앰프 그리고 대단히 신경 써서 '룸 튜닝'된 전문 스튜디오가 필요합니다.

그림 8 - 1  미국 Saga Audio Nashville Mastering Studio

당연히 믹싱 스튜디오와 장비 면에서도 구성에 약간의 차이가 있는데, 가장 눈에 띄는 차이점은 일반적으로 엔지니어 앞에 컴퓨터 모니터가 없다는 점입니다. 물론 컴퓨터를 사용하지 않는 것은 아닙니다. 트랙별 편집 작업을 하지 않으니 볼 일이 많지 않고 스피커를 가리는 모니터가 음악을 세밀히 듣는 데 방해가 되기 때문입니다.

그리고 무엇보다 아주 고가의 외장으로 구비된 장비들을 이용하기에 거의 플러그인을 사용하지 않습니다.

믿기지 않지만 '거치기만 해도 소리가 좋아지는 장비'가 존재했습니다.

또한 프로그램도 마스터링 전용 DAW를 사용합니다. 그런데 '스튜디오 원 3'는 마스터링 용 프로젝트를 별도 지원합니다. 세상에 이런 시퀀서가 있었나 싶습니다.

전문적인 '마스터링 툴'도 상당히 비싼 프로그램들인데 '스튜디오 원 3'을 구입하면 마스터링용 프로젝트가 생긴다는 것은 매우 좋은 일입니다. 대개 작업하고 믹싱하는 프로젝트상에서 작·편곡가는 스스로 대략 혹은 진지한 마스터링을 끝냅니다. 이 책을 읽고 계신 독자분들의 작업실은 전문적인 수준의 '마스터링 환경'도 아니고 아직 그런 단계의 실력도 아니겠지만 최소한의 '마스터링(Mastering)'을 해야 출시됐을 때 적정한 레벨을 확보할 수가 있습니다.

만약 믹싱이 끝난 후 그냥 바운싱을 하게 된 음악을 들어보면 아마 기존의 다른 곡들보다 소리가 많이 작을 겁니다. 이렇듯 적절한 라우드니스(Loudness) 확보를 위해서도 마스터링은 필요합니다. 하지만 마스터링으로 그 전 단계인 믹싱에서 좋지 않게 나온 것을 좋게 만드는 것은 거의 불가능합니다.

외국 마스터링 포럼에서는 이런 말이 있습니다.

사실 방대한 내용의 마스터링을 책의 '한 챕터'에 다룬다는 것은 말도 안 되는 일이지만 '입문서' 정도로는 다뤄보겠습니다.

# ᜒᜒᜒ 1 스튜디오 원 마스터링 프로젝트

'스튜디오 원 3'에서 믹싱이 끝나고 Export Mixdown했던 파일은 여러분 컴퓨터 속 어딘가에 있을 겁니다. 물론 기본 지정은 '스튜디오 원 3' 폴더지만 우리는 앞선 챕터에서 모두 바탕 화면으로 지정했습니다.

우리가 가지고 있는 첫 곡 따라 하기의 믹스 다운 버전과 힙합 곡 믹스다운 버전 WAVE 파일 두 개를 가지고 마스터링을 해보겠습니다.

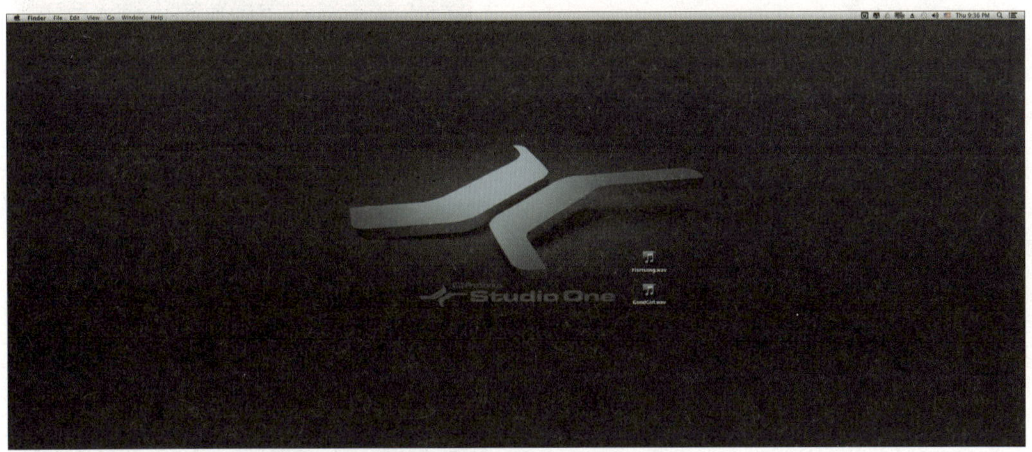

**그림 8 - 1** 바탕화면에 믹스다운된 파일들

필자의 매킨토시 컴퓨터 바탕화면입니다. 파일 두 개가 보입니다.

현재 쓰고 있는 '스튜디오 원' 바탕화면은 '프리소너스 본사 사이트'에서 다운받을 수 있습니다.
곡 제목은 미리 정했듯이 〈First song〉과 〈Good Girl〉입니다.
'스튜디오 원'을 실행합니다.

**그림 8 - 3** 스튜디오 원 프로젝트 생성

가운데에 있는 Create a new Project를 클릭합니다. 새 마스터링 프로젝트를 만드는 아이콘입니다.

파일명과 저장될 장소 그리고 샘플레이트를 지정
하라는 다이얼로그 박스가 뜹니다.

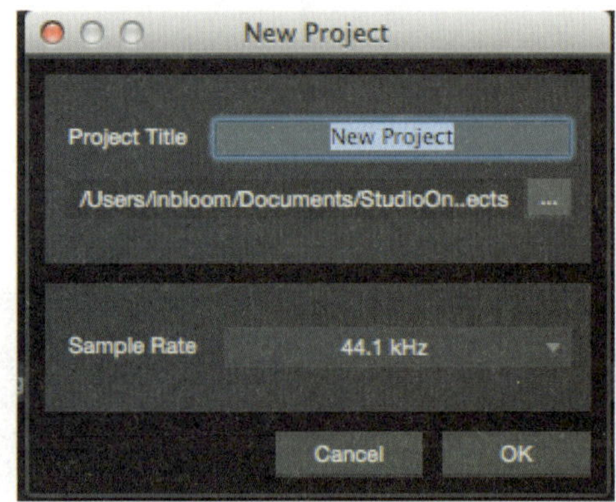


**그림 8 - 4** 파일명, 저장 위치, 샘플레이트 설정

제목은 〈StudioOneDEMO〉로 정했습니다. 저장
위치는 바탕화면으로 했고 Sample Rate는 48kHz
로 정했습니다. 왜냐하면 우리가 작업했던 믹스
파일이 16bit 48kHz였기 때문입니다.

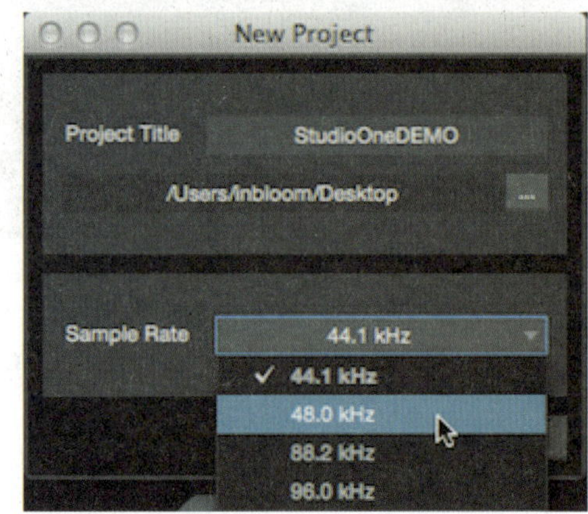


**그림 8 - 5** 샘플레이트 설정

# ⌁ 2 마스터링 전 준비작업

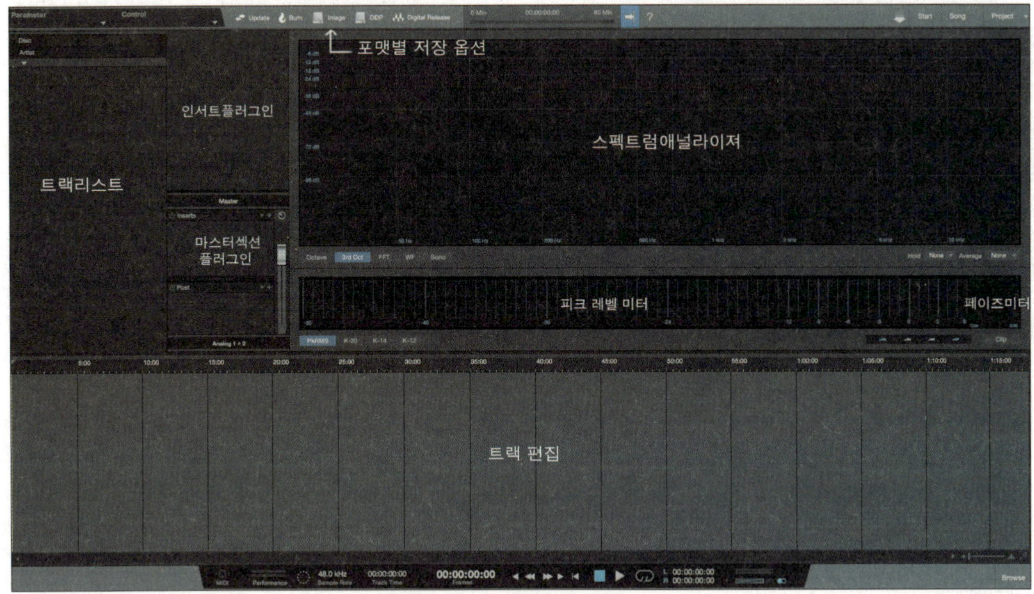



**그림 8 - 6** 마스터링 프로젝트 화면

생성된 프로젝트는 이런 모양과 구조를 가집니다.

sequoia, pyramix 등 마스터링에서 많이 사용하는 DAW 툴들과 크게 다를 바 없습니다(이 툴들은 믹싱용으로 사용하기도 합니다).

## 2.1 파일 임포트

바탕 화면에 있던 두 곡을 프로젝트로 끌어다 놓습니다(드래그 앤드 드롭).

이렇게 파일 임포트 후 작업을 시작하는 게 일반적이지만 믹싱 후 바로 작업하던 스튜디오 원 3 프로젝트상에서 이 프로젝트로 전환하여 자동 임포트하는 것도 가능합니다.

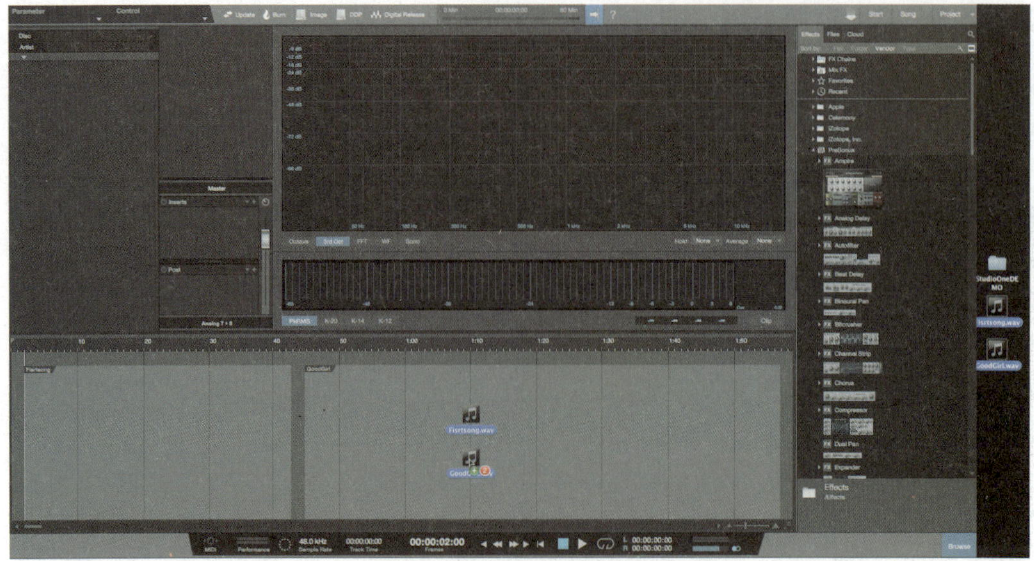

**그림 8 - 7** 드래그 앤드 드롭으로 파일 추가

파일을 끌어다 놓으면 자동으로 두 개가 분리되어 알아서 간격이 생깁니다. 앞쪽의 파일이 〈First song〉입니다.

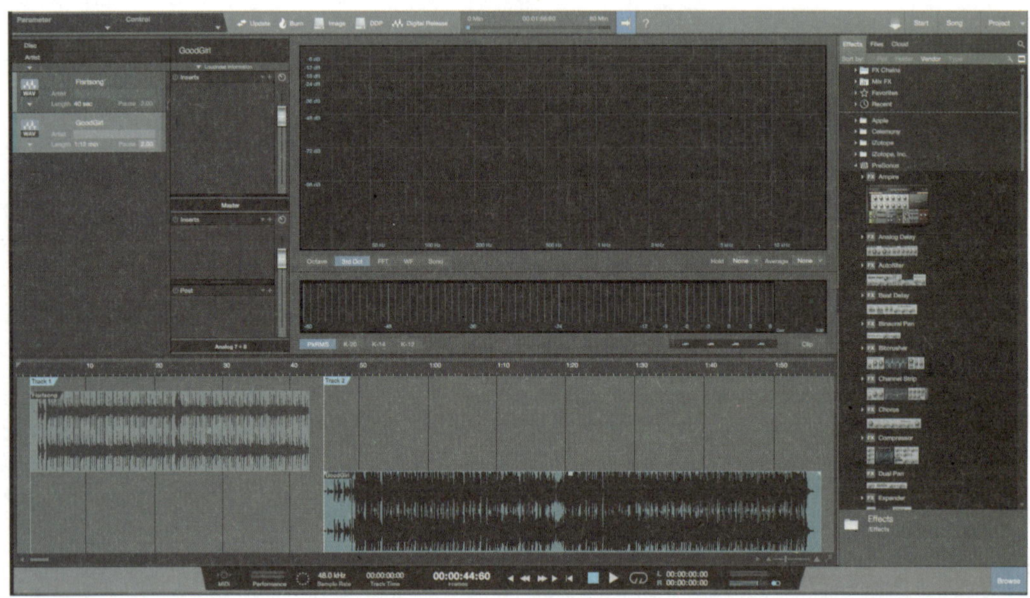

**그림 8 - 8** 프로젝트에 추가된 파일

앞서 작업했 듯이 작업 프로젝트에서 믹스 다운한 것을 마스터링 프로젝트로 임포트 하는 것은 어찌 보면 당연한 것이기도 합니다. 그래야 스튜디오 원 3를 마스터링용 DAW로 사용하는 곳에서 로직, 큐베이스, 프로툴스 등에서 작업하고 믹스다운한 것도 임포트해서 작업할 테니 말입니다. 그러나 우리는 스튜디오 원을 사용하는 유저들이니 같은 스튜디오 원 3의 마스터링 세션으로 작업이 전환될 때 '자동' 실행되게 할 수도 있습니다.

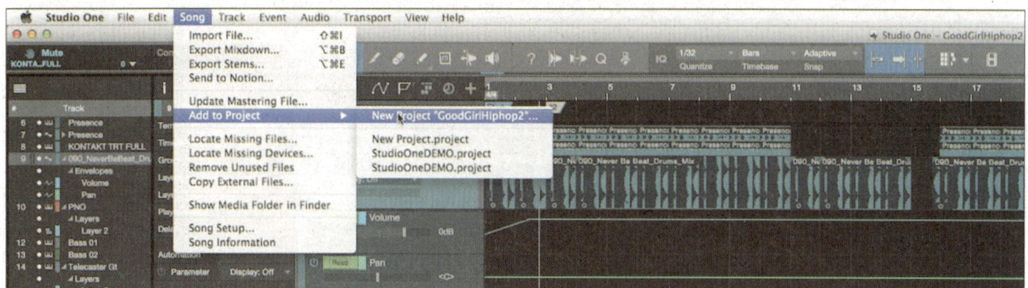

**그림** SONG 메뉴 〉 Add to project

미디 작업과 믹싱 작업이 끝난 이후에 이제는 마스터링을 해야겠다 싶을 때 위에 보듯 Song 메뉴에서 Add to project 클릭 후 사이드 메뉴의 New Project를 선택하시면 됩니다.
그렇게 하면 자동으로 믹스다운을 하고 그 파일이 '자동 전환'되어 열린 마스터링 세션에 이미 임포트되어 있습니다. 매우 편리합니다.

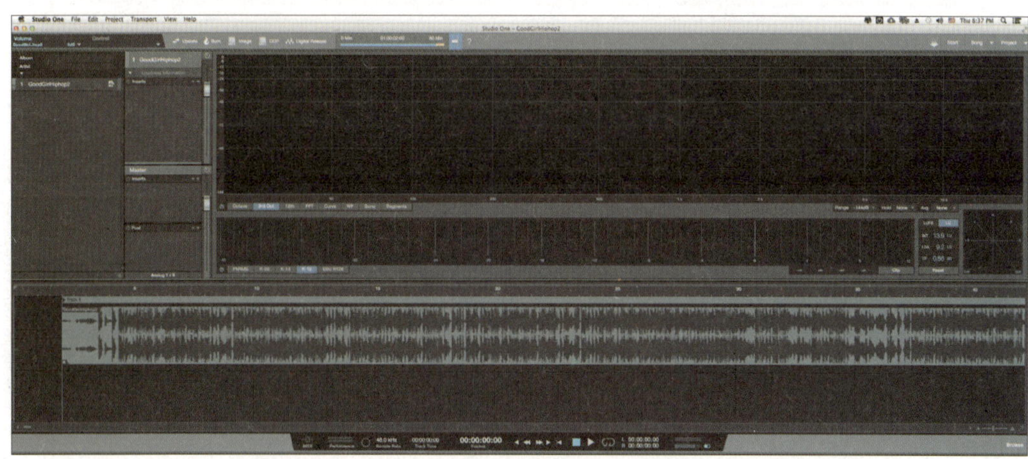

**그림** 자동 전환되어 열린 마스터링 세션

위 그림은 '자동 전환'되어 열린 마스터링 세션입니다.
임포트된 레전이 왼쪽 끝에 치우쳐 아주 작게 들어가 있으니 이 세션이 열리면 '줌 인'하시기 바랍니다.

## 2.2 트랙별 색상 지정

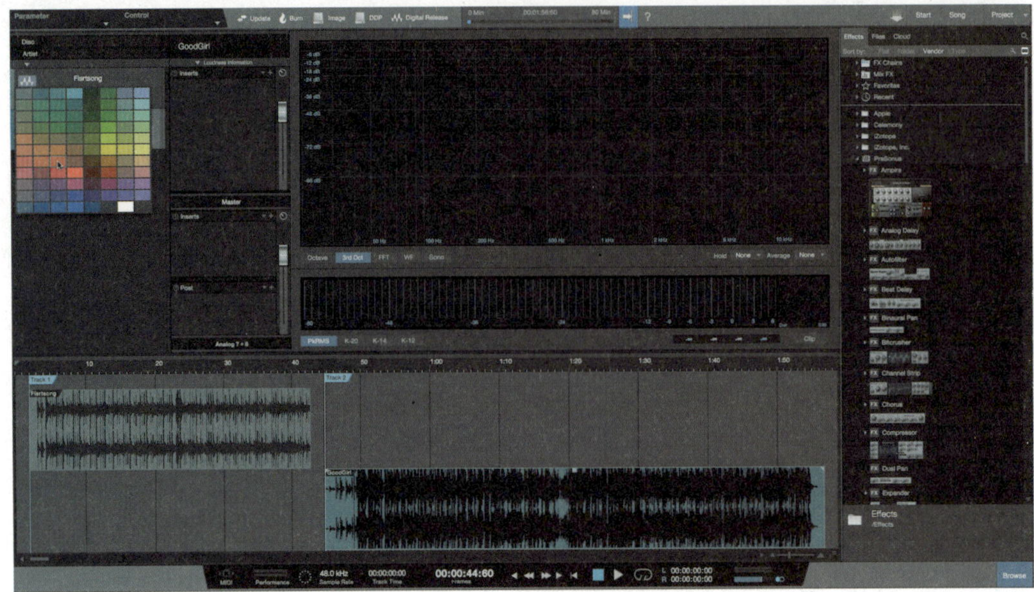

**그림 8 - 9** 트랙 색상 지정

그림에서 보다시피 두 곡의 색깔이 크게 차이가 없으니 쉬운 시각적 구별을 위해 좌측 상단의 트랙 리스트에서 색깔을 바꿔보겠습니다. 첫 번째 곡인 〈First song〉을 붉은 계열로 바꿉니다.


## 2.3 룰러 바 단위 지정

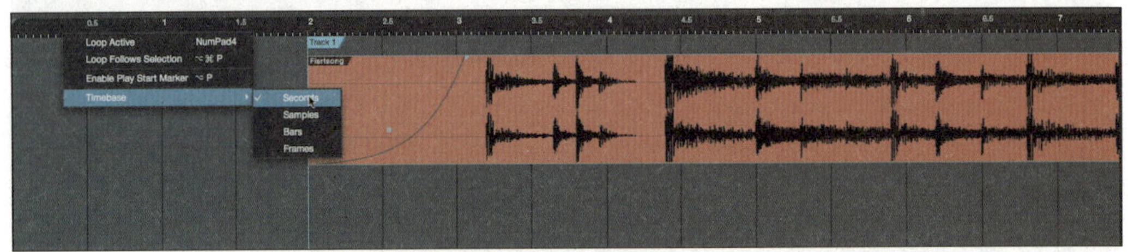

**그림 8 - 10** 룰러 바 단위 지정

룰러 바를 우클릭하면 룰러 바의 단위를 바꿀 수 있습니다. 이젠 마디/박자 단위는 중요하지 않으니 Seconds(초)로 바꿉니다. 그리고 이 곡을 드래그 앤 드롭을 했을 때 좌측 맨 끝으로 곡이 붙지 않습니다. 이것은 CD를 재생한다면 CD를 넣고 1번 트랙이 나올 때까지 약간의 시간으로 디폴트 값은 2초입니다.

## 2.4 페이드 인 설정

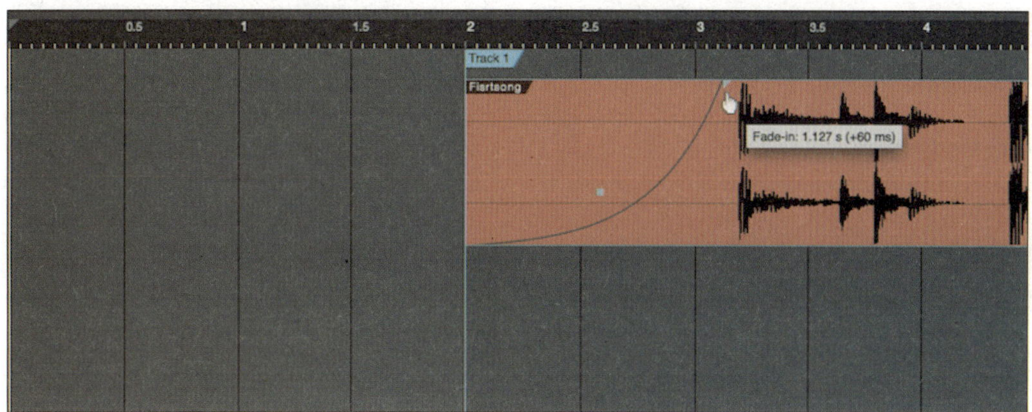


**그림 8 - 11** First song 페이드 인

'Track 1' 첫 곡이 나올 때까지의 시간과 별개로 첫 곡이 들어갈 때 Fade in을 넣습니다.
〈First song〉의 맨 앞에는 하이햇 드럼이 카운트되는 소리가 들어가 있으니 그걸 지우거나 줄이는 의미도 있습니다.


## 2.5 페이드 아웃 설정

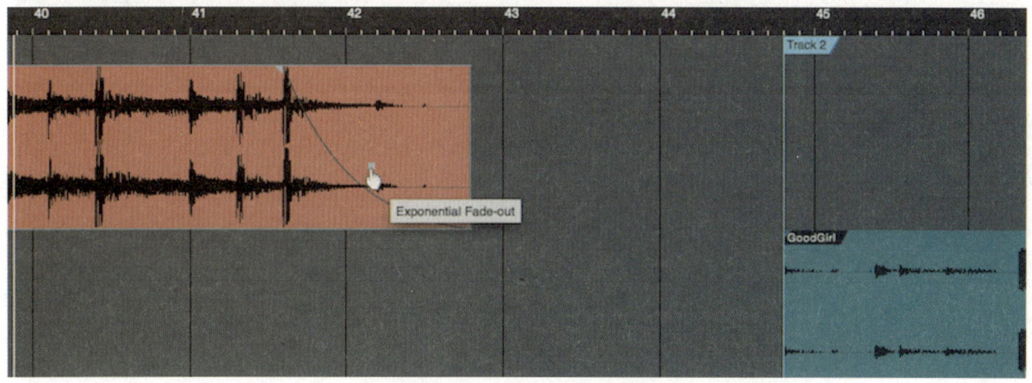


**그림 8 - 12** First song 페이드 아웃

'Track 1' 첫 곡 끝부분에는 Fade out을 설정합니다.
그리고 두 번째 곡 'Track 2'는 첫 번째 곡과 간격이 너무 벌어진 것 같아서 조금만 좌측으로 당겨보겠습니다.

## 2.6 두 곡의 간격 지정

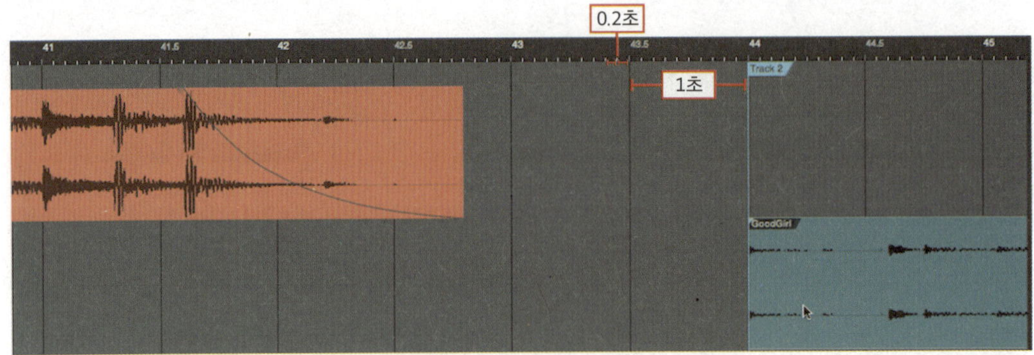



그림 8 - 13 두 번째 곡 위치 지정

'Track 2'를 44초에 맞춥니다. 이렇게 조정한 간격이 음반용 CD를 만들 경우 곡 간의 간격이 됩니다.


## 2.7 〈Good Girl〉 페이드 인 설정

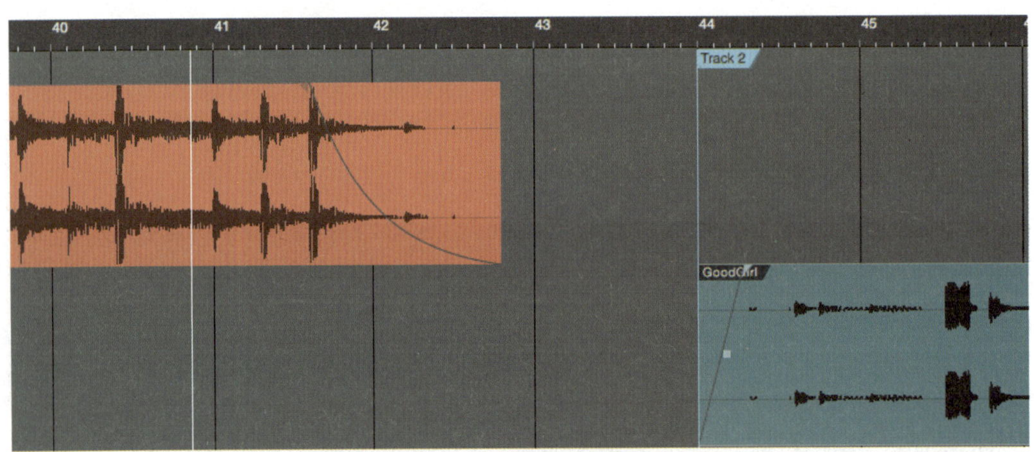



그림 8 - 14 〈GoodGirl〉 페이드 인

두 번째 곡도 페이드 인을 했습니다.

'첫 번째 곡'과 '두 번째 곡'의 간격이 1.2초 정도가 되는 것을 룰러 바를 통해 확인할 수 있습니다.

# 〰️ 3 마스터링 프로젝트 화면

## 3.1 마스터링 플러그인들

트랙 리스트 혹은 트랙 편집 창에서 트랙 선택 후 인서트(Inserts) 플러그인 창에서 + 키 옆의 삼각형 버튼을 눌러 보면 폴더에 정리된 플러그인들이 나옵니다. 그중에 'Mastering'이라는 폴더가 보입니다.

이곳에는 마스터링할 때 주로 쓰게 되는 플러그인들이 들어 있습니다. 이곳의 플러그인들을 쓰는 가장 큰 장점은 마스터링을 위해 기본으로 갖춰진 '프리셋'입니다.

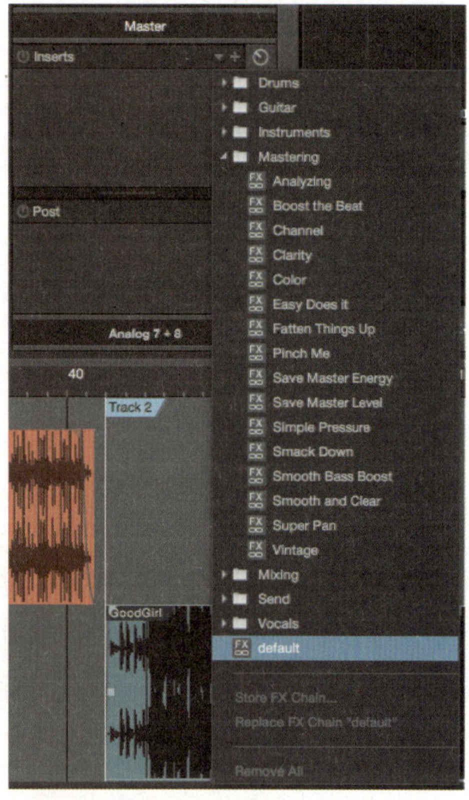

그림 8 - 15 Master Inserts 단

## 3.2 라우드니스 인포메이션(Loudness Information)

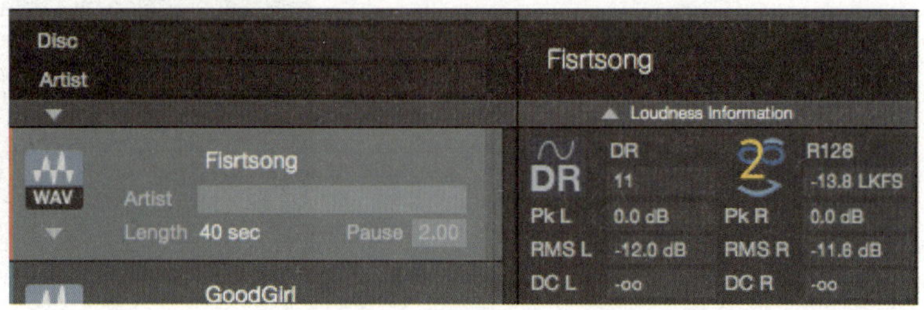

그림 8 - 16 Loudness Information

프로젝트 좌측 상단의 트랙 리스트를 보면 아까 올린 두 트랙이 나옵니다.

트랙 리스트 바로 우측엔 그 파일(트랙)에 대한 인서트 플러그인 단이 나옵니다(여러 트랙에 걸리는 게 아닙니다).

그 상단의 삼각형 버튼을 누르면 Loudness Information 바를 볼 수 있습니다.

이곳에서는 좌우 피크 및 좌우 RMS 레벨, 각 트랙의 음량 정보 등을 스캔해서 자동으로 보여줍니다. 음압을 올려야 할 때 각 트랙의 음량 레벨을 조정하며 자세히 보기 위해 이 'Loudness Information' 바를 이용하면 편리합니다.

## 3.3   마스터 플러그인 인서트 단

하단의 Master 단은 좌측 트랙들 모두에 적용되는 플러그인 섹션(단)입니다.

콘솔로 생각해보면 마스터 페이더의 인서트 단이 됩니다. 그 밑의 Post는 우측에 붙어 있는 페이더 단 후에 걸리는 플러그인을 말합니다. 페이더의 볼륨 값 영향을 받느냐 안 받느냐의 차이입니다(믹싱 때나 마스터링 때 모두 마스터 단의 페이더는 특별한 상황이 아닌 이상 만지지 않는 것이 일반적입니다).

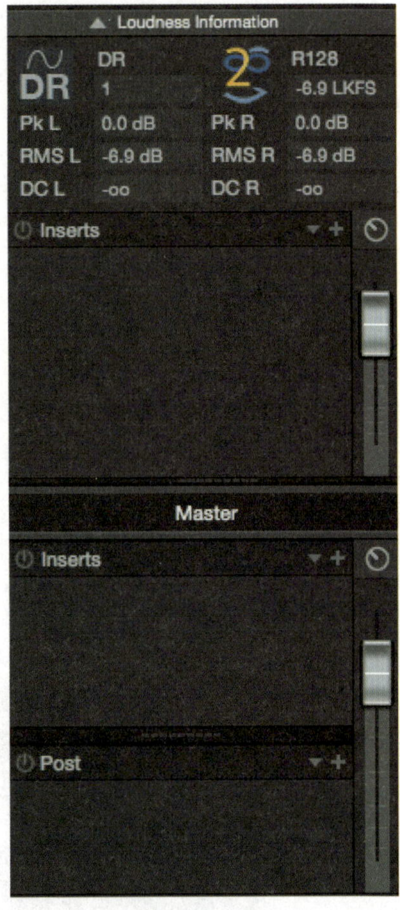

그림 8 - 17 마스터 플러그인 인서트 단

### 3.3.1 마스터에 인서트 멀티밴드 컴프레서(Multiband Compressor)

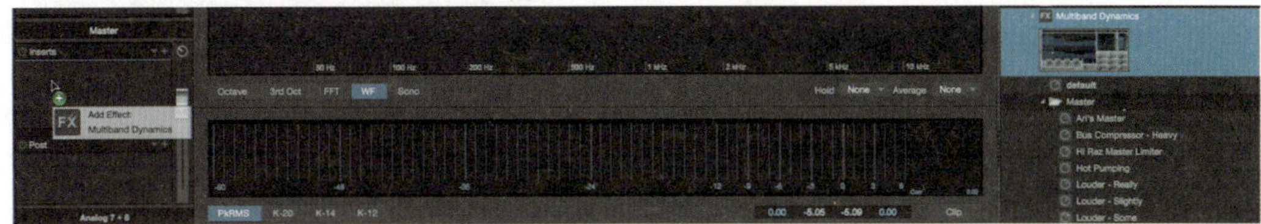

그림 8 - 18 마스터 Insert Multiband Dynamics

두 트랙 모두의 레벨을 전체적으로 올리기 위해 '멀티밴드 컴프레서'를 인서트합니다. 두 트랙에 동시에 적용되도록 마스터 단에 인서트합니다(현재 힙합 곡은 믹싱 시 레벨이 많이 큰 상태라 아마 컴프레션되어 소리가 답답하게 들릴 겁니다. 그것은 사실 좋지 않은 상황입니다).

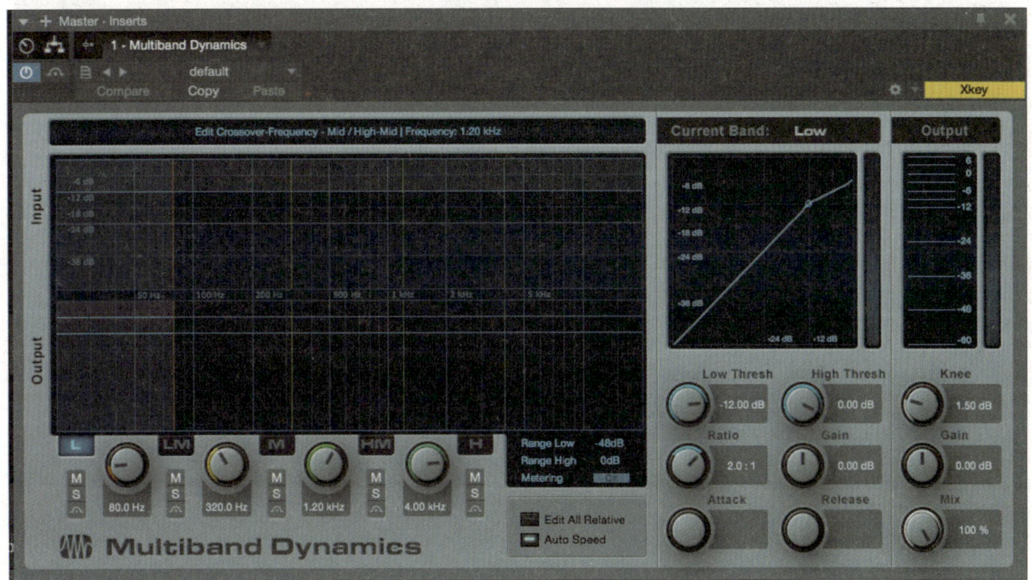

그림 8 - 19 Multiband Dynamics

마스터단의 '멀티밴드 컴프레서(Multiband Dynamics)'는 디폴트로 걸어줍니다. 멀티밴드 컴프레서는 컴프레서를 이큐잉된 특정 구간에 적용할 수 있습니다.

위 그림처럼 4밴드 EQ를 가진 경우 크게 4구간 중 노브를 조정하여 특정 구간에만 컴프레서를 적용할 수가 있습니다.

마스터 단에 인서트된 멀티밴드 컴프레서의 그래프
요약 수치입니다.

Mix 100%는 위의 멀티밴드 컴프레서 맨 우측 하단의
노브에서도 확인할 수 있습니다.

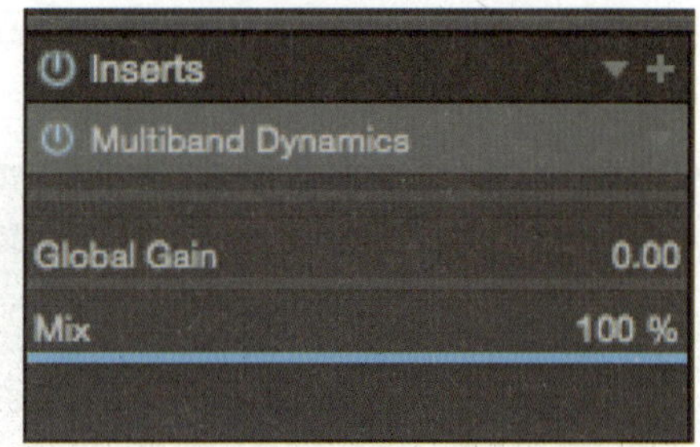

**그림 8 - 20** 인서트 된 멀티밴드 다이내믹

## 3.4 피크 미터 수치

**그림 8 - 21** Clip

멀티밴드 컴프레서인 탓에 우측의 Clip에 빨간 불이 들어왔습니다. 컴프레션이 심하게 되고 있고 소리
가 답답한데 더 심각하게 클리핑이 나고 있습니다. 믹싱 시 충분한 헤드룸을 확보하지 못해서입니다.

이렇게 마스터 단에 멀티밴드 컴프레서가 걸렸을 때 미터 단의 피크 미터 수치를 보기 바랍니다.

1.10 -3.40 -3.24 1.69 이렇게 네가지 수치가 나옵니다.

파란 글씨로 나오는 것은 피크 미터, 하얀 글씨로 나오는 것은 평균 레벨 미터(RMS)입니다.

좌측 출력의 피크 미터 부분이 1.10, 우측 출력이 1.69이면 클립이 뜨는 것은 당연합니다.

이미 출시된 가요나 팝 음악들의 대부분을 이곳에 올려놓고 들어 본다면 피크 레벨은 거의 0에 수렴

하는 바로 직전 값이며 RMS 미터는 −8∼−7 근처입니다(각 음악들의 장르적인 차이는 있습니다).
듣기에 '컴프레스 디스토션(눌러서 답답한 소리)'이 없으면서 충분한 레벨을 확보하는 것은 마스터링
시 쉬운 일이 아닙니다. 마스터 단에 멀티밴드 컴프레서를 걸기 전의 힙합 곡(GoodGirl)의 룰러 바
가 위치한 부근의 미터들을 보시기 바랍니다. 이때도 소리가 큽니다.

## 3.4.1 〈Good Girl〉 레벨

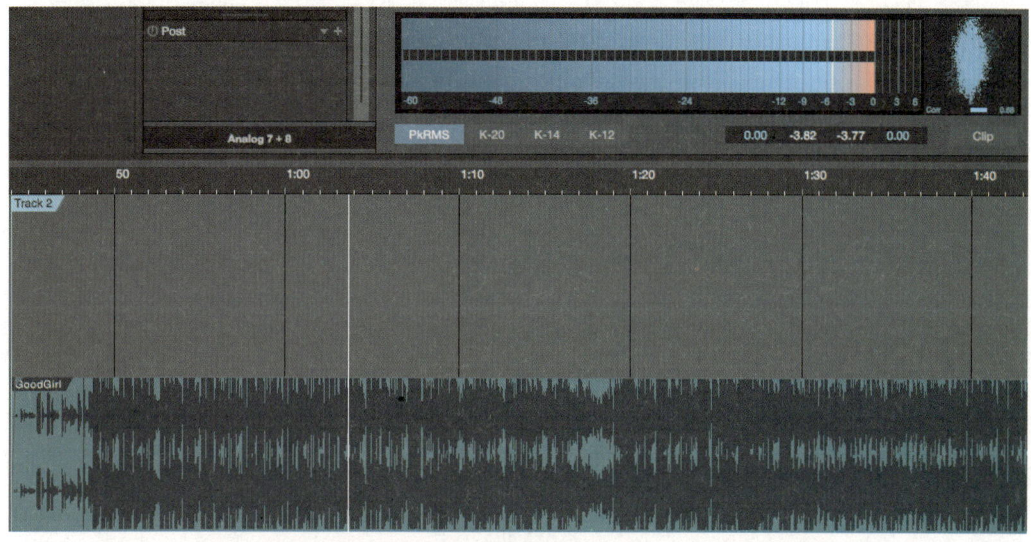

그림 8 - 22 〈Good Girl〉 레벨

지금 이 상황이라면 이 '힙합 곡(Good Girl)'은 믹스 시에 레벨미터를 Check하여 더 많은 헤드룸을
확보하고 오는 것을 권하고 싶습니다(그래서 '스튜디오 원 3'에서는 작업 프로젝트 파일과 마스터링
프로젝트 파일의 전환 자체도 쉽게 됩니다. 다시 믹스 프로젝트로 다녀오기가 그다지 번거롭지 않다
는 뜻입니다. 이 전환은 뒤에 언급됩니다).
일반적으로 마스터 믹스 파일의 '피크 레벨'이 −12 약간 아래 정도면 적당한 헤드룸을 가진 마스터
믹싱으로 봅니다. 필자가 말하고 싶은 것은 마스터링 시 '각 미터들의 수치를 주의 깊게 봐야 한다'는
것이며, '믹싱 시 여분을 충분히 둔 헤드룸 확보'는 마스터링 시 더 많은 레벨 업을 만들 수 있는 '필
수 요소'라는 점입니다.

마스터링 시 K-system이라는 레벨 미터의 종류와 보는 법을 알아보겠습니다.

PART 7 믹싱에서 레벨 미터에 관한 설명이 있었습니다. 하지만 이 마스터링 편에서 낯선 레벨 미터가 나옵니다. 바로 K-20, K-14, K-12 등의 이름을 가진 레벨 미터입니다. 이것을 K 시스템이라고 부릅니다. K 시스템은 밥 카츠(Bob Katz)라는 엔지니어가 고안한 레벨 미터 표현 방식입니다. 앞선 믹싱 편에서 VU 미터의 경우 바늘이 사람의 눈에 맞춘 속도이며, 그 움직임이 실제 귀에 들리는 것에 맞추어 변한다고 했던 것을 떠올리기 바랍니다.

이것은 일반적인 '디지털 미터링 레벨'과 '체감하는 모니터링 레벨' 두 가지를 통합해서 표현한 겁니다. 기준 음량(Loudness)을 미리 정하고 레벨 미터를 '캘리브레이션'한 것인데 가령 0VU의 '핑크 노이즈'를 재생할 때 사람 귀에 들리는 음압은 자연음향계(체감하는 모니터 레벨)의 데시벨인 83dBSPL이 됩니다.

이 단위를 디지털에서 사용하는 dBfs로 변환해야 하는데, '0VU = 83dBSPL'을 디지털상에서 몇 dBfs(R.M.S)로 하느냐에 따라 K-12, K-14, K-20으로 나뉩니다.

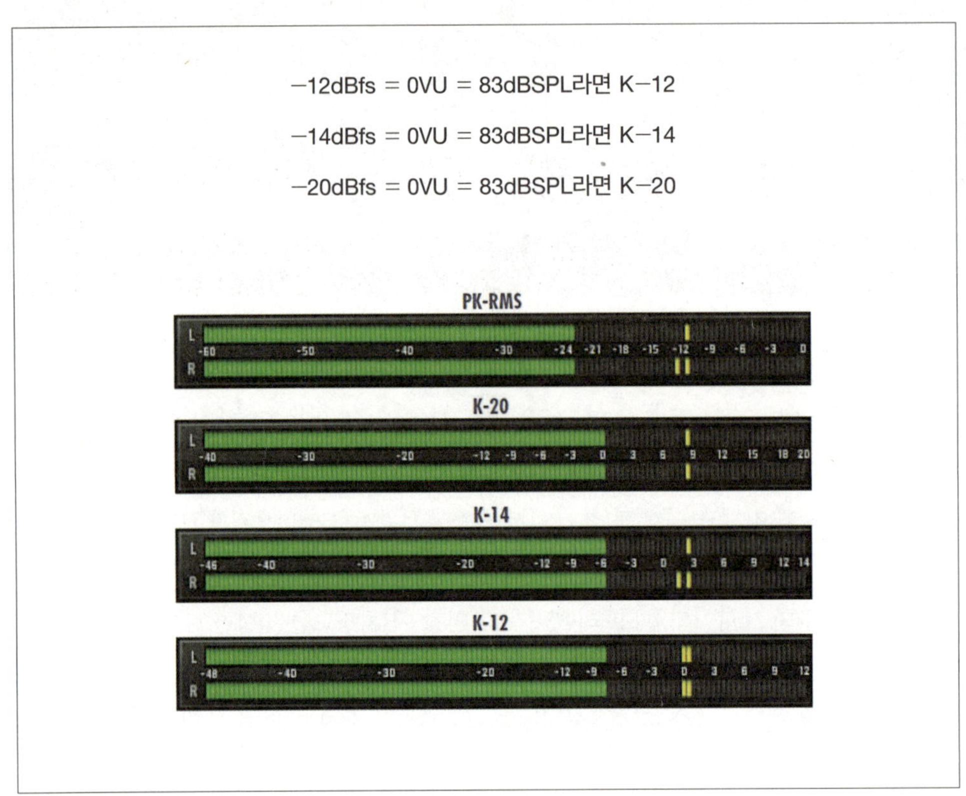


그림 8 - 23 여러 종류의 K-System Meter

스튜디오 원에서의 K-System은 다음과 같습니다.

**그림 8 - 24** 스튜디오 원의 K-20

**그림 8 - 25** 스튜디오 원의 K-14

**그림 8 - 26** 스튜디오 원의 K-12

그림 8-23의 각 미터의 맨 우측 숫자는 각각 0, 20, 14, 12입니다.

그러니 여러분은 K 시스템을 떠올리면 '그 미터의 최대 숫자가 그 이름'이라고 생각하면 됩니다.

K-20, 14, 12에서 0의 눈금은 PK-RMS의 같은 위치에선 -20, -14, -12dB입니다.

가령 K-20 레벨 미터는 +20dB까지이니 그 자리의 PK-RMS에서 눈금은 0dBfs입니다.

K-20 라면 0dBfs = 20VU이 PK-RMS의 -20dBfs = 0VU입니다.

K-12 라면 0dBfs = 12VU이 PK-RMS의 -12dBfs = 0VU입니다.

일반적으로 이 중 다이내믹 레인지가 가장 넓은 K-20은 극장용 영화 사운드, K-14는 일반적인 팝 뮤직에 사용하며 상대적으로 좋은 음질을 듣기 어려운 TV 방송에는 K-12를 사용합니다.

K-System은 "디지털 레벨 미터이지만 마치 VU 미터처럼 인간의 현실 체감이 쉬운 미터링을 디지털로 구현하고 싶었던 엔지니어 밥 카츠의 캘리브레이션 세팅이다" 정도로 기억하면 됩니다.
실제로 레벨 미터의 움직임이 마치 VU 미터의 움직임처럼 눈에 들어올 만큼의 적당한 빠르기로 움직입니다.

# 4 〈First song〉

이번엔 멀티밴드 다이내믹(Multiband Dynamics)을 〈First song〉에 적용해 보겠습니다.

## 4.1 인서트 Multiband Dynamics

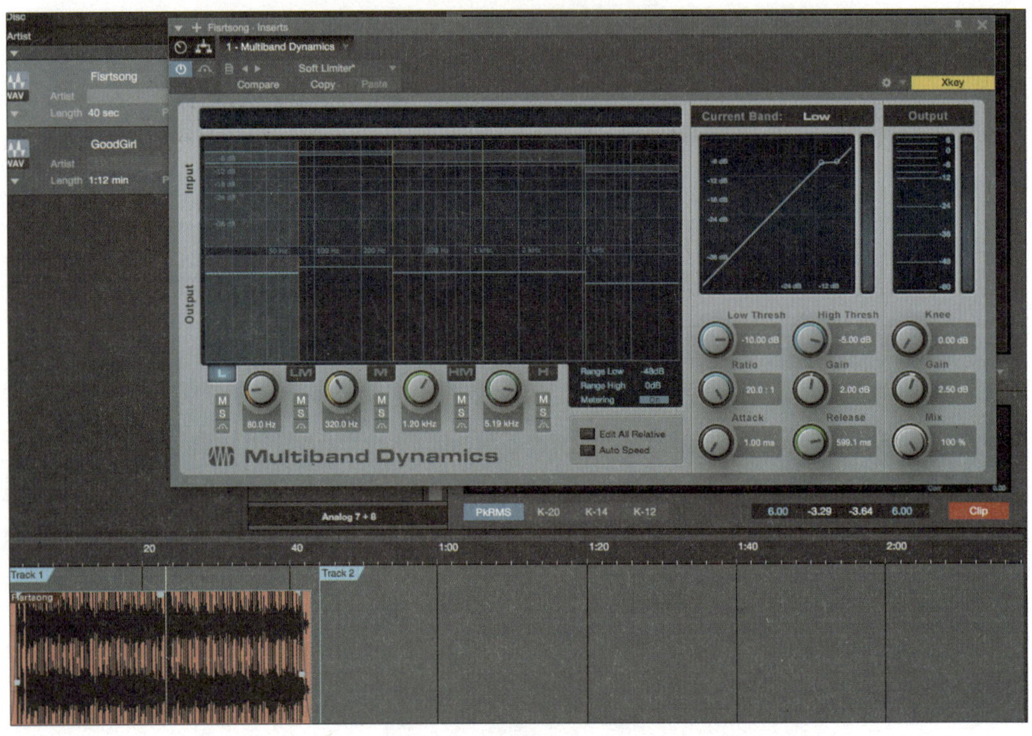

**그림 8 - 27** Multiband Dynamics

멀티밴드 컴프레서는 별다른 설정 없이 '디폴트 값'으로 적용합니다(설정이 없는 이유는 '디폴트'로 써도 될 것 같아서입니다).

인서트 단에 거는 이펙팅은 각 트랙별로 플러그인을 거는 겁니다. 좌측 트랙 리스트 중 〈First song〉 곡을 골라 선택한 후 인서트 단에 이펙팅하면 그 곡에만 플러그인이 걸립니다.

하지만 현재는 마스터 단에도 멀티밴드 컴프레서가 걸려 있으니 과도한 컴프레션이 되었을 것 같습니다.

# 4.2 피크 미터 수치

**그림 8 - 28** 〈First song〉 피크 미터 1

〈First song〉에만 적용된 '멀티밴드 다이내믹(Multiband Dynamics)' 때문에 레벨을 올렸습니다. 우측 피크 미터의 수치를 확인해봅니다.

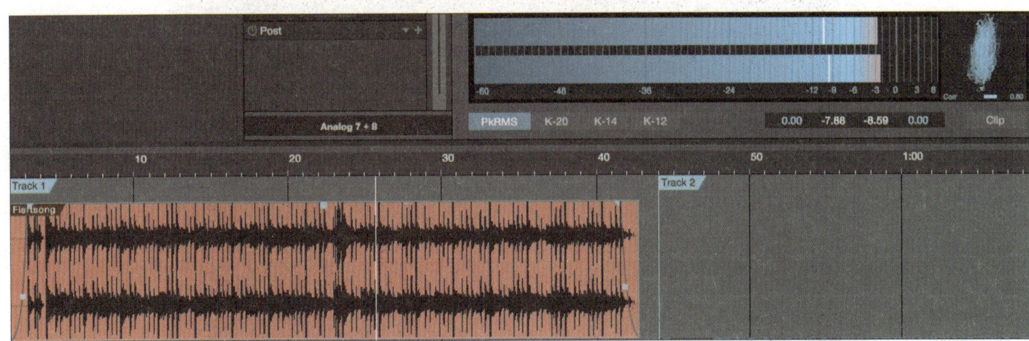

**그림 8 - 29** 〈First song〉 피크 미터 2

현재 좌우 피크 미터는 0, 좌우 평균 레벨은 −8.5~−7 정도입니다.

수치상 약간 소리가 디스토션되는 것이 이상하지 않기도 하거니와 실제로 듣기에도 좀 깊은 컴프레션이 되었음을 느낄 수 있습니다. 그래도 근래의 일반적인 팝 음악의 마스터 레벨과 거의 비슷한 수치를 갖고 있습니다.

# ﹏ 5  페이즈 미터(Phase Meter)

레벨 미터 우측에 위치한 페이즈 미터를 보는 법을 알아보겠습니다.

우측에 있는 페이즈 미터가 작으니 플러그인 목록에서 따로 플러그인으로 사용해서 좀 더 큰 그림으로 볼 수 있습니다.

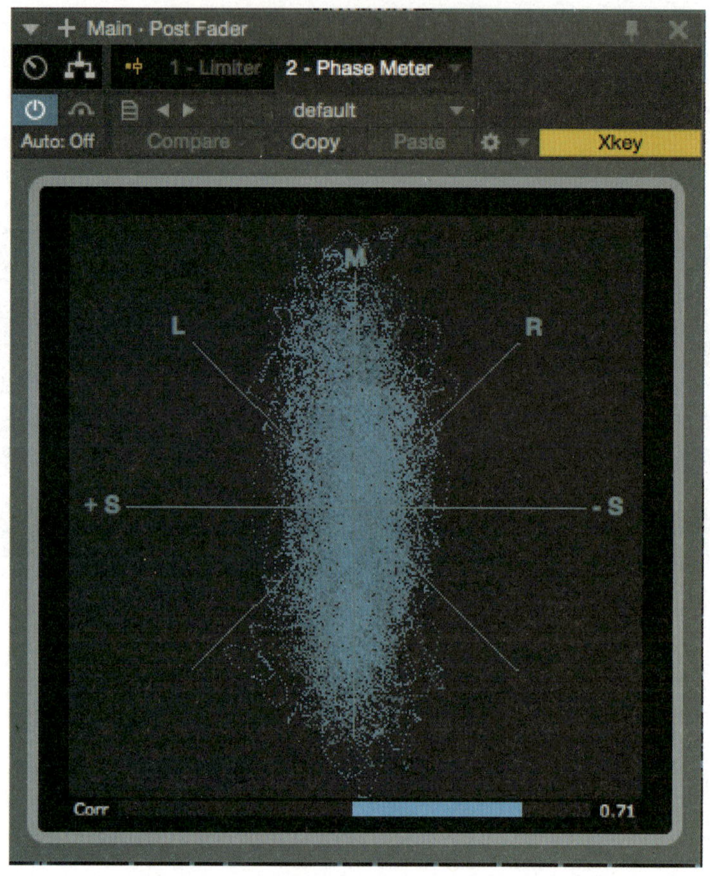


**그림 8 - 30** 페이즈 미터

마스터링 스튜디오에서 흔하게 볼 수 있는 이 '페이즈 미터'는 사운드 시그널의 좌우 분포와 밀도를 볼 수 있고, 그것을 통해 스테레오 이미지와 모노 이미지를 보정한다거나 주파수 대역별로 위치한 시그널의 분포 등을 눈으로 확인할 수 있습니다. 'M은 모노', 'S는 좌우 스테레오의 범위', 'L, R은 위상각'을 보여주며 이는 '1주기(사이클)'의 정현파 곡선(사인, 웨이브)을 대입해서 생각해 볼 수 있습니다.

예를 들어 +S에서 −S까지 180도는 '반 주기' 그리고 360도를 회전시켰을 땐 '1주기'로 환산해 생각합니다(그림 8-31 참조).

'모노' 소스일수록 한가운데 길게 파형이 그려지며 좌우로 퍼지는 모양이 매우 작을 것입니다.

만일 소스가 L이나 R로 축이 비스듬하게 기울어져 있다면 위상에 문제가 있는 것이 한눈에 보입니다.

360도 '1주기'일 때 0도를 기점으로 진행 중인 위상각들은 시그널의 지연 없이 0으로 수렴해야 합니다.

만약 축이 L, R이라면 그건 90도 혹은 270도에서 180도 혹은 360도로 진행 중인 시그널로 생각하면 됩니다.

이 모든 각도에 관한 이야기는 소리의 파형이 사인 곡선이기에 있는 현상이고, 그 주기를 위상이라고 합니다.


## 5.1 위상

노이즈 파형을 제외한 대부분의 사운드 음악 파형은 같은 '모양'의 반복이라고 생각할 수 있습니다. 일반적으로 정현파, 즉 사인 곡선을 그리는 웨이브 파형의 기점을 0으로 보면 위쪽으로 향하는 플러스 방향에서 기점을 지나쳐 내려와 아래로 향하는 마이너스 방향으로 내려오는 주기를 반복합니다. 이렇게 올라갔다 내려오는 한 번의 반복을 '1주기'라고 합니다. 그리고 편의상 그 올라가고 내려오는 각도에 따라 0도에서 360도까지 구분을 하는데, 이 각도를 '위상각'이라 말합니다.


## 5.2 정현파 1주기

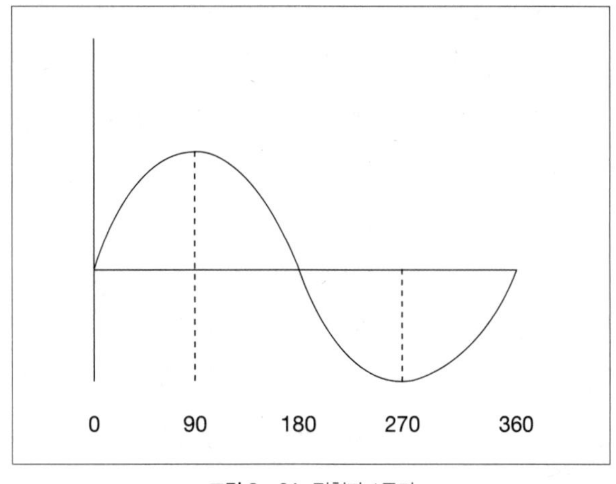


**그림 8 - 31** 정현파 1주기

싸인 곡선을 그리는 1주기 파형은 그 모양이 흐트러질 때 문제가 생길 수 있습니다.

이 모양이 흐트러지는 원인은 대부분 두 가지로, 하나는 '전기적 노이즈가 생긴 경우'이고, 다른 하나는 '신호가 거꾸로 입력'된 경우입니다. 보통 전기적인 노이즈가 오디오 시그널에 들어가면 곡선이 아니라 직선 모양의 각들이 생겨납니다. '신호가 거꾸로 입력'되면 '전기의 극성(+, −)'도 반대가 되어 위상이 반대로 그려집니다.

위상이 흐트러지는 것은 마치 여러분 머리 바로 위에 큰 쟁반이 큰 소리를 내며 매달려 웅웅~ 거리고 있을 때의 어지러운 느낌을 생각하시면 비슷합니다. 귀에 들리는 쟁반의 소리(Loudness)가 단지 소리가 아니라 '정위감'과 '원근감'의 캔슬레이션이 이어져서 어지럽게 펼쳐지는 순간을 말합니다.

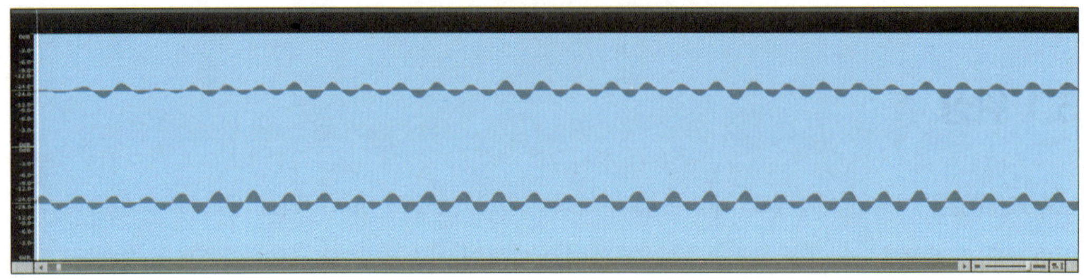

그림 8 - 32 wave 파형

위의 그림은 '스튜디오 원 3'에서 어떤 웨이브 파일을 줌 인(Zoom In)하여 확대해서 본 것입니다.

사인 곡선과 정반대로 사인 곡선을 그리는 상황을 '인버트(Invert)'라고 하며 그 결과물을 '역상'이라 부릅니다. 정상인 시그널과 역상인 시그널이 동시에 재생될 때 아무 소리도 안 들리는 현상이 일어나는데, 그것을 '캔슬레이션(Cancelation)'이라고 합니다.

캔슬레이션이 되었을 때는 시그널의 파형이 모니터상에 보여도 아무 소리도 안 들리는 신기한 경험을 하게 됩니다. 이러한 '역상'은 DAW에서 일부러 만들 수도 있고 혹은 실수로 입·출력 케이블을 반대로 연결했을 때 일어나기도 합니다. 그런 '케이블링' 실수 등을 만회하기 위해 공연용 콘솔 중에 장착되어 있는 '페이즈 스위치(Phase Switch : 기종에 따라선 '폴라리티 스위치'라고도 합니다)'는 잘못 입력되어 위상이 바뀐 신호를 콘솔의 입력 부분에서부터 위상을 반전시켜 역상으로 들어오는 신호를 다시 정상으로 되돌리는 기능을 합니다.

보통 이런 위상의 흐트러짐은 소리의 지연 현상(레이턴시)으로 인해 나타나는데 그것은 '시간의 지연'으로 그럴 수도 있고 '위상의 지연'으로 그럴 수도 있습니다.

우리가 보았던 '스튜디오 원 3' 브라우저 윈도우상의 여러 이펙터 플러그인 중에 '시간의 지연'을 이용한 이펙터가 플랜저(Flanger)이고, '위상의 지연'을 이용한 이펙터가 페이져(Phaser)입니다.

# ⌁ 6 믹스 툴(Mixtool)

그림 8 - 33 믹스 툴

스튜디오 원 3에 내장된 '믹스 툴(Mixtool)'을 살펴보면 실제 콘솔의 각 채널에 달려 있는 페이즈 스위치의 역할을 하는 Invert Left / Right 버튼이 있습니다.

만일 마스터링 중 '페이즈 미터'의 그림이 이상하다 싶어서 '위상 체크'가 필요하다면 콘솔의 거의 모든 채널을 체크하듯(어쩌면 모든 채널) 사용하는 일도 있을 수 있는 플러그인입니다. 버튼 중의 Swap Channels는 스테레오 채널의 '좌우'를 '우좌'로 바꾸어 볼 수 있습니다('좌우'를 바꾸어 보는 것도 위상 체크를 위함입니다). MS Transform은 대표적인 스테레오 마이킹인 'MS 방식으로 녹음'한 스테레오 파일을 L/R 스테레오로 바꾸어 볼 수 있는 버튼입니다.

---

### ◦─ 알아보기 | MS 스테레오 마이킹이란? ─◦

MS 방식 마이킹은 양 지향성 마이크와 단일 지향성 마이크 각각 1대씩이 필요합니다.

일반적으로 공연장에서 가수가 사용하는 다이내믹 마이크는 지향할 수 없지만, 녹음실이나 영화 촬영장 동시 녹음 시 쓰는 컨덴서 마이크는 지향할 수 있습니다.

지향은 음원을 노리는 방식을 말하고 그 방식들을 지원하는 컨덴서 마이크의 기능을 '폴라패턴(Polar Pattern)'이라고 합니다. 하지만 녹음받는 채널 수는 마이크 두 자루의 '스테레오 채널을 위한 녹음'임에도 녹음 트랙이 3트랙이 됩니다.

그림 8 - 34  MS 마이킹

위 그림에서 양지향성(Bi-directional)을 지원하는 C414 마이크는 폴라 패턴이 설정되어 있으며 위쪽 단일 지향성 마이크는 정면을 노리고 있습니다.

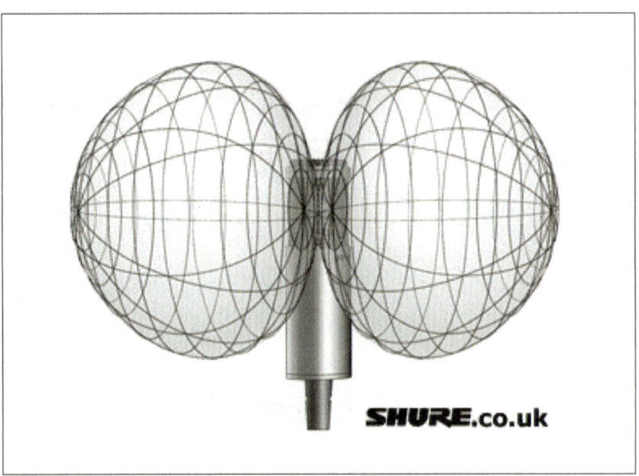


그림 8 - 35  양지향성

MS는 MID- SIDE의 약자입니다. 즉 '중간과 측면'이란 뜻인데, 단일 지향성의 마이크는 중간을 노리고 양지향성 마이크는 마이크의 양쪽으로 들어오는 시그널을 노리는 이미지입니다. 마이크는 2자루이지만 녹음 트랙은 3트랙이 필요한 이유입니다.

그림 8 - 36  MS 마이킹 측면

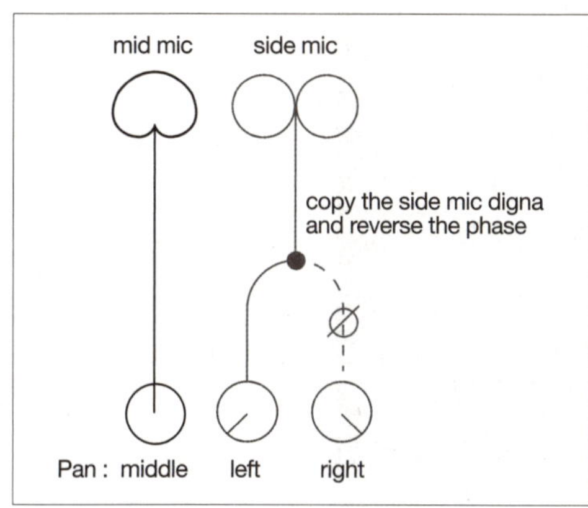


그림 8 - 37  MS 마이킹 1



그림 8 - 38  MS 마이킹 2

양지향성 마이크는 2채널을 설정하고, DAW상에서 들어오는 인풋 시그널을 둘 중 한쪽 채널은 반드시 역상으로 놓아야 합니다. 이렇게 녹음을 받으면 두 마이크의 '인풋 게인'을 조절하는 것만으로도 넓은 스테레오 이미지를 받을 수 있습니다. 이런 류의 스테레오 마이킹은 XY 방식, AB 방식 등이 있으며 제각각의 장단점과 특징이 있습니다. 이 마이크 세팅으로 녹음을 받을 때 'Mixtool' 플러그인의 여러 버튼을 활용하면 도움이 됩니다.

## 7 트랙 정보

마스터링 프로젝트 화면 좌측에 올려져 있는 2개의 트랙 정보도 입력할 수 있습니다.
이곳은 디지털로 출시될 음반의 세부 태그(tag)뿐만 아니라 CD를 넣었을 때 CD 안의 트랙 이름과 넘버링들이 정리되어 나오는 정보를 기입하는 곳입니다.
주로 차에 있는 CD 플레이어 등은 CD TEXT 기능이 지원되는데 거기에 들어갈 정보 삽입이 여기서 가능합니다. 차에 CD를 넣으면 곡 제목과 가수명이 올라오는 것이 바로 이 기능 때문입니다.

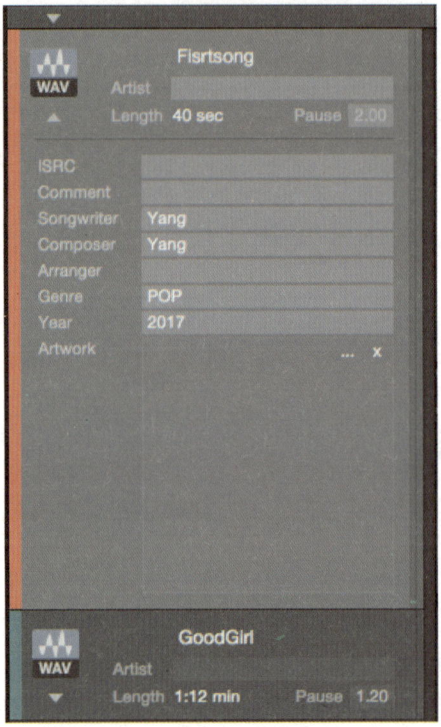


**그림 8 - 40** 마스터링 트랙 정보

WAV 아이콘 밑의 삼각형 버튼을 눌러 아래로 펼쳐 보면 곡의 정보를 넣을 수 있는 공간이 나옵니다.
맨 아래 칸엔 앨범의 그림까지 삽입할 수 있습니다(mp3일 때 가능합니다).
mp3는 이 모든 정보를 tag 정보로 기억해 파일 안에 저장해 놓기에 어떤 플레이어에서도 볼 수 있습니다만 wav 파일인 경우엔 트랙명, 트랙 넘버, 앨범 제목 정도로 CD TEXT에 들어갈 기능이 한정됩니다.

일반적으로 컴퓨터에 내장된 CD플레이어를 사용한다면 인터넷에 연결되어 CD DB 정보를 인터넷 상에서 갖고 온 후 곡의 정보를 나타내어 줍니다. 인터넷이 안 되는 상황이라면 곡 정보를 갖고 오지 못하고 트랙 1, 트랙 2 …이렇게 나타나게 됩니다. 그리고 몇 년 전에 ISRC(국제 표준 녹음 코드)라는 단체가 생겨서 이곳에 본인의 곡을 등록해야 국외 디지털 음원 등록이 가능해졌습니다. 가령 iTunes 등에 곡을 등록하려면 일단 이곳에 등록이 되어있어야 합니다. ISRC 칸에는 ISRC에서 발급받은 코드를 입력합니다.

그림 8 - 41  ISRC 사이트

# ⁀ⵌⵌ 8 마스터 음반 포맷

**그림 8 - 41** 마스터링 버튼

마스터링이 끝난 후 저 버튼 중 필요한 것을 골라서 마스터 음반을 만듭니다.

우측부터 디지털 릴리즈(발매), DDP(Disc Description Protocol), Image, Burn으로, 발매할 모든 포맷이 준비되어 있습니다.

## 8.1 디지털 릴리즈(Digital Release)

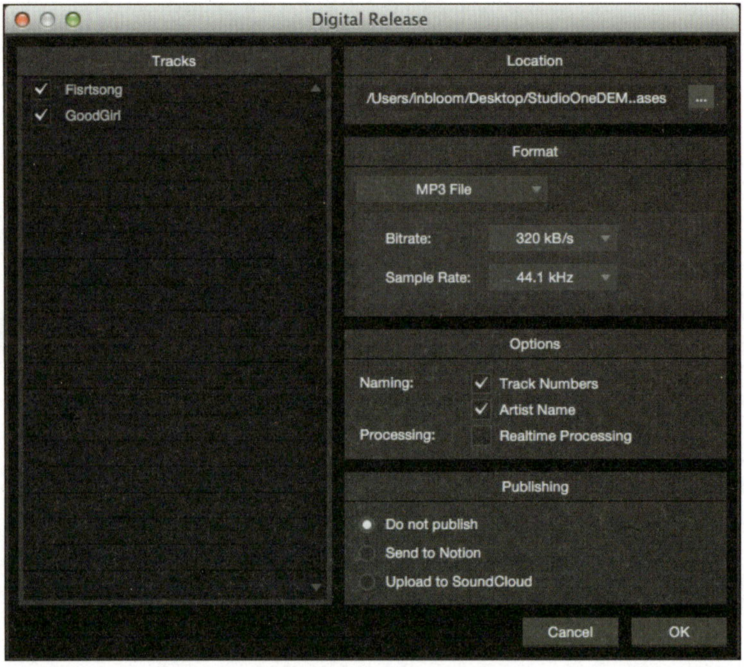

**그림 8 - 42** Digital Release

국내 배급사의 경우 디지털 릴리즈를 할 때 배급사에 보낼 음원은 320kbps의 mp3와 24bit / 48kHz 고음질 wave 파일 두 가지 모두를 사용합니다.

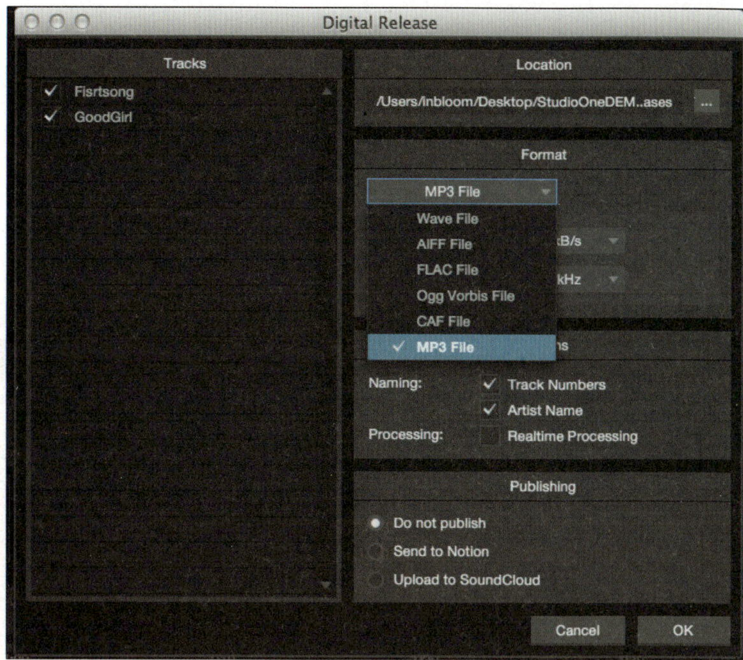



그림 8 - 43  오디오 포맷 설정

좌측의 두 트랙 모두 싱글이 발매되는 것이며, 물론 마스터링을 함께 거친 파일이니 음량도 같아야 합니다.

그리고 어떤 포맷으로 바운스를 치게 될지 고릅니다.

## 8.2 DDP

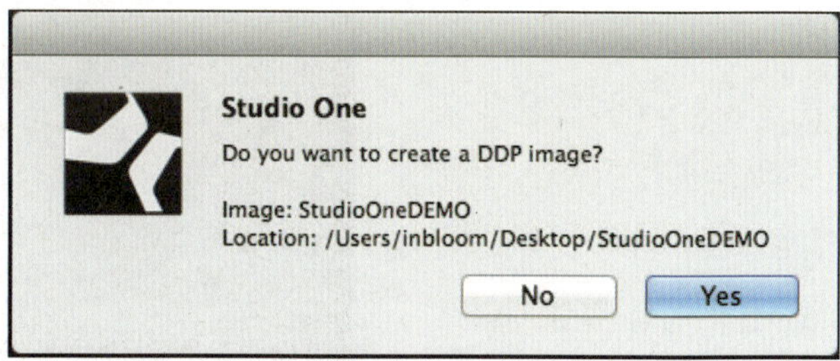



그림 8 - 44  DDP

DDP는 Disc Description Protocol의 약자입니다. 이 포맷은 광학 드라이브(CD, DVD)에서 재생할 콘텐츠를 여러 개의 복사본을 만들어 여러 곳에 보낼 때 적합합니다.

만일 전 세계에 있는 배급사에 내 곡을 배급한다고 할 때 현지의 CD 제작공장에서 프린트를 하기에 음질 열화의 걱정이 없이, 그리고 암호를 걸어 보안성을 가지면서 전송할 수 있습니다.

## 8.3 Image

곡을 디스크 이미지로 만듭니다.

이것은 마치 USB 드라이브를 컴퓨터에 연결했을 때처럼 하나의 디스크 드라이브로 인식되게 만든다는 의미입니다. 이 경우 윈도우즈 유저라면 DAEMON TOOLS 등을 이용해서 이미지를 풀고 매킨토시 유저라면 그냥 OS 상에서 .dmg 이미지를 열 듯이 열 수 있습니다.

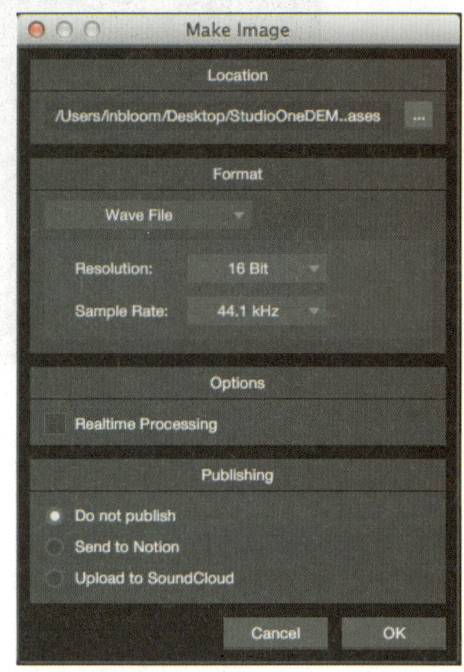

**그림 8 - 45** Image 설정

## 8.4 Burn CD

음반 발매를 위한 CD를 본인의 컴퓨터에 달린 광학드라이브에서 구울 수 있습니다. 하지만 이 글을 읽고 계신 여러분의 컴퓨터에 과연 '광학 드라이브'가 있을지 모르겠습니다. 이젠 점점 사라져 가는 매체가 되고 있으니 말입니다. 위 그림에서 보듯 필자의 컴퓨터에도 CD burner를 못 찾겠다고 나옵니다. 필자의 매킨토시에도 '광학 드라이브'는 없습니다.

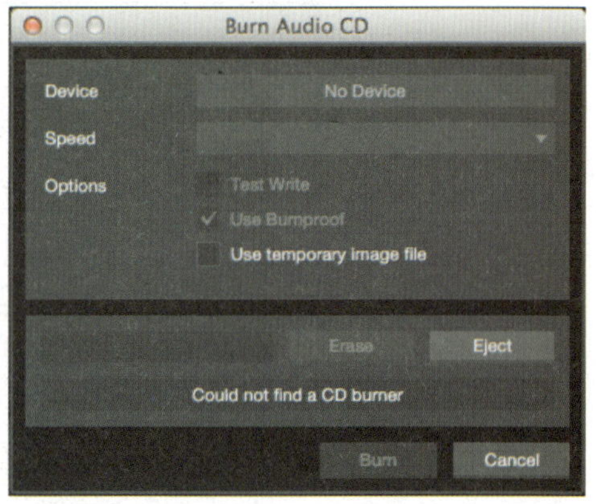

**그림 8 - 46** Burn 설정

## 1. 컴프레서(Compressor)

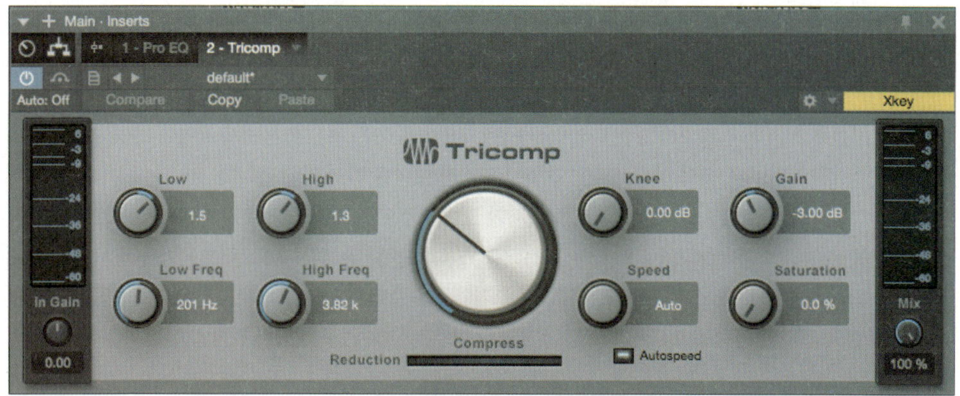

**그림 8 - 47** 트라이컴프(Tricomp)

위 그림에 있는 트라이 컴프는 믹싱 때보다는 마스터링에 더 유용한 플러그인입니다. 실제로 우측 이펙터 카테고리에서도 '마스터링 폴더' 안에 들어있습니다.

마스터링용, 믹싱용의 구별이 크게 의미가 있는 것은 아니지만 트라이컴프의 생김새를 보면 다른 컴프레서와 비교해서 어떤 세밀한 설정보다 여러 노브에 의한 '컴프레서의 착색'만을 노리고 있구나 하는 생각이 듭니다. 전문 마스터링 스튜디오에서 사용하는 '외장형' 장비들은 이런 식의 단순한 UI가 흔한 편입니다.

가운데에 있는 큰 노브가 게인 값이며 동시에 이 '트라이 컴프' 임의로 정해진 스레숄드에 의해 컴플레션 착색이 되는 아주 단순한 방식입니다. 이 노브를 우측으로 돌리면 돌릴수록 밑의 'Gain Reduction' 값이 보이게 됩니다.

좌측의 작은 노브들은 이퀄라이저입니다. 이 Lo, Hi의 구별은 '트라이 컴프' 플러그인 임의의 설정으로 보입니다. 이 노브들 중에 주목할 것은 우측 아래에 있는 새츄레이션 노브입니다.

새츄레이션은 음의 포화입니다. 좀 더 넓은 의미로 디스토션이라고도 볼 수 있습니다. 디스토션이면 피해야 할 것 같지만 이 새츄레이션(포화감)은 사용에 따라 상당히 음악적일 수 있습니다.

새츄레이션을 만드는 방식은 크게 '튜브(Tube) 타입'과 '솔리드 스테이트'가 있는데, 트라이 컴프에 내정된 새츄레이션은 아마도 튜브 타입인 것 같습니다.

튜브 타입의 경우 증폭되어 새츄레이션이 되었을 때 단계적 하모닉스(배음)가 생겨납니다.

솔리드 스테이트 방식은 하모닉스가 규칙적이지 않게 나옵니다. 다소 거친 듯한 느낌을 구현할 때 더 알맞다고들 합니다. 필자가 듣기에 트라이컴프의 새츄레이션은 듣기 좋은 배음들이 증가하는 포화 상태인 것 같습니다.

이 새츄레이션 노브(Knob)만 보더라도 트라이컴프는 좀 더 마스터링을 위한 툴임을 알 수 있습니다.

스피드 노브는 컴프레서의 어택과 릴리즈를 뜻합니다.

즉, 스피드 노브는 어택 타임과 릴리즈 타임을 임의의 값을 미리 지정해 놓고 조절하는 타입입니다.

이 부분에서도 컴프레션의 착색이라는 의미가 더 크다는 걸 알 수 있습니다.

Auto 스피드를 체크한다면 자동으로 어택 타임과 릴리즈 타임이 입력됩니다.

이런 마스터링용 컴프레서는 레벨링보다는 새츄레이션을 통한 자연스런 배음을 얻기 위해 사용합니다.


## 2. 리미터(Limiter)

리미터는 비교적 적은 컨트롤 제어와 아주 간단한 레벨 미터만을 가진 하드 컴프레서 계열의 다이내믹 프로세서입니다. 아마 다른 이펙터들과 비교해 보아도 가장 단순한 모양을 하고 있을 겁니다.

리미터는 각 트랙 단독으로 사용하는 경우도 있겠지만 그보단 주로 토탈 마스터 트랙에 걸어서 시그널의 최종 볼륨 크기에 관여하여 사용합니다. 리미터는 마스터링 스튜디오에서는 물론이고 공연 음향을 하시는 분들도 무대의 스피커 보호를 위해 스피커로 가는 시그널에 리미터를 걸어 두고 사용하기도 합니다. 갑자기 무대 위에서 어떤 큰 소리가 들어가서 스피커가 고장 나 공연이 멈추는 일이 없도록 하기 위함입니다.

그림 8 - 48 리미터(Limiter)

위 그림은 '스튜디오 원 3'에 내장된 기본 리미터입니다.

리미터는 앞서 배운 컴프레서와 작동 원리에는 큰 차이점이 없으나 가장 확실한 차이점은 Ratio가 대개 20:1이 넘어간다는 점입니다. 대부분의 리미터 플러그인에선 Ratio를 정해주는 부분이 아예 없습니다.

이미 충분한 Ratio 비율이 설정된 것으로 보기에 그냥 아웃풋 Ceiling만을 정해놓습니다.

Ceiling은 그대로 번역하면 '상승 한계'입니다. '한계(Ceiling)'를 지정한다는 말대로 이 한계를 넘어서는 시그널은 존재할 수 없습니다.

작동 법은 다음과 같습니다.

1. 인풋 노브에서 시그널의 양을 조절합니다.

2. 두 번째 세일링 노브에서는 내보낼 아웃풋의 한계를 정해놓고 흘려보내는 양을 조절합니다(미터 수치를 봅니다).

3. 세 번째 노브인 스레숄드 노브에서는 몇 dB을 기준으로 리미터가 작동할 것인지 정합니다.

4. 릴리스 노브에서는 리미터가 걸려 꺾여(줄어)버린 시그널이 다시 원상 복구되는 시간을 정합니다.

세일링 노브를 조절하고 우측의 레벨 미터를 보게 되면 세일링 레벨에서 정한 레벨 수준을 절대 넘지 못하는 것을 볼 수 있습니다. 동시에 '스레숄드 노브'를 조절하면 우측에 꺾여서 줄어드는 시그널의 양 Reduction 레벨이 변하는 것도 볼 수 있습니다. 위 그림에서 보시다시피 세일링 노브와 스레숄드 노브는 최종 마스터 레벨의 피크 레벨인 0dB을 넘지 못하므로 그 노브의 설정 가변 폭에서 가장 큰 최대값 역시 0dB입니다.

인풋 양과 아웃풋 세일링 양은 물이 흐르는 파이프를 연상하시면 됩니다.

물이 나오는 파이프 끝의 수도꼭지 지름은 이미 세일링 양으로 정해졌는데 인풋에서 들어가는 물의 양이 아주 많다면 어떻게 될까요? 또 반대의 경우라면 어떨까요?

만약 인풋 양이 많은데 아웃풋 세일링 양이 아주 적게 설정되었다면 삐죽삐죽한 파형의 변화 없이 거의 직선으로 (Fat해지면서) 음악적이지 않은 의미 없는 노이즈로 변해버릴 것입니다.

그때 스레숄드 값도 아예 낮추어 버린다면 이 음악이 망가지는 건 한순간입니다.

## 3. 오존 6

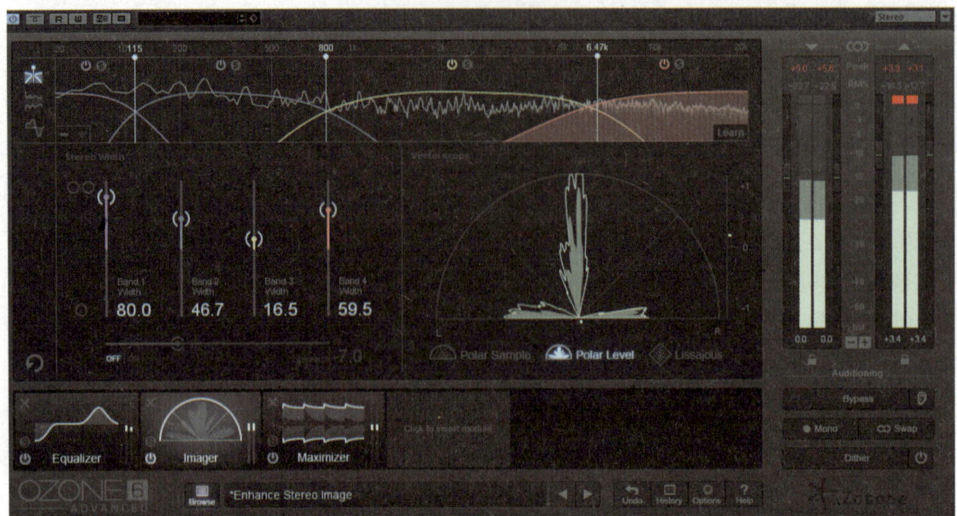

그림 8 - 48  오존 6

스튜디오 원 3에 내장된 것이 아닌 전문적으로 마스터링을 위한 다른 좋은 플러그인들도 있습니다. 물론 유료입니다.

iZOTOPE사의 OZONE은 이퀄라이저, 스테레오 이미저, 맥시마이저의 세 가지 섹션으로 구성되어 있습니다. 오존의 가장 매력적인 점은 기본으로 저장된 쓰기 편한 프리셋의 종류가 아주 다양하고 그 퀄리티가 매우 좋다는 점입니다.

---